China

Erkundungen im Reich der Mitte

Françoise Hauser, Volker Häring

Trescher Verlag

2., erweiterte und aktualisierte Auflage 2010

Trescher Verlag
Reinhardtstr. 9
10117 Berlin
www.trescher-verlag.de

ISBN 978-3-89794-145-8

Herausgegeben von Bernd Schwenkros und
Detlev von Oppeln

Reihenentwurf und Gesamtgestaltung:
Bernd Chill
Gestaltung, Satz, Bildbearbeitung:
Martina Sailer
Lektorat: Sabine Fach
Stadtpläne und Karten: Johann Maria Just,
Martin Kapp

Gedruckt auf chlorfrei gebleichtem Papier

Printed in Germany

Vorwort

Eine Eigenschaft ist es, die China aus der Sicht des Westens ganz besonders auszeichnet: Es ist weit weg. Kein Wunder also, dass es sich hervorragend als Gegenwelt eignet, in die wir Europäer allerhand hineinprojizieren. Grundsätzlich ist erst einmal alles anders, entgegengesetzt, was dem Westen in der Geschichte genauso Stoff für unbändige Bewunderung bot wie vermeintliche Gründe für grenzenlose Verachtung. Sogar ein wenig Furcht mischt sich heute manchmal darunter: Was, wenn China den Westen wirtschaftlich einholt? Wird das Reich der Mitte die Supermacht des 21. Jahrhunderts?

Aus chinesischer Sicht stellen sich die Dinge ähnlich dar: Auch der Westen muss als Vorbild genauso herhalten wie als abschreckendes Beispiel. Natürlich wünscht man sich in China den westlichen Lebensstandard, keinesfalls jedoch den sozialen Zerfall, die lockeren Sitten und das politische Chaos. Die westliche Auflösung der familiären Strukturen lässt alle chinesen einmütig mit dem Kopf schütteln.

Eines ist jedenfalls sicher: Wer nach China fährt, muss aufräumen. Mit Vorstellungen, Verallgemeinerungen und Vorurteilen. Zurückkehren darf man dann mit neuen Klischees, unverarbeiteten Eindrücken, Überraschungen und allerhand offenen Fragen. Kein Chinabild gleicht dem anderen, und jede China-Erfahrung ist unvergleichlich. Und so mag es durchaus vorkommen, dass der eine Reisende von betörend schönen Landschaften, freundlichen Begegnungen und köstlicher Küche berichtet, während der nächste mit Geschichten von Umweltverschmutzung, muffeligen Verkäuferinnen und Schildkrötensuppe aufwartet. Beide haben auf ihre Weise recht, und beide haben nur einen kleinen Teil des modernen China gesehen. Dass sich das Reich der Mitte zudem in Folge der Wirtschaftsreformen in atemberaubender Geschwindigkeit entwickelt, macht die Angelegenheit um so interessanter. Und schon wieder wird China nun das Objekt von Bewunderung (welch Wirtschaftswachstum, welche Dynamik!) und von Kritik (die gesellschaftlichen Folgen!) zugleich. Auch wenn China oft nicht den westlichen Klischees entspricht, lohnt es sich, hinter die Fassade zu blicken.

China in seiner Komplexität im Verlauf einer Reise ergründen und verstehen zu wollen, wäre indes ein höchst ambitioniertes und anstrengendes Unterfangen – befreien Sie sich davon und genießen Sie die Begegnung mit einer völlig anderen Kultur! So unterschiedlich sind die einzelnen Regionen, dass auch erfahrene China-Fahrer immer wieder auf Überraschungen treffen. Im Grunde genommen ist der Grundsatz, dass nichts gleich bleibt, in China bis zur persönlichen Kapitulation anzuwenden. Kaum glaubt der Reisende, China verstanden zu haben, scheint man im Reich der Mitte alles daran zu setzen, eine Fülle legitimer Ausnahmen zu kreieren. Darauf allerdings kann man sich verlassen. Und vielleicht ist genau das der Grund, warum die Autoren noch immer genauso viel Spaß an China haben wie bei der ersten Reise.

Die Halle des Ernteopfers im Himmelstempel in Beijing

Hinweise zur Benutzung

Im ersten Teil finden sich ausführliche **Informationen über das Land, seine Bewohner, seine Geschichte und Kultur**. Im zweiten Teil werden die einzelnen **Landesteile** vorgestellt. Am Ende des Buches finden sich ein **Sprachführer** sowie aktuelle **Reisetipps von A bis Z**.

In einem einzelnen Reiseführer alle Gebiete Chinas erschöpfend behandeln zu wollen, wäre vermessen und würde den Umfang eines jeden Reisegepäcks sprengen. Dennoch werden in diesem Buch sowohl alle typischerweise auf einer Chinareise besuchten Reiseziele als auch viele weitere interessante Regionen und Städte ausführlich vorgestellt. Dem landschaftlich äußerst reizvollen Südwesten sowie den oft mit dem Schiff bereisten ›Drei Schluchten‹ des Yangzi wurden eigene Kapitel gewidmet.

Tibet wurde bewusst weggelassen, da allein die Behandlung der kulturellen Eigenheiten dieser Region den Rahmen dieses Buches sprengen würde.

Zur besseren Orientierung vor Ort sind bei allen wichtigen Ausflugszielen sowie Hotels, Straßen und Adressen die chinesischen Schriftzeichen sowie die lateinische Umschrift beigefügt. Generell wird in diesem Buch die seit 1958 in der VR China übliche **Umschrift Hanyu Pinyin** verwendet. Nützliche Hinweise zu geographischen Namen finden sich im Sprachkapitel (S. 110).

Die Autoren sind jedes Jahr mehrmals in China, der vorliegende Reiseführer wurde aktuell recherchiert. Dennoch kann es vorkommen, dass sich vor allem Adressen und Telefonnummern geändert haben. In einem Land, in dem selbst die Bewohner oft nicht wissen, in welcher Straße sie morgens aufwachen, kann auch das eine oder andere Hotel und Restaurant zwischenzeitlich der Abrissbirne zum Opfer gefallen sein. Die Autoren und der Verlag sind deshalb für Hinweise dankbar.

Köstlichkeiten

Zeichenlegende

- Allgemeine Informationen, Post, Bank, Reisebüros
- Flughäfen
- Bahnhöfe
- Busbahnhöfe
- Hotels und Pensionen
- Restaurants, Nachtmärkte, Garküchen
- Einkaufsmöglichkeiten, Souvenirs
- Bars, Nachtclubs
- Häfen, Ausflugsschiffe

Entfernungstabelle

	Beijing	Chang-sha	Chong-qing	Dalian	Guang-zhou	Hang-zhou	Harbin	Hong-kong	Jinan	Kun-ming	Nan-jing	Qing-dao	Shang-hai	Suzhou	Xi'an
Beijing		1587	2552	1238	2313	1651	1388	2600	494	3179	1157	887	1462	1376	1165
Changsha	1587		1416	2825	726	998	2975	980	1558	1592	1492	1951	1187	1273	1403
Chongqing	2552	1416		3790	2040	2312	3998	1330	2523	1102	2552	2916	2501	2771	1346
Dalian	1238	2825	3790		3551	2515	944	3838	1458	4417	2121	1851	2426	2340	2403
Guangzhou	2313	726	2040	3551		1622	3701	230	2284	2216	2116	2667	1811	1897	2129
Hangzhou	1651	998	2312	2515	1622		2769	1853	1157	2488	494	1550	189	275	1700
Harbin	1388	2975	3998	944	3701	2769		3988	1608	4567	2271	2001	2576	2490	2553
Hongkong	2600	980	1330	3838	230	1853	3988		3094	2446	2472	2897	1800	1780	3678
Jinan	494	1558	2523	1458	2284	1157	1608	3094		3119	663	393	968	882	1177
Kunming	1157	1592	1102	4417	2216	2488	4567	2446	3119		2982	3512	2677	2763	1942
Nanjing	1157	1492	2552	2121	2116	494	2271	2472	663	2982		1056	305	219	1206
Qingdao	887	1951	2916	1851	2667	1550	2001	2897	393	3512	1056		1361	1275	1570
Shanghai	1462	1187	2501	2426	1811	189	2576	1800	968	2677	305	1361		86	1511
Suzhou	1376	1273	2771	2340	1897	275	2490	1780	882	2763	219	1275	86		1425
Xi'an	1165	1403	1346	2403	2129	1700	2553	3678	1177	1942	1206	1570	1511	1425	

Das Wichtigste in Kürze

Anreise

Zahlreiche nationale und internationale Fluggesellschaften bieten Direktflüge in die Küstenmetropolen Beijing, Shanghai, Guangdong (Kanton) und Hongkong an, und via Bangkok lässt sich auch der Südwesten Chinas schnell erreichen. Etwas geruhsamer und vor allem langwieriger ist die Anreise mit der Transsibirischen Eisenbahn von Moskau nach Beijing, die ca. sechs Tage dauert.

Ärztliche Versorgung

In den Großstädten sind mittlerweile viele Krankenhäuser und Zahnarztpraxen in ausländischer Kooperation entstanden. Auch gibt es immer mehr Ärzte, die Englisch oder sogar Deutsch sprechen. Auf dem Lande ist die Versorgung jedoch noch immer recht rudimentär und für ernste Erkrankungen kaum geeignet.

Geld und Devisen

Die chinesische Währung heißt offiziell Renminbi (Volksgeld, CNY). 1 Renminbi (auch Yuan oder Kuai) entspricht 10 Jiao (Mao) und 100 Fen. Kreditkarten sind mittlerweile in den Großstädten verbreitet, an vielen Geldautomaten ist auch die Euroscheckkarte gut für Bares, sofern sie den Aufdruck ›Maestro‹ trägt. 1 Euro entspricht etwa 10 Renminbi.

Kleidung

Übertriebene Kleidungsvorschriften gibt es in China nicht. In Tempeln wird keine ›züchtige‹ Kleidung vorgeschrieben, allzu gewagtes Outfit wird aber nicht sehr gerne gesehen. In Luxushotels sowie gehobenen Restaurants und Bars kann etwas formellere Kleidung nicht schaden.

Klima

Allgemeine Angaben zum Klima Chinas sind mit Vorsicht zu genießen. Das Reich der Mitte erstreckt sich von kühl-gemäßigt bis tropisch über vier Klimazonen. Nördlich des Yangzi-Flusses sind Winter-Temperaturen von bis minus 20 Grad keine Seltenheit, im Sommer dagegen kann das Thermometer landesweit bis auf 40 Grad klettern. Unter http://weather.yahoo.com lassen sich jederzeit die aktuellen Wettervorhersagen aller chinesischen Großstädte abrufen. Generell gelten die Monate Mai, September und Oktober als angenehmste Reisezeit.

Sicherheit

Auch wenn Bagatelldelikte wie Taschendiebstahl vor allem in Touristenzentren zunehmen, ist die VR China immer noch eines der sichersten Reiseländer der Welt. Bei Reisen nach Tibet oder Xinjiang sollten Sie jedoch im Voraus die politische Lage erfragen. Vor allem in Kashgar kam es in den letzten Jahren immer wieder zu Bombenanschlägen.

Telefon

Fast alle großen Hotels bieten Direktwahl ins Ausland an. Für Deutschland wählen Sie die Vorwahl 0049. China hat ein ausgezeichnetes Mobilfunknetz, das bis in die abgelegensten Winkel des Landes reicht. SIM-Karten (Prepaid, Zhuzhi Ka 诸值卡) gibt es in allen großen Städten, vor allem in den Läden der China Telecom 中国电信 und der China Unicom 中国联通 zu kaufen. Eine SIM-Karte kostet je nach Nummer und Gültigkeiten (einige Karten gelten nur für die jeweilige Region) zwischen 100 und 500 RMB, hier sind 50 RMB Gesprächsguthaben enthalten. Aufladekarten

(Chongzhi Ka 充值卡) in den Nominationen 50 und 100 RMB gibt es in den oben genannten Läden, zuweilen auch in Straßenkiosken.

Unterkunft

Hotels mit internationalem Standard gibt es mittlerweile in großer Zahl. Im Low-Budget-Bereich empfehlen sich vor allem die Jugendherbergen, die es inzwischen in jeder Großstadt gibt, sowie die Hotels einiger chinesischer Ketten wie Motel 168.

Die ungefähren Preisspannen:

kein Stern	10 - 100 RMB
1 Stern	80 - 250 RMB
2 Sterne	100 - 300 RMB
3 Sterne	200 - 800 RMB
4 Sterne	400 - 1200 RMB
5 Sterne	800 - 2500 RMB

Einreise/Visum

Für die VR China benötigen Sie ein Visum. Der Reisepass muss zudem noch mindestens sechs Monate gültig sein, damit die Botschaft der VR China oder eines der Konsulate das Visum erteilen. Aktuelle Visabestimmungen und Antragsformulare gibt es unter www.china-botschaft.de oder www.china-tourism.de im Internet. Wer auf der Reise einen Abstecher in eines der Nachbarländer plant, sollte schon in Deutschland ein Visum für die zweimalige Einreise nach China sowie das entsprechende Visum des Nachbarlandes beantragen.

Verständigung

Wenn man auf eigene Faust im Land herumreist, sind Chinesischkenntnisse von großem Vorteil, da Englisch- oder gar Deutschkenntnisse kaum vorhanden sind. Es kann nicht schaden, einige der wichtigsten Schriftzeichen zu lernen, da Wegweiser und Straßenschilder nicht immer auch die lateinische Umschrift zeigen.

Zeit

Trotz der immensen Ost-West-Ausdehnung gilt im gesamten Land einheitlich MEZ plus sieben Stunden.

Holzkahn in Tongli

Fast 5000 Jahre konnte sich die chinesische Kultur kontinuierlich entwickeln. Kein Wunder, dass sie sich in vielerlei Hinsicht durch besondere Raffinesse auszeichnet. Trotzdem sind die meisten Chinesen höchst bodenständig und freuen sich über jedes aufrichtige Interesse an ihrem Land.

Land und Leute

China im Überblick

Offizieller Name: Volksrepublik China (Zhonghua Renmin Gongheguo 中华人民共和国).

Staatsform: Volksrepublik, ›sozialistischer Staat unter der demokratischen Diktatur des Volkes, der von der Arbeiterklasse geführt wird und auf dem Bündnis der Arbeiter und Bauern beruht‹ (Verfassung von 1982).

23 Provinzen: Anhui, Fujian, Gansu, Guangdong, Guizhou, Hainan, Hebei, Heilongjiang, Henan, Hubei, Hunan, Jiangsu, Jiangxi, Jilin, Liaoning, Qinghai, Shaanxi, Shandong, Shanxi, Sichuan, Yunnan, Zhejiang (Taiwan wird von der VR China als Provinz betrachtet); 5 Autonome Regionen (Guangxi, Innere Mongolei, Ningxia, Xinjiang, Tibet); 4 regierungsunmittelbare Städte (Beijing, Shanghai, Tianjin, Chongqing).

Fläche: 9 596 960 qkm, Landesgrenze gesamt 22 117 km.

Hauptstadt: Beijing (Peking), weitere große Städte: Shanghai, Guangzhou (Kanton), Shenyang, Nanjing, Wuhan, Chongqing, Chengdu, Kunming.

höchste Erhebung: Mt. Everest (Qomolangma, in Tibet), 8848 m.

längster Fluss: Yangzi (Changjiang), 6300 km.

Am Tor des Himmlischen Friedens

Die chinesische Flagge

Küstenlänge: 14 500 Kilometer.

Gebirge: Himalaya, Qingling-Gebirge, Pamir.

Wüsten: Gobi, Taklamakan.

Steppen: Innere Mongolei.

Einwohner: 1,33 Milliarden (141/qkm), Han-Chinesen (91,9 %), 55 anerkannte sogenannte Nationale Minderheiten, die größte sind die Zhuang (Provinz Guangxi, 15 Millionen). 45 % der Bevölkerung leben in den Städten, 55 % auf dem Land.

Analphabetenrate: 9,1 % (2009).

Säuglingssterblichkeit: 21 auf 1000 (2008).

Beschäftigungsstruktur: Landwirtschaft 43 %, Industrie 25 %, Dienstleistungen 32 %.

Wirtschaftswachstum: in den letzten 5 Jahren jeweils 8–10 %.

Inflationsrate: 5,8 % (2008).

Pro-Kopf-Einkommen: 2940 US-Dollar (2008), starke Unterschiede zwischen Stadt und Land.

Zeit: MEZ + 7 Stunden, im Sommer + 6 Stunden (keine Sommerzeit, offiziell nur 1 Zeitzone).

Nationalfeiertag: 1. Oktober (Gründung der VR China).

Weitere wichtige Feiertage: 1. Mai (Tag der Arbeit) und das Frühlingsfest (variabel, Mitte Januar bis Mitte Februar).

Geographie

Vordergründig scheint das Reich der Mitte erst einmal erstaunlich homogen, obwohl sich das drittgrößte Land der Welt immerhin über fast zehn Millionen Quadratkilometer erstreckt. Von der nördlichsten Spitze an der sibirischen Grenze bis zum Südzipfel der Insel Hainan sind es um die 5500 Kilometer, von Ost nach West erstreckt es sich über mehr als 5200 Kilometer. Das entspricht ungefähr der Distanz von Frankfurt bis zum Äquator – und trotzdem sind sich die Chinesen der sibirischen Grenzregion mit den Bewohnern des südchinesischen Küstenstreifens einig, dass in kultureller, religiöser und gesellschaftlicher Hinsicht dieselben Grundideale gelten. Auch optisch scheint es auf den ersten Blick nur geringe Unterschiede zu geben, denn die Innenstadt von Beijing unterscheidet sich kaum von der Kantons oder Shanghais.

Dies liegt vor allem daran, dass ein Großteil der Bewohner Chinas zur Ethnie der Han gehört. Gut 92 Prozent aller Staatsangehörigen sehen ihre Wurzeln in der Dynastie der Han-Herrscher zu Beginn unserer Zeitrechnung und prägen entscheidend das China, wie wir es heute kennen. Nicht ganz unbegründet wirft man ihnen einen starken ›Kulturalismus‹ vor, und nur wer sich dieser Zivilisation anpasst, kann in China auf Dauer bestehen. Dies mussten Fremdherrscher genauso lernen wie ausländische Geschäftsleute oder Minoritäten-Völker, die auch heute noch einem gewissen Anpassungsdruck ausgesetzt sind. Vielleicht blickt China deshalb auf die längste ununterbrochene Kulturgeschichte der Welt zurück.

Dachreiter auf einem Tempel

Die physische Gestalt

Seine geographische, ethnische und kulturelle Vielfalt verrät China erst auf den zweiten Blick – was sicher auch daran liegt, dass die meisten Reisenden nur die Küstenregionen kennenlernen. Ein Blick auf die physische Karte zeigt jedoch, dass von Wüsten, Gebirgen, Steppen, tropischen und subtropischen Wäldern bis zu Nadelwäldern und Sümpfen in China praktisch jede Landschaftsform vertreten ist.

Generell lässt sich die Oberflächengestalt Chinas in drei große Stufen einteilen, die sich vom Himalaya bis zum ostchinesischen Meer erstrecken. Das Tibet-Qinghai-Plateau ist dabei nicht nur die höchste Stufe Chinas, sondern mit einer Durchschnittshöhe von 4500 Metern auch weltweit die höchste Region. Im Laufe der nächsten Jahrtausende dürfte sie sogar noch ansteigen: Hier schiebt sich, vereinfacht gesprochen, die indische Platte unter die eurasische und häuft so die Gebirgsmassen des Himalaya an. Abgeschlossen ist diese Gebirgsbildung noch lange nicht, und so rechnen Geologen mit etwa ein bis zwei Zentimetern Erhöhung im Jahr. Hier stehen die höchsten Gipfel der Erde (neun der zehn höchsten Berge der Erde liegen im Himalaya), und hier entspringen trotz des trockenen Klimas praktisch alle großen Flüsse Asiens: Die Quellen des Mekong, Huanghe, Yangzi, Irrawady, Salween, Brahmaputra, Indus und Ganges liegen im Himalaya. Das trocken-kalte Wetter macht Landwirtschaft auf dem ›Dach der Welt‹ fast unmöglich, lässt aber dank permanent blauen Himmels jeden Hobbyfotografen in Verzückungen geraten.

Direkt im Anschluss an das Tibet-Qinghai-Plateau, sozusagen als zweite Stufe, liegen nordwestlich das Tarimbecken, nordöstlich das Lössplateau des Huanghe und im Osten und Südosten die Gebirgsregionen des Großen Xinggan und des Yunnan-Plateaus. Nennenswerte Siedlungen gibt es im Tarimbecken

In den Dünen bei Dunhuang im Nordwesten des Landes

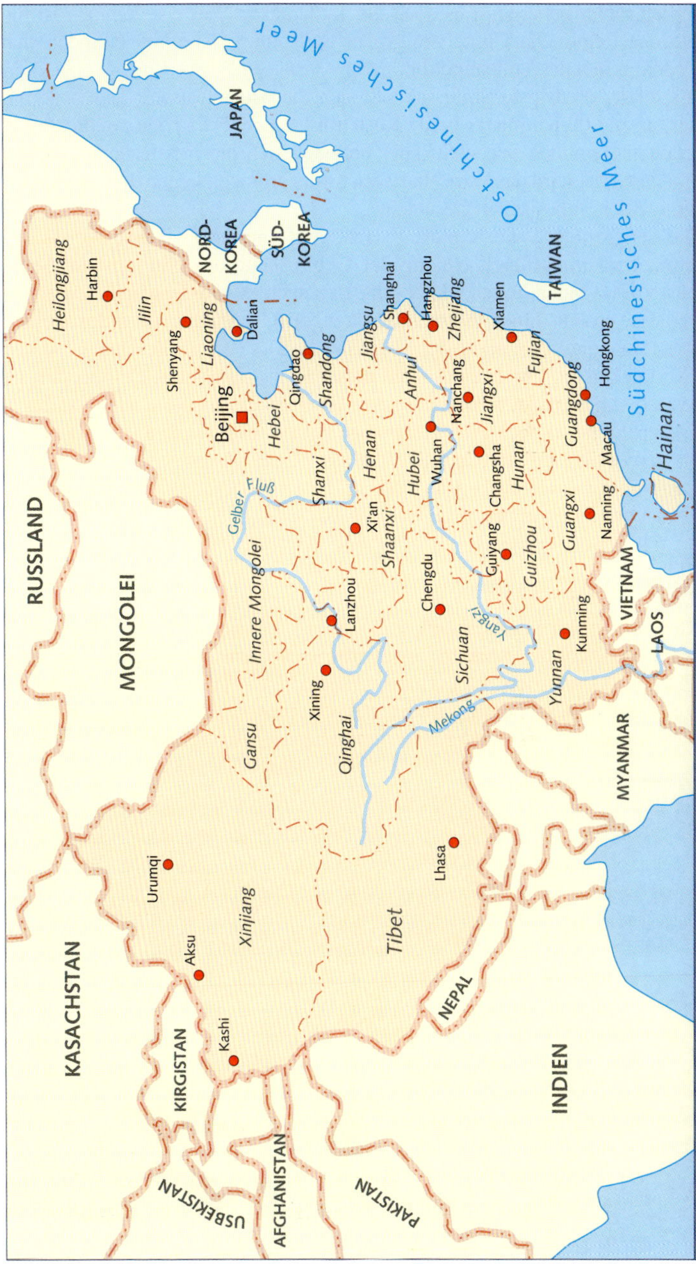

Übersicht über die Provinzen Chinas

eigentlich nicht, beherbergt es doch die Taklamakan-Wüste – dennoch ist die abgelegene Region für China von großer Bedeutung, denn hier befinden sich die Erdölquellen der Volksrepublik.

Als letzte, niedrigste Stufe schließt sich die ostchinesische Tiefebene an. Dieser bis zu 600 Kilometer breite Küstenstreifen gehört zu den am dichtesten besiedelten Regionen der Welt: Hier befinden sich die meisten chinesischen Millionenstädte, wird das Wirtschaftswachstum erbracht, liegen die wichtigsten Zeugnisse der chinesischen Geschichte.

Die geographisch wie kulturell wichtige Trennung zwischen Nord- und Südchina verläuft offiziell entlang der Gebirgskette des Xinlingshan. Seine teils über 4000 Meter hohen Gipfel fungieren auch als Wasserscheide zwischen den beiden großen Flusssystemen des Yangzi (Changjiang) und des Gelben Flusses (Huanghe). Vor allem der Süden des Landes ist von allerhand Gebirgen und Mittelgebirgen durchzogen – ein echter Bonus für Naturtouristen, für die chinesischen Bauern jedoch ein permanenter Quell der Anstrengung. Nur durch Terrassierung lassen sich viele Berghänge nutzen. Und selbst unter diesen Bedingungen ist die landwirtschaftlich nutzbare Fläche Chinas geradezu lächerlich gering: Nur etwas mehr als zehn Prozent der Landesfläche sind bebaubar, die Hälfte davon sogar nur mit Hilfe von Bewässerung.

Die hydraulische Gesellschaft

Durchschnitten wird das Terrain von zwei großen Flüssen, die für den chinesischen Kulturraum geradezu mythische Bedeutung haben: dem Huanghe (Gelber Fluss) und dem Changjiang (Yangzi). Als ›Wiege der chinesischen Kultur‹ stehen die schlammigen Fluten des Gelben Flusses für die sogenannte Gelbe Kultur der chinesischen Kaiser. Ihn zu bezwingen war eine arbeitsintensive

Der Huanghe (Gelbe Fluss)

und gefährliche Angelegenheit. Immer wieder ergoss er sich, trotz komplexer Deichbauten, in verheerenden Überschwemmungen über die dicht besiedelte Ebene. Die Bekämpfung dieser Gefahr wurde zu einem zentralen Anliegen der chinesischen Kultur, die deshalb auch als ›hydraulische Gesellschaft‹ bezeichnet wird.

Der Yangzi hingegen und seine Delta-Siedlungen wie Shanghai, Suzhou, Nanjing und Hangzhou werden oft der ›Blauen Kultur‹ zugerechnet, dem offenen, zum Ausland hingerichteten China. Diese Einteilung ist zwar selbst in China nicht unumstritten, eine gewisse Relevanz lässt sich jedoch nicht abstreiten, ist doch der Süden traditionell das Land der Kaufleute, Auswanderer und Seefahrer.

Auch der Yangzi hat im Laufe der Geschichte Abermillionen von Todesopfern gefordert. Die Pläne, seine Kraft durch einen Staudamm zu bändigen, sind deshalb nicht neu. Bereits der Revolutionär Sun Yat-sen spielte Anfang des 20. Jahrhunderts mit dem Gedanken, den Fluss zu stauen. Erst die Zentralregierung der Volksrepublik jedoch konnte genug Macht, Geld und technisches Knowhow aufbringen, dieses ambitionierte Projekt anzugehen.

Egal ob mit oder ohne Staudamm, der Yangzi bleibt eine der wichtigen kulturellen Grenzen: Hier trennt sich das Weizen-Nudeln-China vom Reis-China. Wer südlich des Yangzi wohnt, lebt offiziell in Südchina und musste bis Ende der 80er Jahre traditionell auf Heizungen jeder Art verzichten. Und dies, obwohl die theoretische geographische Zuordnung zu den Subtropen in den eisig-kalten Wintern nur wenig wärmend wirkt.

Beiden Flüssen gemein ist, dass sie in West-Ost-Richtung fließen. Kein einziges Gewässer von Transport-Bedeutung überwindet die Nord-Süd-Gefälle.

Klimatische Vielfalt

»Wie ist denn das Wetter in China?« lautet eine gefürchtete Frage an Reisebüromitarbeiter. Die Antwort müssen sie zwangsläufig schuldig bleiben, denn das Reich der Mitte erstreckt sich, von kühl-gemäßigt bis tropisch, über vier Klimazonen. Und da ist der Himalaya mit seinen ›arktischen‹ Ausbrechern noch gar nicht mitgerechnet.

Wenn in Beijing noch die Staubstürme aus der Wüste Gobi wüten, blühen in Shanghai schon die Kirschbäume. In Hainan braucht man derweil, wie eigentlich rund ums Jahr, Sonnenschutz und greift anstatt zum Heizungsregler zur Badehose.

Generell gilt die Faustregel: Je weiter nach Süden, desto wärmer, je weiter

Im Sommer kann es sehr heiß werden

von der Küste entfernt, desto trockener. Genauso generell und für Westler überraschend ist die Verteilung der Jahreszeiten. Frühling und Herbst bieten in China nur kurze Gastspiele: Der Übergang zwischen kalt und warm vollzieht sich innerhalb weniger Tage. Gestern noch im T-Shirt über den Platz des Himmlischen Friedens geschlendert, kann heute schon ein Wintermantel auf der Einkaufsliste stehen. Selbst in den tropischen Regionen kann es im Winter erstaunlich kalt werden, hin und wieder fällt sogar an der vietnamesischen Grenze noch Schnee. Lediglich auf eines ist landesweit Verlass, es wird nämlich egal wo, vielleicht mit der Ausnahme Yunnans, heiß im Sommer – wirklich heiß! In den drei ›Back-öfen‹ Wuhan, Chongqing und Nanjing sind im Juli und August Temperaturen von 40 bis 50 Grad durchaus üblich, ja selbst der Norden Chinas überrascht mit ähnlichen Spitzenwerten.

Reisende nach Nordchina dürfen sich im allgemeinen auf ein recht trockenes Klima einstellen, denn ein Großteil der geringen Niederschläge fällt im Sommer, während im Winter die klirrende, aber sonnige Kälte für ideales Fotolicht sorgt. Im Süden wird das Wetter vor allem vom Monsun bestimmt: Besonders im Süden und auf Taiwan macht er sich als so genannter ›Pflaumenregen‹ bemerkbar. Der Name rührt übrigens nicht von den vermeintlich pflaumengroßen Regentropfen (wer je einen Monsunregen erlebt hat, fällt gerne darauf herein), sondern bezieht sich auf die zeitgleiche Pflaumenblüte.

Genaugenommen ist der Monsun, wie alle Winde, eine Ausgleichsbewegung zwischen Gebieten verschiedenen Luftdrucks, der nur im Sommer Regen bringt. Durch die direkte Sonneneinstrahlung erwärmt sich die Luft über den tropischen Landmassen besonders stark und steigt nach oben. Über dem Land entsteht so ein Tiefdruckgebiet, das die feuchte Luft der umgebenden Ozeane ansaugt. Das Resultat, ein feuchtigkeitsbeladener Südwestwind landeinwärts, bringt vor allem in Indien und Südostasien, aber auch Südostchina den lang ersehnten Regen. Besonders heftig macht sich dies an den Gebirgen bemerkbar. Hier staut sich die feuchte Luft, steigt an, kühlt ab und verliert dadurch die Fähigkeit, Feuchtigkeit zu speichern und regnet daher ab. Der Wintermonsun dagegen zeigt sich, zumindest aus Sicht der Reisenden, weniger spektakulär. In der kalten Jahreszeit bilden sich über dem Festland schwere Kaltluftmassen, die sich als Hochdruckgebiete manifestieren. Auch hier kommt es zu Ausgleichsströmungen, diesmal in Richtung Ozean, wo sich dank der wärmeren Wassertemperaturen ein Tiefdruckgebiet gebildet hat, doch die kalte Luft kann keine Feuchtigkeit speichern. Die daraus resultierenden Winde werden deshalb nicht von Niederschlägen begleitet.

Die ›unchinesischen‹ Chinesen

Gut acht Prozent der Bevölkerung, also mehr als 100 Millionen chinesische Staatsbürger, besitzen zwar einen chinesischen Pass, zählen ethnisch und kulturell aber zu einer der sogenannten Minderheiten. 55 anerkannte ›nationale Mino-

Im Wasserdorf Tongli

古镇水上游

ritäten‹ gibt es, deren Kulturen sich teils erheblich von der der Han unterscheiden. Besonders im Südwesten des Landes können auch ethnologisch wenig bewanderte Reisende die Unterschiede zwischen den bunten Trachten der Zhuang, Miao sowie vieler anderer Völker und den (äußerlich) westlich orientierten Chinesen kaum übersehen. Andere, wie die zentralchinesischen Hui beispielsweise, unterscheiden sich nur in religiöser Hinsicht: Diese moslemischen Chinesen sprechen Mandarin und sind nur an ihrer weißen Kopfbedeckung zu erkennen.

Im Grunde genommen besitzen die Minoritäten kaum politischen Einfluss und werden von den Han-Chinesen eher als eine amüsante und touristisch interessante Abnormität betrachtet. Problematisch ist, dass sie aber in den strategisch wichtigen Randgebieten Chinas wohnen – wollte man alle vorrangig von Minoritäten bewohnten Gebiete von China abtrennen, blieben nicht einmal 40 Prozent des volksrepublikanischen Territoriums übrig! Die Beijinger Politik lässt sich deshalb auf eine einfache Formel bringen: kulturelle Toleranz ja, politische Abspaltung nein. Um die Nationalitäten bei Laune zu halten und sie vor Han-Chauvinismus zu schützen, wurden ihnen allerhand Sonderrechte zugesprochen. Sie leben meist in ›autonomen Gebieten‹, lernen in der Grundschule oft ihre Muttersprache und sind von der Ein-Kind-Regel ausgenommen. Wehe jedoch, es entstehen trotzdem separatistische Bewegungen! Vor allem in der westlichen Provinz Xinjiang kommt es immer wieder zu Zusammenstößen zwischen den moslemischen Minoritäten und den han-chinesischen Ordnungshütern. Gerade im Westen Chinas lässt sich die Zentralregierung auf keinerlei Kompromisse ein, sitzen doch die Bewohner Xinjiangs sprichwörtlich auf der Energieversorgung des Staates, denn hier liegen die wichtigsten Öl-, Kohle- und Erdgasvorkommen des Landes.

Moslemische Frau mit ihrem Enkel

Chinas zahlenreichste Nationalitäten

Nationalität	Anzahl	Hauptsiedlungsgebiete
Han	> 1,2 Milliarden	Küstenregion
Zhuang	16 Mio	Guangxi, Yunnan, Guangdong
Mandschuren	9,8 Mio	Liaoning, Jilin, Heilongjiang
Hui	8,6 Mio	Ningxia, Shaanxi
Miao	7,4 Mio	Sichuan, Yunnan
Uighuren	7,2 Mio	Xinjiang
Yi	6,5 Mio	Yunnan, Sichuan, Guizhou
Tujia	5,7 Mio	Guizhou
Mongolen	4,8 Mio	Innere Mongolei
Zang (Tibeter)	4,5 Mio	Tibet, Qinghai
Dong	2,5 Mio	Yunnan, Sichuan, Guizhou
Buyi	2,5 Mio	Yunnan, Sichuan, Guizhou
Yao	2,1 Mio	Yunnan, Sichuan, Guizhou
Koreaner	1,9 Mio	Nordost-China
Kasachen	1,1 Mio	Xinjiang

Stadt und Land

Und trotzdem sind es nicht die Minoritäten, die letztlich den Staat ins Wanken bringen könnten, sondern der wirkliche soziale Sprengstoff liegt, recht unspektakulär, auf dem Lande. Von 1,3 Milliarden Chinesen lebt ein gutes Drittel in urbanen Gebieten. Der Rest, etwa 60 Prozent, ist dazu verdammt, auf dem Lande zu leben. Eine harte Formulierung, die aber durchaus zutrifft, denn kein Chinese lebt freiwillig als Bauer im Hinterland, wo die Durchschnittslöhne oft nicht einmal ein Zehntel des städtischen Verdienstes betragen. Meist sind es rein praktische Widrigkeiten, die ihn regelrecht an die Scholle nageln: Freizügigkeit hat es in China eigentlich nie gegeben, und auch der sozialistische Staat macht hier keine Ausnahme. Wer in die Stadt will, braucht eine Zuzugsgenehmigung, die nur sehr schwer erhältlich ist. Vor allem wenig qualifizierten Tagelöhnern bietet sich eigentlich nur die Chance, illegal auf Wanderschaft gehen. Und genau das tun sie, in unglaublicher Menge. Ungefähr jeder zehnte Chinese ist mittlerweile als Wanderarbeiter unterwegs. Ob als Näherin in Shenzhen, als Bauarbeiter in Shanghai oder als Dienstmagd in Beijing – sie leben jenseits der Gesetze, ohne

Gegensätze in Shanghai

soziale Absicherung, ohne Schutz vor Kündigung und oft unter erbärmlichen Bedingungen. Für die chinesische Wirtschaft ist dieses neue Lumpenproletariat von großer Bedeutung, denn gerade die lächerlich geringen Löhne dieser neuen Unterschicht ermöglichen enorme Gewinne für Unternehmer.

Umwelt – welche Umwelt?

Ein weiterer Brennpunkt Chinas ist die Umwelt – ökologische Probleme sind im Reich der Mitte so alt wie die chinesische Zivilisation selbst. Bereits zu Beginn unserer Zeitrechnung beklagten die frühen Daoisten den Raubbau an der Natur und mahnten an, weniger Bäume zu fällen. Genützt hat es wenig – die Lössberge im Herzen der chinesischen Zivilisation waren schon damals zu großen Teilen gerodet. Woher sonst hätte das Brenn- und Bauholz stammen sollen? Heute muten viele Landstriche geradezu wüstenartig an: Kein einziger Baum bremst die Wind- und Wassererosion am Mittellauf des Gelben Flusses. Die Auswirkungen nehmen die Menschen entlang des Unterlaufs und in der Hauptstadt zähneknirschend hin – sprichwörtlich, bringt ihnen doch der Frühling jedes Jahr tagelange Staubstürme, deren feinste Lösspartikel in jede Ritze dringen und die Region mit einer blass-beigen Lasur übertünchen.

Aber auch ohne Sandstürme ist die Luft der Metropolen oft kaum mehr zu genießen, denn mehr als 2,5 Millionen Autofahrer drängeln sich beispielsweise heute durch die Straßen Beijings – mit zunehmender Tendenz, gehört doch der eigene Wagen zum Traum eines jeden Chinesen. Und in der Industrie gilt sowieso, dass die Produktion Vorrang hat. Umweltschutz ist ganz klar ein Luxus, den sich die aufstrebende Volksrepublik nur selten gönnt. Aufforstungsprogramme gibt es natürlich schon, aber was nützt es, ein paar Bäume in die Lössebene zu stellen, wenn derweil um die Ecke Fabriken weiter munter alle Abfälle in die Luft und die Flüsse ableiten.

Zur mittlerweile recht auffälligen Luftverschmutzung gesellt sich ein weiteres großes Problem: der Wassermangel. Je mehr die Wälder Nordchinas verschwinden, desto mehr sinkt der Grundwasserspiegel des ohnehin schon recht trockenen Landstrichs. In manchen Monaten verwandelt sich selbst der Gelbe Fluss in einen Rinnsal. Eines sei allerdings an dieser Stelle angemerkt: Selbstverständlich gibt es in China noch immer viele geradezu unberührte Landschaften und einzigartige Biotope. Doch gerade weil das Land in landschaftlicher Hinsicht so einzigartig ausgestattet ist, wäre der Verlust umso tragischer.

Der Gedanke, diesen bedrohlichen Entwicklungen durch Umweltmaßnahmen Einhalt zu gebieten, ist natürlich auch der Regierung nicht neu, und es gibt durchaus einige ernst gemeinte staatliche Initiativen zur Verbesserung des Umweltschutzes. Generell befindet sich die Regierung aber in einer politischen Zwickmühle. Solange sie es schafft, der städtischen Bevölkerung eine stete Steigerung des Lebensstandards zu verschaffen, braucht sie sich wenig Gedanken um die eigene Machtposition zu machen. Dass das imposante Wirtschaftswachstum von fünf bis zehn Prozent in den letzten Jahren allerdings nicht immer mit einer umweltverträglichen Haltung einhergehen kann, versteht sich von selbst. Immerhin wurden aber seit den 1970er Jahren landesweit gut 400 Naturreservate eingerichtet, die mehr als sechs Prozent der Staatsfläche einnehmen. Auf internationaler Ebene hat China ebenfalls im Rahmen des Biosphäre-Programms der UNESCO sieben Biosphärenreservate deklariert. Ebenfalls aus den End-1970ern stammt das Projekt ›Große Grüne Mauer‹, das weltweit größte Umweltprogramm. Das Ziel: Eine 4500 Kilometer lange und 100 Kilometer breite Barriere aus Bäumen soll die Erosion stoppen und die Ausbreitung der Wüste Gobi verhindern. Insgesamt sieht die Große Grüne Mauer bis zum Jahr 2050 Aufforstungen auf einer Fläche von rund vier Millionen Quadratkilometern vor. Bis sich die ersten Erfolge einstellten, dauerte es freilich einige Jahre. Erst 2005 gelang es, das Ruder herumzureißen: Seither verringert sich die von der Desertifikation betroffene Fläche wieder leicht.

Seerose

Die Geschichte Chinas

Seit wann eigentlich gibt es China? Ganz genau lässt sich diese Frage nicht beantworten, denn immer wieder tauchen neue Teile des großen historischen Puzzlespiels auf. Lange Zeit nahmen die archäologischen Forschungen einen eher geringen Stellenwert ein – sie verschwanden einfach im Schatten der turbulenten politischen Entwicklung des 20. Jahrhunderts. In der Kulturrevolution gar wäre es ein höchst gefährliches Unterfangen gewesen, sich offen dem Studium imperialer Dynastien oder vergangener Königreiche (sozusagen dem Klassenfeind schlechthin) zu widmen. Wurde allem Unbill zum Trotz dennoch geforscht, betrachtete man die Funde allzu oft durch die ideologische Brille des Han-Kulturalismus. Vor allem südchinesische oder gar nicht-chinesische Völker gerieten dabei ins Hintertreffen.

Die Ursprünge

Lange galt der Unterlauf des Huanghe als die Wiege der chinesischen Zivilisation – eine Version, die auch heute noch uneingeschränkt in fast allen Publikationen zu finden ist. Hier entstand die Gelbe Kultur (abgeleitet von der gelben Farbe der Lösserde), die wir heute als die chinesische schlechthin wahrnehmen und die viele Jahrhunderte den Kaiserhof prägte. Funde, die auf zeitgleiche, bedeutende Kulturen in Südchina (die sogenannte Blaue Kultur) hinwiesen, wurden entweder lange ignoriert oder in ihrer Bedeutung heruntergespielt. Erst mit der Öffnungspolitik seit Anfang der 1980er Jahre und der damit verbundenen Abkehr vom bedingungslosen Dogmatismus wurden einige der historischen Verzerrungen korrigiert. Sicher ist mittlerweile, dass die chinesische Kultur sich wohl eigenständig entwickelte, aber auf einem Gemisch aus diversen lokalen Kulturen fußt, die im Laufe der Zeit größtenteils verschmolzen.

Zeit genug dazu hatten sie allemal, denn die ersten Homo-erectus-Funde von Yuanmou in der Provinz Yunnan sind gut 1,7 Millionen Jahre alt. Auch der Peking-Mensch, der 1927 in Zhoukoudian nahe Beijing entdeckt wurde, wird auf rund 500 000 Jahre geschätzt.

Viele weitere Funde stützen die These, dass Ostchina seit der Altsteinzeit kontinuierlich besiedelt war. Doch erst gut 7000 bis 8000 Jahre vor Christus, also mit dem Beginn des Neolithikums (Jungsteinzeit), begannen die Jäger, Fischer und Sammler sesshaft zu werden. Ackerbau, Töpferkunst und Weberei waren bereits 5000 vor Christus weit verbreitet. Schweine und Hunde gehörten schon zum Hof, während Schafe, Rinder und Wasserbüffel erst um das Jahr 3000 vor Christus auftraten. Besonders rund um den Gelben Fluss und den Yangzi entstanden Siedlungen mit permanentem Ackerbau. Dass sich gerade hier spätere Hochkulturen herausbildeten, hat seinen Grund: Ständig von Überschwemmungen bedroht, mussten sich die Menschen früh organisieren, um den Fluss zu bändigen.

Besonders bekannt ist mittlerweile die Peiligang-Kultur (6500–5000 v. Chr.), deren Mitglieder in Grubenhäusern in den Provinzen Shandong, Shaanxi, Henan und Hebei lebten und sich bereits von Hirseanbau und Viehwirtschaft ernährten.

Markt in Dali

Auch die etwas spätere Hemudu-Kultur (5000–3000 v. Chr.) am Unterlauf des Yangzi kannte die sesshafte Reiskultur und domestizierte Hunde, Schweine und Wasserbüffel. Ihre Häuser thronten auf Pfählen über der Ebene, die immer wieder von Überschwemmungen heimgesucht wurde.

Ein weiterer, wichtiger Einschnitt geschah gut 3000 Jahre vor Christus: Die Siedlungen wurden nun größer, teils entstanden geradezu städtische Kulturen. Dank der sesshaften Ackerkultur gewann die Vorratshaltung an Bedeutung. Kein Wunder, dass die Töpferwaren immer kunstvoller gestaltet wurden. Die Yangshao-Kultur (5000 – 3000 v. Chr.) der Provinzen Henan und Shanxi beispielsweise wird durch eine rote Keramik mit schwarzen Verziehrungen charakterisiert. Die etwas spätere, in Shandong angesiedelte Longshan-Kultur (4000–2000 v. Chr.) hingegen stellte eine dünnwandige, schwarze Keramik her. Dazu kamen die ersten Versuche der Metallverarbeitung.

Die Kultur-Heroen der Xia-Dynastie

Genau in diese Zeit fällt die vermeintlich erste Dynastie Chinas, die Xia (ca. 2200–1600 v. Chr.). Lange galt sie als ein Produkt der chinesischen Mythologie. Erst Ausgrabungen in Erlitou in der Provinz Henan ließen die bisherigen Erkenntnisse wanken.

Die Frage, ob und wie weit es die Xia wirklich gab, ist für viele Chinesen eher unbedeutend, und sie verweisen auf die mythologische Entstehungsgeschichte, die nahtlos in die historisch belegten Erkenntnisse übergeht. Ihr zufolge waren es die ›Drei Erhabenen‹ (San Huang) Fuxi, Nügua und Shennong, die mit ihren Erfindungen die Basis der menschlichen Kultur legten sowie den Men-

Vater und Sohn im Nordwesten

schen vom Tier und von den Göttern trennten. Fuxi beispielsweise erfand Fischzucht und Jagd, Nügua reparierte die Welt, nachdem der Geist Gonggong sie verwüstet hatte, und ihr Nachfolger Shennong brachte Kochkunst und Ackerbau.

Auch die darauffolgenden mythischen fünf Urkaiser, deren Titel nicht vererbt, sondern an den Fähigsten verliehen wurden, regierten weise und brachten den Menschen weitere kulturelle Fähigkeiten. Der letzte von ihnen, Tangyao, wurde jedoch von einer großen Überschwemmung heimgesucht. Erst der Untertan Yu konnte die Fluten regulieren und den Staat retten. Zum Dank wurde er zum Kaiser ernannt.

Mit dem nunmehr zum Kaiser avancierten Yu beginnt nicht nur in der Mythologie eine neue Ära (er führte die Erbmonarchie ein), sondern auch der Übergang zur belegten Geschichte. Als Begründer der Xia-Dynastie galt er allerdings lange Zeit als weitere Erfindung des Volksglaubens, genau wie auch seine Dynastie selbst – unter anderem, weil aus dieser Zeit keine schriftlichen Dokumente überliefert sind.

Die Shang-Dynastie

Mit der Shang-Dynastie (ca. 1600–1040 v. Chr.), die sich wahrscheinlich aus der Longshan-Kultur entwickelte, geht die Welt der Sagen definitiv zu Ende. Funde nahe Anyang (Provinz Henan) und in Erligang bei Zhengzhou zeigen, dass der Shang-Staat bereits höchst organisiert war: Allen voran stand der König, der nicht nur über die Streitkräfte herrschte, sondern auch als oberste Instanz der Ahnenverehrung und Opferkultur fungierte, denn er war für die Durchführung der Kulte zuständig. Besonders zimperlich ging es dabei nicht zu: Menschenopfer waren weit verbreitet, und nicht immer waren die Grabbeigaben tot, hin und wieder stieß man die zu opfernden Sklaven auch lebend hinein. Seine Herrschaft über das Staatsgebiet im heutigen Henan, Hebei, Shaanxi, das nördliche Anhui und Shandong sicherte der Shang-Kaiser mit Hilfe eines starken Kriegeradels und gut organisierten Armeen, die bereits per Pferdewagen unterwegs waren. Auch in punkto Metallverarbeitung waren die Shang führend in der Welt, und keine Zivilisation dieser Zeit konnte an ihre Bronzeverarbeitung heranreichen.

All dieses Wissen über die Shang ist zahlreichen Ausgrabungen auf dem Terrain der damaligen Hauptstadt Yin nahe dem heutigen Anyang zu verdanken, wo elf Königsgräber mit zahllosen Waffen, Grabbeigaben, Alltagsgegenständen entdeckt wurden – und mehr als 20 000 Orakelknochen! Um mit den Göttern in

Kontakt zu treten, benutzten die Priester der Shang-Kultur Schweineknochen und Schildkrötenpanzer. Nachdem die Frage an das Orakel auf dem Knochen vermerkt worden war, wurde er dem Feuer ausgesetzt. Anhand der Risse, die sich dadurch ergaben, konnte die göttliche Antwort gedeutet werden, die später ebenfalls auf dem Knochen vermerkt wurde, genauso wie, quasi als Kontrollstreifen, eine Notiz, ob die Vorhersage wirklich eintraf. Die Zeichenschrift der Priester gilt als Urform der chinesischen Schrift. Viele der damaligen Zeichen sind auch heute noch in abgewandelter Form in Benutzung.

Unter dem Mandat des Himmels – die Zhou

Allen grausamen Ritualen und der kriegerischen Lebensform der Shang zum Trotz erstarkten gegen Ende des zweiten Jahrtausends vor Christus die benachbarten Zhou (1040–221 v. Chr.). Im Jahr 1050 vor Christus schließlich überrannten sie das Reich der Shang und etablierten eine neue Dynastie. Auch eine ideologische Rechtfertigung brachten die neuen Herrscher mit: Zu dekadent hatten die Shang gelebt, zu moralisch und sittlich verwerflich, so dass sie den göttlichen Herrschaftsauftrag verspielt hatten. Dieses ›Mandat des Himmels‹ sollte fortan bis in das moderne China eine entscheidende Rolle spielen. Als Mittler zwischen Himmel und Erde blieb der Regent verantwortlich für die Verwirklichung der kosmischen Grundregeln auf Erden. Gelang ihm dies nicht, war es durchaus legitim, den Herrscher zu stürzen und eine neue Dynastie zu gründen. Alle Rebellionen und späteren Volkserhebungen erhielten damit einen höchst konservativen Touch. Nicht um Neues zu erschaffen, wurden die Kaiser

Alt und Neu in Beijing

Am Kaiserkanal im Osten des Landes

abgesetzt, sondern um Vergangenes wieder herzustellen. Der himmlische Zorn war im übrigen leicht zu erkennen, entlud er sich doch in Form von Naturkatastrophen wie Erdbeben oder Überschwemmungen. Letztere konnte in der Tat ein Anzeichen schlechter Herrschaft und höfischer Dekadenz sein, denn wenn sich der Herrscher nicht mehr um die Organisation der Deichbauarbeiten kümmerte und die Korruption nicht in Schach hielt, versickerten die Wasserbau-Mittel im Getriebe der Palastverwaltung. Kein Wunder, dass dann die Dämme brachen.

Und noch eine Neuerung brachten die Zhou mit: die feudale Organisation des Staates. Vasallen-Fürsten regierten das Land im Namen des Königs, der sich so eine starke Präsenz in allen Landesteilen erhoffte. Immerhin erstreckte sich China mittlerweile über gut ein Siebtel des heutigen Staatsgebietes. Anbetracht der Distanzen war dieses Reisenreich nur schwer zu verwalten und zu überwachen. Im Grunde genommen war es dann auch die Feudalstruktur, die der Zhou-Dynastie letztlich den Rest gab: Je mächtiger die Fürsten wurden, desto weniger waren sie gewillt, den Anweisungen eines fernen Königshofes zu folgen. Zeitgleich nahm der Druck aus Norden zu: Immer öfter fielen die nomadischen Nachbarn und ›Barbaren‹ ins chinesische Kernland ein. Im Jahre 771 schließlich räumte der Hof die bisherige Hauptstadt Xi'an und zog ins weiter östlich gelegene Luoyang. Den Historikern gaben sie damit eine Strukturierungsmöglichkeit, denn aufgrund dieses Ereignisses unterscheidet man heute zwischen den westlichen und östlichen Zhou.

Den politischen Zerfall konnten auch die östlichen Zhou damit freilich nicht aufhalten. Immer mehr beschränkte sich die Rolle des Königs auf religiöse Aktivitäten: Als Oberhaupt war er zwar weiterhin für den himmlischen Kontakt zuständig, hatte aber ansonsten die politische Kontrolle verloren. Kein

Wunder, dass die erstarkten Fürsten bald begannen, sich untereinander zu bekriegen. In dieser Zeit der Frühlings- und Herbstperiode (722–481 v. Chr.) reduzierte sich die Zahl der Staaten merklich.

Garkörbe aus Bambus

Zeitgleich entstand eine neue Berufsgruppe – die höfischen Berater. Mal hier, mal dort auf Zeit angestellt, zogen sie von Staat zu Staat und verdingten sich als Lehrer, Berater und Philosophen. Teils folgten ihnen regelrechte Jünger, die sich in philosophischen Diskussionen mit ihren Meistern übten. Derweil ging die politische Situation rapide bergab: In der sogenannten Zeit der Streitenden Reiche (453–256 v. Chr.) wurde das Land von bürgerkriegsähnlichen Zuständen geschüttelt. Anstatt sich um das Wohlergehen der Untertanen zu kümmern, kämpfte eine Handvoll lokaler Herrscher um die Macht.

Vielleicht wurde diese Periode gerade deshalb zu einer philosophisch höchst fruchtbaren: Wie sieht der ideale Regent aus? Wie muss ein Staat geführt werden, damit er funktioniert? Wie ist überhaupt das Verhältnis von Staat zu Individuum, Regent zu Untertan? Gleich mehrere große Philosophen beschäftigten sich mit diesen brennenden Fragen. Wenn auch mit sehr unterschiedlichen Ergebnissen, die allesamt aber die chinesische Kultur entscheidend prägen sollten. Konfuzianismus, Daoismus und Legalismus entstanden in der Periode der Zhou.

China wird Kaiserreich

Der Kampf der Kleinstaaten neigte sich schließlich immer mehr zu Gunsten des Fürstentums Qin (221–206 v. Chr.). In einem zehnjährigen Krieg besiegte der Regent Zheng einen Konkurrenten nach dem anderen und ernannte sich selbst zum Qin Shihuangdi, dem Ersten Kaiser von Qin. Qin Shihuangdi hatte aus dem Fiasko der Zhou gelernt: weg mit den potentiellen Konkurrenten! Vorsorglich ließ er 120 000 adlige Familien in die Hauptstadt Chang'an (heute Xi'an) umsiedeln, direkt unter seine Kontrolle. Auch der Rest des Landes wurde in einen straffen Zentralstaat verwandelt. Philosophisch ließ sich Qin Shihuangdi vor allem von Han Feizi inspirieren: Seine Schule des ›Legalismus‹ setzte in der Staatsführung auf die Kraft des Normativen, auf Abschreckung und Vereinheitlichung.

Für Vergehen aller Art wurden daher strenge Strafen eingeführt, die aber auf alle Bevölkerungsschichten gleichermaßen angewandt wurden. Auch die Frage der Vereinheitlichungen nahm sich Qin Shihuangdi sehr zu Herzen. Was

Die Große Mauer entstand im 3. Jahrhundert vor unserer Zeit

immer sich normieren ließ, wurde vom Hofe genormt: Die Achsenbreite der Wagen, Gewichte, Währung, ja sogar die regionalen Unterschiede der Schriftzeichen wurden auf kaiserliche Anweisung angeglichen. Alles das, was vor Qin Shihuangdi gewesen war, sollte aus dem kulturellen Gedächtnis der Menschen verschwinden. Mit einer großen Bücherverbrennung, die vor allem auf die konfuzianischen Klassiker abzielte, ordnete er eine Art kulturelle Tabula rasa an. Nur wenige Werke überlebten den größenwahnsinnigen Herrscher.

All dies ging mit einer sehr expansiven Außenpolitik einher. Bis Vietnam zog sich nun das Qin-Territorium, von Lanzhou bis Korea. Auch die Provinzen Yunnan, Guizhou und Sichuan wurden dem Reich einverleibt. Der Konflikt mit den nomadischen Völkern im Norden von China jedoch blieb. In einem gigantischen Großprojekt ließ der Kaiser daher alle bereits existierenden Wallanlagen an der Nordgrenze miteinander verbinden – die Große Mauer entstand. Über eine Million Arbeiter, die meist unfreiwillig von der Straße aufgegriffen oder aus den Gefängnissen zwangsrekrutiert wurden, errichteten in nur 17 Jahren die ersten 1900 Kilometer der Mauer.

In fast allen möglichen Bereichen schaffte es der Herrscher, den üblichen Rahmen zu sprengen. Selbst seine Grabstätte, die er schon zu Lebzeiten einrichten ließ, sollte sich zum historischen Superlativ entwickeln: Mit tausenden von lebensgroßen Tonsoldaten bestückt, sicherte sie dem Herrscher nicht nur den eigenen Weg ins Jenseits, sondern heute auch viel Einkommen für die modernen Bewohner von Xi'an. Als Terrakotta-Armee locken die Krieger heute jedes Jahr Heerscharen von Touristen in die Region (S. 192).

All dies mag in der Retrospektive recht progressiv wirken, die Bewohner des Reiches jedoch litten unter der Herrschaft des Despoten. Frondienste, unglaublich harte Strafen, Sippenhaft, Abgaben und permanente Überwachung durch den

Staat erbosten die Bevölkerung. Nach dem Tode von Shihuangdi explodierte der aufgestaute Unmut: In einer Rebellion konnte der Rebellenführer Liu Bang schnell die Oberhand gewinnen und sich selbst auf den Thron setzen.

Die westliche Han-Dynastie

Unter dem Eindruck der Qin-Dynastie war es für den neuen Kaiser nicht schwer, die Bevölkerung auf seine Seite zu bringen. Die Grundlagen der straffen Organisation behielt er zwar bei, lockerte aber die staatliche Kontrolle, senkte die Steuern und kehrte zur Philosophie des Konfuzius zurück, die wenige Jahrzehnte später sogar zur Staatsdoktrin erhoben wurde. Nichtsdestotrotz musste das Reich natürlich verwaltet werden. Erstmals kamen dazu Beamte zum Einsatz, wie sie die nächsten 2000 Jahre typisch für China sein sollten.

Diese administrative Innovation unter zentraler Verwaltung war erst einmal ausnehmend erfolgreich. Trotz der Probleme, die mit den großen territorialen Zugewinnen verbunden waren – China erreichte fast die Größe des heutigen Staatsgebietes –, ging es wirtschaftlich bergauf. Über die Seidenstraße entwickelte sich ein reger Handel. Kulturell entwickelte sich China zu dem, was wir auch heute noch als typisch chinesisch bezeichnen. Für Wissenschaftler und Erfinder wirkte die neue gesellschaftliche Stabilität höchst befruchtend: Stahlgewinnung, Schubkarre, Fallschirm, Papier und die Hängebrücke stammen beispielsweise aus dieser Epoche. Heute noch viel gelesen wird auch Sima Qian (135 v. Chr.–93 v. Chr.), der mit dem ›Buch der Geschichte‹ (Shiji) eine der frühesten historischen Abhandlungen schrieb und damit Standards setzte, die bis zum Ende der Kaiserzeit gelten sollten. Alles in allem gehört die Han-Dynastie (206 v. Chr.–9 n. Chr.) zu den großen Vorbildern der Chinesen, die sich auch heute noch selbst als ›Volk der Han‹ und den hochchinesischen Dialekt als ›Han-Sprache‹ bezeichnen.

Bei allem Glanz war ihre Herrschaft, die wegen der Lage ihrer Hauptstadt Chang'an als westliche Han bezeichnet wird, nicht ohne Probleme. Regelmäßig fielen die Nomadenvölker von Norden her ein, zudem war das große Reich schwer zu verwalten, immer wieder musste der König gegen Lokalherrscher vorgehen – sofern er sich überhaupt dafür interessierte. Gegen Ende der westlichen Han kam eine Reihe von profillosen Kaisern an die Macht, die mehr am Palastleben als an den Regierungsgeschäften interessiert war.

Unter diesen Vorzeichen gelang es einem Verwandten des Kaisers, Wang Mang, im Jahre 9 nach Christus, die Macht an sich zu reißen (9–24). Sein

Straßenarbeiter

Programm war einfach, aber für das gewöhnliche Volk höchst vielversprechend: Alle Großgrundbesitzer sollten enteignet werden und ihr Land neu verteilt werden. Auch für die Sklaverei hatte er wenig übrig und forderte die Abschaffung. In besser gestellten Kreisen stieß dieses Programm natürlich auf wenig Gegenliebe und war zum Scheitern verurteilt. Nur 15 Jahre nach der Machtübernahme wurde das Interregnum des Wang Mang von Aufständischen beendet und die Han-Dynastie wiederbelebt.

Die östliche Han-Dynastie

Als ›östliche Han‹ (die Hauptstadt lag nun in Luoyang) kehrte der Aufständischenführer Liu Xin zu den Prinzipien der Han-Gründer zurück. Das größte Problem, die Last, ein derart großflächiges Reich zu regieren, konnte aber auch die neue Han-Dynastie (25 –220) nicht lösen. Die lokalen Herrscher erstarkten, während das Volk unter der wachsenden Steuerlast stöhnte, denn die Expansionspolitik der Han erwies sich langfristig als finanzielles Desaster. Immer wieder wurden die Steuern erhöht, musste das Geld entwertet werden. Ohnehin waren große Teile der Bevölkerung mittlerweile verarmt und verdingten sich als landlose Tagelöhner.

Trotz diverser Bemühungen sollte es den östlichen Han nicht gelingen, die Dynastie wieder zu beleben. Schon Ende des 2. Jahrhunderts war der Kaiserhof praktisch machtlos und hatte 184 dem daoistisch angehauchten Bauernaufstand der ›Gelben Turbane‹ nur wenig entgegenzusetzen. Auch am Hofe selbst sorgte der Daoismus mit seinen Unsterblichkeits-Elixiren für viel Trubel, denn viele davon enthielten Quecksilber und bewirkten, dass fast alle Herrscher in jungem Alter dahingerafft wurden. Über einige Generationen hinweg rückten deshalb nur minderjährige Thronfolger nach, die den Hofintrigen nicht gewachsen waren. So

Aussichtsplattform im World Financial Center in Shanghai

bunt trieben es die Eunuchen bei Hofe, dass im Jahre 189 einige Provinzmachthaber den Palast stürmen und über 2000 Eunuchen töten ließen. Formell bestand der Kaiserhof noch bis zum Jahr 220, als der letzte Han-Regent abgesetzt wurde und das Reich offiziell zerfiel.

Das zerfallene Großreich

Nur drei lokale Machthaber überdauerten den folgenden Machtkampf erfolgreich, so dass China über mehrere Jahrzehnte in die drei Reiche Shu-Han (221–263) im Westen, Wei (220–265) im Süden und Wu (222–280) im Norden zerfiel.

Kurze Zeit später gelang es der Dynastie der westlichen Jin, das Reich von 265 bis 317 zu einen. Doch bereits zum Ende des 3. Jahrhunderts begannen die Nomadenvölker der Steppe, nach und nach den Norden Chinas zu erobern. Ein einheitliches Herrschaftsgebiet konnten sie allerdings nicht etablieren, da es immer wieder zu heftigen Machtkämpfen unter den Konkurrenten kam. Bis zu 16 verschiedene Königreiche existierten dabei nebeneinander. Erst die Invasion des Toba-Volkes um 386 einte den Norden zur Wei-Dynastie.

Die Jin-Dynastie zog sich derweil nach Südchina zurück, wo sie bis 420 überdauerte. Die darauf folgende Zeit der ›Nördlichen und Südlichen Dynastien‹ (420–581) umfasste ein ganzes Sammelsurium von Kleinstaaten, von denen keiner stark genug war, seine Konkurrenten zu besiegen. Doch das politische Chaos hatte auch gute Seiten, denn es erwies sich als Chance für die Kaufleute. Bis dato in der konfuzianischen Gesellschaft geächtet, gelang es ihnen in der Phase ohne starke Zentralregierung, ihren Reichtum in Macht umzusetzen.

Die Sui-Dynastie

Trotz der jahrhundertelangen Zersplitterung war das Ideal eines geeinten Reiches nie verloren gegangen. Im Jahr 581 war es wieder soweit: Der Militärführer Yang Jian usurpierte den Thron des nördlichen Zhou-Reiches und eroberte von dort aus nach und nach Gesamtchina. Wie schon vor der Teilung des Reiches, wurde Chang'an (heute Xi'an) wieder Hauptstadt von China. Auch die weiteren Maßnahmen des neuen Kaisers zeigten, wie dauerhaft sich die chinesische Kultur im Süden hatte halten können: Nach der Wiedereinführung der Beamtenprüfungen wurde die Reichsverwaltung erneut nach konfuzianischen Prinzipien in die Ministerien für Beamte, Finanzen, Justiz, Militär, öffentliche Arbeiten und Riten unterteilt. Eine Bodenreform zugunsten der niederen Schichten verhalf den Sui anfangs zu viel Rückhalt in der Bevölkerung. Schnell jedoch verspielten die neuen Herrscher den Bonus, indem sie ungeheure Mengen von Arbeitern bei Großprojekten verheizten. Der Große Kanal (Kaiserkanal) sollte endlich eine Transportverbindung zwischen Nord- und Südchina herstellen und den Zugang zu den Reisgebieten des Yangzi-Deltas vereinfachen. Fast fünf Millionen Arbeiter wurden dabei unter erbärmlichen Bedingungen aufgerieben. Auch die Reparatur- und Erweiterungsarbeiten an der Großen Mauer verliefen unter enormem Arbeitskräfteeinsatz. Nicht zuletzt sorgten auch Steuererhöhungen, mit denen die

Dachreiter in der Verbotenen Stadt in Beijing

Projekte finanziert werden sollten, für Unmut in der Bevölkerung. Die positiven Auswirkungen ihrer Politik, wie beispielsweise die bessere Versorgung des Nordens mit Waren und Lebensmitteln, konnten sie selbst nicht mehr auskosten: Alles in allem verspielten die Sui innerhalb weniger Jahre ihren Rückhalt und wurden nach nicht einmal 30 Jahren Herrschaft gestürzt (581–618).

Die Tang-Dynastie

Die darauf folgende Dynastie der Tang (618–907) sollte es zu Weltruhm bringen. Dank diverser Siege über die nomadischen Nachbarn konnte sich China entlang der Seidenstraße ausbreiten und enorm vom innerasiatischen Handel profitieren. Doch auch neues Gedankengut kam mit den Händlern ins Land, die sich sowohl auf dem Landweg als auch per Schiff Zugang zum chinesischen Markt verschafften. Vielleicht war gerade deshalb der Beginn der Tang-Zeit von großer religiöser und philosophischer Toleranz geprägt. Der Konfuzianismus blieb zwar die herrschende Doktrin, doch die Anhänger anderer Religionen konnten problemlos praktizieren. Vor allem der Buddhismus profitierte davon und wurde nun zu einer wichtigen treibenden gesellschaftlichen Kraft. In kultureller wie wissenschaftlicher Hinsicht entwickelte sich die Herrschaft der Tang zu einer Blütezeit: Von der Dichtkunst des Du Fu oder Li Bo bis hin zur Porzellanherstellung erreichten die Künstler ein nie dagewesenes Niveau.

Auch in administrativer Hinsicht entwickelten die Tang ihre Regierungsmethoden. Dank einer neuen Agrarverordnung wurde das Land gleichmäßig auf Lebenszeit unter den Bauern verteilt. Um diese Aufgabe möglichst korrekt durchzuführen, wurden Volkszählungen sowie ein Katastersystem zur Landbewertung eingeführt. Die Wirkungen ließen nicht lange auf sich warten: Viele Bewohner des Landes profitierten von den Neuerungen und konnten ihren Lebensstandard merklich steigern. Letztlich sollte aber gerade dies die Dynastie ins Wanken bringen, war sie doch unfähig, das daraus resultierende starke Bevölkerungswachstum zu verkraften. Auch die permanenten Kriege, die nötig waren, um das Riesenreich zusammenzuhalten, gingen zu Lasten der Staatskasse und führten in späteren Jahren zu einer starken Steuerbelastung.

Das Ende der Tang war eher unrühmlich und ganz und gar nicht von Toleranz geprägt: Eine groß angelegte Kampagne gegen den Buddhismus sorgte im 9. Jahrhundert für große Zerstörungen. Über 4000 Klöster wurden zerschlagen, der Klerus enteignet. Die Gründe dafür waren allerdings höchst weltlicher Natur: Die Mönche waren dem Kaiser zu reich und einflussreich geworden und hatten sich so zu einer politischen Kraft entwickelt. Den Todesstoß erhielt das Haus der Tang mit dem Aufstand des Huang Chao, dem angeblich mehr als 30 Millionen Menschen zum Opfer fielen.

Mit dem gewaltsamen Tod des letzten Kaisers endete auch die Tang-Dynastie, obwohl ein Eunuch des Hofes versuchte, die Macht an sich zu reißen und die Dynastie zu erhalten. Erneut zerfiel das Reich, und nördlich des Huai-Flusses folgte rasch hintereinander eine Reihe von Dynastien, die allesamt nur wenige Jahre anhielten. Im Süden hingegen zerbrach das Territorium in viele kleine Königreiche, die nebeneinander existierten.

Die Künstler-Kaiser der Song-Dynastie

Die letzte der fünf Dynastien des Nordens, die ›späteren Zhou‹, endete 960, als sich der General Zhao Kuangyin zum Kaiser ausrief und die Song-Dynastie (960– 1279) gründete. Und erneut sollte eine kulturelle Hochphase eintreten. Dank des Buchdrucks mit beweglichen Lettern war es nun erheblich einfacher, neue wissenschaftliche Erkenntnisse zu verbreiten. Generell stieg die Zahl der verfügbaren Bücher und damit auch das Bildungsniveau der Bevölkerung erheblich an. Unter dem Einfluss des Zen-Buddhismus erlebte die Malerei eine neue Blüte, das Papiergeld wurde eingeführt und die Porzellanherstellung verfeinert. Auch in wirtschaftlicher Hinsicht entwickelte sich die Song-Zeit zu einer wichtigen Epoche, denn erstmals entstanden Manufakturen in den Städten und damit ein Bürgertum.

Die kulturelle wie wirtschaftliche Blüte konnte aber das dringlichste Problem nicht lösen: Im Norden erstarkten die Nomaden immer mehr. Militärisch weit weniger geschickt als in anderen Fragen, mussten die Song letztlich unter dem Druck der nördlichen Invasoren klein beigeben. Zu Beginn des 11. Jahrhunderts begannen die Song, Tribut an das Kitan-Volk der nördlichen Liao zu zahlen. Besonders erfolgreich war diese Politik allerdings nicht, denn 1127 sah sich der Kaiserhof trotzdem gezwungen, sich nach Südchina zurückzuziehen und die Hauptstadt nach Hangzhou zu verlagern.

Wirtschaftlich war der Süden erst einmal durchaus erfolgreich: Neue Reis- und Teesorten erhöhten die Zahl der Ernten, dank Bewässerung konnten die Erträge gesteigert werden.

Langfristig jedoch sollten die Song den Kampf gegen die Reitervölker verlieren. Bereits Anfang des 13. Jahrhunderts gelang es Dschingis Khan, dem chinesischen Reich große Teile abzuringen. Sein Enkel Kublai Khan schlug schließlich das Song-Reich vernichtend und wurde damit zum Herrscher über ganz China.

Die Yuan-Dynastie

Für die chinesische Zivilisation war dies ein völliges Desaster, denn gut ein Drittel aller Intellektuellen überlebte den Mongolensturm nicht. Aus dem innovativen Reich der Song wurde eine ausgebeutete Kolonie, in der die Chinesen nur noch Bürger unterster Klasse waren (1279–1368). Gegenüber ausländischen Besuchern aus dem Westen zeigten sich die Mongolenkaiser jedoch aufgeschlossen. Die Handelswege Zentralasiens standen nun alle unter mongolischer Kontrolle, erstmals war es jetzt relativ ungefährlich, von Europa in den Fernen Osten zu reisen. Vor allem Missionare erkannten die Gunst der Stunde, aber auch Kaufleute wie Marco Polo machten sich auf den beschwerlichen Weg an den Kaiserhof von China, wo sie oft Jahre als Berater verbrachten.

Mit einem jedoch hatten die Mongolen nicht gerechnet, nämlich der Sinisierung der eigenen Herrscher. Schnell gewöhnte man sich an den angenehmen Lebensstil, der anstatt harter Expeditionen auf dem Pferderücken gemütliche Tage im Separee vorsah. Schon aus praktischen Gründen hatte man den Verwaltungsapparat der Chinesen übernommen, aber auch die Annehmlichkeiten des täglichen Lebens. Der Kampfkraft der Mongolen war dies keineswegs förderlich, und so hatten sie den Chinesen bald wenig entgegenzusetzen.

Am Tian'anmen-Platz in Beijing

Als Mitte des 14. Jahrhunderts bei einer Überschwemmung die Deiche des Gelben Flusses brachen, kochte das Volk. Unter der Leitung der ›Roten Turbane‹ gelang eine erfolgreiche Rebellion, die die Yuan-Dynastie stürzte.

In Sichuan

Die Ming-Dynastie

Die Herrschaft des ersten Kaisers der Ming-Dynastie (1368–1644) Zhu Yuanzhang stand ganz unter dem Zeichen des Wiederaufbaus. Die Bewässerungs- und Deichanlagen mussten wieder instand gesetzt werden, und auch die Große Mauer stand ganz oben auf der Liste der öffentlichen Arbeiten. Nie wieder sollten die Nomaden des Nordens über China herrschen! Alles in allem war die Politik in wirtschaftlicher Hinsicht erst einmal erfolgreich, obwohl sich die Herrschaft der Ming immer mehr zu einer Art Absolutismus entwickelte. Neue Nutzpflanzen wie die Süßkartoffel, Mais und Erdnüsse brachten eine bessere Ernährungssituation, während sich in den Städten verstärkt Industriezentren bildeten. Gesellschaftlich sorgte das neue Herrscherhaus für Unmut, als es die Bevölkerung in Bauern, Soldaten und Handwerker einteilte und jeden Berufwechsel kategorisch verbot.

Unter dem Eindruck der vergangenen Mongolendynastie erfreute sich nun alles ›Chinesische‹ größter Beliebtheit. In philosophischer Hinsicht beispielsweise entfaltete sich der Neo-Konfuzianismus, der sich durch seine strenge Auslegung von den Vorläufern unterschied, zur vollen Blüte. Die fremdenfeindliche Haltung der Neo-Konfuzianer machte sich auch in der jähen Wende der Außenpolitik bemerkbar: 1405 hatte der weltoffene Kaiser Yongle seinen vertrauten Eunuchen Zheng He auf die erste von sieben wahrhaft gigantischen Missionen geschickt. Mit mehr als 30 000 Mann Besatzung und einer Armada von 300 Schiffen zog er über Südostasien, Sri Lanka, Indien, Arabien bis an die Küsten Afrikas, um der Welt von der Größe Chinas zu berichten und Tribut einzusammeln. Mittlerweile gibt es sogar Hinweise, er habe eventuell Amerika noch vor Columbus erreicht (den Vergleich zu seinem spanischen Kollegen hätte er ohnehin nicht scheuen müssen, denn dieser ging mit nur drei vergleichsweise kleinen Schiffen auf große Reise). Bereits 1436, wenige Jahre nach dem Tode von Yongle, mussten alle Fahrten jedoch wieder eingestellt werden. Für die eingefleischten Konfuzianer repräsentierten Außenkontakte bestenfalls negativen Einfluss, und den Influx unerwünschter Ideen. Zudem war das alte Problem der nomadischen Nachbarn wieder drängend geworden, und alle Staatsmittel wurden vermeintlich zur

Dorfbulletin mit Wäsche

Sicherung der Nordgrenze gebraucht. Nur für wenige Jahre war China die größte Seemacht der Welt, bevor es endgültig die Tür zur Außenwelt zuwarf.

Auf europäischer Seite tauchte China nun ebenfalls verstärkt auf der Landkarte der Seefahrer auf: 1516 erreichten die Portugiesen Kanton, 1624 ließen sich die Niederländer in Taiwan nieder und 1637 erschienen erstmals auch englische Schiffe in Kanton. Alles in allem hinterließen sie jedoch einen arroganten und unzivilisierten Eindruck und mussten alsbald ihre Niederlassungen wieder schließen.

Der Niedergang der Ming-Dynastie wurde, wie so oft in der chinesischen Geschichte, durch die unheilvolle Kombination aus kaiserlicher Machtlosigkeit und nomadischer Bedrohung eingeleitet. Zu Anfang des 17. Jahrhunderts lag die Macht am Hofe fast ausschließlich in der Hand der Eunuchen. Mehr mit Palastintrigen als mit den Geschicken des Reiches beschäftigt, ließ die allgemeine Wachsamkeit nach, beispielsweise gegenüber den Mandschuren, einem nordöstlichen Nachbarvolk und vermeintlichen Verbündeten. Als korrupte Wachleute ihnen die Große Mauer öffneten, gelang es den Mandschus, die Macht zu übernehmen.

Die Qing-Dynastie

Auch die Mandschus der Qing-Dynastie (1644–1911) waren letztlich Fremdherrscher – wenn auch gut angepasste. Vielleicht sollten gerade deshalb scharfe Gesetze dafür sorgen, dass sich Eroberer und Unterdrückte nicht vermischten. Mischehen waren genauso verboten wie chinesische Siedlungen im Heimatland der Mandschus. Auch wenn man die Chinesen nie vergessen ließ, dass sie von Fremden beherrscht wurden (unter anderem mussten sie den Mandschu-Zopf tragen), prosperierte China erst einmal unter der Herrschaft der neuen Kaiser.

In außenpolitischer Hinsicht griffen die Qing energisch durch, immerhin wussten sie aus eigener Erfahrung, wie gefährlich die nördlichen Nachbarn waren – sie selbst hatten ja China gerade erst überrannt. Anstatt sich jedoch mit Kleinkriegen zu verausgaben, gelang es ihnen, in einem gigantischen Aufwand die komplette heutige Mongolei zu besetzen. Auch an den anderen Grenzen war der Expansionskurs erfolgreich. Die Provinzen Xinjiang und Qinghai, Tibet, Taiwan und Nordvietnam wurden dem Reich einverleibt, ja bis zum Pamir reichten die Vorstöße. Noch nie war China so groß gewesen. Den Blick fest nach Norden auf den klassischen Feind gerichtet, wurde die eigentliche Gefahr – die europäischen Kolonialmächte, die sich seit dem 18. Jahrhundert vermehrt in Richtung China wandten – erst einmal gehörig unterschätzt. Gleichberechtigte Beziehungen zu einem westlichen Land waren für den Kaiserhof der Qing völlig undenkbar, genauso wie die westlichen Staaten eine rituelle Unterwerfung gegenüber dem Kaiser generell ablehnten.

Bis zu Beginn des 19. Jahrhunderts waren die westlichen Händler gezwungen, über chinesische Mittelsmänner zu handeln, und auch dies war nur im Hafen von Kanton erlaubt. Vor allem die Briten spezialisierten sich immer mehr auf den Opiumhandel, der nach und nach die chinesischen Silbervorräte plünderte. Sehr zum Ärger des Kaisers, der kurzerhand das Opium verbieten und gut 20 000 Kisten der Droge aus englischem Besitz vernichten ließ. Die darauf folgende Strafexpedition 1839 überrumpelte China in jeder Hinsicht. Dass es überhaupt

Fußballspielende Mädchen

ein westlicher Staat dieser Welt wagte, das Riesenreich anzugreifen, war überraschend – mehr noch aber, dass er sich innerhalb kürzester Zeit so überlegen zeigen konnte! Nachdem die britischen Truppen einige Küstenstädte beschossen hatten und auf dem Yangzi bis Nanjing vorgedrungen waren, wurde an Bord eines Kriegschiffes 1842 der erste der ›ungleichen Verträge‹ unterzeichnet. Unter anderem wurden verschiedene Küstenstädte für die ausländischen Mächte geöffnet und die Insel Hong Kong an Großbritannien abgegeben. Und nicht zuletzt konnten die britischen Drogenhändler ihre Aktivitäten, nun legal, wieder aufnehmen. In einem weiteren ›Opiumkrieg‹ 1858 sicherten sich auch die anderen europäischen Mächte ähnliche Privilegien. Japan, Russland, Deutschland, Großbritannien und Frankreich verwandelten so große Teile Chinas in Kolonien.

Aber auch im Inneren war der Qing-Hof den Problemen nicht mehr gewachsen. Aufgrund des gewaltigen Bevölkerungswachstums sank der Lebensstandard vor allem im Süden des Landes gewaltig. Auf diesem gärenden sozialen Boden entstand Mitte des 19. Jahrhunderts eine Aufstandbewegung von so gigantischem Ausmaß, dass ihre Anhänger innerhalb weniger Jahre halb China erobern konnten.

Der Taiping-Aufstand

Der Beginn des ›Taiping-Aufstandes‹ mutet heute eher skurril an: Im Jahre 1851 kam der erfolglose und labile Beamtenkandidat Hong Xiuquan in Kontakt mit der christlichen Mission von Kanton und glaubte fortan, er sei als jüngerer Bruder Jesu auserwählt, China zu retten.

Sein Programm war einfach, aber im wahrsten Sinne revolutionär. Von der rigorosen Anti-Drogenpolitik über die Abschaffung des Privateigentums bis zur Emanzipation der Frauen nahm Hong viele Schlagworte vorweg, die erst Jahrzehnte später wieder als westliche Importe in China auftauchen sollten. Unter der verarmten Bevölkerung Südchinas hatte er einen derartig grandiosen Erfolg, dass er bereits 1853 Nanjing erobern und zur Hauptstadt eines nunmehr riesigen ›Reiches des Himmlischen Friedens‹ (Taiping) küren konnte. Praktisch den gesamten Süden Chinas hatte er innerhalb weniger Jahre auf seine Seite gebracht. Allein war der Kaiserhof nicht in der Lage, den Aufstand niederzuschlagen, und so gelang es erst 1864, in Allianz mit westlichen Truppen, Nanjing zurückzuerobern. Und selbst dies war nicht nur auf militärische Überlegenheit zurückzuführen, sondern auch auf den maroden Zustand der Taiping-Regierung. Von jeher ein labiler Charakter, hatte Hong einen derart übersteigerten Verfolgungswahn entwickelt, dass er viele seiner Weggefährten hinrichten ließ. Untereinander zerstritten und von außen bedrängt, waren die Taiping-Rebellen nicht mehr in der Lage, angemessen zurückzuschlagen. Auch in den anderen Regionen des Reiches kam es immer wieder zu großen Revolten, darunter diverse Moslem-Aufstände in Xinjiang und Yunnan.

Die Tigersprungschlucht am Oberlauf des Yangzi

Der Boxeraufstand

Selbst die konfuzianischen Kräfte des Hofes mussten nun eingestehen, dass Reformen höchst überfällig waren. Die moderaten Versuche der ›Selbststärkungsbewegung‹ jedoch gingen kaum über einige kosmetische Kurskorrekturen hinaus. Als der schwache, aber aufgeschlossene Kaiser Guangxu 1898 ein ganzes Paket progressiver Reformen verabschiedete (sogar die parlamentarische Demokratie war angedacht!), ließ die höchst konservative Kaiserinwitwe Cixi den jungen Kaiser gefangennehmen und unter Hausarrest stellen. Sie selbst übernahm daraufhin die Regierungsgeschäfte.

Als 1900 die daoistisch inspirierte Geheimgesellschaft der ›Fäuste für Rechtschaffenheit und Einheit‹, kurz ›Boxer‹, in Shandong von sich reden machte, war Cixis große Stunde vermeintlich gekommen. Ursprünglich gegen den Qing-Hof gerichtet, wusste sie die Aufständischen gegen die Ausländer zu wenden. Eine wunderbare Gelegenheit, sich endlich der Imperialisten zu entledigen! Als die Boxer im Jahr 1900 mit 150 000 Anhängern das ausländische Botschaftsviertel in Beijing überfielen, griffen die kaiserlichen Truppen daher nicht ein. Innerhalb weniger Wochen, viel schneller als erwartet, traf jedoch eine Rettungsexpedition der westlichen Mächte ein und schlug den Aufstand nieder. Ihre Reparationsforderungen sowie der Verlust vieler Randterritorien an Russland und Japan schwächten dazu das Reich – die Qing waren am Ende.

Die Republik China 1911 bis 1949

Die Gegner des Kaiserreichs standen Anfang des 20. Jahrhunderts bereits Gewehr bei Fuß. 1905 gründete der junge chinesische Arzt Sun Yat-sen im japanischen Exil den Revolutionsbund Tongmenhui und warb unter den wohlhabenden Auslandschinesen um Geld und Unterstützung für eine Revolution. Seine Visionen von ›Nationalismus, Mitbestimmung und Volkswohlfahrt‹ unter dem Mantel einer parlamentarischen Demokratie trafen vor allem in der städtischen Bevölkerung Chinas auf Zustimmung. Nach mehreren erfolglosen Versuchen gelang es ihm 1911, den Kaiser zu stürzen und die Republik auszurufen.

Schnell jedoch wurde klar, dass Sun zwar viel Rückhalt in der Bevölkerung und den modernen Wirtschaftszirkeln hatte, aber keinerlei Beziehungen zum Militär. Anstatt selbst die Stelle des Präsidenten anzutreten, willigte er in einen Kompromiss ein: Yuan Shikai, einst ein Vertrauter der Kaiserinwitwe und Marschall der kaiserlichen Armee, hatte die Seiten gewechselt und wurde zum Staatsoberhaupt erklärt. Yuans wirkliche Pläne wurden jedoch schnell deutlich: Wäre er nicht während den Vorbereitungen zu seiner Inthronisierungsfeier 1916 gestorben, hätte er sich zum Kaiser von China gekrönt – und eine neue Dynastie ins Leben gerufen. Stattdessen zerfiel China nun in viele kleine Einflussbereiche, in denen so genannte ›Warlords‹ nach Gutdünken herrschten. Für die Bewohner Chinas brach eine Zeit der Anarchie und Willkür an. Nicht nur führten die selbsternannten Herrscher permanent Krieg gegeneinander, sondern sie finanzierten diese Eskapaden auch durch enorme Steuern ihrer Untertanen.

Zhou Enlai auf einem Plakat

In den Metropolen Chinas brach dennoch die Moderne an; endlich gab es Auslandskontakte, erste Austauschstudenten brachten Bücher und Eindrücke mit, die die chinesische Intelligenz aufrüttelten. Der große Moment, sozusagen der Weckruf der Modernisierer, kam am 4. Mai 1919. Japan hatte während des Ersten Weltkrieges die deutsche Kolonie Qingdao besetzt. Zur großen Empörung Chinas wurde sie jedoch nach Ende des Krieges nicht an China zurückgegeben, sondern im Versailler Vertrag Japan zugeschlagen. Schnell wandelte sich die Bewegung in eine generelle kulturelle Erneuerung. Während die Gründung der Republik in politischer Hinsicht als Beginn der Moderne gilt, ist die ›Vierte-Mai-Bewegung‹ ihr kulturelles Pendant: Erstmals wurde die gesprochene Sprache als Schriftsprache durchgesetzt. Bis dato waren alle offiziellen Dokumente im antiquierten und für Uneingeweihte nicht lesbaren klassischen Chinesisch geschrieben. Immer mehr junge Menschen befassten sich nun mit westlichem Gedankengut und trugen die Philosophien europäischer Denker nach China. Vor allem der Marxismus übte auf viele Studenten große Faszination aus.

Kurze Zeit später wurde auch die Kommunistische Partei Chinas (KPCh) gegründet. 1921 traf sich eine Handvoll Gründungsmitglieder, die sich fortan vor allem in der Shanghaier Arbeiterschaft engagierten und diverse Streiks und Demonstrationen organisierten.

Die Guomindang (GMD), die Partei Sun Yat-sens, hatte sich in der Zwischenzeit wieder stärken können und es gelang ihr 1923, eine Revolutionsregierung im Süden Chinas aufzubauen. Anfangs arbeiteten KPCh und GMD unter der Anleitung der Kommunistischen Internationale (Komintern) noch zusammen. 1925 jedoch starb Sun, und der junge Chiang Kai-shek übernahm die Führung der Partei. Für die Anhänger der KPCh begannen bittere Zeiten, war doch Chiang alles andere als angetan von der linken Konkurrenz. Im großen Nordfeldzug 1923 bis 1928 gelang es Chiang unter Mithilfe der Kommunisten, die Warlords zu besiegen und China wieder zu einen. Er ließ sich zum Präsidenten Chinas wählen – und in Shanghai 1927 ein Massaker unter den Kommunisten anrichten.

Zwei der jungen Kommunisten, Mao Zedong und Zhou Enlai, flohen derweil in die ländliche Provinz Jiangxi, wo sich Mao endgültig gegen die von Moskau geforderte reine Lehre und für die Theorie der Bauernrevolution entschied und 1931 die ›chinesische Sowjetrepublik Jiangxi‹ gründete. Immer mehr Anhänger folgten ihnen ins ländliche Exil, das den GMD-Truppen ein konstanter Dorn im Auge war. 1934 setzte Chiang zum finalen Schlag an und eroberte die kommunistischen Gebiete Jiangxis. Den Kommunisten allerdings gelang knapp die Flucht. Getrieben von den Guomindang-Truppen durchwanderten sie halb China im Zickzack-Kurs. Auf diesem verlustreichen Treck, dem ›Großen Marsch‹, konnte sich Mao endgültig mit seiner politischen Linie durchsetzen. Wichtiger aber noch, er machte die kommunistische Ideologie in ganz China bekannt. Ganz im Gegensatz zu den republikanischen Truppen plünderten die Mitglieder der KPCh nicht und waren zu bestem Verhalten angehalten. Als die Kommunisten 1935 in Yan'an in der Provinz Shaanxi eine Bleibe fanden, hatten sie fast 12 000 Kilometer zurückgelegt. Weniger als ein Zehntel der 100 000 Teilnehmer überlebten den Marsch, doch wer es bis nach Yan'an geschafft hatte, gehörte fortan zum Führungszirkel.

Zeit zur Erholung fanden die kommunistischen Truppen allerdings nicht, denn bereits 1931 hatte Japan die Mandschurei überfallen und dort einen Marionettenstaat errichtet. Für Chiang Kai-shek schien dies kein Grund, seine Truppen von der Kommunistenhatz abzuziehen, sehr wohl aber für seine Generäle, die ihn 1936 bei einer stillen Sitzung auf dem Klohäuschen bei den warmen Quellen von Xi'an gefangennahmen und zur Kollaboration mit den Kommunisten zwangen. Wirklich wirkungsvoll war die Zusammenarbeit allerdings nicht, denn schon 1937 gelang es den Japanern, mit einem grausamen Feldzug fast den gesamten Küstenstreifen zu erobern.

Mit der Kapitulation der Japaner 1945 zerfiel die ungeliebte Allianz. Nun ging es darum, möglichst schnell das von den Japanern verlassene Territorium zu übernehmen. Besonders in Nordchina rückten die Kommunisten in die von sowjetischen Truppen besetzten Gebiete ein und übernahmen die Waffen der ehemaligen Feinde. Aber auch in den anderen Regionen Chinas hatte die ›Volksbefreiungsarmee‹ erheblich bessere Karten: Nun kam ihnen der propagandistische Effekt des Langen Marsches zu Gute, denn unter der ländlichen Bevölkerung war die Guomindang höchst unbeliebt. Nur vier Jahre dauerte es, bis sich die letzten Guomindang-Truppen auf die Insel Taiwan zurückzogen, um die ›Republik China‹ zu gründen.

Das sozialistische China

In der Volksrepublik begann eine völlig neue Ära, die in der Tat erst einmal als Befreiung empfunden wurde. Nach über einem Jahrhundert quasi permanenten Bürgerkriegs, ausländischer Besatzung und anderen politischen Problemen herrschte erstmals landesweit Frieden. Durch die umfassende Landreform gelang es der KPCh, große Teile der ländlichen Bevölkerung für sich zu gewinnen. In zahllosen Schauprozessen wurde mit den ehemaligen Knechtern abgerechnet. Hunderttausende dieser ›Klassenfeinde‹, meist ehemalige Landbesitzer, verloren ihr Leben. Auch Industrie, Handelshäuser und Banken wurden komplett verstaatlicht. Gegenüber den Intellektuellen jedoch hielt sich die KPCh erst einmal zurück. Als 1957 die Kampagne ›Hundert Blumen‹ ins Leben gerufen wurde und alle Intellektuellen ausdrücklich zur Kritik an der staatlichen Politik aufgefordert wurden, kamen viele dieser Aufforderung nach. Schnell wurde der Parteispitze klar, dass sie das gewaltige Protestpotential unterschätzt hatte. Schon 1958 widerrief man die Kampagne, und wer sich allzu weit aus dem Fenster gelehnt hatte, musste nun als vermeintlicher ›Rechtsabweichler‹ bitter bezahlen.

Weitaus mehr Chinesen als vermutet, waren mit den Lebensumständen unzufrieden. Doch nicht nur das – auch die Mitglieder der Parteispitze waren sich keineswegs einig über den korrekten politischen Kurs. Während Mao Zedong und seine Fraktion besonderen Wert auf Ideologie und Theorie legten, vertrat die Gruppe um Liu Shaoqi und Deng Xiaoping einen pragmatischeren Ansatz. Verbesserte Lebensbedingungen und Wirtschaftswachstum sollten China wieder auf die Beine helfen. Dieser Konflikt sorgte die nächsten 20 Jahre für viel Wirbel und führte zu teils extremen politischen Kursschwankungen. Zunächst aber sah es aus, als ob Mao die Oberhand gewänne.

1958 rief der ›Große Steuermann‹ Mao den ›Großen Sprung nach vorne‹ ins Leben. Nicht nach und nach, sondern sprunghaft schnell sollte China wirtschaftlich vorankommen. Das gerade erst verteilte Land wurde den Bauern kurzerhand wieder genommen, ihre Höfe in gigantischen ›Volkskommunen‹ zusammengefasst. Die allgemeine wirtschaftliche Linie war von Massenmobilisierung, Abschaffung jeglichen Privateigentums, Großkampagnen und völlig unrealistischen Zielen geprägt: In nur zwei Jahren sollte der Fünfjahresplan erfüllt werden, dazu kam das illusorische Motto ›in drei Jahren England überholen‹. Um die Stahlproduktion schlagartig zu steigern, mussten alle ländlichen Siedlungen kleine ›Hochöfen‹ bauen. Manch ein Kochtopf, Kommodengriff oder metallener Schöpflöffel wanderte in die primitiven Anlagen, Hauptsache, die Sollmenge wurde erfüllt! Aus allen Provinzen kamen daher die Erfolgsmeldungen von Übererfüllungen und Rekordernten. Dass praktisch nichts davon der Wahrheit entsprach, stand auf einem anderen Blatt. Wer hätte es gewagt, den Direktiven des Großen Steuermanns zu widersprechen? Mehr als 30 Millionen Menschen dürften in dieser Zeit verhungert sein. Kein Wunder, dass schon 1961 die pragmatische Faktion um Deng Xiaoping die Oberhand gewann. Mao gab das Amt des Staatspräsidenten an Liu Shaoqi ab, blieb aber Parteivorsitzender. Lediglich die Volkskommunen überdauerten die Kurskorrekturen und blieben bis Ende der 1970er Jahre die wichtigste Organisationsform auf dem Lande.

Außenpolitisch brachen ebenfalls schwere Zeiten für Mao an. Chruschtschow hatte nicht nur 1956 die Entstalinisierung eingeleitet, wobei besonders die Kritik des Personenkults für Mao ein Schlag ins Gesicht war, sondern er

Mao-Bibeln sind ein beliebtes Souvenir

Die Größen des Kommunismus auf einem Plakat vereint

weigerte sich auch, China zur Atombombe zu verhelfen. Dies und viele ideologische Streitfragen sprengten den Freundschaftspakt mit dem großen Bruder Sowjetunion. 1960 wurden alle Fachleute Hals über Kopf abgezogen. So schlecht hatte Mao noch nie dagestanden. 1966 holte er zum Gegenschlag aus. Unter dem ideologischen Deckmantel der ›permanenten Revolution der Gesellschaft‹, die die Entstehung neuer Eliten verhindern sollte, attackierte er seine Gegner. Sein Aufruf an die Jugend, die Mao-Zedong-Ideen bis in den letzten Winkel des Reiches zu tragen und alle bourgeoisen und reaktionären Kräfte aufs bitterste zu bekämpfen, trug schnell Früchte.

Noch niemals hatte in China die Jugend aufbegehrt. Aus Sicht der konfuzianischen Gesellschaft, die jüngeren Familienmitgliedern kaum Mitbestimmung über das eigene Schicksal zugestand, war dies geradezu unerhört und für die Jugend ein verführerischer Gedanke. Freie Zugfahrt im ganzen Land sorgte dafür, dass überall jugendliche ›Rote Garden‹ unterwegs waren, die im Auftrag der Kulturrevolution willkürlich alles Alte, Intellektuelle, Feudale und vermeintlich Reaktionäre zerstörten. Selbst untereinander lieferten sie sich bald erbitterte Kämpfe. Schon der Besitz einer Schallplatte mit westlicher Musik konnte das Ende einer Existenz bedeuten. Bald versank China im totalen Chaos, die Schulen wurden geschlossen, fast alle Tempel Chinas zerstört, Bücher verbrannt – kurzum, in kultureller Hinsicht zerstörten die Roten Garden mehr als alle Kriege vor ihnen zusammen. Selbst Mao verursachten die Roten Garden bald heimliche Schweißausbrüche, schien er doch nicht fähig, das Chaos noch zu kontrollieren. Zwischen zehn und zwanzig Millionen Menschen starben wahrscheinlich während der Unruhen und Kritiksitzungen. Eine ganze Generation wurde zudem um ihre Bildungschancen betrogen. Die schlimmsten Exzesse endeten 1969, theoretisch jedoch fand die Kulturrevolution erst mit dem Tode Maos 1976 ihr Ende.

Sein Nachfolger Hua Guofeng räumte zögerlich auf. Unter anderem ließ er die ›Viererbande‹ verhaften: Unter der Leitung der Frau Maos, Jiang Qing, hatten sie seit Beginn der 1970 de facto die Politik des Landes geleitet, war doch der große Steuermann aus gesundheitlichen Gründen gar nicht mehr in der Lage dazu gewesen.

Bereits 1978 war Deng Xiaoping wieder obenauf: Auf der 3. Plenarsitzung des 11. ZK 1978 (ein Begriff, den praktisch jeder Chinese kennt!) riss er das Ruder herum und leitete offiziell die Reform und Öffnungspolitik ein. Neben der Abschaffung der Volkskommunen führte er schrittweise wieder die Privatwirtschaft ein, die schnell für rasantes Wirtschaftswachstum sorgte. Schlagartig war

China auch international wieder salonfähig. Bereits 1971 hatte es die ›Republik China‹ (Taiwan) als offiziellen Vertreter Chinas in der UNO abgelöst und 1979 wieder diplomatische Beziehungen mit den USA aufgenommen. Nun strömten auch die ausländischen Firmen ins Reich der Mitte.

Während sich in wirtschaftlicher Hinsicht die Ereignisse überschlugen, blieb politisch im Grunde genommen alles beim alten. Auch Deng rüttelte nicht am alleinigen Führungsanspruch der KPCh und ließ keinen Zweifel daran, dass von Demokratie im westlichen Sinne nicht zu reden war. Problematisch war auch, dass mit dem neuen Reichtum alte Probleme wieder zutage traten, denn zum einen war er höchst ungleich verteilt, und zum anderen waren Korruption und Vetternwirtschaft mit einem Male wieder ein Teil des chinesischen Alltags. Vor allem dies, der Verdruss über den permanenten Machtmissbrauch vieler Kader, führte letztlich 1989 zu den Demonstrationen auf dem ›Platz des Himmlischen Friedens‹. Das Massaker vom 4. Juni 1989 kostete nicht nur tausende von Demonstranten das Leben, sondern beendete auch die Karriere einiger liberaler Kommunisten an der Parteispitze. Die letzten maoistischen Hardliner im Politbüro sahen ihre Chance gekommen und kritisierten den Reformkurs auf heftigste: Schluss mit dem ideologischen Experiment der ›sozialistischen Marktwirtschaft‹! Obwohl gesundheitlich schon angeschlagen, ließ Deng daher 1992 ein letztes Mal seine Muskeln spielen und trat eine Propagandareise in den Süden an, auf der er leidenschaftlich und mit Erfolg für den Erhalt seiner Politik warb. Im Jahre 1997 starb Deng Xiaoping und mit ihm wohl auch der alte Konflikt zwischen Ideologen und Pragmatikern, denn seine Altersgenossen sind mittlerweile alle von der politischen Bühne verschwunden.

Gläubige entzünden Räucherstäbchen in einem Tempel

Historischer Überblick

2200–1600 v. Chr.	Xia-Dynastie
1600–1040 v. Chr.	Shang-Dynastie
1040– 221 v. Chr.	Zhou-Dynastie
221– 206 v. Chr.	Qin-Dynastie
206 v. Chr.– 9 n. Chr.	Westliche Han-Dynastie
9–24 n. Chr.	Interregnum Wang Mang
25–220	Östliche Han-Dynastie
220–280	Drei Reiche
265–420	Jin-Dynastie
420–581	Nördliche und südliche Dynastien
581–618	Sui-Dynastie
618–907	Tang-Dynastie
907–960	Fünf Dynastienund zehn Königreiche
960–1279	Song-Dynastie
1279–1368	Yuan-Dynastie (Mongolen)
1368–1644	Ming-Dynastie
1644–1911	Qing-Dynastie(Mandschu)
1911	Gründung derRepublik China
1919	Vierter-Mai-Bewegung
1934/35	Langer Marsch
1937	Japanische Invasion
1945	Kapitulation Japans
1945–1949	Bürgerkrieg
1949	Gründung der Volksrepublik
1957	Hundert-Blumen-Bewegung
1958–1961	Großer Sprung nach vorne
1966–1976	Kulturrevolution
1976	Tod Mao Zedongs
1978	Beginn der Öffnungspolitik
1997	Tod Deng Xiaopings
2001	Beitritt Chinas zur WTO

Religion und Volksglaube

Welcher Religion hängen die Chinesen eigentlich an? Keine einfache Frage – so viele Götter, Geister, Bodhisattvas, Dämonen, und Ahnen bevölkern die chinesische Welt, dass selbst Einheimische hin und wieder den Überblick verlieren. Auch das Konzept einer einheitlichen, heilbringenden Religion, von der es alle Ungläubigen zu überzeugen gilt, ist den meisten Chinesen völlig fremd. Religion ist eine persönliche Angelegenheit. Wie und in welcher Form er letztlich glücklich wird, muss jeder Mensch mit sich selbst ausmachen. Genauso ungezwungen gehen viele Chinesen mit der Exklusivität ihrer Religion um, und je nach Lebenslage oder momentanen Bedürfnissen verschieben sich die Schwerpunkte, werden neue religiöse Praktiken aufgenommen oder alte Götter verstoßen. Auch gläubige Daoisten wollen es sich nicht mit der Welt der Geister verscherzen, frisch konvertierte Christen opfern kurz vor der Prüfung im Tempel des Konfuzius, und manch ein Buddhist empfindet es als höchst unproblematisch, trotz seines Vertrauens in den buddhistischen Weg, täglich für Nachschub am Ahnenaltar zu sorgen. ›Aus drei wird eins‹ lautet der passende Begriff aus dem Schatz der chinesischen Sprichwörter. Konfuzianismus, Daoismus und Buddhismus vermischen sich im Alltag so sehr, dass sie oft kaum mehr sauber zu trennen sind. Hin und wieder teilen sich die vermeintlichen Konkurrenten sogar einen Tempel – das macht es den Gläubigen einfacher, denn sie können so alle transzendentalen Fragen in einem Aufwasch erledigen. Und was pragmatisch ist, das setzt sich auch im religiösen China ganz sicher durch. Ähnlich wie auf dem Arbeitsmarkt im ›echten Leben‹, haben viele Gottheiten ihre Spezialgebiete, und so vertraut man in China am liebsten dem ausgewiesenen Fachmann. In welchem Pantheon er beheimatet ist, ist dabei nicht so wichtig.

Einig sind sich alle originär asiatischen Religionen Chinas in ihrer Grundauffassung der Welt und des Kosmos. Alles in diesem Universum ist Teil eines Ganzen, eines geschlossen Systems, in dem sich jede Bewegung, jede noch so kleine Veränderung auf alle anderen Elemente auswirkt. Nichts geht verloren und nichts kommt hinzu, und dies seit Anbeginn aller Zeiten. Egal in oder durch welche Religion, wird es den meisten Chinesen daher immer wichtig sein, sich im Einklang mit der Umwelt und dem Kosmos zu befinden. Hin und wieder werden die Religionen Chinas deshalb auch unter dem Begriff ›chinesischer Universismus‹ zusammengefasst.

Jahrzehntelang war Religiösität im sozialistischen China übrigens nicht gerne gesehen. Zum einen ist dies durch die traditionell ablehnende Haltung der Kommunisten gegenüber dem ›Opium für das Volk‹ begründet, zum anderen repräsentiert es die Angst vor den politischen Kräften, die dahinterstehen. Höhepunkt des Kampfes gegen die Religionen war die Kulturrevolution. Fast alle Klöster und Tempel Chinas wurden zerstört, die Geistlichen zu entwürdigenden Arbeiten gezwungen (islamische Geistliche beispielsweise mussten in den Moscheen Schweine züchten) oder ›verschwanden‹ ganz einfach. Mit den wirtschaftlichen und politischen Lockerungen der Deng-Xiaoping-Ära wurden die meisten religiösen Stätten wieder geöffnet. Theoretisch ist heute die freie Ausübung von

Buddha in Südchina

Religion wieder garantiert, de facto aber ist dieses Gesetz mit allerhand Einschränkungen versehen. Vor allem Christen und Moslems müssen sich zur staatlichen Kirche bekennen. Begeben sie sich in die Hände einer ›Untergrundkirche‹ oder Sekte, kann dies mit extrem langen Gefängnisstrafen belegt werden. Auch obskure Gruppierungen wie die Falungong-Sekte, deren immenser Einfluss noch vor wenigen Jahren bis in die Parteispitze reichte, werden polizeilich verfolgt. Ein Blick in die Tempel jedoch zeigt, dass die Religion längst wieder einen festen Platz im Leben der Menschen gefunden hat. Anders als in Europa stehen auch junge Menschen in regem Austausch mit den Göttern, Geistern und Ahnen. Die schnellen und verwirrenden Veränderungen der Gesellschaft scheinen das Bedürfnis nach einer transzendentalen Perspektive ganz besonders zu fördern.

Der Konfuzianismus

Der Konfuzianismus gilt als die chinesische Religion schlechthin und ist im Grunde genommen gar keine! Er kommt ohne einen einzigen Gott oder Heiligen aus, kennt keinen Himmel oder Hölle und weiß seine Anhänger ohne Priester oder Prediger bei der Stange zu halten. Und trotzdem hat der Konfuzianismus wie kaum eine andere Glaubensschule das Denken der Ostasiaten geprägt.

Dass aus seiner simplen Morallehre eines Tages eine der bestimmendsten Kräfte der Welt werden könnte, das hat sich der kleine Gelehrte Konfuzius (chinesisch: Kongzi, 551 v. Chr.–479 v. Chr.) ganz sicher nicht ausgemalt. Als verarmter Intellektueller zog er zur Zeit der ›Streitenden Reiche‹ der Zhou-Dynastie durch die Lande und verdingte sich als Berater an verschiedenen Fürstenhäusern.

Dass er so oft den Arbeitgeber wechselte, hatte nicht nur mit Wanderlust zu tun. Immer wieder verscherzte er es sich mit den einflussreichen Gesellschaftsmitgliedern, indem er seine philosophischen Vorstellungen propagierte. Angesichts der herrschenden politischen Verhältnisse – ein ganzes Sammelsurium korrupter Fürsten kämpfte um die Macht im Staat und ließ derweil die Untertanen kräftig bluten und die Fürstentümer im Chaos versinken – waren ihm klare Regeln für alle besonders wichtig. Selbst zu Papier gebracht hat er sie allerdings nicht, sondern nur mündlich an seine Schüler weitergegeben. Erst nach seinem Tode trugen diese die Worte ihres Meisters zusammen und strukturierten seine Gedanken.

Im Grunde genommen dreht sich das konfuzianische Denken um die Grundwerte Menschenliebe (ren), Pflichterfüllung (yi), die Liebe zum Wissen (zhi), Treue (xin) und Sittlichkeit (li) im Sinne einer korrekten Ausübung der rituellen Handlungen und einer allgemeinen Contenance. Welches Verhalten wann und für wen angemessen ist, legen diverse konfuzianische Klassiker wie beispielsweise das ›Buch der Riten‹ genauestens fest. Eine weitere zentrale Rolle spielt die Kindspietät (xiao), die die Nachkommen ein Leben lang dazu verpflichtet, ihren Eltern in absolutem Gehorsam zu dienen. Nicht Rechte, sondern Pflichten bestimmen das Leben des Einzelnen, befand Konfuzius. Eindeutige, hierarchische Strukturen sollten dabei die Gesellschaft gliedern und keine Zweifel ob der eigenen Position aufkommen lassen. Anhand der ›fünf Beziehungen‹ legte er eindeutig fest, wer wem in der gesellschaftlichen Hierarchie zu folgen hatte. So stellte er den Herrscher über den Untertan, den Mann über die Frau, den Vater über den Sohn, den älteren Bruder über den jüngeren und auch den älteren Freund über den jüngeren Freund.

Yin und Yang mit Drachen

Diese Symbole verheißen Glück und Reichtum

Alles in allem war und ist der Konfuzianismus also eine recht konservative Denkschule. Wie konnte Konfuzius damit bei den Fürsten der Zhou-Dynastie nur so anecken? Trotz dieser hierarchischen Grundstruktur definierte er auch für den Höherstehenden allerhand Pflichten, die diese ganz bestimmt nicht zu befolgen dachten. Sie sollten als Vorbild dienen und ein makelloses Verhalten an den Tag legen. Genauso ermahnte er sie zur Güte im Umgang mit dem Volk.

Bereits in der Han-Dynastie (206 v. Chr.–220 n. Chr.) wurde der Konfuzianismus zur Staatsdoktrin erhoben, schließlich ließ sich mit den konfuzianischen, hierarchischen Regeln ganz vorzüglich regieren. Das westliche Konzept gleichberechtigter Beziehungen, in der sich beide Seiten auf gleicher Augenhöhe befinden, hat im Konfuzianismus übrigens keinen Platz und sorgt noch heute in den konfuzianisch geprägten Gesellschaften für Nervosität, denn der alte Meister hatte für derartige Fälle schlichtweg keine Regeln vorgesehen, auf die man sich stützen könnte.

In vielerlei Hinsicht ist der Konfuzianismus heute im Reich der Mitte unübersehbar. Trotz vieler Bemühungen und mehrerer Jahrzehnte des Sozialismus haben sich die Frauen Chinas noch immer nicht aus den Fesseln des Kongzi befreien können. Noch immer werden Kinder zum absoluten Gehorsam gegenüber ihren Eltern erzogen und mehr oder weniger permanent an ihre Pflichten gegenüber der Familie erinnert. Besonders auf dem Lande zeigt der Männerüberschuss, dass der konfuzianischen Ahnenverehrung immer noch viel Wert beigemessen wird, denn da nur männliche Familienmitglieder dieser Aufgabe nachkommen können, wird oft schon vor der Geburt per Ultraschall selektiert.

Viele Aspekte des heutigen Konfuzianismus gehen nur bedingt auf den alten Meister zurück. Im Grunde genommen wollte er nur Ordnung, Frieden und ein geregeltes Leben, in dem jeder seinen Platz hat. Im Laufe der Jahrtausende, in denen sich der Konfuzianismus über ganz Ostasien verbreitete, wurden allerdings viele neue und mystische Elemente aufgenommen, die dem ursprünglichen Gedanken des kleinen Schulmeisters sicher nicht entsprechen.

Der Person des Konfuzius selbst opfern heute übrigens eher wenige Menschen. Seine Tempel sind meist leer und werden von Tempelwächtern bewacht, die aber keine Mönche sind. Für Schulfragen, Prüfungen oder die berufliche Karriere allerdings gilt Konfuzius als absoluter Fachmann, so dass man seiner besonders vor den nationalen Universitätsprüfungen gedenkt.

Der Daoismus

Welch ein Kontrast dagegen der Daoismus! Von Regeln, Disziplin oder gar Unterwerfung hält man hier wenig. Überhaupt kommt der Gesellschaft nur eine geringe Rolle zu. Nicht die menschlichen, sozialen Konstrukte, sondern der ewige Kosmos leitet den Menschen an. Menschliche Konventionen sind für den echten Daoisten Tand und hohles Beiwerk, denn nur die Natur kann als Quell der Erkenntnis dienen. Indem der Mensch in Einklang mit der Natur, dem Kosmos, der gesamten Welt überhaupt lebt, sich ihrem natürlichen Rhythmus anpasst, anstatt ihr mit falschem Ehrgeiz zu widerstreben, kann er Glück und Zufriedenheit finden. ›wu wei‹ lautet das Grundprinzip dieser chinesischen Religion, ›nicht handeln, nicht agieren, nichts erstreben‹. Der Daoist kämpft nicht, er gibt nach. Loslassen soll er, zur kindlichen Unbekümmertheit zurückfinden, sich von den gesellschaftlichen Konventionen lösen.

Auch dieser Glaube geht auf die Zeit der ›Streitenden Reiche‹ der Zhou-Dynastie zurück. Ähnlich wie Konfuzius machte sich der Philosoph Laozi, dessen Existenz nicht unumstritten ist, Gedanken über die ideale Lebensweise und den Weg aus dem gesellschaftlichen Chaos – mit geradezu entgegengesetztem Ergebnis. Seine Erkenntnisse fasste er im Daodejing zusammen, einem Werk, dessen Umfang kaum über eine Broschüre hinausgeht. Und trotzdem beschäftigt es bis heute die Philosophen und ist nach der Bibel das meist übersetzte Buch der Welt!

Die Basis des Daoismus ist das Dao (道, im Deutschen auch als Tao bekannt). Schon die Übersetzung dieses Begriffs kann gestandene Sinologen zum Haareraufen bringen. Der ›Weg‹ schlägt das Wörterbuch vor, aber auch ›Prinzip‹, ›Bewegung‹ oder ›Doktrin‹ und viele weitere Möglichkeiten. »Das Dao, das benannt werden kann, ist nicht das wahre Dao«, lautet lapidar die erste Strophe des Daodejing. Vielleicht ließe es sich als das ›allumfassende Prinzip des Kosmos‹ übersetzen. Vielleicht – denn die Antwort auf diese und jede andere Sinnfrage muss jeder für sich selbst finden. Im Grunde genommen ist der Daoismus weder fassbar noch eindeutig interpretierbar – wer einen Blick auf die zahlreichen Übersetzungen des Daodejing wirft, stellt schnell fest, wieso das so ist: Sie sind alle korrekt – und dennoch gleichen sie sich in keinem Wort.

Lastenträgerin in Dali

Auch das Yin-Yang-Symbol stammt aus dem Daoismus und symbolisiert das fragile Gleichgewicht des Kosmos. Alle Dinge, alle Tätigkeiten, kurzum alles, was diesem Kosmos innewohnt, kann den Prinzipien Yin (dem weiblichen, dunklen, feuchten) und Yang (dem männlichen, hellen, trockenen) zugeteilt werden. Sie ergänzen und bedingen sich gegenseitig. Gerät das Gleichgewicht der beiden aus der Kontrolle, dann entstehen Katastrophen – in jeder Hinsicht. Egal ob in der Ernährungslehre, der Medizin oder der Architektur, immer ist es ein Hauptanliegen, dieses Gleichgewicht zu wahren.

Zur Volksreligion wurde der Daoismus übrigens nicht wegen seines philosophischen Anspruchs, sondern eher dank seiner vagen Definitionen und kryptischen Aussagen. Er blieb immer offen für fremde Einflüsse und konnte so problemlos lokale Bräuche, Vorstellungen und Teile der Geisterwelt in sich aufnehmen. Aus dem philosophischen, sehr elitären Daoismus wurde schnell eine Volkslehre, die heute Abertausende von Göttern beherbergt, denen in zahlreichen Tempeln gehuldigt wird. Sogar ein reguläres Mönchtum entwickelte sich im Laufe der Jahrhunderte. Ein weiteres wichtiges Element ist bis heute die Lebensverlängerung (bis hin zur Unsterblichkeit) durch körperliche Übungen und Alchimie. In dem irrigen Glauben, Quecksilber wirke lebensverlängernd, bescherten die Hof-Daoisten der Han-Dynastie zu Beginn unserer Zeitrechnung sogar eine lange Reihenfolge von minderjährigen Thronfolgern. Die eigentlichen Herrscher starben allesamt in jungen Jahren an den lebensverlängernden Maßnahmen.

Traditionell jedoch war der Konfuzianismus die offizielle Ideologie der Herrscher. Immer wieder fungierte der Daoismus in der Geschichte daher auch als politisches Ventil. Galt es den Kaiser zu stürzen, sammelten sich die Aufständischen nicht selten unter dem Dach einer daoistischen ›Schule‹, die nicht nur eine gute Rechtfertigung bot (das Gleichgewicht des Kosmos wieder herstellen), sondern auch noch mit Unsterblichkeits- und Unverwundbarkeitspraktiken lockte. War der Aufstand erfolgreich, kehrten die neuen Herrscher schnellstens zum Konfuzianismus zurück, schließlich galt es nun, das Volk mit harten Regeln zu kontrollieren.

In der Realität ist ein rein daoistisches Leben innerhalb der heutigen Gesellschaft kaum möglich. Nur sehr wenige folgen konsequent dem daoistischen Weg und ziehen sich zur lebenslangen Meditation auf einen einsamen Berggipfel zurück (obwohl es auch das im heutigen China noch gibt!). Für die meisten Menschen ist er ein Ausgleich zur rigiden Philosophie des Konfuzius, der in den Alltag integriert wird.

Vor allem in der Kunst ist der Einfluss des Daoismus unübersehbar, aber auch in der Ernährung und Medizin. In der Architektur ist der Daoismus als ›Fengshui‹, der geomantischen Lehre von Wind und Wasser, lebendig. Anhand zahlreicher Regeln und Messungen sollen alle menschlichen Veränderungen der Landschaft möglichst mit der natürlichen Umgebung harmonisieren und die natürlichen Energieflüsse nicht stören. Besonders im traditionellen Hongkong und Taiwan ist ein Hausbau ohne Konsultation eines Geomantikers undenkbar.

Der Höllenkönig bestimmt über die Toten

Die Frage, wie viele Menschen sich in China heute zum Daoismus bekennen, lässt sich übrigens kaum beantworten. Ein wenig sind sie alle Daoisten, wenn auch manche mehr Eifer an den Tag legen als andere. Vielleicht ist es sogar eine Frage der Tagesform. Bei einem Glas Bier im Mondschein, nach getanem Tagewerk, dürften sich erheblich mehr Chinesen zu dieser sympathischen Religion bekennen.

Auszug aus dem Daodejing, dem Grundlagenbuch des Daoismus

Strophe 47

不出户，知天下	*Ohne aus der Tür zu treten, weiß der Weise von der Welt;*
不窥牖，见天道。	*Ohne aus dem Fenster zu schauen, sieht er das himmlische Dao.*
其出弥远，其知弥少。	*Je mehr er weiß, desto weniger versteht er.*
是以圣人不行而知， 不见而明，不为而成。	*Er kommt an, ohne fortzugehen, erkennt das Licht, ohne zu sehen, tut nicht nichts und vollbringt doch.*

Der Buddhismus

Bereits früh in der Geschichte erreichte der Buddhismus China. Durch den Handel entlang der Karawanenstraßen durch die zentralasiatische Wüste kamen im 1. Jahrhundert nach Christus nicht nur Waren ins Land, sondern auch die ersten buddhistischen Pilger. Von Anfang an wurde der Buddhismus stark vom Daoismus beeinflusst – ja oft sogar für eine daoistische Schule gehalten und gar nicht als eigenständige Religion erkannt. Viele Übersetzer verwendeten daher daoistische Vokabeln, um die Texte des Buddhismus ins Chinesische zu übertragen. Das Dharma, die Lehre, wurde so beispielsweise zum Dao, dem zentralen Begriff der Daoisten. Moralische Begriffe hingegen wurden aus dem Konfuzianismus entlehnt. Obwohl er von Anfang an mit den heimischen Religionen konkurrieren musste, wurde der Buddhismus gut aufgenommen. Endlich gab es eine echte Transzendenz, eine klare Vorstellung vom Leben nach dem Tode, wurde den Menschen eine Erklärung für die großen Unterschiede zwischen Reich und Arm, ihr persönliches Schicksal überhaupt geboten.

Der Grundgedanke des Buddhismus beschäftigt sich mit der Tatsache, dass Leben immer auch Leiden darstellt, dessen Ursprung im Verlangen und der daraus resultierenden ruhelosen Begierde liegt. Um dieses Leiden auszulöschen, gilt es, den achtfachen Pfad zu beschreiten: vollkommene Erkenntnis, vollkommene Gedanken, vollkommene Rede, vollkommenes Handeln, vollkommener Lebensunterhalt, vollkommene Anstrengung, vollkommene Achtsamkeit, vollkommene Sammlung. Nur so lässt sich das Samsara, die Reise der Seelen durch eine unendliche Anzahl von Leben, durchbrechen. Jede Handlung hinterlässt dabei Spuren in Form von negativen oder positiven Verdiensten (Karma), was die ›Qualität‹ des nächsten Lebens beeinflusst. Das Ziel eines Buddhisten ist das Nirwana, die Erlösung aus diesem Kreislauf und das Erlöschen der Seele.

Wie in vielen anderen Ländern Ostasiens setzte sich in China der Mahayana-Buddhismus durch. Im Unterschied zur ursprünglichen Lehre des Hinayana-Buddhismus können nicht nur Mönche, sondern auch ›normale‹ Gläubige die Erleuchtung erlangen. Sie dürfen auf die Hilfe der Bodhisattvas hoffen. Diese sind Wesen, die zwar die Erleuchtung bereits in sich tragen und den ewigen Kreislauf des Lebens verlassen könnten, vorläufig aber darauf verzichten, um allen anderen Menschen auf dem Weg dorthin zu helfen. Besonders die barmherzige Bodhisattva ›Guanyin‹ ist in China extrem beliebt. Da sie äußerlich an die Jungfrau Maria erinnert und meist in einem separaten Tempelraum untergebracht ist, ist sie auch für Nicht-Buddhisten leicht zu erkennen.

Die Bodhisattva Guanyin wird sehr verehrt

Im 5. Jahrhundert gelangte schließlich die ›Schule des Reinen Landes‹ von Indien nach China, wo sie bis heute die vorherrschende Richtung bleiben sollte. Um im ›Paradies des Westens‹ des Buddhas Amitabha wiedergeboren zu werden, genügt es, reinen Herzens an Buddha zu glauben und seinen Namen ›namo amituofo‹ als Mantra zu rezitieren.

Auch der im Westen besonders bekannte Zen-Buddhismus stammt ursprünglich aus China, wo er als ›Chan-Buddhismus‹ im 6. Jahrhundert entstand. Wörtlich lässt sich der Begriff als ›Meditation‹ übersetzen, und genau hier liegt der Schwerpunkt dieser Schule, denn durch Versenkung und Überwindung des Verstandes soll der Schüler den Buddha in sich selbst suchen.

Buddhistische Mönche

Schon relativ kurz nach dem ersten Kontakt mit buddhistischem Gedankengut entwickelte sich die neue Lehre zu einer Konkurrenz für Konfuzianismus und Daoismus. In der Tang-Dynastie (618–906) schließlich wurde der Buddhismus zur vorherrschenden Religion und erlebte eine regelrechte Blütezeit. Anfangs zumindest, denn der Reichtum und Einfluss des buddhistischen Klerus wurde dem Kaiserhof immer suspekter. Im Jahr 845 ließen die Tang fast alle buddhistischen Klöster enteignen. Die mehr als 200 000 Mönche und Nonnen wurden zwangsweise wieder in den Laienstand entlassen. Von diesem Schlag sollte sich der chinesische Buddhismus nie wieder erholen. Nichtsdestotrotz ist er eine wichtige Kraft geblieben, und gut zehn Prozent aller Chinesen bekennen sich zum Buddhismus, die Zahl der ›Gelegenheits-Buddhisten‹ dürfte aber erheblich höher sein.

Der Volksglaube: Geister und Wahrsager

Bei allem Interesse an den klassischen Religionen werden Geisterglaube und Ahnenverehrung oft übersehen. Obwohl besonders letztere bereits bei Konfuzius Erwähnung findet, ist sie nicht zwangsläufig an diese Strömung gebunden. Auch Buddhisten und Daoisten haben in der Regel einen kleinen Ahnenaltar zu Hause oder im Geschäft, der die verblichenen Familienmitglieder versorgt. Denn Tote sind zwar unbestreitbar physisch abwesend, aber trotzdem ein Teil der Realität. Als Geister können sie zwischen Jenseits und Diesseits wechseln, den lebenden Familienmitgliedern helfen und dürfen daher selbstverständlich an wichtigen Feiern teilnehmen. Sie lungern an Tempeleingängen herum, belästigen Autofahrer und vergeigen dem einen oder anderen unglücklichen Studenten die Prüfung. Geister sind im chinesischen Volksglauben allgegenwärtig – und mächtig!

Der Übergang zwischen Gut und Böse ist dabei fließend. Ein gewaltsames Ende zum Beispiel oder offene Fehden zum Todeszeitpunkt können einen freundlichen und charmanten Menschen in einen Dämon verwandeln, der mit dem Diesseits zwanghaft verbunden bleibt. Erst wenn er selbst ein lebendes Opfer auf dieselbe Art in den Tod getrieben hat, findet er Ruhe und kann sich endgültig ins Jenseits zurückziehen. In ländlichen Gegenden müssen Unfallopfer

Gebrauchsgegenstände für Tote

deshalb mitunter etwas länger auf Hilfe warten: Vielleicht ist hier ein Dämon im Spiel, der sich nun ein neues Opfer suchen muss? Aus demselben Grund sind auch Autogurte und Motorradhelme höchst unbeliebt. Durch diese Gegenstände werden die Geister erst recht auf den Plan gerufen, denn insgeheim rechnet der Träger mit einem Unfall.

Ansonsten geht es auch in der Welt der Geister recht menschlich zu. Egal ob Kühlschrank, Auto, Mikrowelle oder Couchtisch, auch im Jenseits wissen die Ahnen einen gewissen Luxus zu schätzen. Doch wie sendet man die Präsente in die Geisterwelt? Per Feuer natürlich. Weil die meisten Gegenstände nur schwer brennen, beschränkt man sich in der Regel auf symbolische Papierimitate. Besonders im traditionellen Hongkong und Taiwan gibt es zahlreiche Spezialläden für Totenbedarf, die praktisch jeden noch so abwegigen Gegenstand aus Papier anbieten. Ansonsten tut es auch ein regelmäßiges Taschengeld – das sogenannte Totengeld, ausgestellt auf die ›Hell Bank‹ und selbstverständlich in US-Dollar, denen man auch im Jenseits einen stabilen Kurs zutraut.

In fast jedem Haushalt ist den Ahnen eine kleine Altarecke reserviert, in der immer wieder Nahrungsmittel und Räucherstäbchen dargebracht werden und der Toten gedacht wird. Problematisch ist, besonders in Zeiten der Ein-Kind-Ehe, dass es eines männlichen Nachfahren bedarf, um diese Handlungen vorzunehmen. Fehlt der Sohn beziehungsweise Enkel oder kümmert er sich nicht angemessen um seine Vorfahren, versiegt auch der Nachschub ins Jenseits. Geister, die aus diesem Grunde hungrig bleiben, verwandeln sich schnell in übellaunige Gesellen, die fortan die Lebenden verfolgen.

Egal ob wohlgesonnen oder dämonisch, in China, Hongkong, Macau oder Taiwan wimmelt es auf den Straßen regelrecht von unsichtbaren Zeitgenossen. Besonders gern lauern sie in der Nähe von Tempeln, die deshalb sorgfältig gegen

Gebetsfahnen

Geister geschützt werden müssen: eine ›Geistermauer‹ in Form einer zum Eingang parallelen Mauer verwehrt ihnen den Zugang. Um den Tempel zu betreten, muss der Besucher einmal um die Ecke laufen – und genau das können Geister nicht! Nach demselben Prinzip funktionieren auch die Zickzack-Brücken, deren verspieltes Design nicht auf Kreativität des Architekten schließen lässt, sondern auf eine ordentliche Portion Respekt vor den Geistern. Aus diesem Grund möchte in China auch niemand am Ende einer Sackgasse wohnen – hier müssen die Besucher aus dem Jenseits ganz zwangsläufig einkehren. Extra hohe Türschwellen stellen eine weitere Hürde dar, denn Dämonen können prinzipiell ihre Füße nicht heben und müssen dort umkehren. Auf dem Dach erledigen allerhand glückverheißende Tiere die Geisterabwehr: Auf dem Dachfirst sitzend, schlagen Drachen, Phönix und andere Fabelwesen alle Besucher aus dem Jenseits in die Flucht.

Wer sich architektonisch nicht zu schützen vermag, dem bleibt der Besuch eines Glücksshops. Hier dominiert die Farbe rot, die Geister ganz besonders verabscheuen, und Türbilder mit diversen Göttern, glückverheißende Zeichen wie ›langes Leben‹, ›Glück‹, oder ›Reichtum‹ werden angeboten. Besonders in der Nähe der Tür angebracht, sorgen sie dafür, dass Geister wieder umkehren. Für Autofahrer bietet sich eher die kleinere Variante an, die aus kunstvollen Knoten aus roten Bändern mit machtvollen Bildnissen besteht: Götter, Helden, Drachen und andere Geisterfeinde. Selbst Mao Zedong muss hier und da herhalten. Dass er an manch einem Taxi-Rückspiegel baumelt, hat weniger mit echter Verehrung seiner politischen Person zutun, als der Gewissheit, dass ein derart mächtiger Mensch auch aus dem Jenseits heraus noch viel Einfluss haben muss.

Dies dürfte Mao auch posthum noch Bauchweh bereiten, waren doch gerade die Kommunisten der ersten Stunde ganz besonders bemüht, den Volksglauben abzuschaffen und den Geisterglauben zu unterbinden. Lange Zeit waren die meisten Praktiken entweder verboten oder aber zumindest nicht gerne gesehen. Unter der atheistischen Oberfläche der Modell-Sozialisten jedoch blieb die Tradition bestehen. Mit den politischen Lockerungen der 1980er und 1990er Jahre kehrte auch der Geisterglaube wieder ganz offiziell zurück. Dass die renommierten Wahrsager heute wieder viel hochrangige Kundschaft haben, versteht sich von selbst. Sie gelten als Experten im Umgang mit dem Jenseits, sei es, um mit Geistern in Kontakt zu treten, Dämonen abzuwehren, oder einfach nur einen generellen Blick in die Zukunft zu werfen.

An einem Tag im Jahr lässt sich Geisterkontakt übrigens auf keinen Fall verhindern. Zhongyuan, das Fest der Toten am ersten Tag des siebten chinesischen Monats wird mit einem gewissen Unbehagen begangen. Dann nämlich öffnen sich die Tore zum Jenseits, ihre Bewohner dürfen einen Tag lang ganz offiziell auf Erden wandeln. Auf den Straßen werden Snacks angeboten, ja teils sogar üppige Menüs, denn Amüsement und Völlerei für die jenseitigen Besucher gelten als Garant für einen reibungslosen Ablauf des gefürchteten Tages. Hier und da werden sogar kleine Opernstücke auf der Straße inszeniert, um die Geister bei Laune zu halten. Bei allen Vorkehrungen, ganz geheuer ist den Chinesen dieser Tag nicht. Wichtige Ereignisse wie Hochzeiten oder Umzüge werden deshalb vorsichtshalber auf einen anderen Termin gelegt.

Der Islam in China

Und noch eine große Religion wird in China oft übersehen, dabei bekennen sich mehr als zehn Prozent aller Chinesen zu ihr: der sunnitische Islam. Optisch besonders auffällig ist er nicht, sind doch die meisten chinesischen Moslems recht angepasst und oft nicht einmal an der Kleidung zu erkennen. Dies gilt zumindest für die Nationalität der Hui, die sich nur durch den Glauben von der Mehrheit der Han-Chinesen unterscheidet. Im Westen des Landes sieht es schon anders aus, denn hier leben die Turkvölker Chinas, die kulturell und religiös viel mehr mit ihren Nachbarn in Mittelasien gemein haben als mit den Chinesen.

Der Islam kam bereits früh nach China. Kalif Uthman ibn Affan entsandte 650 nach Christus die erste Delegation unter Saad ibn Abi Waqqas an den Kaiserhof, um den chinesischen Kaiser zum Islam zu bewegen. Obwohl ihm dies nicht gelang, beeindruckte er den Kaiser, der der Delegation die Erlaubnis zum Bau einer Moschee in Guangzhou gab. Dass sie gerade hier errichtet wurde, war kein Zufall, siedelten doch die meisten Moslems, größtenteils Händler, in den Küstenstädten des Südens. Im Laufe der Jahrhunderte wanderten jedoch auch zahlreiche persische und arabische Kaufleute über die Seidenstraße zu und gründeten in China Familien.

Moslemische Frauen in Beijing

In den ersten Jahrhunderten der islamischen Zuwanderung trafen die Moslems auf eine tolerante Haltung. Besonders die kulturell fortschrittliche Tang-Dynastie (618–907) und die Song-Dynastie (960–1279) glänzten durch religiöse Freiheit. Als besonders vorteilhaft erwies sich jedoch die Herrschaft der mongolischen Yuan-Dynastie (1271–1368). Leitende Positionen wollten die Mongolen als verhasste Fremdherrscher nur ungern in chinesische Hände geben, und so verließen sie sich lieber auf ausländische Kräfte. Eine erhebliche Anzahl von Moslems stieg in hohe Ämter auf oder wanderte aus dem Orient zu, so dass sie bald den gesamten Ost-West-Handel beherrschten. Nach dem Sturz der Mongolen durch die fremdenfeindliche Ming-Dynastie sollte sich diese Tatsache bitter rächen. Als vermeintliche Kollaborateure hatten die Moslems nun mit allerhand Vorurteilen zu kämpfen. ›Nicht auffallen‹ lautete daher die Devise der meisten, die sich oft chinesische Namen zulegten und auch sonst in jeder Hinsicht allzu viel Aufsehen vermieden. Oft wurden in Anlehnung an den Propheten Mohammed die Nachnamen auf Ma, Mu oder Mo verkürzt. Andere übernahmen Kurzformen der Vornamen und wandelten beispielsweise Hassan in Ha oder Hussein in Hu um. Kurzum, die meisten Moslems waren kaum mehr von den Han zu unterscheiden, sprachen und schrieben sie doch mittlerweile auch Chinesisch.

Erst in der Qing-Dynastie – selbst eine Dynastie mit fremden Wurzeln – gerieten die Moslems wieder ins Visier des Staates. Durch die Eroberung großer islamischer Siedlungsgebiete im Westen Chinas gerieten die moslemischen Hui-Chinesen nun in Kontakt mit einer ganzen Heerschar von sehr viel fundamentalistischeren Brüdervölkern. Der Assimilierungsdruck aus Beijing führte schnell zu diversen Aufständen. Immerhin fünf Mal rückten die kaiserliche Truppen zwischen 1820 und 1861 gegen den Westen aus, um moslemische Erhebungen zu unterdrücken.

Seither blieb das Verhältnis zur Zentralmacht gespannt. Nach dem Sieg der Kommunisten kam es 1953 wiederholt zu erfolglosen Aufständen, die die Schaffung einer moslemischen Teilrepublik zum Ziel hatten. Ende der 1960er Jahre wurde es abermals gefährlich für die moslemische Bevölkerung, die während der Kulturrevolution immer wieder ins Visier der Roten Garden geriet. Teils wurden Moscheen in Schweineställe verwandelt oder Geistliche als Schweinemetzger verpflichtet, viele verschwanden spurlos. Insgesamt sollen mehr als 300 000 Moslems in jener Zeit gestorben sein.

Heute gibt es wieder um die 30 000 Moscheen in China, aber ganz ohne Spannungen ist das Verhältnis dennoch nicht. Theoretisch herrscht mittlerweile Glaubensfreiheit, auch die Pilgerreise nach Mekka ist seit den 1980ern wieder möglich, doch Ressentiments und Misstrauen sind auf beiden Seiten geblieben. Problematisch bleibt auch, dass die Hauptsiedlungsgebiete der nicht-chinesischen Völker (Uighuren, Usbeken, Kasachen, Kirgisen und Tataren) in den Randprovinzen Xinjiang und Gansu liegen. Der Kontakt zu den Bewohnern anderer islamischer und teils islamistischer Gruppierungen aus

Studenten in Xi'an

Auch die Fledermaus ist ein Glückssymbol

Afghanistan oder Pakistan ist damit vorprogrammiert. Dazu kommt, dass Xinjiang unter dem Druck der Zuwanderung leidet – aufgrund der Siedlungspolitik der Zentralregierung machen die Moslems nur noch 60 Prozent der Provinzbevölkerung aus. Genau diese Gebiete sind es jedoch, die die größten Energiereserven Chinas beherbergen, separatistische Tendenzen werden deshalb rigoros bekämpft. Für die Angehörigen der Hui-Nationalität, die vor allem in Qinghai, Shaanxi und Ningxia leben, sieht die Situation etwas besser aus, zumal es von dieser Seite kaum separatistische Bestrebungen gibt.

Magische Phonetik

Wer sein persönliches Glück im Auge behalten will, umgibt sich nicht nur mit allerhand Talismanen, sondern bedient sich auch der Zahlenmagie. Auch im Westen kennt man diesen Aberglauben – auch hier verzichten Hotels oft auf die 13. Etage – in China jedoch sind es ungleich mehr Zahlen, denen aufgrund ihrer Homophonie mit andern Begriffen eine positive oder negative Auswirkung nachgesagt wird. Die 8 beispielsweise gehört zu den ›guten‹ Zahlen, denn sie wird in zahlreichen Dialekten gleichlautend mit ›Wohlstand‹ ausgesprochen. Die 9 wiederum ist homonym mit dem hochchinesischen Wort ›lang andauernd‹. Kein Wunder, dass ganz besonders viele chinesische Paare am 9.9.1999 heirateten, schließlich garantiert dieser Termin eine besonders haltbare Ehe.

Die Zahl 4 hingegen jagt allen abergläubischen Chinesen einen Schauer über den Rücken, denn sie kann auch ›sterben‹ bedeuten. In neueren Hotels sucht man daher vergeblich den vierten Stock. Ein Taxi-Unternehmen mit der Rufnummer 4444 würde niemals einen Kunden zu sehen bekommen.

Ähnlich wirksam sind auch andere phonetische Wortspielereien aus dem Tierreich: Wer seinen Freunden Reichtum wünscht, mag ihnen ein Bild mit Fischen schenken, denn ›Fisch‹ und ›Überfluss‹ werden gleich ausgesprochen. Auch ›Chrysantheme‹ und ›verweilen‹ (also ein Symbol der Ewigkeit) sowie ›Fledermaus‹ und ›Glück‹ bilden derartige Paare.

Chinesische Politik

Lust auf ein Streitgespräch? Thematisieren Sie einfach mal die Politik der Volksrepublik China in einer großen Runde. Und falls Sie noch einen Vertreter der alten Linken, einen Wirtschaftswissenschaftler und einen Menschenrechtsaktivisten an den Tisch bitten können, umso besser! Vom Rechtssystem über die Außenpolitik, die Geburtenkontrolle oder Taiwanfrage bis zur Tibetpolitik gibt es genügend Bereiche, über die es sich tagelang debattieren ließe. Im Lande selbst bieten sich derartige Gespräche nur bedingt an. Hitzige politische Diskussionen mag es geben, doch sie finden in der Regel im engen Familien- oder Freundeskreis statt. Zu oft hat die politische Richtung in den letzten Jahrzehnten gewechselt, zu oft wurden die Intellektuellen des Landes zur Kritik aufgerufen, nur um kurze Zeit darauf bitter für ›ideologische Verfehlungen‹ zu zahlen. ›Wer den Kopf aus der Menge streckt, braucht sich nicht wundern, wenn er ihn verliert‹, lautet daher das heimliche Credo der meisten Chinesen.

Das Chaos verhindern

Ohnehin unterscheiden sich die chinesischen Vorstellungen von Politik und Regierung erheblich von den westlichen Ideen. Im Fernen Osten geht es weniger um individuelle Rechte oder das Glück des Einzelnen, sondern gut ist, was der Masse nützt. Der Staat und die Regierung, egal welcher politischen Richtung sie angehören, sollen vor allem für ein sicheres Umfeld und öffentliche Ordnung sorgen. Solange es der Mehrheit der Staatsbürger gut geht, werden nur wenige Gedanken an Minderheiten verschwendet. Eine kleine Schicht westlich orientierter Intellektueller und Dissidenten mag dies anders sehen, für den Großteil

Nachbarschaftskomitee

der Chinesen bleiben das physische Wohlergehen und die Chance auf ein geordnetes Leben allemal wichtiger als Meinungs- und Versammlungsfreiheit. Nichts fürchtet man in China mehr als das politische Chaos. Aus gutem Grund, war doch das moderne China viele Jahrzehnte lang von geradezu anarchischen und bürgerkriegsähnlichen Zuständen geschüttelt.

Auch die Methoden, wie denn nun dieser Zustand maximaler gesellschaftlicher Sicherheit erreicht werden kann, sind eindeutig konfuzianischer Herkunft und deshalb für westliche Besucher nur schwer nachzuvollziehen. Nicht Gesetze, sondern positive Beispiele sollen das Volk leiten. Jeder Regent agiert daher quasi durch sein leuchtendes Vorbild als oberste moralische Instanz und setzt so allgemeine Maßstäbe. Kein Wunder, dass man in China nicht an ›faquan‹, die Macht der Gesetze, sondern ›renquan‹, die Macht einzelner Personen glaubt. Im modernen China versucht die Kommunistische Partei (KPCh), diese Vorbild-Rolle einzunehmen. Schon aus diesem Grund sind Korruptions- und Machtmissbrauchs-Skandale für die Herrschaft der KPCh gefährlicher als der Vorwurf mangelnder demokratischer Strukturen. Ihren Führungsanspruch muss sie letztlich aus moralischer Integrität ableiten.

Staat und Partei

Obwohl die Kommunistische Partei und die Regierung Chinas in vielen westlichen Diskussionen geradezu als Synonyme verwendet werden, gibt es formal eine strikte Trennung zwischen staatlicher und parteilicher Macht. Theoretisch ist erst einmal der Nationale Volkskongreß (NVK) das wichtigste Organ des Staates. Seine rund 3000 Mitglieder werden alle fünf Jahre von den Provinzen, regierungsunabhängigen Städten, Autonomen Regionen und den Streitkräften gewählt. Er tritt einmal im Jahr zusammen, beschließt Gesetze, bestätigt den Ministerpräsidenten, die Mitglieder des Staatsrates und die Mitglieder

Dieses Plakat beschwört die chinesisch-burmesische Freundschaf

Junge Musikerinnen

des Ständigen Ausschusses des NVK. Aufgrund seiner hohen Mitgliederzahl wären diese Arbeiten allerdings kaum im Plenum durchführbar. Es wird daher ein Ständiger Ausschuss von zirka 200 Abgeordneten gebildet, der die Regierungsgeschäfte übernimmt. Der vom NVK gewählte Ministerpräsident ist theoretisch der höchste Mann im Staat.

Und wo sind nun die Verbindungen zur Kommunistischen Partei? Nun, theoretisch erst einmal keine. Regiert wird, entgegen vieler Vorurteile, wirklich durch die Regierung. Sie ist sozusagen das Umsetzungsorgan der Partei, die im Hintergrund die generelle politische und wirtschaftliche Linie ausarbeitet. De facto gibt es natürlich viele mehr oder minder offensichtliche Verbindungen und Überschneidungen, die dafür sorgen, dass sich in der Regierung keine Gegenströmungen zur Parteilinie entwickeln.

Zuallererst werden natürlich nur Kandidaten für den NVK aufgestellt, die auch der Partei genehm sind. Selten findet sich ein hochrangiges Regierungsmitglied, das nicht gleichzeitig auf eine erfolgreiche Parteikarriere verweisen könnte. Der Weg zur Macht geht daher eindeutig nicht über die Laufbahn im Staatsapparat, sondern über die Partei.

Club der Auserwählten

Gut 70 Millionen Mitglieder hat die KPCh, wobei es keinesfalls einfach ist, der Partei beizutreten. Neben solidem sozialistischen Wissen muss der Kandidat auch die Empfehlungen gestandener Mitglieder und eine möglichst reine Weste mitbringen. Ob und wie weit sich ein Parteimitglied dann politisch entwickeln kann, hängt nicht nur von seinen Fähigkeiten ab, sondern auch, ob es ihm gelingt, in eine der erfolgreichen Seilschaften aufgenommen zu werden. Diese sogenannten ›Faktionen‹ bilden sich je nach Herkunft, Studienort, Stationen der Parteikarriere und anderen Gemeinsamkeiten. Besonders vielversprechend ist ein Abschluss der Elite-Universität Qinghua in Beijing, ein Amt in Shanghai oder die Herkunft aus dem Yangzi-Delta. Das ranghöchste Amt innerhalb der Partei ist das Generalsekretariat.

Generell tritt die Kommunistische Partei Chinas alle fünf Jahre zu einem großen Parteitag zusammen (das nächste Mal 2012). Gut 2000 Mitglieder hat er und ist deshalb ebenso wenig wirklich arbeitsfähig wie der Nationale Volkskongress. Das Plenum wählt daher ein Zentralkomitee (ZK), das einmal im Jahr zusammen-

tritt. Doch auch das ZK hat noch immer um die 200 Mitglieder. Diese wählen ihrerseits ein Politbüro, das aus 20 bis 25 Mitgliedern besteht und wiederum über einen Ständigen Ausschuss verfügt. Hier, im Ständigen Ausschuss des Politbüros, liegt die wahre Macht Chinas – und die Schnittstelle zwischen Staat und Partei. Es ist also kein Zufall, dass praktisch alle sieben Mitglieder des Ständigen Ausschusses auch innerhalb der staatlichen Hierarchie hohe Posten besetzen.

Etwas abseits dieser Struktur, aber deshalb nicht weniger wichtig, steht die Zentrale Militärkommission. Sie, und nicht das Verteidigungsministerium, hat die Kommandogewalt über die Volksbefreiungsarmee! Traditionell bietet sie abtretenden Politgrößen die Möglichkeit, aus dem Hintergrund die Zügel in der Hand zu behalten. Sowohl Deng Xiaoping als auch Jiang Zemin nutzten diese Möglichkeit, nachdem sie aus ihren anderen Ämtern ausgeschieden waren. Letztlich gelten der Generalsekretär der Partei, der Ministerpräsident und der Vorsitzende der Zentralen Militärkommission als das Triumvirat der VR China.

Vom Klassenkampf zum kapitalistischen Sozialismus

Die theoretischen Strukturen der KPCh haben sich seit der Machtübernahme 1949 kaum geändert – wohl aber die Inhalte. Vier Führungsgenerationen hat die Volksrepublik mittlerweile erlebt, wobei die politischen Vorstellungen (natürlich unter dem offiziellen Deckmantel sozialistischer Einigkeit) weit auseinander lagen. Die erste Generation unter Mao Zedong und Zhou Enlai hatte selbst in erster revolutionärer Front gekämpft, den Langen Marsch überlebt und die Grundlagen des modernen China gelegt. Mit den Vertretern der zweiten Generation um Deng Xiaoping, Zhao Ziyang und Hu Yaobang lagen sie zeitweise geradezu bürgerkriegsartig im Clinch, ging es doch um die grundlegende Entscheidung zwischen Ideologie und Praxis.

Erst mit dem Tode Maos konnte sich die zweite Generation Ende der 1970er durchsetzen. Ihre Reformpolitik des ›Sozialismus mit chinesischen Charakteristika‹ öffnete das Land nach Jahrzehnten der selbst gewählten Isolation und brachte ein enormes Wirtschaftswachstum, aber auch eine neue Kluft zwischen Arm und Reich.

Die dritte Generation um Li Peng, Zhu Rongji und Jiang Zemin kam Mitte der 1990er kurz vor dem Tode Dengs an die Macht. Im allgemeinen werden sie als Technokraten bezeichnet: Nicht der revolutionäre Kampf fundamentierte ihren Führungsanspruch (dazu sind praktisch alle zu jung), sondern eine Mischung aus Ausbildung, Kontakten und Parteikarriere. Mit dem Abdanken Li Pengs kam die vierte Generation um den Präsidenten und Generalsekretär der KP, Hu Jintao und den Ministerpräsidenten Wen Jiabao an die Macht. Beide gelten in wirtschaftspolitischer Hinsicht als reformfreudig und bestrebt, China noch mehr in den Weltmarkt einzubinden, ohne allerdings den Führungsanspruch der KP in Frage zu stellen.

Polizist vor dem Maoportrait am Tor des Himmlischen Friedens

Die chinesische Gesellschaft

›Blaue Ameisen‹, ›undurchsichtige Gestalten‹ – das Klischee vom uniformen, ja geradezu gesichtslosen und daher austauschbaren Chinesen ist noch immer weit verbreitet. Schon den deutschen Kolonialherren des 19. Jahrhunderts schienen die Chinesen als gleichförmige Masse. Mit den Eindrücken der Kulturrevolution aus den 1960er und 1970er Jahren – Abertausende von Chinesen, die dem großen Vorsitzenden die Mao-Bibel entgegenstreckten – wurde dieses Bild noch verstärkt. Selbstverständlich haben die Menschen in China, genauso wie im Westen, persönliche Vorlieben und höchst unterschiedliche Charaktere. Wer länger im Reich der Mitte zu tun hat, kann nach einigen Wochen kaum mehr nachvollziehen, wie ihm die Menschen anfangs so gleichförmig erscheinen konnten.

Einer von vielen

Trotzdem ist es in der Tat kein Zufall, dass gerade in China die sozialistische Politik der Massenlinie zur Vervollkommnung getrieben wurde. Ähnlich wie in der Politik hat die Philosophie des Konfuzius auch im Sozialleben tiefe Spuren hinterlassen, und nicht der Einzelne, sondern die Gemeinschaft steht im Zentrum des chinesischen Weltbilds. Dazu kommt eine strenge Unterscheidung zwischen ›Innenwelt‹ nei (内) und ›Außenwelt‹ wai (外), die sich durch alle Lebensbereiche zieht. ›Innen‹, das ist die eigene Familie, das enge Umfeld, der Arbeitsplatz. Alles andere liegt ›außen‹ und somit weit weg. Im Innenbereich gilt bedingungslose gegenseitige Unterstützung, herrschen komplexe hierarchische Beziehungen – die jedoch nicht für Menschen außerhalb dieses klar umrissenen Bereichs anzuwenden sind. Kein Wunder, dass Chinesen bei einem Krankheitsfall in der

Schiffer am Yangzi

Familie jeden Cent zur Unterstützung des Betroffenen zusammenkratzen würden (auch wenn sie ihn eigentlich nicht leiden können), auf der Straße aber scheinbar ungerührt an einem Unfallopfer vorbeischlendern.

Die Diskrepanz zwischen Innen- und Außenwelt haben auch die Sozialisten zu nutzen gewusst. Mit der Schaffung der ›Danweis‹, den administrativen Einheiten, gelang ihnen ein fast perfektes Mittel der sozialen wie politischen Kontrolle. Die Danwei umfasst Wohn- und Arbeitsstätte, kümmert sich um alle bürokratischen Angelegenheiten und drückt sich auch optisch aus. Umgeben von einer hohen Mauer sind die Danweis von weitem als geschlossene Einheiten erkennbar. Fremde können das Terrain zwar betreten, werden aber meist am Tor überprüft. Bis vor etwa 25 Jahren war die Zugehörigkeit zu einer Danwei praktisch unausweichlich. Erst in den letzten Jahren haben immer mehr Menschen diesen Rahmen verlassen und sich in wirtschaftlicher wie sozialer Hinsicht unabhängig gemacht. Dass sie dabei ihre Ansprüche auf Sozialleistungen verlieren, nehmen die meisten in Kauf, denn wer als Selbständiger den Sprung in die Marktwirtschaft schafft, darf auf erheblich höhere Löhne hoffen als die Angestellten der Staatsbetriebe.

Die Macht der Beziehungen

Die Hürde zwischen Innen und Außen lässt sich, wenn überhaupt, nur durch ›Guanxi‹ (关系) überwinden. Dieser Begriff setzt sich aus Beziehungen, Kontakten und ein wenig Korruption (zumindest aus westlicher Sicht) zusammen und repräsentiert im Grunde genommen die Grundregeln des chinesischen Soziallebens: Nicht direkte Konfrontation oder klare Worte, sondern geschicktes Taktieren, Diplomatie und Anpassung prägen das Miteinander. Niemand käme in China auf die Idee, direkt auf einen potentiellen Geschäftspartner zuzugehen. Stattdessen wird vorsichtig über einen Dritten, meist einen gemeinsamen Bekannten, vorgefühlt, werden Erkundigungen eingezogen und erste Begegnungen auf neutralem Terrain eingefädelt. All dies dient dazu, Guanxi herzustellen, eine Verbindung, die für beide Seiten von Vorteil ist, aber auch verpflichtet. Einen Guanxi-Partner lässt man nicht hängen, schließlich gehört er nun gewissermaßen zum Innenbereich. Der Übergang zur Bestechung ist dabei oft fließend. Eine Genehmigung beantragen, eine Aufenthaltserlaubnis verlängern, einen Platz im ausgebuchten Flieger ergattern, all das geht natürlich mit Guanxi ein wenig schneller. Und dass man sich hinterher dafür erkenntlich zeigt, versteht sich von selbst. Ausländer scheitern oft an dieser Hürde, erfordert doch der Aufbau von Guanxi viel Geduld und Fingerspitzengefühl.

Die Regeln des sozialen Zusammenlebens mögen auf den ersten Blick dieselben wie im Westen sein, dahinter jedoch verbirgt sich ein konfuzianischer Kern, der sich erheblich von unseren Vorstellungen unterscheidet. Alles in allem sind Chinesen sehr pflichtbewusst. Dies mag vor allem daran liegen, dass sie viele Gelegenheiten haben, diese Tugend an den Tag zu legen, denn es sind Pflichten und nicht Rechte, die den Alltag bestimmen. So stehen Kinder beispielsweise, nach konfuzianischer Lehre, ein Leben lang in der Schuld ihrer Eltern. Die Wünsche und Rechte des Einzelnen geraten dabei in den Hintergrund.

Einer für alle

Dem Individualismus haftet in China schon immer etwas geradezu Unanständiges an, denn der ›Wert‹ eines Einzelnen ist nicht angeboren, sondern wird am Nutzen für die Gesellschaft gemessen. Jeder hat seinen festen Platz in der Hierarchie, den er optimal ausfüllen sollte. Tun die Menschen dies nicht, bricht dieses Gefüge auseinander und es droht luan (乱), das Chaos, die Unordnung. Menschen, deren gesellschaftlicher Beitrag auf den ersten Blick nicht unbedingt ersichtlich ist, haben es schwerer. Behinderte, Randgruppen, Andersartige wie beispielsweise Homosexuelle werden argwöhnisch beäugt. Lauert hier nicht das Chaos, das Recht, anders zu sein, sich dem Druck zu entziehen? Sind dies nicht die ersten Risse im gesellschaftlichen Fundament? Meist ist es weniger der böse Wille als die Angst, die viele Chinesen so ablehnend auf Normverstöße reagieren lässt. Anders sein ist einfach nicht erstrebenswert. Während westliche Teenager keinen Aufwand scheuen, um sich in irgendeiner Form von ihren Altersgenossen zu unterscheiden, versuchen die meisten chinesischen Jugendlichen, keinesfalls aus dem Rahmen zu fallen.

Auch die juristischen Vorstellungen, die sich aus den gesellschaftlichen Grundlagen ableiten, lassen manch einem Europäer die Haare zu Berge stehen. Kriminelle? Die haben ihre Pflichten nicht erfüllt, aktiv die gesellschaftlichen Regeln verletzt und daher ihre wenigen Rechte ohnehin verwirkt. Gut, dass es die Todesstrafe gibt! Harte Strafen treffen oftmals auf Zustimmung. Solange sie ›gerecht‹ sind, also der Verurteilte wirklich der Täter war, gibt es wenig Protest.

Werbung für einen chinesischen Sportartikelhersteller

Nicht alle Chinesen unterwerfen sich diesem strengen gesellschaftlichen Korsett. Wer sich bewusst dagegen entscheidet, nimmt jedoch viele Schwierigkeiten in Kauf. Das Recht, seinen eigenen Lebensstil zu bestimmen, muss immer hinter den andern Verpflichtungen stehen. Die Frage, ob der gehorsame Sohn überhaupt den originären Wunsch empfindet, zu heiraten, wird beispielsweise dem elterlichen Wunsch nach Enkelkindern untergeordnet.

Wirkliche Freiheit genießen eigentlich nur die Alten, denen aufgrund der konfuzianischen Verehrung ein gewisses Recht auf Nonkonformität zugestanden wird. Bis zur Vergreisung hat ihr Wort Macht, schließlich verfügen sie über Lebenserfahrung. Kinder oder Enkel sind sowieso zu Dank und Respekt verpflichtet. Da mag die Oma noch so skurril geworden sein, es gehört sich einfach nicht, sie ins Altersheim abzuschieben.

Hinter den Kulissen

Von außen betrachtet erweckt all dies leicht einen idyllischen Anschein. Hier sind die Familien noch intakt, werden die Alten noch zu Hause gepflegt, essen abends alle zusammen an einem Tisch. Doch hinter der Fassade herrscht enormer sozialer Druck, der so manch einen Chinesen heimlich zur Verzweiflung treibt. Von der Wahl des Ehepartners bis zur Geldanlage oder Erziehungsproblemen, immer sind Eltern und Großeltern involviert. Kein Wunder, dass vor allem die wohlhabenden Mittelschichtler der Küstenregionen oft nur zu gerne eine kleine, westliche Wohnung beziehen, denn hier ist kein Platz für viele Generationen. Diesen Luxus können sich natürlich nur wenige Menschen leisten. Für die meisten Chinesen ist es noch immer schwer genug, den Alltag zu meistern. Zwar wächst die Wirtschaft derzeit um gut zehn Prozent jährlich, wovon der Westen bestenfalls träumen kann, doch sind es vor allem die städtischen Chinesen, die davon profitieren. Wer das Glück hat, in eine urbane Familie des prosperierenden Küstengürtels hineingeboren zu werden, darf mit ein wenig Glück auf einen relativ gut bezahlten Job hoffen. Alle anderen – das sind die knapp zwei Drittel Chinesen auf dem Lande – haben kaum eine Chance, mehr als das Lebensnotwendige zu verdienen.

Alte Menschen genießen großen Respekt

Dank des ›Hukou‹-Systems ist ihnen der legale Zugang zu den städtischen Arbeitsplätzen verwehrt, denn nur wer eine legale Hukou (Meldeschein) für einen bestimmten Ort besitzt, darf dort auch arbeiten. Ursprünglich sollte damit die Bildung urbaner Slums verhindert werden, die damit einhergehende politische Kontrolle war sicher auch nicht unerwünscht. Das Ideal der völligen Freizügigkeit ist in China eher unbekannt. Diese Hürde lässt sich natürlich umgehen, doch es ergeben sich daraus eine Reihe schwerwiegender Nachteile: keine öffentliche Schule für die Kinder, keine sozialen Leistungen und immer die Gefahr, bei einer Kontrolle aufgegriffen und aufs Land zurückgeschickt zu werden. Mehr als ein Sechstel aller Chinesen, um die 200 Millionen, sind ohne Meldebescheinigung unterwegs und verdingen sich illegal in den Küstenstädten als Bauarbeiter, Kindermädchen oder Fabrikarbeiter. Diese ›floating people‹ leisten einen erheblichen Beitrag zum Wirtschaftswachstum, schuften sie doch sieben Tage die Woche teils bis zu 16 Stunden für einen geradezu lächerlichen Lohn.

Die Hälfte des Himmels

Ein großer Teil dieser ausgebeuteten Arbeitskräfte sind junge Frauen – einst die Gewinner der sozialistischen Revolution. Denn erst mit der Machtübernahme der Kommunisten 1949 wurde überhaupt ein Gesetzeswerk geschaffen, das den Frauen zumindest auf dem Papier gleiche Rechte zusicherte. Besonders gravierend machte sich das neue Ehegesetz bemerkbar, denn erstmals in der Geschichte des Reiches wurde den Frauen die Scheidung ermöglicht. Mao Zedong hatte den Frauen die ›Hälfte des Himmels‹ versprochen und hielt Wort. Dank der generell schwierigen wirtschaftlichen Lage (immerhin hatte China Jahrzehnte des Bürgerkrieges hinter sich) wurde zudem jede mögliche Arbeitskraft gebraucht, auch die der Frauen. Und so fanden sich Mädchen, deren Mütter noch mit gebunden Füßen durchs Leben humpelten, mit einem Male als Bauarbeiterinnen und Busfahrerinnen wieder, erstmals mit einem eigenen Einkommen und neuem Selbstbewusstsein ausgestattet. Alles in allem sind die städtischen Frauen Chinas heute durchaus emanzipiert und streitbar, und Ausländer, die in der Hoffnung auf eine fügsame und devote Partnerin eine Chinesin heiraten, erleben meist ihr blaues Wunder. Auf dem Lande hingegen kämpfen die Frauen noch immer (und teils auch wieder) mit den jahrhundertealten Traditionen, die ihnen bestenfalls eine marginale gesellschaftliche Rolle zugestehen.

Auch hier ist es der Volks-Konfuzianismus, der den Frauen allerhand Hürden in den Weg legt. Schon um den Ahnen opfern zu können, braucht jede Familie einen Sohn, denn nur er kann die Gaben ins Jenseits senden.

Verkehrpolizistin

Kleiner Autofahrer

Gar nicht so einfach, wenn die Ein-Kind-Politik strikt eingehalten wird und schon eine Tochter im Hause ist! Kein Wunder, dass mittlerweile eine längst vergessen geglaubte ›Sitte‹ wieder auf dem Vormarsch ist: der Säuglingsmord. Immer öfter verschwinden weibliche Säuglinge direkt nach der Geburt. Die Eltern erhalten so nicht nur die Chance auf eine weitere Schwangerschaft, sondern sparen sich auch die teure Versorgung einer Tochter, die doch später sowieso in eine andere Familie wechseln wird. Andere versuchen, durch selektive Abtreibung für einen Stammhalter zu sorgen. Die gesellschaftlichen Folgen dieses Verhaltens sind kaum absehbar, doch bereits heute ist das Verhältnis von Jungen und Mädchen so ungleich verteilt, dass vor allem viele junge Bauern, die einen traditionell schlecht angesehenen Beruf ausüben, keine Frau mehr finden. Kriminelle bedienen diese Klientel nun, indem sie in weit entfernen Landesteilen Mädchen kidnappen und verkaufen. So gravierend ist dieses Problem mittlerweile, dass auch der chinesische Staat – sonst nach außen hin eher um ein harmonisches Bild bemüht – diesen Umstand laut beklagt.

Welche Wendung dieses und andere gesellschaftliche Probleme in der nächsten Zukunft nehmen werden, ist kaum vorherzusehen. Mit der Flut der neuen Eindrücke, den nunmehr vielfältigen Möglichkeiten der persönlichen Entwicklung und nicht zuletzt dem gigantischen Unterschied zwischen Stadt und Land bietet das soziale Umfeld in China jedenfalls viel Stoff für spannende Entwicklungen.

Für das moderne China scheint es nur eine Regel zu geben: Nichts bleibt wie es ist und wird letztlich doch nach jahrhundertealten Regeln erledigt.

Die chinesische Küche

»Ist das jetzt Hundefleisch?« Spätestens nach der Ankunft in China rückt diese Frage in den Mittelpunkt aller Tischgespräche. Mit dem heimlichen Gruselgefühl, etwas Verbotenes zu kosten, fiebern die Novizen der chinesischen Küche der Enthüllung entgegen: Im zweiten Gang war es versteckt! Meist jedoch winken Übersetzer und Serviererin gelangweilt ab. Ja, es stimmt schon, Hunde, Katzen und Meerschweinchen gehören in manchen Regionen Chinas auf die Speisekarte und nicht auf den Schoß. Doch auch im Reich der Mitte sind die Meinungen durchaus geteilt. Traditionell ist der Süden erheblich flexibler, wenn es um die Integration neuer Zutaten geht. Manch ein Beijinger oder Shanghaier schüttelt sich innerlich bei dem Gedanken, Katzenspieße oder Bärentatzen zu essen.

Zum großen Unverständnis der Chinesen bevorzugen Westeuropäer ohnehin eher die ›bürgerliche‹ Küche des Landes, denn Schweinefleisch süß-sauer oder Gebratener Reis mit Gemüse munden dem Mitteleuropäer allemal besser als Schildkrötensuppe oder Froschschenkelragout. Wer absolut sicher gehen will, dass er keine zweifelhaften Zutaten serviert bekommt, kann sich am Preis orientieren. Schildkrötenfleisch, Bärentatzen und all die anderen schaurigen Gerichte sind ausnehmend teuer. Aus diesem Grund wird man sie einem Touristen auch nicht ›zum Spaß‹ vorsetzen.

In den deutschen China-Restaurants sind die regionalen Ausprägungen zugunsten einer germanisierten Speisekarte längst verschwunden. Überrascht stellt manch ein Reisender daher fest, dass es durchaus einen Unterschied macht, ob man einen Straßenstand in Beijing oder ein südchinesisches Spezialitätenrestaurant in Xiamen besucht. Wie viele regionale Kochschulen es letztlich gibt, darüber ist man sich nicht einmal in China einig. Im Grunde genommen lassen sich aber vier Grundströmungen unterscheiden.

Chinesische Fleischerei

Die südliche Kanton-Küche

Im Rest des Landes sind die Kantonesen und Fujianer geradezu als verfressene Schleckermäuler verschrien. Ein bisschen Neid ist garantiert dabei, wenn man ihnen eine totale Fixierung aufs Essen nachsagt, denn die kantonesische Küche gilt nicht nur in China selbst als die raffinierteste. Besonders typisch sind die ›Dim Sum‹, kleine Appetithäppchen, die bis zum späten Nachmittag zum Tee gereicht werden und nirgendwo sonst in derart phantasievoller Vielfalt zu finden sind. Bei den Hauptspeisen sind vor allem fruchtige und reichhaltige Soßen vertreten, dazu kommt die unglaubliche Fülle an verschiedenen Zutaten – darunter übrigens auch die Ingredienzien, die selbst kulinarisch gestählte Westler erschaudern lassen. Viele Jahrhunderte lang war die Küstenprovinz nicht nur arm, sondern auch überbevölkert. Was immer sich essen ließ, wanderte in den Kochtopf der Menschen. Frösche, Insekten, Schlangen und allerhand anderes Getier gehören deshalb genauso auf den Speisezettel wie tropisches Obst und Blattgemüse. Fisch und Meeresfrüchte sind ohnehin nicht aus der kantonesischen Küche wegzudenken.

Anstelle starker Gewürze vertrauen kantonesische Köche übrigens vor allem auf den Eigengeschmack von Fleisch und Gemüse. Sie gelten daher als ganz besonders kritische Einkäufer, die mitunter auch mehrmals am Tag den Markt besuchen, um ganz besonders frische Zutaten zu ergattern.

Die südwestliche Küche

Einst verächtlich als Bauernküche aus den Lokalen der Hauptstadt verbannt, sind die Gerichte der Provinzen Sichuan und Yunnan heute fast überall in China zu finden. Hinter den illustren Namen wie ›Tofu der pockennarbigen Alten‹ oder

Zum Trocknen ausgelegte Chilischoten

›Die Ameisen krabbeln auf den Baum‹ verbergen sich fast immer Speisen, die vor allem eines gemein haben: Sie sind scharf. Und wie! Selbst an Chili gewöhnte Chinesen begegnen der südwestlichen Küche mit Ehrfurcht. Hin und wieder sorgt auch Sichuan-Pfeffer für die angemessene ›Hitze‹, die jeden Erkältungsvirus in die Flucht schlägt. Neben den feurigen Zutaten werden aber auch Essig, Knoblauch, Sesamöl und Bambussprossen bevorzugt verwendet. Besonders im Süden der Region sind Waldpilze eine willkommene Bereicherung des Speisezettels, der im übrigen eher wenig Fisch oder Meeresfrüchte enthält: Kein Wunder, liegt doch das nächste Salzgewässer viele hundert Kilometer entfernt.

Die östliche Küche

Welch Kontrast dagegen die östliche Küche der Provinzen Jiangsu, Zhejiang und Shanghai! Natürlich gibt es auch hier das eine oder andere scharfe Gericht, im Grunde genommen jedoch haben sich die östlichen Köche der milden Küche verschrieben. Meeresfrüchte und Süß- oder Salzwasserfische sind im ›Wasserland‹ immer auf der Speisekarte zu finden, genauso wie Enten, die zwar als Luxusgericht gelten, aber trotzdem sehr beliebt sind. Landesweit bekannt sind die ›Hongshao‹-Gerichte, deren Fleisch in einem Sud aus Sojasoße, Reiswein und Zucker gekocht wird. Generell greifen Shanghaier Köche öfter zu süßen Zutaten als ihre Kollegen im Rest des Landes. Ausländern bietet die östliche Küche sicher den bekömmlichsten Einstieg in die neue kulinarische Umgebung. Hier werden die Gerichte übrigens auch optisch mit viel Liebe zubereitet, und üppige Dekorationen, meist Gemüse-Schnitzereien, gehören zu einem guten Menü immer dazu.

Frittierte Teigröllchen

Die nördliche Küche

Die Küche des Nordens ist vom Gegensatz zwischen Bauerngerichten und Palastküche geprägt. Eisig kalt wird es hier im Winter, kein Wunder, dass deftige Speisen ganz besonders beliebt sind. Knoblauch, Zwiebeln, Kohl und Sojabohnen geben den typischen Geschmack der nördlichen Küche, die vor allem Weizenprodukte favorisiert. Anstelle des gekochten Reis werden Nudeln, gedämpfte Teigwaren, Maultaschen oder Getreidefladen serviert. Dank des Einflusses der nomadischen Nachbarvölker gehören im Norden Hammel-, Lamm- und Rindfleisch, die sonst eher wenig verwendet werden, auf jede Speisekarte. Gleiches gilt auch für Milchprodukte, die man, von Joghurt abgesehen, in Südchina meist vergeblich sucht. Trotz dieser eher bäuerlichen Ausrichtung ist der Norden auch Heimat zahlreicher Gourmet-Spezialitäten. Dies ist sicher der kaiserlichen Palastküche zu verdanken. Einige der nördlichen Gerichte haben es sogar zu internationalem Ruhm gebracht: die Peking-Ente zum Beispiel oder der mongolische Feuertopf.

Gesund und knackig

Es gibt sie also, die regionalen Unterschiede – und trotzdem sind die gemeinsamen Wurzeln aller Regionalküchen nicht zu übersehen. Schon optisch gleichen sich die Gerichte landesweit, denn überall im Land werden die Zutaten generell mundgerecht klein geschnitten. In punkto Gesundheit ein ganz klarer Vorteil, denn die Garzeiten sind kurz, Vitamine und andere willkommene Inhaltstoffe bleiben so erhalten.

Gesundheitsapostel verweisen deshalb gerne auf die chinesische Küche, wenn es um gesunde Ernährung geht. Der ursprüngliche Grund ist allerdings profaner Natur und liegt darin, dass seit Beginn der chinesischen Zivilisation Feuerholz Mangelware war. Für den sparsamen Koch war es daher von Vorteil, die Garzeiten besonders kurz zu halten. Auch für die Handhabung bei Tisch erwies sich dies als praktisch, schließlich erübrigte sich der Gebrauch von Messern an der Tafel.

Ein Fest der Sinne

Ganz abgesehen von den Zutaten – zwischen einer chinesischen Mahlzeit und einem deutschen Abendbrot liegen wirklich Welten! Essen war und ist in China ein Genuss, der alle Sinne bedient und möglichst viele Teilnehmer haben sollte. Eine klassische Mahlzeit in größerer Gesellschaft findet immer am runden Tisch statt, denn nur so können sich alle gleichzeitig vom ›Zhuanpan‹, der traditionellen Drehplatte, bedienen. Zu Beginn der Mahlzeit wird meist eine Runde kalter Vorspeisen serviert, deren Anzahl ungefähr der Teilnehmerzahl entspricht. Danach folgen die warmen Speisen. Auch hier sollten mindestens so viele Gericht, wie die Runde Teilnehmer zählt, aufgetragen werden, denn alles andere sähe geizig aus. Mit dem Fischgericht signalisiert der Koch indirekt das Ende der warmen Hauptspeisen.

Generell gilt, dass man gemeinsam bestellt und isst. ›Mein Gericht‹ und ›dein Gericht‹ gibt es in China nicht. Alles bleibt auf der Drehplatte, von dort bedient man sich direkt mit den eigenen Stäbchen. Bei gehobenen Anlässen werden eventuell Servierstäbchen gereicht. Auf den Reis zu warten lohnt sich in China meist nicht. Er wird oft erst am Ende des Mahls serviert, denn er dient nur zur Sättigung. Gerade wohlhabenden Gastgebern ist es eine Frage des Prestiges, so viele Hauptspeisen auftragen zu lassen, dass der Reis nur noch symbolisch gereicht wird. Ganz zum Schluss folgt die Suppe. Sie soll vor allem den Durst löschen und erinnert daher kaum an die Suppen, die wir aus den China-Restaurants in Europa kennen. In der klaren und dezent gewürzten Brühe trudeln einige einsame Gemüse- und Fleischstückchen herum. Nur die Köche aus Kanton kreieren die uns bekannten Dick-Suppen, die dann auch mal nach westlicher Manier am Anfang eines Menus stehen dürfen.

Das weitere Vorgehen ist einfach: man klemmt die Schüssel unter die Unterlippe und dann geht es los. Schmatzen, Schlürfen und hier und da ein kleiner Rülpser bekunden einen gesunden Appetit und sind auch in gehobener Gesellschaft völlig in Ordnung. Angst vor Flecken auf der Tischdecke müssen auch Stäbchen-Anfänger nicht haben. Am Ende eines chinesischen Banketts hinterlassen die Teilnehmer einen derart verwüsteten Tisch, dass ein europäischer Gastronom weinend zusammenbrechen würde. In den meisten Restaurants sind Teppiche oder Tischdecken daher unbekannt. Hauptsache abwaschbar, dann macht es nichts, wenn die Knochen der Hühnergerichte über den gesamten Tisch verteilt liegen.

Für westliche Vorstellungen mag dies alles eher unattraktiv klingen. Wer in China ein ganz normales Restaurant besucht hat, wird aber zugeben müssen, dass die Chinesen offensichtlich viel Spaß am Essen haben und ihre Mahlzeiten unbestreitbar genießen!

Umso überraschender kommt das jähe Ende der Veranstaltung. Sobald der letzte seine Stäbchen neben den Teller gelegt hat, springen die Gäste auf und verabschieden sich. Jetzt sitzen zu bleiben würde den Gastgeber beschämen, denn ihm bliebe nur eine mögliche Interpretation: Die Gäste sind offensichtlich nicht satt geworden.

Bei all dem Tohuwabohu rund um den Teller ist es allerdings keinesfalls egal, was darauf liegt! Auch in der Küche gelten die Prinzipien Yin und Yang, die ausgeglichen sein müssen, will man dem Körper keinen Schaden zufügen. Yang-Nahrungsmittel wie Fleisch, Gebratenes oder fette Lebensmittel müssen mit Yin-Komponenten wie Meeresfrüchten oder gekochten und gedämpften Gerichten kombiniert werden. Regelmäßige Mahlzeiten verstehen sich dabei von selbst, gilt es doch, den Körper rechtzeitig mit der nötigen Lebensenergie zu versorgen. Wenn praktisch ganz China um zwölf Uhr mittags die Arbeitsgeräte aus der Hand legt und kollektiv zum Mittagessen schreitet, hat dies weniger organisatorische als vermeintlich gesundheitliche Gründe.

Köchin in einer Garküche

業興

Kein Wein zum Reis

Das chinesische Getränk schlechthin? Tee natürlich. Glaubt der Westen und liegt daneben, denn de facto ist und bleibt Wasser das wichtigste Getränk. Zum einen ist es günstig und (im Gegensatz zu Tee) für jeden erschwinglich. Zum anderen werden dem Wasser nach traditioneller chinesischer Heillehre allerhand wohltuende Eigenschaften nachgesagt. Egal an welcher (schweren) Krankheit man leidet, praktisch jeder Arzt wird die Konsultation mit den Worten beenden »immer schön viel abgekochtes Wasser trinken!« Europäische Getränke gibt es mittlerweile allerdings auch in allen touristisch relevanten Regionen – nur sprudelndes Mineralwasser hat sich außerhalb der internationalen Hotels kaum durchsetzen können.

Besonders für deutsche Reisende sei auch beruhigend hinzugefügt, dass das in China gebraute Bier auch bei Kennern als durchweg trinkbar gilt. Neben der wohl bekanntesten Marke ›Qingdao‹, die auch heute noch nach deutschem Reinheitsgebot hergestellt wird, gibt es zahllose lokale Marken, die allesamt erheblich billiger sind als die importierten oder unter Lizenzvertrag hergestellten Biere.

Wein eignet sich allerdings nur bedingt als Begleiter eines asiatischen Mahls, obwohl es mittlerweile auch hier einige gute Sorten gibt. Dies liegt hauptsächlich an der starken Essig-Komponente des chinesischen Essens. Spätestens nach dem ersten süß-sauren oder sauer-scharfen Gericht kann der Gaumen kaum mehr zwischen Billigwein und einem echten Chateau-Lafite-Rothschild unterscheiden.

Teeservice

Der Restaurant-Knigge

In punkto Ambiente und Gemütlichkeit müssen Europäer in China ganz klar Abstriche machen. Nach einem anstrengenden Tag voller Besichtigungen, Marktbummel, Shopping-Trips und vielen, vielen neuen Eindrücken wird sich manch einer insgeheim auf das gemütliche Abendessen freuen – und mag in den internationalen Luxushotels durchaus die dezent-heimelige Kuschelatmosphäre eines westlichen Restaurants finden. Außerhalb dieser ›exterritorialen‹ Gebiete jedoch ist original chinesisches Programm angesagt. Und das sieht, milde gesagt, anders aus.

Essen ist eine überaus wichtige Angelegenheit und in jeder Hinsicht das Highlight des Tages. Niemand geht freiwillig alleine essen. Und so kommt es, dass man in jedem Restaurant eigentlich immer einer Handvoll fröhlicher Runden begegnet. Lautstarke Trinkspiele, Unterhaltungen quer durchs Restaurant und kernige Trinksprüche liegen im akustischen Wettstreit mit den neuesten Schlagern aus mindestens zwei unabhängigen Quellen. Essen macht primär Spaß, und niemand stört sich daran, wenn durcheinander getrunken, gegessen und geraucht wird. Das alles zeugt von einer sehr unverkrampften Haltung in Sachen Tischsitten, die Europäern hin und wieder sauer aufstößt. Selbst die Beleuchtung – immer aus dem Hause ›Neon‹ – strapaziert die Gemüter. Kuschelig gedämpft kommt in China wenig an, schließlich will man sehen, was man isst. Erst in den letzten Jahren wurden in den großen Metropolen auch einige meist hochpreisige, moderne Restaurants eröffnet, die mit lauschiger Atmosphäre und stilvollem Ambiente ganz bewusst den neuen Geldadel oder die Subkultur bedienen, zunehmend aber auch die wachsende Mittelschicht.

Einige praktische Verhaltensregeln:
Nur Mut, eine fröhliche Runde darf durchaus laut sein. Das protestantisch-schweigsame Mahl der Mitteleuropäer existiert in China nicht.

Rauchen bei Tisch? Natürlich! Gerne auch, wenn alle anderen noch essen. Die Frage »Kann ich rauchen?« ruft in China meist Befremden hervor. Wieso denn nicht, fehlt vielleicht der Tabak, Feuer oder ein anderes Utensil?

Wenn Sie eingeladen sind, kann es passieren, dass der Gastgeber Ihnen das beste Stück auf die Schüssel legt. Jetzt heißt es Contenance bewahren und runter damit. Denn nicht immer stimmen die Einschätzungen, was denn das ›beste‹ Stück ist, mit Ihren Vorstellungen überein.

Schnäuzen bei Tisch – aus chinesischer Sicht eine zutiefst ekelige Angewohnheit, die sich nur noch von der europäischen Angewohnheit übertreffen lässt, den Lappen hinterher auch noch in die Tasche stecken.

Essen ist eine gesellige Angelegenheit. Schenken Sie sich deshalb nie alleine ein und bieten Sie ihre Zigaretten auch anderen an.

Sonderwünsche an den Koch sind erlaubt. Trotzdem sollten Sie bedenken, dass dieser ohne Gesichtsverlust kaum nein sagen kann. Die unverfängliche Frage (aus deutscher Sicht), ob denn diese oder jene Variante möglich sei, ist nach chinesischer Gastgeberehre kaum zu verneinen und kann in der Küche für viel Trubel sorgen.

Die Traditionelle Chinesische Medizin

Weit über die Grenzen Chinas hinaus hat sich die Traditionelle chinesische Medizin (TCM) zu einem kulturellen Grundpfeiler Ostasiens entwickelt. Im Westen trifft sie auf gespaltene Reaktionen. Sicher ist, dass sie teils auf beeindruckende, empirisch nachgewiesene Heilerfolge verweisen kann. Genauso sicher ist aber auch, dass die zugrunde liegende Vorstellungswelt für Europäer nur sehr schwer nachzuvollziehen ist. Nach westlich-naturwissenschaftlichen Kriterien lässt sich die TCM oft nicht schlüssig erklären, zumal die europäische Forschung auf diesem Gebiet noch recht jung ist.

In China selbst blickt man auf mehr als 2500 Jahre Medizingeschichte zurück. Das Grundlagenwerk, das ›Buch des Gelben Kaisers zur Inneren Medizin‹ entstand wahrscheinlich im 3. Jahrhundert vor Christus. Die dort beschriebenen Methoden der TCM gehören größtenteils auch heute noch in das Standardrepertoire jedes traditionellen Arztes.

Die große Harmonie

Im Grunde genommen dreht sich alles um die Lebensenergie Qi 气: Vereinfacht gesprochen entsteht das Qi aus dem Spannungsverhältnis von Yin 阴 und Yang 阳, den beiden Grundprinzipien des Universums. Spätestens hier beginnt für viele Westler das Verständnisproblem. Jedes Ding, jedes Phänomen, jeder noch so kleine Teil des Kosmos lässt sich dem Yin-Prinzip, (also dem dunklen, weiblichen, feuchten, kalten) oder dem Yang-Prinzip (dem hellen, männlichen,

Chinesische Apotheke

trockenen, heißen) zuordnen. So wäre die Sonne beispielsweise Yang, der Mond hingegen Yin. Solange Yin und Yang im menschlichen Körper ausgeglichen sind, fließt das Qi ungestört entlang der Meridiane (quasi einer Art Energiestraße) durch den Körper und versorgt alle Organe mit der lebensnotwendigen Kraft.

Dieses Gleichgewicht gilt es unbedingt zu bewahren, denn anderenfalls drohen dem Menschen Unwohlsein und Krankheiten. Kein Symptom und keine Krankheit kann dabei isoliert betrachtet werden. Alle Vorgänge im Körper hängen zusammen, wobei sich die Organe und Körperregionen nicht nur dem Yin-Yang-Prinzip zuordnen lassen, sondern auch einem der fünf Elemente entsprechen, die sich gegenseitig bedingen: Holz nährt Feuer, wird so zu Erde (Asche), in der wiederum Metall entsteht. Dieses zieht das Wasser an, das wiederum Holz entstehen lässt – und der Kreislauf wird ewig fortgeführt.

Element	Organ	Gewebe	Sinnesorgan	Geschmaxk
Wasser 水	Blase, Niere	Knochen	Ohr	salzig
Holz 木	Leber, Galle	Sehnen, Muskulatur	Auge	sauer
Feuer 火	Herz, Dünndarm	Blut, Blutgefäße	Zunge	bitter
Erde 土	Milz, Magen, Bauch-speicheldrüse	Muskeln, Bindegewebe	Mund	süß
Metall 金	Lunge, Dickdarm,	Haut	Nase	scharf

Vorbeugung und Gesundheitspflege sind in der TCM daher besonders wichtig. Im Alltag der Chinesen geschieht dies vor allem erst einmal über die Ernährung – keine Zutat findet ihren Weg in den Kochtopf ohne Abwägung aller Vor- oder Nachteile. Tiefgekühlte Speisen? Mikrowellen-Menüs? Weg damit! Die klassische Single-Kost enthält keine Lebensenergie mehr, ergo kann sie das Qi nicht nähren. Langes Kochen hingegen führt der Nahrung Energie hinzu, macht es yang. Doch auch hier gilt es vorsichtig zu sein, denn zuviel schadet genauso wie zuwenig. Die westliche, rigide Einteilung in gute und schlechte Lebensmittel kennt die TCM allerdings nicht, es kommt auf die Dosierung und die Kombination an. Nichts spricht gegen eine fette Schweinefleisch-Speise (sehr yang) wenn auch die Yin-Komponente (vielleicht etwas Gurke oder Tomate?) berücksichtigt wird. Auch über die Geschmacksrichtungen lässt sich die Balance ausgleichen. Einseitige Kost ist auf chinesischen Speiseplänen eigentlich nie zu finden, genauso wenig wie die ideologische Kargheit, die manch eine europäische Spezialdiät ausmacht. Essen nährt nicht nur das Qi, sondern macht Spaß, ist ein Quell von Genuss und Vergnügen – und auch das hält den Menschen letztlich gesund!

Yin	Yang
kalte Speisen	trockene Speisen
Kiwi, Orange, Wassermelone	Süßkirschen, Aprikosen
Ananas	Nüsse
Gurke	Kürbis, Fenchel
Tomate	Knoblauch, Lauch
Zucker	Salz
Milchspeisen	Fleisch, Fisch
Schwarzer Tee	Kaffee

Eine weitere wichtige Qi-Quelle ist die Atmung, und so versucht man mittels Qigong-Atemübungen dem Körper Lebensenergie zuzuführen. Taiji (Schattenboxen) hingegen hilft, den freien Fluss des Qi zu erhalten. Wie bei allen fernöstlichen Bewegungstherapien zählen hier weniger sportliche Höchstleistungen oder schweißtreibende Belastungen als das bewusste Erleben des Körperlichen.

Strecken Sie Ihrem Arzt die Zunge raus!

Bei aller Vorsorge kommt es hin und wieder trotzdem vor, dass der Mensch das innere Gleichgewicht verliert. Seelische Belastungen und starke Emotionen werden dafür genauso verantwortlich gemacht wie Fehler in der Lebensführung oder mangelnder Schlaf. Freude oder Wut vermehren beispielsweise das Yang, während Angst und Trauer das Yin verstärken. Auch das Lebensalter spielt eine Rolle: je älter der Mensch, desto schwächer das Qi. Erlischt es ganz, stirbt der Mensch.

Melonen sind Yin

Die Anamnese eines TCM-Arztes unterscheidet sich erheblich von der eines westlichen Mediziners. Zuerst wird er den allgemeinen Zustand begutachten. Hautfarbe, Ausstrahlung, ja sogar der Körpergeruch geben einen ersten Eindruck. Anhand der Puls-Rhythmik, durch Abtasten der Meridiane sowie einen gründlichen Blick auf die Zunge und in die Augen lässt sich die Störung meist lokalisieren. Genaue Zahlenwerte wie in der westlichen Medizin sind dabei nebensächlich – es kommt auf die Kombination der Ergebnisse an. Bereits vorliegende Befunde westlicher Ärzte werden trotzdem auch in der TCM verarbeitet; meist genügt es, die Symptome und Krankheitsbilder nach traditioneller Methodik zu sortieren. Die eifersüchtige Konkurrenz zwischen Schulmedizin und TCM ist im Osten übrigens unbekannt. Im Krankenhaus kann es deshalb durchaus vorkommen, dass ein TCM-Patient an die Innere Medizin überwiesen wird und umgekehrt.

Restaurantschild

Die Diagnose selbst wirkt auf westliche Patienten eher nebulös, denn eine Schwäche der Lunge beispielsweise muss nicht unbedingt eine echte Lungenkrankheit bedeuten, sondern kann auch Allergien, Magen-Darm-Probleme oder Hautkrankheiten beinhalten. Sicher ist aber, dass der Arzt in diesem Bereich regulierend eingreifen muss, sei es, um diesem Bereich neue Energie zuzuführen oder eine Blockade zu lösen.

Unter der Nadel

Die klassische Methode der Regulierung ist die Akupunktur. Entlang der Meridiane des Körpers (die je einem Organ zugeordnet sind) kennt der TCM-Mediziner zahlreiche Punkte, über die er den Qi-Fluss drosseln oder vermehren kann. Schmerzen sind dabei nicht zu befürchten, denn die Nadeln werden nur leicht unter die Oberfläche gestochen. Dort verbleiben sie bis zu 30 Minuten. Nach demselben Prinzip funktioniert auch die Moxibustion. Anstelle der Nadeln werden hier allerdings kleine Kegel aus gepreßtem Beifuß verwendet, die der Arzt entzündet und an den zu beinflussenden Punkten plaziert. Kinder oder Menschen mit ›feuchtem‹ Leiden werden besonders oft mit dieser schonenden Methode behandelt. Am herben Geruch der Moxa-Kegel ist jede TCM-Praxis auch mit verbunden Augen zu erkennen. Begleitend zu diesen beiden Methoden greift der traditionelle Arzt hin und wieder auch zur Schröpfkugel, um die negative Energie zu entziehen. Kleine Glasgefäße werden erhitzt und auf den gewünschten Akupunkturpunkt gesetzt. Während sie erkalten, bildet sich ein leichter Unterdruck, der nun therapeutisch wirkt. Auch hier gilt: Es darf ein wenig ziehen, wirklich schmerzvoll ist es jedoch nicht. Nur die Tuina-Massage kann als vierte klassische Methode hin und wieder recht unangenehm werden. Hier geht es nicht darum, Muskeln zu lockern oder Wohlgefühle auszulösen, sondern die Meridiane durch Massage zu stimulieren. Je nach Krankheitsbild ist dies durchaus angenehm – oder erfordert wie zum Beispiel die Fußmassage einen echten Hang zum Märtyrertum.

Selbst ausprobieren?

Unterwegs in China und damit sozusagen direkt an der Quelle der TCM, steht der Besuch einer traditionellen Praxis oft auf der Wunschliste der Reisenden. Eine TCM-Behandlung auf die Schnelle ist allerdings nur in speziellen Fällen sinnvoll. Bei akutem Unwohlsein oder funktionalen Störungen wie Verstopfung oder ähnlichem kann bereits eine Sitzung erfolgreich wirken. In der Regel sind aber zwischen sechs und zehn Termine im Abstand von mehreren Tagen nötig, um dauerhafte Veränderungen zu bewirken. Wer sich in China in die Hände eines traditionellen Arztes begeben möchte, ist in einer staatlichen Klinik meist gut aufgehoben. Hier haben die Ärzte garantiert ein ordentliches TCM-Studium an einer staatlichen Universität abgeschlossen und arbeiten hygienisch einwandfrei mit Einwegnadeln oder sterilisiertem Material. Eventuelle Untersuchungen durch westliche Mediziner lassen sich so in einem Aufwasch miterledigen. Beim Besuch privater Praxen variiert der Standard erheblich. Vor allem auf dem Lande sollten Sie auf einem Satz frischer Akupunkturnadeln bestehen.

In dieser Hinsicht ungefährlicher ist die traditionelle Kräutermedizin. Gerade bei Magen-Darm-Problemen oder grippalen Infekten (sprich den klassischen Geiseln des Reisenden) lohnt es sich, in der Apotheke auch nach traditionellen Mitteln zu fragen. Preislich sind sie fast immer günstiger als die chemische Variante und oft genauso effizient. Die angegebene Dosierung sollte man übrigens immer einhalten, denn die traditionelle Kräutermedizin bedient sich allerhand Giftpflanzen, die in der Überdosierung durchaus gefährlich werden können.

Flaschenkürbisse

Kulturszene China

Die traditionelle chinesische Kunst ist exotisch und interessant, aber für westliche Betrachter nicht immer einfach zu verstehen, denn schließlich reflektiert die chinesische Kunst ein mehr als 4000-jähriges Kontinuum, dessen religiöse, philosophische und politische Basis sich grundlegend von der westlichen unterscheidet. Hereinschnuppern sollte man trotzdem, um vielleicht ein wenig zu verstehen, warum das Verstehen so schwierig ist.

Literatur

Den einfachsten Einstieg bietet wahrscheinlich die Literatur. Kenntnisse dieser Disziplin gehörten in China schon früh zum Wissenskanon eines gebildeten Menschen. Wer die staatliche Beamtenprüfung bestehen wollte, die seit der Han-Dynastie (207 v. Chr.–220 n. Chr.) den Zugang zum Staatsdienst regelte, musste sich mit Literatur befassen.

Was sich wie intensive Liebe zur Kunst anhört, erweist sich bei näherem Hinsehen aber eher als geschickte Indoktrination und politische Stabilisierung durch den Kaiserhof. In der Regel war ›Literatur‹ gleichbedeutend mit den konfuzianischen Klassikern, einer ganzen Reihe von philosophischen Werken also. Sie galt es auswendig zu lernen und als allgemeingültiges Regelwerk für alle Lebenssituationen zu verinnerlichen. Bewunderns- und erstrebenswert waren nicht persönliche Kreativität und eigenes Schaffen, sondern eben die Rezitation dieser ›erzieherischen‹ Werke. Erst im Alter begannen viele hohe Beamte selbst zu schreiben.

Daneben gab es natürlich immer auch ein ›echtes‹ literarisches Schaffen. Bis zur Song-Dynastie (960–1279) waren vor allem lyrische Werke, also Gedichte, weit verbreitet. Die Zeit der Tang-Dynastie (618–906) gilt heute als Hochzeit dieser Kunstform. Dichter wie Li Bo oder Du Fu sind mittlerweile auch außerhalb Chinas bekannt. Ab dem 13. Jahrhundert entstanden vermehrt Erzählungen und Romane, die nun einem erheblich breiteren Publikum zugänglich gemacht werden konnten, denn der Buchdruck mit beweglichen Lettern erlaubte mittlerweile eine hohe Auflage. Mit der Ming-Dynastie (1328–1644) kam dann die Blütezeit des klassischen Romans. Werke wie die ›Geschichte der Drei Reiche‹, ›Die Räuber vom Liangshan-Moor‹, der erotische Roman ›Jinpingmei‹ oder die ›Reise nach Westen‹ sind auch in deutscher Übersetzung erhältlich und zählen zur Weltliteratur.

Alles in allem waren derartige literarische Genüsse jedoch einer absoluten Minderheit vorbehalten, denn selbst relativ gebildete ›Normalbürger‹ waren nicht in der Lage, komplexe Texte zu entziffern. Bis ins 20. Jahrhundert hinein wurde in ›Wenyan‹ geschrieben, einer Kunstsprache, die sich nur schwer lernen ließ und dem Uneingeweihten völlig unverständlich blieb. Die Gruppe der potentiellen Kunstschaffenden blieb damit auf eine kleine gebildete Schicht, meist Beamte, beschränkt. Noch bis zur Gründung der Volksrepublik im Jahre 1949 galten mehr als 90 Prozent der Chinesen als Analphabeten!

Scherenschnitt in Zhouzhuang

Mit dem Zusammenbruch des Kaiserreiches 1911 und unter dem Einfluss westlichen Gedankenguts entstand bald die Vierte-Mai-Bewegung, die, obwohl eigentlich politischen Ursprungs, vor allem im künstlerischen Bereich tiefe Spuren hinterlassen sollte. Ihr ist es zu verdanken, dass sich die gesprochene Sprache als Schriftsprache durchsetzen konnte. Als Baihua-Bewegung (von ›baihua‹, die Umgangssprache) brachte sie viele moderne Autoren hervor, die sich nicht nur der gesprochenen Sprache bedienten, sondern auch heute noch lesenswert sind. Lu Xun (›Tagebuch eines Verrückten‹, ›Die wahre Geschichte des Ah Q‹), Mao Dun (›Shanghai im Zwielicht‹), Ding Ling (›Tagebuch der Sophie‹), Lao She (›Rikscha-Kuli‹, ›Die Gebrüder Ma‹) oder Ba Jin (›Die Familie‹) sind nur einige Beispiele.

Mit dem Beginn der Volksrepublik 1949 wurde es erst einmal still in den Schreibstuben. Zwar brachte vor allem die frühe Volksrepublik noch einige fruchtbare Versuche hervor, die chinesische Volkskunst in die Literatur zu integrieren, vor allem Lao She und sein Stück ›Teehaus‹ (Chaguan) ist hier zu nennen. Die neue Literatur hatte nun jedoch den von der Politik bestimmten sozialistischen Kriterien zu genügen. Nicht anhand der künstlerischen Qualität, sondern anhand der politische Aussage, so Mao Zedong in seiner ›Rede über Kunst und Literatur‹, sei ein Werk zu bewerten.

In der Hundert-Blumen-Bewegung des Jahres 1957 wurden die Künstler Chinas noch einmal ausdrücklich zur Kritik an Gesellschaft und Politik aufgerufen – und nur ein Jahr später dafür abgeurteilt. Viele sozialkritische Autoren, oft Veteranen der Linken, wurden für ihre Werke nun verfolgt oder mit Schreibverbot belegt.

Andere, wie Mao Dun, verzichteten angesichts der politischen Lage freiwillig auf weitere Veröffentlichungen. Sofern dies möglich war, steigerte sich diese radikale Haltung noch in der Kulturrevolution, die außer den Werken Maos und den von seiner Frau Jiang Qing lancierten Modellopern praktisch kein künstlerisches Werk duldete.

Erst mit dem Sturz der Viererbande 1976 begann sich zögerlich wieder eine Literaturszene zu entwickeln. Unter dem Sammelbegriff ›Narbenliteratur‹ entstanden viele persönliche Lebensgeschichten, die vorsichtig die Leiden der Kulturrevolution thematisierten. Auch die Frauenliteratur entwickelte sich und fand mit Zhang Jie eine international anerkannte Vertreterin.

Malerei

Auch in der Malerei kann China auf eine lange Geschichte zurückblicken. Die ersten überlieferten Werke stammen etwa aus der Zeit 1500 vor Christus. Anfangs handelte es sich vor allem um Grabmalereien und Darstellungen des höfischen Lebens, großflächige Landschaftsmalereien hingegen kamen erst in der Tang-Dynastie in Mode. In der Song-Dynastie wurde die Malerei ganz besonders gefördert und sogar eine kaiserliche Malakademie ins Leben gerufen. In dieser Zeit entstanden zahlreiche berühmte Vogel- und Blumenbilder, die auch heute noch kopiert werden, sowie dramatische Landschaften. Die Motive blieben durch die Geschichte hinweg recht ähnlich: schroffe Felsen und Bergwelten, wie sie rund um Guilin, Wuyishan oder Huangshan zu finden sind, gehören seit Jahrhunderten zu den beliebtesten Motiven.

Von Anfang an gab es zahlreiche Punkte, die die chinesische Malerei grundsätzlich von der westlichen unterschieden. Der individuellen Komponente, dem eigenen Stil kam ein viel geringerer Wert zu. Ähnlich wie auch in der Literatur übte sich der Schüler erst in der Kopie bekannter Meisterwerke, bevor er einen eigenen Stil ausprägte. Originalität war dabei von recht geringer Bedeutung, genauso wie die naturgetreue Darstellung. Der spätere Betrachter sollte vor allem die Stimmung des Bildes aufnehmen und die Gefühle des Malers zum Beispiel bei der Betrachtung der Landschaft nachempfinden. Hin und wieder wurden Bilder auch als Meditationsvorlage genutzt. Das fertige Bild wurde deshalb nicht als profane Dekoration ausgestellt, sondern auf einer Seidenbahn verleimt und zusammengerollt. Wann immer der Besitzer später das Bild betrachten wollte, wurde es dazu wieder geöffnet – ein aktiver Vorgang also.

Vordergründig scheint die traditionelle chinesische Malerei eine ›schnelle‹ Kunst. Aufgrund der saugfähigen Unterlage – meist wurde und wird auf Papier oder Seide gemalt – waren Korrekturen nicht möglich. Jeder Pinselstrich musste sofort vollkommen ausgeführt werden. Ganz besonders wichtig war und ist daher die geistige Vorarbeit. Meditativ verinnerlichte der Künstler die kosmische Harmonie und die Stimmung des Werkes, ließ das Bild erst im Kopf entstehen, um es dann innerhalb weniger Minuten und mit wenigen Pinselstrichen quasi als Kopie seiner Gedanken auf Papier zu bannen. Eine passende Gedichtzeile oder ein klassisches Zitat am Rande des Bildes und der rote Siegelstempel des Malers rundeten ein Bild ab, ohne sie ist das Bild nicht vollständig.

Neujahrsbild der Naxi

Drachenboot-Lithographie

Ein weiteres wichtiges Charakteristikum der traditionellen Malerei ist die Verwendung von Leere als gestalterisches Element. Ein wenig verloren, melancholisch wirken die Bilder, die meist eine kleine Einstiegshilfe in Form eines Weges bieten. Hier entlang kann das Auge des Betrachters das Werk entdecken.

All diese recht philosophischen Überlegungen und Ansätze fanden Ende der 1940er Jahre mit der Machtübernahme der Sozialisten ein jähes Ende. Kunst sollte fortan als Propagandamittel dienen und eine eindeutige Botschaft tragen. Vor allem volkstümliche Motive und Methoden waren gefragt. Aus den traditionellen Holzschnitten wurden schnell Propagandabilder, die heute fast skurril anmuten. Vom Mustersoldaten Lei Feng bis zu endlosen Mao-Zedong-Darstellungen, fröhlichen Arbeitern und fleißigen Bauern haben sie eines gemeinsam: Sie alle feiern die zum Zeitpunkt der Entstehung aktuellen sozialistischen Kampagnen.

Erst Ende der 1970er Jahre öffnete sich die Kunstszene vorsichtig und begann, wieder traditionelle Motive abzubilden oder westliche Motive und Methoden zu verwenden. In den letzten Jahren ist in den Großstädten jedoch eine rege moderne Kunstszene entstanden, die mit höchst interessanten und teils sehr provokanten Werken lockt.

Kalligraphie

Irgendwo zwischen Malerei und Literatur liegt die Kalligraphie ›Shufa‹, sozusagen als Brücke zwischen beiden Künsten. Auch sie gehörte zu den Disziplinen, die ein kaiserlicher Beamter beherrschen musste, wollte er Karriere im Staatsdienst machen. Auch heute noch gilt die Handschrift als Visitenkarte der Seele und wird mit größter Beachtung bedacht.

Kaum ein Kaiser oder Politiker, der sich nicht durch handgeschriebene Sinnsätze zu profilieren suchte. Auch Mao Zedong kalligraphierte seine Aufsätze und Gedichte selbst. Mehr noch als die westliche ›Schönschrift‹ bietet sie Möglichkeiten der Textinterpretation, denn der Schreiber kann unter hunderten von Schriften aussuchen und individuelle Verschleifungen setzen. Wichtig ist jedoch, dass er dies schnell tut, denn die Papierunterlage ist höchst saugfähig und verzeiht keine Fehler. So wird auch der Kalligraph, ähnlich dem Maler, stundenlang über dem leeren Papier meditieren, um dann in Sekundenschnelle einen volkommenen Pinselstrich auszuführen. Vor der Erfindung der flüssigen

Tusche (die ein wahrer Kalligraph ohnehin links liegen lässt) musste die Farbe mühsam auf dem Tuschestein gerieben werden, um sie dann mit Wasser zu verdünnen. Ein höchst langwieriger Prozess, der ungeduldige Westler schier in den Wahnsinn treibt, eigentlich aber als mentale Vorbereitung gilt. Die Wahl des Pinsels, des Papiers und nicht zuletzt des darzustellenden Textes ist ebenfalls eine bedeutsame Angelegenheit.

Die Vollendung dieser meditativen Schreibkunst jedoch ist die Wasserkalligraphie, die im Sommer oft auf den Gehwegen von Parks zu beobachten ist: Nicht das Ergebnis zählt, wenn Senioren mit dem kühlen Naß formvollendete Zeichen auf das Pflaster zaubern, sondern der Prozeß, das Malen, der geistige Vorgang. Die daraus resultierende Kunst selbst ist nach wenigen Sekunden spurlos verschwunden. Erfahrungsgemäß fällt es westlichen Betrachtern besonders schwer, die Qualität einer Kalligraphie zu beurteilen. Meist sind es die besonders klar gezeichneten und deutlichen Schriftzeichen, die den Europäer ansprechen, während die aus chinesischer Sicht wahren Meisterwerke mit energischem und schwungvollem Charakter als vermeintliche ›Kleckse‹ auf wenig Gegenliebe stoßen.

Die Pekingoper

Ähnlich schwierig gestaltet sich der Umgang mit der chinesischen Musik, vor allem der Pekingoper, die als typische chinesische Kunst oft auf dem Programm der Gruppenreisen steht. Sie gilt insgeheim als Initiationsritus aller Chinareisenden; jene, die dieses aus westlicher Sicht schwer verdauliche Erlebnis bereits hinter sich haben, sind hin und wieder an ihren ›I survived Beijing-Opera‹-T-Shirts zu erkennen, die nicht umsonst an vielen Souvenirständen zu haben sind. Alles in allem ist die Pekingoper ein höchst farbenfreudiges, aber für westliche Besucher schwer verständliches Spektakel.

Entstanden ist sie nicht, wie der Name vermuten ließe, in Beijing, sondern in den weiter südlich gelegenen zentralchinesischen Provinzen Anhui, Hubei und Shaanxi. Ende des 18. Jahrhunderts gelangte sie an den Kaiserhof, wo sie sich, Elemente des Yuan-Dramas der Mongolen mit einbeziehend, fortan großer Beliebtheit erfreute. Die Mischung aus Gesang, Akrobatik, Kampfkunst und Pantomime war schwer zu erlernen, gut zehn Jahre dauerte es, bis ein Beijing-Opern-Schauspieler das komplette Repertoire beherrschte.

Pekingoper-Maske

Aufführung einer Pekingoper

Alle Rollen werden in vier Grundcharaktere unterteilt: Sheng, die männliche Rolle, die weibliche Dan-Rolle, die geschminkte männliche Jing-Rolle und der Clown (Chou). Diese Rollen wiederum können in viele verschiedene Kategorien fallen und beispielsweise eine alte, junge, zivile oder kriegerische Note erhalten. Die typische, aufgemalte Maske trägt im übrigen nur die Jing-Rolle. Wie es um den Charakter der Darsteller bestellt ist, kann der Zuschauer der farblichen Gestaltung entnehmen. Ein rotes Gesicht deutet auf Loyalität und Aufrichtigkeit, schwarze Schminke lässt einen ungehobelten, aber ehrlichen Charakter erkennen, Weiß verweist auf Intrigen und Intelligenz, während Götter in Gold auftreten und Dämonen an der silbernen Farbe zu erkennen sind. Auch die Farben der Kostüme trägt eine Bedeutung: Gelb wird nur für den Kaiser verwendet, Adlige tragen Rot, während Blau nur aufrichtige Menschen kleidet und Weiß für ältere Beamte steht. Die prachtvoll bestickten Fahnen am Rücken eines Darstellers weisen ihn als General aus, jede Fahne steht für ein Battaillon.

Sprachlich stellt die Pekingoper selbst Einheimische vor unüberwindbare Hürden, denn der übertrieben artikulierte Gesang ist schlichtweg nicht zu verstehen. Die Texte werden deshalb an Tafeln am Publikum vorbeigetragen oder im Programm vermerkt. Umso wichtiger ist somit die symbolhafte Reduzierung der Handlung: Jede Geste, jede Mimik, jede Requisite steht für eine Aktion, die nur dem Eingeweihten erkennbar ist. Taucht ein Tuschestein auf, befindet man sich in einer Schreibstube, wandert der Schauspieler mit einer rudernden Bewegung über die Bühne, befindet er sich im Boot. Kennt man diese künstlerischen Kürzel nicht, bleiben die schrillen Gesänge und Arrangements ein exotisches Spektakel, das nach einigen Minuten das europäische Nervenkostüm ordentlich strapazieren kann.

Die chinesische klassische Musik

Erheblich angenehmer für das westliche Ohr ist chinesische klassische Musik. Ihre typische ›orientalische Note‹ erhält sie durch die Pentatonik: Die chinesische Tonleiter umfasst nur die Ganztonschritte, fünf Töne im Abstand einer reinen Quinte. Auf einer C-Dur-Tonleiter zum Beispiel fehlen die Töne F und H. Nah genug an unseren Hörgewohnheiten also, um sie zu genießen und ohne die sägende Wirkung arabischer Musik. Unter den hunderten von chinesischen Musikinstrumenten gibt es eine Handvoll, die praktisch in jedem Ensemble vertreten sind: die Pipa, die einer europäischen Laute ähnelt und im Sitzen gespielt wird, die Guqin, eine siebensaitige Zither, die Guzheng, eine 21-saitige Zither, die Bambusflöte, Glocken, Trommeln, der Gong und die Erhu. Dieses zweisaitige Instrument ist als einziges mit Vorsicht zu genießen. Virtuos gespielt steht sie der europäischen Geige in nichts nach, in den Händen eines ungeübten Musikers kann sie jedoch regelrecht zu einer Waffe werden. Wenn im Sommer Erhu-Studenten im Park üben, machen sich wissende Chinesen schleunigst auf den Weg nach Hause.

Experimentierfreudige Reisende oder Musiksammler sollten im Musikladen nach den Zeichen 古代音乐 Ausschau halten. Live ist dieses Vergnügen oft am späten Nachmittag in den öffentlichen Parks gratis zu haben, denn viele Freizeitmusiker treffen sich hier zum gemeinsamen Musizieren.

Die Avantgarde im heutigen China

Avantgardekunst in China: Langhaarige Chinesen, die sich bei einem Joint über Beuys unterhalten und dazu chinesische Rockmusik hören. Gibt es nicht? Weit gefehlt. Mit der wirtschaftlichen Reform und Öffnung seit 1978 sind, wie Deng Xiaoping sich auszudrücken pflegte, auch ›die Fliegen durch das Fenster gekommen‹.

Moderne chinesische Künstler befinden sich in einem seltsamen Dilemma. Einerseits können sie aus einem großen Schatz an Maltechniken, Liedgut, Romanen schöpfen, aus einer Kultur, die, je nach Zählung, auf 3000 bis 5000 Jahre Kontinuität zurückblicken kann. Zusätzlich ist politisch motivierte Kunst kein Fremdwort in China, im gesamten 20. Jahrhundert drehte sich die chinesische Kunst und die sie begleitende Diskussion um so gut wie nichts anderes. Andererseits nahm dies

Schattentheater

den chinesischen Künstlern der 1980er und frühen 1990er Jahre lange Zeit jede Möglichkeit der Entfaltung. Die althergebrachten Techniken waren als angestaubt verpönt, offene politische Aussagen in den Formen der Volksrepublik waren vom Selbstverständnis, explizite Kritik an den bestehenden Verhältnissen war von der Zensur her unmöglich. Der Aufbruchsstimmung Ende der 1970er Jahre, begleitet von der Gründung diverser Kunstgruppen, die sich an der westlichen Avantgarde orientierten, folgte Ratlosigkeit und Depression. Zumindest, was die Malerei angeht. In einem Land, das entweder klassische Landschaftsmalerei oder politische Aussage als Maßstab der Qualität ansah, taten sich die selbsternannten Avantgardemaler schwer, sich mit neuen Ideen durchzusetzen, die gleichzeitig von Ästhetizismus und Zynismus geprägt waren.

›Zynischer Realismus‹ ist die Kunstform, die sich in der chinesischen Kunstszene um 1990 durchsetzte und in der Künstlerkommune ›Yuanming Yuan‹, unweit des während des Boxeraufstandes im Jahre 1900 zerstörten alten Sommerpalastes in Beijing, ihre deutlichste Ausprägung fand. Die feisten Glatzköpfe Feng Lijuns gingen um die Welt und erzielen auf dem internationalen Kunstmarkt inzwischen Traumpreise. Die zynische Darstellung chinesischer Realität wurde zum Warenzeichen einer Malergeneration, technisch perfekt gemalt und dennoch seltsam leer und orientierungslos. Von der chinesischen Bevölkerung ignoriert, von der Regierung bekämpft (die Künstlerkolonie wurde Ende 1995 mit Gewalt geräumt) und vom Westen hofiert, wurden viele der chinesischen Künstler reich und berühmt, führen in China aber weiterhin eine künstlerische Schattenexistenz.

Ganz anders die Musiker und die Literaten, die zwar mit ähnlichen Problemen zu kämpfen hatten, mit ihren Werken aber einen weitaus größeren Teil der chinesischen Bevölkerung erreichen. Die Lieder Cui Jians, dem Vater der chinesischen Rockmusik, haben es inzwischen bis in die Karaoke-Bars gebracht, und das, obwohl sein bekanntestes Lied, ›Yi kuai hongbu‹ (Das rote Tuch) allegorisch die Partei kritisiert und ›Yiwusuoyou‹ (Ich habe nichts) die Hymne der 1989er Bewegung war und Cui mit diesem Lied auf dem besetzten ›Platz des Himmlischen Friedens‹ auftrat.

Rockmusik ist in den chinesischen Großstädten inzwischen eine alltägliche Angelegenheit, von der politischen Führung nicht gerade geliebt, aber toleriert, und drückt das Lebensgefühl einer Generation aus, die jenseits von politischer Indoktrinierung und wirtschaftlichen Sorgen aufwächst und sich dem musikgewordenen Weltschmerz hingibt. Seit ein paar Jahren schwappt eine Punkwelle durch die chinesischen Metropolen und scheint genau den Nerv der Großstadtjugend zu treffen.

Was die Rockmusik langsam erreicht, ist der Literatur schon lange gelungen. Es war Wang Shuo, Wortführer einer literarischen Strömung, die man (ungewollt von deren Exponenten) ›Herumtreiberliteratur‹ nannte, der Mitte der 1980er Jahre mit seinen Figuren – betrunkene Antihelden mit loser Zunge und unge-

Musiker mit einer Erhu

Die chinesische Punkband PK 14

zügeltem Hauptstadtidiom – einen Stil der Literatur prägte, der sich bis heute fortsetzt. Nicht die Helden des sozialistischen Aufbaus standen im Mittelpunkt seiner Geschichten, sondern die zerrissenen Charaktere der Reformzeit, jenseits jeder Orientierung und politischer Einstellung. Seine Romane waren stilbildend, selbst die vor allem im Westen gefeierten Romane von Mian Mian und Wang Hui, beide Chronistinnen des Shanghaier Nachtlebens, zwischenzeitlich verboten und nun wieder frei in China erhältlich, sind in dieser Tradition zu sehen.

Die perfekteste Synthese zwischen Avantgarde, sozialer und politischer Akzeptanz sowie kommerziellem Erfolg ist sicherlich den Filmemachern gelungen. Zhang Yimou, Regisseur gefeierter Filme wie ›Rotes Kornfeld‹ und ›Judou‹, einst in seinem Heimatland im selben Maße verpönt, wie er auf den Filmfestivals zwischen Cannes und Berlin gefeiert wurde, hat mit seinem letzten Werk ›Hero‹ in China große Erfolge gefeiert und ist längst Teil des chinesischen Mainstreams. Dies geht so weit, dass er die Turandot-Aufführung in der Verbotenen Stadt und 2008 sogar die Eröffnungsfeier der Olympischen Spiele in Beijing inszenieren durfte.

Das moderne China schließt langsam Frieden mit seiner Avantgardekunst, auch wenn es noch lange dauern wird, bis ein chinesischer Politiker wie einst Bill Clinton an einer Rocksession teilnehmen wird. Jiang Zemin war als begeisterter Karaoke-Sänger in ganz China berühmt und berüchtigt. Immerhin, ein Anfang.

Die Sprache

Ganz ehrlich – haben Sie je daran gedacht, Chinesisch zu lernen? Wahrscheinlich nicht. So normal es ist, in Italien per Sprachführer, Zeigefinger und etwas verbaler Improvisation durch die Restaurantbestellung zu holpern, so wenig käme es dem normalen Reisenden in den Sinn, vor der Abfahrt noch schnell die Grundlagen des Chinesischen zu erwerben.

Statistisch spräche übrigens einiges dafür, denn es ist mit Abstand die meistgesprochene Sprache der Welt. Gut 1,5 Milliarden Menschen in China, Taiwan, Malaysia, Singapur, Thailand, Indonesien, Philippinen, den USA, Kanada und vielen anderen Ländern der Welt wachsen mit einem chinesischen Dialekt als Muttersprache auf.

Dass Chinesisch auf das westliche Auge trotzdem so furchterregend wirkt, liegt vor allem an der Zeichenschrift. Jedes dieser Zeichen ist einzigartig, hat eine eigene Bedeutung und muss deshalb auswendig gelernt werden – was das Erlernen der Sprache natürlich erheblich erschwert. Doch warum tun sich die Chinesen das an? Wäre es nicht viel einfacher, ein Alphabet zu verwenden?

Jede Silbe ein Wort

Chinesisch ist eine monosyllabe und isolierende Sprache. Das bedeutet, dass alle Worte im Grunde genommen einsilbig sind, oder andersrum, jede Silbe eine Bedeutung hat. Im modernen Chinesisch trifft dies zwar nur noch begrenzt zu, doch die Haupteigenschaft ist geblieben: Jede Silbe kann einzeln übersetzt werden. Als ›isolierend‹ wird das Chinesische bezeichnet, weil es keine Änderungen der Wortendungen zulässt. Keine Konjugationen also, Deklinationen oder Pluralendungen! Stellen Sie sich vor, Sie müssten alle Wörter auf den Wortstamm reduzieren, das käme dem Chinesischen dann schon recht nahe. Ein Beispiel zur Erläuterung: Das Wort ›qu‹ wird mit gehen übersetzt. Je nach Satzkontext kann es aber auch gehend, geh!, ging oder gegangen heißen. Kann man mit so

Rätselhafte Zeichen

wenig Grammatik noch vernünftige Satzaussagen machen? Man kann – und das, obwohl selbst die Zeiten auf ein Minimum reduziert wurden: Anstelle komplexer Konstrukte zeigen Partikel am Verb- oder Satzende die Vergangenheit an. Für alle Zukunfts-Zeiten muss sogar die logische Schlussfolgerung ausreichen.

Ein Beispiel:

明天我给你打电话
Ming-tian wo gei ni da dian-hua.
Morgen-Tag ich geben Du betätigen Telefon.
Morgen werde ich Dich anrufen.

oder

我去过北京
Wo qu guo Beijing.
Ich gehen (Vergangenheits-Part.) Beijing.
Ich bin nach Beijing gefahren.

Den Ton treffen!

Problematisch ist, dass Chinesisch eine sehr lautarme Sprache ist. Nicht einmal 400 phonetische Silben kennt das Chinesische – ziemlich wenig im Vergleich zum Deutschen, das immerhin über gut 10 000 Silben verfügt. Dazu kommt, dass in der deutschen Sprache Wörter meist aus mehreren Silben zusammengesetzt werden, bevor sie überhaupt eine Bedeutung bekommen. Daraus ergibt sich im Deutschen eine geradezu unendliche Zahl potententieller Wortschöpfungen – zumindest in lautlicher Hinsicht.

Gut also, dass Chinesisch eine tonale Sprache ist. Je nachdem, mit welcher ›Melodie‹ eine Silbe ausgesprochen wird, verändert sich ihre Bedeutung. Insgesamt vier verschiedene Tonhöhen gibt es im Chinesischen – genug, um ausländische Lernende in den Wahnsinn zu treiben.

Für Europäer ist dies eine der größten Hürden beim Chinesisch-Studium. Eine Suppe (tang) bestellen? Kaum legt man einen fragenden Unterton in das Wort (táng), wird Zucker daraus, lässt der Sprecher den Vokal leicht fallen und zieht ihn dann nach oben (tăng) ordert er einen Liegestuhl, was die Bedienung im Restaurant definitiv in die Ratlosigkeit stürzen dürfte.

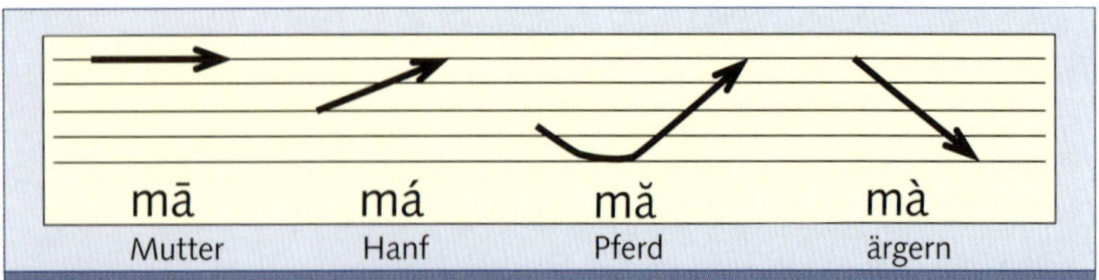

Chinesische Tonhöhen

Um die 1300 verschiedene Silben ergeben sich durch diese melodische Differenzierung – was immer noch recht wenig ist. Auch wenn die tonale Aussprache exakt sitzt, bleiben also ganz zwangsläufig unglaublich viele gleichlautende Wörter und ergo Gelegenheiten für interessante Missverständnisse.

Moderne Zeiten - antikes Vokabular

Wie also verständigen sich die Chinesen? Sie kombinieren – und zwar nicht nur Inhalte, sondern auch Wörter. Die Silbe he 和 zum Beispiel hat mindestens zwanzig grundverschiedene Haupt-Bedeutungen, darunter auch ›Frieden‹. Das Wort ping 平 kann ebenfalls mit vielen möglichen Übersetzungen aufwarten, wobei auch hier ›Frieden‹ eine mögliche wäre. Zusammen jedoch, als Wortkreation he-ping 和平 (wörtlich Frieden-Frieden) sind beide eindeutig. Aus diesem Grund sind einsilbige Substantive oder Verben mittlerweile eher die Ausnahme.

Ein weiterer Quell für mehrsilbige Wortschöpfungen ist der technische Fortschritt. Im Alten China war es nicht nötig oder möglich, über Themen wie Telefontechnik oder Internet zu reden. Um diese neue wissenschaftliche oder technische Welt zu erfassen, hat man in China viele mehrsilbige Wörter gebildet. Telefon (dian-hua) beispielsweise ließe sich wörtlich mit Blitz-Sprache übersetzen.

Wirklich eindeutig ist das Chinesische letztlich aber nur in geschriebener Form. Praktisch wie ein Bild ist jedes Zeichen einzigartig, unverwechselbar und damit eindeutig in seiner Bedeutung. Doch es verrät fast nichts über seine Aussprache. Für ausländische Lernende ist dies ein enormes Manko, schließlich muss man die Aussprache tausender von Zeichen mühsam auswendig lernen, doch für den Zusammenhalt des chinesischen Reiches war dies ein ungeheuer wichtiger Aspekt: Egal welchen Dialekt die Menschen als Muttersprache sprachen, theoretisch waren sie alle fähig, sich per Zeichensprache zu verständigen.

Heute ist die Situation gar nicht so anders, denn Sprecher des Hochchinesischen, des Kantonesischen oder Taiwanesischen würden sich in einer Konversation kaum verstehen, können aber schriftlich problemlos kommunizieren.

Geschriebene Bilder

Generell gilt, dass pro Silbe beziehungsweise Wort ein Schriftzeichen verwendet wird. Da es sich um fertige Einheiten handelt, können chinesische Zeitungs- und Buchsetzer mit einem weiteren kleinen Verwirr-Detail aufwarten: Es ist fast egal, in welche Richtung Chinesisch geschrieben wird. Zwar hat sich in der Volksrepublik die europäische Variante horizontal von links nach rechts durchgesetzt, in Zeitungen darf es aber durchaus auch mal vertikal in – je nach Satz – beide Richtungen sein. Auf Taiwan oder in Hongkong ist die traditionelle Schreibweise von oben nach unten und/oder von rechts nach links oft anzutreffen. In diesem Fall findet man die Titelseite (nach unserem Empfinden) auf der Rückseite des Buches.

Egal in welche Richtung letztlich gelesen wird, wer sich die chinesischen Zeichen genauer ansieht, wird feststellen, dass bestimmte Elemente immer wieder

Fahne in Tongli

auftauchen. Es sind die 214 Radikale, also wörtlich ›Wurzeln‹, die meist auf die Urform der ersten Zeichen zurückgehen. Der Baum (Holz) 木, die Frau 女, die Sprache 言, die Sonne 日 zum Beispiel existieren als eigene Zeichen, aber auch als Komponenten.

Oft lässt sich heute noch nachvollziehen, wie es zu den Radikal-Zusammensetzungen der Piktogramme kam: 好 (gut) besteht aus den beiden Teilen 女 (Frau) und 子 (Kind). Es ist eben gut, wenn beide zusammen sind. Auch das Wort 看 (sehen) besteht aus einem Auge 目 unter einer Hand 手, der international verständlichen Geste für ›Ausschau halten‹. Andere Bilder leben von der Verallgemeinerung: Drei Menschen 人 werden zur Menge 众.

Ganz besonders häufig sind allerdings Kombinationen aus inhaltlichem Radikal und einer phonetischen Komponente: 蚂蚁 ma-yi (die Ameise) setzt sich jeweils aus dem Element ›Insekt‹ 虫 und einem lautlichen Teil für ma 马 und yi 义 zusammen, zwei Zeichen, die zwar andere Bedeutungen haben, aber zufällig so ausgesprochen werden wie die Ameise. Verlässlich sind diese phonetischen Informationen allerdings nicht mehr, schließlich ist es mehr als 3000 Jahre her, dass die Zeichen entstanden.

Alle existierenden Zeichen beherrscht übrigens garantiert niemand, es ist nicht einmal sicher, wieviele es wirklich gibt. Um die 50 000 dürften es sein, doch nur wenige tausende sind noch im Gebrauch. Wer um die 2000 Zeichen beherrscht, gilt offiziell als lese- und schreibkundig, mit einem Wortschatz von etwa 3000 Zeichen können fast alle Texte verstanden werden.

Viel Zeit braucht der Schüler, um alle diese Zeichen zu erlernen – zu lange befand die kommunistische Regierung in den 1950er Jahren und machte sich im Rahmen einer großen Alphabetisierungskampagne daran, einen großen Teil der Zeichen zu vereinfachen. Besonders komplexe Radikale wurden ersetzt, Striche gelöscht oder völlig neue Zeichen erfunden. Das Ergebnis, die ›Kurzzeichen‹ jiantizi werden in der Volksrepublik, Singapur und Malaysia offiziell benutzt, während Taiwan und Hongkong noch die traditionellen ›Langzeichen‹ fantizi verwenden.

Ein Beispiel:

	Langzeichen	*Kurzzeichen*
sprechen	說	说
Land	國	国
Liebe	愛	爱

Doch ein Alphabet?

Lesen und schreiben zu können, das war übrigens bis zu Beginn des 20. Jahrhunderts die absolute Ausnahme. Jahrhundertelang benutzte man für die schriftliche Kommunikation die Kunstsprache Wenyan, die, ganz im Gegensatz zum modernen Chinesisch, äußerst verkürzt und grammatikbeladen war. Um dieses ›klassische Chinesisch‹ zu erlernen, waren Jahre, wenn nicht Jahrzehnte des Studiums erforderlich. Erst die gesellschaftlichen Umbrüche nach dem Untergang der Kaisermonarchie gaben dem gesprochenen Chinesisch eine Chance in der Welt der Bücher und Akten. Aus dieser Epoche stammen auch die ersten ernstzunehmenden Versuche, eine allgemeingültige Alphabet-Umschrift zu erschaffen.

Das Zeichen für ›Frühling‹

Sehr zur Verwirrung aller Ausländer gibt es heute gleich eine ganze Handvoll von Transkriptionen, die um den Chinesisch-Lernenden buhlen. Bereits 1859 entwickelte der britische Diplomat Thomas Wade die nach ihm benannte Wade-Umschrift. Zusammen mit diversen Modifikationen durch den Linguisten Herbert Allen Giles wurde es zu Beginn des 20. Jahrhunderts als Wade-Giles-Umschrift zum ersten internationalen Erfolg und fortan in praktisch allen westlichen Lehrwerken verwendet. Dies allerdings eher mangels besserer Alternativen, denn nicht alle phonetischen Feinheiten konnte das System korrekt wiedergeben. Zudem kam der exzessive Gebrauch von Apostrophen und anderen diakritischen Zeichen. Auf chinesischer Seite war man sich dessen durchaus bewusst, und so entwickelte der Linguist Zhao Yuanren im Auftrag der Nationalregierung eine neue, allgemeinverbindliche Transkription. Schon der Name der im übrigen sehr korrekten und ausgeklügelten Umschrift wirkte so furchterregend auf das ungeübte Auge, dass ›Gwoyeu Romatzyh Pinin Faashyh‹ eigentlich nie eine Chance hatte. Die Tonhöhen wurden hier als Buchstabenkombinationen wiedergegeben, so dass Schrift und tatsächliche Aussprache weit voneinander abwichen.

Zweisprachiges Schild – arabisch-chinesisch

Neue Impulse erhielt die Transkriptionsdebatte erst nach der Machtübernahme der Kommunisten im Jahre 1949. Jeder Chinese sollte nun möglichst schnell lesen und schreiben lernen. Für dieses Anliegen wurde 1958 die Umschrift ›Pinyin‹ entwickelt, die als einfache Alternative recht schnell Verbreitung fand und 1982 von der ISO, der Internationalen Organisation für Standardisierung, als alleinige Variante akzeptiert wurde. In den 1960er Jahren gab es sogar Bestrebungen, die Zeichenschrift ganz zugunsten einer Lautschrift abzuschaffen – was sich als völlig aussichtslos erwies, denn schon nach wenigen Zeilen wurden die Texte unverständlich. Zur Illustration dieser Tatsache eignet sich das klassische Nonsense-Gedicht ›Der löwenessende Dichter in der Steinhöhle‹ des bereits oben erwähnten Linguisten Zhao Yuanren, der auf humoreske Weise auf die Unersetzbarkeit der Zeichen hinweisen wollte. Hier die ersten vier Zeilen:

shishi shi shi shi shi, shi shi, shi shi shi shi .	石室詩士施氏, 嗜獅, 誓食十獅。
shi shishi shi shi shi shi.	氏時時適市視獅。
shi shi, shi shi shi shi shi.	十時, 適十獅適市。
shi shi, shi shi shi shi shi…	是時, 適施氏適市…

In einer Steinhöhle saß der Dichter Shishi, der gerne Löwen aß und sich entschloss, zehn davon zu essen.
Er ging oft zum Markt, um nach Löwen Ausschau zu halten
Eines Tages, um zehn Uhr, kamen zehn Löwen auf den Markt.
Genau zu dieser Zeit kam auch Shishi…

Heute wird Pinyin praktisch weltweit verwendet, nur in Taiwan legte die Regierung Wert auf einen phonetischen Sonderweg. Schon aus politischen Gründen entwickelte man hier die ›Bo Po Mo Fo‹-Schrift und arbeitete lange an einer Variante, die sich gebührlich von der volksrepublikanischen Lautschrift unterscheidete. 2006 freilich entschied sich die Hauptstadt Taipei, fortan das festländische Pinyin in allen Stadtplänen und auf Straßenschildern zu verwenden, so dass es heute gar nicht mehr so unwahrscheinlich ist, dass sich Pinyin doch noch in Taiwan durchsetzt. In Singapur, Malaysia und anderen Ländern mit bedeutenden chinesischen Bevölkerungsanteilen ist Pinyin ohnehin mittlerweile Schulstandard.

Geographische Namen in China

Beijing, Shanghai, Yongle Lu – wie exotisch klingen die chinesischen Orts- und Straßennamen für europäische Ohren! Erst die Übersetzung zeigt, dass auch hier der ostasiatische Sinn fürs Pragmatische gewinnt, denn meist handelt es sich um simple ›Ortsangaben‹. Shanghai beispielsweise lässt sich lapidar mit am (shang) Meer (hai) übersetzen, Beijing ist schlicht die Nord- (bei) Hauptstadt (jing). Besonders oft werden die folgenden Silben verwendet:

jing	京	*Hauptstadt*
gang	港	*Hafen*
du	都	*Großstadt/Hauptstadt*
shi	市	*Stadt*

Auch die Benennung der Provinzen erfolgt in vielen Fällen nach erstaunlich einfachen Mustern. Oft beinhalten sie eine Ortsbestimmung in Relation zu einem wichtigen geographischen Landschaftsmerkmal. Das klingt kompliziert, ist aber höchst einfach:

Aus den Himmelsrichtungen

bei	北	*Norden*
nan	南	*Süden*
dong	东	*Osten*
xi	西	*Westen*

und den geographischen Grundbegriffen

hu	湖	*See*
jiang	江	*Strom, Fluss*
he	河	*Fluss*
shan	山	*Berg*
hai	海	*Meer (wobei auch große Seen manchmal als ›Meer‹ bezeichnet werden)*

ergeben sich zum Beispiel:

Shandong	山东	*östlich der Berge*
Shanxi	山西	*westlich der Berge*
Henan	河南	*südlich des Flusses (hier ist der Gelbe Fluss gemeint)*
Hebei	河北	*nördlich des Flusses (dito)*
Hunan	湖南	*südlich des Sees (gemeint ist der Dongting See)*
Hubei	湖北	*nördlich des Sees (dito)*
Jiangxi	江西	*westlich des Flusses (gemeint ist der Yangzi-Fluss)*
Hainan	海南	*im Süden des Meeres*

Gut die Hälfte der Provinzen Chinas entsprechen nicht diesem Muster, tragen aber trotzdem recht einfache Namen. Xinjiang 新疆 beispielsweise ist die ›neue Grenze‹ – ein Begriff, der auf die recht späte Eroberung dieses westlichen Landstrichs schließen lässt und zudem noch beinhaltet, dass es sich hier in der Tat auch um eine kulturelle Grenze handelt, denn hier beginnt moslemisches Gebiet. Sichuan 四川, wörtlich ›vier Flüsse‹, bezieht sich auf die vier großen Ströme, die die Provinz durchqueren. Yunnan 云南, ›südlich der Wolken‹, trägt seinen Namen ebenfalls zu Recht, denn hier herrschen meist klarer Himmel und angenehme Temperaturen.

Praktisch jede Stadt in China hat eine Zhongshan Lu 中山路 (Sun-Yat-sen-Straße): Dem politischen Gewicht des Demokraten und Begründers des modernen China angemessen, handelt es sich in der Regel um die Hauptstraße oder, falls es derer mehrere geben sollte, zumindest eine davon. Straßennamen

Im Dashanzi-Kulturzemtrum in Beijing

enden fast immer mit den Silben lu 路 (große Straße), dajie 大街 (Hauptstraße), jie 街 (kleinere Straße) oder Gasse xiang 巷.

Der ›Namensteil‹ besteht in vielen Fällen aus Städten, Provinzen und glücksbringenden oder politischen Begriffen. Guangzhou Lu 广州路, Nanjing Lu 南京路 oder Dongfeng Lu 东风路 (Ostwindstraße) wären Beispiele hierfür. Eine ›Befreiungsstraße‹ Jiefang Lu 解放路 oder Volksstraße Renmin Lu 人民路 gibt es deshalb garantiert ebenfalls in jeder Stadt. Bekannte Personen müssen hin und wieder auch herhalten, dies ist aber erheblich seltener als in Europa. Manchmal sind es auch die umliegenden Gebäude, die den Straßennamen bedingen. Beizhan Lu 北站路 zum Beispiel, die Nordbahnhofstraße oder Jimingsi Lu 鸡鸣寺路 die Jiming-Tempel-Straße.

Himmelsrichtungen findet man übrigens auch auf dem Stadtplan wieder, denn besonders lange Straßen werden gerne in verschiedene Abschnitte unterteilt. Aus der Dongfeng Lu 东风路 wird dann zum Beispiel eine Dongfeng Beilu 东风北路 (also Dongfeng Nordstraße) und Dongfeng Nanlu 东风南路 (Dongfeng Südstraße). Ganz ohne Schnörkel ist die besonders auf Taiwan beliebte Unterteilung in Sektionen duan 段, die dann durchgezählt werden. All dies zusammen genommen könnte zum Beispiel eine Hainan Donglu Yiduan 海南东路一段 ergeben: also Hainan-Ost-Straße, erste Sektion. Bei derartigen Straßennamen, die auf viele Teilabschnitte schließen lassen, ist es ganz besonders wichtig, die richtige Hausnummer zu kennen. Zwischen dem ersten und letzten Haus kann im ungünstigen Falle ein zweistündiger Fußmarsch liegen!

Eine weitere Möglichkeit der Unterteilung bieten Tore und Mauern. Die Jianguomenwai Dajie 建国门外大街 in Beijing liegt offensichtlich außerhalb 外 (wai) des Jianguo-Tores 建国门 (men). Eine dazu passendes Pendant innerhalb 内 (nei) gibt es natürlich auch. Aus diesem Grunde bietet es sich auch nicht an, nur mit der englischen Adresse loszuziehen: Bei der Übersetzung gehen viele Details verloren, und nicht alle Chinesen kennen das englische Pendant Avenue, Street oder Road. Hin und wieder werden sie auch schlicht falsch übersetzt.

Große Städte leisten sich oft auch verschiedene Umgehungsstraßen, die dann von innen heraus durchgezählt werden. Die erste ist der Yihuan Lu 一环路 gefolgt von der Erhuan Lu 二环路 und Sanhuan Lu 三环路.

Bei aller Logik der Orts- und Straßennamen bleibt eine Grundregel übrigens immer bestehen: Wer sich die Hoteladresse auf Chinesisch geben lässt, kann im Notfall und ganz ohne Worte per Taxi in bekannte Gefilde zurückkehren.

Unterwegs im Reich der Mitte

Die gute Nachricht zuerst: Reisen in China wird immer einfacher. Globetrotter, die das China der 1980er Jahre kennen, staunen heute nicht schlecht über Luxushotels, klimatisierte Reisebusse und Hochgeschwindigkeitszüge. Ähnlich ungläubig reagieren moderne Touristen, wenn sie die mit einer Mischung aus Veteranenstolz und Neid vorgetragenen Geschichten aus vergangenen Zeiten hören. Keine zehn Jahre ist es her, da musste man für ein paar simple Zugtickets noch stundenlang Schlange stehen und nahkampfartige Szenen überleben, schließlich übertraf die Zahl der potentiellen Reisenden nahezu immer die der verfügbaren Tickets. Fachkundige Beratung am Schalter scheiterte nicht nur an den sprachlichen Barrieren, sondern auch an der sozialistischen Auslegung des Servicegedankens.

Heute rattert das gewünschte Ticket (Fensterplatz? Express oder lieber mit dem Bummelzug?) in nur wenigen Minuten aus dem Drucker, während eine anglophone Bahnangestellte dazu freundliche Konversation pflegt. So zumindest in den prosperierenden Küstenstädten. Wer sich jedoch nur wenige Stunden oder Kilometer von den üblichen Touristenrouten entfernt, kommt schnell in den Genuss einer klassischen Behandlung, die zwar für interessante Anekdoten sorgt, aber nicht immer in den Erwerb des gewünschten Fahrscheins mündet. Willkürliche Ticketzuteilung, unerklärliche Engpässe und viel Unsicherheit im Umgang mit dem ausländischen Reisenden prägen das Geschäft in den Provinzstädten. Böse gemeint ist es zwar nicht, aber im Zweifelsfalle nimmt man vielleicht doch keine Ausländer auf, überlässt es dem Kollegen, sich mit dem unverständigen Westler herumzuschlagen. Dazu kommt die unverhohlene Neugier aller Mitreisenden und Passanten, denn eigentlich jeder findet es höchst spannend, einem leibhaftigen Ausländer zu begegnen.

Auf dem Bahnhof

Zum Ausgleich für diese Unbill (denn nach einigen Tagen mag einem die permanente Aufmerksamkeit gehörig auf die Nerven gehen) dürfen Sie sich in China noch immer recht sicher fühlen. Wer sich auf sein europäisches Sicherheitsempfinden verlässt, der muss sich auch in China vor nichts fürchten. Lediglich in der Disziplin Taschendiebstahl sind chinesische Langfinger ihrer deutschen Konkurrenz eindeutig überlegen.

Selbst die Chance, völlig verlorenzugehen, liegt nahe Null. Im Zweifelsfall wissen die Einheimischen recht gut, wo die meisten Ausländer hinwollen und schubsen die Langnasen freundlich, aber bestimmt in den richtigen Bus.

Ein wahrhaft gigantisches Transportwesen

Im Grunde kann man gar nicht oft genug betonen, dass die Unterschiede im Lande enorm sind. Während rund um die Metropolen der Küstenregion in Sachen Transport oft geradezu westliches Niveau herrscht, leben keine 500 Kilometer entfernt vielleicht noch immer Bauern, deren Heimatdörfer nicht einmal an das Straßennetz angeschlossen sind.

Schon 1949 erkannten die Sozialisten, nunmehr offizielle Machthaber, dass der kaum existente Transportsektor dringender Aufmerksamkeit bedurfte. Innerhalb weniger Jahre wurden fast 50 000 Kilometer Schienenstrecke gebaut. Bis heute ist dies einer der wichtigsten Aspekte staatlicher Planung geblieben – sogar der deutsche Transrapid wurde schließlich in Shanghai und nicht in Norddeutschland eingesetzt. Trotzdem leben unglaublich viele Menschen mehr als einen Tagesmarsch von der nächsten Bushaltestelle entfernt. Selbst erleben werden Sie dies allerdings nicht, denn es handelt sich dabei durchweg um Regionen, die auf keiner touristischen Route auftauchen.

Mit dem Traktor unterwegs

Nach der Ankunft in China sind europäische Reisende erst einmal damit beschäftigt, ihren Sinn für Distanzen auf chinesisches Niveau zu bringen, denn erst vor Ort wird manch einem Touristen klar, welch unglaubliche Aufgabe er sich vorgenommen hat. Von Shanghai nach Guilin? Auf der Karte ein Katzensprung, in der Realität eine zweieinhalbtägige Fahrt über mehr als 1500 Kilometer und zwei Klimazonen. Teilnehmer einer Gruppenreise müssen sich darüber kaum Gedanken machen, schließlich bewegen sie sich auf erprobten Pfaden. Individuell Reisende jedoch tun gut daran, bei der Planung ein wenig ›Luft‹ und viel Flexibilität vorzusehen.

Reisen mit dem Flugzeug

Anbetracht der enormen Distanzen ist Fliegen sicher die beliebteste, wenn auch teuerste Art, sich in China fortzubewegen. Im Zuge des gewaltigen Wirtschaftswachstums entstanden überall im Lande neue Flughäfen, die auch abgelegene Regionen mittlerweile recht gut anbinden. Diese Tempel der Modernität übertreffen manch einen europäischen Flughafen und verblüffen selbst asienerfahrene Reisende. Auch wenn Sie noch nie von Xiamen oder Chengdu gehört haben, können Sie sicher sein, dass der dortige Flughafen vor Sauberkeit strotzt und Frankfurt am Main (oder sonst einen anderen westlichen Airport) wirklich schmuddelig aussehen lässt.

Auch die Maschinen, die diese Chrompaläste ansteuern, sind erheblich besser in Schuss als je zuvor. Nachdem Anfang der 1990er eine ganze Serie von spektakulären Abstürzen bei Inlandsflügen für Schlagzeilen gesorgt hatte, wurde der Standard merklich angehoben. Air China beispielsweise wird nunmehr von einem Air China/Lufthansa-Gemeinschaftsunternehmen gewartet. Auch die regionalen Konkurrenten wie Hainan Airlines, China Southern oder China Eastern verfügen über neue Flotten und gute Sicherheitsbedingungen. Es sind die ganz kleinen Gesellschaften auf unprofitablen Routen, die mit Vorsicht zu genießen sind. Problematisch bleibt auch, dass es aufgrund der vielen extremen Wetterlagen immer wieder unverschuldet und tagelang zu Flugausfällen kommen kann.

Wie auch in Europa beginnt der Check-in zwei Stunden vor dem Start der Maschine und endet eine halbe Stunde vorher. 20 Kilo Freigepäck stehen jedem Economy-Reisenden zu. Bei Reisen zur Hochsaison, also im Mai, Juni, September und Oktober sollten Flüge bereits ab Deutschland reserviert werden, da die Kapazitäten eigentlich nie ausreichen.

Für den Reisenden besonders interessant ist das geradezu revolutionäre Übereinkommen zwischen der Volksrepublik und Taiwan, das seit 2008 direkte Flüge zwischen Taiwan und dem Festland erlaubt.

Seit einigen Jahren verkehren in Asien auch Billigfluglinien wie Jetstar Asia (www.jetstar.com) oder Air Asia (www.airasia.com), die beispielsweise Strecken von Singapur nach Hongkong und in verschiedene chinesische Großstädte bedienen, beziehungsweise Spring Airlines (http://en.china-sss.com) innerhalb Chinas. Für Reisende, die noch weitere asiatische Länder ansteuern, lohnt es sich allemal, einen Blick auf die Webseiten zu werfen.

Unterwegs im Zug

Vielleicht wünschen Sie sich unterwegs ein wenig mehr Publikumskontakt. Dann ist der Zug das richtige Transportmittel. In Punkto Sicherheit sind die chinesischen Züge ohnehin empfehlenswert, und auch auf die Pünktlichkeit kann man sich gut verlassen. Der Hygienestandard jedoch schwankt, und der Anblick einer Zugtoilette nach einer dreitägigen Fahrt in den Süden kann auch bei robusten Naturen psychosomatische Verstopfung verursachen.

Trotzdem, freuen Sie sich, wenn eine Zugfahrt auf dem Reiseprogramm steht. Viel näher kommen Sie kaum an den chinesischen Alltag heran. Das Abenteuer beginnt bereits am Bahnhof, wo permanent Volksfeststimmung, inklusive Lärm- und Geruchskulisse herrscht. In den Großstädten kommen die Langstreckenzüge im Minutentakt an, so dass sich immer tausende Menschen gleichzeitig in und aus dem Bahnhof drängeln, während zwei Meter weiter andere Tausender-Legionen in einer Art permanentem Picknick der Abfahrt ihres Zuges harren. Dass bis dahin vielleicht noch zwei Tage vergehen, tut der Atmosphäre keinen Abbruch. Dazwischen die Marketender, die vom Teddybären bis zur Familienpackung Erdnüsse alles erdenkliche an den Mann und die Frau bringen. Das ist die letzte Gelegenheit, eventuelle Proviant-Lücken zu schließen. Getränke gehören auf alle Fälle immer ins Handgepäck, genauso wie Snacks und Tee. Falls Sie der Küche des Zugrestaurants nicht trauen möchten, sind Fertignudeln und eine große Plastiktasse, die es an jedem Kiosk gibt, eine gute Alternative. Heißes Wasser wird im Zug immer gereicht, so dass man damit durchaus einige Tage überbrücken kann.

Fahrplan am Busbahnhof

Bevor Sie überhaupt den Bahnhof betreten, wird wahrscheinlich Ihr Gepäck durchleuchtet. Fotografen, die noch mit Filmen arbeiten, sollten diese vorher aus dem Gepäck nehmen, denn nicht immer entsprechen die Geräte dem neuesten Standard. Je nachdem, welche Zugklasse man gebucht hat, geht es dann weiter in den entsprechenden Wartesaal. Hier werden die Reisenden für den jeweiligen Zug per Lautsprecher oder Schautafel aufgerufen. Auf den Bahnsteig gelangen Sie erst nach Einfahrt des Zuges. Wer je das chaotische Gedränge eines chinesischen Bahnhofs erlebt hat, wird dies als weise Entscheidung begrüßen. Im Zug selbst ist die Orientierung einfach, denn alle Plätze sind numeriert und pro Waggon ist je ein Schaffner zuständig, der auch die Reservierungen überprüft.

In älteren Zügen auf abgelegenen Routen ist hin und wieder auch noch ein DJ zu finden, der aus einem kleinen Kabuff heraus den gesamten Zug mit aktuellen Hits beschallt. Gegen einen kleinen Obulus können sich die Reisenden an der Programmgestaltung beteiligen, inklusive Anmoderation durch den Musik-Chef: ›Von Herrn Wang aus Waggon 18, der seinem Vorgesetzten eine angenehme Reise wünscht‹.

Generell gibt es vier verschiedene Klassen, wobei nicht alle Züge beziehungsweise Strecken immer jede Klasse führen.

Auf der harten Bank

Am günstigsten ist die Hard-Seater-Klasse yingzuo 硬座. Aus gutem Grund, denn hier erlebt man China live, 24 Stunden, jeden Tag. In den Großraumwaggons befinden sich ungepolsterte Holzbänke, die ganz offensichtlich von glühenden Gegnern der Ergonomie entworfen wurden und für je drei Personen Platz bieten. Langweilig wird Ihnen hier bestimmt nicht, denn permanente Musikuntermalung gehört genauso dazu wie lautstarke Unterhaltungen und lebhafte Kartenspiele. Mit ein wenig Glück geraten Sie an einen Zug-DJ mit einem Faible für moderne Popmusik. Genauso gut kann sich die Fahrt aber auch in eine stundenlange Peking-Opern-Hölle verwandeln. Preislich liegen die Hard-Seater-Tickets immer im absoluten Niedrigbereich. Für einige Stunden sicher eine spannende Erfahrung, bei längeren Fahrten jedoch sehr nervenstrapazierend. Echte Langstrecken sollten Sie, bei allen Preisvorteilen, so nicht bestreiten. Lediglich auf den allermodernsten Strecken wie beispielsweise in den Schnellzügen von Shanghai nach Nanjing oder Hangzhou entspricht auch die harte Sitzklasse westlichem Standard.

Turbulent aber günstig: hart liegen

Genauso lebhaft, aber komfortabler ist die Hard-Sleeper-Klasse yingwo 硬卧. Die halboffenen Abteile mit je drei Pritschen rechts und links werden auf praktisch allen Langstrecken eingesetzt. Entgegen dem Namen sind die Klappbetten ein wenig gepolstert, die passende Bettwäsche ist meist vorhanden. Als komfortabelste gilt die mittlere Liege. Ganz oben sollte man schon schwindelfrei sein. Die untere wird tagsüber abgeräumt und dient als Sitzgelegenheit für die Mitreisenden. Richtig ausschlafen können Sie hier also bestimmt nicht.

Die erste Klasse der Kurzstrecken: Soft-Seater

Auf besonders kurzen Tagesstrecken (das ist in China eigentlich alles unter zehn Stunden) werden so genannte Soft-Seater (ruanzuo 软座) eingesetzt, die der europäischen ersten Klasse entsprechen. Hier treffen Sie die neue Mittel- und Oberschicht, denn preislich ist sie für die meisten Chinesen nicht erschwinglich. Dank Klimaanlage und dezentem Musikpegel fallen Soft-Seater-Fahrten fast immer in die Kategorie ›erholsam‹.

Schlafen im sozialistischen Chic: Soft Sleeper

Wahrscheinlich jedoch werden Sie im Laufe der Reise irgendwann Bekanntschaft mit dem Soft Sleeper (ruanwo 软卧) machen. In punkto Design lässt sich die Herkunft dieser Schlafwagen-Variante erster Klasse nicht verleugnen. Im echten Kader-Stil der besten 1970er dürfte der Soft Sleeper manch einem ehemaligen DDR-Bürger nostalgische Seufzer entlocken. Je vier komfortable, weich gepolsterte Schlafkabinen, eine abschließbare Tür, gehäkelte Tischdeckchen, dazu eine kleine Vase mit Plastikrose, biedere Scheibengardinen und eine traditionelle Metall-Thermoskanne gehören zu jedem Abteil. Auf manchen Strecken verkehren inzwischen sogar Züge mit Zweierabteilen der ›Weichen Klasse‹, ein seltener Moment der Privatsphäre im auf Geselligkeit ausgelegten chinesischen Verkehrssystem! Der wirkliche Clou dieser Klasse und für sich alleine schon ein Grund, Soft Sleeper zu buchen, ist der kleine Lautstärkeregler über der oberen Koje. Nur hier lässt sich die Hintergrundmusik des Zuges völlig ausschalten.

Deutscher Imbiss in Suzhou

Und noch eine Herausforderung

Eine ganz besondere Herausforderung an Zugreisende ist die Abkürzungs-Manie der Eisenbahner. In abgelegenen Regionen sind die Verkaufsschalter oft noch nach Reiserichtung geordnet – und die Schilder ausschließlich auf Chinesisch! Wer glaubt, diese Hürde mit Geduld und Sprachführer zu nehmen, wird schnell eines besseren belehrt, denn als ganz besondere Extra-Herausforderung erscheinen die Städtenamen meist auch noch in abgekürzter Version. Oft handelt es sich dann um ein einzelnes Zeichen des vollständigen Namens. Oder aber es vollziehen sich wundersame Wandlungen: Aus Shanghai wird dann beispielsweise Hu. Man muss schon Chinese sein, um zu wissen, dass es sich hier um eine Anspielung an das einstige Fischerdorf Hu Du, den Vorgänger Shanghais handelt. Dass die speziellen Namenszeichen so selten sind, dass sie nur in großen Lexika erscheinen, versteht sich von selbst. Hier deshalb die wichtigsten:

Beijing	*Jing*	京
Shanghai	*Hu*	沪
Nanjing	*Ning*	宁
Kanton	*Yue*	粤
Hunan	*Xiang*	湘
Hubei	*E*	鄂
Fujian	*Min*	闽
Jiangsu	*Su*	苏
Sichuan	*Chuan*	川
Anhui	*Wan*	皖

Straßenverkehr

Bei allen staatlichen Bemühungen sind natürlich nicht alle Städte oder gar Dörfer per Zug erreichbar. Ein großer Teil des Fernverkehrs wird deshalb per Bus abgewickelt. Preislich kommen selbst traditionell übervorteilte Ausländer auf diesem Wege sehr günstig durchs Land. Für das Nervenkostüm sind längere Fahrten garantiert immer eine anstrengende Angelegenheit, denn eines haben Busse, Taxi und Privatfahrer auf alle Fälle gemein. Verkehrsregeln werden bestenfalls als Vorschlag aufgefasst, ansonsten gilt der Straßen-Darwinismus: Der Größere hat Recht und gewinnt. Naturgemäß stehen Fußgänger und Radfahrer deshalb am unteren Ende der Hierarchie und sollten im Zweifelsfalle nachgeben – auch wenn sie eindeutig das Verkehrsrecht auf ihrer Seite haben. Was denn nun Recht und Ordnung sind, da gehen die westlichen und östlichen Vorstellungen ohnehin weit auseinander. Mehr noch als die ›Rechts-hat-Vorfahrt-Regel‹ kommt der daoistische Grundsatz ›Alles fließt‹ zum Tragen. Bremsen gilt als letztes Mittel der Wahl. Ansonsten geben sich chinesische Fahrer komplizierten Schlinger-Manövern hin, um beim Überholen dem Gegenverkehr in letzter Sekunde auszuweichen, unbeleuchtete Radfahrer zu umkurven oder abgrundtiefen Schlaglöchern auszuweichen. Bei Überlandfahrten per Taxi ist die (hoffentlich mit Gurten ausgestattete)

Fahrradrikscha

Rückbank daher ganz bestimmt der sicherste Platz. Und auch im Bus sind die Frontplätze nur Reisenden mit stählernen Nerven zu empfehlen, denn die Aussicht auf den entgegenkommenden Verkehr ist geradezu überwältigend.

Fußgänger tun übrigens auch gut daran, die Alles-fließt-Regel zu verinnerlichen. Die deutsche Angewohnheit, beim Überqueren der Straße auf dem Mittelstreifen stehen zu bleiben, bis auch die zweite Spur frei ist, stürzt chinesische Fahrer in tiefe Verwirrung, denn diese antizipieren eine Bewegung des Fußgängers und halten geradewegs darauf zu – in dem Wissen, dass er in den nächsten Sekunden bereits einen Schritt weiter sein wird. Entsprechen Sie diesem Muster nicht, kann es zu haarscharfen Begegnungen kommen.

Alternative Fahrrad

Einfach nach Lust und Laune durch Beijing streifen oder die Welt der Dörfer entdecken – das geht natürlich am besten per Rad. Statistisch sind Sie in guter Gesellschaft, denn kein Land der Welt hat mehr Fahrräder als China. Noch immer gibt es auf den großen Straßen separate Spuren, die die verletzlichen Radler vom mittlerweile dichten Straßenverkehr trennen. Trotzdem ist China schon lange nicht mehr das Land der Radfahrer: Wer immer es sich leisten kann, tauscht den Lenker gegen das Lenkrad. Die Angestellten der Hotelrezeption kennen in der Regel einen Radverleih in der Nähe. Alles weitere müssen Sie dann mit einem Stadtplan und Spaß an Entdeckertouren selbst erledigen. Bei eventuellen Zwischenstopps sollten Sie das Rad übrigens an einem der vielen kostenpflichtigen Radparkplätze abstellen. Sie werden bewacht und sind leicht erkennbar, denn hier drängen sich hunderte von Rädern.

Unterkünfte in China

Die Zeiten des angestaubten, sozialistischen Chics sind vorbei: Kaum ein Land wurde so sehr von Hotelneubauten überzogen wie China. Bereits in den 1990ern begannen die großen Luxusketten ihre Expansion und hatten dabei vor allem gut zahlende Business-Reisende im Visier. Heute gibt es eine große Auswahl von Unterkünften aller Preisklassen. Vor allem der Mittelklasse-Markt ist in den letzten Jahren schnell gewachsen. Neben den lokalen Unternehmen sind mittlerweile auch internationale günstige Ketten flächendeckend vertreten: Mehr als 30 Ibis-Hotels gibt es in China, dazu kommen viele kleinere Low-Budget-Häuser. Sie alle haben allerdings nicht nur die preisgünstigen Rucksackreisenden aus dem Ausland im Visier, sondern auch die wachsende Zahl chinesischer Touristen. Empfehlenswert sind auch die an das Internationale Jugendherbergswerk angeschlossenen einfachen, meist aber recht stilvollen Unterkünfte, die es inzwischen in mehr als 90 chinesischen Städten gibt. Für ein sauberes Doppelzimmer mit Bad zahlt man hier selten mehr als 20 Euro. Eine Übersicht gibt es unter www.hostelchina.com.

Allein unterwegs – geht das?

Ganz ehrlich: Spaß an Improvisationen sollten Sie schon haben, falls Sie sich ganz ohne Organisator nach China wagen. Möglich ist es auf alle Fälle, wenn auch ungleich anstrengender als eine Reise zu anderen klassischen Reisezielen. Immerhin ist man nicht nur mangels Sprachkenntnissen taubstumm unterwegs, sondern auch als Analphabet, der in der Regel kein einziges Zeichen im Wörterbuch nachschlagen kann. Für Rucksackreisende gilt: Asien-Erfahrung schadet ganz bestimmt nicht. Auch solide Englischkenntnisse gehören zu einer Solo-Partie unbedingt dazu! Soll der Erholungsaspekt nicht völlig verlorengehen, bietet es sich an, ab Deutschland die Flüge, Zugtickets und Hotels vorzubuchen, alles andere lässt sich mit etwas Geduld auch ohne Reiseleitung bewältigen.

Chinesisches Hotelzimmer

Zwischen der mongolischen Steppe, den Weiten der Wüste Gobi und dem ›Barbarenland‹ liegt die Wiege der chinesischen Zivilisation. Während sich die historische Hauptstadt Xi'an noch den Lössstaub aus den Augen reibt, sonnt sich Beijing im postolympischen Glanz. In die Mandschurei, die Heimat der letzten Kaiser von China, verirren sich hingegen nur wenige Touristen.

Beijing, Xi‘an und die Mandschurei

Beijing – Hauptstadt im Umbruch

Für die Hauptstädter ist es klar, dass Beijing (Peking 北京) die schönste Chinas ist. Nur wenn es ums Wetter geht, geben sie zu, dass es bessere Plätze im Reich der Mitte gibt. Im Winter pfeift sibirischer Wind durch die breiten Boulevards, im Frühjahr dreht die Windrichtung, und der gelbe Sand der Wüste Gobi verringert die Sichtweite in der Hauptstadt teilweise auf unter zehn Meter. Der Sommer ist heiß und schwül, bei Temperaturen von bis zu 40 Grad. So beschränkt sich die Hauptsaison auf den September und Oktober, den goldenen Herbst in Beijing. Die Olympischen Spiele im August auszurichten, war so gesehen ein strategischer Fehler, und die Stadt präsentierte sich im Sommer 2008 eher im von bunten Fahnen und Feuerwerk durchbrochenen grauem Gewand. Bleibenden Eindruck bei der Weltöffentlichkeit hat sie dennoch hinterlassen.

Beim Anflug wirkt Beijing wie eine Fata Morgana in der zerklüfteten Landschaft der Mongolei. »Nur die Chinesen könnten auf die Idee kommen, ihre Hauptstadt in die Wüste zu stellen«, schreibt der amerikanische Reiseschriftsteller Paul Theroux. Bis kurz vor der Landung weist wenig darauf hin, dass sich hinter den weiten Steppen und schroffen Bergen des Nomadenlandes die Hauptstadt einer der größten und ältesten Kulturnationen der Welt befindet. Erst kurz vor der Landung entdeckt man beim Überflug der Großen Mauer einen ersten Hinweis auf das Reich der Mitte. Einem Drachen gleich windet sich die Mauer über schroffe Bergkämme, kurz danach tauchen die ersten Hochhäuser der Hauptstadt aus dem Dunst des Beijinger Talkessels auf. Es empfiehlt sich folglich, beim Check-In auf einen Fensterplatz zu bestehen. Zumeist dreht das Flugzeug noch eine Runde über die Außenbezirke und landet schließlich zwischen immer wieder von Autobahnen und Reihenhaussiedlungen unterbrochenen Reisfeldern auf dem Shoudu Jichang 首都机场 – dem Hauptstadt-Flughafen. Dieser musste schon nach seiner 1999 zum 50-jährigen Bestehen der Volksrepublik China abgeschlossenen Erweiterung den Vergleich mit dem Hongkonger Flughafen nicht mehr scheuen und wurde seit der Eröffnung des Terminal 3 pünktlich zu den Olympischen Spielen 2008 einer der größten Flughäfen der Welt. Das Terminal 3 ist auf Zuwachs gebaut und wirkt zur Zeit noch etwas überdimensioniert. Doch keiner hat wirklich Zweifel daran, dass sich in einigen Jahren auch hier die Menschen drängen werden.

Auf dem Weg vom Flughafen in die Innenstadt beschleicht den Besucher der Verdacht, er sei auf dem falschen Kontinent gelandet. An der Kreuzung der Flughafenautobahn mit dem vierten

Die Mauer schirmt Beijing gegen Norden ab

▲ Karte: vordere Umschlagklappe

Stadtautobahnring strecken sich Betonviadukte auf vier Ebenen in die Höhe. Zwischen den Ebenen schießt der Flughafenexpress in Richtung Innenstadt. Am Horizont ragt die Beijinger Skyline in den Himmel. Auch wenn wenige Chinesen dies zugeben würden, das Vorbild USA ist nicht zu übersehen. Mit einem Hauch Amerika gehen die meisten Chinabesucher in die erste Nacht, denn viele der großen Hotels liegen außerhalb des sogenannten Zweiten Rings, einer Stadtautobahn, welche die Beijinger Innenstadt offiziell von den Außenbezirken trennt. Innerhalb des Zweiten Rings dürfen, zumindest offiziell, keine Hochhäuser gebaut werden. Ein Blick auf die Innenstadt zeigt, dass in der chinesischen Definition ein Hochhaus wohl erst bei 20 Stockwerken beginnt.

Offiziell wohnen 14 Millionen Menschen in Beijing, etwa 9 Millionen davon im eigentlichen Stadtgebiet. Für eine Metropole dieser Größe ist Beijing jedoch relativ übersichtlich. Das Schachbrettmuster der Beijinger Stadtarchitektur erleichtert die Orientierung. Insgesamt sechs Ringe, fünf davon Autobahnen, ziehen sich in konzentrischen Kreisen um die Verbotene Stadt, die immer noch das geographische Zentrum Beijings bildet. Der sechste, äußere Ring verläuft gut 30 Kilometer von der Innenstadt entfernt. Bis auf den Zweiten Ring, für den in den 1960er Jahren die Stadtmauer weichen musste, sind alle Stadtautobahnen sowie die meist achtspurigen Zubringerstraßen ein Produkt der letzten 15 Jahre.

Die chinesische Hauptstadt entwickelt sich so schnell, dass viele ihrer Bewohner unken, Beijing sei die einzige Stadt, in der man morgens aufwachen und sich in einer vollkommen anderen Umgebung wiederfinden könne. Auch wenn

Die Innenstadt ist von mehreren Schnellstraßenringen umgeben

immer noch jeden Monat alte Stadtviertel straßenweise der Abrissbirne zum Opfer fallen, würde so manch ein Beijinger Stadtplaner das Rad der Geschichte gerne zurückdrehen und trauert der Stadtmauer nach – nicht zuletzt angesichts der Tatsache, dass sich die gut erhaltenen Stadtmauern von Xi'an und Nanjing als Touristenmagnete entpuppt haben.

Doch auch ohne Stadtmauer besuchen jährlich acht Millionen Touristen die Hauptstadt, fünf Millionen davon Chinesen. Die Wochen um das Frühlingsfest (Januar/Februar) und den Nationalfeiertag (1. Oktober) sind folglich bei einem Beijingbesuch zu meiden, es sei denn, man möchte sich die Verbotene Stadt mit einer Million Chinesen teilen und schon auf dem Weg zur Großen Mauer den größten chinesischen ›Stau‹damm erleben. Viele Chinesen nutzen die einzigen beiden offiziellen Urlaubswochen, um das eigene Land zu entdecken. Beijing steht hier ganz oben auf der Besuchsliste.

Geschichte

Beijing war in seiner über 3000-jährigen Geschichte zumeist Garnisonsstadt am nordöstlichen Rand des Reiches und erlangte erst mit dem Vordringen der Nomaden, zuerst der Dschurdschen, dann der Mongolen, den Status der Hauptstadt. Auch wenn es die Mongolen waren, die dem damaligen Khanbelik seinen schachbrettartigen Grundriss gaben, geht die heutige Struktur Beijings vor allem auf die Ming- und Qing-Kaiser zurück. Vielleicht wäre Beijing heute nur ein verstaubter Außenposten der Volksrepublik, hätte nicht der dritte Kaiser der Ming-Dynastie, Yongle, im Jahre 1420 die Hauptstadt von Nanjing hierher verlegt. Seitdem heißt die Stadt Beijing, Nördliche Hauptstadt, als Unterscheidung zu Nanjing, was übersetzt Südliche Hauptstadt bedeutet. Für die Verlegung der Hauptstadt hatte Yongle gute Gründe. Im festen Glauben, ein würdigerer Nachfolger des ersten Ming-Kaisers zu sein, hatte er in einem Staatsstreich den rechtmäßigen Thronfolger, seinen Neffen, verjagt und sich eigenmächtig als Nachfolger eingesetzt. Um allzu großen Widerstand der Beamtenschaft zu vermeiden, ließ er die Hauptstadt nach Beijing verlegen, in die Stadt, der er als Lokalbefehlshaber vorstand und auf deren Eliten er sich stützen konnte.

Mit Ausnahme eines kleinen Intermezzos während der Republikzeit, als Nanjing, und später dann Wuhan und Chongqing Regierungssitz waren, ist Beijing seit dieser Zeit Hauptstadt des Reichs der Mitte. Insgesamt 24 Kaiser regierten seit dem 15. Jahrhundert China von hier aus, der letzte, Pu Yi, dankte 1911 unter dem Druck der republikanischen Truppen ab und musste die Verbotene Stadt 1924 verlassen.

Mit Mao Zedong kehrte die Regierung 1949 wieder in die kaiserliche Hauptstadt zurück. Glaubt man seinem Leibarzt Li Zhisui und dessen Autobiogra-

Das Vordertor (Qianmen)

Karte: vordere Umschlagklappe

phie ›The Private Life of Chairman Mao‹, so lebten mit dem Umzug auch die kaiserlichen Bräuche wieder auf. In einem stand der ›Große Vorsitzende‹ sicherlich seinen kaiserlichen Vorgängern um nichts nach, denn auch er drückte dem Beijinger Stadtbild seinen Stempel auf. Von 1957 bis 1959 ließ er den Stadtkern um den Tian'anmen Platz vollständig umgestalten, in den 60er Jahren wurde die Stadtmauer geschliffen und musste der U-Bahn-Ringlinie und dem Zweiten Ring weichen.

Geradezu klein wirken diese Umgestaltungsmaßnahmen jedoch im Vergleich zu den Schneisen, die der Reform- und Öffnungsprozeß in das Stadtbild geschlagen hat. Seit Anfang der 1990er Jahre fiel fast die gesamte Beijinger Altstadt mit ihren ein- bis zweistöckigen Hofhäusern der Abrissbirne zum Opfer. Der Name des ehemaligen, heute unter Arrest stehenden Bürgermeisters der Hauptstadt, Chen Xitong, steht für die maß- und zumeist auch planlose Bauwut, in der stadtplanerische Logik (oft nicht ganz gesetzeskonformen) finanziellen Interessen weichen musste.

Mit der Vergabe der Olympischen Spiele 2008 nach Beijing setzte ein Umdenken ein. Der lange vernachlässigte öffentliche Nahverkehr genoß nun eine gewisse Priorität, neue Grünanlagen und großzügig gestaltete Appartementanlagen sollten der Weltöffentlichkeit zeigen, dass das Versprechen ›Grüne Olympische Spiele in einer grünen Stadt‹ kein leeres war. Am Tag der Olympiaeröffnung fuhren dann sogar mehrere U-Bahn-Linien kostenlos die ganze Nacht hindurch. Nur Taxis waren an diesem Tag nicht mehr zu bekommen.

Die chinesische Hauptstadt gibt sich heute als moderne, weltoffene Stadt, unter deren Fassade das Grau der Bürokratie

Am Alten Bahnhof

nur bei genauem Hinsehen zu Tage kommt. Dennoch prallen in kaum einer Stadt der Welt Tradition und Moderne so massiv aufeinander. Die Beijinger nehmen den Wandel ihrer Stadt gelassen, mit einem Schuss Selbstironie und lockerer Zunge, mit der die Hauptstädter auch bei politisch brisanten Themen kein Blatt vor den Mund nehmen. Die Shanghaier reden über Geschäfte, die Kantonesen über das Essen und die Beijinger über Politik, sagt man in China. Und das mit einem dialektbedingtem End-›R‹, das, einmal gehört, das Vorurteil, Chinesen könnten kein ›R‹ aussprechen, ein für alle Mal ausräumen sollte.

Die chinesische Hauptstadt lässt sich auf viele Arten erkunden, am bequemsten mit einer organisierten Tour, am intensivsten mit dem Fahrrad oder zu Fuß, am bevölkerungsnähesten (im Wortsinne!) mit öffentlichen Verkehrsmitteln. Auf jeden Fall sollte man sich Zeit nehmen, drei Tage sind das Minimum für einen Beijingbesuch; aber auch in zwei Wochen wird es nicht langweilig. Idealerweise beginnt eine Stadtbesichtigung im Zentrum der Stadt, am Platz des Himmlischen Friedens.

Unterwegs in Beijing

Beijing geht auf Rekordjagd und scheint sich langsam als weltgrößter Staudamm zu etablieren (Durchschnittsgeschwindigkeit im Tagesmittel 12 Stundenkilometer, Stand 2006, Tendenz stark fallend). Zur Rush-Hour, das heißt morgens zwischen 7 und 9 und abends zwischen 17 und 19 Uhr, bewegt sich auf dem in den letzten Jahren fieberhaft ausgebauten Straßennetz der Hauptstadt gar nichts mehr.

Neben der extrem hohen Smogbelastung hat der Beijing-Besucher so auch das Problem, außergewöhnlich lange Anfahrtszeiten einplanen zu müssen. Vor allem während der ›Goldenen Wochen‹ rund um den 1. Mai und den Nationalfeiertag (1. Oktober) kann so das Besichtigungsprogramm ziemlich durcheinander geraten. Als Beijing-Besucher sollte man, so möglich, die Rush-Hour meiden, Geduld mitbringen und die Besichtigungen nach Stadtbezirken planen. Vieles lässt sich zu Fuß oder mit dem Rad bewerkstelligen, nur für die etwas außerhalb gelegenen Sehenswürdigkeiten ist man wirklich auf längere Taxi-. Metro- oder Busfahrten angewiesen. Eine gute Nachricht gibt es bei alledem jedoch: Ob Taxi, Metro oder Bus, der innerstädtische Verkehr ist in Chinas Hauptstadt konkurrenzlos günstig.

Taxi

Taxis (Zuchu qiche 租出汽车) sind in Beijing alles andere als teuer: Die ersten drei Kilometer kosten 10 RMB, jeder weitere 2 RMB. Für 30 RMB kann man so jedes beliebige Ziel innerhalb des Zweiten Ringes erreichen, für 60 RMB kommt man von der Verbotenen Stadt zum Sommerpalast. Nachts, das heißt nach 23 Uhr, ist das

In der Chang'an Lu

Taxifahren ein wenig teurer, liegt aber mit 3 RMB pro Kilometer immer noch auf der günstigen Seite.

Auch wenn zur Olympiade alle Beijinger Taxifahrer zumindest 100 englische Sätze sprechen und verstehen sollten, fiel es bei Drucklegung schwer, einen Chauffeur zu finden, der auch nur mehr als 100 Worte Englisch verstand, von der Beherrschung derselben einmal abgesehen. Auch das Hochchinesische ist des Beijinger Taxifahrers Sache nicht: Wer glaubt, Chinesen könnten kein ›R‹ aussprechen, wird spätestens bei der ersten Taxifahrt eines Besseren belehrt. Ein gutturales ›Qu narrrrrr‹, mit lange nachhallendem End-R, dem Kunden meist durch ein halbgeöffnetes Seitenfenster zugeschrieen, ist immerhin ein Zeichen, dass der Fahrer sich für den potentiellen Kunden interessiert: ›Wohin?‹ heißt das übersetzt, und damit fängt das eigentliche Problem erst an. Stadtkenntnis scheint in Beijing nicht zum Anforderungsprofil eines Taxifahrers zu gehören. Zur Verteidigung der Taxifah-

▶ Karte: vordere Umschlagklappe

rer sei bemerkt, dass es sicherlich kein leichtes Unterfangen ist, sich professionell in einer Stadt zurechtzufinden, in der über Nacht ganze Häuserblocks verschwinden und andere Stadtteile neu entstehen, mit neuen Straßen, Parks und Restaurants, die wiederum potentielle Taxiziele sind. Einige Taxifahrer in Chinas Hauptstadt wurden schon mit mobilen Navigationsgeräten gesichtet. Ebenso viele sollen bei ausländischen, des Chinesischen kundigen Fahrgästen gefragt haben, wie man diese bedient. Eins sollte sich der Taxikunde aber auf jeden Fall von vornherein abschminken: Eine Straße als Ziel anzugeben. Der Beijinger orientiert sich an Sehenswürdigkeiten, Tempeln, Behörden, Restaurants und Stadttoren, auch wenn letztere schon lange nur noch dem Namen nach existieren.

Gewöhnungsbedürftig ist auch der mangelnde Komfort der Beijinger Taxis. Immerhin – die beengten Kleintaxis der Marke Xiali aus chinesischer Produktion wurden bereits 2006 endgültig aus dem Verkehr gezogen, ebenso wie Ende der 1990er die berühmt-berüchtigten, liebevoll ›Brotbüchsen‹ genannten Kleinstbusse, bei denen eine Taxifahrt nicht selten an der

Ein häufiges Bild

nächsten Reparaturwerkstadt endete. Heute beherrscht der Volkswagen Santana 2000 neben einigen Citroens und dem einen oder anderen Audi das Straßenbild. Farblich herrscht bei Beijings Taxen das Chaos: Mal rot, mal gelb und neuerdings in einer gelb-grünen Mischlackierung kommen sie daher.

Wer sich in ein Beijinger Taxi wagt, sollte Folgendes beachten: Der **kürzeste Weg vom Flughafen zur Innenstadt** führt nicht über den Sechsten Ring, die äußerste Stadtautobahn, so sehr der Taxifahrer dies auch beschwören mag.

Fährt ein Fahrer jedoch mit rasanter Geschwindigkeit am eigentlichen Ziel vorbei, das auf der anderen Straßenseite bereits verheißungsvoll leuchtet, liegt das nicht an dessen Geschäftstüchtigkeit, sondern meist daran, dass ein Halteverbot, eine Barriere, ein fehlender Fußgängerüberweg oder schlicht die mangelnde Orientierung des Taxifahrers dem zielstrebigen Erreichen des Zieles im Wege stand. Denn, wenn irgendwie möglich, wird er den Fahrgast bis vor die Tür bringen – dieser könnte sich ja ansonsten verlaufen. So mancher U-Turn kostet dann zwar einen guten Euro, spart jedoch das zuweilen abenteuerliche Überqueren einer sechsspurigen Straße. Auch das Einsteigen ist nicht ohne Tücke. Lehnt sich der Taxifahrer bei halboffener Tür und Schrittfahrt aus dem Taxi und winkt dem potentiellen Fahrgast hektisch zu, ist dies keinesfalls landestypisch, sondern ein deutliches Zeichen, dass er hier eigentlich nicht halten dürfte. Generell gilt beim Anhalten eines Taxis, was auch beim Busfahren das Weiterkommen ermöglicht: Höfliches Vordrängeln ist erlaubt, sonst steht man zuweilen eine gute

Beijing, Metro

Stunde an einer Straßenkreuzung, während rundherum glückliche Hauptstädter mit dem Taxi abbrausen.

Auch wenn ihr Ruf nicht der Beste ist, sind Beijinger Taxifahrer nicht besser oder schlechter als ihre Kollegen im Westen – nur anders. Mit dem Fahrtziel auf Chinesisch und einem aktuellen Stadtplan von Beijing kommt man sicherlich gut ans Ziel – im schlimmsten Fall sieht man auch noch etwas von der ländlichen Umgebung Beijings, die nicht ohne Reiz ist. Spätestens beim Anblick der Chinesische Mauer sollte man aber besser eine neutrale Person nach dem Weg fragen.

Taxileitzentrale: Tel. 68 37 33 99
Beschwerdestelle: Tel. 68 35 11 50

Metro

Bis vor wenigen Jahren hatte man in Beijings Metro (Ditie 地铁) das Gefühl, sich im Kreis zu bewegen. Mit einem gewissen Recht, denn bevor Ende der 1990er Jahre die Ost-West-Verbindung (Linie 1) entlang der Straße des Ewigen Friedens (Chang'an Jie 长安街) verlängert wurde und bis zu den Olympischen Spielen 2008 sukzessive weitere Linien in den Beijinger Untergrund gegraben wurden, oder, im Falle der Linie 13, die genaugenommen eine oberirdische S-Bahn ist, das Tageslicht erblickten, fuhr man entlang der Ringmetro (Linie 2) zielstrebig an den meisten Sehenswürdigkeiten vorbei und hatte in einer guten Stunde die Beijinger Innenstadt einmal umrundet. Selbst heute ist das Metro-Netz für eine sich modern dünkende Großstadt nicht besonders üppig und zum Sightseeing reichlich ungeeignet.

Entlang besagter **Linie 2** erreicht man den **Lamatempel** und den **Hauptbahnhof**, die **Linie 1** führt zu den Einkaufsstraßen **Xidan** 西单 und **Wangfujing** 王府井 sowie zum **Tian'anmen** 天安门.

Die **Linie 13** eignet sich bedingt, um des Abends das **Studentenviertel rund um den Wudaokou** 五道口 unsicher zu machen.

Das Metronetz wurde in den letzten Jahren erheblich erweitert

Die Mitte 2008 fertiggestellte **Linie 4** schließt immerhin den **Alten und den Neuen Sommerpalast** an das öffentliche Nahverkehrsnetz an.

Die **Olympischen Stätten** im Norden der Stadt sind über den von der ebenfalls 2008 in Betrieb gegangenen **Linie 10** abgehenden Stummel der ›**Olympic Line**‹ erreichbar.

Mit dem **Flughafenzubringer**, der den ›Beijing Capital Airport‹ (Beijing Shoudu Jichang 北京首都机场) mit der Station Dongzhimen 东直门 verbindet, spart sich der kostenbewusste Reisende die immerhin 120 RMB teure Taxifahrt in die Innenstadt und kann, so ist es wenigstens geplant, auf dem Weg nach Hause bereits bequem am Dongzhimen einchecken.

Abgesehen von der eingeschränkten Brauchbarkeit der Metro für touristische Zwecke gestaltet sich auch der **Ticketkauf** eher kompliziert. Immerhin, die Beijinger Metro ist unschlagbar günstig: Eine Fahrt ohne Umsteigen kostet zwischen 2 und 3 RMB, das auf mehreren Linien gültige Kombiticket zwischen 4 und 5 RMB. Automaten gibt es noch nicht überall, meist kauft man sich das Ticket an den Schaltern im Eingangsbereich, was zur Rush-Hour durchaus einige Minuten Schlangestehen bedeuten kann. Theoretisch sprechen die Schalterdamen ein wenig Englisch, das Fahrziel auf einem Zettel oder im Reiseführer dabei zu haben, kann nicht schaden.

Die Beijinger Metro im Internet: www.bjsubway.com.

Bus

Wer dachte, in der Beijinger Metro herrsche Gedränge, kennt die Beijinger Busse (Gonggong Qiche 公共汽车) noch nicht. Hier kann man Beijing und seine Bewohner hautnah erleben – im Wortsinne. Theoretisch gibt es auf den wichtigsten Straßen Busspuren, diese werden jedoch meist als Abstellplätze, Überholspuren oder Parkplätze be-

Die Halle der Höchsten Harmonie in der Verbotenen Stadt

▶ Karte S. 130

nutzt, so dass es zuweilen während der Rush-Hour schneller ist, auszusteigen und ein wenig am Stau vorbeizulaufen. Hat man Glück, erreicht man einige Haltestellen weiter den Vorgängerbus, der sich bereits erfolgreich durch den Stau gekämpft hat. Auf Kurzstrecken von der Wangfujing zu den Hutong-Vierteln im Norden der Innenstadt oder entlang der Chang'an Jie 长安街 sind die Stadtbusse sicherlich eine Alternative, für längere Strecken empfiehlt sich die Metro oder ein Taxi. Der Fahrpreis richtet sich je nach Bustyp und Entfernung, liegt zwischen 1 und 6 RMB und wird entweder ohne Geldrückgabe am Eingang oder bei der Schaffnerin bezahlt.

Informationen zum Busnetz gibt es im Internet unter www.bjbus.com.

Transportation Smartcards

Seit Mai 2006 gibt es die sogenannten ›Transportation Smartcards‹ (Shizheng Jiaotong Yikatong 市政交通一卡通), kurz und für alle Ticketverkäufer verständlich Yikatong 一卡通. Hier zahlt man 20 RMB Pfand und bekommt eine mit bis zu 1000 RMB aufladbare Magnetkarte, die man dann nur an dem entsprechenden Lesegerät am Metroeingang und in Bussen entlang führen muss. Der entsprechende Fahrpreis wird dann automatisch abgebucht. Erhältlich sind die ›Transportation Smartcards‹ in allen Metro- und vielen Busstationen. Seit 2008 sind diese Karten sogar in Taxis gültig, auch wenn darüber anscheinend nicht alle Taxifahrer informiert sind. Wer länger als zwei Tage in Beijing verbringt und plant, öfter die öffentlichen Verkehrsmittel zu nutzen, für den ist die Yikatong eine praktische Alternative zu Einzelfahrscheinen.

Autofahren

Ein Blick auf die ineinander verschachtelten Autos (Qiche 汽车) während der inzwischen fast den ganzen Tag andauernden Rush-Hour oder eine Stunde auf dem Beifahrersitz eines chinesischen Taxis genügt, um die Lust am Selbstfahren in Chinas Hauptstadt zu verlieren. Wer sich trotzdem auf Beijings Straßen wagen möchte, sollte einen chinesischen Führerschein, gute Nerven besitzen und in Beijing gemeldet sein. Alternativ kann man ein Auto mit Chauffeur ab 600 RMB pro Tag mieten, unter anderem bei Avis, Dongzhimen Neidajie 16 东直门内大街, Tel. 84 06 33 43, www.avischina.com.

Fahrrad

Das Fahrrad (Zixingche 自行车) ist immer noch das schnellste, wenn auch lange nicht mehr dominante Verkehrsmittel in Beijing. Die chinesische Hauptstadt besitzt ein weit verzweigtes Netz von Fahrradwegen, die allerdings oft an Stadtautobahnen entlang führen und von Taxis als zusätzliche Spur oder Abkürzung benutzt werden. Dennoch ist das Rad auch für Beijing-Besucher ein ideales Verkehrsmittel. Defensive Fahrweise und gute Steuerkünste sind jedoch ein Muss, um unbeschadet durch die Straßen der Hauptstadt zu radeln.

Fahrräder können in allen größeren Hotels und bei Bicycle Kingdom (Zixingche Wangguo 自行车王国) im Oriental Plaza (Dongfang Guangchang 东方广场), North Garden Office B402, Wangfujing 王府井, Tel. 85 49 45 41, www.bicyclekingdom.com, gemietet werden und kosten zwischen 20 und 60 RMB am Tag.

Platz des Himmlischen Friedens

Der Platz des Himmlischen Friedens (Tian'anmen Guangchang 天安门广场) war und ist das symbolische Zentrum Chinas. 1919 versammelten sich hier die Studenten der Vierten-Mai-Bewegung, um gegen die Vergabe der deutschen Kolonie Qingdao an die Japaner im Zuge des Versailler Vertrages und für weitreichende Reformen zu demonstrieren. 1949 rief Mao Zedong die Volksrepublik China von der Empore des namensgebenden Tian'anmen (Tor des Himmlischen Friedens 天安门) am Nordende des Platzes aus. 1976 läuteten Großdemonstrationen anlässlich des Todes des beim Volke außerordentlich beliebten Premierministers Zhou Enlai das Ende der Viererbande ein. Und 1989 fand die studentische Protestbewegung, deren Protagonisten den Platz wochenlang besetzt hielten, hier ein blutiges Ende.

Seit der Erweiterung Ende der 1950er Jahre ist er der größte Platz der Welt und kann angeblich eine Million Menschen aufnehmen. Als Aufmarschplatz dient der Tian'anmen heute selten, nur am Nationalfeiertag drängen sich hier die geladenen Gäste, um die Jubelparade auf der angrenzenden **Chang'an Jie** (Straße des Ewigen Friedens 长安街) an sich vorbeiziehen zu lassen. An normalen Tagen treffen sich auf dem Platz die Flaneure, alte Herren, die kunstvoll gestaltete Drachen in den Himmel steigen lassen, und tausende chinesische Touristen, die sich vor dem Bildnis des großen Vorsitzenden ablichten lassen.

Auf dem Platz des Himmlischen Friedens

▲ Karte S. 135

Am Südende begrenzt der innere Zweite Ring den Platz, das **Vordertor** (Qianmen 前门), bestehend aus dem Jianlou 箭楼 und dem Zhengyang Men 正阳门, einst mit einer Mauer verbundene Stadttore, markiert die alte Grenze zwischen Nord- und Südstadt.

Inmitten des Platzes thront das **Mao-Mausoleum**, in dem der Große Vorsitzende seit 1977 aufgebahrt liegt. Die Öffnungszeiten sind unregelmäßig; sieht man eine lange Schlange, die sich fast einmal um den Bau windet, so ist der massive Körper Mao Zedongs zur Besichtigung freigegeben. Kameras und Taschen dürfen nicht mit in das Mausoleum genommen werden, können aber am Eingang eingeschlossen werden. Stehenbleiben vor dem einbalsamierten Leichnam ist ebenso verboten wie laute Gespräche. Eine Stange Mao-Zedong-Zigaretten aus dem Souvenirshop am Ausgang sind das ideale Mitbringsel.

Die großen Gebäude an den Flanken des Platzes sind das **Geschichts- und das Revolutionsmuseum** im Osten und das **Parlamentsgebäude** im Westen, in dem der Nationale Volkskongress, das knapp 3000 Mitglieder umfassende chinesische Parlament, jedes Jahr im März für knapp zwei Wochen tagt. Im Zentrum des Platzes erhebt sich das **Denkmal der Helden des Volkes**. Die Sockelreliefs des 38 Meter hohen Obelisken zeigen die wichtigsten Stationen der modernen chinesischen Geschichte, von der Opi-

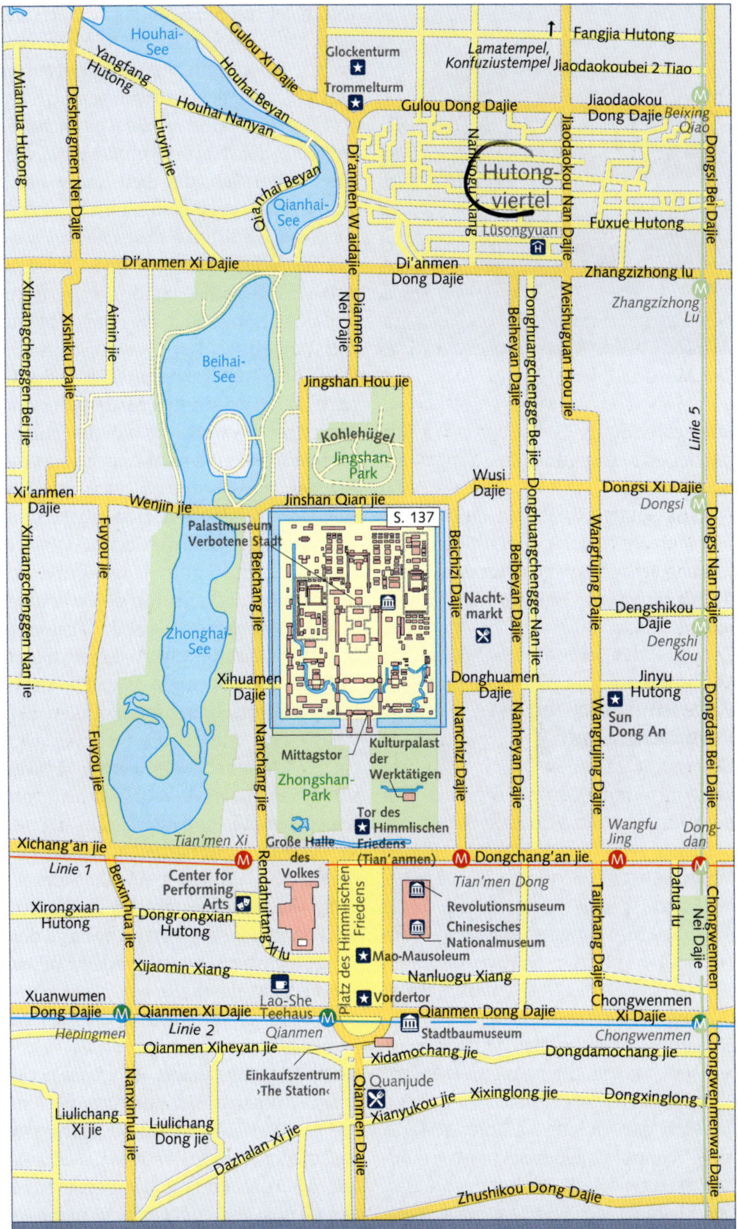

Beijing, Stadtzentrum

Das Mao-Mausoleum

umverbrennung 1840 bis zur ›Siegreichen Überquerung des Yangzi‹ im Bürgerkrieg.

Die achtspurige Chang'an Jie begrenzt den Platz im Norden, durch eine Unterführung erreicht man das **Tor des Himmlischen Friedens** (Tian'anmen 天安门), unverkennbar durch das Bildnis Mao Zedongs, das dort seit 1949 hängt.

Palastmuseum und Verbotene Stadt

Um einem gängigen Irrtum vorzubeugen: mit dem Gang durch das Tor des Himmlischen Friedens betritt der Besucher zwar die Palastanlage (Palastmuseum 故宫), nicht aber die Verbotene Stadt 紫禁城. Entlang der etwa 400 Meter langen Passage vom Tian'anmen bis zum **Mittagstor** waren zu Kaiserzeiten das Militär und Teile der Dienerschaft untergebracht.

Erst am 38 Meter hohen Mittagstor ist der südliche Haupteingang der Anlage erreicht, die früher offiziell ›Zijin Cheng‹, wörtlich die ›violette verbotene Stadt‹ hieß. Während die Bezeichnung ›Verboten‹ darauf hinweist, dass nur der Kaiser, seine Familie, der Hofstaat sowie geladene Gäste Zugang zu der Anlage hatten, führt die Bezeichnung ›violett‹ angesichts der purpurnen Mauern des Palastes doch zu einiger Verwirrung. Das chinesische Schriftzeichen ›Zi‹ 紫, das auch die Farbe ›Violett‹ bezeichnet, steht für den Nordstern und weist auf die Position hin, die dem Kaiser nach chinesischer Vorstellung zukam: unverrückbares Zentrum des Reiches und damit der Welt. Nicht nur den Chinesen galt die Verbotene Stadt als Zentrum des Universums, auch die umliegenden, meist tributpflichtigen Länder schickten ihre Abgesandten hierher. Die riesigen, nach außen gewandten Mauern des Eingangstores waren Symbol der chinesischen Allmacht und Abschreckung von Feinden gleichermaßen. Hier wurden siegreiche Feldherren empfangen und Kriegsgefangene vorgeführt.

Geht man durch das Eingangstor, so betritt man die eigentliche ›Verbotene Stadt‹. Männliche Besucher hätte der Schritt in die kaiserliche Anlage noch vor 100 Jahren das Leben gekostet, denn ihnen war das unbefugte Betreten des Palastes bei Todesstrafe verboten. Die einzigen Männer, wenn auch eines wesentlichen Teiles beraubt, die neben hohen Beamten und Militärs Zugang zur Verbotenen Stadt hatten, waren die Eunuchen. Das Opfern ihrer Männlichkeit sollte sich für die Eunuchen auszahlen. Vor allem in den letzten Jahren der Qing-Dynastie übten sie großen Einfluss auf die Staatsgeschäfte aus. Nicht wenige nutzten diesen Einfluss, um sich zu bereichern.

Heute kostet es weder den Kopf noch andere Körperteile, sondern gerade einmal 60 Yuan (im Winter 40 Yuan), die Verbotene Stadt zu betreten. Für weitere 40 Yuan kommt der Besucher in den Genuss einer leider nicht mehr so vorzüglichen Audioführung, die mit

▶ Karte S. 137

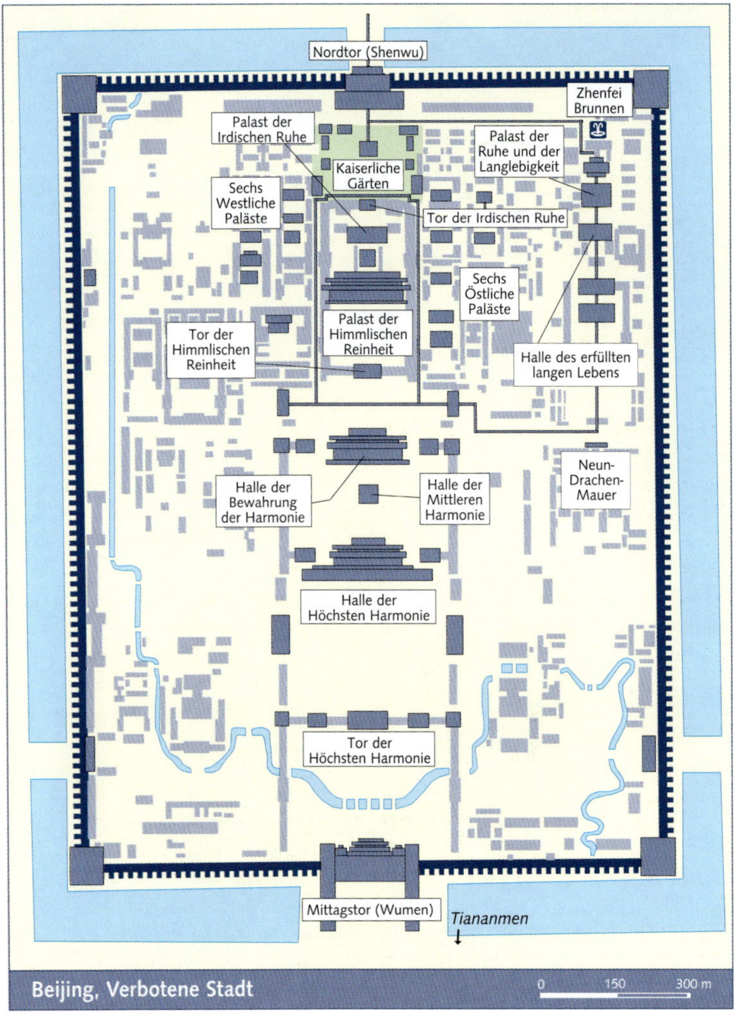

Beijing, Verbotene Stadt

dem technischen Upgrade leider auch an Qualität verloren hat. Für den Besuch der Verbotenen Stadt sollte man mindestens einen halben Tag veranschlagen, schließlich besteht die Anlage angeblich aus 9999 Räumen. Aber keine Angst, der ›jian‹ 间 genannte Zwischenraum vierer Säulen zählt als ein Raum, und eine sorgfältige Zählung ergab nur eine Anzahl von knapp 9000 Zimmern. Trotzdem sind die Ausmaße des Bauwerkes erfurchtgebietend. Die 8 Meter hohen und 6 Meter breiten, insgesamt knapp 3,5 Kilometer langen Mauern umfassen 720 000 Quadratmeter. Glaubt man den chinesischen Quellen,

so waren während der 15-jährigen Bauzeit des Palastes (1406–1420) 200 000 Arbeiter beschäftigt. Im 18. Jahrhundert lebten mehr als 30 000 Menschen innerhalb der Palastmauern.

Öffnungszeiten: im Sommer täglich von 8.30 bis 17 Uhr, im Winter bis 16 Uhr, www.dpm.org.cn.

■ Die Halle der Höchsten Harmonie

Mit dem ersten Hof betritt der Besucher den Audienzbereich des Palastes. Ein Wassergraben in der Form eines mandschurischen Bogens, über den fünf Marmorbrücken führen, die die fünf fundamentalen konfuzianischen Tugenden symbolisieren, durchzieht den Hof. Im **Tor der Höchsten Harmonie** hielt der Kaiser täglich bei Morgengrauen Audienz.

Durchquert man das Tor, erblickt man die Halle der Höchsten Harmonie. Mit einer Höhe von 34 Metern, den Sockel mitgerechnet, einer Breite von 64 und einer Tiefe von 37 Metern ist sie das größte Gebäude des Palastes und beherbergt den Kaiserthron, auf dem der Kaiser zu wichtigen Anlässen und Ritualen Platz nahm. Kein Normalsterblicher durfte über dem Kaiser sitzen, und so war es in der Hauptstadt verboten, höhere Gebäude als die ›Halle der Höchsten Harmonie‹ zu bauen. Über dem Thron hängt eine große Kugel, von der es heißt, sie fiele einem jeden auf den Kopf, der sich unrechtmäßig den Kaiserthron unter den Nagel gerissen hätte.

Die Wichtigkeit der Halle wird auch durch die Anzahl von **elf Dachreitern**, neun davon die mythischen Drachensöhne, symbolisiert. Je nach Bedeutung hatten chinesische Hallen eine unterschiedlich hohe ungerade Zahl von Dachreitern auf dem Dachsims. Während die Dächer des Kaiserpalastes zumeist von fünf oder sieben Figuren geschmückt werden, hatten Residenzen und Tempel zumeist nur drei Drachensöhne. Neben der Halle der Höchsten Harmonie hat in China nur die Haupthalle des Chang-Grabes (siehe Seite 175) elf Dachreiter. Die Prozession der Dachreiter führt Prinz Min von Qi auf einer Henne reitend an. Er gilt als Symbol für Feigheit und Maßlosigkeit und gemahnt den Kaiser an die Verantwortung seines vom Himmel verliehenen Amtes.

Auf der **Terrasse der Halle**, die im Winter durch ein ausgeklügeltes Röhrensystem eine Art Fußbodenheizung hatte, findet man neben 18 Weihrauchgefäßen, die die 18 Provinzen der Qing-Dynastie symbolisieren, jeweils zwei Kranich- und Schildkrötenfiguren, die für Weisheit und langes Leben stehen, sowie eine Sonnenuhr und ein geeichtes Längenmaß, die auf die kaiserliche Verantwortung für die Ernte sowie auf kaiserlichen Gerechtigkeitssinn hinweisen. Die mit Löwenköpfen verzierten Kupferkessel zu beiden Seiten der Halle dienten als Löschgefäße und waren einst vergoldet, bis die Soldaten der ›Acht Armeen‹ während des Boxeraufstandes 1900 in die Verbotene Stadt eindrangen und das Gold abkratzten, in der Meinung, massive Goldgefäße vor sich zu haben.

Blitzschlag und Feuer waren konstante Gefahren für die Gebäude des Palastes. Wasserdrachen schmücken die Dachfirste auf beiden Seiten, historische Blitzableiter, die leider oft ihre Wirkung verfehlten. Viele Hallen brannten in den vergangenen Jahrhunderten mehrmals

Goldlöwe im Palastmuseum

Löschkesselverzierung

ab und wurden, dem Stil der Zeit entsprechend, wieder aufgebaut.

So auch die hinter der Halle der Höchsten Harmonie gelegene, ungleich kleinere **Halle der Mittleren Harmonie**, die Züge mandschurischer Architektur zeigt. Einst Umkleideraum des Kaisers zwischen Ritualen, inspizierte der Herrscher hier in späteren Jahren das für die erste rituelle Aussaat bestimmte Getreide. Die für die Seidenzucht zuständige Kaiserin begutachtete im gleichen Gebäude die ersten Seidenkokons.

In der nächsten Halle, der **Halle der Bewahrung der Harmonie**, fanden Staats- und Hochzeitsbankette statt. In späteren Jahren wurde hier auch die kaiserliche Beamtenprüfung abgehalten. Wer zu dieser eingeladen wurde, hatte eine rigide Auswahl auf Kreis- und Provinzebene hinter sich und durfte auf eine Karriere bei Hofe hoffen. Der Beste der Beamtenprüfung durfte die Verbotene Stadt durch das eigentlich dem Kaiser vorbehaltene mittlere Tor verlassen.

▲ Karte S. 137

Mit dem **großen Hof** auf der Rückseite der Halle der Bewahrung der Harmonie endete zu kaiserlichen Zeiten der repräsentative Teil des Palastes. Zwei vergoldete Löwen, ein männliches Exemplar (mit einer Erdkugel unter der Pfote) auf der rechten, ein weibliches (ein Löwenjunges durch die Tatze säugend) auf der linken Seite, markieren den Durchgang zu den kaiserlichen Privatgemächern. Stehen Sie vor den vergoldeten Löwen, so müssen Sie sich entscheiden, wie Sie ihre Besichtigung fortführen.

Bevor Sie allerdings in die Privatgemächer der Herrscher gehen, drehen Sie sich noch einmal um: Eine 16,5 Meter lange, 3 Meter breite, mit 9 Drachen verzierte **Marmorplatte** schmückt die kaiserlichen Zentralachse auf der Rückseite der Halle der Bewahrung der Harmonie. Sie wiegt 200 Tonnen und wurde aus einem einzigen Marmorblock gehauen. Zum Transport des Steines wartete man auf den Winter und ließ dann entlang der Route Brunnen graben, deren Wasser dann auf die Straße gekippt wurde. Auf dem gefrorenen Wasser wurde der Block von 20 000 Arbeitern nach Beijing gezogen.

■ Die Privatgemächer

Die Audioführung folgt der Zentralachse zu den ursprünglich als Schlafgemächer des Kaisers und der Kaiserin vorgesehenen **Palästen der Himmlischen Reinheit** und der **Irdischen Ruhe**. Bereits zu Zeiten der Ming zogen die meisten Herrscher die intime Ruhe der Nebenhöfe der herrschaftlichen Atmosphäre der Paläste vor und ließen ihre Wohn- und Schlafgemächer in den Seitenflügeln im Osten und Westen einrichten.

Besonders interessant ist der **Palast des Ruhevollen Alters** im Ostflügel der Verbotenen Stadt. Nach seiner Abdankung im Jahre 1796 zog sich der Kaiser Qianlong hier auf sein Altenteil zurück und genoss seine letzten Jahre in ›bescheidenem‹ Luxus. Der Alterruhesitz Qianlongs befindet sich im nördlichen Teil der sogenannten Sechs Östlichen Paläste. Auf dem Weg dorthin kommen Sie an der berühmten **Neun-Drachen-Mauer** vorbei. Das Wandrelief aus glasierten Ziegeln hat einen kleinen Schönheitsfehler, denn eine der Kacheln ist aus Holz. Angeblich ging den Arbeitern kurz vor Fertigstellung einer der Ziegel zu Bruch. Da sie auf die Schnelle keinen Ersatz herbeischaffen konnten, schnitzten sie das fehlende Stück aus Angst vor dem Zorn des Kaisers aus Holz und integrierten es in das Wandrelief.

Während Sie sich die Überschuhe anziehen, die Sie für diesen Teil des Palasts zum Schutz des empfindlichen Bodens tragen müssen, können Sie nach dem Holzstück Ausschau halten.

Wählen Sie diese Route, so müssen Sie noch einmal 20 Yuan Eintritt zahlen. Dafür bekommen Sie Zutritt zu den eigentlichen **Museumshallen**, der Halle der Uhren und der Halle der Schätze. Auch wenn die Truppen Chiang Kaisheks bei ihrer Flucht am Ende des Bürgerkrieges den Großteil der kaiserlichen Kostbarkeiten nach Taiwan mitnahmen und diese nun in dem exquisiten Palastmuseum von Taipeh zu sehen sind, lohnt sich der Weg in den Ostflügel des Palastes.

Kurz bevor Sie die nördliche Palastmauer erreichen, erinnert ein kleiner Brunnen an das Schicksal der Lieblingskonkubine des Kaisers Guanxu. Weil der junge Kaiser die letztlich am Widerstand der konservativen Kräfte unter der Kaiserwitwe Cixi gescheiterten Reformbewegung von 1898 unterstützte, ließ Cixi dessen Lieblingskonkubine in diesen Brunnen einsperren. Zwei Jahre vegetierte sie in dem Brunnen, bevor Cixi sie während des Boxeraufstandes von einem Eunuchen ertränken ließ.

Im **Westflügel** kann der Besucher sich einen Eindruck verschaffen, wie prunkvoll hingegen die Kaiserwitwe Cixi ihre Tage verbracht hat. Die Möbel in den leider nicht zugänglichen und kaum be-

Die Neun-Drachen-Mauer

leuchteten Wohnräumen sind die Originale aus der Qing-Zeit.
Kurz vor Erreichen des den Frauen des Palastes vorbehaltenen Nordausganges betritt man die **kaiserlichen Gärten**. Die meisten Herrscher verbrachten den Großteil ihres Lebens in den Mauern des Palastes. Verständlich daher der Wunsch, ein Stück der äußeren Welt als Mikrokosmos im Palast zu gestalten. Ein kleiner Berg, höchste natürliche Erhebung des Palastes, ermöglichte dem Kaiser einen gelegentlichen Blick über die Palastmauern.

Kohlehügel

Der Kohlehügel (Meishan 煤山), auch Aussichtsberg (Jingshan 景山) genannt, grenzt den Kaiserpalast gegen Norden ab. Der Name des aus dem Aushub des Palastgrabens und den Trümmern des Mongolenpalastes aufgeschütteten künstlichen Berges erinnert daran, dass hier einst die Kohlenvorräte der Verbotenen Stadt lagerten. Zu Kaisers Zeiten war der Kohlehügel idealer Witterungsschutz für den Palast, der die Bewohner vor den kalten Nordwinden schützte, heute macht er seinem umgangssprachlichen Namen alle Ehre und bietet die beste Aussicht auf den Palast und die Beijinger Innerstadt. Vor allem zu Sonnenaufgang, wenn viele Beijinger sich hier zum Frühsport treffen, und zum Sonnenuntergang lohnt sich der Aufstieg.
Öffnungszeiten: im Sommer von 6 bis 18 Uhr 30, im Winter von 7 bis 17 Uhr.

Trommelturm und Glockenturm

▲ Karte S. 135

Die beiden Gebäude des Trommel- und des Glockenturmes haben eine Geschichte von fast 700 Jahren, die heutigen Strukturen gehen jedoch nur bis ins 18. Jahrhundert zurück. Mit 47 beziehungsweise 48 Metern Höhe bieten beide Türme, vor allem aber der Trommelturm bei gutem Wetter eine ausgezeichnete Aussicht auf die Beijinger Innenstadt. Sowohl die beiden Türme als auch das umgebende Viertel hatten in den letzten 20 Jahren eine wechselhafte Geschichte. Der lebhafte Bauernmarkt, der seit den 1980er Jahren zwischen den beiden Türmen seinen Platz hatte, musste Ende der 1990er Jahre einer Parkanlage mit Busparkplatz weichen. Von den einfachen Hofhäusern des umliegenden Viertels sind seit dem Komplettabriss Mitte 2006 im Westen des Trommelturmes nur noch wenige erhalten und harren einer ungewissen Zukunft. Der Trommelturm wurde bis zu seiner Renovierung zwischen 2000 und 2002 eher vernachlässigt und beherbergte zwischendrin sogar eine Karaokebar.
Nach der Renovierung und vor allem als ein Besichtigungspunkt der beliebten Hutong-Fahrten mit der Fahrradrikscha sieht der Trommelturm seit einigen Jahren jedoch deutlich mehr Touristen.

Blick vom Kohlehügel auf den Glockenturm

Heute wird den Besuchern zuliebe, die sich die steile Treppe zur Empore hochgequält haben, alle halbe Stunde von 9 bis 11.30 und 14 bis 17 Uhr mit großem theatralischen Aufwand kräftig getrommelt. Zur Qing-Dynastie wurden jedoch nur die sogenannten Doppelstunden geschlagen. Genauer gesagt schlug man am Tage alle zwei Stunden eine große Glocke im Glockenturm, während der Paukenschlag vom Trommelturm die Doppelstunden der Nacht signalisierte. Der erste Glockenschlag bei Sonnenaufgang signalisierte das Öffnen der Stadttore, der erste Trommelschlag bei Sonnenuntergang deren Schließen. Als der letzte Qing-Kaisers Puyi 1924 die Verbotene Stadt verließ, hatte auch dieser Brauch ein Ende.

Öffnungszeiten: Trommel- wie Glockenturm sind täglich im Sommer von 9 bis 17.30 Uhr und im Winter von 10 bis 16.30 Uhr geöffnet. Zum Zeitpunkt der Recherche war mal wieder der Trommelturm zur Renovierung geschlossen – es lohnt sich also, vor dem Besuch noch einmal an der Hotelrezeption nach dem aktuellen Stand zu fragen.

Der Lamatempel

Der Lamatempel (Yonghegong 雍和宫) ist einer der wenigen Tempel Beijings, der während der Kulturrevolution nicht zerstört wurde. Wie auch die Verbotene Stadt stand er unter dem direkten Schutz des damaligen Premierministers Zhou Enlai. Zwar war der Tempel während dieser Zeit versiegelt, und es fand kein religiöses Leben mehr in den Klostermauern statt, die Gebäude sowie die reich verzierten Innenräume blieben jedoch unbeschädigt. Heute ragen seine gelben Dächer zwischen den Viadukten des Zweiten Rings hervor und scheinen wie ein Anachronismus. Den Tempel erreicht man bequem mit der Metro, Station Yonghegong.

Der chinesische Name der Anlage ist ein Hinweis auf ihre ursprüngliche Bestimmung: Eigentlich wurde die Anlage 1694 als Residenz des Prinzen Yin-zheng gebaut. Als dieser im Jahre 1722 unerwartet, wenn auch nicht unabsichtlich (man munkelte, er hätte den Thron an sich gerissen) Kaiser wurde, stand die Anlage zuerst leer und wurde dann nach dem Tod des Kaisers auf Betreiben seiner Witwe, angeblich auf Wunsch ihres verstorbenen Mannes, in ein buddhistisches Kloster umgewandelt. An guten Beziehungen zur Mongolei und zu Tibet interessiert, die Anfang des 18. Jahrhunderts dem Reich der Mitte einverleibt worden waren, förderte die Qing-Dynastie den in diesen Gebieten vorherrschenden Lamaismus. Dass diese Religion ein männliches Mitglied der Familie verpflichtete, Mönch zu werden, bedeutete allerdings eine nicht unwesentliche Schwächung für Landwirtschaft und Militär. Es war eher das Bestreben, die Außenprovinzen Tibet und die Mongolei zu kontrollieren, als Spiritualität, den Tempel 1644 dieser Spielart des Mahayana-Buddhismus zu widmen. Nach der Gründung der Volksrepublik China war der Tempel Sitz des Panchen Lamas während seiner ausgedehnten Aufenthalte in der Hauptstadt. Auch wenn die ursprüngliche Palastanlage 1725 zum größten Teil einem Großbrand zum Opfer fiel, erinnert der heutige Grundriss immer noch an die ursprüngliche Bestimmung. Vor allem die ausgedehnte, von Ginkgobäumen gesäumte Parkanlage hinter dem Ehrenbogen am Eingang des Lamatempels lässt eher einen Palast als ein Kloster vermuten. So betritt man die eigentliche Tempelanlage auch erst nach einigen hundert Metern.

Ausflug in das Herz von Beijing

»Pijiuuuu-Ergoutouuuuuuu! Pijiuuuu-Ergoutouuuuuuu!« Wenn Sie die fliegenden Straßenhändler hören, die mit ihren Lastenfahrrädern durch die engen Gassen fahren und Bier und Schnaps anpreisen, befinden Sie sich in Beijings Altstadt. Hier hat sich das Alltagsleben in den letzten 50 Jahren wenig verändert. Sicher, einige der Häuser haben inzwischen Anschluss an die Kanalisation; Klimaanlagen hängen, meist vergittert zum Schutz vor Diebstahl, an den niedrigen Außenwänden, und so manch ein reicher Hauptstädter findet es schick, in eine selbstverständlich renovierte Hofanlage in der Altstadt zu ziehen. Das Leben findet jedoch unverändert, Sommer wie Winter, auf der Straße statt, was sicherlich auch daran liegt, dass die meisten Häuser klein und die sanitären Einrichtungen weiterhin meist öffentlich sind. Man kennt sich in der Nachbarschaft, was soziale Kontrolle und nachbarschaftliche Hilfe zugleich bedeutet.

Noch Anfang der 1990er Jahre bestand ein Großteil des Beijinger Stadtgebietes aus Altstadtgebieten, deren von West nach Ost verlaufende Gassen, Hutongs genannt, als Synonym für die alte Beijinger Stadtkultur stehen. Heute sind nur noch wenige Gebiete innerhalb des Zweiten Rings erhalten, doch auch diese sind, obwohl unter Denkmalschutz, stark gefährdet. Einzig das Gebiet entlang des Vorder- und des Hintersees (Qianhai 前海 bzw. Houhai 后海), das sich seit einigen Jahren zunehmend zum beliebten Ausgehviertel entwickelt hat, wird wohl sicher der Zerstörung entgehen (Karte S. 130). Auf den durch eine kleine Brücke verbundenen künstlichen Seen fahren kleine Ruderboote, für 300 Yuan kann man sich eine Holzbarkasse inklusive Ruderer und Pipa (chinesische Laute) spielender Chinesin für eine Stunde mieten. Während das Gebiet zwischen den Seen und dem Trommelturm zunehmend restauriert wird und die verbliebenen ursprünglichen Einwohner mit kleinen Kunst- und Souvenirständen versuchen, an dem Besucher- und Vergnügungsboom teilzuhaben, sieht das Viertel östlich davon, zwischen der Di'anmenwai Dajie (地安门外大街, südlich des Trommelturmes) und der Jiaodaokou Nandajie (交道口南大街, der nördlichen Verlängerung der Einkaufsmeile Wangfujing 王府井), wenig stadtfremde Besucher. In einem dieser Hutongs liegt auch das Lüsongyuan Hotel 侣松园宾馆, eines der wenigen Hotels im Altstadtbereich. Die verbliebenen Hutongviertel sind klein genug, dass man sie gut zu Fuß oder mit einem geliehenen Rad erkunden kann. Man kann auch eine Fahrradrikschatour durch die Altstadt buchen. Rikschas stehen unter anderem vor dem Trommelturm, Touren können auch bei Beijing Hutong Tours, Tel. 66159097 bzw. 64002787, gebucht werden (www.tour-beijing.com/hutong/).

Innenhof des Lüsongyuan Hotels in der Altstadt

Im Lamatempel

Löwen flankieren das Eingangstor mit den Himmelskönigen und dem Dickbauchbuddha. Die den vier Himmelsrichtungen und Jahreszeiten zugeordneten Himmelskönige an den Seiten sollen den Tempel vor bösen Geistern beschützen. Ebenso Weituo, General des Himmelskönigs des Südens, der an der Rückseite des Dickbauchbuddhas mit grimmiger Miene die Feinde des Buddhismus abschreckt.

Der Dickbauchbuddha, gestaltet nach einem ›Hanfsack‹ genannten Mönch aus dem Hangzhou der Song-Dynastie, einer Reinkarnation des Buddhas des zukünftigen Weltenzyklus, und Weituo bilden ein unzertrennliches Doppel, das man in allen buddhistischen Tempeln Chinas findet. Eine Legende erzählt, dass beide in Hangzhou einen Tempel gehabt hätten. Der Hanfsack saß gemütlich am Eingang des Tempels und grinste jeden Besucher freundlich an. Deshalb war der Tempel bei den Gläubigen sehr beliebt; nur leider wurden regelmäßig Kostbarkeiten aus dem Tempel gestohlen. Weituo hingegen marschierte misstrauisch zwischen den Tempelgebäuden hin und her. Zwar wurde in seinem Tempel nicht gestohlen, es kam aber auch kaum ein Gläubiger, zu unangenehm war die Atmosphäre. Schließlich kam jemand auf die Idee, die beiden sollten gemeinsam ein Kloster eröffnen. Es wurde ein großer Erfolg: Am Eingang begrüßte der Dickbauchbuddha freundlich grinsend die Besucher, und im Inneren des Tempels passte Weituo auf, dass nichts abhanden kaum, ein Beispiel, das seinen Eingang in die chinesische Tempelarchitektur gefunden hat.

Halle der Harmonie und des Friedens

Durch einen kleinen Innenhof erreicht man die Halle der Harmonie und des Friedens, in der das für buddhistische Tempel typische Dreigestirn des historischen Buddhas in der Mitte, sowie jeweils des Buddhas des zukünftigen und des vergangenen Weltenzyklus an beiden Seiten thront. Auf dem Weg dorthin passiert man eine große überdachte Stele mit einer Inschrift des Kaisers Qianlong, die in vier Sprachen (Chinesisch, Mandschurisch, Mongolisch und Tibetisch) die Bedeutung des Lamaismus für das Reich der Mitte herausstellt und seinen Vater, den Kaiser Yongzheng, ehemals Prinz Yinzheng, als Hausherren der Anlage preist. Auch die blauen Tafeln über dem Eingang der Hallen mit deren jeweiligen in Gold geprägten Namen sind viersprachig gestaltet.

Schulkind vor einem abgerissenen Hutongviertel

Halle des ewigen Schutzes und Halle des Buddhistischen Rades

In der nächsten Halle, der Halle des ewigen Schutzes, findet sich wieder ein Dreigestirn, diesmal der transzendente Buddha des westlichen Paradieses, Amitabha, flankiert von den Buddhas der Medizin (links) und des Löwengebrülls (Simhanada, rechts). Von letzterem erzählt die Legende, dass seine Predigt von solcher Kraft sei, dass alle anderen Stimmen und Geräusche dagegen verstummten.

Die darauf folgende Halle des Buddhistischen Rades ist der eigentliche Versammlungsraum der Mönche. Im Zentrum der Halle steht die sechs Meter hohe vergoldete **Figur des Tsongkhapa**, des Gründers der heute den tibetischen Buddhismus beherrschenden Gelbkappensekte. Hinter den Sitzbänken für die Mönche an beiden Seiten steht jeweils ein kleiner Thron. Der Thron zur rechten Seite zeigt das Bild des vor einigen Jahren verstorbenen Panchen Lamas, der Thron zur linken ist leer. Hier sollte eigentlich das Bildnis des Dalai Lamas stehen, da dies allerdings in der VR China verboten ist, kann es nicht als Platzhalter für den abwesenden Dalai Lama dienen. Sollten der Dalai Lama oder der Panchen Lama, dessen Nachfolge immer noch umstritten ist, im Lamatempel weilen, würden sie hier Platz nehmen. Auf der Rückseite der Tsongkhapa-Figur verbirgt sich, leider nur spärlich beleuchtet, ein Meisterwerk der Schnitzkunst. **500 Luohan-Figuren**, buddhistische Heilige, wurden hier aus einem Stück Sandelholz gestaltet, teils aufgesetzt, teils geschnitzt. Bis vor eigenen Jahren waren die teilweise sehr freizügigen Darstellungen tantrischer Sexualtechniken mit Tüchern abgehängt, inzwischen verdeckt keine Prüderie mehr den Blick auf die reichlich verzierte Schnitzerei. Um wirklich Details zu erkennen, sollte man jedoch eine Taschenlampe mitbringen.

Pavillon des Zehntausendfachen Glücks

Ebenfalls aus Sandelholz geschnitzt, wenn auch ungleich größer, ist die Figur des **Maitreya-Buddhas** (Buddha des zukünftigen Weltenzyklus) in der letzten der Öffentlichkeit zugänglichen Halle, dem Pavillon des Zehntausendfachen Glücks. Angeblich aus einem einzigen Stamm geschnitzt, war die 26 Meter

▲ Karte: vordere Umschlagklappe

hohe Buddhafigur (8 Meter davon unter der Erde als Fundament) ein Geschenk des 7. Dalai Lamas an den Kaiser Qianlong. Der Baumstamm wurde aus Tibet nach Beijing gebracht, aufgestellt und die Halle um ihn herum gebaut. Erst dann begannen die Schnitzarbeiten.

Nehmen Sie sich auf dem Rückweg zum Ausgang ein wenig Zeit und besichtigen Sie die **Nebenhallen an den Seiten des Klosters**, die unzählige Darstellungen tibetischer Gottheiten sowie Sammlungen buddhistischer Schriften enthalten.

Öffnungszeiten: täglich von 9 bis 16 Uhr, Metro Linie 1 und 2, Station Yonghegong (雍和宫 wörtlich der Palast der Harmonie und des Friedens).

Konfuziustempel und Kaiserliche Akademie

Schräg über die Straße vom Eingang des Lamatempels in Richtung Nordwesten liegt die Straße der Kaiserlichen Akademie (Guozijian Jie), die seit Mitte des letzten Jahrhunderts unter Denkmalschutz steht und mit ihrem reich verzierten Schmucktor nicht zu verfehlen ist. Geht man durch das Tor, so erreicht man nach etwa 200 Metern die Kaiserliche Akademie (Guozijian 国子监) mit dem angeschlossenen Konfuziustempel 孔庙.

Hochhäuser im Soho-Komplex

Eine Figur des großen Weisen begrüßt den Besucher, und an beiden Seiten des Weges sind auf knapp 200 Steinstelen die Namen, der Rang und die Heimatprovinz aller Absolventen der staatlichen Beamtenprüfung seit der Yuan-Dynastie verewigt, immerhin über 50000 Namen. In der Kaiserlichen Akademie im linken Flügel des Tempels befinden sich 400 Stelen mit den eingravierten Niederschriften der 13 konfuzianischen Klassiker sowie anderer wichtiger philosophischer Schriften. Deutlich hatte der Zahn der Zeit an der Tempelanlage gefressen, bis im Zuge der Renovierungen vor den Olympischen Spielen auch der Konfuziustempel unter die Gerüste kam. Was er dadurch an Glanz gewonnen hat, ging ihm leider auch an Charme verloren.

Öffnungszeiten: täglich von 8.30 bis 17 Uhr, Metro Yonghegong (雍和宫, Linie 1 und 2).

Himmelstempel

Mit einer Fläche von 2,7 Quadratkilometern ist der Himmelstempel (wörtlich eigentlich Himmelsaltar, Tiantan 天坛) die größte Tempelanlage der Stadt. Die eigentlichen Gebäude machen nur einen Bruchteil der Fläche aus, ein Großteil der Anlage dient heute als öffentlicher Park, in dem sich Alt wie Jung zu Laientheateraufführungen, Musizieren, Taiji oder Morgengymnastik treffen. Seit 1912 der Öffentlichkeit zugänglich, ist der Himmelstempel heute eine der beliebtesten Parkanlagen der Hauptstadt.

Während der Kaiserzeit hatten hingegen nur der Kaiser und sein engstes Gefolge Zutritt zu der Anlage, deren erste Gebäude Kaiser Yongle 1420 errichten

Der Himmelstempel

ließ. Den Himmel gnädig zu stimmen, war für die chinesischen Kaiser eine vordringliche Aufgabe. Ihren Herrschaftsanspruch leiteten sie vom Mandat des Himmels ab, das ihnen im Falle einer schlechten Regentschaft auch entzogen werden konnte. Der chinesische Ausdruck für Revolution (Geming 革命) heißt so auch ›das Mandat des Himmels verändern‹ Missernten und Katastrophen sah man als Omen für eine schlechte Regentschaft, und so versuchten die Kaiser in Zwiesprache mit dem Himmel, die Naturkräfte gütig zu stimmen. Jedes Jahr zur Wintersonnenwende verließ der Kaiser die Verbotenen Stadt durch das Mittagstor und verbrachte die Nacht im Fastenpalast des Himmelstempel, eher er dann, an Körper und Geist gereinigt, auf dem Himmelsaltar dem Himmel Brandopfer darbrachte.

Den Himmelstempel betritt man am besten durch den **Südeingang** am äußeren Zweiten Ring. Es empfiehlt sich, eine **Eintrittskarte für die ganze Anlage** zu kaufen (Lianpiao 联票), die günstigere ›Türkarte‹ (Menpiao 门票) gilt nur für den Parkbereich. Heben Sie die Karte gut auf, Sie müssen Sie noch mehrmals im Tempel vorzeigen.

Öffnungszeiten: Tempel täglich von 8 bis 18 Uhr, Park täglich von 6 bis 20 Uhr. Der Himmelstempel ist bequem mit der U-Bahnlinie 5 (Station Tiantan Dongmen天坛东门) zu erreichen (Osttor).

■ Rundaltar

Folgt man der Zentralachse des Himmelstempels, so erreicht man den Rundaltar Huanqiutan 圜丘坛, der aus drei pyramidenförmig angeordneten runden Marmorterrassen besteht, die mit Treppen miteinander verbunden sind. Falls Sie sich wundern, warum sich große Menschenmassen um den zentralen Marmorstein der obersten Terrasse

▲ Karte: vordere Umschlagklappe

drängen: Der Stein gilt den Chinesen als **Mittelpunkt der Welt**, und wer würde sich nicht einmal gern im Mittelpunkt stehend fotografieren lassen? Um diesen zentralen Stein ziehen sich konzentrische Kreise, deren Anzahl der Bodenplatten jeweils ein Vielfaches von neun ist, neun Platten im ersten, 18 im zweiten und schließlich 243 Platten im letzen Ring am Fundament des Altars. Die Zahl Neun als höchste ungerade und damit höchste männliche Zahl galt als Zahl des Kaisers und man sprach ihr als Trägerin der höchsten Yang-Energie besondere positive Kraft zu. Symbolisch auch die Architektur des Himmelsaltars. Den runden Formen des Altars, Symbol des Himmels, stehen die eckigen Umfassungsmauern gegenüber, Symbol der Erde, eine Gegenüberstellung, die sich durch die Architektur der gesamten Tempelanlage zieht, bis hin zu den Außenmauern, die im Süden eckig und im Norden rund sind.

Halle des Himmelsgewölbes

Vom Himmelsaltar sieht man bereits die Halle des Himmelsgewölbes (Huangqiongyu 皇穹宇). Diese ist vor allem aufgrund zweier akustischer Phänomene berühmt. Die sogenannte **Echomauer** (Huiyinbi 回音壁) ist so gebaut, dass eine Person, die an der einen Seite gegen die Mauer flüstert von einer anderen auf der gegenüberliegenden Seite verstanden werden kann. Selbstverständlich müsste es dazu in der Anlage absolut still sein, was eher selten vorkommt. Das gleiche gilt für die andere akustische Besonderheit. Klatscht man auf dem ersten der Steine vor der Hallenempore, ertönt ein Echo, auf dem zweiten zwei und auf dem dritten drei Echos. In der Halle des Himmelsgewölbes, deren Dach die Form eines halb geöffneten Schirmes hat, Symbol für die angemessene Menge Regen während des Erntejahres, stellte der Kaiser die einst in den Nebenhallen aufbewahrten Tafeln des Mondes, der Sonne und der Gestirne auf und erwies ihnen seine Referenz.

An der Halle des Himmelsgewölbes muss man sich entscheiden, in welche Richtung man die Besichtigung fortführt. Die traditionelle Besichtigungstour folgt der Zentralachse und führt zur Halle der Ernteopfer, die man auf keinen Fall versäumen sollte. Vorher empfiehlt sich jedoch ein Abstecher in die **westlichen Teile der Anlage**, die bis vor wenigen Jahren noch eher unansehnlich waren, nun aber, wie der **Fastenpalast** (Zhaigong 斋宫), in dem sich der Kaiser nach Ankunft im Himmelstempel auf die Zeremonien vorbereitete, restauriert wurden und so wieder im alten kaiserlichen Glanz erstrahlen.

Musikmuseum

Ein absolutes Muss für den musikinteressierten Besucher ist jedenfalls das neu eingerichtete Musikmuseum nahe dem Westtor. Zu kaiserlichen Zeiten wurden in dem ›Abteilung für spirituelle Musik‹

Fototermin auf dem Mittelpunkt der Welt

(Shenyueshu 神乐署) genannten Gebäude unter der Leitung und Anweisung daoistischer Mönche die rituellen Musikstücke zur Begleitung der kaiserlichen Rituale eingeübt. Heute gibt die museumstechnisch ausgezeichnet aufbereitete Ausstellung dem interessierten Besucher einen guten Überblick über die Geschichte der chinesischen Musik und stellt die Entwicklung der chinesischen Musikinstrumente anhand von historischen und nachgebauten Ausstellungsstücken dar. Jede Stunde kann man sich zudem in dem zentralen Gebäude, der Halle der gesammelten Freude (Ningxi Dian 凝禧殿), bei einem knapp 15-minütigem Live-Konzert einen akustischen Eindruck der Wohlklänge der chinesischen Musiktradition verschaffen.

■ Halle der Ernteopfer

Folgt man der traditionellen Besichtigungstour und läuft von der Halle des Himmelsgewölbes in Richtung Norden, erreicht man durch das **Tor der Vollendeten Tugend** die **Mondstufenbrücke**, eine etwas erhöhte Passage aus Marmor, der einzige Ort, an dem der Kaiser aus Respekt vor dem Himmel zu Fuß ging. Mit der Halle der Ernteopfer (Qinnianian 祈年殿) erblickt man hier bereits das wohl eindrucksvollste Gebäude des Himmelstempels. Ursprünglich im Jahre 1420 mit einem zweistöckigen Dach gebaut, stammt das Design des heutigen Baus aus dem Jahre 1530. Die filigrane Dachkonstruktion, im Original ohne einen einzigen Nagel gebaut, ruht auf insgesamt 28 Säulen. Die inneren vier Säulen symbolisieren die vier Jahreszeiten, die mittleren zwölf Säulen die zwölf Monate und die äußeren zwölf Säulen die Doppelstunden des Tages. Die technisch äußerst versierte Bauweise der Halle stellte die Baumeister im Jahre 1890 vor große Probleme, als der Kaiserhof nach einer durch Blitzschlag verursachten Feuersbrunst, die die ursprüngliche Halle komplett zerstört hatte, anordnete, das Bauwerk möglichst schnell wieder aufzubauen. Man kann sich vorstellen, welch schlechtes Omen die Zerstörung des Symbols der Harmonie des Kaiserreiches mit dem Himmel bedeutete. In der Eile griffen die Handwerker dann doch auf Eisenverstrebungen zurück, brauchten jedoch zehn Jahre, um das Gebäude wiederherzustellen.

Verlässt man die Halle der Ernteopfer in Richtung Osten, kommt man an einen Wandelgang, der Richtung Osteingang führt. Viele der Amateurkünstler, die hier Pekingoper üben oder revolutionäre Volkslieder zum Besten geben, freuen sich über jeden Zuhörer.

Der Tempel der Weißen Wolke

Zwischen Neubaugebieten versteckt, etwas außerhalb des Westlichen Zweiten Rings liegt der wichtigste daoistische Tempel Nordchinas, der Tempel der Weißen Wolke 白云观. Bereits im 8. Jahrhundert stand hier ein daoistischer Tempel, die Bezeichnung ›Tempel

Räucheropfer im Tempel der weißen Wolke

▲ Karte: vordere Umschlagklappe

der Weißen Wolke‹ geht auf die frühe Ming-Dynastie zurück. Seit mit Qiu Chuji ein führender Vertreter der Quanzhen-Sekte von Kublai Khan nach Beijing bestellt wurde, ist der Tempel Sitz der Quanzhen-Sekte des Daoismus.
Die heute noch sichtbaren Gebäude stammen aus der Qing-Dynastie, als der siebte Abt des Klosters, Wang Changtong, die Anlage von Grund auf neu gestalten ließ. Am Eingang können Sie Ihr Glück versuchen, indem Sie zehn Münzstücke auf eine unter der Eingangsbrücke aufgehängte Glocke werfen. Treffen Sie, so ist Ihnen Glück beschieden.
Die Hallen des Tempels sind verschiedenen daoistischen Gottheiten gewidmet, entlang der Hauptachse des an die Palastarchitektur angelehnten Tempels findet man den Jadekaiser als höchste Gottheit im daoistischen Pantheon, Laozi als Gründer des Daoismus und vier Hallen, die den Himmelskönigen gewidmet sind. In den Seitengebäuden liegen die Wohngebäude der Mönche des seit Anfang der 1980er Jahre wieder äußerst aktiven Tempels, der Sitz der Daoistischen Vereinigung Nordchinas sowie weitere Hallen, die den in der daoistischen Nomenklatur niedriger stehenden Gottheiten und Heiligen gewidmet sind.
Öffnungszeiten: täglich von 8 bis 17 Uhr. Den in der Binhe Lu 滨河路, einer Nebenstraße der Guananmenwai Dajie 广安门外大街 gelegenen Tempel der Weißen Wolke erreicht man mit den Bussen 9 und 301. Die Station Changchun Jie 长春节 der U-Bahn-Linie 2 liegt ebenfalls in der Nähe des Tempels.

Sommerpalast

Die Geschichte des Sommerpalastes (Yiheyuan 颐和园) reicht zurück bis zur Herrschaft der nomadischen Dschur-

Dächer im Sommerpalast

dschen in der Jin-Dynastie (1115-1234), die hier einen ersten Sommerpalast erbauten. Die heutige Anlage geht auf den Qing-Kaiser Qianlong zurück, der den damals ›Garten des Reinen Wassers‹ genannten Palast Mitte des 18. Jahrhunderts seiner Mutter schenkte. In der zweiten Hälfte des 19. Jahrhunderts wurde der dann bereits in ›Garten der harmonischen Einheit‹ umgetaufte Palast auf die heutigen Größe ausgebaut. Mit zunehmenden Machtgewinn der Kaiserwitwe Cixi wurde die Anlage anstatt der kaiserlichen Sommerfrische in Chengde als Sommerpalast genutzt. In den letzten Jahren ihres Lebens soll Cixi die meiste Zeit im Sommerpalast verbracht und nur noch selten in der Verbotenen Stadt residiert haben. Dementsprechend ließ sie den Palast mit all den Annehmlichkeiten ausstatten, die das Leben am Hofe zu bieten hatte. Dabei bediente sie sich nicht immer legaler Mittel. Das berühmte Marmorboot am Nordwestufer des den Palast gegen Süden begrenzenden Kunming-Sees wurde mit Geldern der Marine gebaut. Dies erklärt auch, warum das gänzlich immobile, nur als Essensterrasse genutzte Schiff ein Schaufelrad nach

Vorbild der Mississippi-Dampfer hat: Offiziell stand hier ein Dampfschiff, und der Hofstaat drückte alle Augen zu, um die Kaiserwitwe nicht zu entblößen.
Öffnungszeiten: täglich von 6.30 bis 20 Uhr. Die Busse 808 (vom Qianmen), 801, 330 und 375 (ab U-Bahn-Station Xizhimen 西直门) sowie die U-Bahn-Linie 4 (Station Yiheyuan 颐和园) halten beim Sommerpalast.

■ Audienzhalle

Der Sommerpalast ist, wie die Verbotene Stadt, in einen offiziellen und einen privaten Teil unterteilt. In der Halle des Wohlwollens und der Harmonie (Renshou Dian 仁寿殿) hielt Cixi hinter einem Wandschirm Audienz, die jeweiligen Kindkaiser davor, um den Schein zu wahren, der Kaiser treffe die Entscheidungen. Die Halle wird von jeweils einem Drachen-und-Phönix-Paar flankiert, so dass auf der traditionellen dem Kaiser vorbehaltenen rechten Seite auch ein Symbol der Kaiserin, der Phönix steht, Zeichen des Machtanspruches der Kaiserwitwe.

■ Garten der Tugend und der Harmonie

Etwas nördlich der Audienzhalle befindet sich das ›Vergnügungsviertel‹ des Sommerpalastes mit einer großen Freilufttheaterbühne. Im Garten der Tugend und der Harmonie (Dehe Yuan 德和园) gab sich Cixi zusammen mit geladenen Gästen ihrer Theaterleidenschaft hin. Gegenüber der Theaterbühne liegen die Gemächer, die Cixi während der teilweise Tage dauernden Aufführungen bewohnte. In den Seitenflügel sind neben kaiserlichen Gewändern auch Geschenke westlicher Delegationen zu bewundern, unter anderem eine kleine Kollektion Meißner Porzellans und, in der der Theaterbühne vorgelagerten Halle, ein Oldtimer der Marke Mercedes. Als Wiederbelebung der Theatertradition und um den Besuchern einen besseren Eindruck der historischen Atmosphäre zu geben, finden heute wieder alle zwei Stunden kurze Musik- und Theatervorführungen auf der historischen Bühne statt.

■ Privatgemächer

Dem Theatergebäude schließen sich in westlicher Richtung die Privatgemächer Cixis an. In der **Halle der Freude und der Langlebigkeit** (Leshou Tang 乐寿堂) verbrachte die Kaiserwitwe große Teile ihrer letzten Lebensjahre.
Mit dem westlichen Ausgang ihrer Privatgemächer beginnt der **Lange Korridor** (Changlang 长廊), ein 728 Meter langer überdachter Wandelgang entlang des Kunming-Sees. Szenen aus der chinesischen Geschichte und Mythologie zieren die Dachbalken der Überdachung. Der Wandelgang folgt der Form des angrenzenden Berg der Langlebigkeit (Wanshou Shan 万寿山) und beschreibt die Flügel einer Fledermaus (bianfu 蝙蝠 im Chinesischen), dank der gleichlautenden Aussprache das Symbol für Glück (fu 福).
Auf halber Strecke wird der Lange Korridor durch den **Aufgang zum Pavillon des Wohlgeruchs des Buddhas** (Foxiang Ge 佛香阁) unterbrochen. Folgt man den steilen Treppen, hat man von dem historisch nicht ganz stimmig restaurierten Pavillon einen fantastischen Blick auf die Hochhaussilhouette Beijings.

■ Marmorboot

Zurück auf Seehöhe, erreicht man gegen Ende des Wandelganges das berühmte Marmorboot (Shifang 石舫). Schaut man genau hin, so entdeckt man, dass nur das Fundament aus Marmor, der Aufbau jedoch aus marmoriertem Holz

▶ Karte: vordere Umschlagklappe

ist. Von hier kann man mit dem Boot über den Kunming-See zurück zum Eingangstor fahren. Meist weht, auch im Hochsommer, ein frischer Wind und lässt erahnen, warum Cixi diesen Platz eins als Sommerfrische wählte.

Suzhou-Straße

Hat man etwas mehr Zeit, lohnt es sich, einmal nicht der kaiserlichen Route zu folgen, sondern die Anlage durch den Nordeingang zu betreten. Hier befindet sich auch der einzige **bewachte Fahrradparkplatz** im Umkreis des Sommerpalastes, für Radler bietet sich diese Route folglich geradezu an.

Als erstes erreicht man die Suzhou-Straße (Suzhou Jie 苏州街), im Volksmund auch Kommerzstraße (Maimai Jie 买卖街) genannt. Diesem Namen macht die Flaniermeile alle Ehre. Mehr als 60 Läden reihen sich beidseitig eines kleinen Kanals aneinander, die sich vor allem auf chinesische Kulturgegenstände, Kalligraphie und Touristennippes spezialisiert haben, wenn auch nicht immer in dieser Reihenfolge. Ursprünglich wurde die Suzhou-Straße zu Zeiten Qianlongs im 18. Jahrhundert als Freilufttheater der besonderen Art gebaut. Den Wasserstädten des Yangzi-Deltas nachempfunden, konnten sich Kaiser, Kaiserinnen und Konkubinen, deren Welt meist an den Palastmauern aufhörte, auf einen kleinen ›Einkaufsbummel‹ durch ein stilisiertes Suzhou begeben. Eunuchen und Dienstmädchen chargierten als Händler und Kunden und machten die Illusion der großen weiten Welt annähernd perfekt. Im Jahre 1860 holte jedoch auch diesen Mikrokosmos die Realität ein. Während des zweiten Opiumkrieges fiel die Suzhou-Straße den marodierenden englischen und französischen Truppen zum Opfer. Seit 1986 wurde sie sukzessive wieder aufgebaut und ist heute eine Art ›Wasserdisneyland‹. Wenn auch dem historischen Vorbild nachempfunden, dominiert doch China-Kitsch die Architektur. Nichtsdestotrotz empfiehlt sich ein Spaziergang entlang der Wasserfront oder eine kleine Spazierfahrt mit den an historische Vorbilder angelehnten Ruderbooten. Wer Lust hat,

Das Marmorboot ist kein Boot und auch nicht aus Marmor

Fassade eines Pekingentenrestaurants

kann sich zudem in historischen Kostümen als Kaiser oder Konkubine ablichten lassen.

Berg der Langlebigkeit

Von der Suzhou-Straße kann man über viele recht steile Treppen, vorbei an den eindrucksvollen Gebäuden des der tibetischen Architektur nachempfundenen Tempels der vier buddhistischen Staaten Sida Buzhou 四大部洲 den Berg der Langlebigkeit besteigen. Von hier hat man einen ausgezeichneten Blick auf die gesamte Anlage des Sommerpalastes, und, schönes Wetter und geringen Smog vorausgesetzt, die chinesische Hauptstadt.

Der Alte Sommerpalast

Auch wenn in den letzten Jahren immense Anstrengungen in die Renovierung des Yuanming Yuan (圆明园) flossen, verblasst die in vielen Reiseführern auch ›Alter Sommerpalast‹ genannte Anlage im Vergleich mit ihrer Nachfolgerin gut zwei Kilometer westlich. Das war nicht immer so. Der Qing-Kaiser Kangxi (1654–1722) ließ die Anlage im Jahre 1707 als Geschenk für seinen vierten Sohn Yingzheng bauen und legte so den Grundstein seiner kaiserlichen Nutzungsgeschichte. Yingzheng ging in der Folgezeit jedoch recht kreativ mit der Erbfolge um, rief sich im Jahre 1722 zum Kaiser aus und baute die Anlage zur kaiserlichen Sommerfrische aus. Bis zu ihrer Zerstörung durch englische und französische Truppen im Jahre 1860 wurden die Tagesgeschäfte der Kaiser auch in nicht-sommerlichen Zeiten zumeist von der dann schlicht ›Kaiserliche Gärten‹ (Yu Yuan 御园), oder ehrfurchtvoll ›Garten der Gärten‹ (Wanyuan zhi Yuan 万园之园) genannten Anlage aus getätigt. Zu Hochzeiten war die Anlage um einiges größer als der spätere Sommerpalast, durchzogen von Seen und Kanälen und mit einer Reihe von den kaiserlichen Bedürfnissen angepassten Palästen und Verwaltungsgebäuden. Vor der Zerstörung hatte der Yuanming Yuan eine Ausdehnung, die mit 3,5 Quadratkilometern der fünffachen Fläche der Verbotenen Stadt entsprach.

Berühmt geworden sind die der europäischen Architektur nachempfunden **Paläste** Xiyang Lou 西洋楼, auf Geheiß Qianlongs von den Jesuitenpriestern Giuseppe Castiglione und Michel Benoist Mitte des 18. Jahrhunderts entworfen.

Heute noch sichtbar und am besten erhalten ist das **Labyrinth** (Wanhua Zhen 万花阵), wörtlich Labyrinth der 10 000 Blumen, auch Huanghua Zhen (黄花阵, Labyrinth der Gelben Blumen) genannt. Auf einer Größe von 89 mal 59 Metern formten ursprünglich 1,20 Meter hohe Ziegelmauern eine Reminiszenz an einen europäischen Irrgarten. Insgesamt haben die Mauern eine Länge von 16 Kilometern. In der Mitte des Labyrinths befindet sich ein an die europäische Architektur angelehnter Pavillon. Das

▲ Karte: vordere Umschlagklappe

Labyrinth und weitere, zumeist jedoch bis auf die Grundfeste zerstörten Gebäude mit westlichem Einfluss finden sich in dem Garten des Ewigen Frühlings (Changchun Yuan 长春园) genannten Teilgarten im Osten der Anlage.

Öffnungszeiten: Der Alte Sommerpalast ist täglich von 7 bis 19 Uhr geöffnet. In der Nähe des Eingangs hält die Metro-Linie 4 (Station Yuanming Yuan). Weitere Informationen gibt es unter www.yuanmingyuanpark.com.

Gärten des Alten Sommerpalastes

Anders als im westlichen Bewusstsein verankert, bestand der Yuanming Yuan nicht hauptsächlich aus westlichen Gebäuden, sondern teilte sich in drei große Teilgärten, die allerdings größtenteils erst wieder seit den 1990er Jahren zu der Gartenanlage gehören. Zuvor hatten sich die Bauern der Umgebung das kostbare Land angeeignet und zur Landwirtschaft genutzt.

Gleich hinter dem Südeingang an der Qinghua Xilu 清华西路 betritt man den **Garten des Schönen Frühlings** (Qichun Yuan 绮春园), im Osten befindet sich der **Garten des Ewigen Frühlings** und im Westen der weitläufigste, namensgebenden **Garten der vollkommenen Klarheit** (Yuanming Yuan 圆明园).

In der Einkaufsstraße Wangfujing

In den frühen 1990er Jahren erlangte der Yuanming Yuan aufgrund der unmittelbar in der Nähe gelegenen gleichnamigen Künstlerkolonie eine gewisse zusätzliche Berühmtheit. Mit der gewaltsamen Räumung des Künstlerdorfes ging jedoch auch diese Episode des ehemaligen kaiserlichen Gartens zu Ende, und die chinesische Avantgarde ließ sich über den Umweg Tongzhou 通州 in Dashanzi 大山子 im Nordosten der Stadt nieder (S. 166).

Bis Mitte der 1990er Jahre beließ man die Parkanlage in ihrem zerfallenen Zustand, seit einigen Jahren wird der Garten jedoch restauriert. Der innerchinesische Streit, ob der Yuanming Yuan in alter Grandeur wieder aufgebaut oder als Nationales Mahnmal der ausländischen Aggression bewahrt werden soll, war bei Drucklegung noch nicht entschieden. Obwohl sich nur selten ausländische Besucher in der weitläufigen Anlage verirren, lohnt ein Spaziergang mit Muße durch die Parkanlage. Wer nicht auf Schusters Rappen unterwegs sein will, kann mit einer Elektrobahn durch die Anlage bimmeln oder sich ein Boot mieten und die labyrinthartigen Wasserwege des Yuanming Yuan erkunden.

Das Olympiagelände

Im äußersten Norden der Stadt, jenseits des vierten Ringes, liegt das Olympiagelände. Nicht von ungefähr planten die Stadtväter das Olympische Grün als Verlängerung der kaiserlichen Zentralachse. Die Symbolik ist deutlich: Hier sollte etwas entstehen, was sich an Bedeutung mit dem Platz des Himmlischen Friedens und der Verbotenen Stadt messen kann. Gut die Hälfte aller olympischen Veran-

Ganz Beijing war 2008 im Olympiafieber

staltungen fand hier statt, im Olympiastadium unter anderem die Leichtathletikwettbewerbe und Spiele des Fußballturniers, im Schwimmstadium die Schwimm- und Wasserballwettbewerbe und in den weiteren acht Wettkampfstätten des Geländes unter anderem Handball, Fechten, moderner Fünfkampf, Hockey und Baseball.

Architektonisch setzten die Planer eindeutig Maßstäbe. Das Olympiastadion zeichnet mit seiner gewagten Metallkonstruktion ein Schwalbennest nach und erinnert so nicht nur an den poetischen alten Namen Beijings (Yanjing 燕京, die ›Schwalbenstadt‹), sondern auch an die südchinesische Delikatesse; das Schwimmstadion ist ein in kühles Blau getauchter transparenter Glasbau.

Anders als bei den Vorgängerspielen in Athen ging der Bau der Olympischen Veranstaltungsorte gut voran, so dass das Nationale Olympische Komitee der Volksrepublik China, als 2004 bekannt wurde, dass eventuell nicht alle Bauten in Athen rechtzeitig fertig würden, mit einem gewissen Augenzwinkern anboten, dann könnten die Spiele ja in Beijing stattfinden, vier Jahre vor dem geplanten Termin.

Trotz allem Nationalstolz waren die Beijinger letztendlich jedoch froh, dass sie den Zuschlag für die Olympischen Spiele nicht schon für 2000 bekamen. Acht Jahre später war die chinesische Hauptstadt bereit für Olympia und zeigte dies auf dem Olympischen Grün auch mit dem entsprechenden Selbstbewusstsein. An Sparen und Kostenreduzierung wurde hier kaum gedacht. Die Volksrepublik China wollte der Welt zeigen, dass sie nicht nur Teil der Weltgemeinschaft ist, sondern im 21. Jahr-hundert auch eine führende Rolle übernehmen will. Seit Beendigung der Olympischen Spiele wird das Olympische Grün weiterhin als Park- und Sportanlage genutzt, eine dringend benötigte grüne Lunge im Norden der Stadt. Das Gelände erreicht man mit der eigens gebauten Olympischen Zweiglinie, die von der Linie 10 abgeht.

▲ Karte: vordere Umschlagklappe

Beijing-Informationen

Allgemeines

Vorwahl: +86/10.

Post: Das Internationale Postamt liegt an der Jianguomen Beidajie 建国门北大街, Tel. 65128120, www.bibto.com.

DHL hat Filialen im ›Kempinski Hotel‹ und im World Trade Center.

Bank: Alle größeren Hotels tauschen Bargeld und Reisechecks. Die Bank of China hat eine Filiale im Oriental Plaza 东方广场, dem großen Einkaufszentrum am Nordende der Wangfujing-Fußgängerzone.

Reisebüro: Die meisten Hotels bieten Ausflüge nach Chengde, zu den Ming-Gräbern und zu verschiedenen Teilstücken der Großen Mauer an und besorgen Tickets.

Verkehrsverbindungen

Flugzeug

Beijing ist mit allen größeren chinesischen und asiatischen Städten per Direktflug verbunden. Von Deutschland aus fliegen Lufthansa, Air China und China Eastern mehrmals täglich von Frankfurt und München. Zudem fliegt Hainan Airlines seit 2008 viermal wöchentlich von Berlin nach Beijing.

Das zentrale **Buchungsbüro für Flugtickets** befindet sich im Aviation Building 民航大厦 in der Xi Chang'an Jie 西长安街 15, Tel. 66013336 (Inland) und 66016677 (international).

Viele chinesische Fluglinien haben kleine Reisebüros in der Innenstadt, in denen man auch Tickets anderer Fluglinien kaufen kann.

Die Lufthansa hat ihr Büro im an das ›Kempinski Hotel‹ angeschlossenen Lufthansa Center, Dong Sanhuang Beilu, Tel. 64654488.

Bahn

Beijing hat Direktverbindungen mit allen chinesischen Provinzhauptstädten. Shanghai erreicht man in 14 Stunden, Guangzhou in 24 und Hongkong in 28 Stunden, Vor allem die Nachtzüge nach Xi'an (12 h) und Qingdao (10 h) sind zu empfehlen.

Achtung: Beijing hat zwei Hauptbahnhöfe, den **Alten Bahnhof** 北京站 etwas südöstlich der Wangfujing und den neuen **Westbahnhof** 北京西站 in der Nähe des Lianhuachi-Parks 莲花池公园. Die Transsibirische Eisenbahn kommt am Alten Bahnhof an, die meisten innerchinesischen Züge fahren vom Westbahnhof ab. Beide Bahnhöfe haben **Fahrkartenschalter für Ausländer**, an denen Englisch gesprochen wird. Im Alten Bahnhof befindet sich der Schalter im Wartesaal der ›Weichen Klasse‹ (Soft Seat 软座候车厅), im Westbahnhof im zweiten Stock.

Bus

Angesichts der ausgezeichneten Eisenbahnanbindung Beijings empfiehlt sich der Bus nur für kürzere Strecken. Interessant sind die Verbindungen nach Tianjin 天津, Chengde 承德 sowie die Ausflugsbusse zur Großen Mauer.

Die meisten der **Ausflugslinien** (游 1 bis 10), die unter anderem zum Sommerpalast, zu den Ming-Gräbern und zur Großen Mauer fahren, haben ihre Haltestellen am Vordertor (Qianmen 前门).

Die zwei wichtigsten Busbahnhöfe befinden sich am **Dongzhimen** 东直门长途汽车站 und am **Xizhimen** 西直门长途汽车站. Als Faustregel gilt: Busse zu Destinationen im Osten fahren ab Dongzhimen, unter anderen nach Chengde, Busse in Richtung Westen ab Xizhimen.

Vom Alten Bahnhof fährt ein Expressbus nach Tianjin.

Hotels

Im Stadtzentrum

Beijing Hotel***** 北京饭店, Dong Chang'anjie 33 东长安街 33 号, Tel. 65 13 77 66, www.chinabeijinghotel.com.cn. Luxuriöses Fünf-Sterne Hotel in zentraler Lage, Hauptquartier des Olympischen Komitees 2008.

Haoyuan Hotel*** 好园宾馆, Shijia Hutong 史家胡同 53, Tel. 65 12 55 57, Fax 65 25 31 79. Stilvolles Mittelklassehotel, einem alten Beijinger Hofhaus nachempfunden. Klassisch chinesische Inneneinrichtung. Gute Lage etwas nordöstlich der Wangfujing.

Lüsongyuan Hotel*/*** (Lüsongyuan Binguan 侣松园宾馆), Banchang Hutong 板厂胡同 22, Tel. 64 04 04 36, Fax 64 03 04 18, www.the-silk-road.com. Als ruhige Oase mitten in den Hutong unweit des Trommelturms gelegen, bietet dieses einer alten Familieresidenz nachempfundene Hotel schlichte, aber stilvolle Zimmer. Im Untergeschoss bietet das an den internationalen Jugendherbergsverein angeschlossene Hotel einfache Schlafsäle.

Sihe Hotel** (Sihe Binguan 四合宾馆), Dengcao Hutong 5 灯草胡同, Tel. 51 69 35 55, Fax. 65 26 09 25, www.sihehotel.com. Stilvolles Hutong-Hotel in der ehemaligen Residenz des berühmten Pekingopern-Sängers Mei Lanfang. Unbedingt reservieren!

Downtown Backpacker Hostel (Dong Tang Kezhai 东堂客栈), Nan Luogu Xiang 85南锣鼓巷, Tel. 84 00 24 29, www.backpackingchina.com. Einfache, aber saubere Unterkunft in der Altstadt. Organisiert auch Ausflüge in die Umgebung.

Im Westen der Stadt

Shangri-la Hotel***** (Beijingxianggelila Fandian 北京香格里拉饭店), Zizhuyuan Lu 29 紫竹院路, Tel. 68 41 22 11, www.shangri-la.com. Beste Fünf-Sterne Option im Haidian Qu, westlich vom Zoo, allerdings recht weit vom Schuss.

Fragrant Hills Hotel**** (Xiangshan Binguan 香山宾馆), im Park der Duftenden Berge 香山公园内, Tel. 62 59 11 55. Ein seltenes Beispiel, wie westliche und östliche Stilelemente eine architektonisch gelungene harmonische Einheit bilden können. Kein Wunder, der Hotel-Architekt war kein anderer als der Schöpfer der Louvre-Pyramide, I.M. Pei.

Friendship Hotel**** (Youyi Binguan 友谊宾馆), Zhongguancun Nandajie 1 中关村南大街, Tel. 68 49 88 88, www.bjfriendshiphotel.com. Einst das Standard-Gästehaus für Staatsgäste und westliche Experten, ist das 1954 erbaute Hotel immer noch eine gute Wahl – mit einem Hauch sozialistischen Charmes.

Xijiao Hotel*** (Xijiao Binguan 西郊宾馆), Wangzhuang Lu 18 王庄路, Tel. 62 32 22 88, www.xijiao-hotel.com.cn/. Vor allem bei den Studenten der sich in der Nachbarschaft befindenden Universitäten und deren Heimatbesuch beliebt, stellt das Xijiao Hotel eine gute Mittelklasse-Option dar.

Im Süden der Stadt

Qianmen Hotel*** (Qianmen Jianguo Fandian 前门建国饭店), Yong'an Lu 175 永安路, Tel. 63 01 66 88, www.qianmenhotel.com. Sehr gutes Preis-Leistungs-Verhältnis und die zentrale Lage sprechen für dieses gehobene Mittelklasse-Hotel der ersten Stunde.

▸ Karte: vordere Umschlagklappe

Dongfang Hotel*** (Beijing Dongfang Fandian 北京东方饭店), Wanming Lu 11 万明路, Tel. 63014466, www.bjdongfanghotel.com.cn. Solides Mittelklasse-Hotel in einem leider etwas vernachlässigten Teil der Hauptstadt. Etwas teurer, aber nicht ohne Ambiente ist der Kolonialflügel.

Im Osten der Stadt

Kempinski Hotel***** (Kaibinsiji Fandian 凯宾斯基饭店), Liangmaqiao Lu 50 亮马桥路, Tel. 64653388, www.kempinski-beijing.com. Luxushotel mit angeschlossenem Einkaufszentrum. Sehr stilvolle Zimmer und exzellenter Service.

Red House** (Ruixiu Binguan 瑞秀宾馆), Chunxiu Lu 10 春秀路, Tel. 64167810. Verkehrsgünstig an der Ringlinie (Linie 2) gelegenes Mittelklasse-Hotel mit großzügigen und gut ausgestatteten Räumen.

Youyi Youth Hotel* (Youyi Qingnian Jiudian 友谊青年酒店), Beisanlitun 43 北三里屯, Tel. 64172632, www.poachers.com.cn. Einfach und laut, aber unschlagbar zentral, wenn man vorhat, sich ins Beijinger Nachtleben zu stürzen.

Restaurants

In Beijing hat man die Qual der Wahl. Viele der kleinen Straßenrestaurants bieten ausgezeichnetes Essen zu sehr moderaten Preisen, meist eine Mischung verschiedener Lokalküchen. Die Beijinger Küche ist eine Mischung aus der imperialen Küche und der einfachen Bauernkost Nordchinas. Zumindest traditionell wurden in der Hauptstadt eher Nudeln, Maultaschen und Brotfladen als Reis zum Essen serviert. Am bekanntesten ist sicher die Peking-Ente, die man inzwischen auch in

Zutaten für einen Hotpot, die chinesische Variante des Fondues

kleineren Restaurants frisch zubereitet bekommt (Vorbestellung ist jedoch angeraten). Eine andere Spezialität der Hauptstadt sind Maultaschen (gedämpft: jiaozi 饺子, gebraten: 锅贴 guotie) in unzähligen Variationen. Auch diese finden sich in vielen der kleinen Straßenrestaurants.

Besondere Tipps

Quanjude-Restaurant 全聚德, Qianmen Dajie 前门大街 32, wenige hundert Meter südlich des Qianmen, Tel. 65112418. Um die Peking-Ente in der entsprechenden, wenn auch etwas touristischen Atmosphäre zu essen, empfiehlt sich dieses alteingesessene Restaurant. Über dem mit Obsthölzern befeuerten Ofen weist ein Schild auf die jahrhundertelange Erfahrung des Etablissements hin: Man feiert die zehnmillionste Ente.

Golden Cat Dumpling City 金猫饺子城, Tel. 85985011, nahe dem Ostausgang des Tuanjie-Hu-Parks 团体湖公园. Für etwas gehobene Ansprüche gibt es eine Auswahl von über 20 verschiedenen Maultaschen in stilvoller Innenhofatmosphäre.

Beijing, Xi'an und die Mandschurei

Nengrenju 能仁局, Tel. 66012560, in der Taipingqiao 太平桥 Nr. 5, gegenüber dem Tempel der Weißen Dagoba 白塔寺. Im Winter empfiehlt sich ein Mongolischer Feuertopf, eine auf heißem Wasser und frischen Zutaten basierende Fonduevariante, die man am besten hier bekommt. Das Restaurant ist bei den Hauptstädtern sehr beliebt, vor allem im Winter ist eine Reservierung angeraten.

Eine fantastische Alternative zu Restaurants sind auch die vielen Märkte Beijings. Vor allem der **Dong'anmen-Nachtmarkt** 东安门夜场 am nördlichen Ende der Wangfujing-Fußgängerzone 王府井步行街 bietet eine reichhaltige Auswahl Gegrilltes und Gekochtes, vom Lamm-Kebab über gegrillte Shrimps bis zu Rote-Bohnen-Pudding. Der Markt öffnet tägl. von 17.30 bis 22 Uhr.

Restaurants im Stadtzentrum

Kong Yiji 孔乙己, Dongsi Beidajie 322 东四北大街, Tel. 64040507, tägl. 10–14 und 16.30–22 Uhr. Renommiertes Traditionsrestaurant mit guter Küche aus Zhejiang. Vorbestellung empfohlen.

Wenxiangqu 闻香趣餐厅, Nan Luogu Xiang Fuxiang 1 南锣鼓巷福祥乙 (schräg gegenüber der Pass-By-Bar), Tel. 64064357, tägl. 10–2 Uhr. Einfaches, aber ausgezeichnetes Restaurant mit guten Beijinger Gerichten und exzellenter Sichuan-Küche.

Duo Wei Ju 多味居, Zhongjianzi Xiang 中剪子巷, Tel. 64065305. Kleines, aber stilvolles Restaurant mit authentischer Küche aus der Provinz Yunnan. Empfehlenswert sind die Pilzgerichte.

The Source (Dujiangyan 都江堰), Banchang Hutong 14 板厂胡同, Tel. 64003736. Gehobenes Sichuan-restaurant in einem umgestalteten Siheyuan. Ideal mit größeren Gruppen. Vorbestellung angeraten.

Hundun Hou 混沌侯, Dong'anmen Dajie 11 东安门大街11号, Tel. 65251892, tägl. 7–24 Uhr. Verschiedene Maultaschen-Variationen und Snacks. Günstig und schmackhaft.

Lijia Cai 历家菜, Yangfang Hutong 11 羊房胡同, Tel. 66180107, tägl. 18–20 Uhr. Imperiale Küche vom Feinsten, nicht mehr und nicht weniger.

Hutong Pizza (Hutong Bisa 胡同比萨), Yinding Qiao Hutong 9 银锭桥胡同, Tel. 66175916, tägl. 11–23 Uhr. Italienisches Nationalgericht aus dem Ursprungsland des Teigfladens: Gute und günstige Pizza für alle, denen das chinesische Essen einmal zu viel wird.

Kaorou Ji 烤肉季, Qianhai Dongan 14 前海东岸, Tel. 64042554. Eines der alteingesessenen Grillrestaurants der Hauptstadt, direkt am Qianhai nördlich des Beihai-Parks gelegen. Vor allem die Lammspieße und die Sesambrötchen sind eine Sünde in dem ansonsten streng halal kochenden Restaurant wert. Äußerst empfehlenswert.

Fu Ku 福库, Binhai Hutong 4A 滨海胡同, Tel. 64024093, tägl. 10–14:30 und 17–22 Uhr. Am Houhai-See gelegen, bietet das Fu Ku Sichuan-Küche vom Feinsten, mit einem Schuss Fusion. Empfehlenswert.

Cihai Suxin 慈海素心, Di'anmen Xidajie 103 地安门西大街, Tel. 66571898, tägl. 10–23 Uhr. Das größte vegetarische Restaurant der Hauptstadt, mit einer großen Auswahl an Gerichten, die wie Fleisch aussehen, jedem Vegetarier aber das Wasser im Mund zusammenlaufen lassen.

Nuage Qingyun Lou 庆云楼, Qianhai Dong'an 22 前海东岸, Tel. 64019581, tägl. 11.30–14 und

17.30–22 Uhr. Etwas prätentiös, aber mit unübertroffenem Blick über den Qianhai. Gute vietnamesische Küche.

Restaurants im Westen der Stadt

Baijia Dazhaimen Restaurant (Baijia Dazhaimen Canfu 白家大宅门餐府), Suzhou Jie 15 苏州街, Tel. 62654186, tägl. 11–21.30 Uhr. Stilvolles Restaurant, mit einem etwas ins Nostalgisch-kitschige abrutschenden Innenhof.

Charcoal Bar (Tanba 炭吧), Qinghua Donglu 1 清华东路, im Hof des Jingyu Hotels京裕宾馆内, Tel. 62349997, tägl. 16–2 Uhr. Ausgezeichnetes koreanisches Grillrestaurant. Das frische Fleisch wird am Tisch gegrillt.

Golden Peacock (Jinkongque Daijiafengwei Canting 金孔雀傣家风味餐厅), Minzu Daxue Beilu 16 民族大学北路, Tel. 68932030, tägl. 11–21.30 Uhr (Haidian Qu). Kleines, aber exzellentes Restaurants mit Spezialitäten aus Chinas Südwesten. Besonders empfehlenswert: Ananas-Reis und fritierte Bananen. Vorbestellung empfohlen!

Tianchi 天池, Westtor der Universität für Minoritäten, 民族大学西门, Tel. 68424595, tägl. 10–24 Uhr. Eines der letzten uigurischen Restaurants im ehemaligen Moslemviertel der Stadt. Spezialitäten sind die handgezogenen Nudeln und frische Hammelfleischspießchen mit Chili und Kreuzkümmel.

Xiangyang Xiaozhu 香阳小筑, Beisanhuan 北三环, 20 Meter westlich des Tempels der großen Glocke 大钟寺西20米, Tel. 82112104, tägl. 11–14.30, 17–21 Uhr. Günstiges und gutes vegetarisches Nichtraucher-Restaurant. Kostenloser Internetzugang.

Taibo Tianfu Shanzhen 太伯天府山珍, Erqijuchang Lu Building 19, 二七剧场路 19 号楼, Tel. 68019641. Etwas weit weg vom Schuss, aber eine Reise wert: Pilze in allen Variationen, vor allem im schmackhaften Hotpot.

Restaurants im Süden der Stadt

Tulufan Canting 吐鲁番餐厅, Niujie 6 牛街, Tel. 83164691. Alteingesessenes uigurisches Restaurant. Schmackhafte und authentische Küche aus Chinas Nordwesten.

Little Sheep (Xiao Feiyang 小肥羊), nordwestliche Ecke der Caishikou-Straßenkreuzung 菜市口路口西北角, Tel. 63166668, tägl. 10–23 Uhr. Hammel vom Feinsten im chinesischen Nationalgericht: dem Hotpot. Das im Gegensatz zur Sichuaner Variante milde Fondue erhält seinen Geschmack durch eine Gewürzmischung mit Kreuzkümmel.

Jinyang Restaurant (Jinyang Fanzhuang 晋阳饭庄), Zhushikou Xidajie 241 珠市口西大街, Tel. 63031669, tägl. 10.30–14 und 17–21.30 Uhr. In einer traditionellen Familienresidenz gelegen, bietet dieses alteingesessene Restaurant schmackhafte Gerichte aus der chinesischen Kernprovinz Shanxi. Besonders empfehlenswert: Die gebackene Ente (Yayang Xiangsu Ya 亚阳香酥鸭).

Restaurants im Osten der Stadt

Bamboo Village Bay Fung Tang Restaurant (Xianggang Zhujiazhuang Bifengtang 香港竹家庄避风塘), Dongzhimenwai Dajie 46, 东直门外大街, Tel. 84608778, tägl. 10–6 Uhr. Eines der wenigen erschwinglichen und dennoch guten kantonesischen Restaurants der Hauptstadt. Vor allem die Dim Sum sind empfehlenswert.

La Mansarde (Falanxiang Xicanting 法兰香西餐厅), Haoyun Jie 29 好运街,

Tel. 58670255, tägl. 11–14, 18–22.30 Uhr. Fast könnte man glauben, in Frankreich zu sein – dann kommen die Crêpes zum Nachtisch und man ist wirklich dort! Empfehlenswert.

Paulaner Brauhaus (Pulana Pijiufang 普拉那啤酒坊餐厅), Liangmaqiao Lu 50 (im Kempinski Hotel 亮马桥路(凯宾斯基饭店), Tel. 64653388, tägl. 11.30–1 Uhr. Für alle, die das Heimweh packt und die einmal Chinesinnen im Dirndl erleben wollen. Dies allerdings mit Preisen, die selbst dem Münchner Tränen in die Augen treiben.

Pazi Hot Pot City (Huobazi Huoguo 火巴子火锅), Xinyuan Jie 13 新源街, Tel. 84510505, tägl. 24 Stunden geöffnet. Äußerst beliebtes und lebhaftes Hot-Pot-Restaurant, ideal für große Gruppen und späte Gelage.

Three Guizhou Men (Sange Guizhouren 三个贵州人). Äußerst beliebte und sehr empfehlenswerte Kette von Restaurants, die sich auf die Küche der Südprovinz Guizhou spezialisiert hat. Vor allem die sauerscharfe Fischsuppe (Suantangyu 酸糖鱼) ist eine Sünde wert!:

1. **Jianwai Soho Bulding 7**, Dongsanhuan Zhong Lu 39, 东三环中路, 建外 Soho7 楼, Tel. 58690598, tägl. 10–14, 17–22 Uhr.
2. **Im Westtor des Workers' Stadium** (oberhalb Coco Banana), Gongti Ximen Nei 工体西门内, Tel. 65518517, rund um die Uhr geöffnet.

Theater

Eine durchschnittliche **Pekingoper** 京剧 dauert mindestens drei Stunden und ist für das ungeübte Langnasenohr alles andere als ein Vergnügen. Ausschnitte aus bekannten Opern wie ›Lebe wohl meine Konkubine‹ oder ›Die Reise in den Westen‹ werden allabendlich in einigen Theatern dargeboten, unter anderen im **Liyuan-Theater** im ›Qianmen Hotel‹ 前门饭店, Tel. 63016688, Apparat 8860, und in der Residenz des Prinzen Gong 恭王府, Tel. 66168149, letzteres sicherlich die authentischere Variante.

Sollten Sie auf den Geschmack gekommen sein, so können Sie im **Chang'an Grand Theater** 长安大戏院 in der Jianguomen Nei Dajie 建国门内大街 oder in der Huguang Huiguan 湖广会馆 in der Hufang-qiao Lu 湖坊桥路 Nr. 3 in den Genuss einer vollständigen Pekingoper kommen. Wohin Sie auch immer gehen, Abendgarderobe ist nicht angesagt, eine Pekingoper ist eher Volksfest als Stelldichein der High Society.

Das riesige neue Opern- und Theaterhaus westlich der Großen Halle des Volkes wurde nicht für Pekingopern gebaut. Es bietet 6500 Zuschauern Platz und dient als Veranstaltungsort für unterschiedliche Theater-und Konzertveranstaltungen. **National Center for Performing Arts** 国家大剧院, Xichang'an Jie 2 北京市西城区西长安街2号, www.www.chncpa.org.

Nachtleben

Die chinesische Hauptstadt nennt eine der faszinierendsten Nightlife-Szenen Asiens, wenn nicht der Welt, ihr eigen. Für jeden Geschmack ist etwas dabei: Vom Schickimicki-Club bis hin zur schmierigen Bierkneipe hat Beijing alles zu bieten, oft in direkter Nachbarschaft. Trotzdem haben sich in den letzten zehn Jahren einige Viertel herausgebildet, die die uneingeschränkte Aufmerksamkeit der Nachtschwärmer der Hauptstadt haben. In Sanlitun 三里屯 trifft sich die Expat-Community, rund um Shichahai 什刹海 die Touristen, am Wudaokou 五道口 die Studenten und in Dashanzi 大山子die Avantgarde, oder zumindest die Leute, die sich dafür halten. Da sich in Beijing auch des Nachts so manches ›über Nacht‹ verändert, ist die Chance groß, dass einige der hier aufgeführten Kneipen und Bars beim Erscheinen dieses Reiseführers nicht mehr existieren. Andere ehemals als hipp empfundene Locations verlieren aus unerfindlichen Gründen ihren Charme und sind nach einiger Zeit nur noch ein Schatten ihrer selbst. Ausgehend von den hier gegebenen Empfehlung können Sie aber in den entsprechenden Vierteln auf Erkundungstour gehen und werden sicherlich so manch eine ansprechende Kneipe finden, die gerade neu aufgemacht hat. Denn beständig ist in Beijings Nachtleben auch nur der Wandel.

Sanlitun

Was Mitte der 1990er Jahre noch die einzige Möglichkeit war, nach 22 Uhr ein Bier und einen Hauch von Nachtleben zu erhaschen, steht heute in jedem Reiseführer. Das macht sich vor Ort bemerkbar. Seit der der Einfachheit halber ›Sanlitun Südstraße‹ genannte Abschnitt der Abrissbirne weichen musste und Klassiker wie das Jam House und Hidden Tree feuchte Erinnerungen somnambuler Sinologiestudenten geworden sind, konzentriert sich der Trubel auf das Botschaftsviertel um die Dongzhimen Waidajie 东直门外大街, wo tagsüber Botschafts- und Hotelangestellte in Anzügen schwitzen und Geschäftleute die chinesische Welt bewegen. Während auf der Straße mobile Garküchen chinesische Snacks und fliegende Händler raubgebrannte Hollywoodfilme zuweilen noch vor deren Premiere feilbieten, geht man durch das Eingangstür einer Bar, Kneipe oder Disko und ist gefangen in der globalisierten Version einer ereignisreichen Nacht. Carlsberg, Heineken und zuweilen auch Erdinger und die gar nicht so schlechte chinesische Version eines deutschen Weizens aus Wuhan (ehemals Spaten, jetzt Budweiser) werden ausgeschenkt und aus Lautsprechern tönt ein angenehmes Gemisch aus Trance und einem Best-Of der 70er und 80er. Das **Poachers**, ein weiterer Pionier des Beijinger Nachtlebens, seit kurzem mit angeschlossener Backpackerabsteige, wirkt wie ein deutsches Jugendzentrum Anfang der 1980er, cannabisgeschwängerte Luft inklusive. Sanlitun 三里屯 ist ein Stück Westen in China. Wer den Wiedersehenseffekt auch in Asien schätzt, ist hier definitiv richtig.

Bar Blu (Lan Ba 蓝吧), Sanlitun Houjie 三里屯后街, im 4. Stock des Tongli-Studios 同里4层, Tel. 64174124, So–Do 16–2, Fr, Sa 16–4 Uhr. Angenehme Atmosphäre und einen schönen Blick über Beijing bei Nacht. Eine Oase in der Hektik der Großstadt.

Centro (Xuan 炫酷), Kerry Centre Hotel (1. Stock) 嘉里中心饭店 1 层,

Auf dem Houhai

Beijing, Xi'an und die Mandschurei

Guanghua Lu 1 光华路, Tel. 65 61 88 33, rund um die Uhr geöffnet. Auch wenn die Lage in einem Hotel nicht so inspirierend wirkt, ist das Centro eine der stilsichersten und angenehmsten Bars der Stadt – mit einer exzellenten Auswahl an Cocktails und gelegentlichem Live-Jazz.

Poachers Inn (Youyi Qingnian Jiudian 友谊青年酒店), Bei Sanlitun Lu 43 北三里屯路, Tel. 64 17 26 32 Durchwahl 85 06, tägl. 20–open end. Einst gefeierter Pub, hat das Poachers in den letzten Jahren deutlich an Charme verloren. Wer in den 1980er Jahren in der deutschen Provinz aufgewachsen ist, wird sich im Poachers an seine Jugendzeit erinnern.

The Tree 隐蔽的树, Sanlitun Beijie 43 三里屯北街, Tel. 64 15 19 54, www.treebeijing.com, Mo–Sa 11–open end, So 13–open end. Einst als ›Hidden Tree‹ in der legendären Sanlitun South Street eine Institution, ist ›The Tree‹ auch mit neuem Namen und an anderer Stelle eine der angenehmsten Kneipen der Stadt. Belgisches Bier und Holzofenpizza sind die Highlights.

Suzie Wong's (Suxi Huang 苏西黄), Nongzhanguan Lu 1A 农展馆路甲1号, Tel. 65 00 33 77, www.suziewong.com.cn, tägl. 18.30–open end. Eine Mischung aus Opium-Hölle (was das Design angeht) und postmoderner Lounge. Wer früh genug kommt, kann den Abend auf einem der dem Stil der Ming-Dynastie nachempfundenen Betten verbringen und sich wie ein Mandarin fühlen.

The Pavillion (Wanlong Tengfei 万龙腾飞), Gongti Xilu (gegenüber dem Westtor des Arbeiter-Stadions), 工体西 (工人体育场西门对面), Tel. 65 07 26 17, www.pavillionbeijing.com, tägl. 10–2 Uhr. Gutes Essen und eine gute Auswahl an Whiskys machen diese Restaurant-Bar empfehlenswert.

Shichahai

Die Verfallszeit für angesagte Ausgehviertel in Beijing ist kurz. Feierte die Ausländergemeinde, und in deren Schlepptau die chinesische Jeunesse Dorree, die Hutong-Viertel der nördliche Seenplatte in Beijings Westbezirk noch Anfang des neuen Jahrtausends als das Nonplusultra der abendlichen Freizeitgestaltung, hat sich die Novität heute bereits deutlich abgenutzt. Schön ist es immer noch an den Ufern des Houhai 后海 und Qianhai 前海, heute meist einfach als Shichahai 什刹海 bezeichnet, und der nächtliche Beijing-Entdecker kann sich sicherlich Unangenehmeres vorstellen, als an historischer Stelle mit Blick auf Altstadtviertel und die kaiserlichen Seen ein kühles Bier vom Fass zu schlürfen.

Nur sind den chinesischen Besitzern der Bars und Restaurants bei der Preisgestaltung inzwischen sämtliche Hemmungen über Bord gegangen. Umgerechnet fünf Euro für ein Bier wäre in Deutschland schon viel, in China ist es ein kleines Vermögen. Zum Vergleich: In den Restaurants einige hundert Meter weiter in den Hutongs des Ostbezirkes essen für das gleiche Geld zwei Personen satt und gut, Getränke inklusive. Hinzu kommt, dass in einigen der direkt an die Yinding Qiao 银锭桥 grenzenden Bars Alleinunterhalter mit Gitarre und recht ausgeprägtem und ebenso verfehltem musikalischem Selbstbewusstsein ihr Unwesen treiben. Wem zwischen Bob Dylan in chinesischer Interpretation und Chinaschnulze das teure Bier noch schmeckt, dem sei das Shichahai-Viertel anempfohlen. Denn aller Kritik zum Trotz: Eine romantischere Ecke mit gastronomischem Service findet man in Chinas Hauptstadt kaum. Und nicht jedes Etablissement erschlägt den Gast mit Live-Musik und Apothekenpreisen.

Bed (Chuanba 床吧), Zhangwang Hutong 17 张旺胡同, Tel. 84001554, Mo,Di 16–open end, Mi–So 12–open end. Allein für den Kalauer ‹Gehst Du mit mir ins Bett?› lohnt sich ein Abstecher in diese Bar, deren Sitzmöbel – nomen est omen – aus einfachen Betten bestehen.

Buddha Bar (Buda 不大), Yinding Qiao 16, 银锭桥, Tel. 66155746, tägl. 14–2 Uhr. Repräsentativ für den typischen Kneipenstil am Qianhai, ist die Buddha Bar eine gute Wahl für ein ungezwungenes Bier am Ufer.

Drum and Bell (Guzhong Kafeiguan 鼓钟咖啡馆), Zhonglouwan Hutong 41 钟楼湾胡同, Tel. 84033600, tägl. 12–2 Uhr. Ein wenig abseits vom Trubel des Houhai, blickt man von der Dachterrasse des Cafés direkt auf Trommel- und Glockenturm.

East Shore Café (Dong'an 东岸), Shishahai Nanyan Haus 2, 什刹海南沿2号楼, Tel. 84032131. Empfehlenswerte Musik- und Jazzkneipe. Der Besitzer ist der chinesische Jazz-Saxophonist Liu Yuan. Auch Live-Konzerte.

No Name Bar (Wuming Jiuba 无名酒吧), Qianhai Dongyan 3 (neben dem Kaorou Ji Restaurant), 前海东沿 (烤肉季隔壁), Tel. 64018541, tägl. 12–2 Uhr. Einst Trendsetter und erste Bar am Qianhai ist diese Kneipe sich selbst treu geblieben: Unprätentiös und mit unschlagbarer Lage am See ist das No Name immer noch mit Abstand die angenehmste Bar in Shishahai.

Nan Luogu Xiang

Nur einen knappen Kilometer westlich ist der Nan Luogu Xiang 南锣鼓巷 das genaue Gegenstück zum munteren Preistreiben des Shichahai. Wie lange dies noch so bleibt, ist fraglich, da am Nan Luogu Xiang und den angrenzenden Gässchen jedoch die Mischung aus Wohn- und Kneipenviertel noch stimmt und sowohl Klientel als auch Betreiber der meist recht kleinen Etablissements eher die Nische als den Mainstream suchen, ist die Hoffnung berechtigt, dass sich der familiäre, unprätentiöse Charakter der Gegend erhält. Wer sich den Abend im Rausch um die Ohren schlagen möchte, ist hier sicherlich falsch. Für einen geruhsamen Abend mit Freunden oder zu zweit ist die Gegend um den Nan Luogu Xiang jedoch ideal.

Candy Floß 棉花塘咖啡馆, 35 Dongmianhua Hutong 35 东棉花胡同, Tel. 64055775, tägl. 15–24 Uhr. In einem versteckten traditionellen Innenhof gelegen, ist diese kleine Café der ideale Ort für romantische Zweisamkeit.

Passby Bar (Guoke Jiuba 过客酒吧), Nan Luogu Xiang 108 南锣鼓巷, Tel. 84038004, www.passbybar.com, tägl. 9–2 Uhr. Gemütliche Bar der ersten Stunde in Beijings Hutongviertel. Schöner Innenhof zum Draußensitzen.

Sandglas 沙漏咖啡, Mao'er Hutong 1 冒儿胡同, Tel. 64023529, tägl. 13–1 Uhr. Kleines intimes Café für einen stilvollen Abend in ebensolchem Ambiente.

Zhazha Café 喜鹊咖啡, Nanluogu Xiang 101 南锣鼓巷, Tel. 84024851, tägl. 10–2 Uhr. Mit Liebe zum Details eingerichtetes Café mit Frühstücksangeboten auch am Nachmittag. Wer mit Notebook reist, kommt in den

Genuss eines kostenlosen W-Lan-Zugangs.

Haidian/Wudaokou

Es war nur eine Frage der Zeit, bis sich die Universitätsgegend zu einer beliebten Ausgehmeile entwickeln würde. Der Wudaokou 五道口 war bis Mitte der 1990er Jahre ein schlammiger Markt mit einem angeranzten Einkaufszentrum. Doch die Nähe zur ›Beijing Language and Culture University‹ mit ihren fast 2000 meist ausländischen Studenten machte sich schon bald bemerkbar. Erst kamen die koreanischen Restaurants, dann die ersten Pubs und schließlich die Stadtplanung, die dem Viertel zudem eine U-Bahn-Station schenkte. Heute buhlen mehrere Dutzend Bars, Diskos und Restaurants um das zumeist studentische Publikum. Lohnenswert ist die Gegend vor allem aufgrund ihrer Ungezwungenheit, der bodenständigen Preise und der Musikkneipen. Das D-22 im Westen des Viertels ist eine der interessantesten Live-Musik-Kneipen Beijings.

13 Club (13 Julebu 俱乐部), Chengfu Lu 161 成府路, Tel. 82 62 80 77, tägl. 20–2 Uhr. Unprätentiöser Musikclub mit regelmäßigen Live-Konzerten. Der Eingang liegt etwas versteckt in einer kleinen Seitengasse.

D-22, Chengfu Lu 242 成府路, Tel. 62 65 31 77, tägl. außer Mo 18–2 Uhr. Neben dem Yugong Yishan die interessanteste Musikkneipe der Stadt. Regelmäßige Live-Konzerte auch jenseits des Mainstreams.

Lush, Huaqing-Jiayuan-Block Nr. 1, 2.Stock, Chengfu Lu成府路 (gegenüber der Metro-Station Wudaokou), 成府路，华清嘉园1号楼二层（五道口城铁站对面, Tel. 82 86 35 66, tägl. 24 Stunden geöffnet. DIE Studentenkneipe im ohnehin studentischen Viertel Beijings. Uneingeschränkt empfehlenswert die Open-Mic-Night, jeden Sonntag ab 21 Uhr. Zum Mitsingen und Zuhören.

U-Bahn-Eingang

Propaganda, 100 m nördlich des Huaqing-Jiayuan-Blocks, 华清嘉园东门往北100米, Tel. 82 86 39 91, Mo–Fr 20–4.30, Sa, So 20–5 Uhr. Typisch Wudaokou ist diese relative neue Bar – laut, feucht-fröhlich, mit überwiegend studentischem Publikum.

Dashanzi

Bedenkt man, dass auf dem mit russischer Hilfe und (ost-)deutschem Know-How aufgebauten Fabrikgelände noch vor 15 Jahren Raketenteile hergestellt wurden, ist die Entwicklung in Dashanzi umso erstaunlicher. Avantgarde war Ende der 1990er das Thema, als sich die Künstler nach missglückten Versuchen nahe des alten Sommerpalastes Yuanming Yuan und in Tongxian im Osten der Hauptstadt hier einquartierten. Der Mainstream hat die Gegend schon längst in Beschlag genommen, dennoch gilt das Viertel mit seiner Mischung aus trendigen Galerien, heruntergekommenen Fabriken und schicken Clubs als erste Adresse für einen ereignisreichen Abend. Vor allem während des ›Dashanzi Art Festivals‹ jeden Mai trifft hier die künstlerische Avantgarde der

Hauptstadt auf die intellektuelle Partyszene. Bei Tag und bei Nacht ist Dashanzi auf jeden Fall einen Abstecher wert – auch wenn man ab der Innenstadt eine knappe Stunde mit dem Taxi unterwegs ist. Für Abendveranstaltungen empfiehlt es sich, vorher den Veranstaltungskalender zum Beispiel bei ›That's Beijing‹ (www.thatsbj.com) zu konsultieren.

Yan Ren 仁, Dashanzi Art District, Jiuxianqiao Lu 4, 酒仙桥路, 798 大山子艺术区, Tel. 84573506, www.yanclub.com, tägl. 10–18 Uhr. Der chinesische Rockstar Cui Jian hat hier gespielt, und Udo Lindenberg kam auf seiner China-Tournee im Yan vorbei. Neben wechselnden Ausstellungen gibt es hier auch gelegentlich Live-Konzerte und andere Veranstaltungen am Abend.

Café Pause, Jiuxianqiao Lu 2 酒仙桥路, Tel. 64316214, tägl. 10–21 Uhr. Repräsentativ für die vielen Cafés, die in den letzten Jahren in Dashanzi aufgemacht haben, ist das in Erdtönen gehaltene Café Pause sicher die angenehmste Wahl für einen Drink zwischen zwei Kunsterlebnissen.

Einkaufen in Beijing

Lange Zeit war Beijing Chinas Schaufenster zum Westen. Das Kaufhaus Nr. 1 in der Wangfujing war in ganz China bekannt und hatte ein Sortiment, das im ganzen Land seinesgleichen suchte. Ausländische Studenten und die wenigen Geschäftsreisenden trafen sich dagegen im Freundschaftsladen an der Jiangguomenwai Dajie wie in einer Kathedrale, weil es dort den einzigen Käse und das einzige Baguette in ganz China gab.

Das war in den 1980er Jahren, und seitdem hat sich einiges verändert. Die chinesische Hauptstadt ist ein Shoppingparadies.

Ein original Beijinger Mitbringsel ist die Cloissoné, eine chinesische Emailletechnik, die leider langsam ausstirbt. Cloissoné findet man in allen Souvenirgeschäften, Fabrikbesuche können über jedes Reisebüro organisiert werden.

Wangfujing

An der Haupteinkaufsstraße, der Wangfujing etwa einen Kilometer östlich der Verbotenen Stadt, stehen **zwei der größten Einkaufszentren Asiens**. Seit 1999 eine Fußgängerzone, lädt die großzügig gestaltete Einkaufsmeile zum Flanieren ein.

Vor allem der ausgezeichnet sortierte **Foreign Language Bookstore** 外文书店 am Nordende der Fußgängerzone lohnt einen Besuch. Im Erdgeschoss auf der rechten Seite gibt es eine gute Auswahl deutscher, französischer und englischer Bücher sowie Bildbände über China. Die Abteilung führt auch eine reichhaltige Auswahl von Postkarten. Im ersten Obergeschoss bietet die Musikabteilung einen guten Querschnitt durch die chinesische Musik, von Pekingoper über traditionelle chinesische Instrumentalmusik bis hin zu den neuesten Platten der chinesischen Rock- und Popszene.

Südlich des Qianmen

Sollten Sie in der Wangfujing nicht fündig geworden sein, empfiehlt sich ein Spaziergang zwischen **Dazhalan** 大栅栏 und Liulichang 琉璃厂, einige Meter südlich des Vordertores (Qianmen 前门).

Vor allem die **Teeläden** (am bekanntesten das Traditionshaus Zhangyiyuan 张一元) und die **Kunsthand-**

werksläden bieten eine gute Auswahl zu angemessenen Preisen. Um einen Langnasenaufschlag zu vermeiden, ist aber vor allem an den Straßenständen handeln angesagt. Staatliche Läden wie das Zhangyiyuan allerdings haben Fixpreise.

Sie suchen nach einer Buddhafigur, einer schönen Kalligraphie, nach einem besonderen Mitbringsel? Dann sind Sie in der Liulichang richtig, der Antiquitätenstraße. Auch hier ist Handeln ein absolutes Muss, tatsächlich oder vermeintlich wertvolle Stücke sollten Sie nur mit fachkundiger Hilfe erstehen, Fälschungen sind nicht gerade selten. Selbst wenn man nichts kaufen möchte, lohnt der Spaziergang durch die gut erhaltenen, teilweise restaurierten Hutongs der Beijinger Südstadt allemal.

Neuer Seidenmarkt

Wenn es um Kleidung geht, ist der Neue Seidenmarkt 秀水街 (9–21 Uhr) an der Jianguomen Waidajie, Xiushui Dongjie 8 建国门外大街, 修水东街 8 im Chaoyang-Distrikt 朝阳区 eine gute Anlaufstelle. Auch hier gilt: Preisnachlässe von mehr als 50 Prozent sind ein Muss. Selbst bei auf den ersten Blick echt wirkendender Markenware kann es sich um Fälschungen handeln, die natürlich nicht die Lebensdauer der Vorbilder aufweisen.

Panjiayuan-Markt

Ein lohnenswerter Markt ist der Panjiayuan-Markt 潘家园旧货市场 (Sa, So 8.30–16.30 Uhr), der am östlichen Dritten Ring liegt, etwas südlich der Panjiayuan-Brücke 潘家园乔. Auf dem riesigen Markt gibt es von echten Antiquitäten bis hin zu Schmuck, Perlen, Fossilien, traditionellen Bildern und Touristennippes alles zu erstehen, Handeln ist absolut notwendig, und mit etwas Glück kann man hier außergewöhnliche Stücke finden. Der Markt ist vor allem bei einheimischen Antiquitätenliebhabern beliebt und folglich eher eine chinesische als eine touristische Angelegenheit. Um ihn zu erreichen, nimmt man am besten ein Taxi, jeder Taxifahrer kennt den Markt.

Hongqiao-Markt

Eine weitere lohnenswerte Adresse ist der Hongqiao-Markt 虹桥市场 am östlichen Ausgang des Himmelstempels in der Tiantan Donglu 天坛东路. Nach dem Prinzip eines Kaufhauses ist er in einem viergeschossigen Gebäude untergebracht und verleitet zum absoluten Kaufrausch.

Von der Marken-Jeans für wenige Euro bis zur (vielleicht) echten Prada-Handtasche oder klassischen Kalligraphie gibt es hier all die Waren, deren Herkunft Sie nicht genauer wissen möchten.

Beijing Zoo Market

Die Königsdisziplin in der Kategorie Shopping: In einem mehrstöckien Labyrinth in der Xishimenwai Dajie am Zoologischen Garten warten Hunderte, wenn nicht tausende von Kleidungs-, Schuh- und Taschenhändlern auf ihre Kunden. Darunter nicht nur Fälschungen, sondern auch lokale Waren von einheimischen Designern. Die Palette reicht von Billig-Trash bis echten Schäppchen, ökologisch sensible Besucher werde jedoch schon am Geruch des Gebäudes feststellen, dass hier mit harten Mitteln gearbeitet wird, vor allem im auf Schuhe spezialierten Kellergeschoss.

Ausflüge von Beijing

Der Verwaltungsbezirk der chinesischen Hauptstadt, offiziell die ›Regierungsunmittelbare Stadt Beijing‹ hat eine Fläche von 16 800 Quadratkilometern und eine Einwohnerzahl von 16 Millionen. Nur 38 Prozent der Fläche, gerade einmal 6390 Quadratkilometer, fällt auf das eigentliche Stadtgebiet. In Beijing, das

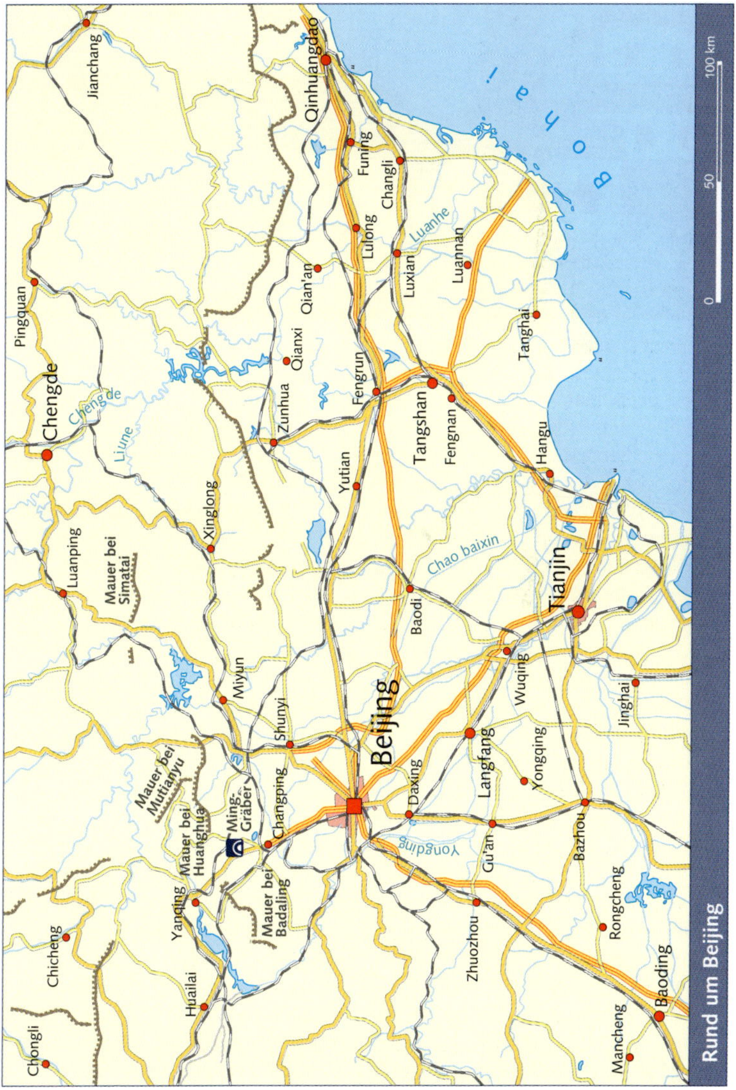

Im Kleinen Potala-Palast in Chengde

heißt in der politisch einer Provinz gleichgestellten Verwaltungseinheit, findet man hohe Berge, tiefe Schluchten, wüstenähnliche Gegenden und sogar ein historisch von mongolischen Nomaden bewohntes Grasland. Beijings tiefster Punkt liegt auf Meereshöhe, die höchste Erhebung, der Ling Shan 灵山, bringt es immerhin auf 2303 Meter. Neben der han-chinesischen Bevölkerungsmehrheit leben immerhin 250 000 Mandschuren, 235 000 Hui-Chinesen und 38 000 Mongolen in Beijing.

Die Umgebung der chinesischen Hauptstadt hat also viel mehr als nur die Standardausflüge zur Großen Mauer und zu den Ming-Gräbern zu bieten. Allein die Chinesische Mauer durchzieht das Verwaltungsgebiet der Hauptstadt auf mehreren hundert Kilometern und kann an einem guten Dutzend Stellen offiziell besichtigt werden. Neben den oft besuchten Ming-Gräbern locken unzählige Tempel, Naturschutzgebiete und, oft etwas vernachlässigt, die weitaus sehenswerteren Qing-Gräber. Von am Stadtrand gelegenen Ausflugszielen wie der Marco-Polo-Brücke einmal ganz zu schweigen. Wer mehr als eine Woche für den Beijing-Besuch einplant, für den lohnt sich auch der Blick über die Stadtgrenzen. Die Sommerfrische Chengde 承德 in der Nachbarprovinz Hebei 河北 ist auf jeden Fall zumindest einen Tagesausflug wert.

Viele der Sehenswürdigkeiten außerhalb des eigentlichen Stadtgebietes lassen sich gut auf eigene Faust erkunden und sind zum Teil sogar mit öffentlichen Verkehrsmitteln zu erreichen. Zu abgelegeneren Zielen wie der Chinesischen Mauer bei Huanghua oder den Qing-Gräbern empfiehlt es sich unbedingt, ein Taxi zu mieten oder den Ausflug über das Hotel zu organisieren. Chengde erreicht man ohne große Probleme mit dem Zug oder Bus. Hierfür sollten Sie aber, auch wenn dieses Ziel als Tagesausflug möglich sind, mindestens eine Übernachtung einplanen.

▲ Karte S. 169

Die Chinesische Mauer

Nein, sie ist nicht vom Mond aus zu sehen, es gelang im Jahre 2003 noch nicht einmal Herrn Yang, dem ersten chinesischen Raumfahrer, sehr zum Leidwesen der chinesischen Öffentlichkeit, sie von der Umlaufbahn seines Raumschiffes auszumachen. Auch wenn das auf Chinesisch ›Lange Mauer‹ (Changcheng 长城) genannte Monument fast 6300 Kilometer lang ist, hat es nur eine durchschnittliche Breite von wenigen Metern, besteht zuweilen nur aus Erdwällen und ist, vor allem im westlichen Teil des Reiches, teilweise nur noch als ein Haufen Steine zu sehen. Der Kaiser Qin Shi Huangdi ließ im 3. Jahrhundert vor unserer Zeitrechnung bestehende Teilmauern verbinden, zum Schutz vor den Nomaden des Nordens und zum Zeichen der Reichseinigung. Diese historische Mauer, meist nur ein Erdwall, hat mit der heute noch sichtbaren Mauer weder architektonisch noch von ihrem Verlauf her etwas zu tun. Es war die Ming-Dynastie (1368–1644), die nach Verlegung der Hauptstadt nach Beijing ab dem 15. Jahrhundert versuchte, die am Rande des Nomadengebietes gelegene Hauptstadt durch den Bau einer neuen Mauer zu schützen. Sehr erfolgreich war dieses Ansinnen nicht. Auch wenn enorme Gelder und Arbeitskraft in das Projekt flossen, gelang es den Mandschus im 17. Jahrhundert, Beijing und später das ganze Reich der Mitte zu erobern. Nachdem eine Bauernarmee unter Li Zicheng die Ming gestürzt hatte, ließ ein loyaler General, in der Hoffnung mit Hilfe der Mandschus die Dynastie zu restaurieren, die Tore der Festung Shanhaiguan 山海关 am Ostende der Mauer öffnen und ebnete den mandschurischen Truppen hiermit den Weg nach Beijing. Diese setzten sich in der Stadt fest und gründeten die Qing-Dynastie. Ihren Zweck erfüllt hat die Chinesische Mauer jedoch als Kommunikationslinie. Durch den engen Abstand der Wach- und Signaltürme konnten einfache Nachrichten innerhalb kürzester Zeit via Rauch- und Lichtsignal von den entlegensten Landesteilen bis in die Hauptstadt transportiert werden.

Verlauf der Großen Mauer 长城

Trotz ihrer Länge und ungeachtet der Tatsache, dass allein im Hundert-Kilometer-Umkreis von Beijing fast ein Dutzend Mauerstücke für den Tourismus freigegeben sind, drängen sich die meisten Besucher auf dem etwa drei Kilometer langen, 1979 restaurierten Stück bei Badaling. Dies liegt auch daran, dass dieser Abschnitt verkehrtechnisch am besten angebunden ist und ein Ausflug dorthin gut mit einem Besuch der Ming-Gräber kombiniert werden kann.

Die Mauer bei Mutianyu

Badaling

Seit 1999 führt eine Autobahn von Beijing in das 60 Kilometer entfernte Badaling 八达岭, so dass dieser Abschnitt von der Hauptstadt aus in einer guten Stunde erreichbar ist, Nationalfeiertag und 1. Mai ausgenommen, wenn aus der Autobahn ein Staudamm wird. Die Busse halten etwas unterhalb der Mauer, den letzten Kilometer muss man zu Fuß zurücklegen.

Auf der Mauer hat man, vom Eingang aus gesehen, die Wahl zwischen einem weniger steilen Stück auf der rechten, und einem sehr steilen Stück auf der linken Seite. Auf der rechten Seite wandeln Sie auf den Spuren von Helmut Kohl und Ronald Reagan, auf der linken Seite erreichen Sie nach etwa 45 Minuten das Ende der restaurierten Mauer und bekommen einen guten Eindruck, wie die Mauer vor ihrer Restaurierung ausgesehen hat.

Im Osten endet die die Mauer am Meer

▲ Karte S. 171

Eine interessante Variante ist die Besichtigung dieses Mauerabschnittes bei Nacht, wenn die Mauer spektakulär, wenn auch für westlichen Geschmack allzu bonbonfarben, erleuchtet ist und sich die Touristenströme in Grenzen halten. Dieses Spektakel lässt sich inzwischen jedoch nur in den ›Goldenen Wochen‹ rund um den 1. Mai und den 1. Oktober erleben. Es empfiehlt sich jedoch, die Nacht-Öffnungszeiten noch einmal nach Ankunft in Beijing zu erfragen.

Mutianyu

Neben Badaling ist dies der am besten restaurierte Abschnitt der Mauer. Architektonisch ist Mutianyu 幕田峪 aufgrund seiner aufwendig restaurierten, von der Standardform abweichenden Wachtürme interessant. Wem die über 1000 Stufen bis zur Mauerkrone zu anstrengend sind, der kann zwischen einem Sessellift und einer Kabinenbahn wählen, um die Mauer zu erreichen. Von der Mauerkrone führt eine Sommerrodelbahn ins Tal. Leider ist Mutianyu inzwischen ähnlich überlaufen wie Badaling und hat, vor allem im Eingangsbereich, die Atmosphäre eines Jahrmarktes.

Simatai und Jinshanling

Simatai 司马台 ist sicherlich eines der spektakulärsten Teilstücke der Mauer. An den besonders exponierten Stellen fällt der Bergkamm an beiden Seiten fast 800 Meter senkrecht ab. Bis vor einigen Jahren noch ein Geheimtipp, ist Simatai inzwischen ebenfalls touristisch erschlossen und in Teilen restauriert. Dennoch ist Simatai, sieht man von den chinesischen Verkäufern ab, die jeden Besucher begleiten und ›Water, Coca, Beer, Postcard!‹ anbieten, selbst in der Hochsaison wenig überlaufen. Bis 1999 konnte man noch bis zum 16. Wachturm auf knapp 1200 Meter Meereshöhe laufen, heute ist die Mauer ab dem zwölften Wachturm aus Sicherheitsgründen gesperrt. Nur die ersten Meter sind restauriert, deshalb sollten Sie unbedingt festes Schuhwerk mitnehmen.

Eine interessante Variante ist eine Wanderung von Simatai in das etwa zwölf Kilometer entfernte Jinshanling 金山岭. Da es von hier aus keinen öffentlichen Transport zurück nach Beijing oder Simatai gibt, sollten Sie den Rückweg jedoch im Voraus organisieren oder eine Übernachtung in Jinshanling einplanen.

Huanghua

Die Mauer bei Huanghua 黄花城 galt zu Bauzeiten als der perfekteste Abschnitt der Chinesischen Mauer. Lange Zeit als die ›Wilde Mauer‹ bezeichnet, wurde dieser 60 Kilometer nördlich von

Die Chinesische Mauer ist ein Touristenmagnet

Beijing gelegene Abschnitt in den Jahren 2003 bis 2006 teilweise restauriert und ist nach kurzfristiger Schließung heute wieder für Besucher freigegeben. Ein etwa ein Kilometer langer Abschnitt ist beidseitig der Straße restauriert, der Rest ist offiziell gesperrt, wenn auch begehbar. An den nicht-restaurierten Stellen wachsen Pfirsich- und Kakibäume auf der Mauerkrone, und man bekommt einen guten Eindruck über die Bauweise des Jahrhundertbauwerkes. Aus konservatorischen und Sicherheitsgründen sollte man jedoch auf unnötige Kletterpartien verzichten.

Einmal in Huanghua sollte man die Gelegenheit nutzen, sich ein wenig umzuschauen. Ein Spaziergang durch das Dorf gibt dem Besucher einen ausgezeichneten Einblick in das chinesische Landleben. Auf den Wegen rund um die Mauer versuchen jedoch einige Dorfbewohner, sich etwas dazuzuverdienen, indem sie behaupten, der Weg zur Mauer ginge durch ihren Vorgarten. Dies mag zuweilen der Fall sein, und man sollte auf größeren Streit verzichten. Mehr als 1 bis 3 RMB sollte die Passage jedoch nicht kosten.

Chinesische Mauer

Badaling 八达岭
Öffnungszeiten: in den Goldenen Wochen rund um den 1. Mai und den 1. Oktober rund um die Uhr geöffnet, ansonsten 6.30–18 Uhr, Eintritt Sommer 80 RMB, Winter 60 RMB, Tel. 010/69 12 22 22.
Anfahrt: Badaling erreicht man mit einer organisierten Tour (meist in Verbindung mit einem Besuch der Ming-Gräber) oder mit dem Ausflugsbus Nr. 1 (游1) vom Qianmen 前门, Haltestelle des Busses Nr. 17 bzw. Nr. 2 (游2) vom alten Bahnhof Beijing Zhan 北京站, Haltestelle des Busses Nr. 103. Der Bus Nr. 919 vom Deshengmen 德胜门 ist zu meiden, da er auf dem Weg nach Badaling an fast jeder Ecke hält.
Übernachtung: **Badaling Hotel**** (Badaling Fandian 八达岭饭店), Tel. 010/69 12 14 86. Übernachtungsmöglichkeit direkt am Fuße der Mauer. Für das Gebotene überteuert.

Mutianyu 慕田峪
Öffnungszeiten: tägl. 7–18.30 Uhr, Eintritt 35 RMB, Sessellift 35 RMB, Gondel und Sommerrodelbahn jeweils 50 RMB, Tel. 010/61 62 65 05.
Anfahrt: Nach Mutianyu besteht keine direkte öffentliche Busverbindung, es empfiehlt sich, ein Taxi für den ganzen Tag zu mieten (kostet ca. 400 Yuan) oder an einem organisierten Ausflug teilzunehmen.
Restaurants: Die Garküchen und Restaurants am Fuße der Mauer sind nur bedingt zu empfehlen.

Simatai 司马台
Öffnungszeiten: tägl. 7–18.30 Uhr, Eintritt 30 RMB (Ticket gilt für Simatai und Jinshanling), Tel. 010/69 03-50 30.
Anfahrt: Der Ausflugbus Nr. 12 (游12) vom Xuanwumen 宣武门 und Dongsishitiao 东四十条 fährt zweimal täglich nach Simatai und zurück. Tagesausflüge werden von vielen Hotels für ca. 200 Yuan pro Person organisiert.
Übernachtung: **Simatai International Youth Hostel** (Simatai Changcheng Guoji Qingnian Lushe 司马台长城国际青年旅舍), Tel. 010/69 03 56 55. Die Idee, ein Hotel im traditionellen Stil direkt am Eingang der Mauer zu bauen ist gut, die Umsetzung leider nur bedingt; für eine Übernachtung aber auf jeden Fall mehr als in Ordnung. Das Hotel bietet einfaches und etwas überteuertes Essen. Ähnliches gilt für die kleinen Garküchen im Eingangsbereich des Mauerabschnitts.

Jinshanling 金山岭
Öffnungszeiten: rund um die Uhr, Eintritt 30 RMB, Tel. 03 14/883 02 22.
Anfahrt: Mit dem öffentlichen Nahverkehr ist Jinshanling nicht zu erreichen. Es empfiehlt sich, bereits in Beijing ein Taxi zu mieten oder einen Ausflug im Hotel zu buchen. Das Jinshan Hotel kann auf Nachfrage den Transfer zurück nach Simatai organisieren.
Übernachtung: **Jinshan Hotel*** (Jinshan Binguan 金山宾馆), Tel. 03 14/883 89 71. Einfaches aber nettes Hotel direkt am Fuß der Mauer, mit ebensolchem Restaurant.

Huanghua 黄花城
Öffnungszeiten: 8–17.30 Uhr, Eintritt 25 RMB.
Anfahrt: Bus Nr. 961 (vom Busbahnhof Dongzhimen 东直门) fährt zweimal täglich nach Huanghua Cheng 黄花城. Vorsicht: Steigen Sie nicht in Huanghua Zhen 黄花镇 aus, von hier sind es noch vier Kilometer zur Mauer.

▶ Karte S. 171

Da der letzte Bus von Huanghua bereits um 14.50 Uhr nach Beijing zurück fährt, empfiehlt es sich, ein Taxi für den Tag zu mieten oder eine Übernachtung einzuplanen.

Übernachtung: **Kuipo Jiujia*** 奎酸酒家, Huanghua Cheng Changcheng 黄花城长城, Tel. 010/61652278. Nettes, familiengeführtes kleines Hotel. Viele der kleinen Restaurants am Eingang der Mauer haben auch einfache Gästebetten

Restaurants: In Huanghua kann man kaum etwas falsch machen, was das Essen angeht. Ein gutes Dutzend kleiner Restaurants bietet nordchinesische Bauernküche zu angemessenen Preisen. Meistens gibt es auch eine einfache Speisekarte auf Englisch. Das am Aufgang zum westlichen Mauerabschnitt gelegene gemütliche Restaurant (Tel. 010/61618593) ohne Namen bietet eine phantastische Aussicht auf die Mauer und ausgezeichnetes Essen. Vor allem die gebackene Regenbogenforelle ist empfehlenswert.

Die Ming-Gräber

Besucht man die Chinesische Mauer bei Badaling, Mutianyu oder Huanghua, so lässt sich ein Abstecher zu den Ming-Gräbern (Shisanling 十三陵) gut organisieren. In dem etwa 40 Kilometer nördlich von Beijing gelegenen Tal, wegen seines guten Fengshuis als Grabstelle der Ming-Kaiser ausgesucht, sind 13 der 16 Ming-Kaiser begraben. Nur die ersten beiden Kaiser, von denen der Dynastiegründer Zhu Yuanzhang in der alten Hauptstadt Nanjing begraben ist und der zweite Kaiser nach seiner Absetzung durch Yongle verschollen blieb, sowie der siebte Ming-Kaiser, bei seiner Familie aufgrund der Unfähigkeit, mit aufständischen Bauern fertig zu werden, in Ungnade gefallen, fanden hier nicht ihre letzte Ruhe.

Drei der Gräber sind inzwischen für den Tourismus geöffnet, wobei nur das **Ding-Grab** (Dingling 定陵) geöffnet wurde. Die Grabkammern des Ding-Grabes kann man besichtigen, da diese allerdings bis auf die Nachbildungen der Särge des Kaisers und seiner Gemahlinnen leer sind, empfiehlt sich eher der Besuch des **Chang-Grabes** (Changling 长陵), dessen architektonisch beeindruckende Haupthalle nun als Ausstellungshalle der im Ding-Grab gefundenen Grabbeigaben dient. Ausgestellt werden goldenes und silbernes Essgeschirr, alte Münzen, Jadeschmuck sowie Nachbildungen der Gewänder und Kronen des Kaisers und der Kaiserin. In der Mitte der Halle steht eine Bronzestatue des Yongle-Kaisers, dessen Grab das Changling ist. Diese ist allerdings neueren Datums. Die architektonisch an die Halle der höchsten Harmonie angelehnte Ausstellungshalle (Halle der Himmlischen Gnade) mit ihren 32 aus Edelholz gefertigten, jeweils über zehn Meter hohen Säulen und der filigranen Kassettendecke ist allein den Besuch wert.

Die Haupthalle des Chang-Grabes

Figur an der Seelenstraße

Von dem **Seelenturm**, unter dem der Eingang zum noch ungeöffneten Grab vermutet wird, im hinteren Teil der Anlage hat man einen ausgezeichneten Blick auf die anderen Gräber, die auf beiden Seiten an die Hänge des Tales gebaut sind.

Im Süden des Tales befindet sich der eigentliche Eingang der Grabanlagen, eine 700 Meter lange **Seelenstraße** (Shendao 神道), deren steinernen Menschen- und Tierfiguren sowohl Schutz- als auch Ehrenwache sind. Um einerseits ihren Wachaufgaben zu genügen, andererseits den Kaisern postum ihre Erfurcht erweisen zu können, hat man die Tierfiguren jeweils paarweise kniend und aufrecht stehend dargestellt. Neben Elefanten, Kamelen, Löwen und Pferden finden sich auch Darstellungen zweier Fabelwesen, des Xiezhi und des Qilin, die als Seelenwächter dienen. Im letzten Drittel der Seelenstraße wachen sechs paarweise aufgestellte Menschen, Militärs und Würdenträger, über die letzte Ruhe der Kaiser.

Zwischen Seelenstraße und den Grabanlagen fährt man am **Ming-Gräber-Stausee** (Shisanling Shuiku 十三陵水库) vorbei. Seit den 1950er Jahren, als neben Mao Zedong und dem Politbüro auch ausländische Diplomaten Schaufel und Spaten beim Bau des Staudammes in die Hand nahmen, ist dies eine der wichtigsten Wasserreservate der Hauptstadt.

Auffallen werden Ihnen sicherlich auch die vielen kleinen Obststände am Wegesrand. Die Gegend um die Ming-Gräber ist eines der größten Obstanbaugebiete Beijings. Die feilgebotenen Pfirsiche und Birnen sind in ganz China bekannt und köstlich!

Ming-Gräber Shisanling 十三陵

Die Ausflugsbusse Nr. 1 und Nr. 5 (游1 und 5) vom Qianmen 前门 bzw. Nr. 3 (游3) vom Beijinger Zoo (Dongwuyuan 动物园) fahren an den Ming-Gräbern vorbei.

Best Hotel** (Fuhao Binguan 富豪宾馆), Tel. 010/60716888. Gutes Mittelklasse-Hotel etwas unterhalb des Ostufers des Ming-Gräber-Stausees. Mit Swimmingpool und Wellnessbereich.

Direkt an den Gräbern gibt es keine Restaurants, dafür aber unzählige Obststände.

▲ Karte S. 169

Chengde

Als die Mandschus Mitte des 17. Jahrhunderts China eroberten und die Qing-Dynastie gründeten, verlegten sie ihren Lebensmittelpunkt um einige hundert Kilometer nach Süden und verließen hiermit das gemäßigte Klima des chinesischen Nordostens. Wer einmal einen Sommer in der Hauptstadt verbracht hat, weiß, wie unerträglich das Klima in der chinesischen Hauptstadt sein kann. Die einfachen Leute verlagern bis heute das Leben auf die Straße, die Herrschenden fliehen in die Sommerfrische. Das Politbüro verbringt die Sommer in Beidaihe, die Qing-Kaiser zogen sich in der heißen Jahreszeit nach Chengde zurück, wo sie sich einen Kaiserpalast en miniature errichteten. Obwohl es nur 250 Kilometer nördlich von Beijing gelegen ist, hat Chengde selbst in den heißen Monaten Juli und August ein angenehmeres Klima als die Hauptstadt. Mit Expressbussen in weniger als vier Stunden zu erreichen, ist Chengde auch ein beliebter Ausflugsort der ausländischen Gemeinde Beijings.

Villa der Sommerfrische

Die Hauptattraktion Chengdes ist die ›Villa der Sommerfrische‹ (Bishu Shanzhuang 避暑山庄). Nach der Erweiterung unter den Qing-Kaisern Kangxi und Qianlong im 18. Jahrhundert war die Anlage größer als die Verbotene Stadt. Mit Beginn der heißen Jahreszeit zog der gesamte Hofstaat nach Chengde und die Kaiser verrichteten die Regierungsgeschäfte von Chengde aus. 1793 sprach der britische Gesandte Lord Macartney in Chengde vor und bat um die Aufnahme von gleichberechtigten Handelsbeziehungen. Qianlong, der die seltsame Langnase als Bittsteller eines tributpflichtigen Landes ansah, lehnte mit dem Verweis, China besäße bereits

Der Kleine Potala-Palast ist dem tibetischen Vorbild nachempfunden

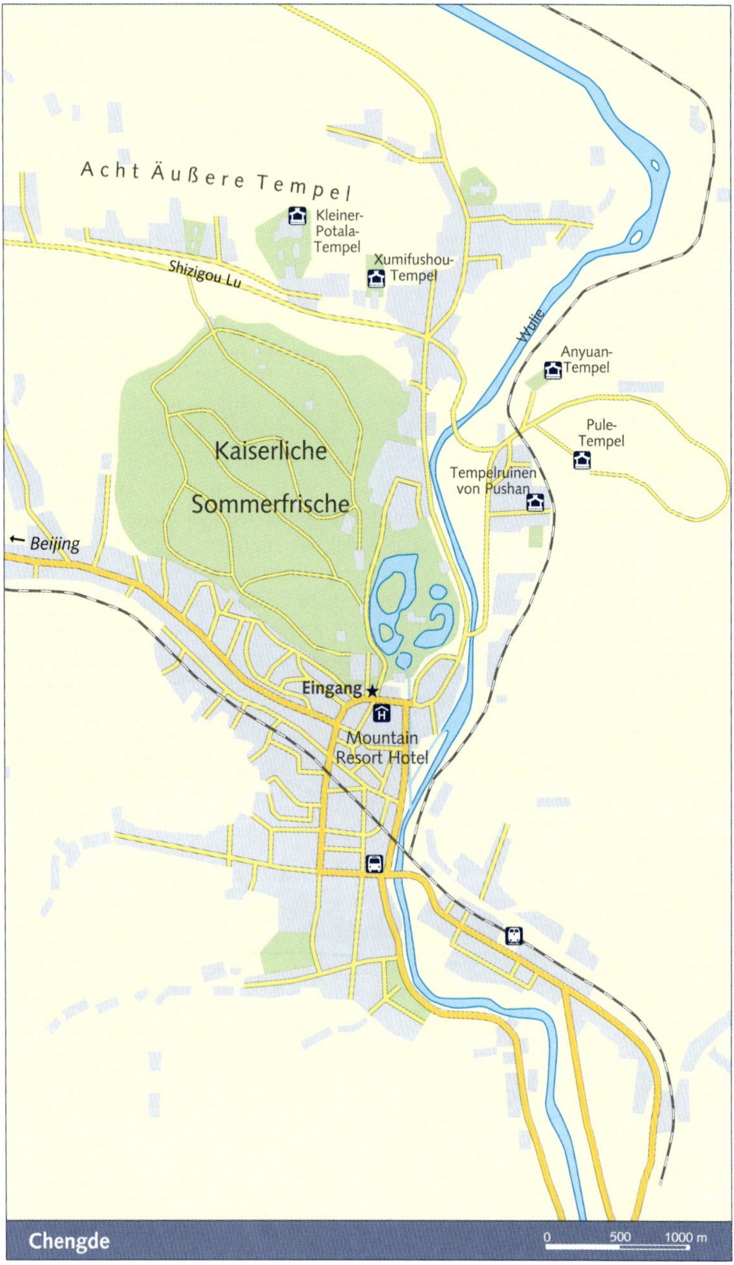
Acht Äußere Tempel
Kleiner-Potala-Tempel
Xumifushou-Tempel
Shizigou Lu
Wulie
Anyuan-Tempel
Pule-Tempel
Tempelruinen von Pushan
Kaiserliche Sommerfrische
← Beijing
Eingang
Mountain Resort Hotel
Chengde
0 500 1000 m

alle Güter dieser Welt, ab. Die offiziellen Teile der Sommerfrische wirken vergleichsweise bescheiden zum Prunk der Verbotenen Stadt. Die großzügig angelegte Park- und Seenanlage hinter dem Audienzbereich weist jedoch auf den eigentlichen Zweck der Sommerfrische hin, die Erholung, die Jagd und das Lustwandeln. Leider wurde die kaiserliche Sommerfrische in der Kulturrevolution fast bis auf die Grundfeste zerstört, vieles ist nur notdürftig repariert.

Die Acht äußeren Tempel

Die Acht äußeren Tempel (Wai Bamiao 外八庙) sind in ihrer architektonischen Eigenheit einmalig in China. Die Mandschus förderten den Lamaismus, um sich so die Unterstützung der herrschenden Eliten in Tibet und der Mongolei zu sichern. Als Referenz an die Gesandten aus den Außenprovinzen ließen sie in Sichtweite der kaiserlichen Sommerresidenz acht über das nördliche Tal verteilte buddhistische Tempel errichten, drei davon dem Lamaismus gewidmet. Vor allem der zumindest von außen dem Potala in Lhasa nachempfundene **Kleine Potala-Tempel** (Putuozongsheng Zhimiao 普陀宗圣之庙) ist ein Beispiel für den architektonischen Eklektizismus der Qing und erinnert ein wenig an ein Potemkinsches Dorf, da nur die Fassade einem tibetischen Tempel gleicht, das Innere aber unverkennbar han-chinesischen Stils ist. Auch der dem Stammsitz des Panchen Lamas in Shigatse nachempfundene **Xumi-Fu-shou-Tempel** (Xumifushou Zhimiao 须弥福寿之庙) und der **Pule-Tempel** (Pule Si 普乐寺) mit seiner dem Himmelstempel nachempfundenen zentralen Kuppel ist einen Besuch wert.

Abgesehen von den aufgeführten Sehenswürdigkeiten bietet Chengde mit seinen 200 000 Einwohnern auch die Möglichkeit, einen Blick in das chinesische Alltagsleben jenseits der Hauptstadt zu werfen. Abseits der Sehenswürdigkeiten werden Sie kaum Touristen treffen, da Chengde meist nur als Tagesausflug angesteuert wird.

Chengde

Vorwahl: +86/(0)341.

Anfahrt: Busse nach Chengde fahren alle 20 Minuten von der Überlandbusstation am Dongzhimen in Beijing (Dongzhimen Changtu Chrzhan 东直门长途车站), die Fahrzeit beträgt knapp vier Stunden.

Öffnungszeiten: Villa der Sommerfrische (Bishu Shanzhuang 避暑山庄), tgl. 7–17 Uhr (Palast), 5.30–18.30 Uhr (Park), Eintritt 90 RMB (Sommer), 50 RMB (Winter).

Xumi-Fushou-Tempel (Xumifushou Zhimiao 须弥福寿之庙), tgl. 8–17.30 Uhr (Sommer), 8.30–17 Uhr (Winter), Eintritt 30 RMB.

Pule-Tempel (Pule Si 普乐寺), tgl. 8–18 Uhr (Sommer), 8.30–17 Uhr (Winter), Eintritt 30 RMB.

Kleiner Potala-Tempel (Putuozongsheng Zhimiao 普陀宗圣之庙), tgl. 8–18 Uhr (Sommer), 8.30–17 Uhr (Winter), Eintritt 40 RMB.

Mountain Resort Hotel*** (Shanzhuang Binguan 山庄宾馆), Tel. 202-3501. Im sozialistischen Zuckerbäckerstil mit chinesischen Stilelementen gebautes Mittelklassehotel, das eine originelle Mischung aus sozialistischem Charme und westlichem Service bietet. Es befindet sich direkt gegenüber dem Haupteingang der Villa der Sommerfrische.

Rund um den Gelben Fluss

Kaum eine Region Chinas ist emotional so beladen wie die Provinzen Henan, Shanxi und Shaanxi an den Ufern des Gelben Flusses (Huanghe). Bis vor wenigen Jahren noch galt sie als die ›Wiege der chinesischen Zivilisation‹, praktisch die Heimat schlechthin der Han-Zivilisation. Obwohl sich die Theorie eines singulären Ursprungs der chinesischen Kultur dank neuester archäologischer Erkenntnisse so nicht mehr halten lässt, war der Unterlauf des Gelben Flusses unbestreitbar eine Schlüsselregion für die Entwicklung des heutigen China. Dort, wo der zweitlängste Fluss Chinas in die chinesische Tiefebene einschwenkt, liegen alle Hauptstädte des frühen chinesischen Kaiserreiches, befinden sich die ältesten Relikte der chinesischen Kultur.

Die meisten Reisenden durchqueren das Lössgebiet von Beijing aus kommend in Richtung Xi'an. Leider mit dem Nachtzug, so dass sich wenig Möglichkeiten der Betrachtung ergeben. Wer sich tagsüber auf die Reise macht, wird vom Zugfenster aus immer wieder kleine Höhlensiedlungen bemerken, die auch heute noch bewohnt werden. Was vom Zugfenster aus recht primitiv wirkt, entpuppt sich bei genauerem Hinsehen hin und wieder als recht komfortable Unterkunft. Die Wohnungen werden ein oder zwei Zimmer tief in die Lössberge getrieben, wobei natürlich nur die erste Reihe mit Fenstern ausgestattet sein kann. Dank seiner festen, aber spröden Konsistenz lässt sich der Löss relativ leicht graben, hält aber allen Belastungen solide stand. Lediglich die erodierende Kraft des Wassers vermag Lösswände in kürzester Zeit zu zerstören. Die Fassaden der Höhlenwohnungen müssen deshalb entweder glatt poliert oder mit Ziegelsteinen befestigt werden. Dass auch heute noch viele Chinesen am Gelben Fluss die Höhlen den ›normalen‹ Ziegel- oder Holzbauten vorziehen, hat nicht nur finanzielle Gründe, sondern liegt auch daran, dass die Löss-Wohnungen im Sommer angenehm kühl bleiben. Sie im Winter als warm zu be-

Höhlenwohnung im Lössgebiet

▲ Karte S. 185

Der Keim der chinesischen Zivilisation

Der Urkeim der chinesischen Zivilisation ist eigentlich ganz unscheinbar. Nur 0,02 Millimeter misst ein Korn durchschnittlich, ist gelb-braun und äußerst nährstoffreich: der Löss, verfestigter Flugstaub aus den innerasiatischen Steppen. Bis zu 300 Meter tief sind die Lössvorkommen im Bergland der Provinzen Henan, Shaanxi, Shanxi und Gansu. Für die Landwirtschaft ist dies im Grunde genommen eine feine Sache, denn Löss ist nicht nur höchst fruchtbar, sondern auch mit einfachen Werkzeugen umzugraben. Doch genau diese Tatsache bereitet den Bauern seit Jahrtausenden Kopfzerbrechen. Es regnet nicht oft im trockenen Nordchina, doch wenn es regnet, dann ausnehmend heftig. Blitzschnell waschen die Fluten dann den Löss von den Hängen und reißen tiefe Gullis in das ohnehin schon zerfurchte Bergland.

Schon vor Jahrhunderten ist die ursprüngliche Bewaldung dem menschlichen Feuerholzbedarf zum Opfer gefallen, und so tritt hier und da der blanke Fels zutage. Was der Regen von den Hängen reißt, landet letztlich im Gelben Fluss, der sich so seinen Namen verdient. Sobald er sich auf seinem Weg rund um die Ordos-Wüste wieder nach Süden wendet, beginnt sein offizieller Mittellauf, und das blaue Gewässer verwandelt sich in einen schlammig-braunen Strom. Kein Fluss der Erde trägt mehr Sedimente mit sich – gut 37 Kilo sind es zur Zeit pro Kubikmeter Wasser, und damit bis zu sechzigmal mehr als der für seine trüben Fluten bekannte Mississippi. Solange der Schlamm dank des Gefälles zügig abtransportiert wird, stellt der Löss kein Problem dar. Beim Eintritt in die nordchinesische Ebene verlangsamt sich jedoch die Fließgeschwindigkeit erheblich, so dass der mitgeführte Schlamm zu Boden sinkt. Die Folge mutet mitunter recht skurril an, denn aufgrund der Sedimentation erhöht der Gelbe Fluss sein eigenes Flussbett und liegt an einigen Stellen, so zum Beispiel nahe Kaifeng und Zhengzhou, mittlerweile in einem selbst geschaffenen Damm fast zwölf Meter über dem Umland.

Solange der Fluss ungehindert fließen kann, ist dies erstmal kein Problem. Heftige Regenfälle am Ober- oder Mittellauf jedoch sorgen hin und wieder für regelrechte Flutwellen, die die zerbrechlichen Seitenwände einreißen und damit verheerende Überschwemmungen verursachen. Ist der Fluss erst aus dem ursprünglichen Flussbett entwichen, gibt es keinen Weg zurück und er muss sich einen neuen Verlauf in der Ebene suchen. Mehr als 26 Mal ist dies in den letzten 2000 Jahren geschehen.

Die Auswirkungen einer solchen Katastrophe sind kaum vorstellbar; 1931 wurde so zwischen Juli und November eine Fläche von etwa 100 000 Quadratkilometern Land überschwemmt – also ungefähr die Fläche Ungarns! Mehr als 80 Millionen Menschen verloren Heim und Herd, weitere zwei Millionen ertranken oder starben in der folgenden Hungersnot. Nur acht Jahre später, im Juni 1938, kam es erneut zur Katastrophe, als Chiang Kai-shek die Dämme des Huanghe nahe Zhengzhou sprengen ließ, um die vorrückenden japanischen Truppen zu vernichten. Militärisch erwies sich das Manöver als Flop, denn die Japaner ließen sich dadurch nur kurz aufhalten. Auf chinesischer Seite hingegen waren über eine Million Tote zu beklagen. Erst 1947 ließ sich der Huanghe wieder in das alte Flussbett drängen.

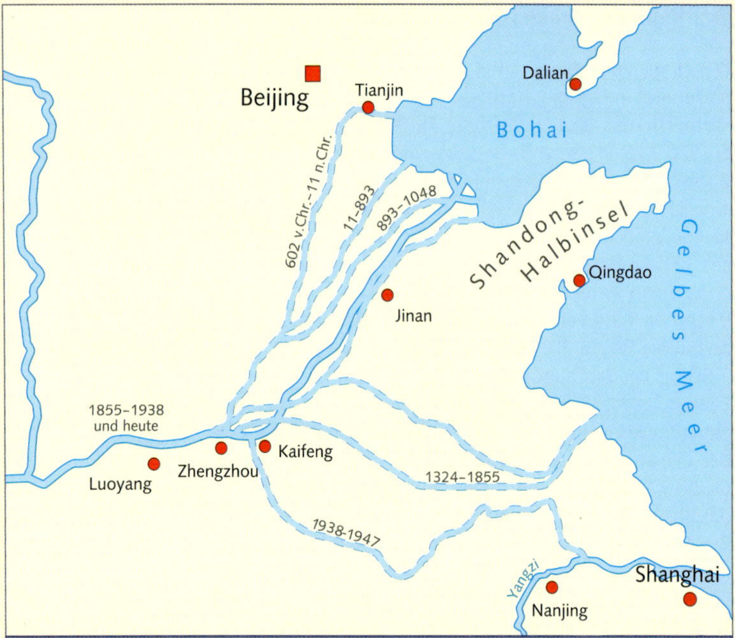

Die Laufverlagerungen des Gelben Flusses (Huanghe 黄河)

Den Fluss zu bändigen und der ständig wiederkehrenden Überschwemmungen Herr zu werden, das war daher von Anbeginn der menschlichen Besiedlung an ein überlebenswichtiges Anliegen. Nur mit einem hohen Maß an Organisation und Planung konnten die Bewohner Nordchinas der Herausforderung ständiger Überflutungen durch den Gelben Fluss begegnen und die Bedrohung schließlich, wenn auch nur temporär, meistern.

Flutkatastrophen, beziehungsweise Katastrophen generell, entwickelten sich im Laufe der Jahrhunderte daher auch zu Vorboten eines dynastischen Wechsels. Besonders für die großflächigen und akribischen Deicharbeiten war eine starke und unkorrupte Zentralmacht unerlässlich. Kümmerte sich der Kaiser nicht mehr um die Flussregulierung, war er meist auch nicht mehr in der Lage, das Reich zu kontrollieren. Gelang es jedoch, den Fluss zu beherrschen und die im Grunde genommen positive Kombination von fruchtbarer Erde und Wasser zu nutzen, verwandelte sich die Ebene in ein landwirtschaftlich höchst ertragreiches Gebiet. Schon der Kaiser Qin Shihuangdi hatte so im 3. Jahrhundert vor Christus die finanzielle Grundlage seiner größenwahnsinnigen Projekte erwirtschaftet.

Bis zum Ende der Song-Dynastie im Jahre 1271 gehörten die Städte Xi'an, Luoyang und Kaifeng zu den größten Städten der Welt. Während die europäischen adligen Zeitgenossen noch in zugigen Burgen hausten, herrschte am chinesischen Kaiserhof raffinierter Luxus und Überfluss. Dank des regen Handels auf der Seidenstraße waren nicht nur ausländische Waren im Überfluss vorhanden, auch in philosophischer wie künstlerischer Hinsicht machte sich der Austausch mit fremden Kulturen bemerkbar. Egal ob auf dem Gebiet der Astronomie, Technik, Rüstung oder des Tiefbaus, bis zur Mitte des 13. Jahrhunderts war die Region um den Gelben Fluss in vielen wissenschaftlichen Disziplinen weltweit führend. Erst mit der Invasion der mongolischen Reiterhorden wurde die intellektuelle Vorherrschaft gebrochen (fast ein Drittel der chinesischen Gelehrten, also mehr als 40 Millionen, kamen während der chinesisch-mongolischen Kämpfe ums Leben) und die Region schlagartig zum Hinterland: Unter den mongolischen Yuan wurde die Hauptstadt erstmals nach Beijing verlegt, wo sie von wenigen Ausnahmen abgesehen bis heute bleiben sollte. Wirtschaftlich rückte die Region am Gelben Fluss somit immer mehr an den Rand des Geschehens, während die Küste an Bedeutung gewann. Trotzdem wohnen auch heute noch 400 Millionen Menschen (meist Bauern), also gut ein Drittel aller Chinesen, im Einflussgebiet des Gelben Flusses.

Nach 1949 gab es übrigens keine größeren Überschwemmungen aufgrund von Deichbrüchen mehr. Auch die kommunistischen Machthaber in Beijing hatten erkannt, dass die Regulierung des Huanghe eine zentrale Stellung im politischen Machterhalt einnahm. Mao Zedong war daher zeitlebens bemüht, sich als Herrscher der Flüsse darzustellen. So gibt es diverse Fotografien, die ihn vor dem Hintergrund des Gelben Flusses zeigen, außerdem begegnete er Machtkrisen gerne mit für westliche Augen unkonventionellen Methoden. So legte er 1966, als sich in der Führungsspitze der Partei Widerstand gegen seine Politik regte, schwimmend einige Kilometer im Yangzi zurück – selbstverständlich unter größter Medien-Beachtung. Die Botschaft war klar: Mao war nicht nur körperlich fit, sondern auch immer noch in der Lage, die Flüsse Chinas zu bändigen.

Das Problem der Überflutungen mag sich in den nächsten Jahrzehnten von selbst erledigen – wenn auch unter Schaffung neuer, ökologischer Probleme, denn dem Fluss wird soviel Trink- und Industriewasser entnommen, dass er in manchen Sommermonaten praktisch zum Erliegen kommt und noch vor dem Erreichen des Meeres versickert. Dazu kommt eine leichte Klimaerwärmung, die mit erhöhter Verdunstung zum Versiegen des Flusses beiträgt. Gigantische Nord-Süd-Wasserleitungen sollen daher unter dem Namen ›South North Water Transfer Project (SNWTP)‹ bis 2050 rund 44,8 Milliarden Kubikmeter aus dem Yangzi-Gebiet in den Norden leiten. Zum einen wird nun daran gebaut, im Osten Chinas eine Strecke entlang des Kaiserkanals auszuheben. In Mittelchina soll eine weitere gemischte Strecke aus Äquadukten und Kanälen entstehen, die am Reservoir des Danjiangkou-Damms den Han-Fluss in der Provinz Hubei in Richtung Beijing anzapft. Im Hochgebirge des Qinghai-Tibet-Plateaus schließlich ist die ›Nord-Variante‹ geplant, die Wasser der Yangzi-Quelle in das Quellgebiet des Gelben Flusses umleitet. Über einen Kontrollcenter in der Provinz Henan sollen die Wasserbewegungen kontroliiert werden. Ganz ohne Probleme scheint das Projekt nicht zu laufen: Die Arbeiten an der mittleren Route wurden Ende 2009 ohne Begründung erst einmal ausgesetzt. Über die Auswirkungen auf das Ökosystem weiß man bisher nur wenig. In Anbetracht der großen Wasserprobleme Nordchinas steht jedoch zu befürchten, dass ökologische Überlegungen in der Planung eher zweitrangig waren.

Der Gelbe Fluss – Lebensader und Bedrohung für eine ganze Region

zeichnen, wäre wohl übertrieben, aber immerhin fällt die Temperatur dort nicht unter den Gefrierpunkt. In einer Region, in der Feuerholz rar und teuer ist, ist dies ein wichtiges Argument. Mehr als 80 Millionen Chinesen leben zurzeit in Lösshöhlen.

Xi'an

»Willkommen im Tal des Todes«, begrüßen chinesische Reiseleiter zuweilen mit einem schelmischen Grinsen ihre Gruppen, wenn sie in Xi'an 西安 ankommen. ›Tal der Kaiser‹ wäre die treffendere Begrüßung. Während fünf Dynastien – denen der Zhou, der Qin, der Han, der Sui und der Tang – war Xi'an Hauptstadt des chinesischen Reiches. 27 Kaiser und Kaiserinnen sowie ihr Hofstaat liegen hier begraben, wie die unzähligen Grabhügel vor allem im Norden der Stadt bezeugen. Auf der Fahrt vom Flughafen, der etwa 40 Kilometer nordöstlich des Stadtzentrums liegt, in die Innenstadt sieht man die Grabhügel mehrerer Kaiser und Kaiserinnen der Tang und Han-Dynastie. Seit 2001 kann man in einem Museum auf halbem Weg in die Stadt die kleine Terrakotta-Armee des Han-Kaisers Liu Qi besichtigen, ein Zwischenstopp, der sich unbedingt empfiehlt.

▲ Karte S. 185

Ungeachtet seiner glorreichen Vergangenheit wäre Xi'an heute trotz seiner sieben Millionen Einwohner ein verschlafenes Städtchen, hätten nicht im Jahre 1974 drei Bauern während einer Brunnenbohrung die Überreste der Terrakotta-Armee des Qin Shihuangdi entdeckt. Heute besuchen zehn Millionen Touristen jährlich die Hauptstadt der Provinz Shaanxi, eine Million davon aus dem Ausland.

■ Geschichte

1120 Jahre lang war Xi'an chinesische Hauptstadt, länger als jede andere chinesische Stadt. Chang'an, wie die Stadt damals hieß, konnte sich in seiner Blütezeit im 8. Jahrhundert rühmen, mit zwei Millionen Einwohnern die größte Stadt der Welt zu sein. ›Ewiger Friede‹ heißt Chang'an übersetzt, ein frommer

Wunsch angesichts der geographischen Lage der Stadt. Chang'an war nicht nur Nabel der chinesischen Welt, sondern lange Zeit auch westlicher Außenposten des Reiches. Wenige hundert Kilometer westlich von Xi'an begann das Barbarenland. Jiayuguan, das Fort am westlichen Ende der Großen Mauer, und damals für viele Chinesen das Ende der Zivilisation, liegt gerade einmal 1000 Kilometer von Xi'an entfernt.

Die Position, Hauptstadt eines vereinten chinesischen Reiches zu sein, musste sich die Stadt erst einmal erkämpfen. Über 300 Jahre lang kämpften die Armeen der Qin gegen ihre streitbaren Nachbarn, ehe es einem ehrgeizigen jungen Fürsten, der sich nach Reichseinigung Qin Shihuangdi, ›erster Kaiser der Qin‹, nennen sollte, im Jahre 221 vor Christus gelang, die mit den Qin rivalisierenden Staaten zu besiegen und zu unterjochen. Chang'an regierte von diesem Zeitpunkt an die Welt, zumindest in der chinesischen Vorstellung. Doch erst als Hauptstadt der Tang-Dynastie erlangte Xi'an den Ruf, die erstaunlichste Stadt des Universums zu sein. Von hier brachen die mit Seide und Tee beladenen Karawanen entlang der Seidenstraße in Richtung Westen auf. In umgekehrter Richtung kamen der Islam und das Christentum nach China. Chang'an wurde zum Symbol einer kosmopoliten Stadt, und die Tang-Kaiser gefielen sich zumeist in der Rolle der ausländischem Einfluss offenen Monarchen. Der Stadt tat dies gut. Auch wenn der Tang-Hofstaat zwischenzeitlich nach Luoyang umzog, blieb Chang'an dennoch wichtiger Warenumschlagsplatz und Weltmetropole.

Als die Seidenstraße Ende des 1. Jahrtausends zunehmend an Bedeutung verlor und sich das chinesische Machtzentrum unter dem Druck der Nomaden aus dem Norden und der merkantilen Eliten des Südens erst nach Kaifeng und

Xi'an 西安 und Umgebung

Radler auf der Stadtmauer von Xi'an

dann Richtung Küste verlagerte, verfiel Xi'an in einen Dornröschenschlaf, aus dem es erst mit dem Fund der Terrakotta-Armee erwachte. Das Bild des nach innen gewandten Lösslandes prägt seitdem das Image der einst so weltoffenen Stadt.

Bis heute währt die Kontroverse zwischen der ›gelben‹, konservativen ›Löss‹-Kultur und der ›blauen‹, maritimen und offenen Handelskultur der Küstenprovinzen. Als sich Ende der 1980er Jahre das staatliche Fernsehen mit der Serie ›Abgesang an den Gelben Fluss‹ (Heshang) dieser Thematik annahm, starrte eine Nation gebannt auf den Bildschirm, bis die chinesische Regierung Sektierertum witterte und die staatlichen Medien scharf für die Ausstrahlung der Serie kritisierte. Immer noch lebt die einst von Qin Shihuangdi geprägte Idee von einem vereinigten China fort. Xi'an, der ›westliche Friede‹, wie die Stadt seit 1370 heißt, ist bis heute Symbol der chinesischen Idee.

▲ Karte S. 187

Stadtmauer

Xi'an, wie es der Besucher heutzutage sieht, ist das Xi'an der Ming-Dynastie. Vor allem die gut erhaltene, knapp 14 Kilometer lange Stadtmauer 城墙 aus dem 14. Jahrhundert dominiert das Stadtbild der Innenstadt. Die zwölf Meter hohe und bis zu 18 Meter breite Mauer erklimmt man am besten auf Höhe des Südtores Nanmen 南门. Theoretisch könnte man Xi'an auf der Mauer umrunden. Einige kleine Stände bieten sogar die Möglichkeit an, ein Rad für eine kleine Mauertour zu leihen. Oft sind kleinere Abschnitte jedoch zur Restaurierung gesperrt, so dass man nach einigen Kilometern wieder umkehren muss. Ein Heidenspaß ist die Mauerfahrt auf zwei Rädern aber auf jeden Fall, vor allem auf dem Tandem! Der etwa ein Kilometer lange Mauerspaziergang vom Südtor in Richtung Osten zum Stelenmuseum reicht aber auf jeden Fall aus, um einen guten Eindruck von der Stadtmauer zu bekommen.

Stelenwald

Wenn man linker Hand unterhalb der Mauer kleine Stände mit Kalligraphien und Malutensilien sieht, ist es Zeit, der nächsten Treppe nach unten zu folgen, die direkt bis zum schräg gegenüber gelegenen Eingang des Stelenwaldes 石林 führt.

Gut erhalten: die Stadtmauer von Xi'an

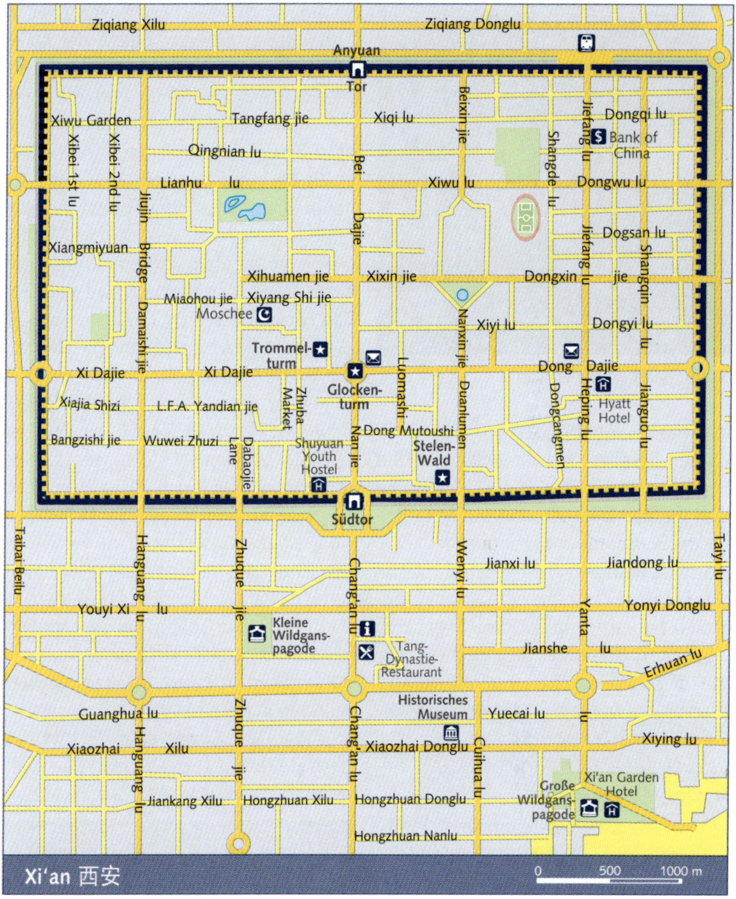

Einst ein konfuzianischer Tempel, wurde die großzügige Anlage im 11. Jahrhundert in eine Bibliothek umgewandelt. Die vier Pavillons im Gartenbereich erinnern an die Studenten, die einst aus dem ganzen Land nach Xi'an kamen, um die chinesischen Klassiker zu studieren. Bei den Steinfiguren im Vorgarten handelt es sich übrigens nicht um eine Seelenstraße wie in Beijing, sondern um simple Säulen zum Anbinden der Pferde. In der Bibliothek wurden allerdings keine Bücher gesammelt, sondern insgesamt 2300 Steinstelen. In einem Land, in der jede Dynastie dazu tendierte, die Geschichte in ihrem Sinne umzuschreiben, stellten die Stelen eine unschätzbare und vor allen Dingen eine unfälschbare Quelle dar. Gleichzeitig dienten die Stelen auch als ein archivarisches Medium. Vor allem die Stelen in der zweiten und der dritten Halle beherbergen Zeugnisse der Vielfalt chinesischer Kultur, allen voran die Nestorianer-Stele in der

Kopist im Stelenmuseum

zweiten, erkennbar an dem Kreuz im oberen Bereich, und die kalligrafischen Stelen in der dritten Halle. Man sollte sich die Zeit nehmen und die Mitarbeiter des Museums dabei beobachten, wie sie in Anlehnung an die jahrhundertealte Steinabreibetechnik Kopien der Stelen ziehen, Tinte und das Kissen zum Auftragen derselben im Anschlag. Die auf diese Weise entstandenen Reispapierkopien werden in der dritten Halle zum Verkauf angeboten.

Das Moslemviertel

Unweit des gewaltigen, 36 Meter hohen Glockenturms, der inmitten eines dreispurigen Kreisverkehrs thront und das Stadtzentrum beherrscht, liegen die Reste der Xi'aner Altstadt, das Moslemviertel. Durch die große Durchfahrt des **Trommelturmes** (Gulou 鼓楼), etwa 300 Meter westlich des **Glockenturmes** (Zhonglou 钟楼), erreicht man den **Beiyuan Men** 北院门.

Zur Straße offene Restaurants, Garküchen, Souvenirstände und Kunstgalerien säumen auf einem knappen Kilometer die Straße. Nicht alles, was hier verkauft wird, ist echt, und ohne fachkundige Begleitung sollte man keine größere Summe in chinesischer Malerei oder in Antiquitäten anlegen. Einige der Galerien, allen voran die staatliche Kunstschule, etwa 500 Meter von Trommelturm entfernt auf der linken Seite, geben dem Besucher jedoch die Möglichkeit, einen Blick auf die weit verzweigte Innenhofarchitektur der Altstadt zu werfen.

Gleich hinter dem Trommelturm geht linker Hand eine kleine Gasse zur **Großen Moschee** ab (Da Qingzhensi 大清真寺). Flankiert von Souvenirständen, die aus nicht viel mehr als zwei Holzböcken und einer Tischplatte bestehen, dafür aber bis zum Biegen mit Postkarten, nachgemachten Antikgegenständen und Mao-Bibeln (auch in Deutsch, allerdings selten älter als ein Jahr) beladen sind, ist die Gasse nicht zu verfehlen. Zwischen die Hauswände gespannte farbige Planen tauchen sie in ein gedämpftes Licht. Sollten Sie die Möglichkeit nutzen wollen, ein kleines Souvenir zu erstehen, ist wie auf allen Straßenmärkten in China Handeln angesagt.

Nachdem die Gasse eine Rechtskurve beschrieben hat, erreicht man nach weiteren 500 Metern ›Hallo-Markt‹ eine

Eingang zur Moschee

▲ Karte S. 187

kleine Straßenkreuzung. Sie fragen sich, was ein ›Hallo-Markt‹ ist? Gehen Sie über einen solchen Markt, und Sie werden es schon auf den ersten Metern erfahren. Geht man geradeaus, gelangt man nach kurzer Zeit wieder auf die Beiyuan Men. Schaut man nach links, steht man vor der Großen Moschee.

Angesichts der Tatsache, dass Chang'an östliche Endstation der Seidenstraße war und viele der aus dem Westen kommenden Händler, die hier sesshaft wurden, Moslems waren, verwundert es kaum, dass bereits Mitte des 8. Jahrhunderts eine Moschee gebaut wurde, die seinerzeit das größte moslemische Gotteshaus außerhalb des islamischen Kerngebietes war. Die heute sichtbaren Gebäude stammen aus dem 18. Jahrhundert und sind eine interessante Mischung aus der architektonischen Schlichtheit moslemischer Sakralbauten und chinesischen Stilelementen. Das zentrale Minarett gleicht deshalb eher einem chinesischen Pavillon. Obwohl die Große Moschee jahrelang von Touristen eher stiefmütterlich behandelt wurde, wurde sie in den letzten Jahren restauriert und erfreut sich inzwischen großer Beliebtheit

Das Minarett der Moschee

vor allem bei westlichen Touristengruppen. Zu Recht, ist sie doch eine ruhige Oase in der ansonsten eher lebhaften, wenn nicht hektischen Atmosphäre der Stadt. Eine kleine englische Broschüre mit der Geschichte der Moschee kann man am Eingang für zehn Yuan erstehen.

Vor allem am Abend empfiehlt sich ein Abstecher in die Altstadt. Der Beiyuan Men hat dann die Atmosphäre eines orientalischen Bazars: Lamm-Kebab-Spießchen, Fladenbrot, Maultaschen und vielerlei Sorten Nudeln werden feilgeboten. Das angebotene Essen ist einfach, aber ausgezeichnet. Einzig beim Sitzkomfort und bei der Getränkeauswahl muss man zuweilen Abstriche machen. Viele der Garküchen haben nur niedrige Tische und Hocker und schenken aus religiösen Gründen keinen Alkohol aus. Das Mitbringen von Bier oder Schnaps wird zwar meist geduldet, jedoch nicht immer gerne gesehen.

Das Historische Museum

Für jeden, der mehr als einen flüchtigen Blick auf die Geschichte Xi'ans und seiner Umgebung werfen will, ist der Besuch des 1992 eröffneten Historischen Museums (Shaanxi Lishibowuguan 陕西历史博物馆) ein Muss. Die chronologisch angelegte, museumstechnisch gut aufgearbeitete Ausstellung enthält knapp 3000 Objekte vom Neolithikum (Erdgeschoss) über die Han-, Wei- und Zhou-Dynastie (erster Stock) bis hin zur Sui-, Tang-, Ming- und Qing-Dynastie (zweiter Stock). Aus dem reichen Fundus des Museums, der mehr als 370 000 Exponate beinhaltet, werden vor allem Bronze-Artefakte, Porzellan, Terrakottafiguren und buddhistische Skulpturen ausgestellt. Die gut gestaltete Homepage des Museums (www.

sxhm.com) gibt einen ausgezeichneten Überblick sowohl über die ständigen als auch über gelegentliche Sonderausstellungen. Das Museum, unverwechselbar in seiner an die traditionelle chinesische Architektur angelehnten Bauweise, befindet sich etwa einen Kilometer nordwestlich der Großen Wildganspagode an der Xiaozhai Donglu Nr. 91.

Fahrradrikschas auf der Stadtmauer

Große und Kleine Wildganspagode

Viele Geschichten ranken sich um die Namensgebung der Großen Wildganspagode (Da Yanta 大雁塔). Eine Version erzählt von hungerleidenden Mönchen, denen Buddha ein herzhaftes Mahl in Form einer Wildgans schickte. Eine andere sieht die vor die Füße der hungrigen Mönche gefallene Gans als Prüfung und weist die damaligen Mönche, trotz ihres Hungers, als standhafte Vegetarier aus. Die Annalen jedenfalls weisen auf das Jahr 672 hin, als die Tempelanlage gegründet und später um eine Pagode ergänzt wurde, die die aus Indien mitgebrachten Schriften des legendären Mönchs Xuanzhang beherbergen sollte. Die ursprüngliche, aus Lehm gebaute Pagode fiel bald ein und wurde im 8. Jahrhundert durch die Pagode ersetzt, deren Form Vorbild für spätere Renovierungen wurde. Wer den engen Treppen im Inneren der Pagode folgt, hat einen ausgezeichneten Blick auf Xi'an. Die Tempelanlage, die die Pagode umgibt, ist neueren Datums. In dem Durchgangsgebäude vor der Pagode befindet sich ein Portrait des Xuanzhang, der im 7. Jahrhundert auf seiner berühmten ›Reise in den Westen‹ in China zuvor unbekannte Sutren nach Xi'an brachte.

Auch wenn von der Tempelanlage der Kleinen Wildganspagode (Xiao Yanta 小雁塔) nichts mehr zu sehen ist, sind die Pagode und der dazugehörige Park einen Besuch wert. Vor allen an traditionell günstigen Tagen wie dem 9. 9. (die Zahl neun steht für die Ewigkeit) finden sich hier unzählige Hochzeitspaare zum Fototermin ein. Die Nebengebäude auf der rechten Seite beherbergen eine kleine Ausstellung bäuerlicher Kultur und ein kleines Teehaus.

Xi'an

Vorwahl: +86/29.
Post: Hauptpostamt in der Bei Dajie 北大街 1, sowie gegenüber dem ›Hyatt Hotel‹, Dong Dajie 东大街 161.
Bank: Bank of China, Jiefang Lu 解放路 157.
Reisebüro: CITS Xi'an hat ihr Hauptbüro auf der Bei Duan Chang'an Lu 北段长安路 32, Tel. 5262066. Das Shuyuan Youth Hotel und die anderen Jugendherbergen bieten günstige Ausflüge zu den wichtigsten Sehenswürdigkeiten an und sind auch bei anderen Buchungen behilflich.

Xi'an ist per Direktflug von Osaka,

▸ Karte S. 187

Tokio, Hongkong, Shanghai, Chengdu, Beijing und annähernd jeder chinesischen Großstadt zu erreichen.

Xi'an hat Direktverbindungen mit Beijing (12 h), Shanghai (20 h), Chengdu (16 h) und Urumqi (32 h). Vor allem die Fahrt Richtung Westen entlang der Seidenstraße nach Dunhuang, Turfan und Urumqi ist ein Muss für Eisenbahnfans, die etwas Zeit mitbringen. Die Fahrt durch den Gansu-Korridor und die Taklamakan-Wüste führt über eine der faszinierendsten Eisenbahnstrecken der Welt.

Für Langstreckenverbindungen ist auf jeden Fall der Zug vorzuziehen, da die Straßen in Shaanxi nicht zu den besten in China gehören. Interessant ist die Busverbindung nach Yan'an, dem historischen Rückzugsgebiet der kommunistischen Truppen Mao Zedongs während des Bürgerkrieges. Die zentrale Busstation befindet sich gegenüber dem Hauptbahnhof.

Shuyuan Youth Hostel (Shuyuan Qingnian Lüshe 书院青年旅社), Shucheng Xixiang 顺城西巷2, Tel. 87287721, shuyuanhostel@yahoo.com.cn. Jugendherberge im Stil einer alten Residenz direkt an der südlichen Stadtmauer. Einfach, aber stilvoll. Nur die Sanitäranlagen lassen zu wünschen übrig.

Xi'an Garden Hotel (Tanghua Fandian 唐华饭店), 4 Sterne, Yanyin Lu 燕引路 40, Tel. 5261111, Fax 5261998. Unweit der Großen Wildganspagode gelegen, ist dieses einer chinesischen Gartenanlage nachempfundene Hotel eine Alternative für Gäste, die einen Sinn für architektonische Feinheiten haben.

Hyatt Hotel Xi'an (Xi'an Kaiyue Jiudian 西安凯悦酒店 (阿房宫), 5 Sterne, Dong Dajie 东大街 158, Tel. 87691234, Fax 87696799, www.xian.regency.hyatt.com. Der amerikanische Präsident Clinton übernachtete hier, und der ist bekanntermaßen kein Kostverächter. Eines der wenigen Hotels in China, die dem Fünf-Sterne-Standard auch nach internationalen Maßstäben gerecht werden. Die Lage unweit des Glockenturms macht dieses Hotel zur idealen Wahl für alle, die westlichen Luxus und Service auf ebensolchem Preisniveau bevorzugen.

Xi'an ist eher bekannt für seine bäuerliche als seine exklusive Küche. Vor allen Nudeln und Teigtaschen bestimmen den Speisezettel, allerdings, wie die berühmten Jiaozi 饺子 Xi'ans, in unzähligen Variationen. Der Besuch auf einem der vielen **Nachtmärkte** der Stadt bietet die Möglichkeit, die ganze Vielfalt der lokalen Küche zu genießen. Der Nachtmarkt auf der Beiyuan Men 北院门 sowie in der Parallelstraße Damaishi Jie 大卖市街 im Moslemviertel bietet außerdem exzellente moslemische Küche wie Kebab-Spießchen und Lamian 拉面, frisch zubereitete Nudeln aus Weizenteig, die als Suppe oder gebraten verzehrt werden.

Ein original **Jiaozi-Bankett** mit einer Abfolge von mehr als zwanzig verschiedenen salzig und süß gefüllten Teigtaschen kann man vielerorts genießen, unter anderem im **Xi'an Jiaozi Feast Restaurant** in der Jiefang Lu 解放路 Nr. 229 und im **De Fa Chang**, Xi

Dajie Nr. 3, in dem großen traditionellen Gebäude auf dem großen Platz zwischen Glocken- und Trommelturm.

Wenn man ein den **Kaiserbuffets** nachempfundenes Abendessen mit Musik und Tänzen der Tang-Dynastie erleben will, so ist der **Vergnügungspalast der Tang** (Tang Le Gong 唐乐宫) in der Chang'an Beilu 长安北路 Nr. 75 ein guter Tip. Für das fünfgängige Menu mit Reiswein und die knapp einstündige Vorstellung muss man 380 Yuan einplanen. Reservierung empfohlen: Tel. 526 16 33, www.xiantangdynasty.com.

Die **Dong Dajie** 东大街 östlich des Glockenturmes ist die Haupteinkaufsstraße Xi'ans. Hier befinden sich mehrere große Kaufhäuser, Supermärkte, Fotogeschäfte, der Fremdsprachenbuchladen und die Post. Auf halbem Weg zwischen dem Glockenturm und dem Hyatt Hotel liegt nördlich der Straße ein interessanter Gemüse- und Heilkräutermarkt.

Wer gerne handelt, ist im Moslemviertel um den **Beiyuan Men** und die Moschee gut aufgehoben. Mit ein wenig Geduld kann man hier günstig Souvenirs, Kunsthandwerk und auch die eine oder andere Antiquität finden.

Die kleinen Geschäfte um die **Kleine Wildganspagode** sind ebenfalls eine gute Adresse, um kunsthandwerkliche Gegenstände zu erstehen.

Die Terrakotta-Armee

Das Grab des Qin Shihuangdi liegt etwa 25 Kilometer östlich von Xi'an im Kreis Lintong. Die Terrakotta-Armee befindet sich noch einmal zwei Kilometer östlich davon. Dazwischen liegen einige Brennereien, die die Souvenirläden mit Terrakottakopien versorgen und ein chinesischer Vergnügungspark mit den ›anderen sieben Weltwundern‹. Wundern Sie sich also nicht, wenn Sie eine Pyramide und eine Sphinx aus dem Busfenster sehen.

Das Kaisergrab selbst ist nicht unbedingt einen Besuch wert, da es aus nicht viel mehr als dem Grabhügel und einer ihn umgebenden Mauer besteht. Eine Öffnung des Grabes wird von chinesischer Seite immer noch nach augenblicklichem technischem Stand für unmöglich gehalten. Nach den Annalen des Sima Qian soll die Grabkammer einen See aus Quecksilber beherbergen, auf dem der Sarg des Kaisers in einem Schiff schwimmt. Das Gewölbe besteht danach aus einem künstlichen Himmel, auf dem Edelsteine die Sterne symbolisieren.

▶ Karte S. 185

Für die Terrakotta-Armee sollte man auf jeden Fall einen halben Tag einplanen. Das Ausgrabungsgelände mit seinen drei Haupthallen erreicht man über einen ausgedehnten Park, dort wo noch vor einigen Jahren ein riesiger ›Hallo-Markt‹ war. Dieser beschränkt sich nun auf den Eingangsbereich beim Parkplatz, sehr zum Leidwesen der lokalen fliegender Händler, die ihre Billigkopien von Terrakottakriegern nun nur noch selten an die Langnase bringen.

Besichtigung

Eine ideale Einstimmung für den Besuch ist das **Kuppelkino** linker Hand des eigentlichen Eingangs mit den Kassenhäuschen. Auf der 360-Grad-Leinwand wird Bau und Geschichte der Terrakotta-Armee bildlich dargestellt. Auch wenn vor allem die Darstellung der Schlachten etwas sehr plastisch ausgefallen ist – die

Qin Shihuangdi – der geliebte Despot

Mao Zedong war ein großer Fan Qin Shihuangdis, dem ›ersten Kaiser der Qin-Dynastie‹, und merkte an, auch er hätte gerne eintausend konfuzianische Gelehrte verbrannt. Die Geschichtsschreibung sieht ihn mal als Despoten, mal als Visionär, auch das Wort ›Größenwahn‹ wird nicht selten gebraucht. Tatsache ist, dass er es als erster nach Jahrhunderten der Uneinigkeit und des Krieges schaffte, die versprengten chinesischen Fürstentümer zu vereinen und die chinesische Idee für die nächsten zwei Jahrtausende zu prägen. Was davon spätere Hinzudichtung und was Realität ist, lässt sich nur schwer definieren. Sein Vermächtnis jedoch, die Terrakotta-Armee und das immer noch ungeöffnete Grab, lassen jedoch wenig Zweifel daran, dass Qin Shihuangdi zumindest eines war: unangefochtener Herrscher seiner Zeit. Bis heute blieb er Mythos und Vorbild nachfolgender Herrscher.

Was auch immer real an der Figur Qin Shihuangdi sein sollte, sie ist und war Symbol der chinesischen Einheit, der Größe des chinesischen Staates und der nationalen Idee. Seine Feinde fürchteten ihn, Mao verehrte ihn, und der chinesische Starregisseur Zhang Yimou verewigte ihn in seinem Heldenepos ›Hero‹ als eine Art chinesischen Machiavelli, als Schöngeist, der die Muse den Zwängen der Macht opferte. Der erste Kaiser der Qin-Dynastie vereinheitlichte die Maße und Gewichte des Reiches, standardisierte die chinesischen Zeichen und die Spurbreite der Wagen. Als erster chinesischer Kaiser reklamierte er weite Gebiete südlich des Yangzi für sich und definierte damit die ideellen Grenzen des heutigen Chinas. In Zeiten der Zwietracht und der Zersplitterung – und davon gab es in den 2200 Jahren nach Qin Shihuangdi mehr als genug – erinnerte man sich seiner Vision des geeinten Chinas. Sicher war er ein Despot, und sein Größenwahn richtete die Qin-Dynastie schon 14 Jahre nach ihrer Gründung, zwei Jahre nach seinem Tod, zugrunde.

Die Terrakotta-Armee sollte seine Unsterblichkeit sichern. Der Plan ging auf – auch wenn Qin Shihuangdi sicher keine Touristen im Sinne hatte, die seinen Ruf in die Welt tragen. Sollten Archäologen in einigen Jahren sein Grab öffnen und das Skelett eines eher mickrig gewachsenen Herrschers finden, seinem Mythos würde dies keinen Abbruch tun.

Sie sollten den Kaiser im Jenseits schützen

Ästhetik des Hongkong-Kinos stand Pate – gibt der 20-minütige Film eine recht gute Vorstellung über Bautechnik und Dimension des Mammutprojektes. Der Eintritt ist frei, die Vorstellungen finden alle 20 Minuten statt, abwechselnd in Chinesisch und Englisch.

In der **Vorhalle der ersten Ausgrabung** kann man sich noch einmal anhand eines Landschaftsmodells orientieren, das die Lage der verschiedenen Ausgrabungen zeigt. Hier wird deutlich, dass die tönerne Armee lediglich die östliche Flanke des Kaisergrabes beschützte. Ursprünglich hatten Archäologen vermutet, auch in den anderen Himmelsrichtungen weitere Armeen zu finden. Tatsächlich scheint die östliche Armee jedoch die einzige zu sein, sei es, dass das Projekt aus Zeit- oder Geldmangel nicht fertiggestellt wurde, sei es, dass der Kaiser seinen Hauptfeind im Osten vermutete.

Durch eine Flügeltür betritt man die **Haupthalle**. Das Dach der 1977 gebauten Halle, eine 500 Meter lange und 400 Meter breite Stahlkonstruktion, war damals in China eine Sensation und unterstreicht den Stellenwert, den selbst das damalige China dem Fund beimaß. 4000 der insgesamt 7000 Figuren hat man hier gefunden. Neben den restaurierten ersten Reihen, die einen ausgezeichneten Einblick in den Aufbau und die Aufstellung der Armee geben, setzen im hinteren Teil der Halle die Archäologen ihre Arbeit fort. Im Hintergrund kann man beobachten, wie die kürzlich ausgegrabenen Figuren zusammengesetzt werden. Kurz hinter dem Eingang, an der linken Flanke, ist die Stelle markiert, an der die ersten Figuren gefunden wurden.

Hat man in der ersten Halle einen guten Gesamteindruck bekommen, kann man sich in der **zweiten Halle** ein genaueres

Terrakotta-Soldaten mit wiederhergestellter Bemalung

Karte S. 185

Bild von den Details und dem Stand der Ausgrabung machen. In großen Teilen der Halle sind die Tranchen noch ungeöffnet, zuweilen wurde das Dach bereits entfernt und man sieht die zertrümmerten Tonscherben, die vorsichtig zu Figuren zusammengesetzt werden. An den ungeöffneten Stellen kann man die hölzerne, zumeist versteinerte Dachkonstruktion bewundern, sogar die Abdrücke der Reismatten, die als Abdeckung dienten, sind zu sehen. Selbst einige Farbreste - die Figuren waren bei Fertigstellung bunt bemalt - sind auf den neu ausgegrabenen Figuren erhalten und können über einen Videomonitor begutachtet werden.

Auf der rechten Seite des Rundgangs sind einige repräsentative Figuren in Glaskästen ausgestellt. Die größte, die des Generals, misst 1,94 Meter und ist die größte bisher gefundene Figur. Die Durchschnittsgröße der Figuren liegt bei rund 1,80 Metern, der Rang der Soldaten wird durch die Kopfbedeckung bestimmt. Sehen Sie einen Soldaten mit Haarknoten, so haben sie einfaches Fußvolk vor sich. Mützen in verschiedenen Variationen bestimmen die Offiziersränge. Nur die Körper, Hände und Füße sind Massenanfertigung, die Gesichter wurden individuell gestaltet. Angeblich wurden die Gesichter aller Figuren nach ihren realen Vorbildern, der Leibgarde des Kaisers geformt.

Hinter der zweiten Halle befindet sich der Kommandostand der Terrakotta-Armee. Die in der **dritten Halle** ausgestellte Ausgrabung ist die kleinste und enthielt nur 68 Figuren, zum Teil stark zerstört. Als aufgebrachte Bauern die Terrakotta-Armee kurz nach ihrer Fertigstellung stürmten, zog anscheinend der Kommandostand die größte Wut auf sich. Heute sind wieder einige Figuren

Im Museum der Ausgrabungsstätte

aufgestellt, um die ursprüngliche Struktur anzudeuten.

Idealer Abschluss der Besichtigung ist der Besuch des 1999 neu errichteten **Museums**. In den Ausstellungsräumen im Untergeschoss sind die zwei Bronzewagen ausgestellt, die 1977 in der Nähe des Grabes Qin Shihuangdis gefunden wurden. Nach einer Theorie handelt es sich hierbei um die Inspektionswagen des Kaisers, nach einer anderen um den Totenwagen Qin Shihuangdis. Für die erste Version sprechen die winzigen Löcher, die die Fensterverkleidungen des zweiten Wagens haben: Wer auch immer dahinter saß, konnte sehen, ohne gesehen zu werden. Die Bronzearbeiten, vor allem das Zaumzeug und die Mähne der Pferde, sind Zeugnisse einer hoch entwickelten Bronzegußtechnik.

Man sollte sich nicht über die enormen Ausmaße des Museumsgebäudes wundern. Das Museum ist auf Zuwachs gebaut, es lohnt sich, nach temporären Ausstellungen zu fragen.

Huaqing-Thermalquellen

Sollten Sie von den Eindrücken der Terrakotta-Armee überwältigt sein, können Sie sich auf dem Rückweg bei einem heißen Bad in den Huaqing-Thermalquellen am Stadtrand von Lintong erholen. Passen Sie jedoch auf, dass es Ihnen nicht so ergeht wie einst Chiang Kai-shek. Der chinesische Generalissimo erholte sich 1937 in den Quellen, als ein abtrünnig gewordener Warlord ihn gefangennahm, um ihn zu zwingen, sich mit den Kommunisten gegen die Japaner zu verbünden. Über einen Tag soll er standhaft geblieben sein, berichten taiwanesische Quellen, bis er einer Zusammenarbeit mit Mao Zedong zustimmte. Alles Lüge, behauptet die volkschinesische Legende, bei der Festnahme sei ihm das Gebiss abhanden gekommen, und er wollte sich keine Blöße geben. Erst als ihm der Sekretär ›seine Dritten‹ brachte, fühlte er sich den Verhandlungen gewachsen.

In der Umgebung der Thermalquellen kann man auch gut zu Mittag essen. Alternativ bieten sich die vielen kleinen Nudelstände vor dem Eingang der Terrakotta-Armee an, die ausgezeichnete Nudelsuppen aus handgezogenen Nudeln (Lamian 拉面) anbieten, die vor Ort kunstvoll hergestellt werden.

Pingyao

▲ Karte S. 185

Geschwungene Dächer, bunt verzierte Dachstreben und kein einziges modernes Gebäude, das die Harmonie stören könnte: Zwischen Lössstaub und Kohleruß, dort wo man gemeinhin nichts Schönes erwartet, liegt Pingyao 平遥. Die knapp 100 Kilometer von Taiyuan, der Hauptstadt der chinesischen Provinz Shanxi, entfernte Kleinstadt zählte vom 14. Jahrhundert an zu den wichtigsten Städten im Reich der Mitte und gilt als

Die Dächer von Pingyao

Wiege des chinesischen Bankensystems. Unter der Ägide der Kaufmannsfamilie Jin, deren Name noch heute als Kurzbezeichnung der Provinz Shanxi dient, florierte der Handel in dem damals noch als eines der wichtigsten wirtschaftlichen Zentren des Kaiserreiches firmierenden Tal des Fen-Flusses. Pingyao entwickelte sich in der Ming- und Qing-Dynastie zu einem der größten Warenumschlagsplätze im kaiserlichen China. Große Handelsgesellschaften und die Handelskammern der anderen Provinzen hatten hier ihren Sitz und Kaufleute aus dem ganzen Reich der Mitte ließen sich in der Stadt nieder. Am Schnittpunkt mehrerer wichtiger Handelsstraßen gelegen, war Pingyao neben Beijing und Xi'an eine der wichtigsten Städte Nordchinas.

Geschichte

Bereits in der Ming-Dynastie gönnte sich die Stadt eine der eindrucksvollsten Stadtmauern des Landes. Diese ist zwar nur sechs Kilometer lang, kann sich aber mit ihren zehn Metern Höhe, bis zu sechs Metern Breite und ihren 72 imposanten Wachtürmen durchaus mit der Stadtmauer der alten Kaiserstadt Xi'an messen.

Eher bescheiden wirken hingegen die unzähligen Familienresidenzen in der gerade einmal zwei Quadratkilometer großen Innenstadt. Bescheiden jedenfalls, wenn man sie von außen betrachtet. Im alten China protzte man nicht gerne, zumindest nicht in der Öffentlichkeit. In den eigenen vier Wänden war dies eine andere Geschichte. Hier wurde an keiner Extravaganz und keinerlei Luxus gespart. Die berühmten südchinesischen Privatgärten standen hier ebenso Pate wie die Mandarinresidenzen der Hauptstadt Beijing. Eine vielköpfige Dienerschaft sowie mehrere Frauen und Konkubinen definierten ebenso den sozialen Status der lokalen Kaufmannselite wie Ausstattung und Größe der Residenzen. Die Kaufmannsgilden unterhielten ein enges Beziehungsgeflecht mit den lokalen Behörden und Beamten und bauten ihr Imperium eher auf Vertrauen und persönliche Freundschaften als auf tatsächliche wirtschaftlichen Gegebenheiten. Großzüge Geldzuwendungen an die lokale Verwaltung waren nicht nur üblich, sondern unabdingbar für ein erfolgreiches Unternehmen.

Steigender Kapitalbedarf und zunehmender innerchinesischer Handel führte Anfang des 19. Jahrhunderts zur Gründung der ›Rishengchang Piaohao‹, der ersten Privatbank des Landes in Pingyao. Weitere Banken sollten folgen, die schon bald in mehreren chinesischen Provinzen Zweigstellen errichteten. In den 40er Jahren des 19. Jahrhunderts erweitert die ›Rishengchang Piaohao‹ ihre Geschäfte zudem nach Japan, Singapur und Russland. Während der Blütezeit Mitte des 19. Jahrhunderts gab es in Pingyao 22 private Banken und die Stadt war das Zentrum des Finanzwesens im Reich der Mitte. Doch die politischen und ökonomischen Turbulenzen des ausgehenden 19. Jahrhunderts erreichten auch das lange Zeit so prosperierende Pingyao. Zu eng waren die Kaufsmannseliten mit der korrupten, dem Untergang geweihten Qing-Dynastie verknüpft.

Mit dem Fall des Kaiserreiches im Jahre 1911 und der zunehmenden Konkurrenz im Bankwesen, vor allem durch ausländische Banken und die Banken des Yangzi-Deltas, war es auch in Pingyao mit der (Selbst-)Herrlichkeit vorbei. Der Reichtum der Kaufmanns- und Bankfamilien speiste vor allem einen ausschweifenden Lebensstil und Prunk, nicht aber die gerade angesichts der deutlich schlankeren und modern ausgerichteten Konkurrenz dringend notwenigen Investitionen und Rationalisierungsmaßnahmen. Allzu verschwenderisch ging es in Pingyao und Umgebung zu. Mit dem Wechsel der Herrschaftseliten und dem unaufhaltsamen Aufstieg der Region um Shanghai verlor Pingyao zudem seine exponierte und privilegierte Stellung. So manch ein

Schuhgeschäft

囍
囍

Sprössling der stolzen Kaufmannsfamilien musste sich nach dem Niedergang des Pingyaoer Bankwesens ab den 1920ern als Tagelöhner und Bettler verdingen.

Spätestens mit der Gründung der Volksrepublik China im Jahre 1949 war auch der letzte Schimmer feudalen Glanzes dahin. Die einst so mächtigen Familien mussten ihre Residenzen räumen und Pingyao verfiel in einen tiefen Dornröschenschlaf. Während der Kulturrevolution, als marodierende Rote Garden durch das Land zogen und unzählige Tempel und Kulturschätze zerstörten, schien Pingyao zu abgelegen und zu unwichtig, als dass es ob seiner feudalen Vergangenheit zur Zielscheibe der juvenilen Zerstörungswut werden hätte können. Das chinesische Kernland war zum Armenhaus der Nation geworden und verschwand unter dem Mantel der Vergessenheit und einer feinen Schicht aus Kohle und Löss. Shanxi verband man seither eher mit Schwerindustrie und Kohleabbau, Umweltverschmutzung und Rückständigkeit.

Heute fühlt sich der Besucher in Pingyao wie in einem chinesischen Historienfilm. Nicht ganz von ungefähr, drehte doch der chinesische Starregisseur Zhang Yimou sein Filmdrama ›Rote Laterne‹ in der 40 Kilometer von Pingyao entfernten alten Residenz der Familie Qiao. Die Geschichte der Studentin aus verarmter Familie, die an einen reichen Kaufmann aus Pingyao als dessen vierte Frau verkauft wird, überzeugte nicht nur die Jury der Filmfestspiele in Venedig, sondern setzte auch die Stadt wieder auf die touristische Landkarte. Unvergesslich sind die Szenen, in denen die namensgebenden roten Laternen in den Hof der ausgewählten Konkubine gehängt werden und der Ruf »Laternen in Hof vier!« erschallt, während Gong Li in der Rollte der Studentin mit einer ausgiebigen Fußmassage auf die Nacht vorbereitet wird.

Die Popularität, die Pingyao durch den Film und nicht zuletzt durch die Ernennung zum UNESCO-Weltkulturerbe im Jahre 1997 erlangte, vor allem aber die Tatsache, dass es als eine der wenigen historischen Städte Chinas noch eine vollständig erhaltenen Stadtmauer und vor allem eine seit mehr als 100 Jahren fast unveränderte Altstadt besitzt, führte seit Mitte der 1990er Jahre zu einer Renaissance der in Vergessenheit geratenen Stadt. So hat sich in den letzten zehn Jahren wahrscheinlich mehr verändert als in dem Jahrhundert zuvor. Einige der Residenzen wurden in Hotels und Restaurants umgewandelt, und so manch ein Gebäude strahlt heute im frischrenovierten Glanz. Wobei zuweilen leider auch das eine oder andere historische Bauwerk zugunsten eines Neubaus im alten Stil weichen musste. Dennoch ist ein Besuch Pingyaos immer noch ein unmittelbarer Blick in die chinesische Geschichte.

■ Sehenswürdigkeiten

Läuft man heute durch die historische Altstadt, so fällt die Orientierung recht leicht. Wie in den meisten historischen chinesischen Städten durchziehen die Straßen und Gassen in einem Schachbrettmuster die Innenstadt.

Sechs Stadttore, je zwei im Osten und Westen und ein Süd- und ein Nordtor, bilden die einzigen Zugänge zur Alt-

Chinesische Touristen in Pingyao

Der Tempel des Stadtgottes

stadt. Von den Toren führen vier große Straßen durch die Innenstadt, der Einfachheit und der Orientierung halber Große Ost-, Große West-, Große Nord- und Große Südstraße genannt.

Die imposantesten Residenzen und Bankgebäude befinden sich entlang der **Großen Oststraße** (Dong Dajie 东大街). Sehenswert ist vor allem das aufwendig renovierte **Stammhaus der Rishengchang Piaohao** 日升昌票号 die ungleich bescheidenere, aber dennoch mit stilvoller und exklusiver Eleganz gestaltete **Residenz Lei Luteis** (Lei Lütai Guju 雷履泰故居).

Ganz umsonst ist der Genuss dieser architektonischen Kleinode auch heute nicht. 120 Yuan kostet die Tageskarte an dem unscheinbaren Tickethäuschen an der Kreuzung zwischen der Großen Ost-, West- und Nordstraße. Umgerechnet zwölf Euro scheinen viel zu sein, ermöglichen jedoch den Zugang zu fast allen Sehenswürdigkeiten der Stadt, die immer noch imposante **Stadtmauer** mitinbegriffen.

Wem nach all den weltlichen Genüssen der Sinn nach geistiger Erbauung steht, findet im Osten der Altstadt mit dem Tempel des Stadtgottes (Chenghuang Miao 城隍庙) eine eigentümliche Mischung aus daoistischen und buddhistischen Stilelementen. Die plastischen Höllendarstellungen in den Seitenflügeln des Tempels hätten den reichen Familienclans eine Warnung sein sollen. Ausschweifung und Verschwendung wird auch in der buddhistischen Hölle mit allerlei Grausamkeiten bestraft.

Auch am Abend lohnt der Spaziergang durch Pingyao. Allerdings bewegt sich die nächtliche Beleuchtung der Stadt auch für den hartgesottenen Chinabesucher hart an der Kitschgrenze. Wohin das Auge sieht, illuminieren rote Laternen die historische Kulisse. Stadttore, Hotels und Residenzen sind ebenso effektvoll beleuchtet. So kann man sich in Unterkünften wie dem ›Tianyuankui Folk Guesthouse‹ oder dem ›Pingyao International Financier Club‹ fast schon wie ein Mitglied der alten Kaufmannselite fühlen. ›Laternen in Hof vier!‹ scheint man beim Einschlafen zu hören und das prägnante Geklöppel einer Fußmassage. Ideal, um sanft in historischen Betten zu entschlummern.

Rote Laternen überall

▲ Karte S. 185

Pingyao

Vorwahl: +86/354.

An der Zugstrecke Xi'an–Beijing gelegen, lässt sich Pingyao gut als ein- bis zweitägiger Zwischenstopp einplanen. Die Tickets für die Weiterfahrt sollte man aber auf jeden Fall rechtzeitig reservieren!

Tianyuankui Folk Guesthouse (Tianyuankui Kezhan 天元奎客栈), 2–3 Sterne, Nan Dajie 南大街 73, Tel. 5680069, www.pytyk.com. Sehr stilvolles Hotel mit Liebe zum Detail. Es ist oft ft ausgebucht, Reservierung erforderlich!

Pingyao International Financier Club (Pingyao Jinrongjia Julebu 平遥金融家俱乐部), 4 Sterne, Xi Dajie 西大街 56, Tel. 5888888, www.pibc.cn. Die Luxusvariante: Stil und edles Ambiente.

Yan'an

Yan'an 延安 liegt fernab der Großstädte und inmitten der unwirtlichen Lössberge Shaanxis, deren gelber Staub im Herbst bis vor die Haustür der Beijinger weht. Genau diese abgelegene geographische Lage führte jedoch dazu, dass der Ort Yan'an in den späten 1930ern zum Refugium der Kommunisten wurde. 1934 hatten die republikanischen Truppen das Rückzugsgebiet der KP-Mitglieder und ihrer Anhänger in der südchinesischen Provinz Jiangxi umzingelt und erobert. Praktisch in letzter Sekunde gelang es mehr als 100000 von ihnen, zu fliehen und den Nationaltruppen zu entkommen. In den folgenden Monaten irrten sie 12000 Kilometer durch China, getrieben von den Truppen Chiang Kai-sheks. Erst in den Lössbergen Shaanxis fanden sie Zuflucht. In Yan'an angelangt, waren gerade einmal 8000 Teilnehmer des Langen Marsches übrig – und Mao Zedong mittlerweile ihr absoluter Führer. Hier sammelten sie sich während der nächsten zehn Jahre und von hier aus eroberten sie letztlich im Bürgerkrieg 1945 bis 1949 ganz China.

Kein Wunder, dass Yan'an während der Kulturrevolution regelrecht zur Wallfahrtsstätte wurde. Auch wenn die Zeit in Yan'an heute von viel Revolutionsromantik verbrämt wird, ein Blick auf die einfachen Höhlenwohnungen und schwierigen landwirtschaftlichen Bedingungen lässt erahnen, dass das Leben der Kommunisten ganz sicher nicht einfach war. Kein Wunder, dass der ›Große Vorsitzende‹ nach 1947 keinen Fuß mehr nach Yan'an setzte.

Ohne politisches Interesse ist die Stadt wirklich kein Muss auf dem Reiseverlauf. Wer jedoch Spaß an geschichtlichen Hintergründen findet, mag sich nach einem Besuch von Yan'an ein wenig besser in die Lage und Motivation der KPCh-Mitglieder Chinas vor der Zeit der kommunistischen Machtübernahme einfühlen.

Das Wahrzeichen Yan'ans und ergo auch das Symbol für den Kampf der Kommunisten in den späten 1930ern ist die **Pagode auf dem Dialing-Hügel**. Von hier aus lässt sich die gesamte Stadt überblicken. Wahre Sozialisten begeben sich danach nach **Yanjialing**, zu den ehemaligen Gebäuden des Zentralkomitees der KPCh 中共中央住地 etwa drei Kilometer nordwestlich der Stadt. In den umliegenden Dörfern lassen sich auch noch die Höhlenwohnungen der einstigen Rebellen und späteren Machtinhaber besichtigen.

Yan'an

Yan'an ist per Flug, Zug oder Bus ab Xi'an zu erreichen. Für die fast 300 Kilometer lange Anreise über Land sollten Sie allerdings einen vollen Tag einplanen.

Die Auswahl an Ausländer-Hotels ist eher mager. Das **Yan'an Binguan** 延安宾馆 in der Zhongxin Jie 中心街 56 bietet aber guten Service mit Klimaanlage und Internet-Anschluss. Tel. 2113122.

Revolutions-Devotionalien bis zum Abwinken. Sammler von Mao-Buttons und jene, die ihre Kollektion roter Mao-Bibeln aufstocken möchten, sind hier richtig.

Datong

Die Kohle-Stadt Datong 大同 liegt fernab der alten Königsstädte und beherbergt doch einen der wichtigsten Kunstschätze Chinas. Heute ist Datong ein rechter Moloch mit viel Luftverschmutzung und zahlreichen Industriebetrieben. Die Ursprünge der Stadt gehen jedoch auf die Han-Dynastie zurück, im 2. Jahrhundert vor Christus diente der Ort als Garnisonsstadt an der Großen Mauer.

Die Blütezeit Datongs jedoch begann im Jahre 386, als das buddhistische Volk der Toba die Wei-Dynastie gründete und Datong, damals noch unter dem Namen Pingcheng, zur Hauptstadt erhob.

Im Jahr 453 wurden auf Wunsch des Wei-Herrschers Toba Jun die Arbeiten an einer buddhistische Stätte wenige Kilometer westlich der Stadt begonnen: den **Yungang-Grotten** 云冈石窟. Mehr als 40 000 Arbeiter waren die nächsten 100 Jahre damit beschäftigt, 53 Höhlen aus dem Fels des Wuzhoushan zu schlagen und mit Buddhamotiven beziehungsweise Statuen zu versehen. Der Einfluss indischer und griechischer Kunst war dabei nicht zu übersehen: Immerhin waren die Toba ein zentralasiatisches Turkvolk, das traditionell viele Kontakte nach Westen pflegte. Als die Toba 494 ihre Hauptstadt nach Luoyang verlegten, ging auch der Buddhismus auf Reise: Die Idee einer Höhlen-Andachtstätte wurde auch dort verwirklicht und steht heute als ›Longmen-Grotten‹ auf den Tourverläufen. Die Yungang-Grotten sind heute simpel durchnumeriert und werden in eine mittlere, östliche, und westliche Höhlengruppe unterteilt.

Ganz im Osten liegen die Höhlen 1 bis 4: Sie sind etwas schlichter und nicht ganz so gut erhalten wie die folgenden. Höhle 3 ist dabei mit 25 Metern Höhe die größte von Yungang. Opulent und besonders sehenswert sind die mittleren Höhlen 5 bis 13. In der Höhle 5 steht die größte Buddhastatue von Yungang, sie ist 17 Meter hoch und stellt Buddha zum Zeitpunkt seiner Erleuchtung unter dem Bodhi-Baum dar. Die Höhlen Nr. 7

Buddhas in den Longmen-Grotten

▲ Karte S. 185

und 8 beweisen den Einfluss der indischen Kunst, wurden hier doch auch Shiva und Vishnu als Reliefs verewigt. Die westlichen Höhlen 16 bis 20 stellen jeweils einen Wei-Herrscher dar. Sie wurden in den Jahren nach 460 erschaffen. Über all dem belächelt ein fast 14 Meter hoher Sakyamuni-Buddha die Szenerie. Sein amüsierter und gutmütiger Gesichtsausdruck ist typisch für die Buddha-Statuen der Wei-Dynastie. Für die meisten Reisenden endet die Höhlen-Tour hier, denn die folgenden Grotten sind eher unbedeutend.

Ihren heutigen Namen erhielt die Stadt Datong übrigens erst unter den Liao, die die Stadt 960 einnahmen und eine zweite Blütezeit einleiteten.

Aus dieser Periode stammen die **Hängenden Klöster** 悬空寺 am Berg Hengshan, 70 Kilometer südlich von Datong, deren wagemutigen Holzkonstruktionen am Fels wahrhaft den Eindruck erwecken, man habe das Kloster freischwebend an den Fels geklebt.

Die Hängenden Klöster am Hengshan

Heute ist Datong vor allem eingefleischten Eisenbahn-Fans ein Begriff, denn hier befindet sich die weltweit letzte **Dampflokomotiven-Fabrik** 大同机车厂. Auch sie stellte zwar 1989 die Produktion um und beschränkt sich heute auf Dieselzüge, die früheren Modelle sind aber noch in einer permanenten Ausstellung zu besichtigen.

Datong

Vorwahl: +86/352.

Post: An der Kreuzung Xinjian Nanlu und Da Xijie befindet sich die Hauptpost.

Per Zug (5,5 h, täglich mehrere Abfahrten) ab Bahnhof Beijing Westbahnhof und Hauptbahnhof, per Bus ab Beijing Liuliqiao Busbahnhof (stündlich) oder Flug (1x täglich) ab Beijing. Die Bus-Entfernung nach Taiyuan beträgt 3,5 Stunden.

Jinjiang Inn 锦江星旅馆, Zhenhua Nanjie 90 振华南街, www.jinjianginns.com. Günstig, aber sauber und nahe dem Busbahnhof.

Zahlreiche Restaurants befinden sich auf der Da Xijie 大西街 im Stadtzentrum.

Luoyang

Auch wenn es niemand tut – sinnvoll wäre es, von Datong direkt nach Luoyang 洛阳 zu reisen und damit denselben Weg zu nehmen wie die buddhistische Kunst: Als einst die Wei-Herrscher ihre Hauptstadt von Datong nach Luoyang verlegten, wanderte die Idee der buddhistischen Grotten ebenfalls nach Süden. Auch vorher hatte Luoyang verschiedenen Dynastien als kulturelles und politisches Zentrum gedient: so zum

Fruchtbare Lösslandschaft

Beispiel den östlichen Zhou (770–221 v. Chr.), den östlichen Han (25–220) und den westlichen Jin (265–316). Unter den Wei jedoch begann eine buddhistische Blütezeit. Ähnlich wie in Yungang begannen die Toba auch in Luoyang um das Jahr 493 mit dem Bau einer buddhistischen Andachtsstätte. In den folgenden 400 Jahren wurden 14 Kilometer südlich der Stadt mehr als 100 000 buddhistische Statuen aus dem Fels entlang des Yi-Flusses gemeißelt. Besonders wohlhabende Bürger oder Mitglieder der kaiserlichen Familien gaben in den Longmen-Grotten Statuen in Arbeit, um sich Glück und Wohlstand zu sichern. Auch unter den folgenden Dynastien wurden die Arbeiten fortgeführt. Insgesamt entstanden so mehr als 1300 Höhlen und gut 700 Nischen mit mehr als 100 000 Statuen. Nicht einmal ein Zehntel der Originalstatuen ist heute noch verblieben: Teils wurden sie im 19. und 20. Jahrhundert geraubt oder im Verlauf der Kulturrevolution zerschlagen. Heute versucht man, die Grotten, deren künstlerische Bedeutung noch immer von Weltniveau ist, zu erhalten. Im Jahr 2000 wurden sie auf die Liste des UNESCO-Weltkulturerbes gesetzt.

■ Besichtigung der Longmen-Grotten

Alle Höhlen zu besichtigen würde sicher den Zeitrahmen der meisten Touristen sprengen. Die größte Höhle (35 Meter mal 39 Meter), der **Fengxian-Tempel** an der Südseite des Westhügels, sollte aber auf dem Programm stehen. Sie stammt aus der Tang-Dynastie und war einst durch ein Dach vor den Elementen geschützt. Hier steht der 17 Meter hohe Vairocana-Buddha zusammen mit seinen Schülern Kasyapa und Ananda. Etwas weiter liegt die älteste der Höhlen, die **Guyang-Grotte**. Sie entstand zwischen 495 und 575 und gilt als typisch für den künstlerischen Stil der nördlichen Wei-Dynastie. Dazu kommen zahlreiche Kalligraphien, die sonst in der Anlage sehr selten sind. Die **Lianhua-Höhle** wiederum wurde nach dem großen Lotus an der Decke benannt. Sie wurde etwa im Jahr 527 der nördlichen Wei erschaffen und beherbergt den Sakyamuni-Buddha. In der **Wanfo-Grotte**, (übersetzt 10 000-Buddha-Höhle) verzieren mehr als 15 000 kleine Buddhastatuen die nördliche und südliche Wand. Die Grotte stammt aus der Tang-Dynastie und wurden auf Geheiß des Kaisers Gaozong und seiner Frau Wu Zetian erschaffen.

■ Tempel des Weißen Pferdes

Ein weiteres wichtiges Monument des Buddhismus ist 13 Kilometer östlich von Luoyang zu finden: Der Tempel des Weißen Pferdes 白马寺 gilt als erster buddhistischer Tempel Chinas und wurde im 1. Jahrhundert nach Christus gegründet. Der Legende nach entsandte der Han-Kaiserhof zwei Boten nach Westen, um nach buddhistischen Schriften zu suchen. Die Sutren und Statuen wurden angeblich auf zwei weißen Pferden nach Luoyang gebracht und standen deshalb Pate bei der Namensgebung.

▲ Karte S. 185

Luoyang

Vorwahl: +86/379.
Post: Zhongzhou Zhong Lu 216.
Bank: Bank of China, Zhongzhou Zhong Lu 439.

Per Zug ist Luoyang ab Xi'an in 5 Stunden und ab Zhengzhou in 1,5 Stunden zu erreichen.

Tägl. Flüge nach Beijing und Shanghai.

Peony Plaza (Mudan Cheng Binguan 牡丹城宾馆), 4 Sterne, Nancang Lu 2 南昌路, Tel. 64681111, Fax 64930303.

Zhen Bu Tong 真不同, Zhongzhou Dong Lu 369 中州东路, Tel. 63952338. Berühmt für die Luoyang-Spezialität ›Wasser-Banket‹, dessen verschiedene Gerichte in Brühe, Suppe oder Saft gekocht werden.

Das Shaolin-Kloster

Einige Kilometer vor den Toren der Stadt Luoyang liegt eine weitere buddhistische Sehenswürdigkeit aus dem 6. Jahrhundert, die dank der Hongkonger Filmindustrie auch in Europa zu Ruhm gekommen ist: das Shaolin-Kloster 少林寺.

Im Jahr 527 kam der Mönch Bodhidarma aus Indien nach China und ließ sich am Songshan nieder. Fast zehn Jahre meditierte er vor einer Felsenwand und begründete damit die Schule des Chan-Buddhismus – im Westen bekannt unter der japanischen Übersetzung ›Zen‹. Nicht die Texte, Sutren oder Lehren sind es im Zen, die den Menschen voranbringen, sondern die innere Einkehr und das Loslassen. Keine Logik, keine Rückschlüsse, jeder kann die Erleuchtung erfahren und den Buddha in sich entdecken, wenn er von diesen geistigen Zwängen lässt.

Dass das Shaolin-Kloster auch im Westen so bekannt ist, hat aber weniger mit der philosophischen Qualität des Zen als mit der Kampftradition der Mönche zu tun. Disziplinen wie Kungfu oder

Die Shaolin-Show geht regelmäßig auf Tournee

auch das eher meditative Taiji gehören zum Repertoire des Shaolin-Klosters und wurden angeblich hier erfunden. Einst waren sie zur körperlichen Ertüchtigung zwischen den anstrengenden Meditationssitzungen gedacht, wurden aber schnell zur Kampfkunst weiterentwickelt.

In der Welt der ›Eastern‹-Actionfilme gehört Shaolin zu den unerlässlichen Themen – bedauerlicherweise, denn der eigentliche Klosterbetrieb gerät vor lauter Tourismus immer mehr in den Hintergrund. Seit Bruce Lee mit der ›Todeskralle der Shaolin‹ seinen Siegeszug durch die westlichen Kinos antrat, ist es vorbei mit der Beschaulichkeit des Shaolin-Klosters. Zur Touristen-Saison reichen die Busparkplätze kaum aus. Allem Rummel zum Trotz ist die Anlage aber sehenswert geblieben.

Besonders die **Qianfo Dian** (Tausend-Buddha-Halle) mit den gemalten Kampf-Szenen aus der Ming-Dynastie und den **Pagodenwald** neben dem Kloster sollte man sich ansehen. Hier wurden über 200 Äbte und Shaolin-Mönche begraben. Die zu ihrer Erinnerung errichteten Pagoden stammen teils noch aus der Tang-Dynastie.

Shaolin-Kloster

Vorwahl: +86/371.

Das Kloster 少林寺 ist ab Luoyang oder Zhengzhou per Bus/Minibus ab Bahnhof zu erreichen, Fahrtzeit ca. 1,5 h.

Zen International Hotel, 4 Sterne, im Trainingscenter des Tempels (Martial Arts Training Center), Dengfeng, Tel. 62756 66, Fax 62745555.

▲ Karte S. 185

Kaifeng

Einst eine der größten und fortschrittlichsten Städte der Welt, liegt Kaifeng 开封 heute ein wenig vergessen im Hinterland und im Schatten der Provinzhauptstadt Zhengzhou. Kaifeng wurde zur Zeit der Streitenden Reiche (770–476 v. Chr.) in der Zhou-Dynastie gegründet und diente insgesamt sieben Dynastien als Hauptstadt, darunter allerdings auch einigen historisch weniger bedeutenden wie den späteren Liang, Han und Zhou aus der Zeit der ›Fünf Dynastien‹ (907–960).

Ihre Blütezeit erlebte die Stadt jedoch als Hauptstadt der nördlichen Song. Mehr als eine Million Einwohner hatte Kaifeng (heute ist es kaum mehr als die Hälfte!) unter der Regentschaft der kulturverliebten Dynastie. Im Jahre 1127 nahmen jedoch die nomadischen Jin die Stadt ein, das Kaiserhaus flüchtete nach Südchina und verlagerte die Hauptstadt nach Hangzhou. Zurück blieb Kaifeng als Ruinenstadt. Recht schnell wurde sie wieder aufgebaut und blieb trotz des Abstiegs in die Liga der Provinzstädte ein wichtiges Handelszentrum. Mitte des 17. Jahrhunderts wurde Kaifeng abermals dem Erdboden gleichgemacht, als die schwindende Ming-Dynastie im Kampf gegen die Mandschuren die Dämme des Gelben Flusses sprengen ließ. Mehr als 300000 Bürger der Stadt wurden jedoch vergeblich geopfert, denn 1644 eroberten die mandschurischen Qing China und lösten die Ming-Herrscher ab.

Auch in den folgenden Jahrhunderten wurde die Stadt immer wieder von Überschwemmungen zerstört, so dass trotz der langen und ruhmreichen Geschichte Kaifengs nur wenige Sehenswürdigkeiten überdauerten. Lediglich die **Eiserne Pagode** 铁塔 am nördlichen

Wasserfall am Gelben Fluss

Ende der Beimen Dajie 北门街 blieb erhalten: Sie wurde im Jahr 982 erbaut und 1049 mit glasierten Ziegeln versehen, die von weitem einen ›eisernen‹ Eindruck erwecken. Bei näherem Hinsehen erst fällt auf, dass sie alle mit kleinen Detailreliefs versehen sind. Der dazugehörige Tempel wurde in der Qing-Dynastie abgerissen. Auch ohne die sonst übliche Fülle an Sehenswürdigkeiten ist Kaifeng eine sehenswerte Stadt geblieben: Die heimelige Altstadt ist noch immer von einer Mauer umgeben und besticht mit Bilderbuch-Atmosphäre – auch wenn sie heute ein wenig vergessen wirkt.

Kaifeng

Vorwahl: +86/378.

Bank: Die Bank of China befindet sich in der Gulou Jie 鼓楼街.

Per Zug ist Kaifeng in gut neun Stunden ab Xi'an oder 13 Stunden ab Shanghai zu erreichen. Busse und Züge zur benachbarten Provinzhauptstadt Zhengzhou sind mindestens zwei Stunden unterwegs.

Kaifeng Binguan 开封宾馆, 3 Sterne, Ziyou Lu 自由路 64, Tel. 5955589. Dieses russisch-chinesische Gemeinschaftsunternehmen liegt mitten im Zentrum der Stadt.

Jinyuan Hotel 金源大酒店, 4 Sterne, Daqing Lu 2 大庆路, Tel. 3961111. Zentral gelegenes Haus mit heißen Quellen.

Der Nachtmarkt liegt an der Ecke Sihou Jie und Madao Jie und ist ab Sonnenuntergang geöffnet.

Die Mandschurei

Mit dem nüchternen geographischen Begriff Dongbei 东北, zu Deutsch ›Nordost‹ wird die Region zwischen Russland, der Mongolei und Nordkorea bezeichnet. Einst waren die Provinzen Heilongjiang, Liaoning und Jilin die Heimat des Mandschu-Volkes und sind deshalb in Deutschland als Mandschurei bekannt. In China selbst hat Begriff ›Manzhou‹ allerdings einen bitteren Beigeschmack, erinnert er doch an die japanische Besatzung und den daraus resultierenden Marionettenstaat Mandschukuo. Dazu kommt, dass der Begriff gerne auch separatistisch interpretiert wird – und wer möchte schon mit so einem Verbrechen assoziiert werden? Nordost also.

Egal unter welcher Bezeichnung: Dieser Landstrich war viele Jahrhunderte von China, Russland und Japan gleichermaßen heiß begehrt. Schließlich ist der Nordosten voller Rohstoffe und birgt die wichtigsten Eisenerz-, Öl- und Kohlevorkommen Chinas. Bergbau und Schwerindustrie prägen daher große Teile der Mandschurei – zumindest dort, wo Menschen wohnen. Dazwischen lockt die Region mit viel unberührter Natur und dichten Wäldern. Sie gilt dank fruchtbarer Böden und viel sommerlichen Regens als Kornkammer des Landes, aber auch als Ruhrgebiet Chinas. Klimatisch ist der Nordwesten ein äußerst rauhes Pflaster: Bis unter minus

Die Mandschurei (Dongbei 东北)

30 Grad fällt das Thermometer im Winter – und die kalte Jahreszeit ist lang. In manchen Gegenden gibt es gerade einmal 120 Tage ohne Frost. Trotzdem leben hier gut 100 Millionen Menschen auf einer Fläche von 780 000 Quadratkilometern, etwas mehr als die doppelte Größe Deutschlands.

Auch wenn so gut wie keine europäischen Touristen den Nordosten besuchen, ist die Mandschurei ›Trainspottern‹ und Eisenbahn-Freaks schon lange ein Begriff, denn hier sind besonders viele alte Dampflokomotiven unterwegs. Wirtschaftlich ist der Nordosten sicher eines der Schlüsselgebiete Chinas. Auch in sozialer Hinsicht ist dies eine wichtige Region. Vor allem jetzt, da die maroden Staatsbetriebe nur noch mit massiver Unterstützung der Zentralregierung am Leben erhalten werden können. Ganz richtig vermutet Beijing hier einen potentiellen sozialen Unruheherd, denn mit jeder Betriebsschließung erhöht sich das Heer der Arbeitslosen.

Geschichte der Mandschurei

Obwohl die Mandschurei die Heimat vieler nomadischer Völker ist, darunter auch der Dschurdschen, Kitan und Mandschus, stand sie bis Anfang der Song-Dynastie (960–1127) mehr oder weniger unter der Kontrolle der Han-Chinesen. Dann jedoch erstarkten die Kitan (907–1125, in der chinesischen Geschichtsschreibung als Liao-Dynastie bekannt) und ergriffen die Macht in der Mandschurei. Im 12. Jahrhundert wurden sie von den Dschurdschen gestürzt, die als Jin-Dynastie große Teile Nordchinas beherrschten und die Song zum Rückzug nach Südchina zwangen. Aber auch diese Dynastie fand ein Ende, als die Mongolen Mitte des 13. Jahrhunderts China überrannten.

Zur Zeit der darauffolgenden chinesischen Ming-Dynastie (1368–1644) begann die wahre Blütezeit der Mandschus. Dem Stammesfürsten Nurhaci gelang es im 16. Jahrhundert, die diversen Stämme zu vereinen und eine ›einheitliche‹ Mandschu-Kultur zu erschaffen. Mit der Einführung einer eigenen Schrift und diverser Gesetzestexte förderte er die gemeinsame Identität und wurde schnell zum Herrscher über die gesamte Mandschurei, die damals nicht nur die heutigen drei Provinzen umfasste, sondern von der östlichen Inneren Mongolei im Westen bis zum Stanovoi-Gebirge im Norden und der Insel Sachalin im Osten reichte.

Unter Nurhacis Enkel Shunzi schließlich eroberten die Mandschu-Truppen Beijing und usurpierten 1644 den Thron. Als Qing-Dynastie herrschten die Mandschus über das gesamte chinesische Reich. Chinesen war es übrigens zu dieser Zeit verboten, in der Heimat der Mandschuren zu siedeln. Erst mit dem wachsenden Bevölkerungsdruck Mitte des 19. Jahrhunderts sahen sich die Qing-Herrscher gezwungen, dieses Verbot aufzuheben. Ohnehin hatten sich die Mandschus bereits assimiliert und fast alle chinesischen Gesellschaftsregeln übernommen. Als letzte Dynastie Chinas gingen sie mit dem Ende des Kaiserreiches 1911 in die Geschichte ein.

Doch schon vorher war die Lage in der Mandschurei angespannt. Der Japanisch-Chinesische Krieg 1894 endete mit einer bitteren Niederlage für China, das die Liaoning-Halbinsel abtreten musste. Um weitere japanische Expansionen abzuwenden, wandte sich der Mandschu-Kaiserhof an Russland. Schon lange war man am Zarenhof erpicht darauf, die Präsenz in dieser Region zu vergrößern. Die chinesische Erlaubnis, eine Eisenbahnlinie von Vladivostok nach Dalian zu bauen, war nur der Anfang. Schnell besetzte die russische Armee große Landstriche, die Russland allerdings nicht lange behalten sollte, denn bereits 1905 verlor es seine Einflussgebiete im Russisch-Japanischen Krieg an Japan. Mit ihren Bodenschätzen und weiten, relativ dünn besiedelten Landschaften schien die Mandschurei ideal für weitere japanische Pläne, denn längst war der Bevölkerungsdruck in Japan so groß und die wirtschaftliche Lage so prekär, dass die Pläne einer finalen Eroberung der Mandschurei entstanden.

Mit dem Zwischenfall von Mukden schuf Japan im September 1931 einen geeigneten Vorwand, um die gesamte Mandschurei zu besetzen. Ein vorgetäuschter Bombenanschlag auf die südmandschurische Eisenbahn, ein japanisches Unternehmen, wurde als Vorwand inszeniert, um dem lokalen Machthaber, dem ›Warlord‹ Zhang Xueliang, die drei Provinzen Jilin, Liaoning und Heilongjiang zu entreißen. Mit der einheimischen Bevölkerung verfuhren die Invasoren auf grausamste Weise und versuchten so, jeden Widerstand im Keim zu ersticken. Um sich aber zumindest auf dem internationalen Parkett einen legalen Anschein zu verschaffen wurde bereits am 1. März der ehemalige (und letzte) Kaiser von China, der Mandschure Pu Yi, als Präsident eingesetzt und zwei Jahre später zum Kaiser von Mandschukuo (chinesisch Manzhouguo) gekrönt. Konkrete Machtbefugnisse waren mit diesem Marionetten-Posten aber nicht verbunden. Pu Yi war nicht einmal befugt, sich im eigenen ›Kaiserreich‹ frei zu bewegen.

▲ Karte S. 208

Gut ein Zehntel des chinesischen Territoriums und die wichtigsten Rohstoffvorkommen standen nun unter japanischer Herrschaft – ein enormer Rückschlag für die junge chinesische Republik. In den folgenden Jahren bauten die japanischen Besatzer systematisch Industrie und Infrastruktur aus, sogar japanische Bauern wurden angesiedelt. Der mandschurischen Bevölkerung kamen diese Verbesserungen aber kaum zugute, schließlich war Mandschukuo als japanische Kolonie gedacht. Erst mit dem Einmarsch der sowjetischen Truppen 1945, die das Terrain alsbald den verbündeten chinesischen Kommunisten übergaben, endete das japanische Kapitel in Nordchina.

Der russische Einfluss freilich blieb erst einmal bestehen, wenn auch auf freundschaftlicherer Basis als zuvor. Unter der Anleitung russischer Experten wurden zahlreiche schwerindustrielle Anlagen gebaut, während viele Agrarprodukte in die Sowjetunion verkauft wurden.

Mit dem Bruch zwischen China und der Sowjetunion 1960 verschwanden auch die Russen aus der Mandschurei, nicht aber aus dem Sichtfeld. Bis Ende der 1960er Jahre kam es sogar zu Schießereien an der gemeinsamen Grenze, als beide Seiten eine völlig unbedeutende Sandbank im Ussuri-Fluss beanspruchten. Die Konfrontationen – teils fanden sie auch auf Komintern-Treffen statt – gipfelten in der Aussage Maos, auch die Atombombe könne ihn nicht schrecken. Nur die Kakerlaken und Chinesen würden eine derartige Attacke überleben. Die Atombombe sei nur ›ein Papiertiger‹.

Heute begegnen sich Chinesen und Russen wieder recht gelassen. Der kleine Grenzverkehr und die zahlreichen russischen Händler spielen bei der Versorgung der sibirischen Grenzregionen eine große Rolle. Sowohl von nordkoreanischer als auch russischer Seite schaut man ein wenig neidisch über die Grenze. Längst ist es unter den Händlern Chabarovsks und Birobidans wichtiger, passabel Chinesisch zu sprechen als Englisch. Wer als ›Langnase‹ durch den Nordosten reist, wird daher wahrscheinlich meist auf Russisch angesprochen.

Shenyang

In alten Werken ist Shenyang 沈阳, noch mit dem mandschurischen Namen Mukden verzeichnet. Die Hauptstadt der Provinz Liaoning war bis zur Song-Dynastie ein verschlafenes Städtchen, bevor sie eine lange Karriere als Handelsstadt begann. Hier wurden die Produkte der nomadischen Viehhirten, also Felle und Wolle umgeschlagen. Der Stammesfürst und Reichseiniger Nurhaci machte Shenyang zur Hauptstadt des Mandschureiches. Während er sich, um den Rücken gegen interne Gegner frei zu haben, zuerst um ein gutes Verhältnis mit dem Reich der Mitte sorgte, wandte er sich 1616 mit der Gründung einer eigenen Dynastie gegen die übermächtig scheinenden Gegner im Süden und schlug im Jahre 1619 ein 200 000-Mann-Heer unter dem chinesischen General Yang Hao vernichtend. Während Nurhaci bereits ein Jahr später die ersten chinesischen Städte eroberte, waren es seine Nachfolger, die 1644 Beijing überrannten und die Qing-Dynastie gründeten. Shenyang hatte von diesem Zeitpunkt bis 1911 den Status einer zweiten Reichshauptstadt.

Von der einstigen historischen Größe sieht man der Stadt so gut wie nichts mehr an. Kaum eine chinesische Provinzhauptstadt hat heute noch so einen starken sozialistischen Einschlag wie Shenyang. Kaum ein Besucher würde hier freiwillig mehr als die Pause zwischen zwei Zügen verbringen, wäre da nicht der Kaiserpalast der Mandschu, eine Verbotene Stadt en miniature.

In Shenyang

Der Kaiserpalast der Mandschu

Die Arbeiten an dem Kaiserpalast der Mandschu (Gugong 故宫) begannen 1625 unter Nurhaci, der die Fertigstellung des Palastes im Jahre 1636 jedoch nicht mehr erleben sollte. Nach der Eroberung Chinas wurde der Palast weiter ausgebaut und diente den ersten Qing-Kaisern als Sommerresidenz. Die Krönung des ersten Kaisers der Qing, dem Enkel Nurhaci, Shunzi, erfolgte bereits 1643 in Shenyang, bevor die Armeen der Mandschu zum finalen Schlag nach Beijing ausholten.

Die Gebäude entlang der Zentralachse und im Osten des Palastes zeigen deutlich mandschurische und tibetische Einflüsse in ihrer Architektur, während die nachträglich hinzugefügten Hallen im Westteil der Anlage, im 18. Jahrhundert

Im Kaiserpalast der Mandschu

auf Veranlassung Qianlongs umgestaltet, sich an der Struktur und am Stil der Verbotenen Stadt in Beijing orientierten.

Gleich hinter dem Eingangstor, am nördlichen Ende des ersten Hofes, liegt das Hauptgebäude des Palastes, die achteckige **Dazheng-Halle** (Dazheng Dian 大正殿), die als Thronhalle diente. Die Pavillons vor der Halle waren den acht Bannern, das heißt den einzelnen Lehensabteilungen des Heeres, vorbehalten, die die Grundstruktur des Heeres und der Gesellschaft bildeten. Die Gebäude im Westen der Dazheng-Halle beinhalteten die Versammlungshalle, die Privatquartiere und die Ritualgebäude.

Heute fungiert der Kaiserpalast vor allem als Museum. Ausgestellt werden Jadeschmuckstücke, Möbel der Ming- und der Qing-Dynastie sowie Musikinstrumente und Chinesische Malerei. Der Kaiserpalast befindet sich im Osten der Stadt an der Shenyang Lu 沈阳路.

Nordgrab

Einen weiteren interessanten Ausflug in den Norden der Stadt verspricht das Nordgrab (Beiling 北陵), in dem Huang Taiji, der Sohn von Nurhaci, begraben ist. Auf dem Weg zu dem im gleichnamigen Park (Beiling Gongyuan 北陵公园) gelegenen Grab passiert man eine Seelenallee mit Tierfiguren, deren Vorbild die Seelenallee der Ming-Gräber bei Beijing war.

Shenyang

Vorwahl: +86/24.

Post: Hauptpost in der Zhongshan Lu 中山路 32.

Bank: Bank of China, Heping Bei Dajie 和平北大街 75.

Reisebüro: CITS liegt in der Nan Huanghe Lu 南黄河路 113, Tel. 86809383, Fax 86808772.

Der Flughafen Shenyang bietet Direktflüge nach Irkutsk, Osaka, Seoul sowie in alle größeren Städte Chinas. Ein IATA-Büro (Guoji Hangxie Hangkong Shoupiaochu 国际航协航空售票处) befindet sich in der Zhonghua Lu 中华路 229.

Die meisten Züge halten an beiden Bahnhöfen der Stadt, dem Nordbahnhof (Bei Huochezhan 北火车站, Beizhan Lu 北站路) und dem Südbahnhof (Huoche Nanzhan 火车南站, Zhongshan Lu 中山路). Leider gibt es Ausnahmen, deshalb die Faustregel: Züge nach Beijing (10 h) oder in andere südliche Städte fahren vom Südbahnhof, Züge in den Norden und Osten vom Nordbahnhof ab. Direktverbindungen gibt es unter anderem nach Harbin (8 h), Dalian (6 h) und Changchun (5 h).

New World Courtyard (Xinshijie Jiudian 新世界九点), 4 Sterne, Nanjing

▲ Karte S. 208

Nanjie 南京南街 2, Tel. 23869888 Fax 23860018. Zur Marriot-Kette gehörendes Luxushotel im Stadtzentrum.

Liaoning Mansion (Liaoning Dasha 辽宁大厦), 3 Sterne, Huanghe Dajie 黄河大街 105, Tel. 86807922, Fax 86 80 93 55. Imposantes Mittelklassehotel im sowjetischen Stil, nicht ohne historischen Charme.

Hotel Ibis Shenyang The Center, 2 Sterne, Nanjing Beilu 161 南京北路, Tel. 31315555, Fax 31317555. Solides Hotel im Heping Distrikt 10 min vom Bahnhof entfernt.

Entlang der **Nanjing Beijie** 南京北街 gibt es eine gute Auswahl von Restaurants. Kleine **Nachtmärkte** gibt es in der Zhengyang Jie 正阳街 und der Zhongjie Lu 中街路.

In letzterer Straße, Hausnummer 206, liegt auch das Laobian Jiaoziguan 老边饺子馆, ein alteingesessenes Familienunternehmen, das seit 1829 für seine ausgezeichneten Maultaschen bekannt ist.

Dalian

»Dalian muss schön sein«, hört man unisono aus dem Mund ausländischer Studenten und von Freunden, die in China arbeiten. Und jeder zweite schwört, er würde im nächsten Urlaub mal dorthin fahren – um sich dann doch für Hainan, Yunnan oder die Phillipinen zu entscheiden. Vielleicht liegt es daran, dass man es sich nicht richtig vorstellen kann, dass eine Stadt, die in Chinas schwerindustrialisiertem Nordosten liegt, mehr als eine chronische Rachitis zu bieten hat. Zudem man den chinesischen Norden weder mit Sandstränden noch mit frischen Meeresfrüchten verbindet. Der Gedanke an eine chinesische Stadt mit Straßenbahn, ein öffentliches Verkehrsmittel, das zwar auf der Straße fährt, aber nicht ausweichen kann, er-

Im Zentrum von Dalian

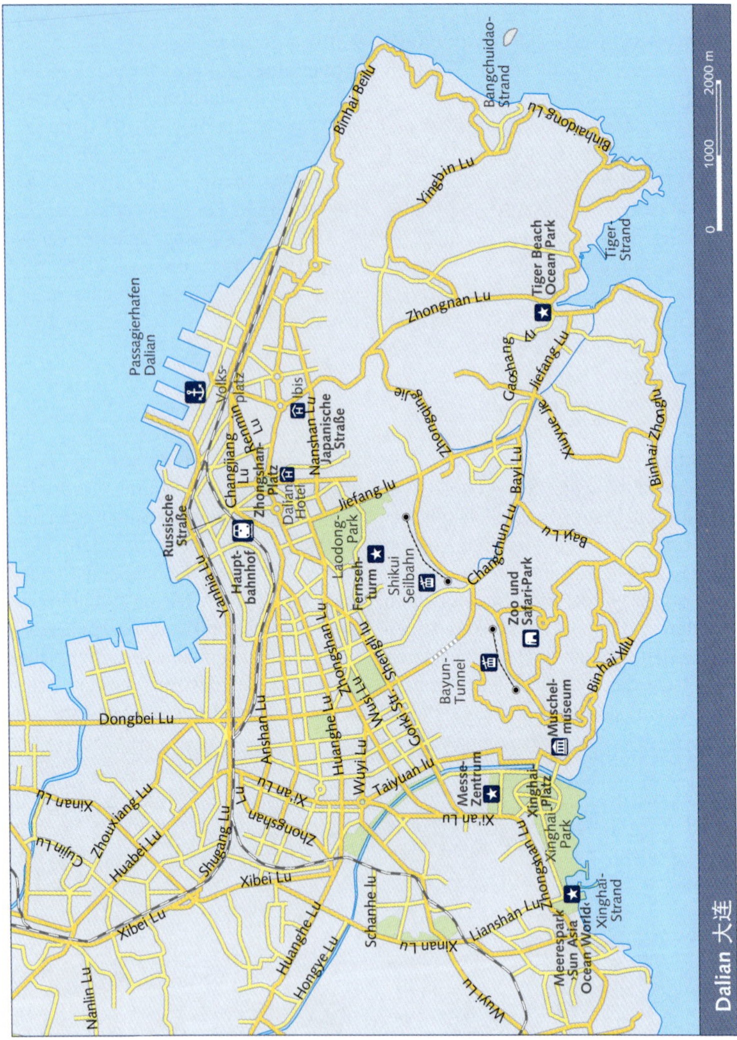

scheint dem Chinakenner und Gelegenheitsverkehrsteilnehmer geradezu absurd.

Dennoch, Dalian 大连, an der Spitze der Halbinsel Liaodong in Chinas äußerstem Nordosten gelegen, ist nicht nur eine der saubersten Städte Asiens, sondern bietet zudem auch noch kilometerlange Sandstrände, fangfrische Meeresfrüchte und für eine chinesische Großstadt erstaunlich gute Luft. Und durch die Straßen schiebt sich gemächlich eine Straßenbahn, die das Herz jedes Eisenbahnenthusiasten höher schlagen lässt.

Das russische Kolonialerbe

Wie alle chinesischen Kolonialstädte hat auch Dalian eine relativ kurze Geschichte. Die Halbinsel Liaodong war lange Zeit Zankapfel zwischen Russland und Japan. Nachdem China Liaodong 1895 als Folge des verlorenen japanisch-chinesischen Krieges an Japan abgetreten musste, gelang es Russland, mit Unterstützung der Deutschen und der Franzosen, die Japaner zur Aufgabe ihrer Position zu zwingen und die Halbinsel als Konzession zu beanspruchen. Ihr Ziel war es, neben Wladiwostok einen zweiten, eisfreien Hafen für die russische Flotte zu schaffen. Bereits 1904 kam es jedoch wieder zu Zusammenstößen mit Japan, die im Mai 1905, nach einer verheerenden Niederlage der russischen Flotte gegen ihren japanischen Gegner, zur Rückgabe Dalians an die Japaner führte. Mit der Niederlage Japans im Zweiten Weltkrieg kamen 1945 die Russen wieder zurück nach Dalian und blieben bis Mitte der 1950er Jahre, bis Dalian schließlich wieder in chinesische Hände überging.

Zhongshan-Platz

Heute ist die Stadt der bedeutendste Hafen Nordchinas und zeigt stolz ihr auf Hochglanz geputztes koloniales Erbe. Dies wird besonders deutlich am Zhongshan-Platz, der 1899 von russischen Architekten entworfen wurde und auch heute noch unumstrittenes Zentrum der Stadt ist.

Den 22 000 Quadratmeter großen Platz säumen prachtvolle Bauten im europäischen Stil, wobei das **Dalian Hotel** im Süden, die **Kulturhalle des Volkes** und die 1909 gebaute **Bank of China** direkt gegenüber sicherlich die interessantesten sind. Vor allem an den Abenden scheint die halbe Stadt auf dem Zhongshan-Platz versammelt zu sein, vor allen Dingen, wenn wichtige Spiele des lokalen Fußballvereins Dalian Shida live auf der riesigen Videoleinwand auf dem Dach des Dalian Hotels übertragen werden. Während die Fans, Bierflaschen in der Hand, gebannt den Ballkünsten ihrer Helden zuschauen, vergnügt sich Chinas neue Jugend mit Skateboard und Inline-Skatern auf den großen gefliesten Freiflächen des Platzes. Zuweilen tanzen ältere Paare zur Musik von tragbaren Kassettenrekordern, und alte Männer lassen ihre selbstgebastelten Drachen im frischen Seewind schaukeln. Vom Zhongshan-Platz gehen zehn Straßen sternförmig in alle Himmelsrichtungen ab. Ein Stadtrundgang durch Dalian beginnt so idealerweise auch vor dem Dalian Hotel.

Malerische Russische Straße

Läuft man vom Hoteleingang geradeaus über den Zhongshan-Platz, so kommt man direkt in die ›Shanghai-Straße‹ (Shanghai Lu), die in Richtung Bahnhof führt. Überquert man die Gleisanlagen über die große Eisenbrücke, steht man in der Straße, die die Dalianer nur noch ›Malerische Russische Straße‹ nennen.

Am Zhongshan-Platz

Petersburg meets Disneyland, mag es einem da durch den Kopf schießen. Während an beiden Seiten der als Fußgängerzone ausgebauten Straße russische Kolonialvillen stehen, wird an vielen kleinen Ständen Russlandnippes vom Erlesensten angeboten. Manch ein Berliner mag sich da angesichts der breiten Auswahl an Matrioschka-Puppen und Pelzmützen an die Russenmärkte in den 1990er Jahren erinnert fühlen.

Auch wenn die Dalianer Stadtväter in ihren Konservierungsbemühungen ein wenig über das Ziel hinausgeschossen sind, gibt die ›Malerische Russische Straße‹ Eluosi Fengjing Jie 俄罗斯风景街 doch einen guten Einblick in das architektonische Erbe der einstigen Kolonialherren. Und ein Schritt in die Nebenstraßen genügt, und das Ensemble ist weitaus weniger prätentiös. Zwischen neuerer chinesischer Bebauung und Häusern aus den 1950er Jahren findet sich immer wieder das eine oder andere Haus, das auch in Osteuropa stehen könnte. Abstrahiert man von den chinesischen Schriftzeichen, so hat man als europäischer Besucher in diesem Teil Dalians sowieso eher das Gefühl, sich in einem der Außenbezirke Prags zu befinden. Spätestens wenn sich dann die alten holzverkleideten Straßenbahnwaggons quietschend um eine Kurve quälen, ist die Illusion perfekt.

Russischer Kitsch in China

▲ Karte S. 214

Volksplatz

Von der ›Malerischen Russischen Straße‹ kann man eine Station mit der Straßenbahn zum Hauptbahnhof fahren und von dort den Spaziergang fortsetzen. Als architektonisches Kontrastprogramm empfiehlt sich der Volksplatz (Renmin Guangchang 人民广场), etwa zwei Kilometer in Richtung Westen. Der Einfluss ist immer noch russisch, allerdings späteren Datums, wie auch sein früherer Name vermuten lässt: Stalin-Platz. Vor kurzem hat man den Platz großzügig begrünt und ausladende Blumenrabatten aufgestellt, so dass er nicht mehr ganz wie ein von Protzarchitektur gesäumter Aufmarschplatz aussieht. Auch wenn die riesige Freifläche heute auch dem Namen nach dem Volk gewidmet ist, bleibt sie doch zumeist seltsam leer.

Zhongshan Lu

Auf dem Weg zurück zum Zhongshan-Platz kann man der Sun-Yat-sen-Straße (Zhongshan Lu 中山路) folgen und kommt so durch Dalians Banken- und Geschäftsviertel. Hier befindet man sich unmissverständlich wieder in der chinesischen Gegenwart. Spiegelverglaste Hochhäuser und riesige Einkaufszentren stehen hier zwischen den bis zu achtspurigen Prachtstraßen, die in den letzten fünf Jahren breite Schneisen in das Stadtbild gefressen haben. In dieser Hinsicht gleicht Dalian anderen modernen chinesischen Städten wie Shanghai oder Beijing. Nur dass alles einen Tick aufgeräumter, sauberer wirkt. Dalian erweckt als einzige chinesische Stadt selbst in

Koloniales Erbe: Straßenbahn in Dalian

Nebenstraßen den Eindruck, als könne man von der Straße essen. Singapur ist für manchen chinesischen Stadtvater das Vorbild – Dalian kommt diesem Vorbild schon sehr nahe.

Die Strände

Nach Dalian kommt man nicht nur aus architektonischem oder historischem Interesse, denn trotz ihrer nördlichen Lage ist die Stadt einer der beliebtesten Badeorte Chinas. Im Sommer ist Dalian zudem eine der wenigen Städte in China, an denen man nicht mehrmals am Tag die durchgeschwitzte Kleidung wechseln muss. Die höchste je gemessene Temperatur liegt bei 35 Grad, normalerweise wird es aber kaum wärmer als 30 Grad, und vom Meer weht beständig eine frische Brise.

Vor allen an Wochenenden und zur Ferienzeit verlagert sich das Leben der Stadt an die Meeresküste, und die Strände gleichen einer Picknickwiese. Immer häufiger sind auch russische Töne zu hören, da viele Russen aus Wladiwostok und Umgebung ihren Urlaub in diesem Teil Chinas verbringen. Erwarten Sie kein Hainan und erst recht kein Hawaii, einige der Strände eignen sich jedoch ausgezeichnet zum Schwimmen und Sonnenbaden, wobei man Wochenenden und nationale Feiertage möglichst meiden sollte. China ist nicht gerade mit Stränden und Bademöglichkeiten gesegnet, und so drängen sich in der Hochsaison zuweilen einige tausend Besucher auch auf den kleineren Stränden.

Nur fünf Kilometer vom Stadtzentrum entfernt liegt der Bangchuidao-Strand 棒棰岛滩, der sich allerdings eher für Spaziergänge als zum Sonnenbaden eignet. Der einzige reine Sandstrand, der Fujiazhuang Haitan 福家庄海滩, liegt etwa zehn Kilometer südlich der Stadt. Der ›Strand der Goldenen Steine‹ (Jinshitan 金石滩) ist eine gute Alternative, liegt allerdings etwa 60 Kilometer nördlich von Dalian. Busse zwischen dem Hauptbahnhof und dem Strand verkehren alle 40 Minuten.

Sollten Sie vorhaben, die Westspitze der Halbinsel Dalians zu besuchen, seien Sie vorsichtig: Lüshun 旅顺 ist immer noch militärisches Sperrgebiet, und die Nähe zu Nordkorea lässt die chinesischen Militärs keinen Spaß verstehen.

Strandleben

Essen und trinken

Auch kulinarisch hat Dalian einiges zu bieten. An vielen Stränden bieten kleine Restaurants und Garküchen fangfrische Garnelen und Tintenfische an. Im Stadtzentrum isst man am besten in dem Dreieck zwischen Zhongshan-Platz, der ›Malerischen Russischen Straße‹ und dem Hauptbahnhof. Vor allem in der Youyi Jie 友谊街, der ›Freundschaftsstraße‹, laden kleine Grill- und Meeresfrüchte-Restaurants zum Schlemmen ein. Im Sommer sitzt man hier an kleinen Klapptischen unter Gingkobäumen und kann auch als Sprachunkundiger durch bloßes Deuten auf Fisch oder Schalentier eine schmackhafte Mahlzeit bekommen. Nur sollte man sich den Preis aufschreiben lassen – manch ein bunter Flossenträger kostet zuweilen soviel wie ein Auto der gehobenen Mittelklasse.

Frisch aus dem Meer auf den Tisch

Dalian

Vorwahl: +86/411.
Post: Hauptpost in der Changjiang Lu 长江路/Ecke Shanghai Lu 上海路.
Bank: Bank of China, Zhongshan Guangchang 中山广场 9.
Reisebüro: CITS, Changtong Jie 畅通街 1.

Internationale Flüge gibt es nach Osaka, Fukuoka, Tokio und Seoul. Dalian bietet Direktverbindungen mit fast allen chinesischen Großstädten.

Die Schiffsverbindung nach Qingdao wurde leider 2003 eingestellt. Vier Expressschiffe verkehren täglich zwischen Dalian und Yantai und benötigen 3,5 Stunden. Schiffe nach Shanghai, die alle vier Tage fahren, brauchen zirka 37 Stunden. Einmal wöchentlich gibt es eine Verbindung nach Incheon in Südkorea (18 h). Die Schiffe fahren ab dem Passagierhafen in der Yimin Jie 移民街 im Nordosten der Stadt.

Die meisten Züge fahren vom Hauptbahnhof (Huochezhan 火车站) am nördlichen Ende des Siegesplatzes (Shengli Guangchang 胜利广场). Durchgehende Züge gibt es unter anderem nach Beijing (11 h), Harbin (9,5 h), Shenyang (4 h) und Dandong (11 h) an der nordkoreanischen Grenze.

Der Busbahnhof befindet sich wenige Meter nordwestlich des Bahnhofs. Die Straßen in diesem Teil Chinas sind meist ausgezeichnet, der Bus ist hier eine gute Alternative zum Zug. Die Expressbusse nach Shenyang (5 h) und Dandong (6 h) sind zu empfehlen.

▶ Karte S. 214

Dalian Hotel (Dalian Binguan 大连宾馆), 4 Sterne, Zhongshan Guangchang 中山广场 4, Tel. 2633111, Fax 2634363, www.dl-hotel.com. Solides Hotel im kolonialen Stil direkt am Zhongshan-Platz.

Hotel Ibis 宜必思, 2 Sterne, Dalian Sanba 大连三八, Wuwu Lu 五五路 49, Tel. 39865555 Fax 39865558. Im historischen Stadtzentrum gelegen.

Besonders rund um die Tianjin Jie 天津街 liegen Restaurants in allen Preislagen. Eine gute Region, ansprechende Restaurants zu finden, sind auch die zum Zhongshan-Platz führenden Straßen. Dalian ist bekannt für seine reichhaltige Auswahl an frischem Fisch und Meeresfrüchten. Das **Qunying Lou** 群英楼 ist das älteste und etablierteste Fischrestaurant der Stadt und liegt in der Gangwan Lu 港湾路 1–8.

Harbin

Noch Ende des 19. Jahrhunderts war Harbin 哈尔滨 ein regelrechtes Kaff, kaum wert, auf der Landkarte zu erscheinen. Erst der Bau der Eisenbahnlinie Wladiwostok–Dalian im Jahre 1896 machte aus dem Dorf eine Stadt, die so schnell wuchs, dass sie bereits 1917 über mehr als 200000 Einwohner verfügte. Das ›chinesische Moskau‹ stand, architektonisch unübersehbar, immer stark unter russischem Einfluss. Und so verwundert es kaum, dass auch heute noch die wuchtigen russischen Bauten den Innenstadtbereich dominieren. Zahlreiche christliche Kirchen unterstreichen die westliche Note des Stadtbilds. Immer wieder spülten die politischen Wirren des nahen Russland und später der Sowjetunion große Flüchtlingswellen nach Harbin. Erst in der Revolution von 1917, dann während wiederholter Pogrome gegen die jüdische Bevölkerung und nicht zuletzt in der Zeit des Stalinismus. Viele der Flüchtlinge kehrten nie zurück, und so entstand ein echtes Mischprodukt aus russischen und chinesischen Einflüssen. Aus rein touristischer Sicht ist Harbin trotzdem kein absolutes Muss für China-Reisende, denn die Kombination aus Schwerindustrie, klobiger Architektur und hartem Klima wirkt auf den ersten Blick wenig attraktiv. Heute hat Harbin mehr als drei Millionen Einwohner und eignet sich vor allem als Basis für Ausflüge in die wilde Natur des Nordostens.

Die russisch-orthodoxe Sophienkirche in Harbin

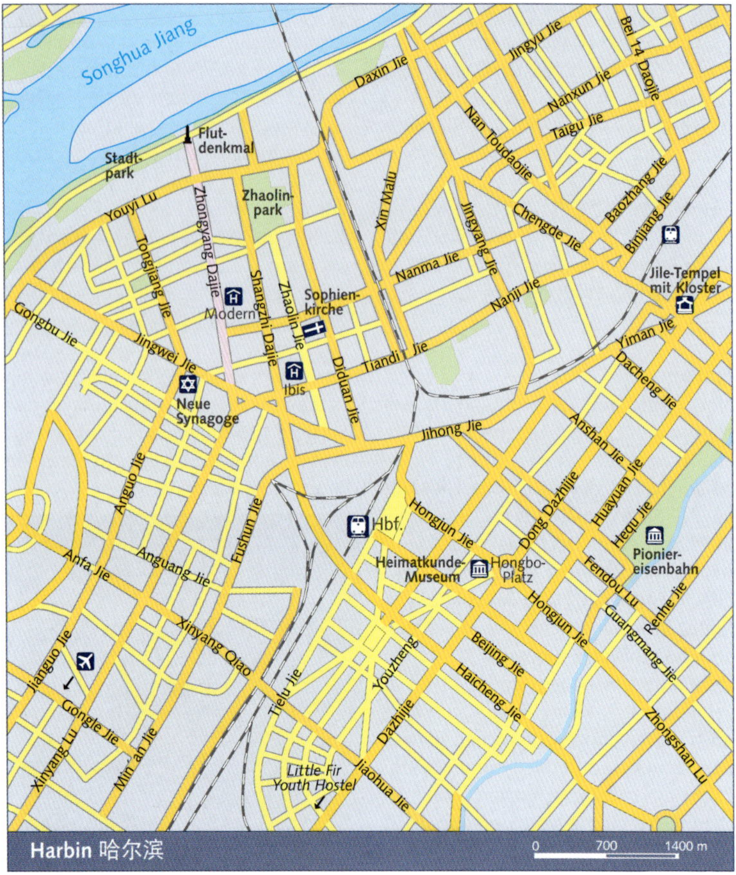

Eisskulpturenfest

Es gehört ein gutes Stück Masochismus dazu, Harbin, das Tiefsttemperaturen bis minus 40 Grad verzeichnet, im Winter zu besuchen. Trotzdem strömen im tiefsten Winter, zwischen dem 5. Januar und dem 15. Februar, zehntausende chinesische Touristen in die Stadt, und das hat einen einzigen Grund: das Eisskulpturenfest (Bingdeng Jie 冰灯节). Auf einer riesigen Fläche im Zhaolin-Park (Zhaolin Gongyuan 兆麟公园), teilweise auch entlang des Songhua-Ufers (Songhua Jiang 松花江), entsteht eine Phantasiewelt aus Eis. Szenen aus der chinesischen Mythologie werden ab Mitte Dezember von Künstlern der Stadt ebenso aus Eis geformt, gemeißelt und geschnitten wie Tierfiguren, Modelle der Chinesischen Mauer und der Verbotenen Stadt sowie berühmte Bauwerke aus aller Welt. Vor allem nachts lohnt sich ein Spaziergang durch das Festivalgelände. Dann leuchten die Skulpturen in allen Farben des Regenbogens und lassen erahnen, wie die Welt wohl durch die

Brille psychedelischer Drogen aussehen würde. Wenn Sie wollen, können Sie sich auch mit einem Schlitten durch die Ausstellung fahren lassen, und für die ganz Abgebrühten sind kleine Badelöcher in das Eis geschlagen.

Daoli-Viertel

Auch wenn das Eisfestival die Hauptattraktion der Stadt ist, lohnt sich ein kleiner Spaziergang durch die Straßen Harbins. Leider hat man über die Jahre die Reste der russischen Kolonialarchitektur nicht sehr pfleglich behandelt, viele der Häuser sind abgerissen worden oder befinden sich in einem traurigen Zustand. Ein empfehlenswerter Spaziergang führt jedoch durch das Daoli-Viertel 道里区 südlich des Zhaolin-Parks. Hier ist der russische Einfluss auf Harbins Stadtstruktur noch am deutlichsten, viele der Gebäude aus dem frühen 20. Jahrhundert stehen inzwischen unter Denkmalschutz. Inmitten des Viertels liegt die **St.-Sophia-Kirche** (Shengsufeiya Jiaotang 圣素菲亚教堂), eine russisch-orthodoxe Kirche, die in der Kulturrevolution stark beschädigt und in den letzten Jahren aufwendig restauriert wurde. In der Kirche ist eine Ausstellung von Schwarzweißfotografien untergebracht, die das Harbin vor 1949 zeigen.

Harbin

Vorwahl: +86/451.

Post: Hauptpost in der Jianshe Jie 建设街 51.

Bank: Bank of China, Hongjun Jie 红军街.

Reisebüro: CITS, Zhongshan Lu 中山路 73.

Der Flughafen liegt 50 km außerhalb der Stadt. Direktverbindungen gibt es unter anderem nach Beijing, Shanghai und Guangzhou. Harbin bietet internationale Flüge nach Chabarovsk, Vladivostok und Seoul. Das **Air-China-Büro** liegt in der Zhongshan Lu 中山路 101, Tel. 26270 70.

Durchgehende Züge gibt es unter anderem nach Beijing (8 h), Dalian (9 h) und Shanghai (31 h). Die Transsibirische Eisenbahn fährt durch Harbin, Tickets gibt es in der ›Harbin Railway International Tourist Cooperation‹ im 7. Stock des Kunlun Hotels 昆仑饭店 in der Tielu Jie 铁路街 8.

Der Busfernbahnhof befindet sich in der Songhuajiang Jie 松花江街 in der Nähe des Bahnhofs.

Little Fir International Youth Hotel / Xiao Shanshu Guoji Qingnian Lüguan 小杉树国际青年旅馆), Xuefu Lu 学府路 83, Tel. 86646192, www.yhhrb.com. Einfach, aber stilvoll in einem traditionellen Hofhaus gelegen, bietet die Herberge den chinatypischen Jugendherbergsstandard.

Hotel Ibis 宜必思, 2 Sterne, Harbin Shangzhi, Zhaolin Jie 92, Tel. 87509999, Fax 87506575. Sehr zentral gelegen.

Hotel Modern, 4 Sterne, Zhongyang Dajie 89 中央大街, Tel. 84884199, Fax 84614997. Ebenfalls im Zentrum und Harbins ältestes Hotel.

Eine große Auswahl an Restaurants und Bars gibt es entlang der Zhongyang Dajie 中央大街, einer Fußgängerzone.

Nirgendwo sonst in China liegen futuristische Moderne und jahrhundertealte Traditionen so nah beieinander wie hier. Chinas Ostprovinzen rund um den Wirtschaftsmotor Shanghai bieten deshalb gepflegten Wohlstand genauso wie traditionelles Dorfleben und wilde Landschaften.

Entlang der Ostküste

Die Halbinsel Shandong

Zwei Dinge haben Chinas Ostprovinz Shandong 山东 berühmt gemacht: Konfuzius und das Tsingtao-Bier. Während der große Weise aus dem im Westen der Provinz gelegenen Qufu mit seinen Ideen bis heute die Gedankenwelt Chinas und ganz Ostasiens maßgeblich beeinflusst, hat es das in der Küstenstadt Qingdao gebraute Tsingtao-Bier immerhin zu dem Ruf gebracht, Chinas bestes Bier zu sein. Einst von den deutschen Besatzern eingeführt, ist es heute weltweit erhältlich, immer noch gebraut nach dem deutschen Reinheitsgebot.

Es verwundert nicht, dass sich die Deutschen die Halbinsel Shandong für ihre kolonialen Bestrebungen ausgesucht haben – mal abgesehen davon, dass das Deutsche Reich sich als letzte westliche Macht ein Stück aus dem chinesischen Kuchen geschnitten hat, von dessen lukrativer, dem Meer zugewandten Ostseite nicht mehr viel übrig war. Die Landschaft der Halbinsel erinnert ein wenig an eine europäische Mittelgebirgslandschaft, und auch das Klima ist, zumindest für chinesische Verhältnisse, gemäßigt. Selbst im Sommer weht eine frische Brise vom Ostchinesischen Meer herüber und lässt die Temperaturen selten über 30 Grad steigen. Im Winter wird es zwar auch sehr kalt, sibirische Temperaturen wie im restlichen Nordchina sind hier aufgrund der ausgleichenden Wirkung des Meeres jedoch nicht zu erwarten.

▲ Karte S. 225

Während die Hauptstadt Jinan bestenfalls als Umsteigestation interessant ist, sind Qingdao, Qufu und der Taishan vor allem bei chinesischen Touristen beliebte Ausflugsorte. In Qingdao locken Sandstrände, frische Meeresfrüchte und natürlich das berühmte Bier. Nach Qufu fährt man, um Konfuzius, dem Ahnherren aller chinesischen Verhaltensregeln die Aufwartung zu machen. Den Taishan, einen von fünf heiligen Bergen des Daoismus, haben schon die chinesischen Kaiser bestiegen, in dem Bestreben, dem Himmel näher zu sein.

Qingdao

Während sich in den anderen ehemals von ausländischen Mächten besetzten Küstenstädten Chinas die westliche Architektur auf einzelne Stadtteile beschränkt, ging man in Qingdao 青岛 mit deutscher Gründlichkeit vor. Die bestehenden chinesischen Fischerdörfer wurden abgerissen und eine typische deutsche Kleinstadt auf die Halbinsel gesetzt, welche die Chinesen ›grüne Insel‹, Qingdao, nannten. Es war im Jahre 1898, als die Deutschen mit der Gründung der Stadt Qingdao (Tsingtao nach der alten Umschrift) und der Pacht des angrenzenden Jiaozhou auf die koloniale Bühne Chinas traten. Es dauerte keine zwei Jahre, und schon wurden sie zum Hauptdarsteller.

Als im Jahre 1900 der deutsche Gesandte Clemens von Ketteler bei Qingdao ermordet wurde und man diesen Mord dem chinesischen Geheimbund der sogenannten Boxer (chinesisch Yihetuan, ›Bund der Rechtschaffenheit und der Harmonie‹) zuschrieb, wurde der Ruf laut, Vergeltungsmaßnahmen gegen China und seine Bevölkerung einzuleiten. Eine gleichzeitige Kriegserklärung der Kaiserwitwe Cixi an die Westmächte lieferte den Vorwand, mit aller Härte gegen China vorzugehen. »Germans to the front!«, hieß es. In seiner ›Hunnenrede‹ vom 27. Juli 1900 wies Kaiser Wilhelm die deutschen Soldaten an,

Die Halbinsel Shandong 山东

keine Rücksicht auf Verluste zu nehmen: »Kommt ihr vor den Feind, so wird derselbe geschlagen! Pardon wird nicht gegeben! Gefangene werden nicht gemacht! Wer euch in die Hände fällt, sei euch verfallen! Wie vor 1000 Jahren die Hunnen unter ihrem König Etzel sich einen Namen gemacht, der sie noch jetzt in Überlieferung und Märchen gewaltig erscheinen lässt, so möge der Name Deutscher in China auf 1000 Jahre durch euch in einer Weise bestätigt werden, dass es niemals wieder ein Chinese wagt, einen Deutschen scheel anzusehen!« Auch wenn der Wortlaut der Rede in der späteren Veröffentlichung abgemildert wurde, waren dies die Worte, mit denen die deutschen Soldaten nach China fuhren, wo sie an der Spitze der sogenannten ›Acht-Mächte-Armee‹ Beijing besetzten. Angesichts des damaligen brutalen Vorgehens deutscher Truppen ist es erstaunlich, wie stolz die Bewohner Qingdaos heute auf das deutsche Erbe sind. Mit Beginn des Ersten Weltkrieges 1914 fand die deutsche Kolonialherrlichkeit an Chinas Ostküste jedoch ein jähes Ende. Japan besetzte Qingdao und bekam es laut dem Versailler Vertrag nach dem Ersten Weltkrieg zugesprochen, eine Entscheidung, die den Zorn der chinesischen Intellektuellen auf sich zog und Katalysator für die Vierte-Mai-Bewegung war, die endgültig die geistigen Pforten zum modernen China aufriss. 1922 schließlich gab Japan Qingdao an China zurück, nur um 1938 wiederzukehren und die Stadt ein zweites Mal bis 1945 zu besetzen. Seitdem in chinesischer Hand, gewann Qingdao, neben Dalian wichtigste Hafenstadt Nordchinas, mit Beginn der Reform- und Öffnungspolitik zunehmend an wirtschaftlicher Bedeutung und hat heute hinter

Qingdao 青岛

Von Wasser umgeben: Qingdao

Shanghai, Dalian und Tianjin den viertgrößten Hafen Chinas. Neben der weiterhin erfolgreichen Qingdao-Brauerei haben sich zahlreiche Industrieuntennehmen angesiedelt, so dass die Stadt inzwischen der eigentlichen Provinzhauptstadt Jinan den Rang abgelaufen hat. Qingdao ist heute eine boomende Stadt, wie die rasch wachsende Skyline beweist. Zwischen den Hochhäusern schmiegt sich das alte koloniale Qingdao an die grünen Hänge und lädt zu einem Bummel in die Vergangenheit ein.

Sehenswürdigkeiten

Qingdao ist eine Stadt, die man zu Fuß entdecken muss. Zum einen, weil die öffentlichen Verkehrmittel chronisch überfüllt und langsam sind, zum anderen, weil es zum Radfahren einfach zu steil ist. Die Orientierungspunkte sind der Bahnhof im Westen, die Sankt-Michaelis-Kathedrale an der Zhongshan Lu 中山路 im Stadtzentrum sowie die ehemalige Gouverneursresidenz im Osten der Innenstadt.

Idealerweise beginnt man einen Spaziergang am Bahnhof Huochezhan 火车站, dessen Uhrenturm und Teile der Fassade noch an den alten Kolonialbahnhof erinnern, den die Deutschen an gleicher Stelle bauten.

Verlässt man den Bahnhof in Richtung Osten, so erreicht man nach 500 Metern die **Zhongshan Lu**, heute und zu Kolonialzeiten (wie der ehemalige Name Friedrichsstraße verrät) die Haupteinkaufsstraße der Stadt. An beiden Seiten der Straße finden sich noch gut erhaltene, inzwischen teilweise renovierte Kolonialbauten, unter ihnen der frühere Tsingtao-Club, ein Jugendstilgebäude auf der rechten Straßenseite sowie der Fachwerkbau des ehemaligen Seemannsheims, in dem sich das Deutsche Reich um die Keuschheit junger Matrosen sorgte.

500 Meter in Richtung Norden, am Qingdao Hotel (Qingdao Fandian 青岛饭店), zweigt die Qufu Lu 曲阜路 nach Osten ab. Folgt man ihr, so erreicht man nach einigen hundert Metern den Vorplatz der **Sankt-Michaelis-Kathedrale** (Tianzhu Jiaotang 天主教堂), eine um die Jahrhundertwende konzipierte, jedoch erst 1934 fertiggestellte katho-

Die Michaelis-Kathedrale im neoromanischen Stil

lische Kirche im neoromanischen Stil. In der Kulturrevolution geschlossen, beherbergt sie heute wieder eine kleine katholische Gemeinde.
Nördlich der Kathedrale verläuft die Dexian Lu 德仙路 in südöstliche Richtung. Folgt man ihr und biegt an der nächsten Kreuzung in die Yishui Lu 依水路, so erreicht man dort, wo die Straße einen Bogen nach Norden macht, den **ehemaligen Gouverneurspalast**, das heutige Rathaus, 1906 gebaut und 1989 von der Stadtregierung im ähnlichen Stil erweitert.
Der Yishui Lu folgend, erreicht man an der Kreuzung Longshan Lu 龙山路 die protestantische **Christuskirche** (Jidu Jiaotang 基督教堂), ein schlichter Jugendstilbau, der zu Kolonialzeiten der deutschen Gemeinde als Gotteshaus diente. Wenige Meter östlich, in der Longshan Lu 26, befindet sich das ehemalige **Wohnhaus des deutschen Gouverneurs**, ein mit ineinander verschachtelten Giebeln und Türmchen imposanter Bau.
Nach dem etwa vier Kilometer langen Spaziergang durch Qingdao haben Sie sich ein Bad verdient! Qingdao hat einige der **schönsten Strände Chinas**, wenn diese auch, vor allem im Stadtgebiet, an Wochenenden und Ferientagen ein wenig überlaufen sind. Auf einer kleinen Landzunge am östlichen Ende von Strand Nr. 2 thront das einer Burg gleichende **Huashi Lou** 花石楼, die ehemalige Sommerfrische des Gouverneurs und letzter Aufenthaltsort Chiang Kaisheks, bevor er 1949 nach dem Sieg der Kommunisten nach Taiwan floh.

▲ Karte S. 226

Qingdao-Brauerei

Sollten Sie in Erwartung einer Bierverkostung die Besichtigung der Qingdao-Brauerei (Qingdao Pijiuchang 青岛啤酒厂) auf das Ende des Tages legen, werden Sie enttäuscht sein. Die Besichtigung der Brauerei ist eine eher trockene Angelegenheit. Die 1903 unter dem Namen ›Germania-Brauerei‹ gegründete Brauerei, liegt in der Dengzhou Lu 邓州路 (die zu Kaisers Zeiten ›Hauptmann-Müller-Straße‹ hieß) in einem eher unansehnlichen Industrieviertel im Norden der Stadt. Individuelle Besichtigungen sind leider nicht möglich, CITS organisiert allerdings Touren für etwa 60 Yuan pro Person.
Zurück in der Innenstadt, können Sie das gerade besichtigte Getränk auch genießen. Viele Restaurants und Geschäfte schenken immer noch Bier vom Fass aus, was sonst in China eher selten zu bekommen ist. In Qingdao ist es Tradition und erinnert an die Anfänge des Bierkonsums in China, als man sich Bier zumeist mit Eimern und sogar Plastiktüten am Laden um die Ecke holte, ein Bild, das man auch heute zuweilen noch sieht.
Das von der historischen ›Germania-Brauerei‹ gebraute Bier war schon nach kurzer Zeit auch bei Chinesen beliebt, und die Brauerei produzierte weitaus

Hochzeitspaar am Strand, in Hintergrund die Villa Huashi Lou

mehr als für den täglichen Durst der rund 5000 deutschen Bewohner Qingdaos notwendig gewesen wäre. Der augenscheinliche Erfolg des Gerstensafts rief zwei chinesische Geschäftsmänner auf den Plan, die 1915 in Beijing die erste chinesische Brauerei gründeten, die heute ebenfalls noch existierende Shuangheshuang-Brauerei (heute Five Star, Wuxing 五星). In der ersten Zeit stellte die Brauerei jeden Tag einige Eimer Freibier vor die Werkstore und beobachtete mit Freude, dass dieses reißenden Absatz fand. Von damals an feierte das Bier auch in China seinen Siegeszug und ist heute neben Tee und Schnaps das dritte Nationalgetränk. Auch die Qingdao-Brauerei führt ihre Erfolgsstory fort und konkurriert heute mit Carlsberg um die Vorherrschaft auf dem asiatischen Biermarkt.

Laoshan-Gebirge

Seinen guten Geschmack verdankt das Bier aus Qingdao dem Laoshan-Mineralwasser, mit dem es gebraut wird. Falls man die Quelle besichtigen will, empfiehlt sich ein Ausflug in das Laoshan-Gebirge 崂山, 40 Kilometer östlich von Qingdao. Seit der Song-Dynastie gibt es hier einige daoistische Tempel, unter ihnen der **Taiqing Gong** 太清宫, der ›Palast der Höchsten Reinheit‹. Von hier kann man in einer mehrstündigen Wanderung den 1132 Meter hohen Gipfel des Laoshan erreichen, von dem man einen phantastischen Blick auf das Meer hat.

Qingdao

Vorwahl: +86/532.
Post: Hauptpost in der Anhui Lu 安徽路 5.
Bank: Bank of China, Zhongshan Lu 中山路 68.
Reisebüro: CITS, Nanhai Lu 南海路 9, Tel. 288 03 90.

Internationale Flüge gibt es nach Seoul, Osaka und Fukuoka, Direktflüge außerdem nach Beijing, Shanghai, Dalian, Kunming, Xi'an und Hongkong. **Air China** hat ein Büro in der Zhongshan Lu 中山路 29.

Der Bahnhof, unverkennbar an seinem deutschen Glockenturm, liegt im Zentrum, etwa 500 Meter nördlich des Badestrands Nr. 6 in der Tai'an Lu 泰安路. Empfehlenswerte Direktverbindungen gibt es nach Beijing (10 h), Shanghai (18,5 h), Nanjing (18 h) zum Taishan (6 h) und nach Qufu (7 h). Alle Züge fahren über die Provinzhauptstadt Jinan (4 h).

Die alte Busstation befindet sich gegenüber dem Bahnhof. Die meisten Busse fahren nun aber von der neuen

Busstation **Changtu Qichezhan** 长途汽车站 in der Wenzhou Lu im Norden der Stadt (Sifang Distrikt). Von hier fahren Busse unter anderem nach Yantai (3,5 h) und Jinan (4 h).

Eine interessante Fährverbindung besteht viermal in der Woche mit Incheon in Südkorea (17 h). Außerdem gibt es Boote nach Shimonoseki in Japan (26 h). Alle Schiffe fahren vom Zhonggang-Hafen 中港 im Nordwesten der Stadt.
Die Fährverbindungen mit Shanghai und Dalian sind leider eingestellt worden. Schiffe nach Dalian fahren von Yantai, 200 Kilometer nördlich von Qingdao, und sind die schnellste Verbindung von Qingdao in Chinas Nordosten.

Shangri-la Hotel (Xianggelila Dajiudian 香格里拉大酒店), 5 Sterne, Xianggang Zhonglu 香港中路 9, Tel. 388 38 38, Fax 388 78 78. Exzellentes Luxushotel im Südosten der Stadt.
Qingdao Hotel (Qingdao Fandian 青岛饭店), 3 Sterne, Zhongshan Lu 中山路 53, Tel. 289 18 88, Fax 286 24 64. Zentral gelegenes Mittelklassehotel mit Zimmern in jeder Preislage.
Hosteling International Qingdao (Qingdao Guoji Qingnian Lüshe 青岛国际青年旅社), Qixia Lu 栖霞路 7a, Tel. 828 651 77, www.youthtailor.com. Eher Mittelklassehotel als Jugendherberge, gutes Preis-Leistungsverhältnis und ein Hauch von Stil (außer an der Fassade).

Schnitzel und Kartoffelsalat sucht man vergeblich in Qingdao, und auch ansonsten ist vom kulinarischen Erbe der einstigen Kolonialmacht Deutschland wenig übriggeblieben. Dafür wird das Bier immer noch nach dem deutschen Reinheitsgebot gebraut. Die Marke Tsingtao-Bier bekommt man allerdings eher selten in der Stadt, das lokale Bier heißt Laoshan 崂山啤酒, schmeckt ähnlich gut und wird meist als Bier vom Fass (Shengpi 生啤 bzw. Zhapi 扎啤) ausgeschenkt. Dazu werden Meeresfrüchte angeboten, die selbst in kleinen Restaurants frisch auf den Tisch kommen. Das Tagesangebot schwimmt zumeist in kleinen Aquarien im Schaufenster.
Der **Nachtmarkt** an der Uferstraße Taiping Lu 太平路 gehört zu den besten Chinas und bietet auf mehr als einem Kilometer Länge ein reichhaltiges Angebot an Fischen, Meeresfrüchten und Fleischspießen. Zudem gibt es entlang der gesamten Uferfront Dutzende von guten Restaurants.

In der zweiten Augusthälfte findet in Qingdao jährlich ein großes **Bierfest** statt. Begleitend wird dazu ein Musikfestival ausgerichtet. Aktuelle Veranstaltungshinweise und Kneipentipps gibt es unter www.myredstar.com sowie www.thatsqingdao.com.

Jinan

▲ Karte S. 225

Sofern Sie nicht nach Qingdao fliegen, werden Sie auf Ihrem Weg dorthin durch Jinan 济南, die Provinzhauptstadt Shandongs, kommen. Viel zu sehen gibt hier nicht, sollten Sie jedoch auch Qufu und den Taishan besuchen, kann es sein, dass Sie in Jinan umsteigen und ein paar Stunden in der Stadt verbringen müssen. Die Tempel und Parks der Stadt

In Jinan

sind nicht spektakulär, haben aber den Vorteil, dass sie kaum von Touristen besucht werden und so viel ihrer Ursprünglichkeit bewahrt haben.
Der **Berg der Tausend Buddhas** (Qianfo Shan 千佛山) im Südosten der Stadt ist eine Ansammlung buddhistischer Figuren, die, auch wenn viele während der Kulturrevolution beschädigt wurden, einen Besuch lohnen. Die Stadt ist außerdem berühmt für ihre mehr als hundert Quellen, deren bekannteste, die **Baotu-Quelle** (Baotu Quan 趵突泉) in einem schönen Park etwa vier Kilometer südwestlich des Bahnhofs liegt.
Haben Sie ein wenig mehr Zeit, so empfiehlt sich ein Ausflug zum 33 Kilometer südwestlich Jinans gelegenen **Shentong-Kloster** (Shentong Si 神童寺). Teile des Klosters, unter anderem die Simen-Pagode (Simen Ta 四门塔) datieren bis ins 6. Jahrhundert zurück und gehören zu den ältesten erhaltenen buddhistischen Bauwerken Shandongs. Bus Nr. 22 fährt von der Kreuzung Wei Erlu 纬二路 und Jing Silu 经四路 (etwa ein Kilometer südlich des Bahnhofs entlang der Hauptstraße) direkt zu der Klosteranlage und benötigt etwa 90 Minuten für die einfache Stecke.

Jinan

Vorwahl: +86/531.
Post: Die Hauptpost befindet sich an der Ecke Jing Erlu 经二路/Wei Erlu 纬二路.
Bank: Bank of China, Luoyuan Dajie 罗园大街 22.
Reisebüro: China Shandong Travel Service (Zhongguo Shandong Lüxingshe 中国山东旅行社) in der Lishan Lu 历山路 185, Tel. 2608598, organisiert Touren zu allen Zielen innerhalb Shandongs.

Jinan verfügt über Direktverbindungen mit fast allen großen chinesischen Städten, unter anderem mit Beijing, Shanghai, Kunming, Xi'an, Guangzhou und Hongkong. Das **Air-China-Büro** liegt in der Luoyuan Dajie 罗园大街 198, Tel. 60 103 33.

Jinan ist ein wichtiger Eisenbahnknotenpunkt, gute Verbindungen gibt es nach Qingdao (3 h), Beijing (4 h), Shanghai (7 h) und Xi'an (16 h). Der Hauptbahnhof befindet sich am nördlichen Ende der Wei Erlu 纬二路.

Interessante Busverbindungen unter anderem nach Qingdao (von der Busfernstation 长途汽车占 im Norden der Stadt, 4,5 h), Qufu (2,5 h) und Tai'an (2 h) am Fuße des Taishan. Busse zu den beiden letzten Orten fahren vom Busbahnhof gegenüber dem Hauptbahnhof.

Shandong Longqiantan Hotel (Shandong Longqiantan Binguan 山东龙千潭宾馆), 3 Sterne, Wei Sanlu 纬三路

11–15, Tel. 6057777, Fax 6055678. Ausgezeichnetes Mittelklassehotel in der Nähe des Bahnhofs.

Die meisten Restaurants liegen in den Straßen des Viertels südwestlich des Bahnhofs, deren systematische Namensgebung der Straßen die Orientierung einfach macht (Jing Lu 经路 1–10 in der Ost-West-Richtung, Wei Lu 纬路 1–10 von Nord nach Süd). Hier gibt es auch mehrere Nachtmärkte. Ausgezeichnete Maultaschen (Jiaozi 饺子) bereitet das **Restaurant Xibei Jiaozi Cheng** 西北饺子城 an der Ecke Jing Qilu 经七路 und Wei Balu 纬八路 zu.

Qufu

Qufu 曲阜 ist die Heimatstadt von Konfuzius (Kongzi 孔子 auf Chinesisch), und bis heute ist die Stadt fest in der Hand der Kong-Familie. Wenn Sie sich wundern, warum der Hauptbahnhof in Yanzhou und nicht in der Stadtmitte liegt, hier die Antwort: Die Kong-Familie fürchtete, die Ruhe des berühmten Vorfahren würde gestört und verwehrte sich erfolgreich gegen die ursprünglichen Pläne, die Trasse bis nach Qufu zu legen. Selbst im heutigen China ist der Einfluss der Familie Kong ungebrochen. Der derzeitige Bürgermeister der Stadt ist auch wieder ein Nachfahre des berühmtesten aller chinesischen Philosophen.

Bedenkt man, dass während der Kulturrevolution Konfuzius einer der Hauptangriffsziele war und dies der Stadt nicht gut bekommen ist, ist es erstaunlich, wie seit den 1980er Jahren die Anlagen des Ortes wieder im alten Glanz erstanden, oder, wie böse Zungen behaupten, mehr glänzen denn je. Der Philosoph machte postum eine Karriere, von der er zu Lebzeiten noch nicht einmal träumen konnte. Verschmäht wanderte er von Ort zu Ort, von Fürstentum zu Fürstentum und bat um Gehör für seine Ideen, meist vergebens. Selbst in seinem Heimatstaat, dem Fürstentum Lu, stießen seine Ideen auf taube Ohren. Erst nach seinem Tod, vor allem während der Han-Dynastie (206 v. Chr.–20 n. Chr.), erkannte man das Potential seiner Ideen und erhob diese zur Staatsideologie. Der Konfuzianismus war seitdem immer eine Herrschaftsideologie, die den Regierenden die Rechtfertigung ihres Handelns gab und den Untertanen die Unterwürfigkeit auferlegte. Von Pflichten der Herrscher gegenüber dem Volk, ebenfalls integraler Bestandteil der konfuzianischen Lehre, abstrahierte man geschickt.

Auch die heutige Regierung hat erkannt, dass ein wenig Obrigkeitshörigkeit beim Volk nicht schaden könnte und unterstützt den Konfuziuskult nach Kräften.

Kalligraphiestudio in Qufu

▲ Karte S. 225

Der Konfuziustempel

Die Orientierung in Qufu ist einfach, denn der Konfuziustempel nimmt etwa ein Fünftel der Stadtfläche ein und steht in der Stadtmitte. Angeblich wurde der erste Tempel an dieser Stelle bereits kurz nach dem Tod von Konfuzius im Jahre 478 vor Christus errichtet. Die heutige Form und Größe erhielt er in der Ming- und der Qing-Dynastie, als großzügige Erweiterungsbauten dem ursprünglich eher bescheidenen Tempel hinzugefügt wurden.

Betritt man den Tempel durch den **Südeingang** an der Shendao Lu 神道路, so befindet man sich auf der einen Kilometer langen **Zentralachse**, die, wie in chinesischen Tempeln üblich, von Süd nach Nord ausgerichtet ist. Der zentrale Weg führt durch neun Ehrentore, deren Verzierungen auf die konfuzianische Doktrin hinweisen. Berühmt ist der Tempel für seine über **1000 Steinstelen**, deren Inschriften bis in die Han-Dynastie zurückdatieren und zu den meistkopierten des Landes gehören. Die Stelen ruhen auf dem mythischen Tier Bixi, einer Schildkröte mit dem Kopf eines Drachen, den Krallen eines Adlers und den Schuppen eines Fisches. Ähnlich wie im Stelenwald in Xi'an wurde mit den Stelen eine unveränderbare und fast unverwüstliche Bibliothek aufgebaut, die die Schriften des Meisters der Nachwelt überlieferte und an die Besuche und Kommentare berühmter Gelehrter und Staatsmänner erinnert.

Im zentralen Hof des Tempels steht der **Aprikosenaltar** (Xing Tan 杏坦) und die 31 Meter hohe Halle der Großen Vollendung (Dacheng Dian 大成殿). Auf dem Aprikosenaltar, seit dem 16. Jahrhundert von einem Pavillon geschützt, soll Konfuzius, unter einem Aprikosenbaum sitzend, seinen Schülern seine Lehre dargelegt haben. In der **Halle der Großen Vollendung** werden die großen Zeremonien zu Ehren des großen Weisen abgehalten, die größte zu Ehren seines Geburtstags am 28. September wird auch heute noch mit viel Pomp gefeiert. Von der Halle erzählt man sich, dass sie die Halle der Höchsten Harmonie in der Verbotenen Stadt an Prunk noch übertroffen haben soll. Angeblich ließ die Kong-Familie anlässlich eines Besuches des Kaisers Qianlong im 18. Jahrhundert die drachenverzierten Säulen mit roter Seide abhängen, um den Kaiser nicht zu beschämen.

In der letzten Halle im Norden des Tempels, der **Shengji Dian** 圣迹殿, wird auf 120 Stelen das Leben des Konfuzius dargestellt. Weiter östlich, hinter der an das Studium der Klassiker gemahnenden **Halle der Riten und Lieder** (Shili Tang 诗理堂) steht die **Lu-Mauer**, in welcher der Überlieferung zufolge ein Nachfahre des Konfuzius dessen Schriften vor der Verbrennung durch Qin Shihuangdi gerettet haben soll. Als diese in der Han-Dynastie wiederentdeckt wurden, trugen sie maßgeblich zur Renaissance der konfuzianischen Lehre bei.

Im Nordosten des Konfuziustempels schließt sich die **Residenz der Familie Kong** (Kongfu 孔府) an. Von der Han- bis zur Qing-Dynastie war Qufu praktisch exterritoriales Gebiet mit eigener Verwaltung und Steuergesetzgebung. Unter dem Schutz des Kaisers prosperierte die Kong-Familie und häufte Reichtümer und Schätze an, die heute in den eindrucksvollen Hallen der ehemaligen Familienresidenz ausgestellt sind.

Die meisten Mitglieder der Familie, angeblich ebenso wie der Meister selbst, sind im **Wald der Familie Kong (**Konglin 孔林) beigesetzt, einem 200 Hektar großen Waldgebiet im Norden Qufus, das man im Rahmen eines geruhsamen Spaziergangs besichtigen kann.

Qufu

Vorwahl: +86/537.

Post: in der Gulou Beijie 鼓楼北街 8–1, nördlich des Trommelturms.

Bank: Bank of China, Dongmen Dajie 东门大街 96.

Reisebüro: Qufu Tourist Information Centre, Gulou Beijie 鼓楼北街 4, Tel. 4655777/4496500.

Qufu hat zwei Bahnhöfe, sechs Kilometer im Osten der Stadt (Dongzhan 东站) und in Yanzhou 兖州, 16 Kilometer westlich der Stadt. Die meisten Züge halten in Yanzhou, Verbindungen gibt es unter anderem nach Jinan (3 h) und Tai'an (2 h) am Taishan.

Busse verbinden den Bahnhof Yanzhou im 15-Minuten-Takt mit Qufu. Busse gibt es außerdem nach Qingdao (7 h), nach Tai'an am Fuße des Taishan (1 h) und nach Jinan (2,5 h).
Die Busstation befindet sich am Ende der Shendao Lu 神道路, 400 Meter südlich des Konfuziustempels.

Queli Hotel (Queli Binshe 阙里宾社), 4 Sterne, Zhonglou Jie 钟楼街 15, Tel. 4411300, Fax 4412022, www.quelihotel.com. Das Mittelklassehotel im chinesischen Stil ist das beste Haus am Platz.

Post Hotel (Youzheng Binguan 邮政宾馆), 3 Sterne, Gulou Beijie 鼓楼北街 8, Tel. 4483888. Exzellentes Mittelklassehotel im Stadtzentrum.

Confucius Mansions Hotel (Kongfu Fandian 孔府饭店), 1 Stern, Datong Lu 大同路 1, Tel. 4411783, Fax 4413786. Einfaches Hotel mit Schlafsälen und schlichten Doppelzimmern mit Bad/WC.

Ausgezeichnetes Essen bekommt man in den Hotelrestaurants des ›Queli‹ und des ›Post Hotels‹.
Fleischspieße und Meeresfrüchte in reicher Auswahl bekommt man auf dem **Nachtmarkt** an der Ecke Nanmen Dajie 南门大街 und Wumaci Jie 五马祠街.

Der Taishan

Der Taishan 泰山 ist eng mit dem chinesischen Schöpfungsmythos verknüpft. Einst, als der Kosmos noch im Chaos lag und Erde und Himmel noch eins waren, wurde Pangu zwischen Himmel und Erde geboren. Durch sein Wachstum schob er diese immer weiter auseinander, bis sie nach 18000 Jahren vollständig getrennt waren und Pangu vor Erschöpfung starb. Seine Augen wurden Sonne und Mond, sein Blut verwandelte sich in die Flüsse und sein Kopf und die Extremitäten bildeten die fünf heiligen Berge Chinas. Der Taishan ist der Kopf Pangus, und so fällt ihm eine wich-

Der mythische Berg Taishan

▶ Karte S. 235

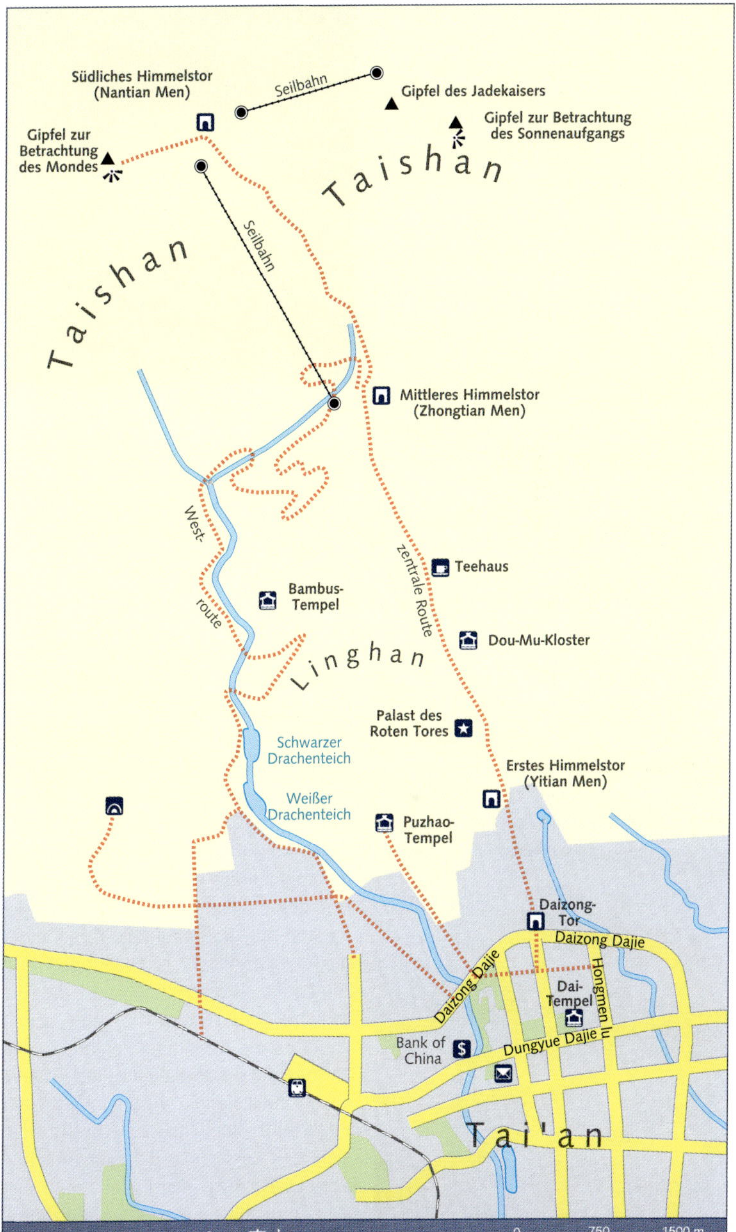

Routen auf den Taishan 泰山

tige Rolle in der chinesischen Mythologie zu.
Den Berg zu besteigen heißt nicht nur, dem Himmel ein Stück näher zu sein, es ist auch ein Symbol für die Harmonie zwischen Himmel und Erde. Die Kaiser, denen das vom Himmel verliehene Mandat auch entzogen werden konnte, bestiegen den Berg als Zeichen ihrer engen Beziehung mit den Mächten des Himmels. Eigentlich hätten sie die Runde zu allen fünf heiligen Bergen machen müssen, die meisten ließen es aber bei der Besteigung des Taishan als Symbol ihrer Himmelsnähe bewenden.
Heute tun es ihnen einige hunderttausend Chinesen im Jahr gleich, nach Einsamkeit sollte man folglich nicht suchen, wenn man den Taishan besteigt. Das Städtchen Tai'an 泰安 am Fuße des Berges ist Ausgangspunkt für die Besteigung des Taishans und kann von Jinan oder Qufu mit Bus oder Bahn erreicht werden. Übernachtungsmöglichkeiten gibt es sowohl in Tai'an als auch auf dem Taishan selbst.

Treppensteigen in den Himmel

Der Taishan ist wohl einer der touristisch am besten erschlossenen Berge der

Liebesschlösser auf dem Taishan

Karte S. 235

Sonnenaufgang am Gipfel

Welt. Anders als der Kaiser, der in Ermangelung anderer Möglichkeiten die in Stufen angelegte zentrale Route wählen musste, hat der moderne Besucher die Wahl zwischen der zentralen Route, der westlichen Route oder der Kombination aus Bus und Seilbahn, die ihn, in der Hochsaison zusammen mit bis zu 60 000 Menschen (die Rekordzahl vom 1. Mai 2001), auf den Gipfel bringt.
Man sollte auf jeden Fall die **zentrale Route** wählen, es sei denn, man hat es eilig, da diese einer intuitiven Wanderung in die chinesische Mythologie gleich kommt. Wie ein Museum unter freiem Himmel reiht sich entlang des Aufstiegs Kalligraphie an Kalligraphie, werden, für das unkundige Auge leider nicht verständlich, Anspielungen und Allegorien aufgezeichnet und die Geschichte des Taishan erzählt. Einst glaubte man, dass in der Region um den Taishan die Geschicke eines jeden Menschen entschieden wurden. Von einer Pilgerfahrt auf den Berg erhoffte man sich die Besserung des persönlichen Schicksals. Auch heute sieht man alte und gebrechliche Menschen die zentrale Route nehmen; der Mythos des

Berges ist ungebrochen, und auf dem Weg zum Mythos nimmt man keine Seilbahn.

Am **Mittleren Himmelstor** (Zhongtian Men 中天门) treffen die zentrale und die westliche Route wieder zusammen. Von hier sind es noch etwa drei Stunden Fußweg zum Gipfel. Mit der Seilbahn, die von hier bis zum Gipfel führt, geht es um einiges schneller, eine Alternative, die sich empfiehlt, will man den Berg als Tagesausflug besteigen.

Die Entfernung von Tai'an zum Gipfel beträgt ungefähr acht Kilometer, bei knapp 600 Metern Höhenunterschied zwischen dem Mittleren Himmelstor und dem Gipfel. Auf der zentralen Route sind insgesamt 6660 Treppen zu bewältigen.

Wie auch der Huangshan und der Emeishan, ist der Taishan berühmt für seinen Sonnenaufgang. Der Gipfel des Berges gleicht inzwischen fast einer Kleinstadt, Übernachtungsmöglichkeiten gibt es zur Genüge. Die Bevölkerung einer Kleinstadt scheint auch auf den Beinen zu sein, wenn am frühen Morgen die Aussicht auf einen nicht-wolkenverhangenen Sonnenaufgang lockt. Doch wie bei allen anderen berühmten Bergen Chinas ist die Sonne nicht immer zu Gast, wenn mehrere tausend Gipfelstürmer die Kamera im Anschlag haben. Mao Zedong hatte anscheinend Glück mit dem Wetter. Beim Anblick des Sonnenaufgangs auf dem Taishan soll er seinen berühmten Satz »Der Osten ist rot!« geprägt haben.

Taishan/Tai'an

Post, Bank sowie Busstation und Bahnhof befinden sich in Tai'an 泰安.

Vorwahl: +86/538.

Bank: Bank of China, Dongyue Dajie 东月大街 48.

Post: Hauptpost in der Dongyue Dajie 9.

Reisebüro: CITS hat ein Büro in der Hongmen Lu 红门路 22 auf dem Weg von Tai'an zum Taishan, Tel. 8228797.

Der nächste Flughafen liegt in Jinan, eine gute Stunde mit Bus oder Bahn von Tai'an entfernt.

Der Bahnhof von Tai'an befindet sich im Osten der Stadt, am Kreisel Longtan Lu und Caiyuan Dajie. Tai'an liegt an der Hauptstrecke von Beijing nach Shanghai, daher gibt es fast stündlich eine Zugverbindung nach Jinan (1,5 h). Weitere Direktverbindungen unter anderem nach Beijing (7 h), Shanghai (10 h), Qingdao (5,5 h), Xi'an (17 h) und Nanjing (9 h).

Den zentralen Busbahnhof findet man direkt am Hauptbahnhof in Tai'an, von hier bestehen Busverbindungen unter anderem nach Jinan (2 h), Qufu (1 h) und Qingdao (6 h).

Shenqi Hotel (Shenqi Binguan 神憩宾馆), 3 Sterne, Tel. 8223866 Fax 8207619. Mittelklassehotel auf dem Gipfel, Vierbett- und Doppelzimmer jeweils mit Dusche/WC.

Xianyu Hotel (Xianyu Binguan 仙居宾馆), 1 Stern, Tel. 8239984, Fax 8226877. Einfaches Hotel am Gipfel mit Dreibett-, Vierbett- und Doppelzimmer, letztere mit Dusche/WC.

Yuzuo Hotel (Yuzuo Binguan 御座宾馆), Daimiao Beijie 岱庙北街 3, Tel.

822 38 52, Fax 822 31 80. Gutes Mittelklassehotel nahe dem Dai-Tempel in Tai'an.

Die Popularität des Taishan ist so groß, dass man im Prinzip während des ganzen Aufstiegs essen könnte: Garküche reiht sich an Garküche, das nächste Restaurant ist auch nie weit entfernt, und wo weder das eine noch das andere existiert, bieten garantiert fliegende Händler einige Snacks an.
In Tai'an empfiehlt sich das **Dongfang Meishi Lin** 东风美食林 in der Daimiao Beijie 岱庙北街 20. Vor allem die im Tontopf zubereiteten Gerichte sind ausgezeichnet.

Shanghai

Wie keine andere Stadt Chinas steht Shanghai 上海 für Fortschritt, Reichtum und Kommerz, und so zeigt sie sich auf den ersten Blick von ihrer modernen Seite: verchromte Pfeiler, Glasfassaden, und immer wieder Baustellen, auf denen in Rekordzeit die Lücken zwischen den Wolkenkratzern gefüllt werden. Schon auf dem Weg vom Flughafen in die Stadt sieht sich manch ein Ausländer gezwungen, alle China-Klischees über Bord zu werfen. Rechts und links der Schnellstraßen, Brücken und mehrstöckigen Übergänge erstreckt sich ein Meer von Baukränen: quadratkilometergroße Baustellen vor einer hypermodernen Skyline, die jede Stadt Europas mühelos in den Schatten stellt. Nirgendwo auf der Welt werden auf so engem Raum so viele Bauarbeiter beschäftigt und Wohnungen, Fabrikanlagen und Shopping Malls in futuristischem Design aus dem Boden gestampft. Wo sich gestern noch eine Reihe vermoderter Holzhäuser schief über die Straße lehnten, liegt heute ein Prachtboulevard, eine Wohnanlage oder zumindest ein Einkaufszentrum. Selbst gestandene Shanghaier verharren hin und wieder stirnrunzelnd: »Hier stand doch früher...«
Der Kontrast liegt immer nur wenige Straßenzüge entfernt. In den engen Gassen der Altstadt, beherbergen die traditionellen Lilong-Wohnanlagen des 19. Jahrhunderts noch immer ganze Großfamilien. In den malerischen, aber höchst unkomfortablen Gassen treffen sich abends auf dem Gehsteig teeschlürfende Majong-Spieler genauso wie zeitunglesende Senioren, im Hintergrund eine qualmende Garküche und der lautstarke Zank eines nachbarlichen Ehepaars – noch hat die Abrissbirne nicht jeden Winkel der Stadt erreicht.
Über 18 Millionen Menschen drängen sich heute an den Ufern des Huangpu-Flusses, darunter allein mehr als drei Millionen Wanderarbeiter ohne offizielle Wohnerlaubnis. Shanghai gilt als Schaufenster der Volksrepublik, die Verkörperung des modernen China und der

Tänzer an der Uferpromenade Bund

▲ Karte: hintere Umschlagklappe

Traum eines jeden Chinesen schlechthin. Vom neuen Reichtum beseelt, strengt sich die Mittel- und Oberschicht an, über 50 Jahre sozialistischer Enthaltsamkeit nachzuholen. Mit Erfolg versteht sich, denn so gehört es sich für einen Shanghaier.

Wenn die neue Elite in den westlichen Etablissements zum Tanz antritt, geht es deshalb nicht nur um Spaß am Feiern, sondern auch um Kontakte und das Gesehenwerden, um Gespräche über das neueste Handy-Modell oder die angesagteste Trend-Boutique. Shanghai ist eitel, schnelllebig, dem Rest des Landes immer einen Schritt voraus und stolz darauf.

Hinter der glitzernden Fassade verbirgt sich im übrigen die Kaderschmiede der Volksrepublik schlechthin. Keine andere Stadt hat in den letzten zwei Jahrzehnten so viele wichtige politische Persönlichkeiten hervorgebracht wie das ehemalige Sündenbabel Shanghai. Das Bürgermeisteramt ist die sichere Fahrkarte in die allerhöchsten Ebenen der Landespolitik: Zhu Rongji beispielsweise, einst Bürgermeister von 1988 bis 1991 und späterer Ministerpräsident, oder Jiang Zemin, der die Stadt von 1985 bis 1988 regierte und von hier den Weg zum Präsidenten und Parteichef antrat. Auch Huang Ju, Mitglied des Ständigen Ausschusses des Politbüros, amtierte von 1991 bis 1995 noch als Bürgermeister Shanghais.

Geschichte

In historischer Hinsicht gilt Shanghai, zumindest im eigenen Land, geradezu als Parvenü – schließlich können fast alle anderen Großstädte auf eine glorreiche Geschichte über mehrere Dynastien hinweg verweisen. Bis zur Mitte des 16. Jahrhunderts war Shanghai je-

In einer Wohnstraße

doch eine eher unbedeutende Küstensiedlung. Erst zwischen dem 17. und 19. Jahrhundert profitierte die Stadt von der Nähe zur reichen Hinterland-Provinz Jiangsu, deren Waren (meist Seide, Reis und Fisch) im Hafen von Shanghai umgeschlagen wurden. Als die Briten in den 1830ern erstmals Interesse an der Hafenstadt bekundeten, hatte Shanghai gut 390 000 Einwohner. Anträge der britischen East India Company, die nur zu gerne mit China direkte Handelbeziehungen eingehen wollte, beschied der Kaiser Qianlong eindeutig negativ.

Tee und Seide waren zwar in Großbritannien überaus begehrt, während in China jedoch kaum Nachfrage nach ausländischen Gütern bestand. Erst als man auf britischer Seite indisches Opium nach China verschiffte, schlug die Handelsbilanz zugunsten der Briten um. Legal war dies nicht – Opium war seit Jahrzehnten strengstens verboten – doch die Gewinnspanne für die britischen wie chinesischen Händler war groß. Die Größen des Drogenhandels

WESTIN
AURORA
招商基金
CHINA MERCHANTS FUND
科教兴市
小型
大小型
在每个窗口；服

standen in den Diensten der East India Company, aber auch William Jardine und James Matheson, zwei Schotten, die mit ihrer Firma Jardine, Matheson & Co. große Teile der Shanghaier Wirtschaft kontrollieren sollten, erkannten die Chancen, die sich dank des Opiums nun auftaten.

Der Versuch, dieser Drogenschwemme Herr zu werden, endete 1839 im Opiumkrieg (siehe Seite 47) und führte dazu, dass Shanghai 1842 im Rahmen des Vertrages von Nanjing doch noch, wenn auch erzwungenermaßen, für den ausländischen Handel geöffnet wurde. Ein Zusatzvertrag von 1843 garantierte den zukünftigen britischen Handelsniederlassungen Exterritorialrechte – der Startschuss für den Boom Shanghais als Zentrum des europäischen Chinahandels. Noch im selben Jahr wurde das British Settlement nördlich der Chinesenstadt gegründet, die Amerikaner folgten 1848 in Form einer Missionsstation im etwas nördlicher gelegenen Hongkou. Ein Jahr später entstand die Französische Konzession im Südwesten der Stadt.

Den sofortigen enormen Zuwachs an chinesischer Bevölkerung hatte Shanghai indes nicht den Briten, sondern den politischen Zuständen des Reiches zu verdanken. Abertausende flüchteten sich vor dem Taiping-Aufstand (1851–1864) in die ausländischen Gebiete, die von den Aufständischen nicht eingenommen werden konnten.

Ein weiterer Opiumkrieg, der unter fadenscheinigen Gründen vom Zaun gebrochen wurde, endete 1858 mit dem Vertrag von Tianjin und brachte den westlichen Mächten weitere territoriale Zugewinne. Die französische Konzession wurde auf 10 Quadratkilometer und die britisch-amerikanische Siedlung auf 22 Quadratkilometer erweitert. 1863 schlossen sich die benachbarten und ohnehin in enger Zusammenarbeit verbliebenen Briten und Amerikaner zum International Settlement zusammen.

Weiteren enormen chinesischen Zulauf erhielt Shanghai durch die Boxer-Unruhen 1900 und die Revolution 1911. Im Jahr 1915 lebten hier bereits gut 1,5 Millionen Menschen. Mittlerweile hatte sich Shanghai zum wirtschaftlichen Zentrum Chinas schlechthin entwickelt. Hier war das Banken- und Industriezentrum des Landes, und wer im Asiengeschäft eine Rolle spielen wollte, ließ sich hier mit einer Repräsentanz nieder. Parallel entwickelte sich Shanghai aber auch in intellektueller Hinsicht zum Zentrum für neue Ideen. Zum einen gab es hier ein modernes Schulwesen und Missionarsschulen, zum anderen flüchteten sich viele Intellektuelle vor der Verfolgung durch die diversen Machthaber Chinas in das exterritoriale Shanghai.

Nicht immer waren die neuen Bewegungen von den Kolonialbehörden gerne gesehen, richteten sie sich doch oft auch gegen die ausländische Kontrolle. Einer der Streitpunkte war die Regierung Shanghais, denn sowohl im Stadtrat der französischen Konzession als auch im Shanghai Municipal Council (SMC) des International Settlement waren trotz einer Bevölkerungsmehrheit von 95 Prozent Chinesen nur Ausländer vertreten. Auch die Arbeitsbedingungen der Lagerarbeiter, Rikscha-Kulis und Fabrikarbeiter, darunter viele Kinder, sorgten für wiederkehrende Proteste.

Im Zentrum Shanghais verläuft der Verkehr bereits auf mehreren Ebenen

Als die Kommunistische Partei Chinas 1921 in Shanghai gegründet wurde, engagierte sie sich daher zuerst für die Ziele der Arbeiter und organisierte Streiks und Gewerkschaftstreffen. Zwischen 1925 und 1927 gelang es ihr so, den Einfluss unter den Arbeitern Shanghais erheblich zu vergrößern. Der Generalstreik von 1925 beispielsweise erfasste mindestens 20 000 Menschen. Als Demonstranten jedoch die verhafteten Genossen aus einer Polizeistation befreien wollten, eröffnete die britische Polizei das Feuer und verursachte damit eine landesweite Streikwelle. Als der Konflikt schließlich Monate später beigelegt wurde, erhielten erstmals auch Chinesen einen Sitz im SMC. Trotzdem war der Frieden nur von kurzer Dauer, bereits 1927 erschütterte ein weiterer Streik die Stadt, diesmal allerdings mit mehr als einer Million Teilnehmern. Zur großen Überraschung der kommunistischen Initiatoren jedoch marschierte der vermeintliche Verbündete Chiang Kai-shek mit den republikanischen Truppen in die Stadt ein und ließ in einer regelrechten Menschenjagd alle vermeintlichen Kommunisten und Sympathisanten standrechtlich erschießen.

In der Fuzhou Lu

▲ Karte: hintere Umschlagklappe

Mehr als 5000 Menschen wurden innerhalb weniger Tage hingerichtet.

Die Lebensbedingungen der Chinesen blieben also erbärmlich, während sich Shanghai zum Sündenpfuhl der Welt entwickelte. »Wenn Gott Shanghai gewähren lässt, sollte er sich bei Sodom und Gomorrha entschuldigen«, hieß es unter den katholischen Missionaren der 1930er Jahre, die im Angesicht von grassierender Prostitution, Glückspiel und Kriminalität erfolglos das keusche Leben predigten. Nirgendwo sonst auf der Welt gab es so viele Huren wie in Shanghai, das eine stattliche Rate von einer Prostituierten pro 130 Einwohner aufweisen konnte. Zahllose Mafiabanden, sogenannte Triaden, trieben in Shanghai ihr Unwesen, blieben aber von den Kolonialmächten meist unbehelligt, solange sie sich nicht an Europäern vergriffen. Die französische Kolonialregierung ernannte sogar zeitweise den Mafioso und Chef der ›Grünen Bande‹ Huang Jinrong zum Polizeichef. Mehr als 100 000 Bandenmitglieder lebten 1930 unter den drei Millionen Shanghaiern. Dazu kamen zirka 150 000 Tagelöhner – allerärmste Zuwanderer und Gelegenheitsarbeiter, die sich als Rikschafahrer oder Lagerhausträger verdingten.

Kein Wunder, dass sich hier auch ein regelrechter Menschenhandel etablieren konnte, der sich heute noch im Verb ›shanghaien‹ niederschlägt. Als Auswanderer zogen viele Chinesen in die Neue Welt, wo sie abermals unter erbärmlichen Bedingungen auf Plantagen oder im Eisenbahnbau schufteten. Da ein Großteil der Kulis selbst nicht für die Kosten der Überfahrt aufkommen konnte, waren sie auf die Kredite von ›Brokern‹ angewiesen. Ähnlich wie die heutigen Schlepper ließen sich diese die Summe in lebenslanger Abhängigkeit und mit hohen Zinsen abstottern. War die in Übersee ›bestellte‹ Menge von Arbeitern nicht aufzubringen, schreckte man auch nicht davor zurück, die fehlenden Personen zu shanghaien und entführte junge Männer zu verschiffen. Einen empfindlichen Dämpfer erhielt das sündige Leben jedoch 1937, als Japan im Rahmen seiner Invasion Chinas in die chinesischen Gebiete Shanghais einmarschierte. Mit dem Angriff auf Pearl Harbour 1941 wurden auch die Bewohner des International Settlements und der Französischen Konzession über Nacht zu Feinden und verschwanden meist bis 1945 in Internierungslagern.

Nach dem Ende des Bürgerkrieges und dem Sieg der Kommunisten 1949 verlor Shanghai schlagartig an Bedeutung. Die ausländischen Landbesitzer wurden enteignet und des Landes verwiesen, nur eine Handvoll Ausländer durfte in der Stadt bleiben. Der internationale Handel verlagerte sich fortan nach Hongkong, das bis dato immer im Schatten von Shanghai gestanden hatte. Von einem Tag auf den anderen verschwanden Prostituierte, Bettler, Mafiosi und Kinderarbeiter. Vorsichtshalber hatte die Kommunistische Partei die Stadt dem ideologisch gefestigten Veteranen Marschall Chen Yi unterstellt, der bis 1958 als Bürgermeister fungierte. In industrieller Hinsicht jedoch blieb Shanghai eines der wichtigsten Zentren des Landes. Von hier aus nahm 1966 die Kulturrevolution ihren Weg - ein Faktum, das viele Reformer später der Stadt geradezu persönlich übel nahmen. Entgegen aller Vernunft wurde Shanghai erst relativ spät für ausländische Investitionen geöffnet - und übernahm sofort wieder die Rolle als regionales Zugpferd. Das erste europäische Auto-Joint-Venture ›Shanghai Volkwagen‹ entstand beispielsweise

Junge Shanghaierin

1984 hier. Die Folgen lassen sich heute landesweit nicht mehr übersehen: Fast jedes zweite Auto in China ist ein Santana aus der Shanghaier Fabrikation.

1990 wurde schließlich der Stadtteil Pudong zur Wirtschaftssonderzone erklärt. Besucher, die das Shanghai der 1980er kennen, dürften sich heute überhaupt nicht mehr orientieren können, denn zwischenzeitlich wurden komplette Stadtviertel eingestampft und in futuristischem Design neu errichtet, ein komplexes System von Stadtautobahnen, teils mehrstöckig, aufgebaut und nicht zuletzt auch in punkto Design allerhand nachgeholt. Manch eine Gasse ist heute unter der Last der Leuchtreklame kaum mehr wiederzuerkennen.

Die Hauptader der Stadt ist die Nanjing Lu, die am östlichen Ende auf die Uferpromenade Bund stößt. Straßen, die im rechten Winkel zum Bund liegen tragen meist Städtenamen, verlaufen sie parallel zum Bund, wurden sie nach chinesischen Provinzen benannt. Zur Orientierung wurde lange die alte koloniale Einteilung in ausländische Konzessionen verwendet, heute jedoch haben sich die chinesischen Namen der Viertel durchgesetzt.

Unterwegs in Shanghai

Dank der historischen Aufteilung in verschiedene internationale Siedlungsgebiete verfügt Shanghai auch heute noch über mehrere Innenstadt-Zentren. Während in alten Reiseführern gerne noch nach ausländischen Konzessionen unterteilt wird, verwendet dieses Buch die zeitgemäßere Unterteilung in administrative Distrikte, die auf jedem aktuellen Stadtplan zu finden sind.

Generell unterscheidet man in Shanghai zwischen den beiden Hauptteilen **Puxi** und **Pudong**. Puxi bedeutet ›westlich des Huangpu-Flusses‹, Pudong ›östlich des Flusses‹. Praktisch alle Sehenswürdigkeiten befinden sich in Puxi, ist doch Pudong überhaupt erst in den 1990ern am Reißbrett entworfen worden.

U-Bahn

Die U-Bahn (Ditie 地铁) ist sicher das schnellste Verkehrsmittel. Die Fahrtintervalle sind kurz, so dass sich der Blick auf den Fahrplan erübrigt: Linie 1 fährt zirka alle 5 Minuten, Linie 2 und 4 alle 7 Minuten und Linie 3 (S-Bahn Pearl Line) alle 11,5 Minuten. Nachtschwärmer profitieren allerdings kaum von der U-Bahn, denn ab 22 oder 23 Uhr (je nach Station) wird der Verkehr eingestellt.

Für Deutsche besonders interessant ist der **Flughafenzubringer Maglev** vom Pudong International Airport zur U-Bahn-Station Longyang, handelt es sich doch um die deutsche Magnetschwebebahn von Siemens.

Taxi

Taxis (Zuchu qiche 租出汽车) gibt es in Shanghai natürlich auch an jeder Straßenecke. Englischkenntnisse sollte man hier nicht erwarten. Der noch vor wenigen Jahren grassierende Touristennepp hat erheblich nachgelassen. Die Taxameter funktionieren, und beim Aussteigen erhalten Sie eine automatische Quittung, auf der der Preis noch einmal vermerkt ist. Rund um den Bahnhof ist allerdings ein wenig Vorsicht geboten: Hier sind noch einige Veteranen unterwegs, die den Einsatz des Taxameters rigoros ablehnen und gerne eine ungewollte Stadtrundfahrt einflechten.

Bus

Die Tickets der älteren Busse (Gonggong Qiche 公共汽车) kosten 1 RMB bzw. 1,5 RMB, für die moderneren mit Klimaanlage werden 2 RMB berechnet. An Preisgünstigkeit ist dies wohl kaum zu übertreffen, birgt aber für den des Chinesischen nicht kundigen Reisenden so manch eine Hürde. Das Fahrtziel ist nur auf Chinesisch angeschrieben, und auch die Fahrpläne sind nur schwer zu verstehen.

PT-Card

Die Shanghai Public Transportation Card (Shanghai Gōnggòng Jiāotōng Kā 上海公共交通卡) ermöglicht es, alle oben genannten Verkehrsmittel bargeldlos zu nutzen. Gegen ein Pfand von 30 RMB gibt es die Karte an jedem U-Bahn-Fahrkartenschalter. Die Karte kann dann beliebig aufgeladen werden. Beim Betreten und Verlassen der Stationen wird der Fahrpreis an den Schleusen automatisch abgebucht. Vor Abreise geben Sie die Karte wieder zurück und erhalten den Restbetrag sowie das Pfand zurück. Theoretisch gilt diese Karte auch in Bussen und im Taxi, allerdings haben nicht alle der älteren Fahrzeuge die nötige technische Ausstattung.

▸ Karte S. 245

Entlang der Ostküste

Huangpu – das koloniale Herz

Fast alle Reisenden werden ihren Stadtrundgang im ehemaligen International Settlement am **Bund** (Waitan 外滩) beginnen. Zu Recht, denn die Uferpromenade des Huangpu zwischen Waibaidu-Brücke und Jingling Lu, heute **Zhongshan Dongyilu** 中山东一路, ist das Symbol schlechthin für die koloniale Vergangenheit Shanghais. Hier versuchten sich die diversen Kolonialherren und Firmen gegenseitig zu übertreffen, hier standen die Zentralen des europäischen Asiengeschäfts. Mitte der 1990er Jahre wurde die Promenade übrigens umfassend renoviert und neu gepflastert. Für einen Gesamtüberblick empfiehlt sich die **Dachterrasse des Peace Hotels** 和平饭店 (Ecke Nanjing Lu), lohnender jedoch ist es, die Häuser einzeln in Augenschein zu nehmen.

Gebäude am Bund

Das erste Gebäude am nördlichen Ende des Bunds ist die Hausnummer 33. Mit dem Bau des **britischen Konsulats** wurde noch in der Amtszeit des ersten Konsuls Balfour begonnen, es brannte aber 1870 ab, wurde 1873 wieder aufgebaut und beherbergt heute das Peninsula Hotel.

Die benachbarte Nummer 31, heute ebenfalls Teil des Peninsula Hotels, beherbergte einst die **japanische Schifffahrtsgesellschaft Nippon Yusen Kaisha**.

Im Anschluss daran liegt mit der Hausnummer 29 das ehemalige Gebäude der

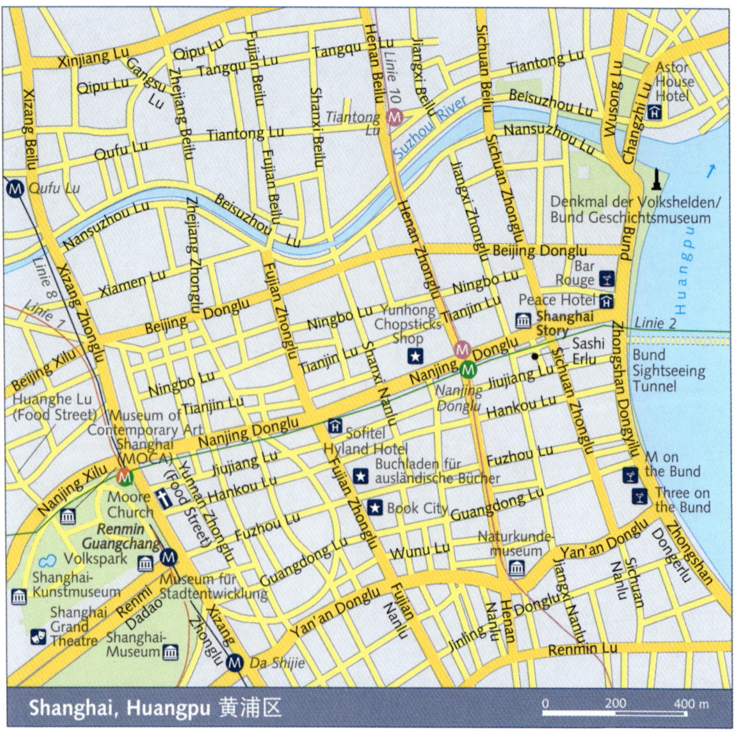

Shanghai, Huangpu 黄浦区

Banque de l'Indochine. Im Stil der französischen Klassik gehalten, wird es heute von der Everbright Bank genutzt.

Als nächstes folgt die neoklassizistische Nummer 28, einst als **Glen Line Building** der Glen Line Steamship Company bekannt. In den 1830ern beherbergte es zeitweilig auch das Deutsche Generalkonsulat, heute wird es ebenfalls von der Everbright Bank genutzt.

Die Nummer 27 ist aufgrund der vier Säulen am Eingang besonders gut zu erkennen. Anfang der 1920er im Stil der Neorenaissance gebaut, diente es einst als **Hauptsitz der Firma Jardine, Matheson & Co.** und dient heute der Shanghai Foreign Trade Company sowie diversen anderen Gesellschaften als Dienstsitz.

Eine Nummer weiter, in der 26, war einst die **Yangtse Insurance Company** zu Hause. 1916 erbaut, wurde es nach 1949 von der China Food Import & Export Corporation genutzt und gehört seit 1998 der Agricultural Bank of China.

Auch in der benachbarten Nr. 24 ist heute eine Bank zu Hause, die Industrial Bank of China. Das neoklassizistische Gebäude mit japanischen und ägyptischen Elementen gehörte einst der **Yokohama Specie Bank**.

Gleich nebenan, auf der Nummer 23 und dem ursprünglichen Gelände des 1937 abgerissenen deutschen Club Concordia, steht die **Bank of China** – eines der wenigen Gebäude, die sich noch im Besitz der Original-Erbauer befinden.

Das Nachbarhaus Nr. 20 galt einst als beste Adresse Shanghais: bei seiner Eröffnung 1929 war das **Cathay Hotel** mit 77 Metern das höchste Gebäude der Stadt. 1949 wurde der Eigentümer Victor Elice Sassoon enteignet und das Hotel erst 1956 wieder unter dem Namen Peace Hotel als Vier-Sterne-Haus eröffnet. Seither gehört der abendliche Besuch der Hotelbar samt Live-Aufführung der Jazz-Combo wieder zum klassischen Touristenprogramm.

Der Bund ist Promenade und Freizeitgelände

Obwohl zwischen Hausnummer 20 und 19 die Nanjing Lu verläuft, gehört das Haus 19 heute zum Peace Hotel. Als es 1906 als **Palace Hotel** eröffnet wurde, galt es ebenfalls als Top-Adresse. Als Sun Yat-sen 1911 zum Präsidenten der Republik ernannt wurde, ließ er hier die Feierlichkeiten ausrichten.

Gleich gegenüber, auf der anderen Straßenseite, liegt der Eingang zum Bund **Underground Sightseeing Tunnel** (Waitan Guanguang Suidao 外滩观光隧道). Von hier führt ein bunt illuminierter Tunnel mit zahlreichen Lichteffekten auf die andere Seite, durch den in kleinen Kabinen je vier Passagiere geschleust werden. Für alle Freunde des Trash ein Erlebnis!

Zurück bei Nummer 18 ist dann wieder die Finanzwelt zu Hause: Die 1923 eröffnete Filiale der **Chartered Bank of India, Australia and China** wurde im

Leuchtturm am Bund

neoklassizistischen Stil erbaut. Auch diese Bank wurde 1949 enteignet und das Gebäude hat seitdem eine ganze Reihe von Behörden beherbergt. Von 2002 bis 2005 schließlich wurde das Gebäude für mehr als 15 Millionen US-Dollar umfassend renoviert und in eine der teuersten Edel-adressen der Stadt verwandelt. Neben Boutiquen von Cartier, Patek Philippe, Bree, Boucheron, Ermenegildo Zegna und anderen Marken weit jenseits des durchschnittlichen chinesischen Budgets findet sich hier im siebten Stock die Bar Rouge, sicher eine der ›heißesten‹ Adressen Shanghais.

Die darauffolgende Nummer 17, heute die American Insurance Association, wurde ebenfalls 1923 erbaut und bis 1951 von der **North China Daily News** genutzt. Nur ein Jahr später wurde die Nummer 16 errichtet, wo die japanische **Bank of Taiwan** ihren Firmensitz einrichtete.

Das nächste Gebäude, die **Russisch-Chinesische Bank** in Nummer 15, sorgte 1910 für allerhand Trubel, denn die Konstruktion des deutschen Architekten Heinrich Becker galt als recht verwegen. Heute nutzen die Shanghaier Devisenbörse und die Shanghai Gold Exchange die Adresse.

Das frühere Gebäude der **Bank of Communications** mit der Nummer 14 ist ein relativer Neubau, wurde es doch erst 1947 fertiggestellt. Auf dem einstigen Gelände der Deutsch-Asiatischen Bank ist heute unter anderem die Bank of Shanghai zu finden.

Besonders gut zu erkennen ist die Nummer 13, das ehemalige **britische Zollamt**. 1927 erbaut, wurde das neoklassizistische Gebäude zum Symbol der Demütigung Chinas durch die Kolonialmächte. 1854, als die Taiping-Rebellion ganz Südchina erschütterte, hatte der chinesische Kaiser die Zollverwaltung den Briten übertragen. Obwohl dies generell als absolute Schmach empfunden wurde, profitierte der Kaiserhof enorm von dieser Lösung, denn erstmals verschwand nicht ein Großteil der Einnahmen in den Taschen der korrupten Beamten! Die Uhr des Zollamts, der ›Big Ching‹, stammt übrigens noch aus dem Vorgängergebäude. Angeblich verwirrt

Spaziergänger am Bund

▲ Karte S. 246

Das Peace Hotel

sein Geläut den Feuergott, der die viertelstündlichen Glockenschläge für Feueralarm hält und deshalb selbst keine Feuer in der Stadt mehr zündet.

In der Hausnummer 12 war einst die führende Bank Asiens untergebracht: Die **Hongkong and Shanghai Banking Corporation** bezog den neoklassizistischen Bau 1923. Die Mosaiken in der Lobby (Darstellungen aller Standorte der Bank, die menschlichen Tugenden und die Sternzeichen) waren übrigens 1949 nach der Machtübernahme der Kommunisten von Unbekannten unter einer Schicht Kalkputz versteckt worden und wurden erst 1997 bei Renovierungsarbeiten wiederentdeckt. Das prachtvolle Gebäude wird seit 1997 von der Pudong Development Bank genutzt und ist somit dem Publikum zugänglich. Den beiden Bronzelöwen vor dem Haupteingang Nase oder Pfoten zu reiben soll Glück bringen, und so glänzen die beiden Tiere stets wie frisch gewienert.

Nicht ganz so opulent ist das benachbarte Stammhaus der China **Merchants Steam Navigation Company**, die Nummer 9. Mit dem Baujahr 1901 gehört es zu den ältesten Gebäuden der Promenade und repräsentiert mit den umlaufenden Balkonen den typischen Compradoren-Stil des 19. Jahrhunderts. Seit 1998 sitzt hier die China Merchants Holding.

Gleich nebenan, in der Nummer 7/8, ließ die **Great Northern Telegraph Company** 1908 ihren Hauptsitz errichten. Der verspielte Stil soll an die Loire-Schlösser erinnern. Heute sind die Bank of Bangkok und das thailändische Generalkonsulat unter dieser Adresse zu finden.

In der Hausnummer 6, dem Six on the Bund, befand sich einst die erste chinesische Bank von Shanghai. Die **Commercial Bank of China** wurde 1897 errichtet, aber schon 1906 wieder angerissen und mit gotischer Fassade neu errichtet. 1952 übernahm die Shanghai Yangtze River Steamship Company das Gebäude. Im Zuge der Renovierungen wurden 1989 zwei weitere Etagen aufgestockt. Heute locken internationale Marken wie Dolce & Gabbana mit top-gestylten Geschäften und (für chinesische Verhältnisse) astronomischen Preisen.

Die jetzige Huaxia Bank in der Nummer 5 aus dem Jahr 1925 gehörte einst der japanischen **Nisshin Kisen Kaisha Shipping Company**. Dass diese Adresse unter Nachtschwärmern gut bekannt ist, liegt an **M on the Bund** im obersten Stockwerk. Das Etablissement der gehobenen Gastronomie bietet einen wunderbaren Ausblick über den Bund.

Passend dazu präsentiert sich auch die Hausnummer 3: als **Three on the Bund** haben sich hier die gastronomischen Topadressen Laris, Jean-Georges, Whampoa Club und New Heights versammelt. Im Erdgeschoss lockt ein Armani-Shop die betuchte Kundschaft, Entspannung gibt's bei Evian Spa im ersten Stock, auf der dritten Etage hat sich die Shanghai Gallery of Art eingemietet. Das ehemalige **Union Building** der der Union Insurance Company aus dem Jahr 1915 wurde bei der Renovierung 2002 komplett entkernt und für gut 70 Millionen US-Dollar renoviert.

Der **Shanghai Club** in Haus Nummer 2 hat hingegen seine besten Tage bereits hinter sich. Ab 1910 bezog der Britische Club dieses Gebäude und machte die ›Long Bar‹ (mehr als 33 Meter lang) zum inoffiziellen Machtzentrum der Stadt. Heute steht das Gebäude (noch) leer.

Das letzte Gebäude des Bund, die Nummer 1 mit barocker Fassade, wurde 1916 fertiggestellt, befand sich im Besitz der **Asiatic Petroleum Company** und wurde später zum Shell Building.

Besonders eindrucksvoll wirkt die Bund-Promenade nach Sonnenuntergang aus Sicht der Schiffe, die als Touristenboote unter dem etwas irreführenden Begriff **Hafenrundfahrt** abends über den Huangpu-Fluss kreuzen. Etwa um 22 Uhr

Freizeitvergnügen

Taiji am Bund

wird die Uferbeleuchtung allerdings ausgeschaltet. Wer die Fahrt im Tageslicht unternimmt, wird mit der gleichen Aussicht belohnt, die sich schon frühen Shanghai-Reisenden bot, denn die Kais befanden sich einst direkt am Bund.

Die Nanjing Donglu

Vom Bund aus geht es schließlich über die Nanjing Donglu 南京路, Chinas wichtigste Einkaufsstraße, ins Herz des Huangpu-Distrikts. Zur besseren Orientierung wird die Nanjing Lu in eine **Ost-Sektion Nanjing Donglu** 南京东路 vom Bund bis zum Volksplatz (Renmin Guangchang 人民广场) und eine **West-Sektion Nanjing Xilu** 南京西路 vom Volksplatz bis zum westlichen Ende geteilt. Bei der Orientierung hilft es zu wissen, dass Straßen im rechten Winkel zum Bund meist Städtenamen tragen (Beijing Lu etc...), während die Parallelstraßen nach chinesischen Provinzen benannt wurden (Henan Lu etc.).

Zu recht sind die Shanghaier stolz auf diese Konsummeile – hier präsentiert die Volksrepublik auf über fünf Kilometern Länge den neuen Überfluss: Fast 1000 Kaufhäuser, Boutiquen und Einkaufsmär-

▲ Karte S. 246

kte im Stil der amerikanischen Shopping-Malls konkurrieren bis spät in die Nacht um den gefüllten Geldbeutel der neuen Mittel- und Oberschicht. Nach Einbruch der Dunkelheit flackern in bester Hongkong-Manier die Leuchtreklamen auf, und bis der letzte Rolladen heruntergelassen wird, kann es gut und gerne Mitternacht werden. Bereits 1908 wurde die Straße erstmals mit einem festen Straßenbelag versehen, im Jahr 2000 wurde sie nach Plänen des französischen Architekten Jean-Marie Charpentier zwischen Xizang Lu und Henan Lu in eine Fußgängerzone verwandelt. Über die gesamte Länge der Nanjing Donglu bis zum Volksplatz ist es ein mindestens 30-minütiger Spaziergang, Schaufensterbummel und den ein oder anderen Zwischenstopp vor besonders imposanten Leuchtreklamen nicht mitgerechnet.

In der Nanjing Donglu

Renmin Dadao: Volksplatz und Volkspark

Egal, mit welchen Vorstellungen man sich dem Areal des Volksplatz rund um den Renmin Dadao 人民大道nähert, es ist immer eine Überraschung: Inmitten der brodelnden Großstadt wurde auf dem Geländer der ehemaligen britischen Rennbahn eine echte grüne Oase geschaffen, die auch der überstrapazierten Ausländerseele nach vielen Stunden Shoppen und Sightseeing ein wenig Erholung verschafft. Mit dieser Meinung steht der Tourist natürlich nicht alleine da, und so tummeln sich vor allem zu Mittagszeit zahllose Angestellte und Pärchen auf den Wegen und Wiesen der Grünfläche. Dennoch: Der Volkspark (Renmin Gongyuan 人民公园) im nördlichen Teil ist eine entspannende Angelegenheit. Der Besuch lohnt sich, zumal der kulturbeflissene Shanghai-Besucher ohnehin nicht um den südlich davon gelegenen Volksplatz herumkommt: Gleich eine ganze Handvoll absolut sehenswerter Museen und Gebäude finden sich hier, die unbedingt zum Besuchsprogramm gehören: Vom **Urban Planning Center** (Museum für Stadtentwicklung 城市规划示馆) an der Kreuzung Renmin Dadao und Xizang Zhonglu, dem **Shanghai Bowuguan** 上海博物馆 am südlichen Ende des Volksplatzes bis zum Shanghai-Kunstmuseum (Shanghai Meishuguan 上海美术馆) im ehemaligen Clubhaus des Shanghai Racing Club am westlichen Ende des Volksplatzes oder dem **Shanghai Grand Theatre** (Shanghai Da Juyuan 上海大剧院). Besonders auffällig ist das private **Museum of Contemporary Art Shanghai** (MOCA) (Shanghai Dangdai Yishuguan 上海当代艺术), dessen ständig wechselnde Ausstellungen peppig aufgemacht sind und mit dem China-Muff aufräumen, der noch in so manch einem europäischen Kopf herrscht.

Park Hotel

Die Ähnlichkeit mit dem Empire State Building ist nicht zu übersehen, und wahrscheinlich auch gewollt. Lange war das Art Deco Park Hotel (Guoji Fandian 国际饭店) am nördlichen Ende des Volksparks (auf Chinesisch eigentlich ›International Hotel‹) das absolute Vorzeigehotel der Stadt. 1934 nach Plänen des Architekten Ladislaus Hudec erbaut, blieb es mit seinen 83 Metern bis in die 1980er das höchste Gebäude Asiens – ein heute kaum mehr nachvollziehbarer Fakt! 1998 wurde das Hotel umfassend renoviert.

U-Bahn-Schild

Fuzhou Lu

Für den Weg zurück, vom Volksplatz zum Bund, bietet sich die Fuzhou Lu 福州路 an, eine der Parallelstraßen der Nanjing Donglu: Hier haben traditionell viele **Verlage, Buchhandlungen und Fachgeschäfte für Malereibedarf** ihren Sitz. Von der gigantischen Book City bis zu den kleinen verstaubten Papierwarenläden findet sich hier alles, was mit Kunst, Literatur und Malerei zu tun hat. Vor allem Reisende, die noch lange Strecken in China vor sich wissen, sollten hier die Gelegenheit nutzen, ein letztes Mal den Bestand an englischsprachiger Lektüre aufzustocken.

Nanshi – die Altstadt

Südlich von Huangpu liegt die chinesische Altstadt, die einst als ›Chinesenstadt‹ von einer Stadtmauer umgeben war. Wo einst der Wassergraben lag, verläuft heute eine Rundstraße, die Renmin Lu 人民路 und Zhonghua Lu 中华路.

Die Stadtmauer selbst wurde nach der Revolution 1911 als Zeichen des Neubeginns abgerissen. Über das alte Nordtor sind es dann nur wenige Schritte bis zum Antiquitätenmarkt der Fuyou Lu 福佑路 und der Shanghai Old Street (Shanghai Laojie 上海老街). Auch ohne konkrete Kaufabsichten (und im Wissen um Plagiat und Nepp) ist der Markt eine bunte Angelegenheit mit vielen Mao-Andenken und Kulturrevolutions-Erinnerungen.

Richtig malerisch chinesisch, wenn auch nur im Nachbau, wird es in der benachbarten Lishui Lu 丽水路. Hier hat die Stadtverwaltung die Atmosphäre der Qing-Dynastie wiederbelebt, und so gehört die Ladengasse heute zu den absoluten Touristenattraktionen. Dies übrigens nicht nur bei ausländischen Besuchern, so dass es hier mitunter recht eng werden kann.

Yu-Garten

Das wahre Prunkstück der Altstadt jedoch ist der Yu-Garten (Yuyuan 豫园). Er wurde bereits 1559 in der Ming-Dynastie von einer kaiserlichen Beamtenfamilie angelegt. Nachdem die Familie verarmte, geriet der Garten in Vergessenheit und wurde erst im 18. Jahrhundert wieder restauriert. Der Yuyuan ist typisch für den klassischen chinesischen Garten: Auf geringstem Raum wird durch Wände und geschickte Einteilung die Illusion von Größe erzeugt. Wer nach dem Besuch des Gartens einen Blick auf den Stadtplan wirft, wird überrascht sein, wie klein die Anlage in Wirklichkeit ist. Kurze Zeit diente er sogar als

▶ Karte S. 253

Gangster-Quartier, als 1853 die Geheimgesellschaft der ›Kleinen Schwerter‹ den Pavillon des Frühlings bezog und von dort aus gegen den Kaiserhof agierte. Gleich neben dem Yu-Garten liegt das Huxinting-Teehaus 湖心亭, ein durch und durch traditionelles Etablissement und ideal für eine kleine Pause bei Tee und Dim-Sum-Häppchen. Für Geister ist das Teehaus allerdings nicht zu betreten, denn diese können bekanntlich prinzipiell nur geradeaus laufen und sind daher nicht in der Lage, die Zick-Zack-Brücke zu überqueren.

Yu-Yuan-Basar

Gleich neben dem Yu-Garten ist es mit der Stille vorbei: Quasi jeder Shanghai-Besucher, sei es aus dem In- oder Ausland, drückt und schiebt sich irgendwann durch den Shopping-Komplex des Yu-Yuan-Basars 豫园商厦 in traditionell chinesischer Architektur. Mehr als 100 kleine Geschäfte locken mit Seidenwaren, Touristennippes, Büchern, Perlen, Schmuck, Kalligraphien und allem anderen, was irgendwie als typisch chinesisch durchgehen könnte.

Auch die benachbarte Lishui Lu 丽水路, eine restaurierte Ladengasse im Stil der Qing-Dynastie, bietet dem weitgereisten Touristen genügend Möglichkeiten, sich ein substantielles Loch in die Reisekasse reißen zu lassen.

Mitten im Yu-Yuan-Basar, an der Fangbang Zhonglu 249 方浜中路, liegt üb-

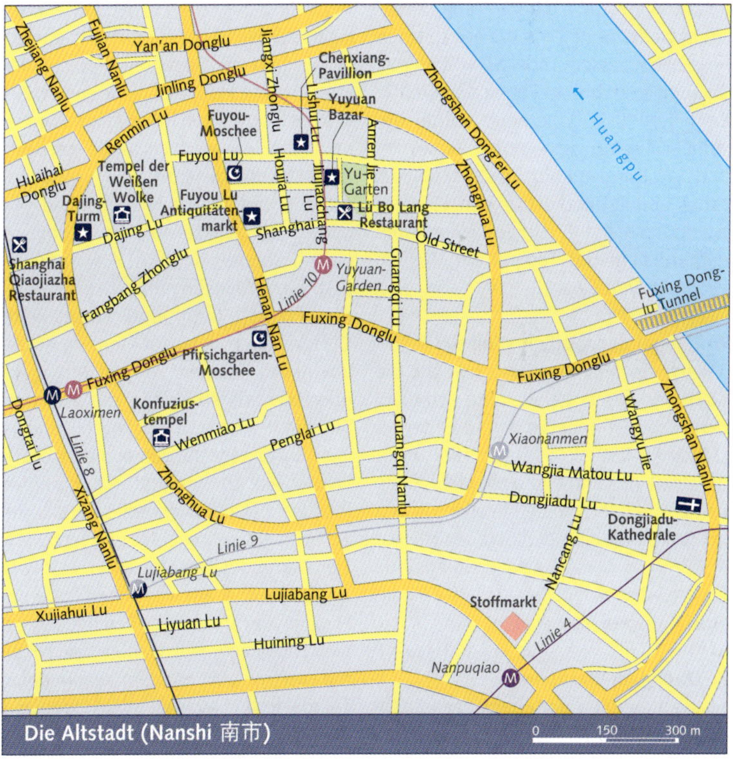

Die Altstadt (Nanshi 南市)

Teehaus im Yu-Garten

rigens der daoistische **Tempel des Stadtgottes Qin Yubo**, einem ehemaligen Beamten aus der Yuan-Dynastie. Kaiser Hongwu der Ming-Dynastie erwählte ihn kurz nach dessen Tode zum Stadtgott Shanghais – wohl weil er als recht mutig galt. Bereits 1403 erbaut, wurde der Tempel, wie so viele andere Bauwerke, in der Kulturrevolution zerstört, teils als Fabrik genutzt und erst in den 1990ern wieder aufgebaut. Einige Gehminuten entfernt liegt der Tempel der Weißen Wolke Baiyun Guan 白云观.

■ Tempel der Weißen Wolke

Manch ein Shanghai-Besucher, der die Stadt von früher kennt, mag sich wundern: Dieser Tempel ist ihm früher in der Dajing Lu 239 大境路 garantiert nicht aufgefallen. Konnte er auch nicht, denn der Tempel der Weißen Wolke zog erst im Jahr 2004 hierher. Ursprünglich war er 1863 in der nahe gelegenen Xilinhou Lu erbaut worden, musste aber einem Hochhausprojekt weichen.

■ Dongjiadu-Kathedrale

Etwas außerhalb der ehemaligen Stadtmauern, im Süden des Nanshi-Distrikts, liegen zwei weitere große Sehenswürdigkeiten der Altstadt: Die katholische Dongjiadu-Kathedrale in der Dongjiadu Lu 董家渡路 wurde 1853 von spanischen Jesuiten erbaut. Ganz in der Nähe, an der Lujiabang Lu Ecke Nancang Jie 陆家浜路/南仓街 liegt der **Dongjiadu-Stoffmarkt** 董家渡路织品市场. Vier Etagen voller opulenter Stoffe lassen Profi-Shopper in Verzückung geraten: Seide in allen Variationen, Leinen, Brokat und Samt, fertige Stücke, dazu eine ganze Armada von flinken Schneidern, die innerhalb von drei Tagen eine komplette Garderobe erstellen.

Jing'an

Als ›Jing'an‹ taucht der Distrikt westlich des Volksparks selten in den Reiseunterlagen auf: Nicht dass er nichts zu bieten hätte, ganz im Gegenteil, nur mit der Etikettierung klappt es nicht immer: Als Teil des ehemaligen International Settlement gilt Jing'an auch heute noch als **Britische Konzession**. Die Spannung zwischen kolonialem Shanghai und moderner Wirtschaftskraft ist in Jing'an ganz besonders deutlich. Als ›Business-Distrikt‹ hat Jing'an natürlich eine gehörige Portion Stahl und verspiegelte Glassfassaden abbekommen, und tagsüber eilen Scharen von Anzugträgern über die breiten Alleen des Viertels. Trotzdem gibt es hier ganz besonders viele Shikumen-Anlagen und herrschaftliche Villen. Und gerade weil in Jing'an Prestige viel zählt, sind diese in der Regel auch gut hergerichtet und renoviert. Der Name des Distrikts leitet sich vom Jing'an-Tempel am westlichen Ende der Nanjing Xilu ab, einer unbedingt sehenswerten Anlage. Nur wenige Taxi-Minuten entfernt lockt mit dem Jade-Buddha-Tempel ein weiterer sakraler Höhepunkt der Stadt.

▲ Karte S. 253

Die Lebensader Jing'ans ist natürlich die Nanjing Xilu, die westliche Fortsetzung der Nanjing Donglu hinter dem Volkspark. Auch wenn sie (noch) nicht in eine Fußgängerzone verwandelt wurde, gehört sie zu den wichtigsten Einkaufsstraßen Chinas. Nicht zuletzt ist der Distrikt auch in Sachen Nightlife interessant: Die Tongren Lu 铜仁路 und Julu Lu 巨鹿路 zählen zu den Hotspots der Szene.

Wie auch Luwan, lädt der Jing'an-Distrikt zu langen Spaziergängen ein. Der Wechsel zwischen engen Gassen und breiten Hochhausschluchten wird besonders deutlich, wenn man entlang der Nanjing Xilu mäandert, also rechts und links immer wieder in die Seitenstraßen eintaucht und einige Strecken parallel zur Hauptverkehrsstraße läuft.

■ Jing'an-Tempel

Wer den Distrikt etwas ausführlicher in Augenschein nehmen möchte, beginnt am besten am Jing'an-Tempel (Jing'an Si静安寺), dem Namensgeber des Distrikts, am westlichen Ende der Nanjing Xilu. Er stammt noch aus der Zeit der drei Königreiche im 3. Jahrhundert, seinen heutigen Namen erhielt er jedoch erst im Jahr 1008. Da die Anlage in der Zeit des Taiping-Aufstands Ende der 1850er komplett zerstört wurde, stammen die meisten Gebäude des heutigen Komplexes aus den 1880ern der Qing-Dynastie. Mehr noch als seine Konkur-

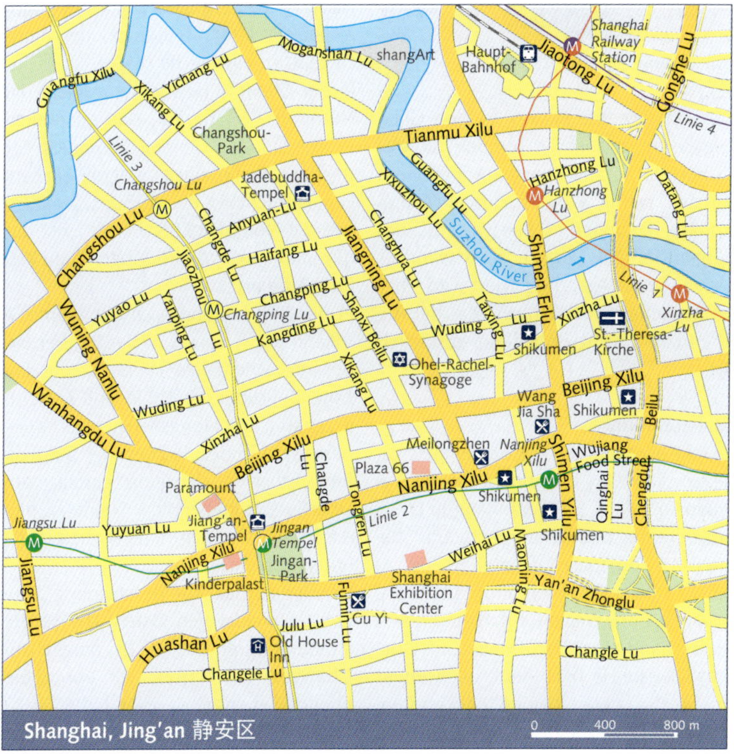

Shanghai, Jing'an 静安区

Tür am Jing'an-Tempel

renz ist er heute ein echter, von Gläubigen gut besuchter Tempel mit viel Tohuwabohu aber (nach europäischem Gusto) wenig kontemplativer Atmosphäre. Dennoch, sehenswert ist der Jing'an-Tempel allemal, auch wenn er derzeit grundlegend renoviert wird – mit chinesischer Gründlichkeit, was der Authentizität nicht unbedingt zuträglich ist.

Paramount

Direkt nördlich des Jing'an-Tempels gelegen, liegt das Paramount an der Yuyuan Lu愚园路 Ecke Wanhangdu Lu 万航渡, einst der bekannteste und beliebteste Tanzpalast Shanghais. Bis zu 1000 Tänzer fasste der größte Ballsaal, Männer ohne Begleitung mieteten sich kurzerhand eines der ›Dance Girls‹, deren Dienste, je nach Tarif, auch etwas mehr als Tanzen beinhalten konnten. Nach 1949 wurde diese ›Ausgeburt des imperialistischen Shanghai‹, unter dem Namen ›Rote Hauptstadt‹ zum politisch korrekten Kino umfunktioniert. Seit Ende der Renovierungsarbeiten 2001 ist das Paramount jedoch wieder als Tanzpalast im Rennen. Manch einer der Senioren, die heute dort vor Art-Deco-Decor zwischen den jüngeren Tänzern über das Parkett schwofen, kennt das Paramount sicher noch aus alten Tagen.

Villen und Gärten

Wenige Schritte südlich der Nanjing Xilu liegen die Huashan Lu 华山路, Julu Lu 巨鹿路 und Changle Lu 长乐路 mit ihren imposanten alten Villen und großzügigen Gartenanlagen. Obwohl einige Häuser ganz besonders sehenswert sind, ist es der Gesamteindruck, der diese Gegend so einzigartig macht.

In der **Changle Lu** sticht vor allem die Nummer 668 hervor, das ehemalige Wohnhaus des General Managers der Jincheng Bank, einer der größten Banken Nordchinas der 1930er, genauso wie die Nummer 788, in der einst der bekannte Pekingopern-Sänger Zhou Xinfang residierte.

In der **Julu Lu** lohnt sich vor allem die Villa in der Nummer 675–681, der imposante, ehemalige Wohnsitz des Liu Jisheng, Bruder des Kohle- und Zementmagnaten Liu Hongsheng, einer Wirtschaftsgröße der 1920er, der ganz offensichtlich auch seine Familie am Überfluss teilhaben ließ. Heute ist hier die Shanghaier Schriftstellervereinigung untergebracht.

Wieder zurück auf der Nanjing Xilu, geht es wieder gen Osten: Die Seitenstraße **Tongren Lu** 铜仁路, parallel zur Changde Lu 常德路, ist vor allem abends sehenswert: Hier haben zahlreiche Bars und Clubs eine zweite Hei-

▲ Karte S. 255

mat gefunden, seit die Maoming Nanlu des Luwan Distrikts immer wieder als potentielles Abrissgebiet diskutiert wird.

Ohel-Rachel-Synagoge

Einige Gehminuten nördlich der Nanjing Xilu entlang der Shanxi Beilu 陕西北路 Ecke Xinzha Lu 新闸路 liegt eine der wenigen erhaltenen Synagogen Shanghais, die Ohel-Rachel-Synagoge (Laxier Youtai Jiaotang 拉西尔犹太教堂). 1920 ließ Sir Jacob Sassoon die Synagoge im Gedenken an seine Frau Rachel bauen. Bis 1952 blieb sie nicht nur das bedeutendste Gotteshaus der sephardischen Juden Shanghais, sondern auch die größte Synagoge Asiens. Lediglich während der Zeit der japanischen Besatzung wurde das Gebäude als Pferdestall genutzt. Nachdem die letzten sephardischen Juden Shanghai verlassen hatten, verwandelte die Stadtregierung Ohel Rachel in ein Warenlager. Erst 1998 wurde die Synagoge renoviert und restauriert. Heute wird das Gebäude, genauso wie die benachbarte, ehemalige jüdische Schule aus dem Jahr 1932, vom Shanghai Education Bureau genutzt. Besichtigungen sind nur nach vorheriger Anmeldung sporadisch möglich, für die meisten Interessenten bleibt es daher bei einem diskreten Blick am Wachmann vorbei.

Garküchen in der Wujiang Lu

Jade-Buddha-Tempel

Die letzte, aber sicher nicht unwichtigste Attraktion Jing'ans liegt weit im Nordwesten des Distrikts, gut 30 Minuten zu Fuß oder eben eine kurze Taxifahrt entfernt: Der Jade-Buddha-Tempel (Yufo Si 玉佛寺) an der Anyuan Lu 安源路 Ecke Shanxi Beilu 陕西北路. Im Vergleich zu vielen anderen Tempeln der Stadt ist er eher neueren Datums. Bereits im Jahr 1882 hatte der Mönch Hui Geng die Darstellungen des historischen Buddha Sakyamuni, eine Schenkung eines reichen Übersee-Chinesen, von einer Pilgerreise aus Burma mitgebracht. Beide wurden aus einem einzigen Stück Jade gefertigt. Doch erst 1918 begann man mit dem Bau der Tempelanlage, um den zwei weißen Jade-Buddhas aus Burma eine angemessene Heimat zu ermöglichen. Dass der Tempel trotzdem einen sehr alten Eindruck macht, liegt daran, dass er im Stil der Song-Dynastie erbaut wurde. Zudem ist der Jade-Buddha-Tempel einer der wenigen, die während der Kulturrevolution nicht verwüstet wurden. Der Besuch des Tempels empfiehlt sich vor allem in den Morgenstunden oder am frühen Abend, da er in der übrigen Zeit meist von Touristengruppen überlaufen ist.

Luwan – die ehemalige Französische Konzession

Spätestens nach drei Tagen im turbulenten Shanghai wird es Zeit für einen Spaziergang durch den Luwan-Distrikt 卢湾区. Von Hektik und Stress ist auf den breiten platanengesäumten Alleen

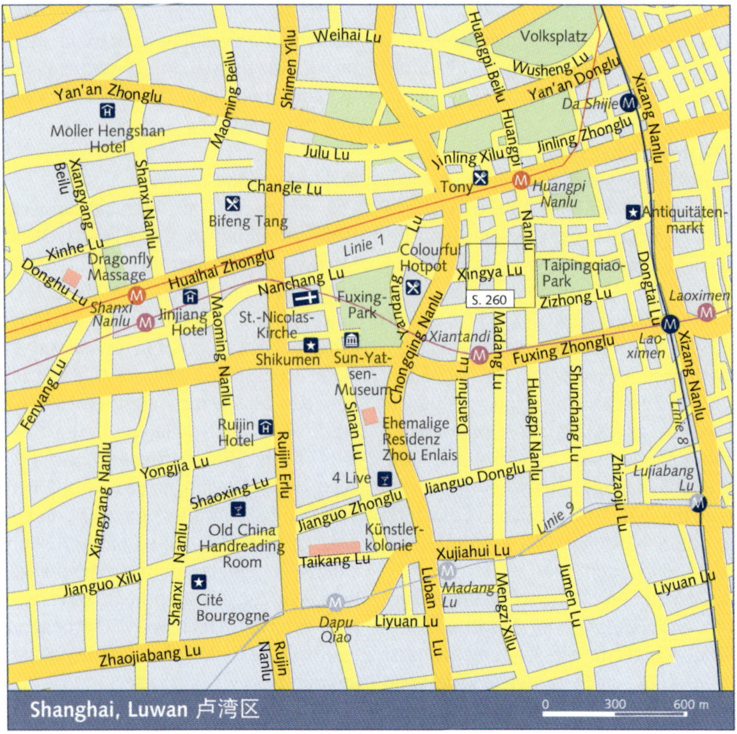

Shanghai, Luwan 卢湾区

der ehemaligen Französischen Konzession vergleichsweise wenig zu spüren, sieht man einmal vom kommerziellen Herzstück, der Huaihai Zhonglu 淮海中路, ab. Großzügige Gärten zeichnen die Villenviertel rund um die Sinan Lu und Ruijin Lu aus, und weil es sich hier gar vorzüglich zentral wohnen lässt, hat die neue Oberschicht die moderigen Bauten aus den 1920ern und 1930ern längst wieder entdeckt. Die eine oder andere schicke Boutique, Kunstgalerie oder alternative Kneipe findet sich auf jedem Spaziergang, und rund um die Taikang Lu 泰康路 im Süden des Distrikts hat sich gleich eine ganze Reihe interessanter kleiner Designerläden und Boutiquen niedergelassen.

Fuxing-Park

Für den Luwan-Spaziergang bietet es sich an, von Osten kommend, also beispielsweise von Xintiandi 新天地 aus, die Chongqing Zhonglu 重庆中路 und dann den Fuxing-Park (Fuxing Gongyuan 复兴公园) zu durchqueren. Hier, inmitten des im französischen Stil gehaltenen Parks, liegt übrigens einer der bekanntesten Nightlife-Komplexe von Shanghai mit den Venues Park 97 und Guandi.

Am westlichen Ende des Parks ragt die **russisch-orthodoxe Kirche St. Nicolas** aus dem Jahr 1934 empor. Von hier aus geht es westlich des Fuxing-Parks in die Sinan Lu 思南路, die ehemaligen Rue Molière.

Sinan Lu

Die ruhige, von imposanten Villen gesäumte Allee bietet genau den richtigen Mix aus musealer Atmosphäre (und den damit einhergehenden Sehenswürdigkeiten) und einem Hauch von Realität: Auch wenn sich die Sinan Lu längst wieder in eine teure Wohngegend verwandelt hat, ist vielen Villen anzusehen, dass sie (noch) von normalen Familien bewohnt werden. Zugegeben, viele der Sehenswürdigkeiten erscheinen dem Fremden eher banal, zumindest auf dem Papier. De facto jedoch kommt jede Gelegenheit recht, die spektakulären Villen zu betreten – auch wenn es sich um die ehemaligen Wohnhäuser von Politgrößen wie Sun Yatsen oder Zhou Enlai handelt.

Taikang Lu

Folgt man der Sinan Lu nach Süden, über die Jianguo Zhonglu 建国中路 hinaus, zweigt rechter Hand die Taikang Lu 泰康路 ab. In dieser kleinen Straße haben sich zahlreiche Ateliers und originelle Boutiquen niedergelassen, in denen größtenteils die Designer noch selbst ihre Waren an den Mann bringen.

Jugendliche in Shanghai

Am Ende der Taikang Lu geht es über die Ruijin Lu 瑞金二路 wieder gen Norden zurück. Am besten zur Huaihai Zhonglu 淮海中路 – der Kontraste wegen! Von der Ecke Xiangyang Lu bis zur Kreuzung mit der Xizang Lu zieht sich dieser Glamourstreifen, der sich wunderbar zum Schauen und Staunen eignet, zum Einkaufen freilich weniger, es sei denn, man verfügt über eine strapazierfähige Kreditkarte.

Bevor Sie sich jedoch ins Getümmel der Huaihai Zhonglu stürzen, ergibt sich noch eine Gelegenheit, einen Blick auf die **russisch-orthodoxe Missionskirche** aus dem Jahr 1931 in der Xinle Lu 新乐路 55 (direkt hinter dem Xiangyang-Park, Xiangyang Gongyuan 襄阳公园) zu werfen. Nach 1949 war hier eine Maschinenfabrik untergebracht, dann zog 2003 schließlich das Luxusrestaurant ›The Grape‹ ein. Bei Drucklegung jedoch stand die Kirche wieder leer und war nicht zugänglich. Ein Blick von außen lohnt sich aber allemal.

Huaihai Zhonglu

So wenig Luwan in das westliche Chinabild passt, der wahre Schocker für das europäische Auge ist die Huaihai Zhonglu 淮海中路: Rechts und links von imposanten Hochhäusern und Shopping-Arkaden gesäumt, zieht sie sich durch den Norden Luwans, vom Nordende der Altstadt bis zum Viertel Xuhui. Das ist die Welt der Kreditkartenbesitzer, der städtischen Generation, die nach der Kulturrevolution geboren wurde und die das China der Entbehrungen nur noch aus Erzählungen kennt. In den Edelboutiquen, deren Preise auch kauffreudigen Ausländern den Atem stocken lassen, werden nicht nur Armani und andere Nobelmarken verkauft, sondern auch getragen. Abends zieht es vor allem junge Shanghaier nach Luwan, denn der Distrikt lockt mit diversen Bar-Straßen, in denen bis in die Morgenstunden mit viel Einsatz gefeiert wird.

Xintiandi

Das Viertel ›Neuer Himmel, neue Erde‹, so die wörtliche Übersetzung von Xintiandi, liegt zwischen Huangpi Nanlu 黄陂南路, Madang Lu 马当路, Taicang Lu 太仓路 und Zizhong Lu 自忠路 am Rande der ehemaligen Französischen Konzession und damit in allerbester Lage: Nur wenige Gehminuten entfernt locken auf der Glamourmeile Huaihai Zhonglu Chanel, Cartier und Versace mit (echten) Waren weit jenseits des chinesischen Durchschnittsgehalts. Kein Wunder, dass in dieser Gegend fast alle traditionellen Wohnviertel gewagten Hochhausbauten weichen mussten. Für Xintiandi freilich schien dies keine geeignete Alternative: Mittendrin, an der Gasse, die den Nord- vom Südblock trennt, liegt die Gründungsstätte der Kommunistischen Partei Chinas. Politisch diffiziles Erbe also, das dem drei Quadratkilometer großen Terrain die nötige Gnadenfrist verschaffte. Dieses ideologisch wichtige Gebäude von Wolkenkratzern überschatten zu lassen, kam schon aus Gründen der politischen Symbolik nicht in Frage.

Als 1996 die Hongkonger Immobiliengruppe Shui On 52 Hektar Land rund um Xintiandi erstand, war daher Kreativität gefragt. Mithilfe des Bostoner Architektenbüros Wood and Zapata wurden die traditionellen Shikumen-Häuser neu geplant und auf dem Papier mehr oder minder behutsam in zwei gemischte Wohn- und Entertainment-Blocks verwandelt. 2300 Haushalte mussten umgesiedelt werden, dann ließ

Shanghai, Xintiandi 新天地

In Xintiandi

Shui On das Viertel wortwörtlich auseinander nehmen: Stein für Stein wurden die erhaltenswerten Gebäude unter enormen Kosten ab- und wieder aufgebaut, teils mit erheblichen Änderungen.

Vor allem der **Nordblock** mit seinen engen Gassen lockt chinesische Touristen genauso wie ausländische Besucher. Von der Taicang Lu kommend, führt der Weg über die Fußgängerzone an diversen Bars, Cafés und Boutiquen vorbei.

Mittendrin, an der Xingye Lu 兴业路, die den Nordblock vom Südblock trennt, liegt die **Gründungsstätte der Kommunistischen Partei Chinas** (Zhonggong Yida Huizhi 中共一大会址). Hier trafen sich vom 23. bis 30. Juli 1921 eine Handvoll junger chinesischer Kommunisten und gründeten die KPCh. Dass das Treffen ausgerechnet hier stattfand, war kein Zufall: Die exterritoriale Französische Konzession bot Schutz vor Verfolgung durch die chinesische Polizei. Dank guter Kontakte zum Hausmeister konnten die auswärtigen Gesandten im Schlafsaal der Mädchenschule nächtigen, die während der Ferien geschlossen war. Dennoch wurde das Treffen verraten, so dass die Beratungen am letzten Tag auf einem Hausboot auf dem knapp 100 Kilometer westlich gelegenen Südsee bei Jiaxing fortgeführt werden mussten.

Wenige Schritte weiter, im Haus 25 an der Taicang Lu 181 太仓路, liegt das **Wulixiang Shikumen-Museum** (Wulixiang Shikumen Bowuguan 屋里厢石库门博物馆). Im Inneren dieses Shikumen-Hauses wurde nicht nur die Entstehung Xintiandis dokumentiert, sondern auch das Leben einer typischen chinesischen Mittelklasse-Familie der 1920er nachgestellt.

Xuhui

Wenn Touristen im südwestlich gelegenen Xuhui-Viertel 徐汇区 landen, dann meist, weil ein Besuch des buddhistischen Longhua-Tempels auf dem Plan steht. Für die Einheimischen jedoch bedeutet Xuhui vor allem bezahlbares Shopping, Nightlife und universitäres Leben: Hier liegen Teilbereiche der beiden renommierten **Universitäten** Fudan Daxue 复旦大学und Jiaotong Daxue交通大学, zahlreiche Bars und Kneipen, Boutiquen und Kaufhäuser und nicht zuletzt auch ausländische Großunternehmen wie Ikea oder der französische Supermarkt Carrefour.

■ Hengshan Lu

Das soziale Herzstück Xuhuis, die Hengshan Lu 衡山路, zieht sich von der Huaihai Zhonglu 淮海中路 bis nach Xujiahui und war in kolonialen Zeiten als Avenue Petain bzw. Beidang Road (die

Entlang der Ostküste

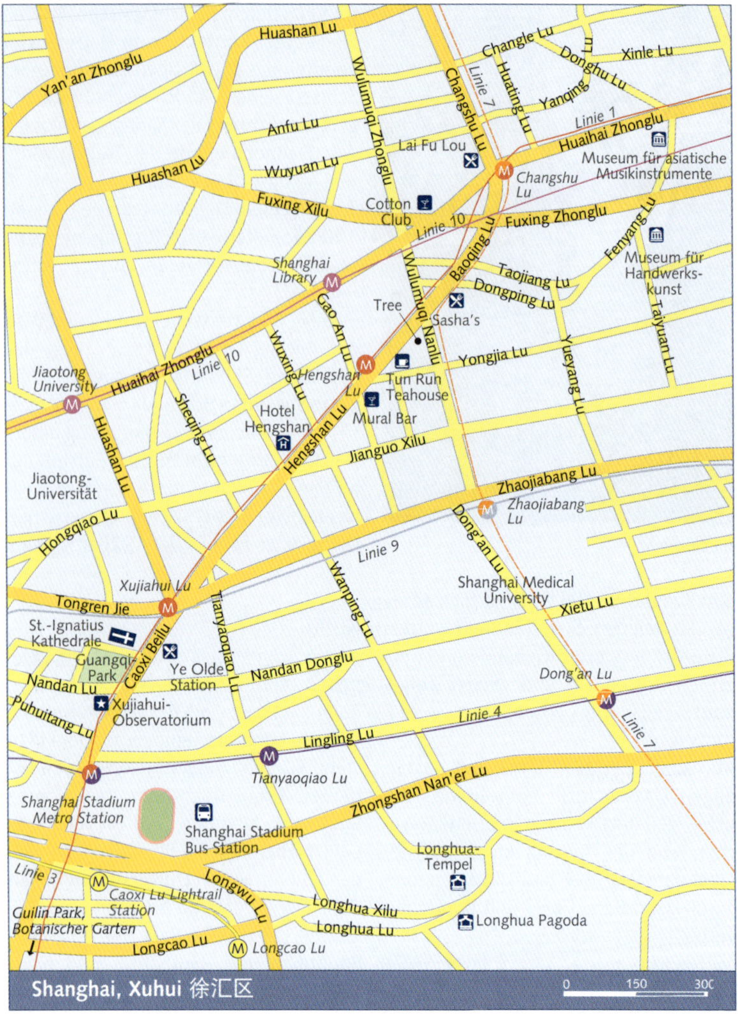

Shanghai, Xuhui 徐汇区

chinesische phonetische Übertragung) bekannt. Unter den Phönixbäumen wandelten einst die französischen Bewohner, heute haben zahllose Cafés auf den breiten Trottoirs ihre Terrassen eingerichtet. Vor der restaurierten Fassade europäisch-chinesischer Mischarchitektur der 1920er und 1930er zeigt Shanghai hier wieder sein romantisches Gesicht – sogar die Straßenlaternen wurden, wenn auch nicht mehr ganz original, passend dazu entworfen. Abends verwandelt sich die Hengshan Lu in eine große ›After Work Party‹ der Angestellten der benachbarten Bürotürme der Huaihai Lu.

Die Expo 2010: China zeigt sich der Welt

Von Anfang Mai bis Ende Oktober 2010 schaut die Welt auf Shanghai. Dann findet die bisher größte Expo der Geschichte statt, denn mit bisher 233 angemeldeten Ausstellern schlägt China die Rekordmarke. Mit gigantischem Aufwand: Das rund 5,3 Quadratkilometer große Gelände am Huangpu-Fluss, südlich des Zentrums noch mitten in der Stadt gelegen, wurde eigens für die Expo geräumt, Lagerhallen, Industrieruinen, aber auch mehr als 270 aktive Fabriken ließ die Stadtregierung verlagern, rund 60 000 Menschen wurden umgesiedelt. Schützenswerte Bausubstanz integrierten die Planer kurzerhand in den Bebauungsplan. Das Ergebnis: Ein Areal rund dreimal so groß wie das Hannoveraner Expo-Gelände aus dem Jahr 2000. Seit dem 1. Mai 2010 zeigen hier nun rund 230 Länder ihre Pavillons. Der deutsche Pavillon zum Thema ›Leben im urbanen Umfeld‹ gehört mit rund 50 Millionen Euro Kosten zu den Großinvestitionen und zu den Besuchermagneten.

Das Expo-Maskottchen

Aber auch von chinesischer Seite darf man großes erwarten. Sicher ist: Getreu dem Expo-Motto ›Better City, Better Life‹ wird es keine lustige Folkloreshow werden, sondern ein Ausblick auf die städteplanerischen und ökologischen Zukunftsvisionen Chinas. Rund 70 Millionen Besucher erwartet Shanghai zur Expo – immerhin bleibt eine Auslandsreise für die überwiegende Mehrheit der Chinesen ein unerfüllbarer Traum, und die Expo bietet eine echte Chance, dennoch ein wenig in die weite Welt zu schnuppern. Damit sie alle kommen können, hat Shanghai, fast schon über Nacht, mal schnell die Zahl der U-Bahn-Linien von 4 auf 13 Strecken erhöht!

Für die Kosten kommt Shanghai übrigens ganz allein auf. Finanziert aus dem Stadtsäckel und über Anleihen, beweist Shanghai, dass es ganz ohne staatliche Hilfe selbstverständlich rund 30 Milliarden Euro (und das sind nur vorsichtige Schätzungen) aufbringen und eine derartige Ausstellung stemmen kann.

Offizielle Webseite: http://en.expo2010.cn/, Informationen zum Deutschen Pavillon: www.expo2010-deutschland.de.

Der Deutsche Pavillon

Longhua-Tempel

Xuhuis wichtigste Sehenswürdigkeit jedoch bleibt der Longhua-Tempel (Longhua Si 龙华寺), der älteste Tempel Shanghais. Schon 242 stand erstmals eine buddhistische Andachtsstätte an dieser Stelle, die heutigen Gebäude allerdings stammen aus der Qing-Dynastie und mussten nach den Zerstörungen durch die Truppen der Taiping-Rebellion 1854–1864 neu aufgebaut werden. Auch in der Kulturrevolution wurde der Tempel stark in Mitleidenschaft gezogen, als marodierende Rote Garden 1966 fast das gesamte Interieur zerschlugen. Erst 1981 wurde der Longhua-Tempel wieder offiziell geöffnet und die diversen Gebäude sukzessive wieder instandgesetzt. Es handelt sich also lediglich bei der benachbarten siebenstöckigen Pagode des Tempels (wahrscheinlich) um das Originalgebäude aus dem 10. Jahrhundert, dieses ist jedoch nicht zugänglich.

In der Duolun Lu

▲ Karte S. 265

Das gesamte Gelände mit all den umliegenden Shopping-Komplexen wird auch als Longhua Tourist City (Longhua Lüyoucheng 龙华旅游城) vermarktet: Wie es sich für eine echte Touristen-Destination gehört, wird hier gehandelt und verkauft, was das Zeug hält.

Hongkou

Auf den meisten touristischen Stadtplänen ist Hongkou 虹口 nicht einmal komplett abgebildet. Vielleicht liegt es daran, dass dieses Viertel noch nie eine ›feine‹ Adresse war und auch heute kaum dem Bild entspricht, das die Stadt gerne von sich selbst zeichnet. Enge Gassen, kartenspielende Alte im Mao-Anzug, zwitschernde Drosseln in Bambuskäfigen, kleine Straßenimbisse und gemütlich-chaotische Hinterhöfe, aber auch Industrieanlagen und graue Blocks prägen das Straßenbild. Wer in das Prä-Reform-Shanghai eintauchen will, ist hier richtig, denn das Viertel nördlich des Suzhou-Flusses ist zu großen Teilen (noch) eines der ursprünglichsten der Stadt.

Allzu lange warten sollte man mit dem Besuch allerdings nicht: Auch in Hongkou sind langfristig ganze Straßenzüge für die ›Erneuerung‹ vorgesehen. Vor allem das gigantische North Bund Projekt, das den gesamten Süden Hongkous umfasst und dem Stadtteil ein völlig neue Erscheinungsbild verschaffen soll, wird in den nächsten Jahren für gewaltige Veränderungen sorgen.

Anbetracht der Größe wundert es nicht, dass Hongkous historische Zentren durchaus eine Taxifahrt weit auseinander liegen: Zum einen ist da die Gegend um die Innenstadt-nahe Sichuan Beilu 四川北路, die sich nach Norden Richtung Fußballstadion zieht, zum anderen der ehemalige ›Broadway‹, die heutige Da-

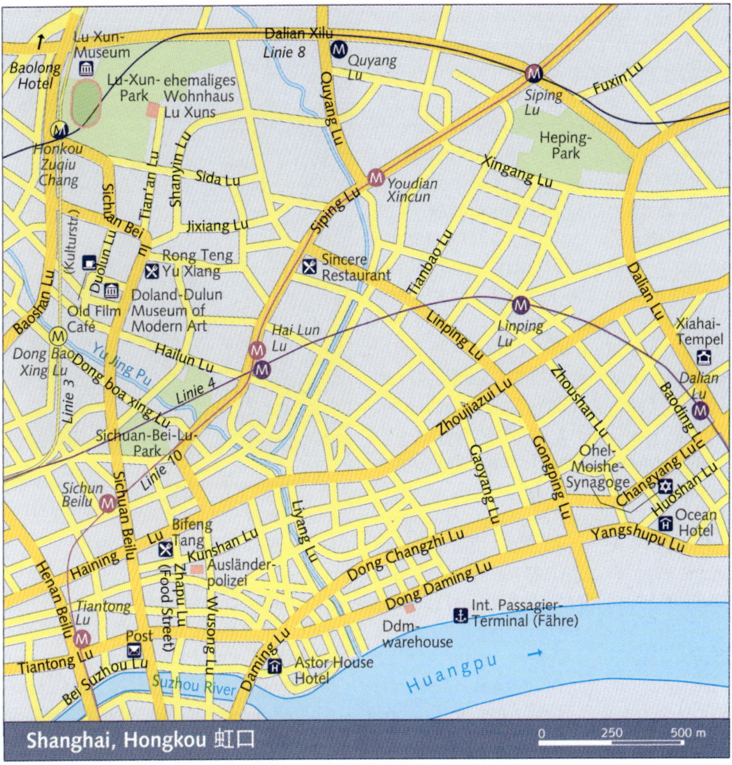

Shanghai, Hongkou 虹口

ming Lu 大名路 und Dong Daming Lu 东大名路, die zum ehemaligen Judenviertel im Osten Hongkous führt. Keine zwei Minuten Fußweg entfernt liegt das **Ocean Hotel**, in dem fast alle deutschen Veranstalter ihre Gruppen unterbringen. Grund genug, die Stunde vor dem Frühstück oder nach dem Abendessen zu einem Spaziergang zu nutzen.

Nördliches Hongkou

Viele Chinesen bummeln abends über die glamouröse Nanjing Lu – und kaufen dann zu erheblich günstigeren Preisen in der nahe gelegenen Sichuan Beilu ein. Über vier Kilometer reihen sich Kaufhäuser, Boutiquen und kleine Restaurants vom Ufer des Suzhou-Flusses bis zum Hongkou Stadium. Hier werden die meisten Touristen wohl auch den Hongkou-Spaziergang beginnen.

Direkt am Flussufer gelegen, bildet das **Central Post Office** den Anfangspunkt. 1924 nach Plänen des Architekturbüro Stewardson & Spence errichtet, wurde es seither durchgehend als Postamt genutzt. In dem Gebäude ist seit 2006 auch das **Shanghaier Postmuseum** untergebracht. Von hier aus ist ein zirka einstündiger Bummel-Spaziergang (kleine Einkäufe inklusive) bis zum Nordende der Sichuan Beilu.

Hier biegt links die **Duolun Lu ›Cultural Street‹** (Duolun Wenhua Jie 多轮路文

化界) ab, was zugegebenermaßen ein wenig nach Disneyland klingt. Doch weit gefehlt: Hier soll den linken, künstlerischen Wurzeln der Republikzeit gehuldigt werden, auf die Hongkou noch immer stolz ist. Die 1998 komplett renovierte Fußgängerzone im Norden der Sichuan Beilu mag nicht immer originalgetreu den Zustand der 1930er widerspiegeln, doch die entspannte Atmosphäre macht die kleinen historischen Schnitzer allemal wett: Die bunte Mischung aus alten Villen, Wohnhäusern, garniert mit einer Reihe von Bronze-Statuen (allesamt linke Schriftsteller der 1930er) und vielen Bäumen eignet sich ganz wunderbar für einen erholsamen Spaziergang.

Gleich am südlichen Eingang der Duolun Lu liegt linkerhand der fünfstöckige graue Kasten mit der Nummer 27: das **Duolun Museum of Modern Art** (Shanghai Duolun Xiandai Meishuguan 上海多伦现代美术馆). Chinas erstes staatliches Museum für moderne chinesische Kunst wurde 2003 eröffnet und beherbergt seither eine beeindruckende Sammlung zeitgenössischer Kunstwerke.

Vom Erfolg der Duolun Lu inspiriert, sollen in den nächsten Jahren unter dem Namen Duolun Lu II Project Verlängerungen auf der Sichuan Beilu und zur Hailun Xilu 海伦西路 entstehen.

Wohnhaus des Dichters Lu Xun

Eine gute Viertelstunde zu Fuß nach Norden liegt in einer kleinen Seitengasse der Shanyin Lu 山阴路 (ehemals Scott Road) das ehemalige Wohnhaus Lu Xuns (Lu Xun Guju 鲁迅故居). Von April 1933 bis zu seinem Tode am 19. Oktober 1936 lebte der Dichter in dieser Wohnung. Obwohl sie nicht im eigentlichen Territorium des International

▲ Karte S. 265

Das Duolun Museum of Modern Art

Settlements lag, stand die Scott Road Straße unter dem Schutz des Shanghai Municipal Council und damit außerhalb des Zuständigkeitsbereichs der chinesischen Polizei. Für den Schriftsteller ein äußerst wichtiger Umstand, denn seine Bücher waren bereits 1927 von der herrschenden Guomindang verboten worden. Von 1966 bis 1975, also über die gesamte Dauer der Kulturrevolution, blieb das Wohnhaus übrigens geschlossen. Wahrscheinlich sollten so die marodierenden Roten Garden ferngehalten werden.

Wenige Gehminuten weiter nordöstlich liegt der **Lu-Xun-Park** (Lu Xun Gongyuan 鲁迅公园) und gleich nebenan auch das **Lu-Xun-Museum** (Lu Xun Jinian Guan 记念馆). 1999 eröffnet, stellt es allerhand Memorabilia und Schriften Lu Xuns aus, die Halle selbst ist im typischen Baustil der Jiangnan-Wasserdörfer gehalten, zu denen auch Lu Xuns Heimatstadt Shaoxing gehört.

Die Juden von Shanghai

David Sassoon, ein Bombayer Jude irakischer Herkunft, besaß das größte Handelsimperium am Persischen Golf. Erste Opiumlieferungen in das Reich der Mitte hatten sich als äußerst lohnend erwiesen – da traf es sich gut, dass die Briten gerade den Opiumkrieg gewonnen und exterritoriale Zonen an der Küste des Kaiserreichs errichtet hatten. 1844 entsandte er seinen Sohn Elias in das nun englische Hongkong, mit der Direktive, den China-Indien-Handel auszubauen. Weisungsgemäß vervielfachte Elias den Opium- und Baumwollhandel und brachte den Großteil des Marktes unter seine Kontrolle. 1850 wandte sich Elias Sassoon dem Festland zu und schlug in Shanghai Quartier auf. Bald ließ er weitere Juden irakischen Ursprungs, aus Bombay nachkommen, die nicht nur als Angestellte das Vermögen der Sassoon-Gruppe vermehrten, sondern sich schnell auch selbst erfolgreich in die Shanghaier Handelswelt emporarbeiteten. Gemeinsam war allen, dass sie ursprünglich sephardischer Abstammung waren, also Nachfahren von Ende des 15. Jahrhunderts aus dem wieder christlichen Spanien geflohenen Juden.

Lange blieb die kleine, aber elitäre jüdische Gemeinschaft unter sich. Gerade einmal 1000 Sephardim lebten zu Beginn des 20. Jahrhunderts in Shanghai. Erst zum Ende der 1920er Jahre wurde es voller in den Synagogen, denn politische Unruhen im Zarenreich, Pogrome und die Revolution 1917 zwangen zahlreiche russische Juden zur Emigration nach Nordchina. Als Wunschziel galt China kaum, antisemitische Hetzkampagnen waren hier jedoch nicht zu befürchten. Der chinesischen Bevölkerung war es schlichtweg egal, welcher Religion die Fremden nachgingen. Mit der japanischen Invasion in der Mandschurei 1931 zogen die meisten Flüchtlinge weiter nach Shanghai. Wirklich interessant als Fluchtort wurde Shanghai aber mit dem Aufstieg der Nationalsozialisten in Deutschland. Shanghai, so sprach es sich bald herum, stellte keine Bedingungen für die Einreise und war als einziges ›Land‹ der Welt ohne Visum zu bereisen. Fast 25 000 europäische Juden machten sich bis 1939 über Genua auf den Weg nach Fernost.

Wer Shanghai rechtzeitig erreicht hatte, schien vor Verfolgung erst einmal sicher – und doch dem Hungertod nahe. Gerade einmal 100 Dollar Reisegeld hatte man den deutschen Juden bei der Abreise zugestanden. Nur wenige fanden eine Arbeitsstelle. Trotz der ständigen Befürchtung, die japanische Regierung könnte dem Drängen ihrer deutschen Verbündeten nach Ausweisung der Juden nachgeben, entwickelte sich Hongkou zum Judenviertel Shanghais und besaß bald eine rege

Wohnhaus in Hongkou

Kulturszene. Jüdische Zeitungen, Kaffeehäuser, Theater und Musikgruppen entstanden, allen Sprach- und Kulturbarrieren zum Trotz. Rund um die Chang-yang-Straße sind die Spuren auch heute noch sichtbar. Wer sich in die Seitengassen und Hinterhöfe wagt, findet hier und da sogar noch eine verblasste deutsche Inschrift.

Auch die alteingesessenen Juden traten nun auf den Plan. Ihren Bemühungen und den Hilfsleistungen des American Joint Committee war es zu verdanken, dass nahezu alle Emigranten das Shanghaier Exil überlebten. Das European Refugee Committee finanzierte allein durch Spenden zahlreiche Verpflegungsstationen, auf die ein Großteil der Flüchtlinge bis zum Ende des Krieges angewiesen war, organisierte die Verteilung der Sammel-Unterkünfte – meist Gebäude der Sas-soon-, Kadoorie- oder Hardoon- Familie –, errichtete eine Klinik und verhandelte mit der japanischen Generalkommandatur. Gerade die altruistischen Leistungen der jüdischen Oberschicht sind den chinesischen Bewohnern des Hongkou-Viertels bis heute in Erinnerung geblieben. Kein Wunder, denn die chinesische Oberschicht kümmerte sich in diesen für die einheimische Bevölkerung nicht minder bitteren Zeiten meist herzlich wenig um das Elend ihrer Landsleute.

Erst im Februar 1943, als die japanische Armee ganz Shanghai besetzte, wurde der Alltag der jüdischen Shanghaier jäh unterbrochen. Während viele der alteingesessenen Juden als britische Staatsangehörige in den Internierungslagern verschwanden, wurden die nunmehr staatenlosen Juden aus Europa, sofern sie nicht ohnehin dort wohnten, nach Hongkou umgesiedelt. Auch wenn die japanischen Besatzer stets von einer ›Designated Area‹ sprachen, verwandelten sie das Viertel in ein streng bewachtes Ghetto. Wer sich bis dahin durch eine Arbeitsstelle außerhalb Hongkous hatte ernähren können, fand sich nun in der Schlange der Suppenküche wieder. Krankheiten und später auch Bombardierungen in der Endphase des Krieges forderten zahlreiche Opfer.

Erst 1945 öffneten sich die Tore von Hongkou wieder, und die Juden von Shanghai waren frei, der Zweite Weltkrieg beendet. Immerhin 10 000 harrten bis zur kommunistischen Machtübernahme 1949 aus. Dann setzte der unfreiwillige Exodus ein. Die chinesische Führung war entschlossen, die ehemaligen Kolonialherren ein für allemal vor die Tür zu setzen, und so wurden alle Ausländer des Landes verwiesen. Heute besinnt sich die Shanghaier Stadtregierung wieder des jüdischen Erbes: Der Kernbereich des ehemaligen Ghettos ›Tilanqiao‹ wurde vor kurzem unter Denkmalschutz gestellt und umfassend renoviert.

Informationen zu Einzel- und Gruppenführungen sowie viele weitere Erläuterungen zur jüdischen Geschichte von Hongkou gibt es unter: www.cjss.org.cn.

Im Jüdischen Viertel

Östliches Hongkou

Der Weg in den Osten Hongkous beginnt für viele Touristen wahrscheinlich ebenfalls im Zentrum. Vom Bund aus lassen sich die ersten Sehenswürdigkeiten noch bequem erlaufen: Das 22 Stockwerke hohe **Broadway Mansion** (Bailao Dasha百老汇大厦) in der Bei Suzhou Lu 20 被苏州路 zum Beispiel lässt sich vor allem abends kaum übersehen. Das höchst amerikanisch anmutende Art-Déco-Gebäude wurde 1934 als hochklassiges Apartment-Hotel unter dem Namen Broadway Mansions erbaut, 1937 an die Japaner verkauft und diente ab 1945 dem Foreign Correspondents' Club of China als Heimat. 2003 renoviert, bietet es heute wieder Vier-Sterne-Komfort mit viel alter Kolonial-Atmosphäre.

Wenige Minuten weiter entlang der Daming Lu Ecke Huangpu Lu 黄浦路 liegt links das **Astor House Hotel**. 1846 eröffnet, wurde das älteste westliche Hotel der Stadt unter dem Namen Richard's Hotel schnell zur ersten Adresse. 1861 wurde es verkauft und in Astor House Hotel umbenannt. Nachdem es 1910 im Neorenaissancestil komplett umgebaut wurde, blieb es in punkto Komfort bis zum Ende der Konzessionszeit immer an vorderster Stelle: Als erstes Hotel Chinas konnte sich das Astor mit Elektrizität und Telefon brüsten. Vor allem der zwei Stockwerke hohe Speisesaal über die gesamte Länge des Hauses blieb lange einer der luxuriösesten Shanghais. 1959 schließlich wurde es in Pujiang Hotel (Pujiang Fandian 浦江饭店) umbenannt. Mit der wachsenden Hotel-Konkurrenz nach der Öffnung Chinas in den 1980ern freilich konnte das Pujiang nicht mehr mithalten, und so stieg es zum stilvollen Backpacker-Hotel ab. Interessanterweise war trotzdem im Erdgeschoss von 1990 bis 1997 die Börse untergebracht. Mit der kürzlich erfolgten Renovierung versucht es nun, an seine glorreichen Zeiten anzuknüpfen.

Vom Broadway Mansion führt der Weg über die Daming Lu zur Dongdaming Lu bis zum ehemaligen jüdischen Getto, eine Strecke, die sich sinnvollerweise gut per Taxi zurücklegen lässt, vorbei an den gigantischen Baulücken des North Bund Projects und den noch verbleibenden Lagerhäusern, von denen diverse als Künstleratelier genutzt werden.

Dort, wo die Dong Daming Lu zur Yangshupu Lu 杨树浦路 wird, beginnt das **ehemalige jüdische Getto**. Tilanqiao 提篮桥 nennt sich diese Ecke Hongkous, die für tausende europäischer Juden zur Zuflucht wurde. Fast wäre auch Tilanqiao den Modernisierungsplänen zum Opfer gefallen. Bis auf wenige Häuser sollte Tilanqiao abgerissen werden, um dem weitläufigen ›North Bund Project‹ Platz zu schaffen. Dank der kanadischen ›Living Bridge Corporation‹, einer Initiative der Kanadier Ian Leventhal and Thomas Rado, wurden zirka 50 Gebäude rund um die Dong Daming Lu 东大名路, Haimen Lu 海门路 und Zhoushan Lu舟山路 nun restauriert und Teile der Zhoushan Lu in eine Fußgängerzone verwandelt.

Pudong

Eines haben die bettelarmen Wanderarbeiter Shanghais mit den reichen europäischen Touristen gemeinsam: Sobald die Sonne am Horizont versinkt und die abendliche Beleuchtung aufflammt, stehen sie Seite an Seite mit offenem Mund, auf der Bund-Promenade und staunen. Freilich nicht in dieselbe Richtung: Während sich die europäischen Betrachter vor den Kolonialbauten des westlichen Ufers in das Sündenba-

Die Skyline von Pudong

bel des vergangenen Jahrhunderts zurücksinnen, haben die meisten Chinesen den Blick fest nach Osten gerichtet: Hier lockt die Skyline des futuristischen Stadtteils Pudong New District (Pudong Xinqu 浦东新区) mit aberwitzigen Wolkenkratzern, überdimensionalen Werbeflächen und dem unglaublich bunt beleuchteten ›Pearl of the Orient‹-Fernsehturm.

Dabei war Pudong noch Anfang der 1990er ein eintöniger, landwirtschaftlicher Streifen, der dem imposanten Bund wenig gegenüberzusetzen hatten. Die erste Brücke nach Puxi, die Nanpu-Brücke, wurde erst 1991 gebaut. Bis dahin gelangten die Bewohner nur mit einer vergleichsweise umständlichen und langwierigen Fährenfahrt ins Zentrum. Wohnraum war daher günstiger in Pudong als im Stadtzentrum.

Erst im April 1990 gab der damalige Premierminister Li Peng die Absicht bekannt, Pudong zu erschließen und für ausländische Investitionen zu öffnen – eine wahre Revolution für Shanghai. Quasi über Nacht wurden in Pudong die Hochhäuser hochgezogen und eine Skyline geschaffen, die jedem Europäer den Kiefer nach unten klappen lässt und den grenzenlosen Optimismus der Chinesen widerspiegelt. Es scheint kein Zufall, dass das neue Shanghai genau gegenüber vom britisch-westlichen Bund liegt – wie eine Ermahnung, das koloniale Puxi nicht zu ernst zu nehmen: Es symbolisiert die Vergangenheit, während Pudong die Zukunft repräsentiert, die im übrigen auch einige Probleme verspricht: Der lockere Untergrund ist im

Psychedelischer Spaß: der Bund Tourist Tunnel

▲ Karte S. 271

Grunde genommen gar nicht fähig, die gigantischen Lasten zu tragen, so dass der Stadtteil an einigen Stellen mehrere Zentimeter pro Jahr sinkt. Dieser Fakt ist nicht neu, wird aber mit jedem weiteren Wolkenkratzer ein wenig dringlicher. Selbst die Prestige-Strecke der Magnetschwebebahn Maglev beginnt sich mittlerweile zu senken. Wie die Stadt langfristig mit dieser Herausforderung umgehen soll, ist unklar. Derzeit wird jeden Sommer Wasser unter die Stadt gepumpt, um den Grundwasserspiegel zu halten und den Untergrund so zu stabilisieren.

Bund Tourist Tunnel

Der Weg nach Pudong, will man ihn mit größtmöglichem Pomp begehen, führt unter dem Huangpu durch. Eine bessere Einstimmung als den Bund Tourist Tunnel (Waitan Guanguang Suidao 外滩观光隧道) gibt es nicht! Auf etwas mehr als 650 Metern Länge gleiten kleine Gondeln durch bunte Projektionen, Lichtgeflacker, Dampf und Stroboskop-Exzesse unter dem Huangpu-Fluss durch ans andere Ufer: zehn Minuten Augen-Droge. Die Versuchung, noch einmal durch den Tunnel zu fahren, ist groß – man mag beim ersten Mal einfach nicht glauben, was den Sinnen serviert wird.

Oriental Pearl Tower

Wer in Pudong wieder an die Oberfläche steigt, landet direkt zu Füßen der (aus chinesischer Sicht) wichtigsten Sehenswürdigkeit Pudongs: Weithin sichtbar und zum Wahrzeichen Shanghais geworden, ragt hier der Oriental Pearl

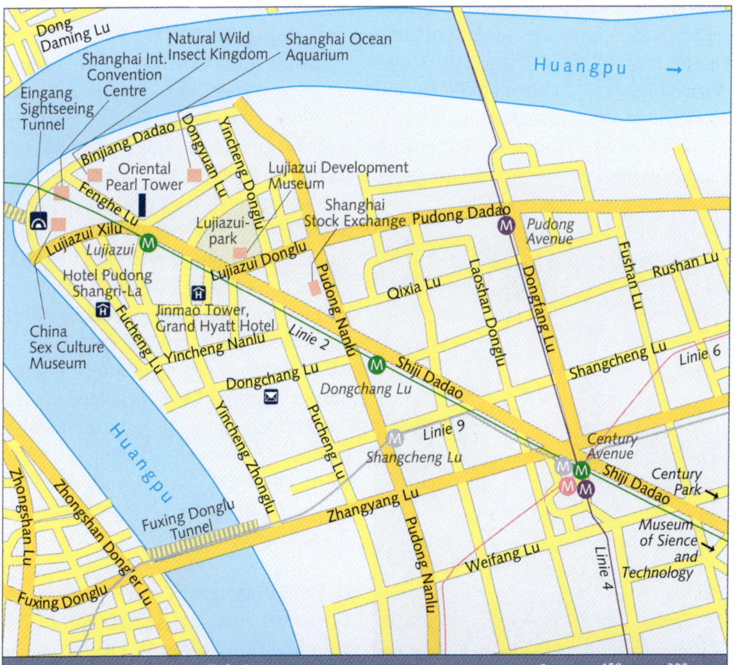

Shanghai, Pudong 浦东新区

Tower (Dongfang Mingzhu Ta 东方明珠塔) 468 Meter gen Himmel über die Pudong Promenade (Binjiang Dadao 滨江大道). Der größte Sendeturm Asiens aus dem Jahr 1995 hat auf 263 Metern sowie auf 350 Metern Höhe je eine überaus beliebte **Aussichtsplattform**.
Neben Kitsch und Spaß hat der Oriental Pearl Tower aber auch Handfestes zu bieten: Unter dem Turm liegt das unbedingt sehenswerte **Shanghai Municipal History Museum** (Shanghai Shi Lishi Bowuguan 上海市历史博物馆).
Wer sich für weitere Museen interessiert, kann in Pudong locker einige Tage verbringen, zahlreiche neue (und damit meist professionelle) Häuser locken den Besucher: So zum Beispiel das **Shanghai Ocean Aquarium** (Shanghai Haiyang Shuizu Guan 上海海洋水族馆), das **Shanghai Natural Wild Insect Kingdom** (Shanghai Da Ziran Liesheng Kunchong Guan 上海大自然烈生昆虫馆) – und das **Shanghai Museum of Science and Technology** (Shanghai Kexueguan上海科学馆): Wissenschaft zum Selber -Entdecken mit vielen interaktiven Ausstellungen, absolut empfehlenswert.

Sonnenaufgang über Pudong

▲ Karte S. 271

■ Jinmao Tower

Von hier aus sind es nur noch wenige Schritte zum Jinmao Tower (Jinmao Dasha 金茂大厦). 421 Meter hoch, bietet er einen schwindelerregenden Ausblick über eine Stadt, die selbstverständlich fast das gesamte Lichterspektakel mit top-modernen Leuchtdioden bestreitet (Glühbirnen dürfen seit 2006 nicht mehr verwendet werden), sich natürlich den schnellsten Aufzug der Welt leistet – und dann in einem klaustrophobischen Alptraum soviele freudig erregte Fahrgäste wie möglich auf einmal hineinpfercht, bevor er mit 9 Metern pro Sekunde gen Himmel jagt, wobei der Magen immer ein wenig langsamer zu reisen scheint.
Eine gehörige Portion Fengshui und Zahlenmagie gehört natürlich dazu, wenn ein so gewagtes Gebäude errichtet wird: Die glücksverheißende Hausnummer 88 sorgt für gutes Fengshui, zudem hat der Turm 88 Stockwerke – und die Aussichtsplattform liegt natürlich ganz oben. Ein Stockwerke darunter, in der Bar ›Cloud 9‹ des Grand Hyatt Hotels, gibt es zur Aussicht auch noch (schmerzhaft teure) Snacks und Kaffee. Der Blick nach oben aus dem Café im 56. Stock ist sicher eines der berühmtesten Fotomotive Pudongs: 31 Stockwerke ist die Decke hoch, ein wahrhaft schwindelerregender Anblick. Im 55. bis 88 Stock ist übrigens das Grand Hyatt Hotel zuhause, die anderen Stockwerke sind als Bürofläche vermietet.

■ World Financial Center

Gleich nebenan ragt seit 2008 die Konkurrenz in den Himmel. Das World Financial Center (Shanghai Guoji Huanqiu

Auf der Aussichtsplattform des World Financial Center

Jinrong 上海国际环球金融) ist mit seiner Höhe von 492 Metern derzeit das höchste Gebäude Chinas und steht nach dem Burj Dubai und dem Taipei 101 weltweit an dritter Stelle. Der Entwurf der New Yorker Architekten Kohn, Pedersen and Fox – länglich mit einer eckigen Aussparung oben – erinnert ein wenig an einen überdimensionalen Flaschenöffner für Kronkorken. Dabei handelt es sich allerdings nicht nur um eine Design-Spielerei, denn das Loch soll den Windwiderstand verringern.
Ein offenes Aussichtsdeck, mit 474 Metern das höchste der Welt, am unteren Ende der Öffnung verspricht eine grandiose Aussicht über die Stadt und den Fluss.

Ausflüge in die Umgebung von Shanghai

Nur eine Stunde Busfahrt von Shanghai entfernt liegt der Kreis Qingpu. Kaum vorzustellen, dass nahe der Weltstadt Shanghai noch unberührte Qing- und Ming-zeitliche Kleinstädte existieren, wer sich in Richtung Hinterland aufmacht, wird jedoch eines Besseren belehrt.

Zhujiajiao

In Zhujiajiao 朱家角 beispielsweise, einem kleinen Ort am Dingshan-See, wurden die alten Gassen und Kanäle liebevoll restauriert und verhältnimäßig behutsam für den Tourismus erschlossen.
Wer für das Wasserland Jiangsus keine Zeit findet, kann hier den Charme des ländlichen China schnuppern. Am Wochenende und an Feiertagen kann es jedoch recht voll werden.
Ab Shanghai Stadium (mit der U-Bahn-Linie 1 vom Renmin Guangchang in 6 Stationen Richtung Südwesten zu erreichen) fährt von 7 Uhr bis 16.30 Uhr regelmäßig ein Touristenbus, Endstation ist das Eingangstor von Zhujiajiao.

Putuoshan

Auf der gleichnamigen Insel 普陀山 in der Bucht von Hangzhou (ca. 250 Kilometer entfernt) befindet sich einer der heiligen vier Berge des Buddhismus, der Sitz der barmherzigen Bodhisattva Guanyin. Vor allem Pilger machen sich deshalb per Boot auf den Weg, um ihr in einem der zahlreichen Tempel zu huldigen. Weltliche Reisende besuchen Putuoshan vor allem wegen seiner Strände und ruhigen Atmosphäre. Mit einer Fläche von nur zwölf Quadratkilometern ist die Insel auch zu Fuß gut zu erkunden.
Anreise: Ab Luchaogang Hafen 芦潮港 steuern Schnellboote die Insel in nur dreieinhalb Stunden an. Ab Shanghai Shiliupu Hafen 十六铺码头 existiert ein Zubringer-Bus. Zurück geht es per Nachtboot.
Unterkunft: Putuoshan Hotel, Vier Sterne, Meicen Jie 93, Tel. 0580/6092828, Fax 6091818. Das beste Hotel der Insel mit sauberen und komfortablen Zimmern.

Shanghai-Informationen

Allgemeines

Vorwahl: +86/21.

Bank: Bank of China, direkt am östlichen Ende der Nanjing Donglu.

Post: Das Paketpostamt für Auslandssendungen befindet sich in der Sichuan Lu 四川路 (einer Seitenstraße der Nanjing Donglu), direkt am Ufer des Suzhou-Flusses. Im Nachbargebäude befindet sich eine normale Post für Briefsendungen.

Anreise

Mit dem Flugzeug

Fast alle Großstädte Europas und praktisch alle Flughäfen Chinas bieten direkte Flugverbindungen nach Shanghai an. Reisende, die am ca. 50 km entfernten neuen Pudong-Flughafen ankommen, können seit Dezember 2002 per Transrapid mit max. 430 km/h in die Stadt rauschen. Ab Hongqiao Airport, der älteren Variante, ist die Anfahrt per Taxi oder Shuttle-Bus (18 km) um einiges kürzer.

Mit dem Zug

Shanghai hat Direktverbindungen mit praktisch jeder Stadt Chinas. Im Erste-Klasse-Wartesaal des Bahnhofs befindet sich ein spezieller Ticketschalter für Ausländer mit englischsprechendem Personal.

Hotels

In Huangpu (▸ Karte S. 246):

Sofitel Hyland (Hailun Binguan上海海仑宾馆), 4 Sterne, Nanjing Donglu 505 南京东路, Tel. 63 20 58 88, Fax 63 20 40 88, www.accorhotels.com. Absolut zentral gelegen, in Laufnähe des Bund und direkt auf der Shoppingmeile Nanjing Donglu.

Astor House Hotel (Pujiang Hotel, Pujiang Fandian 浦江饭店), 1 Stern, Huangpu Lu 15 黄浦路, Tel. 63 24 63 88, Fax 63 24 31 79, www.pujianghotel.com. Einst beherbergte der Jugendstilbau die Crème der europäischen Reisenden, heute gilt das Hotel als stilvolle und preiswerte Alternative für Reisende mit knappem Budget.

In Jing'an (▸ Karte S. 255):

Old House Inn (Laoshiguang Jiudian老时光 酒店), Huashan Lu 华山路, Gasse bei 351弄, Haus Nr. 16 号, Tel. 62 48 61 18, www.oldhouse.cn. Boutique-Hotel mit nur 12 Zimmern in klassischem Stil. Bei Kennern sehr beliebt und daher schnell ausgebucht.

In Luwan (▸ Karte S. 258):

Ruijin Hotel (Ruijin Binguan 瑞金宾馆), 3 Sterne, Ruijin Erlu 118 瑞金二路, Tel. 64 72 52 22, Fax 64 73 22 77, www.ruijinhotelsh.com. Das ehemalige Morris-Anwesen besticht durch viel Atmosphäre und liegt in Laufnähe

Zugang zur Altstadt

zur Huaihai Zhonglu. Es besteht aus vier Villen, umgeben von einem japanischen Garten.

Moller Hengshan Villa (Hengshan Malei Bieshu Fandian 衡山马勒别墅饭店), 4 Sterne, Shanxi Nanlu 30 陕西南路, Tel. 62478881, www.mollervilla.com. Stilvoll kitschig, mit geradezu königlichem Interieur im (etwas teureren) Haupthaus.

In Xuhui (▸ Karte S. 262):

Shanghai Hengshan Hotel (Hengshan Binguan 衡山宾馆), 4 Sterne, Hengshan Lu 534 衡山路, Tel. 64377050, www.hengshanhotel.com. Gehobenes Business-Hotel mit Art-Déco-Atmosphäre.

In Pudong (▸ Karte S. 271):

Grand Hyatt Hotel (Jinmao junyue dajiudian 金茂君悦大酒店), Jinmao Tower, Shiji Dadao 88 世纪大道, Tel. 50491234, www.shanghai.grand.hyatt.com. Absolut modernes Design, wie es sich für ein so modernes (und derzeit noch höchstes) Hotel gehört – und nicht gerade billig. Wer sich die Übernachtung nicht leisten kann oder will, sollte sich wenigstens einen Cocktail in der Bar Cloud 9 im 87. Stock gönnen oder einen Kaffee im 56 Stock. Selbst der Pool im 57. Stock ist absolut sehenswert.

Restaurants

In Huangpu (▸ Karte S. 246):

Whampoa Club (Huangpu Hui 黄浦会), Three on the Bund, Zhongshan Dongyilu 3 中山东一路, Tel. 63213737, 11.30–14.30 und 17.30–22 Uhr, www.threeonthebund.com. Der ›Bocuse Asiens‹ kreiert ›Neuinterpretationen‹ alter Shanghaier Rezepte – exquisit!

M on the Bund (Mishi Xicanting 米氏西餐厅), Guangdong Lu 20 广东路, Ecke Bund, Tel. 63509988, tägl. 11.30–14.30 und 18–22.30 Uhr, So auch 15.30–17.30 Uhr Afternoon Tea, www.m-onthebund.com. Das mediterrran-nordafrikanisch-europäische Menü ist allererste Klasse.

Schlägt der Hunger beim Besuch des Volksparks zu, bietet sich die **Huanghe Food Street** 黄河路美食街 an, eine Seitenstraße der Nanjing Xilu. Ähnlich auch die **Yunnan Nanlu** 云南禄美食街 im Süden Huangpus, die ebenfalls als ausgewiesene Food-Street zahlreiche Restaurants beherbergt, allerdings ein wenig günstiger als die Huanghe Lu.

In der Altstadt (▸ Karte S. 253):

Old Shanghai Teahouse 老上海茶馆, Fangbang Zhonglu 385 方浜中路. Teehaus im Stil der verruchten 1930er Jahre.

Lü Bo Lang 绿波廊, Yuyuan Lu 115 豫园路, 7–10, 11–14 und 17–21 Uhr. Allerfeinste Shanghaier Küche, gleich neben der Brücke am Yu-Garten gelegen.

In Jing'an (▸ Karte S. 255):

Hunderte von chinesischen wie auch ausländischen Restaurants aller Preisklassen drängen sich in der **Wujiang Lu** (Wujiang Lu Meishijie 吴江路美食街), einer Seitenstraße am östlichen Ende der Nanjing Xilu von der Kreuzung Jiangning Lu 江宁路 bis zur Qinghai Lu 青海路, die ebenfalls zur Fußgängerzone mit Cafés und Restaurants umfunktioniert wurde.

Meilongzhen 梅龙镇, Nanjing Xilu, Seitengasse an Nummer 1081, Haus 22 南京西路 1081 弄 20 号, Tel. 62566688, tägl. 11–14 Uhr und

Gasse in Xintiandi

17–22 Uhr. Gewaltiges chinesisches Dekor und opulente Speisekarte mit Gerichten der lokalen und Sichuaner Küche. Eines der bekanntesten Restaurants der Stadt.

In Luwan (▸ Karte S. 258):

Old China Hand Reading Room (Hanyuan Shuwu 汉源书屋), Shaoxing Lu 27 绍兴路, Tel. 64732526, tägl. 9.30–24 Uhr. Hell, ruhig und luftig – das Café ist quasi alles das, was Shanghai auf den ersten Blick nicht ist. Für einen entspannenden Nachmittags-Kaffee eine der besten Adressen.

Bifeng Tang 避风塘, Changle Lu 175长乐路, rund um die Uhr geöffnet. Kantonesische Küche in einfacher Umgebung, viele Dim-Sum-Spezialitäten. Dank der chinesisch-englischen Speisekarte auch für Ausländer einfach zu bewältigen

In Xintiandi (▸ Karte S. 260):

New Jishi Restaurant (Xin Jishi 新吉士), Nord-Block 北里, Haus 2 号楼, Gasse 181 Taicang Lu 太仓路 181 弄, Tel. 63364746. Shanghaier Küche in gehobener, chinesischer Atmosphäre.

Ye Shanghai 夜上海, Nord-Block 北里, Haus 6 号楼, Gasse 181 Taicang Lu 太仓路 181 弄, Tel. 63112323. Dinieren im Stil des alten Shanghai.

In Xuhui (▸ Karte S. 262):

Lai Fu Lou 来福楼, Huaihai Zhonglu 1416 淮海中路, Ecke Fuxing Xilu 福兴西路. Geöffnet 11–4 Uhr. Hotpot in gepflegter Atmosphäre und trotzdem nicht zu teuer.

In Pudong (▸ Karte S. 271):

Chang'an Dumplings (Chang'an Jiaozi Lou 长安饺子楼), Pudong Dadao 1588/Minsheng Lu 浦东大道/民生路. Günstig und gut: Jiaozi-Teigtaschen in allen Variationen.

Nachtleben

In Huangpu (▸ Karte S. 246):

Bar Rouge, Bund 18, 7. Stock, Zhongshan Dongyilu 18 中山东一路, Tel. 63391199, So–Do 18.30–1.30, Fr und Sa 18.30–4 Uhr. Sehr gestylt und

›in‹ – nichts für die alte Jeans, dafür aber gute Cocktails mit grandioser Aussicht.

In Jing'an (▸ Karte S. 255):
Entlang der **Tongren Lu** 铜仁路 ist abends eigentlich immer etwas los, und auch die Julu Lu 巨鹿路 gehört zu den Nightlife-Straßen.
The New Factories (Tonglefang 同乐坊), Yuyao Lu 34 余姚路 nahe Xikang Lu 西康路, tägl. 9 Uhr–open end, www.thenewfactories.com. Restaurants, Bars und diverse Boutiquen haben sich in diesem Fabrik-Komplex der 1920er niedergelassen.

In Luwan (▸ Karte S. 258):
Rund um die Maoming Nanlu 茂名南路, Shanxi Nanlu, Ruijin Erlu und den Fuxing-Park liegen zahlreiche Bars und Clubs – mehr als sich aufzählen ließen!

In Xuhui (▸ Karte S. 260):
Entlang der Hengshan Lu und in den Seitengassen liegen um die 200 Restaurants und Bars.

In Hongkou (▸ Karte S. 265):
Sincere Restaurant (Zhizhen Jiudian 致真酒家), Siping Lu 208 四平路 nahe Linping Beilu 临平北路, Tel. 65211177. Hier wird im lokalen Stil gekocht: Shanghai-Küche.

Einkaufen

In Huangpu (Karte S. 246):
Buchladen für ausländische Bücher (Waiwen Shudian 外文书店), Fuzhou Lu 390 福州路, So–Do 9.30–18 Uhr, Fr, Sa 9.30–19 Uhr. Große Auswahl nicht nur an Romanen sondern auch chinabezogener Literatur.

Yunhong Chopsticks Shop (Yunhong Kuaizi Dian 韵泓筷子店), Nanjing Donglu 387 南京东路, täglich 9–23.30 Uhr. Stäbchen in allen Formen und Farben, vom echten Schnäppchen bis zu wertvollen 1000 RMB-Ausgaben. Prima Mitbringsel!

In Jing'an (▸ Karte S. 255):
Anders als die Nanjing Donglu mit ihren alteingesessenen Kaufhäusern und Angeboten für das breite Volk, ist die Nanjing Xilu eindeutig auf den gehobenen Geldbeutel zugeschnitten. Zahlreiche Shopping-Malls wie die **Shanghai Plaza 66** in der Nanjing Xilu 1266, der **Citic Square** in der Nummer 1168 oder die **Westgate Mall** in der Nummer 1038 bieten teure Markenware vor top-modernem Interieur. In Jing'an lohnt sich daher der Blick in die Seitengassen: Zwischen **Weihai Lu** 威海路 und Yan'an Zhonglu 延安中路 beispielsweise finden sich eine Menge kleiner Boutiquen, genauso wie in der **Shanxi Beilu** 陕西北路.

In Luwan (▸ Karte S. 258):
Antiquitätenmarkt **Dongtai Lu** 东台路, täglich geöffnet. Dieser Straßenmarkt bietet alles, was der normale Tourist gerne mit nach Hause nimmt, und noch einiges dazu. Von (fast) echten Antiquitäten bis zu Minoritätenschmuck, von sozialistischem Schnickschnack bis zu Konfuzius-Statuen und traditionellem Geschirr werden hier alle China-Klischees bedient.

In Xuhui (▸ Karte S. 262):
Xujiahui Circle (Xujiahui Yuan 徐家汇圆), Xujiahui U-Bahn-Station 徐家汇站, ca. 10–22 Uhr (individuelle Öffnungszeiten der Läden). Um die 200 kleine Geschäfte und Boutiquen.

Wasserland Jiangsu und Anhui

Die Provinz Jiangsu ist nicht umsonst Partnerprovinz von Baden-Württemberg. Mit einigem Recht könnte man sie ›chinesisches Musterländle‹ nennen, ist sie doch eine der reichsten Provinzen Chinas. Die großen Städte Nanjing und Suzhou müssen sich in punkto Modernität nicht vor Shanghai verstecken, das Hinterland ist eine von Chinas Kornkammern und der Kaiserkanal immer noch eine der wichtigsten Wasserstraßen Ostchinas.

Bereits vor dem Bau des Kaiserkanals im 7. Jahrhundert war die Region eine der

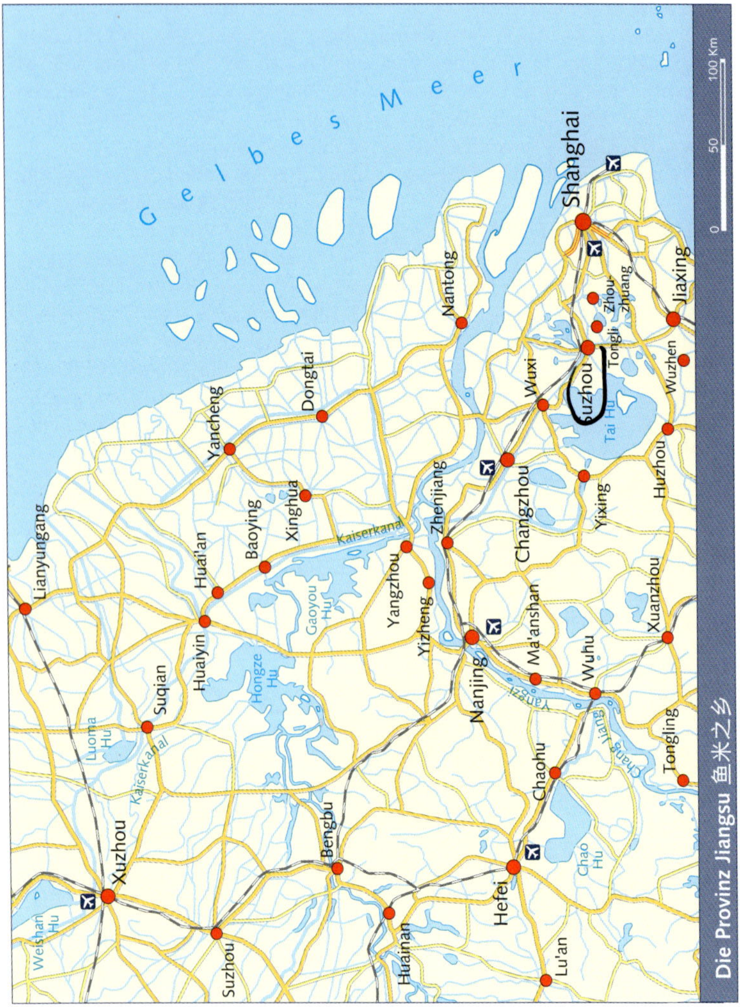

Die Provinz Jiangsu 鱼米之乡

Kanal in Tongli

reichsten in China. Von Hangzhou im Süden nach Yangzhou im Norden zog sich ein Netz von kleinen und großen Kanälen, die bis heute wichtige Verkehrsverbindungen des boomenden Yangzi-Deltas sind. Im ›Land von Fisch und Reis‹ 鱼米之乡, so die chinesische Bezeichnung der Region, entwickelte sich über die Jahrhunderte eine Wasserkultur, die immer eine gewisse Eigenständigkeit hatte. Ähnlich wie das Bürgertum im Europa des 18. Jahrhunderts strebten die reichen Kaufleute im Yangzi-Delta danach, den Lebensstil des Hofes nachzuempfinden. Vor allem in der südlichen Song-Dynastie (1127–1279) gefiel sich der Geldadel in der Kopie der kaiserlichen Kultur. Nach Gründung der Volksrepublik China lange Zeit unterdrückt, erinnert man sich heute wieder gern an die glorreiche Vergangenheit und lässt sie mit großem Aufwand wiederaufleben. Nicht immer historisch exakt, jedoch mit Liebe zum Detail, entdeckt man seit einigen Jahren viele der in Vergessenheit geratenen Wasserdörfer: historische Kaufmannsflecken, von Kanälen durchzogen und bis vor kurzem oft nur auf dem Wasser zu erreichen. Sollten Sie Zeit haben, machen Sie einen Abstecher nach Tong-li 同理, Zhouzhuang 周庄 oder Wuzhen 乌镇 und werfen Sie einen Blick in die bourgeoise Vergangenheit des Yangzi-Deltas.

Wie nah Arm und Reich in China beieinander liegen können, zeigt die Nachbarprovinz Anhui. Sobald der Bus die Provinzgrenze passiert, wird es holprig auf den Landstraßen. Landschaftlich mag Anhui mit vielen Superlativen locken, wirtschaftlich ist es jedoch vor allem Exporteur von Wanderarbeitern.

Nanjing

In klimatischer Hinsicht haben die Bewohner von Nanjing 南京 gleich dreifach Pech gehabt. Als Bewohner einer subtropischen Stadt am Delta des Yangzi schwitzen sie im Sommer bei Temperaturen, die nicht selten die 40-Grad-Marke überschreiten. Im Winter geht es ihnen nicht viel besser, denn die kalten Winde des Nordens dringen weit nach Süden vor und bringen Schnee und Eis in die sonst so milden Subtropen. Da trifft es sich schlecht, dass die idyllische Stadt am Südufer des Flusses liegt. Hier nämlich verläuft die ›Heizungs-Grenze‹ Chinas, die den beheizten Norden vom unbeheizten Süden trennt. Und, nein, es handelt sich nicht um ein obskures internationales Abkommen, sondern schlichtweg um eine Tradition, die den Nanjingern regelmäßig jeden Winter eine Reihe Frostbeulen beschert. Erst der Reichtum der letzten Jahre hat einige moderne Architekten dazu bewegen können, sich gegen die Tradition und für die warmen Füße zu entscheiden. Dabei könnten es sich die Nanjinger durchaus leisten. Das Pro-Kopf-Einkommen der Bewohner liegt in China ganz vorne, nur die benachbarten Shanghaier verfügen über mehr Geld.

Nanjing ist ausnehmend grün. Auch wenn viele Bäume der Modernisierungswut weichen mussten, bleibt ein Großteil der Innenstadtstraßen bis jetzt noch von alten Platanen überschattet. Besonders im Sommer ist hier die Seniorenfraktion der dahinter liegenden Wohnanlagen zu finden, auf der Bambusliege, beim Nickerchen, im Gespräch oder beim gemütlichen Kartenspiel. Überhaupt ist hier von der Hektik des benachbarten Shanghai nicht mehr viel zu spüren. In Anbetracht dieser oft betulichen Stimmung überraschen die aktuellen Einwohnerstatis-tiken. Etwa 6 Millionen Bewohner hat der Bezirk Nanjing, wobei zirka 3,5 Millionen davon im eigentlichen Stadtgebiet leben.

In Sachen Transport zeigt sich Nanjing recht einfach: Seit 2005 durchkreuzt eine U-Bahn-Linie die Stadt von Norden nach Süd. Eine Ost-West-Strecke ist bereits im Bau und im Sommer 2010 eröffnet worden. Weitere Strecken sind in Planung (www.nj-dt.com).

Geschichte

Das Königreich Chu erbaute die Stadt Jinling um das Jahr 330 vor Christus herum. An den Ufern des mächtigen Yangzi gelegen, blieb die Stadt, obwohl

Skulpturen am Zijinshan

▲ Karte S. 282

sie mehrfach zerstört und wieder aufgebaut wurde, ein wichtiges wirtschaftliches Zentrum und immer wieder auch Hauptstadt verschiedener Reiche. Nach dem Ende der Han-Dynastie im Jahre 220 avancierte sie erstmals zur Kapitale des Reiches Wu. Auch die östliche Jin-Dynastie des 4. Jahrhunderts, die südlichen Dynastien des 5. und 6. Jahrhunderts und die südlichen Song des 12. Jahrhunderts wählten Nanjing als Hauptsitz. Nach dem Ende der Mongolenherrschaft 1368 schaffte Nanjing erneut den Sprung auf die internationale Bühne, denn von hier ließ der Ming-Kaiser Yongle eine gigantische Armada losziehen, deren wichtigste Mission bestechend einfach und doch geradezu größenwahnsinnig war: Über 300 Schiffe mit insgesamt 30 000 Mann Besatzung ließ der Kaiser ab 1405 unter dem Kommando seines Vertrauten, dem Eunuchen Zheng He, um die Welt segeln, um den Ruhm Chinas zu mehren. Unter den fremdenfeindlichen Konfuzianern des Hofes löst er damit geradezu Panik aus. Bereits 1420 verlegte der Nachfolger Yongle die Hauptstadt wieder ins konservative Beijing und ließ alle seetauglichen Schiffe zerstören. Umgeben von fruchtbaren Äckern, von einem der Landwirtschaft zuträglichen Klima begünstigt und nahe dem Kaiserkanal, blieb Nanjing eine wichtige Handelsstadt des Südens.

Erst mit dem Ende des ersten Opiumkrieges 1842 fand Nanjing erneut den Weg in die internationalen Geschichtsbücher. Hier wurden die ›ungleichen Verträge‹ zwischen China und Großbritannien unterzeichnet, die fortan China in einen semi-kolonialen Staat verwandeln sollten. In direkter Reaktion darauf entstand die Bewegung des Taiping-Aufstandes. Innerhalb weniger Wochen überrannten die Rebellen fast ganz Südchina und regierten ab 1853 das ›Reich des Himmlischen Friedens‹ von Nanjing aus. Für die Bewohner war dies jedoch nur ein kurzes Glück. Als die Rebellen im Jahre 1864 von einer Allianz ausländischer Truppen und kaiserlicher Armee geschlagen wurden, schlachteten die siegreichen Truppen fast 100 000 Bewohner der Stadt ab.

Kurz nach dem Ende der Kaiserzeit 1911 wurde Nanjing erneut zur Hauptstadt Chinas – theoretisch, denn de facto war das Land doch in zahlreiche Einflussgebiete der Warlords zerteilt. Erst 1928, nachdem Chiang Kai-shek im Nordfeldzug das Reich wieder geeint hatte, wurde es wirklich zum Sitz der Nationalregierung.

Und wieder dauerte es nur wenige Jahre, bis die Bewohner bitter dafür büßen mussten: 1937 wurde Nanjing von den japanischen Truppen eingenommen und dabei innerhalb weniger Tage ein Drittel der Einwohner (also mehr als 300 000 Menschen!) massakriert. Kein Wunder, dass auch heute noch Japaner eher verhalten aufgenommen werden. Zu deren großer Verwunderung, denn noch immer wird dieses dunkle Kapitel nicht an japanischen Schulen gelehrt. Mit dem Ende des Zweiten Weltkrieges verließen die japanischen Truppen die Stadt, und erneut wurde Nanjing zur Hauptstadt. Theoretisch ist sie es auch heute noch – allerdings nur aus der Sicht der taiwanesischen Regierung, die es im Laufe der Jahre kurioserweise versäumt hat, die ›Übergangslösung‹ Taipeh als offizielle Hauptstadt zu deklarieren.

Orientierung

Auch als prosperierende Großstadt ist Nanjing recht übersichtlich geblieben. Im Zentrum der Stadt liegt die Haupt-

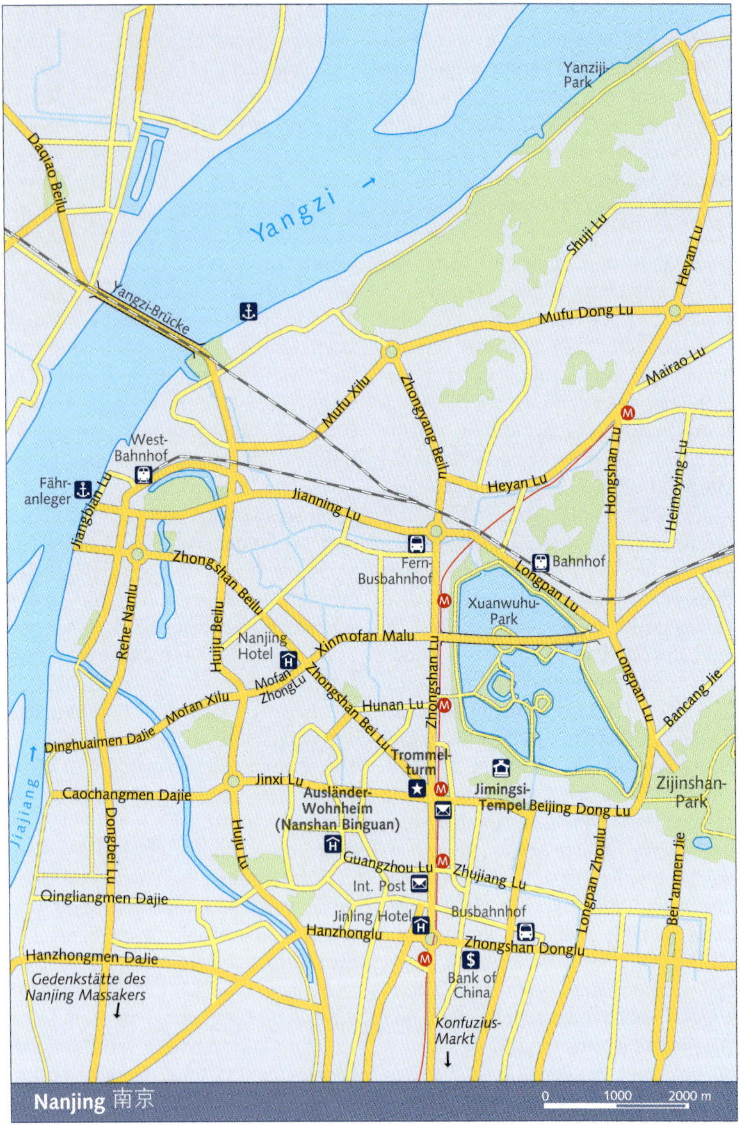

verkehrsader **Zhongshan Lu** 中山路, deren Anfangs- und Endkreuzungen Gulou (Trommelturm) 鼓楼 und Xinjiekou (Neue Kreuzung) 新街口 jeweils rechts und links zu weiteren Einkaufsstraßen führen. Ein weiteres Zentrum liegt an der Kreuzung der Zhongshan Beilu 中山北路 und der Hunan Lu 湖南路.

In der Innenstadt muss der **Trommelturm** (Gulou 鼓楼) vor allem zu Orientierungszwecken herhalten. 1382 erbaut, diente er einst als Zeitansage und Warndienst. Heute ist er eher mager ausgestattet, besticht aber mit einem schönen Blick über die Innenstadt.

Jimingsi-Tempel

Ganz in der Nähe befindet sich auch der Geheimtip für alle erholungsbedürftigen Touristen: Der versteckte Jimingsi-Tempel 鸡鸣寺 im Nordosten des Zentrums (Zwischen Beijing Donglu 北京东路 und der Stadtmauer) lässt nicht nur strapazierte Ausländer aufatmen, sondern ist auch unter den einheimischen Buddhisten als Ruhepol beliebt. In der mongolischen Yuan-Dynastie (1271–1368) wurde der Hügel als Exekutionsplatz genutzt – eine Altlast, mit der sich die folgende Dynastie nicht herumschlagen wollte. Um die Geister der Toten zu befrieden, ließ der Ming-Kaiser Hongwu daher hier einen buddhistischen Tempel errichten, der auch heute noch von zahlreichen Nonnen bewohnt wird und dank ausführlicher Restaurationsarbeiten zu den schönsten der Stadt zählt. Die meisten ausländischen Besucher treibt weniger die Spiritualität ins Kloster als ein rein weltlicher Grund. Das **vegetarische Restaurant** hat einen guten Ruf und bietet ganz nebenbei den besten Blick über Stadtmauer, Xuanwu-See und die Nordstadt.

Xuanwu-See

Wer sich auf dem Gulou-Platz nach Norden wendet, erreicht über die Zhongyang Lu 中央路 den 430 Hektar großen Xuanwu-See (Xuanwuhu 玄武湖). Auch wenn die Einheimischen beliebig durch die Tore schlendern: Für Auswärtige (und als solche sind Ausländer ganz

Brücke über den Yangzi

bestimmt zu erkennen) wird Eintritt erhoben. Im Inneren des Parks herrscht Picknick-Stimmung

Besonders in den frühen Morgenstunden und bei Einbruch der Dunkelheit finden sich hier viele kleine Grüppchen, die sich schweigend dem Qigong, Taiji oder westlicher Gymnastik hingeben. Auf geradezu schmerzhaft kitschigen Booten im Schwanenlook können Sie die fünf Inseln umrunden, die jeweils mit Brücken miteinander verbunden sind. Nach dem Abendspaziergang beitet sich noch ein Snack auf der **Fußgängerzone Shizi Qiao**, einer Seitenstraße der Hunan Lu westlich des Parks.

West-Bahnhof und Umgebung

Weiter im Nordwesten der Stadt liegt die doppelstöckige Brücke über den Yangzi 长江. Sie wird schon aus politischen Gründen praktisch allen Gruppen vorgeführt. Zusammen mit den sowjetischen Freunden geplant, stand das gigantische Projekt vor dem Aus, als sich die beiden größten Mächte des Ostblocks 1960 überwarfen. Die Baupläne der gerade begonnen Brücke verschwanden mit den russischen Fachleuten. Dass die chinesischen Ingenieure es trotzdem schafften, sie 1968 alleine fertigzustellen, darauf ist man in China zu Recht stolz. Optisch besonders reizvoll ist sie trotzdem nicht. Viel interessanter ist das nahe gelegene Viertel rund um den West-Bahnhof 西站. Die engen Gassen und traditionellen Wohnhöfe bieten keine spektakulären kulturellen Relikte oder statischen Meisterleistungen, dafür aber das alltägliche China mit all seinem Charme. Hier wird auf der Straße gezockt, sitzen Nachbarn abends noch stundenlang bei einer Flasche Bier zusammen vor dem Haus, brutzeln die Straßenköche auf dem Gehsteig, turnen die Alten noch gemeinsam die Frühgymnastik. Zahllose Straßenstände bieten zudem die Möglichkeit, die lokalen Spezialitäten zu probieren.

Yanziji

Eine weitere ruhige und leicht marode Sehenswürdigkeit ist auf vielen Stadtplänen gar nicht erst eingezeichnet, liegt sie doch im äußersten Norden der Stadt. Es sind die Höhlenklöster **Toutaidong** 头胎洞, **Ertaidong** 二胎洞 und **Santaidong** 三台东 nahe dem Schwalbenfelsen Yanziji 燕子矶 im Vorort Taiping Cun am Yangzi-Ufer. Architektonische Wunder haben sie nicht zu bieten, dafür aber eine Reihe von ruhigen Parks mit leicht moderigen und verlassenen Klöstern, die einen schönen Spaziergang am Ufer ergeben. Vom Schwalbenfelsen selbst bietet sich Nanjings bester Blick über den Yangzi. Wer vollends in den eher unspektakulären Alltag der Stadt abtauchen möchte, kann von hier aus in die ›Schlafstädte‹ am anderen Flussufer übersetzen.

Gedenkstätte des Nanjing-Massakers

Erheblich schwerer verdaulich ist die Gedenkstätte des Nanjing-Massakers 大屠杀纪念馆 im Südwesten der Stadt. Die Ausstellung in der Chating Dongjie nahe dem Mochou-Park 莫愁湖公园 ist nichts für schwache Nerven, beleuchtet aber einen wichtigen Teil der Geschichte Nanjings. Etliche der heute über 80-jährigen haben das Massaker selbst erlebt.

▲ Karte S. 282

John-Rabe-Haus

Auch die Gedenkstätte des John-Rabe-Hauses (http://rabe.nju.edu.cn) auf dem Campus der Nanjing Universität thematisiert die Zeit der japanischen Besatzung, wenn auch aus der Perspektive der Überlebenden. Viele von ihnen verdanken ihr Leben dem deutschen Kaufmann und Siemens-Vertreter in Nanjing. Zusammen mit anderen Ausländern errichtete er 1937 eine Sicherheitszone, in der 250 000 Chinesen Zuflucht vor den japanischen Truppen fanden. Die Japaner respektierten diese mit einer Hakenkreuzfahrne markierte Schutzzone, denn Nazi-Deutschland war mit Japan verbündet. Als ›Guter Deutscher von Nanjing‹ ist er in China bekannt, hierzulande war er lange umstritten, denn John Rabe war eine wichtige Figur in Nazikreisen.

Der 1912 Nanjing Komplex

Ähnlich wie im Shanghaier Distrikt Xintiandi wurden auch in Nanjing einige alte Wohnanlagen an der Taiping Lu westlich des Präsidentenpalasts samt Inennhöfen restauriert und in eine Fußgängerzone mit Nightlife-Distrikt verwandelt (www.nanjing1912.cn).

Zijinshan

Die wichtigsten und mit Abstand beeindruckensten Sehenswürdigkeiten jedoch liegen am Zijinshan (Purpur-Goldberg 紫金山) vor den Toren der Stadt.
Für den Überblick bietet sich die Seilbahn zum Gipfel an. Die Bodenstation

Das Zijinshan-Areal 紫金山

liegt östlich des Taiping-Tores, schließt aber bereits gegen 17 Uhr.

Das Areal im Osten von Nanjing beherbergt viele historische und politisch wichtige Stätten, für die man sich Zeit nehmen sollte, allen voran das **Sun-Yat-sen-Memorial** (Zhongshanling 中山陵), die Grabstätte des Begründers des modernen China. Schon aus politischen Gründen kann es nur wenige Berührungspunkte zwischen der Kommunistischen Partei Chinas und der Guomindang-Partei Taiwans geben. In einem sind sie sich jedoch einig: Es ist Dr. Sun Yat-sen, der China von den Fesseln der Kaisermonarchie befreite und deshalb von den beiden Erzfeinden gleichermaßen verehrt wird. Umso schmerzhafter ist es für die Taiwanesen, dass der erste Revolutionär Chinas in Nanjing begraben ist.

Rund um das Mausoleum führen Wege durch den Wald – zum **Xiaoling-Grab** (Mingxiaoling 明孝陵) zum Beispiel, der Ruhestätte des ersten Ming-Kaisers Hongwu (1327–1398). Noch zu Lebzeiten ließ er die Anlage anfertigen. Dass just an dieser Stelle bereits ein Regent (der König Sun Quan des Wu-Reiches aus dem 3. Jahrhundert) begraben lag, konnte ihn nicht davon abhalten. Er ließ den Vorgänger kurzerhand versetzen.

Der Weg dahin, die sogenannte **Geisterallee** (Shendao 神道), wird von Tieren und menschlichen Figuren gesäumt, die Geistern den Zugang verwehren sollen. Löwen, Kamele, Elefanten und Pferde sind dabei leicht zu erkennen. Bei den beiden anderen Tieren, Xiezhi (eine Art Löwe mit Horn) und Qilin (dem Einhorn

Das Mausoleum für Sun Yat-sen

ähnlich), handelt es sich um glückverheißende Fabeltiere. Ein wenig weiter lösen hohe Beamte und Militärs die Tierwelt ab. Der folgende Tempelkomplex wurde vor allem errichtet, um dem Kaiser nach seinem Tode weiter zu huldigen. Wo der Kaiser selbst begraben liegt, ist dabei noch unklar. Wahrscheinlich wohl nördlich des Soul Tower, letzte Sicherheit wird es aber erst geben, wenn die chinesische Regierung je das Grab öffnen lässt.

Ganz im Osten des Areals liegt die Anlage des **Linggu-Tempels** (Linggu Si). Bereits während der Liang-Dynastie (502–557) wurde sie errichtet. Dies allerdings um einige Meter weiter westlich. Beim Bau des Ming-Mausoleums war sie schlichtweg im Weg und wurde daher auf kaiserlichen Befehl an die heutige Stelle versetzt. Der buddhistische Tempel selbst ist noch immer aktiv und wird von Mönchen bewohnt. Besonders sehenswert ist die Tempelhalle Wuliangdian. Das 22 Meter hohe Steingebäude wurde 1381 gänzlich ohne Holzbalken oder Nägel errichtet und gilt als architektonische Meisterleistung.

Die dahinter liegende **Linggu-Pagode** (Linggu Ta 灵谷塔) wurde erst 1931 erbaut und erinnert an die Opfer des Nordfeldzuges von Chiang Kai-shek.

Nanjing

Vorwahl: +86/25.

Post: Internationales Postamt (inklusive Paketversand) in der Zhongshan Lu 中山路, kurz vor dem Xinjiekou-Kreisel 新街口.

Bank: Bank of China, Zhongshan Nanlu 中山南路, kurz hinter dem Xinjiekou-Kreisel

Reisebüro: Englischsprachiges Personal finden Sie im Reisebüro des ›Jinling Hotels‹ am Xinjiekou und in der Reiseagentur der Nanjing Universität direkt am Haupteingang des Ausländerwohnheims ›Xiyuan‹ 西苑, in der Jinyu Jie 金玉街, nahe der Kreuzung Beijing Xilu 北京西路 und Shanghai Lu 上海路. Auch am Bahnhof befindet sich auf der rechten Seite des Gebäudes ein Ausländerschalter, in dem Englisch gesprochen wird.

Nanjing ist von praktisch jeder chinesischen Großstadt per Direktflug zu erreichen, ab Frankfurt fliegt Lufthansa zweimal die Woche direkt nach Nanjing.

Direktverbindungen mit Beijing, Shanghai (2–4 h), Xiamen, Hangzhou. Der Hauptbahnhof befindet sich im Norden der Stadt an der Longpan Lu 龙蟠路.

Dank guter Zugverbindungen ist es für Touristen kaum interessant, Nanjing per Bus anzusteuern. Nur die Verbindung zum Huangshan, den Gelben Bergen, ist per Bus eindeutig besser und führt durch malerische Dörfer der Provinz Anhui. Die zentrale Busstation

▶ Karte S. 282

befindet am nördlichen Ende der Zhongyang Lu 中央路, nahe dem Hauptbahnhof.

Jinling Fandian 金陵饭店, 4 Sterne, Xinjiekou-Kreisel 新街口, Ecke Hanzhong Lu und Zhongshan Lu, Tel. 471 1888, Fax 4711666. Das allererste Luxushotel der Stadt gehört auch heute noch zu den besten Adressen und liegt in absolut zentral.

Nanjing Fandian 南京饭店, 3 Sterne, Zhongshan Beilu 中山北路 259, Tel. 3301888, Fax 3306998. Im Nordosten der Innenstadt gelegen und sehr ruhig – auch für europäische Verhältnisse.

Low Budget Reisende kommen im Ausländerwohnheim der **Nanjing Normal University (Nanshan Binguan** 南山宾馆, Ninghai Lu 宁海路, auf dem Hügel südlich des Hauptplatzes) besonders günstig unter. Zudem soll es sich um den schönsten Campus Chinas handeln.

Sollte Ihnen der Sinn nach einer leckeren ost-westlichen Crossover-Küche stehen, bieten die kleinen Lokale rund um das Ausländerwohnheim ›Xiyuan‹ 西苑 der **Nanjing University** (Ecke Beijing Xilu und Shanghai Lu) oder rund um das Campus der **Nanjing Normal University** in der Ninghai Lu 宁海路 einen guten Mix aus westlichen Standardgerichten und den bei Langnasen beliebtesten Speisen der lokalen Küche. Als Zugeständnis an die zahlreichen ausländischen Studenten sind die Speisekarten zudem noch zweisprachig.

Etwas abenteuerlicher, aber dafür mit stilechter Atmosphäre sind die zahlreichen Straßenstände auf dem **Konfuzius-Markt** im Süden der Stadt, wo vor allem lokale Snacks angeboten werden.

Vegetarier finden im **Tempel-Restaurant** des buddhistischen Jimingsi-Tempels in der Jimingsi Lu 鸡鸣寺路 eine besonders malerische Atmosphäre (nur mittags geöffnet).

Interessant und preislich besonders günstig ist der **Nachtmarkt in der Hunan Lu** 湖南路, einer Seitenstraße der Zhongyang Lu 中央路, die gegenüber dem Haupteingang des Xuanwu-Parks beginnt. Nach Sonnenuntergang werden hier Kleidung, Lederwaren, Spielzeug und allerhand Zinnober wie Plastik-Kakerlaken, Mao-Feuerzeuge etc. angeboten.

Die beliebteste Adresse jedoch ist das Areal rund um den **Konfuzius-Markt** 夫子庙 im Süden der Stadt. Die Mischung aus Großmarkt und Gemischtwarenhandel bietet praktisch alles, was das Touristenherz höher schlagen lässt. Von morgens 8 Uhr bis Mitternacht sind die meisten Geschäfte geöffnet. Anderen Ausländern werden Sie eher selten begegnen, denn der Markt wird vor allem von einheimischen Händlern frequentiert. Falls Sie gerne shoppen und handeln: mindestens einen Tag für den Konfuzius-Markt einplanen!

Suzhou

Auch Suzhou 苏州, die Stadt, die Marco Polo einst mit Venedig verglich und in seiner Heimat kräftig Schelte dafür bezog, hat in den letzten zehn Jahren eine Metamorphose von Alt nach Neu und wieder zurück hinter sich. Anfang der 1990er Jahre mussten die meisten alten

Der Kaiserkanal

Vom Kaiserkanal zu sprechen, ist eigentlich falsch. Auf Chinesisch heißt der Kanal schlicht Da Yunhe 大运河, Großer Kanal, und bezeichnet eher das Kanalsystem als einen bestimmten Wasserlauf. Die Sui-Dynastie (581–618) ließ bestehende Kanäle verbinden und baute das Kanalnetz nach Norden aus, eine Arbeit, die bis in die Yuan-Dynastie (1279–1368) fortgeführt wurde, so dass schließlich zwischen Hangzhou im Süden und Beijing ein durchgehender, etwa 1800 Kilometer langer Hauptkanal bestand. Da die Küsten chronisch von Piraten bedroht wurden, hatte das Reich der Mitte mit dem Kaiserkanal zum ersten Mal eine sichere und wetterunabhängige Wasserverbindung zwischen dem wirtschaftlich prosperierenden Süden und dem administrativen Zentrum im Norden. Tributgetreide, Seide und andere begehrte Waren des florierenden Yangzi-Deltas gelangten auf diesem Wege in die Kaiserstädte Xi'an, Luoyang und Beijing. Nach mehreren Jahrhunderten Teilung war der Kaiserkanal auch Zeichen der in der Sui-Dynastie wiederhergestellten Reichseinheit.

Heute ist der Kaiserkanal nur noch in dem Viereck Hangzhou–Nanjing–Yangzhou–Shanghai von großer verkehrstechnischer Bedeutung. Vor allem der Abschnitt von Wuxi nach Suzhou und von hier weiter nach Pingwang 平望 am südlichen Ende des Tai-Sees (Taihu 太湖) wird intensiv genutzt. Die Fahrt auf dem Kaiserkanal ist immer noch ein faszinierendes, wenn auch zuweilen geruchsintensives Erlebnis. Die Verkehrsdichte gleicht zuweilen chinesischen Hauptstraßen, und die Treue der Schiffer zu Verkehrsregeln steht derjenigen der Kapitäne der Landstraße in nichts nach. Touristenboote verkehren zwischen Wuxi 无锡 und Suzhou sowie zwischen Suzhou und Pingwang. Eine bis vor wenigen Jahren noch bestehende Übernachtverbindung zwischen Suzhou und Hangzhou wurde inzwischen mangels Nachfrage eingestellt.

Auf dem Kaiserkanal

Gebäude im Innenstadtbereich verbreiterten Straßen und modernen Gebäuden weichen. Als Segen erwies sich hier, dass Suzhou die Heimatstadt des Stararchitekten Ieoh Ming Pei ist, der unter anderem die Glaspyramide im Louvre und den Erweiterungsbau des Deutschen Historischen Museums in Berlin entwarf und auch bei der Umgestaltung des Suzhouer Stadtbildes zwar kein maßgebliches, jedoch ein einflussreiches Wörtchen mitreden konnte.

Haben Besucher, die das ›Venedig des Orients‹ Ende der 1990er Jahre besuchten, die Stadt eher als riesige Baustelle in Erinnerung, präsentiert sich Suzhou heute als moderne Stadt mit einem teilrestaurierten, meist der alten Architektur nachempfundenen Altstadtkern, in dem man erahnen kann, was Marco Polo mit seinem Vergleich meinte. Suzhou hat über eine Million Einwohner und schickt sich an, ein High-Tech-Zentrum Ostchinas zu werden. Ein idyllisches Städtchen sollte man folglich nicht erwarten, aber durchaus eine Stadt, die zwischen Modernität und Tradition nicht ganz ihre Identität verloren hat.

Für einen umfassenden Besichtigungsspaziergang ist Suzhou zu groß, die Sehenswürdigkeiten liegen zu weit über das Stadtgebiet verteilt. In der Shiquan Lu 石泉路 gegenüber dem ›Garten des Meisters der Netze‹ 网师园 vermieten mehrere kleine Läden sowie das Suzhou Hotel einfache chinesische Fahrräder. Auf einer etwa zehn Kilometer langen Runde durch den ursprünglichen Altstadtbereich zur Nordtempel-Pagode 北寺塔 und entlang der Renmin Lu 人民路 zurück zum Garten des Meisters der Netze kann man die schönsten Gärten sowie eine Reihe anderer Sehenswürdigkeiten der Stadt im Rahmen einer kleinen Fahrradtour entdecken. Alternativ kann man die erste Hälfte bis zur Nordpagode auch zu Fuß zurücklegen und den Rückweg mit dem Taxi oder öffentlichen Verkehrsmitteln gestalten. Der Innenstadtverkehr ist allerdings so dicht, dass man mit dem Rad, teilweise sogar zu Fuß schneller ist.

Suzhou: das Venedig des Orients

Garten des Meisters der Netze

Der Garten des Meisters der Netze 网师园 ist einer der kleinsten Gärten Suzhous, und unbestritten einer der schönsten. Trotz seiner gerade einmal 4000 Quadratmeter Größe wirkt er nie beengt und gilt bis heute als ein Meisterwerk der chinesischen Gartenbaukunst. Eine Kopie des westlichen Hofes steht seit 1981 im Metropolitan Museum of Art in New York. Der Name des Gartens geht auf die ›Sage vom Pfirsichblütenquell‹ des Dichters Tao Yuanming (365–427) zurück: Ein armer Fischer entdeckt ein Traumland, in dem die Bewohner unbeschwert von täglichen Sorgen, politischen Intrigen und in Frieden leben. Shi Zhengzhi, der den Garten im 12. Jahrhundert bauen ließ, erhoffte sich nach einer enttäuschenden Karriere als Beamter, angeekelt von Korruption

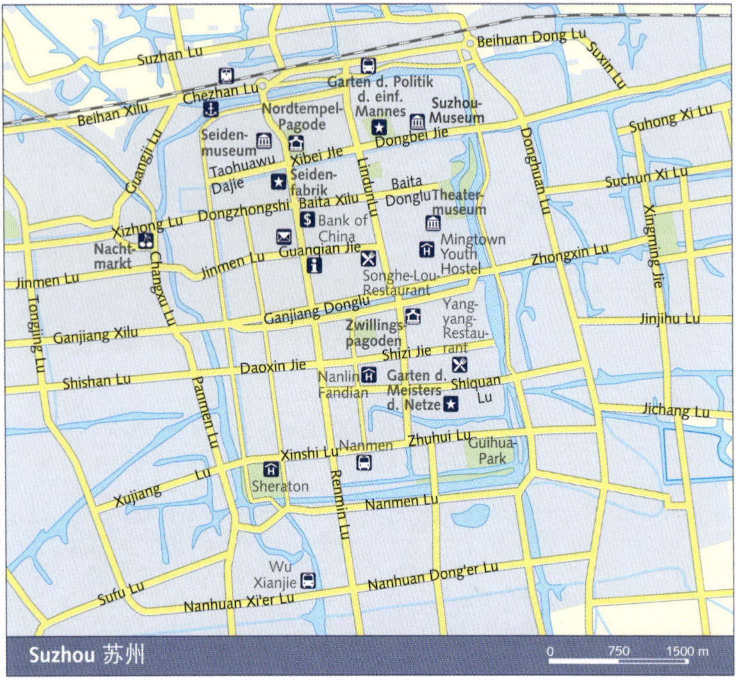

und Intrigen, ein solches Refugium in dem Garten zu finden. Nach seinem Tod verfiel der Park und wurde im Jahre 1770 von einem kaiserlichen Beamten in der heutigen Form wiederhergestellt. Seit 1958 im Besitz der Stadt Suzhou ist der Garten heute Teil des UNESCO-Weltkulturerbes.

Betritt man den Garten durch das **Haupttor** im Süden, so gelangt man zuerst in den Empfangsteil des Gartens. Eine ungewöhnlich hohe Geisterschwelle sollte wohl nicht nur böse Geister abhalten, sondern auch ungebetene Gäste. Die meisten Besucher schafften es nicht über die große **Empfangshalle** hinaus, in welcher der Hausherr Audienz hielt. Die Stühle der Gesprächspartner sind nebeneinander, nicht gegenüber aufgestellt, da es als unhöflich galt, sich während des Gespräches anzuschauen. Hinter der Empfangshalle schließen sich die **Wohngebäude** an. Hält man sich links, so erreicht man den **Gang des Entenschießens** und blickt auf den zentralen Teich.

Der Garten des Meisters der Netze bei Nacht

Im gegenüberliegenden **Pavillon des Aufgehenden Mondes und der frischen Brise** erzeugt ein Spiegel den Eindruck von Weite. Er ist etwas schräg aufgehängt, so sieht man die eigene Spiegelung nicht und verfällt dadurch der Täuschung, der Garten ginge hinter dem Pavillon noch weiter. Am Teich saß der Hausherr einst mit ausgewählten Freunden, trank Wein und übte sich in der Kunst des Gespräches.

Der **Pavillon des Waschens der Hutbänder** wurde zu Musikaufführungen genutzt, ein Vergnügen, das Sie heute nachvollziehen können. Jeden Abend von März bis November finden im Garten zwischen 19.30 und 21 Uhr **Musik- und Theateraufführungen** statt. In fünf Pavillons kommen Chinesische Oper, Theaterszenen, Balladen und Musikstücke zur Aufführung, jedes Stück dauert etwa fünf Minuten und wird alle 15 Minuten wiederholt. So kann man bei einem Rundgang die abendliche Atmosphäre des stilvoll beleuchteten Gartens genießen und je nach Belieben den Aufführungen beiwohnen.

Durch die Altstadt von Suzhou

Verlässt man den Garten des Meisters der Netze durch den kleinen Nordausgang und überquert man die Shiquan Lu und eine kleine Kanalbrücke, so gelangt man am Kanal entlang zu den Zwillingspagoden (Shuangta 双塔), die man bereits von weitem sehen kann. Die beiden Pagoden wurden im 10. Jahrhundert von einem Bruderpaar aus dem Viertel gebaut, die sich von ihnen eine Verbesserung des Fengshui versprachen. Während die Pagoden noch die Originale sind, wurde der sie umgebende Tempel zerstört. In der kleinen Ausstellung werden die wenigen übriggebliebenen Artefakte der Tempelanlage gezeigt.

Etwas nördlich der Zwillingspagoden kommt man an eine vierspurige Straße, die Ganjiang Lu 干将路. Überquert man diese, so erreicht man den unrestaurierten Teil der Altstadt. Die schmale **Pingjiang Lu** 平江路 führt an einem Kanal entlang in Richtung Norden. Etwa nach 300 Metern zweigt die **Zhongzhangjia Xiang** 中张家巷 nach Osten ab. In der Hausnummer 14 auf der linken Seite befindet sich das **Suzhouer Theatermuseum** (Xiqu Bowuguan 戏曲博物馆 Tel. 67275338). Während die Ausstellung an sich eher uninteressant ist, ist das Gebäude des Museums ein gut erhaltenes Beispiel für die Hofarchitektur der Altstadt. Regelmäßig finden hier Aufführungen lokaler Opern und Balladen statt, mit etwas Glück kann man den Schauspielern auch bei den Proben zusehen.

Zurück auf der Pingjiang Lu erreicht man nach weiteren 500 Metern die **Dongbei Jie** 东北街, an welcher der **Garten der Politik des Einfachen Mannes** 拙政园 liegt. Oft findet man den Garten auch unter dem Namen ›Garten des bescheidenen Beamten‹ oder ›Garten der törichten Amtsperson.‹ Der letztere Name hat sich in vielen Übersetzungen eingebürgert, wohl auch, weil

Die Zwillingspagoden

der Sohn des Erstbesitzers den Garten während einer einzigen Nacht verzockte und es wohl töricht erscheint, eine solche Kostbarkeit an so einen Sohn zu vererben. Ursprünglich im 16. Jahrhundert gebaut, erfuhr auch dieser Garten allerlei Erweiterungen und Veränderungen. Das heute fünf Hektar große Areal besteht genaugenommen aus mehreren Gärten, einem an westliche Parkanlagen erinnernden Eingangsteil, in dem temporäre, der Jahreszeit entsprechende Blumenaustellungen zu sehen sind, dem eigentlichen chinesischen Garten mit den Wohngebäuden sowie einem kleinen Bonsaigarten im Westteil der Anlage. Lassen Sie sich nicht täuschen, die Pagode im Westen, durch geschickte Anordnung der Außenmauern des Gartens in die Szenerie integriert, als gehöre sie zur Anlage, gehört zum etwas westlich des Gartens gelegenen Nordtempel.

Gleich neben dem ›Garten der Politik des Einfachen Mannes‹, zu Fuß leicht über die Fußgängerzone Dongbei Jie 东北街 zu erreichen, hat 2006 das **Suzhou-Museum** (Suzhou Bowuguan 苏州博物馆) in einem vom I.M. Pei gestalteten Neubau Einzug gehalten. Allein schon die an die klassischen chinesischen Vorbilder angelehnte Architektur lohnt den Besuch, von den auf mehr als 10 000 Quadratmetern nach allen Regeln der Museumskunst dargebotenen Kunstschätzen ganz zu schweigen. Einen Vorgeschmack kann der geneigte Besucher auf der Homepage www.szmuseum.com

Im Suzhouer Theatermuseum

bekommen, das Museum selbst liegt in der Dongbeijie 东北街 204 und ist von 9 bis 17 Uhr geöffnet. Der letzte Einlass ist um 16 Uhr, am Montag ist das Museum geschlossen.

Von der 76 Meter hohen **Nordtempel-Pagode**, der größten ihrer Art südlich des Yangzi, hat man abschließend einen ausgezeichneten Blick auf Suzhou und den Kaiserkanal.

Die **Anlegestelle für eine Kaiserkanaltour** 游船游览 liegt nur wenige Meter nördlich in Richtung Hauptbahnhof. Auch wenn Sie schon, von Wuxi kommend, auf dem Kaiserkanal gefahren sind, lohnt sich ein Blick auf Suzhou von der Wasserseite. Am kleinen Hafen gegenüber dem Bahnhof (Foreign Travellers Transportation Company Pier 外事旅游车船公司码头) kann man eine etwa einstündige Tour durch die Altstadtkanäle Suzhous buchen, Tel. 67 53 99 85.

Suzhou

Vorwahl: +86/512.

Reisebüro: CITS hat ein Büro direkt neben dem ›Lexiang Hotel‹. Das Hauptbüro ist in der Daichengqiao Lu 带成桥路 1, 3. Stock, Tel. 65 20 32 50.

Die meisten Hotels können Ausflüge in die Umgebung, nach Tongli, Luzhi und Zhouzhuang organisieren, ebenso eine Fahrt auf dem Kaiserkanal.

Bank: Bank of China, Renmin Lu 490, direkt gegenüber der Post.

▲ Karte S. 290

Post: Die Hauptpost liegt an der Ecke Renmin Lu 人民路 und Jingde Lu 京德路 direkt in der Stadtmitte.

Es gibt Direktverbindungen mit Nanjing (2,5 h), Shanghai (50 min) und Hangzhou (3 h). Eine Direktverbindung mit Beijing besteht allerdings nur mit dem ›Bummelzug‹ (22 h), ein Umweg über Shanghai ist schneller. Der Hauptbahnhof liegt im Norden der Stadt an der Chezhan Lu 车站路.

Die meisten Städte sind mit dem Zug schneller und bequemer zu erreichen. Einzig Hangzhou ist mit dem Bus etwas schneller an Suzhou angebunden als mit der Bahn. Die meisten Busse, unter anderem in die Wasserdörfer Tongli und Zhouzhuang, fahren von der nördlichen Busstation etwa einen Kilometer östlich des Bahnhofs in der Beihuan Lu 北环路.

Sheraton Suzhou Hotel & Towers 吴宫喜来登大酒店, 5 Sterne, Xinshi Lu 新市路 388. Tel. 65103388 Fax 65100888, www.sheraton.com. Das mit Abstand beste Hotel in Suzhou im stilvollen, an die chinesische Gartenarchitektur angelehnten Design. Sehr zentrale Lage.
Nanlin Fandian 南林饭店, 3 Sterne, Gunxiufang 滚绣坊 20, Tel. 65194641. Schönes Mittelklassehotel, architektonisch an den Gartenbaustil angelehnt, nahe dem Garten des Meisters der Netze.
Suzhou Mingtown Youth Hotel (Suzhou Guoji Mingtang Qingnian Lüshe 苏州国际明堂青年旅社), Xiangwang Lu 平江路 28, Tel. 65816869. Gut gelegene stilvolle Jugendherberge mit Schlafsälen sowie Einzel- und Doppelzimmern mit Bad.

Fisch und Meeresfrüchte werden auch in Suzhou sehr gerne gegessen. Vor allem im Altstadtbereich, um den Garten des Meisters der Netze in der **Shiqian Lu** 十全路 und entlang der **Guanqian Jie**, gibt es viele Restaurants und Garküchen, die zumeist ausgezeichnetes Essen zu günstigen Preisen bieten.
Berühmt ist das **Songhe Lou** 松鹤楼, ein altes Familienrestaurant in der Guanqian Jie 观前街, dessen Geschichte bis ins 18. Jahrhundert zurückgeht.
Sehr empfehlenswert, vor allem wegen seiner Teigtaschen, ist das **Yangyang Shuijiaoguan** 样样水饺馆 in der Shiquan Lu 144.

Seide in unterschiedlicher Qualität wird in der Stadt in vielen Läden und an unzähligen Marktständen angeboten. Häufig handelt es sich aber nicht um echte Seide, sondern um Mischstoffe. Bei einem Angebot von fünf bestickten Seidenkrawatten für umgerechnet zwei Euro sollte man misstrauisch werden. Das heißt nicht, dass man nicht das eine oder andere Schnäppchen in Suzhou erstehen könnte. Echte Seidenstoffe in hochwertiger Qualität verkaufen die Suzhouer Seidenfabriken, so dass man den Einkaufsbummel mit einer interessanten Einführung in die Seidenherstellung verbinden kann. CITS kann Fabrikführungen organisieren, die **Seidenfabrik** mit angeschlossenem Geschäft (Sichouzhipin Guoji Lüyou Jiedaibu 丝绸制品国际旅

游接待部, Tel. 67275875) in der Renmin Lu 人民路 658 kann man auch direkt besichtigen. Eine Alternative ist das äußerst interessante **Seidenmuseum** in der Renmin Lu 661, das ebenfalls ein kleines Verkaufsgeschäft hat. Große Kaufhäuser und Supermärkte gibt es entlang der **Renmin Lu** und der **Guanqian Lu.** Jeden Abend von 18.30–21.30 öffnet nahe der Shi Lu 十路 im Nordwesten der Stadt ein lebhafter **Nachtmarkt,** auf dem neben Snacks auch Seide und Kunsthandwerk angeboten werden.

Die Wasserdörfer

Suzhou hat den Ruf, das Venedig des Ostens zu sein. Auch wenn an vielen Stellen auch heute noch zu erahnen ist, dass die Stadt, wie Venedig, »vollständig auf dem Wasser gebaut ist« (Marco Polo), muss man doch einige Kilometer aufs Land fahren, um erfahren zu können, was das ›Land von Fisch und Reis‹ ausmacht. Wo in Suzhou zuweilen die Bulldozer gesiegt haben, behielten in den Wasserdörfern 水乡 zumeist die Denkmalschützer die Oberhand. Nicht immer hat sich hier, wie auch in anderen historischen Städten Chinas, die historische Exaktheit durchsetzen können. Dennoch symbolisieren die Wasserdörfer mit ihren Gärten, Familienresidenzen und der auf Handel und Schifffahrt zugeschnittenen Lebensweise die Kultur des Yangzi-Deltas, die anderswo lange verlorengegangen ist. Die Wasserdörfer sind von Suzhou, Shanghai und Hangzhou mit dem Bus zu erreichen. In allen beschriebenen Orten gibt es Übernachtungsmöglichkeiten.

Tongli

Nur angenehm wenige Touristen verirren sich in die 30 Kilometer südöstlich von Suzhou gelegene, 30 000 Einwohner zählende Kleinstadt Tongli 同理, die bis vor 20 Jahren nur über das Wasser zu erreichen war. Heute führt eine gut ausgebaute Straße von Suzhou über Wujiang 吴江 nach Tongli. Die Hauptattrak-

Gärten gehören zur Kultur des Yangzi-Deltas

Karte S. 278

Chinesische Gartenbaukunst

Die Harmonie der Natur ins Haus zu holen und die Unbilden der Gesellschaft vor den Toren zu lassen, dies war schon immer das Ziel der chinesischen Gartenbaukunst. Man schaffte sich ein kleines privates Reich nach den eigenen Vorstellungen. Der Garten, meist Residenz und Parkanlage in einem, war auch Spiegelbild der Geisteshaltung des Bewohners. Das Vorbild waren die prunkvollen kaiserlichen Gärten. Zwar verbot es der Anstand, dem Kaiser Konkurrenz zu machen, der Gartenbesitzer war jedoch unbegrenzter Herrscher seines Reiches und sparte oft nicht mit der Ausstattung. Dennoch soll ein chinesischer Garten nie überladen wirken. Die Kostbarkeit liegt im Detail, kunstvoll verzierte Holzintarsien, geschnitzte Ziegel, die die Wände verzieren, seltene Pflanzen und kostbare Fische, die Kois, die heute selbst im Westen für Unsummen gehandelt werden. Besonders auffällig sind auch die bizarren Kalkfelsen, meist aus dem Taihu-See, die integraler Bestandteil der Gartenarchitektur sind und je nach Größe und Form ein Vermögen kosten können.

Der chinesische Garten soll Harmonie ausstrahlen. Eckige und runde, konkave und konvexe Formen wechseln einander ab, künstliche Strukturen und natürliche Elemente halten sich die Waage. Zudem bedient man sich allerlei optischer und architektonischer Tricks. Die Außenmauern haben oft noch einen kleinen Durchgang, der, von innen nicht sichtbar, wenige Meter später wieder an einer Mauer endet. So entstand der Eindruck, der Garten ginge noch weiter. Man lieh sich die Landschaft der Umgebung aus, will heißen, man baute den Garten so, dass durch die Gebäude der Nachbarschaft wie Pagoden und Tempel der Eindruck von Größe entstand. Durch Fenster in den Mauern verlieh man der Szenerie dahinter einen Rahmen, so dass sie wie eine Malerei wirkte. Durch die geschickte Auswahl der Pflanzen nach Jahreszeit waren die Gärten immer grün, und das ganze Jahr über blühten unterschiedliche Pflanzen. Wandelgänge sorgten dafür, dass der Besitzer auch bei schlechtem Wetter durch sein Reich spazieren konnte. Wen er dazu einlud, konnte sich glücklich schätzen, denn nicht vielen wurde diese Gunst zuteil.

Karpfen im Gartenteich

Heute sind viele der mehreren tausend Gärten im Yangzi-Delta restauriert und für die Öffentlichkeit zugänglich. Jeder Garten ist eine Welt für sich, so dass es sich durchaus lohnt, mehr als einen zu besichtigen. Viele der Gärten haben ein kleines Teehaus, so dass man den Besuch mit einer Kostprobe der ausgezeichneten Teesorten der Region verbinden kann.

tion des Ortes ist der **Garten der Zurückgezogenheit und der Reflexion** (Tui'en Yuan 退恩园). Der Name des im Westteil Tonglis gelegenen Gartens spielt auf einen Aphorismus aus der Östlichen Zhou-Dynastie (770–221 v. Chr.) an: »Sei dem Kaiser untertan, solange Du im Amt bist, und reflektiere Deine Fehler, wenn Du das Amt niedergelegt hast«.

Die aus dem 19. Jahrhundert stammende Anlage ist aber bei weitem nicht der einzige Grund, nach Tongli zu kommen. Die engen Gassen der autofreien Innenstadt führen an **kleinen Kanälen** entlang in die Altstadt, mit ihren einfachen Wohnhäusern und den renovierten Familienresidenzen, die zu kleinen Museen ausgebaut wurden. Restaurants und Teehäuser laden zum Verweilen an. Entschließt man sich, die Nacht in Tongli zu verbringen, so kann man die Tagestouristen aus Suzhou, die zumeist am frühen Nachmittag die Stadt besichtigen, vermeiden.

Ein skurriles, aber nicht uninteressantes Highlight ist das **Museum der chinesischen Sexualität** (Zhonghua Xingwenhua Bowuguan 中华性文化博物馆), das in einem visuellen Parforceritt mit dem Vorurteil aufräumt, die Chinesen

In Tongli

wären prüde. Die Ausstellungsstücke reichen von frühgeschichtlichen Elfenbeindildos bis zu einer Plastikfigur von Walter Moers ›Kleinem Arschloch‹.

In Tongli gibt es mehrere Übernachtungsmöglichkeiten. Während in der Altstadt einige einfache Gästehäuser schönes Ambiente, aber äußerst wenig Komfort bieten, liegt das sehr zu empfehlende beste Haus am Platze ein wenig außerhalb, direkt am einen Kilometer östlich des Ortskerns gelegenen Tongli-See 同理湖.

Tongli

Tongli erreicht man von Suzhou aus mit dem Bus; Abfahrt alle halbe Stunde ab dem Nördlichen Busbahnhof. Auch eine Taxifahrt kostet nicht die Welt (je nach Verhandlungsgeschick zwischen 100 und 200 RMB).

Tonglihu Holiday Village 同里湖度假村, 3 Sterne, Tel. 0512/63330888. Große Zimmer mit Bad/WC mit Blick auf den See.

Zhengfu Caotang 正福草堂, Mingqing Jie 明情街 138, Tel. 0512/63336358, www.zfct.net. Eine gute Alternative in der Innenstadt ist dieses in einer traditionellen Familienresidenz untergebrachte Mittelklassehotel.

Entlang der **Kanäle der Innenstadt** hat der kulinarisch interessierte Besucher die Qual der Wahl: Unzählige Restaurants bieten einfache lokale Kost zu leicht überhöhten Preisen. Ein Festmahl darf man nicht erwarten, das Ambiente macht aber viel wett!

▶ Karte S. 278

Zhouzhuang

Zhouzhuang 周庄 war das erste Wasserdorf, das für den Tourismus erschlossen wurde.

Seit 1998 Teil des UNESCO-Weltkulturerbes, ist Zhouzhuang eine der am besten erhaltenen traditionellen Städte im Yangzi-Delta. Zudem profitiert es von der guten Verkehrsanbindung nach Shanghai und Suzhou. Ähnlich wie Tongli und Wuzhen sieht Zhouzhuang vor allem Tagestouristen.

Eine Übernachtung empfiehlt sich, da tagsüber die an sich ruhige Stadt doch etwas überlaufen ist. Am Abend teilt man die Kleinstadt nur mit ihren Bewohnern und den vielen Kunststudenten, die die klassische Stadtarchitektur Zhouzhuangs mit Vorliebe als Vorlage für ihre Malstudien nutzen.

Neben einem Stadtbummel durch die Altstadt kann man auch ein Schiff mieten und sich Zhouzhuang vom Wasser aus ansehen. Bootsverbindungen bestehen außerdem mit Tongli, das man auf diesem Wege innerhalb einer guten Stunde erreicht.

Zhouzhuang

Busse von Shanghai nach Zhouzhuang fahren vom Busbahnhof am Shanghai Stadium morgens etwa stündlich, die Fahrtzeit beträgt rund 2–3 Stunden.

Von Suzhou aus erreicht man die Stadt in einer Stunde, die Busse fahren stündlich ab der nördlichen Busstation.

Eine stilvolle Übernachtungsmöglichkeit direkt in der Altstadt nahe der Taiping-Brücke (Taiping Qiao 太平桥) ist das **Zhengu Tang** 贞固堂, Tel. 57212009.

In Zhouzhuang

Wuzhen

In vielerlei Hinsicht ist das etwa 80 Kilometer südwestlich von Suzhou und 100 Kilometer östlich von Hangzhou gelegene Wuzhen 乌镇 mit Tongli oder Zhouzhuang zu vergleichen. Es kann auf eine fast tausendjährige Geschichte zurückblicken, auch hier gibt es einen gut erhaltenen, renovierten Altstadtkern, durch den sich kleine Kanäle ziehen.

In den letzten Jahren hat man Wuzhen allerdings zudem als **Museumsdorf** ausgebaut. Die Häuserzeilen an beiden Seiten des Östlichen Stadtkanals 东市河 beherbergen viele kleine Handwerksbetriebe, die dem Besucher die verschiedenen traditionellen Techniken unter anderem der Seidenherstellung, Stickerei und Teeröstung näherbringen.

Auf dem zentralen Marktplatz zwischen der Huang Jie 横街 und der Xinhua Jie 新华街 liegt die ehemalige Residenz des **Schriftstellers Mao Dun**. Auf einer Opernfreibühne 戏台 und in einem kleinen Schattentheater 皮影戏馆 werden während des Tages jede Stunde kurze Aufführungen bekannter Stücke zum Besten gegeben.

Im Ostteil von Wuzhen

Während im Ostteil der Stadt kaum etwas an der traditionellen Architektur verändert wurde, ging ein Investor im Westen Wuzhens ganz neue Wege. Quasi aus dem Nichts errichtete er eine neues ›altes‹ Wuzhen, mit traditionellen Häusern, Kanälen, Steinbogenbrücken, Residenzen, und dazu eine beeindruckende Infrastruktur an Übernachtungsmöglichkeiten und kulinarischer Vielfalt. Tags-über verlieren sich nur einige versprengte Touristengruppen in dem **Wuzhen Xizha** 乌镇西栅 genannten Teil (in Abgrenzung zum **Dongzha** 东栅, dem Ostteil), erst am Abend erwacht das Wasserdisneyland. Zumindest kulinarisch und übernachtungstechnisch wird hier einiges geboten.

Wuzhen

Einen ausgezeichneten Überblick über Wuzhen kann man sich unter www.wuzhen.com.cn verschaffen. Hier werden auch die Übernachtungsmöglichkeiten und die traditionellen Restaurants der Stadt beschrieben.

Wuzhen ist mit dem Bus von Hangzhou aus (stündlich 6.25 bis 19.15 Uhr ab dem Östlichen Busbahnhof 杭州汽车东站, Fahrtdauer etwa eineinhalb Stunden) zu erreichen.

Direkt am Südeingang des Dongzha liegt das **Midnight Grand Hotel** 子夜大酒店, Tel. 0573/8728088, das sich nach mehreren Renovierungen von einem einfachen Mittelklassehotel zu einem stilvollen Hotel mit lokalen Designelementen gemausert hat.

Der Westbezirk Xizha wartet mit einer Reihe von familiengeführten, an die klassische Bauweise angelehnten Unterkünften auf, die zentral unter 0573/8731666 (nur chinesisch) buchbar sind.

Ausgezeichnetes Essen in traditionellem Ambiente bekommt man am Östlichen Stadtkanal im **Jinjiang Mansion Restaurant** 九江楼, Tel. 0573/871799.

▲ Karte S. 278

Die Bergwelt des Huangshan

Der schönste Berg Chinas? Der Huangshan 黄山 natürlich! Auf dem Huangshan gewesen zu sein, das ist der Traum eines jeden Chinesen und nötigt Respekt ab. Obwohl er weder zu den buddhistischen noch den daoistischen heiligen Bergen zählt, ist der Huangshan das Sinnbild schlechthin für ›chinesische Landschaft‹ und neben den Karstbergen von Guilin sicher auch eines der am meisten abgebildeten Motive der klassischen Landschaftsmalerei. Auch hierzulande ist die Landschaft der Gelben Berge, so die Übersetzung, als typisch chinesisch bekannt. In Anbetracht dieser überschwenglichen Lobesreden begegnen die meisten westlichen Besucher dem Huangshan mit hohen Erwartungen, wobei man vor allem eines beachten sollte: Besuchen Sie diesen Ort nie an einem öffentlichen Feiertag wie dem 1. Mai oder 1. Oktober. Dann nämlich kommt das halbe Land auf die originelle Idee, dem Berg einen Besuch abzustatten und tritt sich auf den schmalen Bergpfaden sprichwörtlich auf die Füße.

Für die in den Sonnenaufgang verliebten Chinesen ist der Huangshan schon allein deshalb eine Besonderheit, weil sich jener hier ganz besonders spektakulär und himmlisch darstellt. Vorausgesetzt, man hat bereits Stunden im voraus seinen Platz auf dem Gipfel erfolgreich verteidigt. Fast genauso sehenswert, wenn auch höchst irdisch, ist das Spektakel kurz vor Sonnenaufgang, wenn sich die wenigen Bäume unter den Betrachtermassen biegen – ein verzweifelter Versuch sich von der Masse abzuheben! Tausende von Objektiven werden nun gezückt, wenn die Wolkendecke aufreißt und die Menge endlich ein geraunten ›Aah‹ hervorstößt. Oder auch nicht. Denn viele Faktoren müssen stimmen, damit der Huangshan sein Versprechen halten kann. Allzu oft sind Luftdruck, Feuchtigkeit oder ganz trivial schlechtes Wetter schuld daran, dass die Objektive wieder unbenutzt in der Kameratasche verschwinden.

Sogar Deng Xiaoping erklomm den Huangshan medienwirksam in den obligatorischen Baumwollschlappen, die im

Der Huangshan im Nebel

Westen allemal als Gymnastikschuhe durchgehen dürften, im Reich der Mitte aber als adäquate Ausrüstung für mittelschwere Bergtouren gelten. Seither ziert Deng, ganz standesgemäß in kurzen Hosen und Wanderstock, als Werbeplakat den östlichen Treppen-Aufstieg.

Von der chinesischen Gewohnheit, ohne jede Ausrüstung ›schnell mal‹ einen Berg zu besteigen, sollte man sich übrigens nicht foppen lassen. Selbst jene Europäer, die klammheimlich den strapaziösen Aufstieg umgehen und mit der Seilbahn heranschweben, verausgaben sich schneller als gedacht auf den vielen Gipfelwegen. Gutes Schuhwerk und Getränke für unterwegs gehören unbedingt dazu.

Wer mit dem Bus von Nanjing oder Shanghai zum Huangshan fährt, darf sich auf einen vielstündigen Ausflug in die Geschichte Chinas freuen. Keine Werbetafeln, keine Hochhäuser, wenig Autos und schon gar keine Leuchtreklamen. Stattdessen grüne Landschaften und immer wieder traditionelle Dörfer, wie sie eigentlich nur noch in den Hongkonger Filmstudios stehen. Dass diese architektonischen Juwele in China kaum erwähnt werden, hat recht profane Gründe. Die Provinz Anhui, auch an besseren Stellen kaum als Hort der Modernität bekannt, ist arm. So arm, dass sich bis heute die meisten Menschen einfach nichts anderes leisten können, als ihre alteingesessenen Bauernhöfe aus der Qing- oder gar Ming-Dynastie.

Auch in anderer Hinsicht lohnt sich die Investition einer Huangshan-Reise, zumindest wenn es nach dem Volksglauben geht: Wer mit dem Partner am Geländer des Gipfels ein Vorhängeschloss befestigt und den Schlüssel in den Abgrund wirft, darf sicher sein, dass die Beziehung ewig hält.

Die Bergtour

Die einfachste Methode ist sicher der Auf- und Abstieg per Seilbahn. Die **westliche Variante** beginnt am Ort Tangkou nahe dem Tempel des Barmherzigen Lichtes und endet nahe dem Lotosgipfel Lianhua Feng (1841 Meter). Zu Fuß erfordert dieser 15 Kilometer lange Weg viel Ausdauer. Dies obwohl oder vielleicht gerade, weil alle Wege am Berg gut unterhalten und mit vielen Treppen ausgestattet sind. Acht bis zehn Stunden sollte man für die westlichen Treppen allemal rechnen und sich mit ausreichend Wasser für unterwegs versorgen.

Die **östliche Variante** ab dem ›Yungu Si Hotel‹ ist nur 7,5 Kilometer lang, aber ebenfalls recht anstrengend und ein wenig steiler. Auch hier fährt eine Seilbahn, so dass sich niemand über Gebühr anstrengen muss. Oben angelangt, gibt es ohnehin noch zahlreiche Möglichkeiten den einen oder anderen Gipfel zu erklettern. Da sich die Tour ohne Seilbahneinsatz kaum an einem Tag schaffen lässt, gibt es diverse Hotels am Gipfel. Ihre Preise verschlagen auch wohlhabenden Westlern den Atem – und sie sind dennoch fast immer ausgebucht. Falls Sie am Gipfel übernachten wollen, ist eine Vorausbuchung unbedingt notwendig.

▶ Karte S. 301, 303

Huangshan

Vorwahl: +86/559.

Per Bus dauert die Fahrt ab Nanjing, Shanghai und Hefei ca. 6 Stunden.

Der Huangshan ist vom 400 Kilometer entfernten Shanghai in 45 Minuten über den Flughafen Tunxi 屯溪 (auch als Huangshan Shi 黄山市 bekannt) zu erreichen.

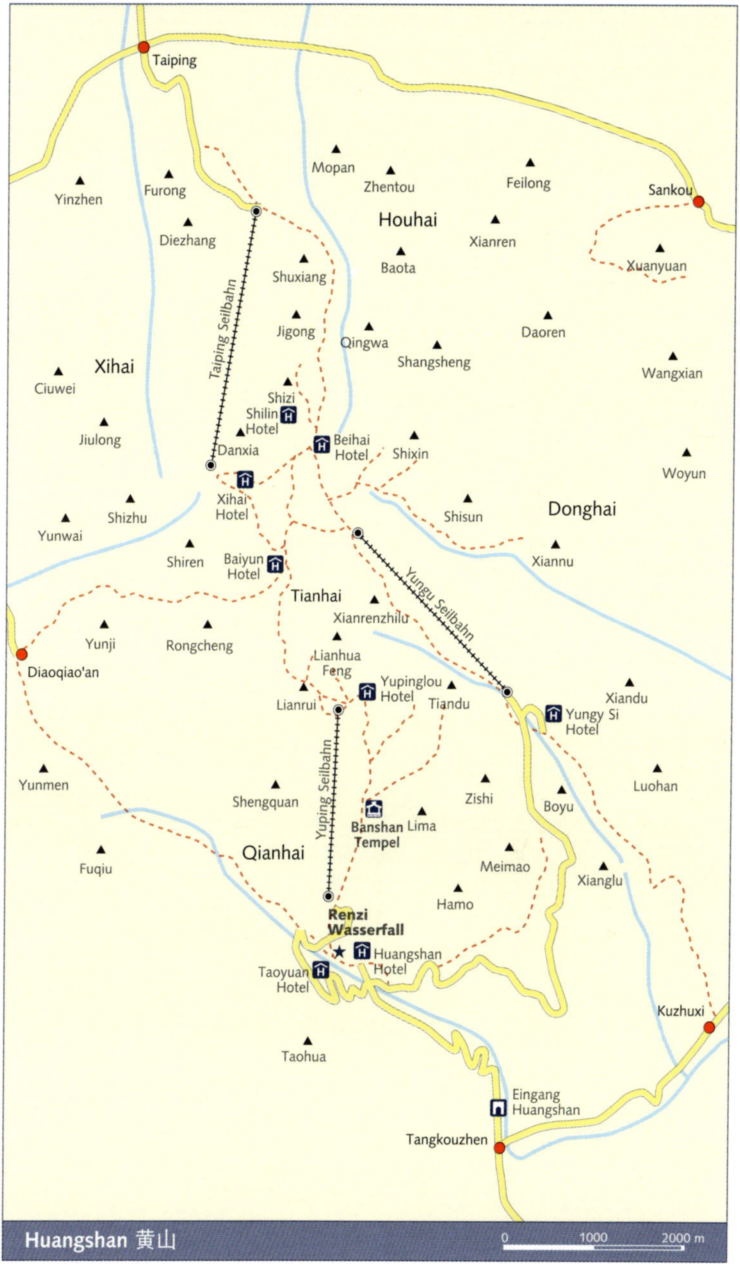
Taiping
Yinzhen
Furong
Diezhang
Mopan
Zhentou
Houhai
Feilong
Sankou
Xianren
Baota
Xuanyuan
Shuxiang
Taiping Seilbahn
Jigong
Qingwa
Shangsheng
Daoren
Wangxian
Xihai
Ciuwei
Shizi
Shilin Hotel
Danxia
Beihai Hotel
Shixin
Woyun
Jiulong
Xihai Hotel
Shizhu
Yunwai
Shisun
Donghai
Shiren
Baiyun Hotel
Xiannu
Tianhai
Yungu Seilbahn
Xianrenzhilu
Yunji
Rongcheng
Diaoqiao'an
Lianhua Feng
Yupinglou Hotel
Tiandu
Xiandu
Lianrui
Yungy Si Hotel
Yunmen
Shengquan
Yuping Seilbahn
Zishi
Boyu
Luohan
Banshan Tempel
Lima
Fuqiu
Qianhai
Meimao
Xianglu
Hamo
Renzi Wasserfall
Huangshan Hotel
Taoyuan Hotel
Kuzhuxi
Taohua
Eingang Huangshan
Tangkouzhen
Huangshan 黄山
0
1000
2000 m

Taoyuan Binguan 桃源宾馆, 3 Sterne, Tel. 556 22 59, Hot Springs Scenic Zone, nahe dem westlichen Aufstieg gelegen.
Beihai Binguan 北海宾馆, 3 Sterne, am Gipfel, Tel. 556 25 52. Der ideale Ausgangsort, um direkt nach einem frühen Frühstück auf den Sonnenaufgang zu warten – allerdings ordentlich teuer.

Fast alle Hotels verfügen auch über ein Restaurant. Besonders auf dem Gipfel sind die Preise allerdings gesalzen.
Am Fuße des Berges ist zum Beispiel das Restaurant des **Huangshan Binguan** 黄山宾馆 empfehlenswert.

Ein Ausflug nach Jiuhuashan

Nicht minder schön, aber im Ausland fast völlig unbekannt ist die benachbarte Bergwelt des Jiuhuashan 九华山 nordwestlich des Huangshan. Er ist einer der vier heiligen Berge des Buddhismus und dem Bodhisattva Kshitigarbha gewidmet, der über die Unterwelt wacht und den in die Hölle Verdammten beisteht. Pilger des Jiuhuashan hoffen, sich durch diese Reise und inständiges Fürbitten die Hölle zu sparen. Entsprechend höllisch sind auch die zahllosen Stufen auf dem acht Kilometer langen Aufstieg zum Gipfel Shiwang Feng. Der Blick auf 1342 Metern Höhe entschädigt aber für die Strapazen.
Im Sommer ist der Jiuhuashan mit Direktbussen von Huangshan Shi (Tunxi), Shanghai, Hefei und Nanjing zu erreichen. Sie halten in Jiuhuajie 九华街, wo sich der offizielle Eingang befindet. Mangels internationalem Tourismus ist die Auswahl an für Ausländer zugelassenen Hotels gering. Das relativ neue 3-Sterne-Hotel Jiuhua Shanzhuang 九华山庄 an der Furong-Brücke nimmt jedoch Ausländer auf.

▲ Karte S. 303

Kormorane dienen den Fischern als Jagdhelfer

Zhejiang und Fujian

Sattgrüne Hügel, Reisterrassen und viel zerklüftete Bergwelt: In landschaftlicher Hinsicht gehören die beiden südöstlichen Küstenprovinzen zur Superlative und trotzdem sind sie seit Jahrhunderten die Auswanderer-Provinzen schlechthin! So viele waren es bereits im Alten China, dass der Kaiserhof Anfang des 18. Jahrhunderts entnervt allen Bewohnern verbot, das Land zu verlassen. Genützt hat es wenig, und selbst heute sind die Fujianer und Zhejianger für ihre Risikobereitschaft in Sachen Auswanderung bekannt. Fragen Sie den Koch (Be-

Zhejiang und Fujian

Entlang der Ostküste

sitzer, Kellner, Lieferanten) ihres Lieblings-Chinarestaurants, woher er stammt. Die Chancen sind hoch, dass er Fujian oder Zhejiang antwortet.

Der Grund für die hohe Fluktuation ist natürlich finanzieller Natur, denn noch immer sind die Einkommensunterschiede immens, und während in den Städten der Küstenregion das Wirtschaftswunder tobt, überleben die Bauern in der Bergregionen des Hinterlands auch heute nur dank mühsamer Handarbeit.

In China selbst sind die beiden Provinzen vor allem für ihre exquisiten Teesorten bekannt, deren Preise auch spendablen Ausländern die Tränen in die Augen treiben. Manche der unfermentierten grünen bzw. halbfermentierten Oolong-Tees sind schon ab Erzeuger nicht unter 100 Euro das Kilo zu haben und gehen in Shanghai oder Hongkong für ein Vielfaches über den Ladentisch. Genauso bekannt ist die Zhejiang-Seide, die vor allem in Hangzhou in hunderten von Stoffen und Designs verkauft wird.

Klimatisch werden Fujian und Zhejiang vom subtropischen Monsunklima dominiert: Die Hauptregenzeit fällt in die Monate Mai, Juni und Juli, wobei die Niederschläge meist als heftige, aber kurze Schauer fallen. Im Sommer reichen die Temperaturen bis zu 40 Grad im Schatten, wobei die hohe Luftfeuchtigkeit sensiblen Westlern hin und wieder zu schaffen macht. In den Bergen und an der Küste sorgen die Höhe beziehungsweise die Meeresbrise für Erleichterung. Trotz der subtropischen Lage kann es im Winter recht kühl werden: Bis auf fünf Grad kann das Thermometer im Dezember/Januar fallen.

▲ Karte S. 303

Xiamen

Auf den Reiseverläufen westlicher Gruppen ist Xiamen 厦门 nur selten zu finden. Schade eigentlich, denn die Inselstadt im Süden Fujians gehört definitiv zu den schönsten und saubersten Städten Chinas und blickt auf eine lange und immer noch sichtbare Geschichte zurück. Dass die Stadt mit ihren zwei Millionen Einwohnern trotz beeindruckender wirtschaftlicher Zahlen im Westen noch relativ unbekannt ist, mag daran liegen, dass die Xiamener selbst ihren Blick fest nach Osten gerichtet haben. Direkt gegenüber von Taiwan gelegen, orientiert sich Xiamen seit jeher eher an der kapitalistischen Enklave als an den Direktiven der fast 3000 Kilometer entfernten Hauptstadt. Das lokale Minnanhua, die ›Sprache südlich des Flusses‹, ist dem taiwanesischen Taiyu so ähnlich, dass die Verständigung mühelos über die Bühne geht. Dass sich trotz aller Gemeinsamkeiten bis in die 1980er Jahre kein offizieller Dialog mit den abtrünnigen Nachbarn entwickeln konnte, hat politische Gründe, denn nur wenige Kilometer vor der Küste Xiamens verläuft heute noch die Trennungslinie zwischen Taiwan und der Volksrepublik. Per Lautsprecher und Flugzettel warfen sich hier die beiden Regierungen Beschimpfungen an den Kopf, bei gutem Wetter konnten sich die Soldaten mit dem Fernglas in die Augen sehen. Erst als Xiamen 1981 eine der ersten vier Wirtschaftssonderzonen wurde, begann die neue Blüte der Stadt, die sich zum Vorreiter des ›Kapitalismus mit chinesischen Merkmalen‹ entwickelte.

Mittlerweile brauchen die Bewohner Xiamens keine optischen Hilfsmittel

Buddha im Nanputuo-Tempel in Xiamen

mehr, um waschechte ›Klassenfeinde‹ in Augenschein zu nehmen. Die volksrepublikanische Küstenmetropole gehört seit Jahren zu den beliebtesten Reisezielen taiwanesischer Besucher, deren Vorfahren nicht selten aus der Provinz Fujian stammen. Dass dabei eine gehörige Portion geradezu melancholisch motivierter Investitionen abfällt, ist den Stadtvätern natürlich recht. Die Erfolgsformel hieß auch in Xiamen ›Öffnung nach außen‹ – nicht jedoch, wie in Hongkong, nach Westen, sondern zum kulturell chinesischen Nachbarn Taiwan. Das Ergebnis, eine Art Rückbesinnung auf die klassische Tradition, gepaart mit eindeutig marktwirtschaftlichen Einflüssen, kann sich sehen lassen. In punkto Lebensqualität gehört Xiamen eindeutig zu den Gewinnern der Reformpolitik.

Geschichte

Zwar entwickelte sich Xiamen bereits in der Ming-Dynastie, also vor über 500 Jahren, zu einer der wichtigsten Hafenstädte Chinas, auf westlichen Landkarten erschien die damals noch unter dem Dialektnamen Amoy firmierende Stadt aber erst im 19. Jahrhundert. Im Streit um die Drogenimporte britischer Händler, dem sogenannten ›Opiumkrieg‹, unterlag das chinesische Kaiserreich 1842 gegen die ausländischen Invasoren. Fortan mussten die Behörden nicht nur den Opiumimport dulden, sondern auch eine Reihe von Häfen, darunter Xiamen, für den Außenhandel öffnen.

Vom Festland abgeschottet, erwies sich die Insel Gulangyu als idealer Siedlungsort für die westlichen Händler, die die Insel in kürzester Zeit mit prunkvollen Villen überzogen. Nur einen Nachteil hatte die idyllisch gelegene Enklave: Mangels Platz, schließlich misst Gulangyu nicht einmal zwei Quadratkilometer, waren die Bauherren gezwungen, eng aufeinanderzurücken. Heute erweist sich das architektonische Gedränge als Vorteil für die gut 20 000 Bewohner. Autos oder gar Busse haben hier keinen Platz, motorisierte Verkehrsmittel wurden daher kurzerhand verboten. Wer heute auf Gulangyu lebt, darf abends mit der sprichwörtlich beruhigenden Erkenntnis ins Bett gehen, in der wohl leisesten Stadt Chinas zu wohnen.

Sehenswürdigkeiten

Auch in Xiamen dominieren nagelneue Wolkenkratzer das Straßenbild und lassen keinen Zweifel am neuen Reichtum seiner Bewohner. Ein-, zweimal von den großen Hauptstraßen abgebogen, liegt das alte Xiamen mit seinen malerischen Gassen und windschiefen Bauten wie eh und je da – geschmackvoll renoviert versteht sich, denn an Geldmangel leidet Xiamen ganz sicher nicht. Wer sich in die Geschichte der Stadt vertiefen

Die Pagode des Nanputuo-Tempels

▲ Karte S. 307

Xiamen 厦门

oder einfach nur durch die vielen Marktstraßen schlendern möchte, findet die **Altstadt** im Südwesten, eingerahmt von **Zhongshan Lu** 中山路 und **Siming Nanlu** 思明南路.

Der größte buddhistische Tempel Xiamens im Süden der Stadt ist mit der Buslinie Nr. 1 (Endstation Xiada-Universität 厦门大学) zu erreichen. Der über 1000 Jahre alte **Nanputuo-Tempel** 南普陀寺 wurde bereits in der Tang-Dynastie erbaut, zwischenzeitlich aber mehrfach zerstört und ist touristisch eher unbekannt. Trotzdem ist er einer der beeindruckensten Tempel Chinas. Auf mehr als 30 000 Quadratmetern wird nicht nur diversen Inkarnationen Buddhas gehuldigt, sondern auch ausgebildet, und so wimmelt es rund um das Tempelgelände von jungen Mönchen, die sich über jede Möglichkeit, ihr Englisch auszuprobieren, freuen. Dank praller Klosterkassen (in Xiamen scheinen selbst die Mönche im Wohlstand zu leben) ist der religiöse Alltag hier überaus lebendig. Mittags ist das **Klosterrestaurant** auch für Besucher geöffnet. Die Anlage selbst ist von 6 bis 18 Uhr geöffnet.

Direkt am Hang des **Fünf-Alte-Männer-Gipfels** 五老峰 gelegen, bietet der Nanputuo-Tempel auch Gelegenheit für die einzige wirklich schweißtreibende Akti-

vität Xiamens, den Aufstieg zum **Aussichtspunkt** über die Stadt.
Gegenüber dem Tempel liegt die **Universität** von Xiamen, deren **Sandstrand** besonders in den Sommermonaten zahlreiche Studenten am Studium hindert. Abends stellen die lokalen Restaurantbesitzer hier Tische direkt ans Wasser und servieren das Seafood-Menü praktisch in der Brandung. Stilvoll und lecker!

Ein Ausflug zur **Insel Gulangyu** 鼓浪屿 gehört bei einem Xiamen-Besuch zum absoluten Pflichtprogramm. Die Fähren zur Insel legen an der Hauptstraße Zhongshan Lu gegenüber vom ›Lujiang Hotel‹ ab und fahren bis zirka 23 Uhr im 15-Minuten-Takt. Die Fahrt selbst dauert nur wenige Minuten. Die historische Atmosphäre der kleinen Insel erschließt sich am besten während eines langen Spaziergangs.

Xiamen

Vorwahl: +86/592.
Post: Die Hauptpost liegt an der Kreuzung von Xinhua Lu und Siming Donglu 思明东路.
Bank: Die Bank of China befindet sich in der Zhongshan Lu 10 中山路 wenige Meter vom Ufer entfernt.
Reisebüro: Praktisch alle großen Hotels besorgen Zugtickets und Flugscheine für ihre Gäste.

Xiamen ist per Direktflug von Singapur, Jakarta, Manila, Hongkong, Shanghai, Beijing oder einem der über 30 anderen Inlandsflughäfen zu erreichen.

Per Schiff ab dem Heping-Pier an der Tongwen Lu 同文路 ist Xiamen mit Hongkong verbunden.

Per Direktzug geht es von Xiamen nach Nanjing, Shanghai und Hangzhou, nach Fuzhou, Quanzhou und Guangzhou fahren Busse. Der Fernbusbahnhof liegt in der Hubin Nanlu 湖滨南路 im Norden der Stadt.

Wer den Luxus der internationalen Hotelketten liebt, findet in Xiamen eine große Auswahl, den zahlreichen Geschäftsreisenden sei Dank.
Lujiang Harbourview Hotel (Lujiang Binguan 鹭江宾馆), 4 Sterne, 54 Lujiang Lu 鹭江路, Tel. 202 29 22, www.lujiang-hotel.com. Koloniale Atmosphäre direkt an der Promenade.
Beautiful Island Hotel of Gulangyu (Lizhidao Jiudian 丽之岛酒店), Longtou Road 龙头路 133, Tel. 206 34 06, Fax 257 06 31. Sehr freundlicher Service, und die Lage mitten auf der Insel Gulangyu ist unschlagbar! Auch ohne Stern auf 2-Sterne-Niveau.

Xiamen ist berühmt für das große und exquisite Angebot an frischen Seafood-Gerichten. Vor allem die zahlreichen Restaurants an Gulanyus Küste bieten günstiges Essen auf höchstem Niveau.

Auf der Insel Gulangyu werden die in Deutschland eher seltenen und bizarr geformten **Keshi-Perlen** äußerst günstig angeboten. Direkt ab Erzeuger sind einfache Ketten bereits ab 2 bis 3 Euro zu haben, generell zahlt man etwa 10–20 Prozent des deutschen Ladenpreises.

▶ Karte S. 307

Wuyishan

Atemberaubende Felsschluchten, schroffe Gipfel, und klare Bergflüsse – an landschaftlicher Schönheit mangelt es der Bergregion vor den Toren des Naturschutzgebietes Wuyishan 武夷山 nicht. Dass man trotzdem stundenlang wandern kann, ohne einer Menschenseele zu begegnen, hat eher geographische Gründe. An der Grenze zwischen Jiangxi und der südchinesischen Provinz Fujian gelegen, ist das ›Scenic Resort Wuyishan‹ bis heute ein Refugium der Naturliebhaber weitab der üblichen Reiserouten geblieben. Bei Überseechinesen, deren Vorfahren aus Fujian stammen, ist Wuyishan außerordentlich beliebt. Auch die Taiwaner zieht es in Mengen in die abgelegene Bergregion. Englisch gehört hier nicht zu den Disziplinen, die ein Angestellter an der Rezeption beherrschen muss. Andererseits kann man hier noch Überraschungen hervorrufen: ein waschechter Ausländer! Wie interessant! Dass die meisten chinesischen Besucher aus Übersee alle ebenfalls einen amerikanischen, australischen oder europäischen Pass in der Tasche tragen, ist dabei völlig nebensächlich, schließlich sehen die ganz ›normal‹ aus.

Für das Sightseeing-Programm von Wuyishan gibt es einen feststehenden Begriff: ›9 Flüsse, 36 Gipfel, 72 Felshöhlen und 99 Felsen‹ lautet das in China allseits bekannte Synonym für Wuyishan. Ganz so viele sind es dann zwar doch nicht, aber die Landschaftsformation kann sich sehen lassen. Am Rande des gleichnamigen Naturschutzgebietes und rund um den Jiuqu Xi, den Fluss der neun Biegungen, liegt eine skurril zerris-

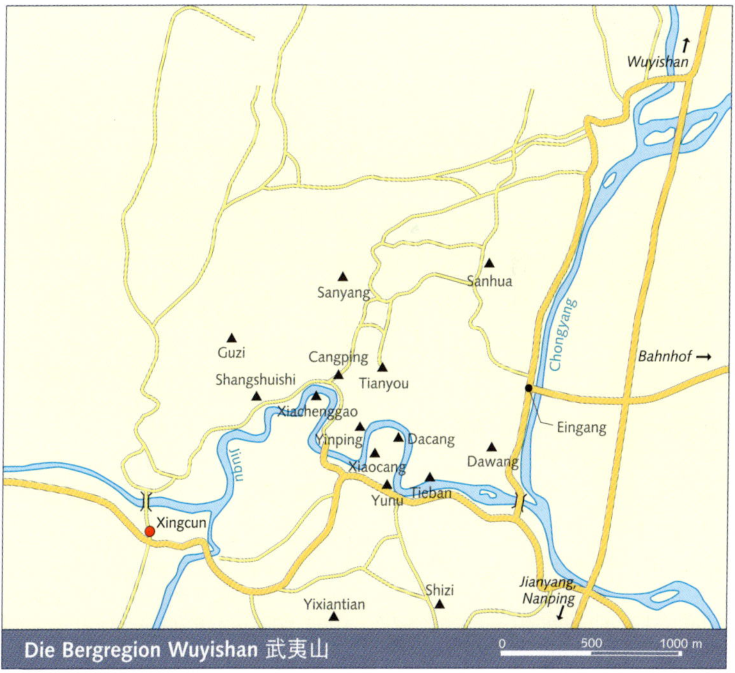

Die Bergregion Wuyishan 武夷山

Anlegestelle am Fluss der neun Biegungen

sene Felslandschaft, die den Vergleich mit den bekannten Karstkegeln Guilins nicht scheuen muss. Viele der zahlreichen Schluchten sind nur mit Bergsteiger-Ausrüstung begehbar und beherbergen daher Tierarten, die anderenorts in China längst verschwunden sind: Leguane beispielsweise, Graseulen, sogar einige verstreute Tiger und Leoparden und auch die gefürchtete Fünf-Schritte-Schlange, deren Opfer – so zumindest der vielversprechende Name – nach fünf Schritten zusammenbrechen.

Die Bewohner von Wuyishan sind stolz auf ihre Heimat – zu Recht, denn das Gebirge kann seinen Ruhm sogar doppelt belegen. Als UNESCO-Biosphärenreservat und Welterbestätte steht das Mittelgebirge gleich zweimal auf der Lis-te schützenswerter Gebiete. 57 000 Hektar unberührte Natur, nahezu vollständig mit subtropischem Regenwald bedeckt, wurden hier, quer durch die Provinzen Jiangxi, Fujian und Guangdong mit Gründung der Volksrepublik unter Naturschutz gestellt und 1987 in das UNESCO-Programm aufgenommen. Schon im 8. Jahrhundert stand die Bergwelt unter dem direkten Schutz des Kaisers. Dass die Wissenschaftler der UNESCO heute mehr mit der Erfassung der Artenvielfalt als mit konkreten Schutzmaßnahmen beschäftigt sind, hat einen einfachen Grund, denn erst als Ende der 90er Jahre der Flughafen Wuyi vor den Toren des Reservats fertiggestellt wurde, rückte das Gebirge überhaupt auf die touristische Landkarte, und eine allzu intensive industrielle Entwicklung ist rund um das Naturschutzgebiet auch heute kaum zu befürchten.

Ein wenig verwirrend ist die Namensgebung. Das Landschaftsschutzgebiet und ausgewiesene **Tourismusziel Wuyishan** 武夷山风景区 ist nicht mit dem direkt benachbarten **UNESCO-Biosphärenreservat Wuyishan** zu verwechseln (hier brauchen Sie eine Sondergenehmigung, um das Terrain überhaupt zu betreten). Auch die nächstgelegene Stadt samt Flughafen nennt sich Wuyishan, liegt aber noch einige Kilometer ab von der Ferienregion.

Wer sich das Wuyishan-Gebirge als Tourist anschauen möchte, reist deshalb von **Wuyishan-Stadt** weiter nach **Wuyigong** 武夷宫, dem wichtigsten Dorf des Landschaftsschutzgebietes. Hauptreisezeit ist der Sommer, wenn der Rest Chinas unter einer Hitzeglocke schwitzt und Wuyishan mit angenehmen Temperaturen lockt. Doch auch im Herbst und Frühling lohnt es sich, zumal die Hotelpreise dann deutlich niedriger sind und auf den Wanderwegen kaum ein anderer Tourist unterwegs ist.

Die Hauptattraktion und das absolute Muss auf dem Stundenplan ist natürlich die **Fahrt über den Jiuqu Xi**, den Fluss der neun Biegungen. Ganz klassisch, per Bambusfloß, dauert die neun Kilometer lange Fahrt von Xingcun nach Wuyigong entlang steiler Bergabrisse und imposanter Felsenhänge zwischen zwei

▲ Karte S. 309

und drei Stunden. Neben der Gelegenheit zu einem kapitalen Sonnenbrand und viel unberührter Natur bietet die Flussfahrt Geschichte zum Anfassen, und das ist durchaus wörtlich zu nehmen, denn noch immer thronen **Felsensärge** unbekannter Herkunft an den Steilhängen des Jiuquxi. Einfach so, ohne Absperrung, Elektrozaun oder andere Sicherheitsvorkehrungen - so wie das seit gut 4000 Jahren der Fall ist; und was zahlreiche Dynastien, Bürgerkrieg und Kulturrevolution überstand, darf auch heute noch so bleiben. Genau geklärt ist die Herkunft der Särge nicht, ebensowenig wie die religiöse Bedeutung der Bestattungsmethode. Ein paar **versteckte Felsmalereien**, sonst blieb nichts von der verschwundenen Zivilisation der Wuyi-Berge.

Neueren Datums, zumindest im Maßstab der chinesischen Geschichte, sind die **Tempel und Pagoden am Flussufer**: Schon immer war die wilde Landschaft Refugium der Daoisten und anderer Philosophen, die hier Ruhe zur Meditation fanden und den ein oder anderen Lieblingsort mit einem Bauwerk schmückten.

Mit der Floßfahrt ist das Standardprogramm aber keinesfalls beendet. ›Kein Bergurlaub ohne Sonnenaufgang‹ lautet das Motto der chinesischen Urlauber, zumal die Gipfel der meisten Felsenblöcke knapp über die Wolkendecke reichen. Der eindringliche Hinweis vieler Reiseführer, besonders früh zu starten, ist indes eher grundlos, denn die morgendliche Nebelsuppe lichtet sich erst gegen zehn Uhr. Dank zahlreicher Metallstiegen lassen sich die meisten Gipfel problemlos erobern, die passenden Karten dazu gibt's im Hotel. Bequeme Menschen lassen sich per Motorrikscha durch die Landschaft kutschieren. Einen wirklichen ›Rikscha-Bahnhof‹ gibt es nicht, doch in der Regel kann man sich darauf verlassen, dass die lokalen Kleinunternehmer die vielversprechende ausländische Kundschaft geradezu wittern können und wie gerufen schon vor dem Hotel warten.

Wuyishan

Vorwahl: +86/599.

Bank: Keine. Geld wechselt man am besten im Hotel.

Post: Briefmarken erhält man meist ebenfalls im Hotel.

Linienflüge zum gleichnamigen Flughafen Wuyishan gibt es ab Beijing, Shanghai, Guangzhou, Shenzhen, Xiamen und Fuzhou. Ab hier per Taxi weiter zum Hotel.

Ab Fuzhou fahren Busse die Region Wuyishan gleichermaßen an. In Nanping (南平) aussteigen und mit einem der Busse (Bahnhofsvorplatz) weiter nach Wuyigong 武夷宫.

Ab Fuzhou, Xiamen oder Quanzhou fahren Züge nach Wuyishan-Stadt. Liegt auf der Strecke Nanjing - Fuzhou, Shanghai - Fuzhou, Hefei - Fuzhou, Xiamen - Wuyishan, Guiyang - Fuzhou. Weiter per Taxi oder Bus nach Wuyigong.

In Sachen Unterkunft und Gastronomie darf sich die Region Wuyishan internationaler Standards rühmen, denn für die zahlungskräftige Klientel der Überseechinesen und Taiwanesen wurden Anfang der 1990er zahlreiche neue und angenehm dezente Anlagen gebaut. Drei- bis Vier-Sterne-Hotels, die ihren Namen verdienen, gibt es also genug. Bei Reisen zur Hauptsaison rund um den 1. Mai, den 1. Oktober und im Hochsommer empfiehlt es sich, schon ab Deutschland über einen Veranstalter vorzubuchen.

Wuyi Mountain Villa (Wuyi Shanzhuang 武夷山庄), 4 Sterne, an der Hauptstraße nach Wuyishan-Stadt, Tel. 525 18 88. Besonders schön gelegen, etwas außerhalb von Wuyigong. Alle Zimmer mit Balkon oder Terrasse bieten Ausblick auf den schroffen Dafeng-Gipfel.

Jiuqu Hotel 九曲宾馆, 3 Sterne, Tel. 525 25 28, Fax 525 28 63. Liegt etwas westlich des Ortes, guter Service.

Hangzhou

Suchen Sie einen ausgefallenen Ort für Ihre Hochzeitsreise? Dann sind Sie in Hangzhou 杭州 am richtigen Ort. Nicht nur verspricht Hangzhou nach einem chinesischen Sprichwort das Paradies auf Erden, seine langen Uferpromenaden am Westsee sind für Chinesen auch Inbegriff der Romantik. In den langen Ferienwochen im Mai und Oktober flaniert Liebespaar neben Liebespaar am Ufer des Westsees, und die Wasseroberfläche ist fast vollständig bedeckt mit Tret- und Ruderbooten, Ausflugschiffen und chinesischen Barken. Auch wenn es zuweilen voll wird in Hangzhou, macht die Stadt, vom Westsee aus betrachtet, den Eindruck einer beschaulichen Kleinstadt, bis man sich einmal einen Stadtplan zur Hand nimmt und feststellt, dass der Westsee nur einen Bruchteil der Stadtfläche einnimmt und im äußersten Südwesten Hangzhous liegt. Mit den umliegenden Gemeinden bringt es Hangzhou inzwischen immerhin auf sieben Millionen Einwohner.

▲ Karte S. 316

Markt in Hangzhou

Die Ausflugsziele Hangzhous liegen zumeist west- und südlich des Westsees. Für einen Spaziergang entlang der Uferpromenade ist selbst der See ein wenig zu groß, zumindest sollte man für die zehn Kilometer lange Umrundung gutes Schuhwerk mitbringen. Wie meist in China ist das Fahrrad auch in Hangzhou ein ideales Verkehrsmittel, gerade weil der Großteil der Sehenswürdigkeiten im grünen Westteil der Stadt liegt. Sobald man den Westsee verlässt, hält sich auch der Verkehr in Grenzen. Die beiden Deiche, der Su Di 苏堤 und der Bai Di 白堤 (Di heißt Deich) sind für den Autoverkehr gesperrt. Alle Sehenswürdigkeiten liegen im Fünf-Kilometer-Umkreis des Westsees, so dass selbst eine Taxifahrt kein Vermögen kostet.

Geschichte

Urkundlich zum ersten Mal in der Qin-Dynastie (22–206 v. Chr.) erwähnt, erlebte die Stadt ihre Hochphase im 12. Jahrhundert. Noch bevor im 6. Jahrhundert die Sui-Dynastie (589–618)

Die Seide

Wer als erster auf die Idee kam, aus dem Kokon der Seidenraupe zarte Stoffe zu weben, ist ungeklärt, und so behilft man sich heute in China mit der Legende von der Kaiserin Xi Lingshi, die einen Kokon in ihre Teetasse fallen ließ und überrascht feststellte, dass sich aus dem festen Kokon ein zarter Faden löste. Sehr viel wahrscheinlicher ist, dass ein innovativer Bauer die Schädlinge des Maulbeerbaums in bare Münze verwandelte.

Sicher ist jedenfalls, dass sich ab 2700 vor Christus die Seide von der östlichen Provinz Jiangsu aus im ganzen Reich verbreitete. Schnell wurde das zarte Gewebe zum Symbol für Luxus schlechthin, unbezahlbar für die Massen, ein Muss aber für die Elite, die das leichte Gewebe besonders in den heißen Sommermonaten zu schätzen wusste. Die Kunde des edlen Stoffs sprach sich herum, und schon während der Han-Dynastie, um das 2. Jahrhundert vor Christus, war ein derart reger Ost-West-Handel entstanden, dass dessen Karawanen-Routen bald unter dem Namen Seidenstraße bekannt wurden.

Kein Wunder, dass das chinesische Kaiserreich eifersüchtig über das Geheimnis der Seidenherstellung wachte und potentielle Spione wie Kollaborateure mit drakonischen Strafen belegte. 3000 Jahre blieb die Seidenherstellung so auf China beschränkt – kein schlechtes Ergebnis, bedenkt man die Halbwertzeit moderner Wirtschaftsgeheimnisse.

Im 3. Jahrhundert nach Christus schließlich gelang es einer japanischen Mission, einige Seidenraupen und vier chinesische Spinnerinnen außer Landes zu schmuggeln und somit den Grundstein für die japanische Seidenherstellung zu legen. Damit war der Bann gebrochen, Indien und Thailand folgten, sogar im arabisch-persischen Raum wurde Seide produziert. Erfahrung und Qualität kamen den Chinesen dennoch zugute – immerhin konnte China bis heute seine Vormachtstellung auf dem Markt wahren. Fast 60 Prozent der weltweit produzierten Seide stammen auch jetzt noch aus dem Reich der Mitte.

Was die Raupe nicht kennt...

Viel menschlicher Einsatz ist erforderlich, damit das Rohmaterial, der Kokon, überhaupt entsteht. Seidenraupen sind wählerisch und kulinarisch höchst einseitig orientiert. Allein die Blätter des Maulbeerbaums dürfen auf dem Speiseplan der Bombyx mori stehen, möglichst zart und frisch, klein gehackt und nie zu viele auf einmal. Das bedeutet Arbeit für den Raupenzüchter, denn es gilt gleichzeitig einen steten Nachschub zu sichern, die Temperatur zu kontrollieren und auf den Beistand der Ahnen zu hoffen. Sollten die Maulbeerbäume von Schädlingen befallen werden oder einem Virus anheimfallen, ist die Existenzgrundlage vernichtet. Allein um das Material für ein Kilo Rohseide zu erwirtschaften, sind 220 Kilo Maulbeerbaumblätter nötig. Sechs Wochen brauchen die Raupen, um sich je durch etwa 40 Gramm Blätter zu fressen und schließlich als drei bis vier Zentimeter großer Kokon zu enden. Sobald die Verspinnung beendet ist, ist auch ihr Schicksal besiegelt. Über heißem Dampf wird der Kokon samt Bewohner versandfertig gemacht – das heißt abgetötet – und kommt in die Fabrik.

Nur nicht den Faden verlieren

Am schwierigsten ist es – wie so oft –, den Anfang zu finden. Die Kokons müssen daher erst einige Runden im siedenden Wasser drehen, damit sich der Anfang des Seidenfadens löst. Bis zu zehn Fäden zusammengefasst ergeben nun, verklebt durch den seideneigenen Wirkstoff Serizin, den Faden, der wiederum so oft mit weiteren Fäden kombiniert wird, bis er die erforderliche Stärke zur Weiterverarbeitung erreicht hat. Gut ein Fünftel des je Kokon 4000 Meter langen Fadens wird so verarbeitet.

Was hier nicht auf der Spindel landet, kommt später trotzdem einem guten Zweck zu, denn seidenwattierte Winterjacken überzeugen auch im harten nordchinesischen Winter. Bis zu fünf Kilo Seidenfaden werden so pro Arbeitstag und Arbeiterin hergestellt, ein Ergebnis, von dem im Alten China niemand zu träumen wagte: Ganz ohne Maschinen nahm das sogenannte ›Reeling‹ einiger Kokons mehrere Tage in Anspruch.

Der Faden wird nun auf Spulen gezogen und kann dem nächsten Arbeitsgang zugeführt werden. Um die richtige Festigkeit zu erreichen, müssen ein letztes Mal die Fäden miteinander verdreht werden. Spätestens jetzt entscheidet sich, welche Art von Seide gewebt werden soll: Crêpe beispielsweise erhält seinen edlen Knitter-Look durch eine Kombination von in verschiedene Richtungen gedrehten Fäden.

Sobald das Material gewoben wurde, hat das klebrige Serizin seine Schuldigkeit getan, und in einem alkalischen Bad wird die gummiähnliche Substanz entfernt. Erst jetzt bekommt die Seide ihren charakteristischen Glanz und verliert bis zu 30 Prozent Gewicht. Sofern eine gewisse Schwere gewünscht ist, muss der Stoff daher noch einmal behandelt werden: Metallische Salze, meist Zinn, werden zugefügt und auf dem Etikett vermerkt, denn dadurch wird die Seide brüchiger und anfälliger für Reinigungsschäden.

Vorsicht, Plagiat!

Auch im Land der Seide haben findige Händler die Möglichkeiten der Chemie entdeckt, und so trägt manch ein zweifelhafter Stoff auf dem Markt das Etikett ›Quality Silk‹. Eines ist sicher: Echte Seide ist nur schwer entflammbar. Wer mit dem Feuerzeug an der Stoffkante entlang fährt vernimmt allenfalls ein leichtes Glimmen, bevor die Flamme erlischt. Eine Testmethode, die, zugegebenermaßen, bei den Seidenhändlern fernöstlicher Basare kaum Anklang findet, denn das chemische Plagiat brennt ganz im Gegensatz zu seinem teuren Bruder nämlich blitzschnell lichterloh und hinterlässt, im glimpflichen Falle, eine verschmurgelte Masse, die sich kaum mehr verkaufen lässt. Wer beim Kauf sicher gehen will, sollte also stattdessen den Stoff kräftig gegeneinander reiben – ein leicht elektrisches Gefühl deutet auf Kunstseide. Auch mit der Nase lässt sich echt und falsch auseinanderhalten. Ungewaschene echte Seide hat immer einen leicht parmesan-artigen Geruch, der sich verstärkt. wenn das Material feucht wird. Und nicht zuletzt am Preis lässt sich die Qualität festmachen. Auch in Asien gehört Seide zu den Luxusartikeln. Wenn es allzu überraschend billig wird, ist wahrscheinlich Chemie im Spiel.

begann, das bestehende Kanalnetz im Yangzi-Delta auszubauen und Hangzhou damit zum südlichen Ende des Kaiserkanals bestimmte, machte sich die Stadt einen Namen als prosperierendes Zentrum des Handels und der Seidenherstellung.
Überregionale Bedeutung erlangte die Stadt jedoch, als nach der Eroberung der damaligen Hauptstadt Kaifeng durch die Dschurdschen der Song-Hof nach Süden abwanderte und Hangzhou 1238 zur neuen Hauptstadt ausrief. Auch wenn die Südliche Song-Dynastie nur 150 Jahre währte, blühte die ohnehin reiche Stadt während dieser Periode weiter auf. Die Einwohnerzahl verdreifachte sich auf über 1,7 Millionen Menschen, Hangzhou wurde zum politischen, künstlerischen und wirtschaftlichen Nabel der chinesischen Welt.
Selbst als die Mongolen China überrannten und die neue Hauptstadt im heutigen Beijing errichten, behielt Hangzhou in den folgenden Jahrhunderten seine Bedeutung als Zentrum des Handels und der Kunst.
Noch heute befindet sich eine der renommiertesten Kunsthochschulen Chinas in der Stadt, die auch in wirtschaftlicher Hinsicht kaum hinter Shanghai zurückliegt. Von der einstigen Pracht und Größe ist allerdings nur noch wenig zu sehen. Im Jahre 1861, während der Taiping-Rebellion, wurde die Stadt nach längerer Belagerung in Schutt und Asche gelegt, etwa 500 000 ihrer Bewohner verloren ihr Leben in den Kämpfen oder erlagen deren unmittelbaren Folgen wie Krankheit und Unterernährung.
In den 1990er Jahren schließlich sorgte ein großangelegtes Modernisierungsprogramm dafür, dass von der historischen Altstadt so gut wie nichts mehr übrigblieb. Hangzhou präsentiert sich heute als ultramoderne Großstadt, die kaum ein Tourist besuchen würde, wäre da nicht der Westsee und die ihn umgebenden Berge, Klöster und Teeplantagen. So aber hat die Stadt zwei Gesichter: die eher uninspirierte Neustadt und den zu Recht weltberühmten Westsee, der seit über 1000 Jahren ein Touristenmagnet ist.

Der Westsee

Kaum ein anderer See regt die Phantasie der Chinesen so an wie der Westsee (Xihu 西湖). In vielen Städten hat man ihn kopiert, insgesamt 36 Mal in ganz China und einige Male in Japan. Die Legende erzählt, dass einst eine Perle, um die sich ein Phönix und ein Drache zankten, auf die Erde fiel und den Westsee bildete. Die Realität ist ein wenig profaner. Ursprünglich war das Gewässer eine Bucht des heute drei Kilometer entfernten Qiantang-Flusses 钱塘江, im 8. Jahrhundert hob man den See auf die heutige Tiefe von durchschnittlich 1,5 Meter aus und trennte ihn mit einer Sandbank vom Fluss.
Der **Su- und der Bai-Deich** teilen den See in drei Teile, im zentralen Bereich lädt vor allem die größte der insgesamt drei Inseln, die **Xiao-Yingzhou-Insel** 小瀛洲岛, wörtlich ›die Insel der kleinen Oze-

Ausflugsboot auf dem Westsee

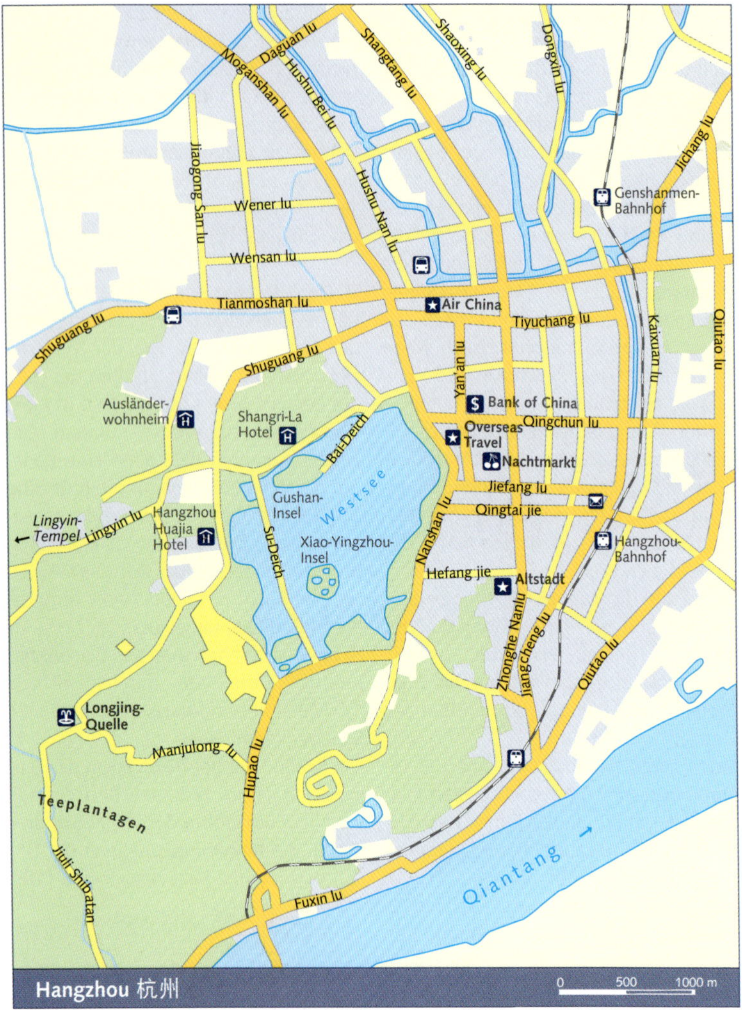

ane‹, mit ihren vier kleinen Teichen, Teehäusern und Gartenanlagen zu einem Besuch ein. Am südlichen Ufer der Insel stehen drei kleine Steinpagoden im Wasser. In den jeweils fünf kleinen Öffnungen werden zum Mondfest, dem ersten Vollmond im Herbst, Kerzen angezündet, die sich dann zusammen mit dem Mond im See spiegeln (Santan Yinyue, die drei Teiche, die den Mond widerspiegeln 三潭影月). Gesteuerte Ruderboote zur Insel können am nördlichen Ende des Su-Deiches oder auf der Insel Gushan 孤山 stundenweise gemietet werden und warten, während man die Insel besichtigt. Alternativ fahren von mehreren Anlegestellen entlang des Sees Linienschiffe zur Insel, dies ist allerdings eine eher unromantische Angelegenheit, auch wenn das Design der Schiffe mit aufgesetzten Drachenköpfen den Eindruck historischer Authentizität erwecken möchte. Am Wochenende und vor allem während der ›Großen Wochen‹, den chinaweit freien Tagen im Mai und Oktober, empfiehlt es sich, auf den Besuch der Insel zu verzichten und statt dessen eine ausgedehnte Runde auf dem See zu drehen. Es sei denn, man möchte eine Stunde auf eine Anlegestelle warten.

Auch abends kann man sich ein Boot mieten und die erleuchtete Skyline Hangzhous vom Westsee aus genießen. Auf das Land zurückgekehrt, empfiehlt sich ein Spaziergang auf einem der beiden Deiche. Am nördlichen Ende des Su- und am westlichen Ende des Bai-Deiches erreicht man die **Gushan-Insel** 孤山岛, von deren Bergspitze man einen schönen Blick auf den Westsee hat. Am Fuße des Berges befindet sich auch das berühmteste Restaurant der Stadt, das **Louwailou Caiguan** 楼外楼餐馆 (siehe Essen und Trinken) sowie das **Museum der Provinz Zhejiang** (Zhejiangsheng Bowuguan 浙江省博物馆), in dem Gemälde, Kalligraphien, Porzellan sowie prähistorische Funde ausgestellt werden.

Tempel der Zuflucht der Seelen

Die Geschichte des buddhistischen Tempels (Lingyin Si 灵隐寺) geht bis ins 4. Jahrhundert zurück. Das erste Kloster wurde von Huili gegründet, einem aus Indien stammenden buddhistischen Mönch, der im gegenüberliegenden Hügel einen Berg seiner Heimat wiederzuerkennen glaubte und dies als glückliches Zeichen wertete. Seitdem heißt der Hügel **Feilai Feng** 飞来峰, ›der Gipfel, der von weitem angeflogen kam‹. Mit großer Sicherheit würden wir heute keinen Tempel mehr an dieser Stelle finden, und auch die vielzähligen in den Fels gehauenen buddhistischen Figuren an den Berghängen gegenüber dem Tempel, unter ihnen der berühmte Lachende Buddha von Hangzhou, würden nicht mehr in der heutigen Form existieren, hätte nicht der damalige Premier Zhou Enlai in der Kulturrevolution einen Streit zwischen zwei rivalisierenden Gruppen der Roten Garden entschieden, von denen die eine den Tempel zerstören, die andere ihn erhalten wollte. Zhou Enlai stellte den Tempel unter seinen persönlichen Schutz und bewahrte ihn somit vor der Zerstörung. Der Tempel ist heute eher Touristenattraktion als aktiver Ort des Glaubens. Von den ursprünglich 3000 Mönchen, die hier im 19. Jahrhundert lebten, ist die kleine Mönchsgemeinde des Tempels noch weit entfernt.

Den Tempel erreicht man mit Bus Nr. 1 vom Westsee. Neben dem Tempel führt eine Seilbahn zum **Nordgipfel** (Bei Gaofeng 北高峰), von dem man bei schönem Wetter einen ausgezeichneten Blick auf Hangzhou und den Westsee hat.

Gebratene Fische

Entlang der Ostküste

Longjing-Tee

Kein Tempel und kein Palast lockt in die westlichen Berge der Stadt Hangzhou, nur eine gute Tasse Tee, diese aber vom besten, was man in China finden kann. Der Drachenbrunnen-Tee (Longjing Cha 龙井茶) ist über das Reich der Mitte hinaus bekannt. Bis zu 400 Euro werden für ein Kilo guten Longjing gezahlt, das wäre von der chinesischen Kaufkraft her in etwa so, als würden Sie in Deutschland eine Flasche Wein für 4000 Euro kaufen. Erstaunlich einfach geht es dann aber entlang der Plantagen zu, wo man neben einer Besichtigung mit einer kleinen Einführung in den Teeanbau und dessen Verarbeitung auch eine Tasse Tee probieren kann, in niedrigeren Preiskategorien versteht sich.

Nachdem man, vom Westsee kommend, eine kleine Serpentinenstraße hinter sich gelassen hat, erreicht man die **Longjing-Quelle** (Longjing Quan 龙井泉). Wundern Sie sich nicht über die chinesischen Touristen, die versuchen, Münzen auf dem Wasser schwimmen zu lassen. Angeblich ist die Oberflächenspannung des Quellwassers so groß, das Münzen darauf nicht untergehen. Was für die alten Aluminiummünzen gegolten haben mag, ist für die massiveren neuen Ein-Yuan-Münzen definitiv nicht zutreffend, wie der von Münzen bedeckte Boden der Quelle belegt.

Folgt man der Straße von der Quelle in Richtung Süden, erreicht man die eigentlichen **Teeplantagen**. Die Teebauern der Umgebung sind durch den Tourismus zu bescheidenem Reichtum gelangt und betreiben seit einigen Jahren kleine Restaurants, in denen man neben dem obligatorischen Tee auch lokale Spezialitäten probieren kann. Inmitten von subtropischen Wäldern und Teeplantagen einen ›Süßsauren Fisch nach Westsee Art‹ (Xihu Cuyu 西湖醋鱼) zu verspeisen, gehört zu den angenehmen Chinaerfahrungen. Mit dem Ausflugsbus Nr. 3 (游 3) erreicht man die Teeplantagen vom Nordufer des Westsees in einer knappen halben Stunde. Alternativ kann man den Bus Nr. 27 nehmen. Empfeh-

Karte S. 316

▲ *Teeplantagen bei Hangzhou*

Teeverkäufer

lenswert ist auch die etwa einstündige Wanderung vom Dorf **Longjing** 龙井村 entlang der ›Neun Bäche‹ Jiuxi 九溪 durch Teeplantagen zur **Pagode der Sechs Harmonien** (Liuhe Ta 六和塔).

Altstadt und Medizinmuseum

Hangzhou hat keine Altstadt mehr, sondern eine alte Straße, und die befindet sich in der **Qinghefang Gujie** 清河坊古街. Die hervorragend restaurierten Häuser lassen vermuten, wie Hangzhou einst einmal als Ganzes ausgesehen hat, bevor die alte Architektur als rückständig geltend im ganzen Stadtgebiet Hangzhous Version der Moderne weichen musste. Das **Medizinmuseum** (Zhongyao Bowuguan 中药博物馆), in der 1874 von dem Kaufmann Hu Yueyan gegründeten, original erhaltenen Apotheke Huqing Yutang 胡庆余堂 untergebracht, ist das einzige seiner Art in China und bietet eine hervorragende Einführung in die chinesische Heilkunst. Museum und Altstadtstraße erreicht man mit Bus Nr. 8, Station Gulou 鼓楼.

Hangzhou

Vorwahl: +86/571.

Post: Das Hauptpostamt befindet sich in der Jiefang Lu 解放路 nahe dem Bahnhof, eine weitere Post näher am Westsee in der Yan'an Lu 延安路 etwas nördlich der Kreuzung zur Pinghai Lu 平海路.

Bank: Bank of China, Yan'an Lu 320, an der Kreuzung zur Qingchun Lu 青春路.

Reisebüro: Alle größeren Hotels organisieren Ausflüge zur Longjing-Quelle. **Overseas Travel Agency** (Haiwai Lüxing-she 海外旅行社, Tel. 87709770) im Overseas Chinese Hotel (Huaqiao Binguan 华侨宾馆) kann bei der Besorgung von Zugtickets behilflich sein.

Hangzhou ist von praktisch jeder chinesischen Großstadt per Direktflug zu erreichen. **Air China** hat ein Büro im fünften Stock des Radisson Plaza Hotels in der Tiyuchang Lu 体育场路 333.

Direktverbindungen unter anderem mit Beijing (13 h), Xiamen (25 h), Hongkong (24 h), Shanghai (1,5 h), Nanjing (4,5 h), Suzhou (2,5 h) und Shaoxing (1 h). Der neugebaute, sehr übersichtliche Hauptbahnhof liegt im Westen der Stadt an der Huanshi Donglu 环市东路.

Für die meisten Ziele ist die Bahn die eindeutig bessere Alternative. Einzig nach Suzhou und zum Huangshan, den ›Gelben Bergen‹, empfiehlt sich der Bus als Verkehrsmittel. Hangzhou hat vier Busbahnhöfe in den jeweiligen Himmelsrichtungen, als Faustregel gilt, dass die Busse immer von der Station abfahren, in deren Himmelsrichtung der Zielort liegt.

Shangri-La Hotel 杭州香格里拉饭店, 5 Sterne, Beishan Lu 78, Tel. 87077951, Fax 87073545. www.shangri-la.com. Bestes Hotel am Platz in ruhiger Lage direkt am Westsee.

Hangzhou Huajia Shanzhuang 杭州花家山庄, 3 Sterne, Hangzhou Santaishan Lu 杭州三台山路 25, Tel. 87976688. Ruhiges, etwas vom Westufer des Sees zurückgesetztes Mittelklassehotel im Grünen.

Flower Inn (Wankai Liansuo Lüdian 万凯连锁旅店), Santai Shanlu Shantai Yunshe 三台山路山台云舍 54, Tel. 28978333, www.flowerinn.com.cn. Schön im Grünen westlich der Stadt gelegen, bietet dieses über mehrere Häuser verteilte einfache Hotel vom simplen Zimmer mit Bad bis zum ›Skandinavischen Dachzimmer‹ viel für wenig Geld.

Eine original Hangzhouer Spezialität ist der Essigfisch (Xihu Cuyu 西湖醋鱼), meist aus dem Westsee, in einer süßen Essigsauce gesotten. Gerne gegessen wird auch das Bettlerhuhn Jiaohuazi Ji 叫花子鸡, ein in Lotusblätter eingewickeltes, im Ofen gebratenes Huhn, und, benannt nach dem song-zeitlichen Dichter und ehemaligen Stadtgouverneur von Hangzhou, Su Dongpo, das Dongpo-Schwein (Dongpo Rou 东坡肉), durchwachsenes Schweinfleisch in Shaoxing-Reiswein 绍兴酒 mariniert. Auch die mit Teeblättern gekochten Shrimps 龙井虾仁 sind sehr zu empfehlen.

Entlang der **Yan'an** 延安路 und der **Wushan Lu** 吴山路 gibt es eine große Auswahl günstiger und guter Restaurants.

Louwailou Caiguan 楼外楼菜馆, Tel. 87969023, Gushan Lu 孤山路 30, auf der Gushan-Insel. Für gehobene Ansprüche und eines der ältesten Restaurants der Stadt.

Zhiwei Guan 知味馆, Renhe Lu 仁和路 83, Tel. 87018638. Östlich des Westsees, Spezialität sind vor allem Teigtaschen (Dianxin 点心), das lokale Äquivalent zu Dim Sum.

Ganz oben auf der Einkaufsliste steht der Longjing-Tee, der überall in der Stadt in kleinen Teegeschäften verkauft wird. Den Tee direkt an der Quelle zu kaufen, ist nicht unbedingt die günstigere Variante. Falls Sie nach dem passenden Teeservice suchen, sollten Sie einen Abend für einen ausgedehnten Einkaufsbummel auf dem **Nachtmarkt in der Huixing Lu** 惠兴路 einplanen. Die hier angebotenen Teekannen und -tassen stammen zumeist aus der Töpferstadt Yixing etwa 150 Kilometer nördlich von Hangzhou und sind in ganz China für Design und Qualität bekannt. Seien Sie aber trotzdem vorsichtig: Auch Mängelware landet auf dem Markt, die ist zwar billig und sieht im Regal gut aus, hinterlässt beim Teetrinken zuweilen jedoch nasse Füße.

Auch Seide lässt sich in Hangzhou gut und günstig erstehen. Stoffe findet man unter anderem in den großen Kaufhäusern der Innenstadt, westliche Schnitte und entsprechendes Design ist aber bei Seidenkleidung immer noch selten. Für einfache Seidenhemden und andere Souvenirs ist der Nachtmarkt in der Wushan Lu ebenfalls eine gute Adresse.

Die meisten großen Kaufhäuser und Supermärkte befinden sich in der Jiefang Lu 解放路.

▸ Karte S. 316

Der Yangzi ist der drittlängste Fluss der Welt und eine der wichtigsten Lebensadern Chinas. Riesige Städte und wildromantische Landschaften machen den Fluss auch nach dem Bau des Drei-Schluchten-Staudamms zu einem lohnenswerten Kreuzfahrtziel.

Der Yangzi

Das epische Herz Chinas

Hätte man den Schifffahrtspionieren des 19. Jahrhunderts erzählt, einst würden Luxusschiffe durch die Drei Schluchten von Chongqing nach Wuhan fahren, damals, als jede Fahrt auf dem etwa 200 Kilometer langem Teilstück der Yangzi-Schluchten einem Himmelfahrtsunternehmen glich, sie hätten dies in den Bereich der Fabel verwiesen. Obwohl der Yangzi und seine Nebenflüsse seit Jahrtausenden wichtige Handelsstraßen waren und bis in die jüngste Vergangenheit die einzige Verbindung nach Sichuan und in die ostchinesische Tiefebene darstellten, blieb die Reise durch die Drei Schluchten bis in die 1950er Jahre, als die schlimmsten Strudel der Xiling-Schlucht durch die Sprengung einiger großer Felsen im Flussbett entschärft wurden, oft eine Fahrt ohne Wiederkehr und nötigte den Kapitänen auf dem Yangzi all ihr Können und ihre Erfahrung ab.

Bis zur Beginn der Reform- und Öffnungspolitik 1979 fuhren nur wenige Linienschiffe den Yangzi entlang, allen voran die ›Dongfang Hong‹ (›Der Osten ist rot‹), das Flaggschiff der bescheidenen Passagierflotte. Heute befahren jährlich etwa 210000 Touristen Chinas längsten Fluss, davon etwa 140000 westliche Besucher. Vom einfachen Linienschiff bis hin zum Fünf-Sterne-Luxuskreuzer hat der Reisende eine breite Auswahl, um die faszinierende Landschaft von Sanxia 三峡, wie die Drei Schluchten auf Chinesisch heißen, zu entdecken, eine Landschaft, die wie kaum eine andere ihren Platz in der Geschichten- und Sagenwelt Chinas hat. Dichter haben sich von der Szenerie der Drei Schluchten inspirieren lassen und Kalligraphen ihre Pinsel ins Yangzi-Wasser getaucht.

Der Legende nach schuf der mythische Kaiser Yu die Drei Schluchten, als er vor mehr als 4000 Jahren seinen Ochsen

▲ Karte S. 325

Einfahrt in die Daning-Schlucht bei Wushan

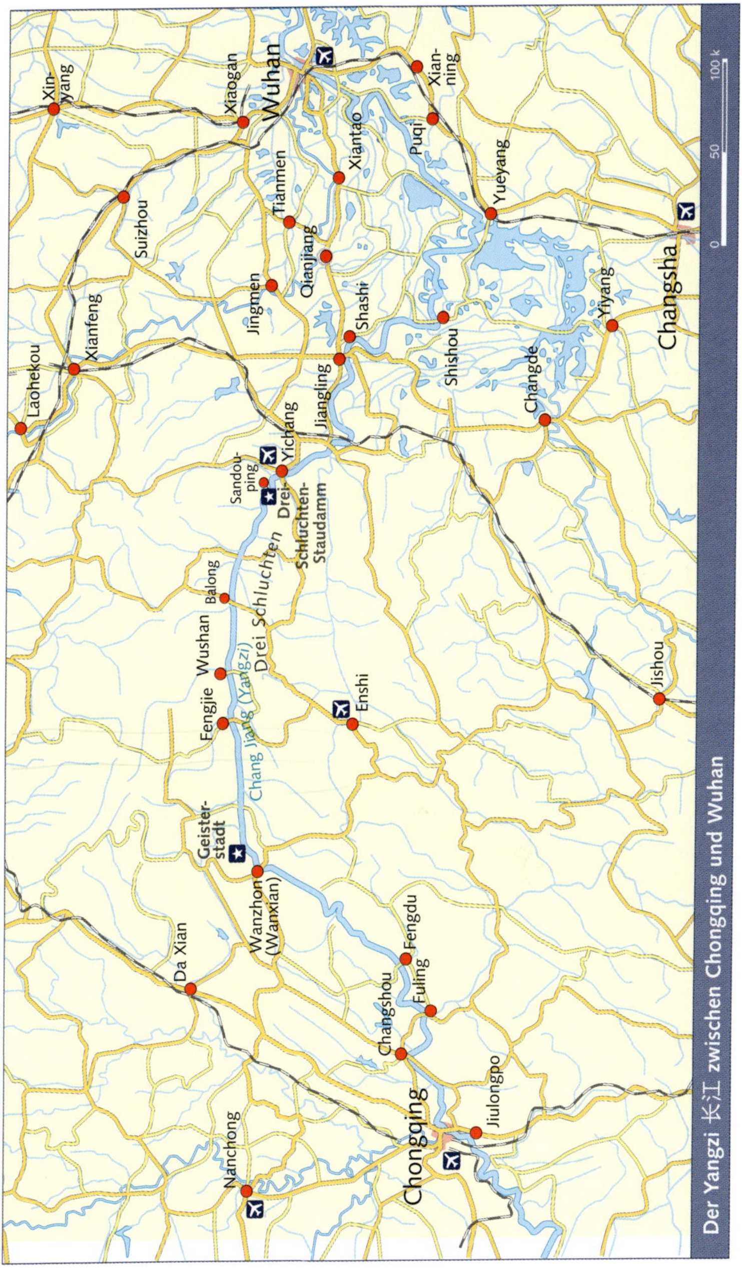

Der Yangzi 长江 zwischen Chongqing und Wuhan

anhielt, eine Bresche in die Berge zwischen dem Roten Becken und dem chinesischen Osten zu stoßen, damit das die Gegend des heutigen Sichuans überschwemmende Wasser Richtung Meer abfließen konnte. Seitdem waren sie Ort unzähliger Sagengeschichten, blutiger Schlachten und Inspiration der berühmtesten Dichter Chinas.

Den Herrschenden waren die Schluchten mit ihren meist Minderheiten angehörenden Bewohnern nie geheuer. Wer hier als Beamter diente, war entweder in der Staatsbürokratie nicht sonderlich gelitten, oder zog sich bewusst in die Einöde zurück, um in Mythenschatz und überwältigender Natur Kreativität zu finden. Kaum ein Felsen in den Drei Schluchten, der nicht einmal besungen wurde, kaum ein Ort, der nicht eine Geschichte erzählen könnte von tapferen Helden, edlen Herrschern, faszinierenden Schönheiten; von Freundschaft, Magie und Verrat.

In China, wo eine Sehenswürdigkeit oder Landschaft nur als bereisenswert gilt, wenn sie von einem berühmten Literaten bedichtet wurde oder Teil einer der vielen Heldenepen ist, katapultierte die literarische Referenz die Drei Schluch-ten an den Spitzenplatz chinesischer Reiseziele, lange bevor die Ankündigung ihrer Flutung sie auch auf die touristische Landkarte westlicher Besucher setzte. Eine Fahrt den Yangzi entlang ist den Chinesen, was in den 1950er Jahren eine Rheinfahrt von Koblenz nach Köln für die Deutschen war – eine Reise entlang der eigenen Sagenwelt. Eine Sagenwelt, die nun zum Teil durch die ungebändigten Kräfte der chinesischen Modernisierung überflutet wurde.

Chongqing

Statistische 68,3 Nebeltage hat Chongqing, so viele, dass die Chinesen witzeln, die Hunde der Stadt würden bellen, sobald sie die Sonne sähen. Doch Chongqing ist nicht nur für sein nebeliges Wetter bekannt, sondern gehört auch zu den drei Glutöfen Chinas. Trotzdem steigt das Thermometer offiziell selten über 39,5 Grad Celsius – ab 40 Grad müssten die Behörden laut Gesetz Hitzefrei geben, und das wäre dann doch ein allzu häufiger wirtschaftlicher Verlust.

Nur äußerst selten wird man in Chongqing Radfahrer sehen, die Steigungen der Stadt sind einfach zu steil. Nicht von ungefähr ist Chongqing Sitz einer der größten Motorradfabriken der Volksrepublik China. Wer sich kein Auto leisten kann, ist auf knatternden zwei Rädern durch die Häuserschluchten der Stadt unterwegs, die im Jahre 1997 per Dekret zur größten Stadt der Welt gemacht wurde.

Realistisch betrachtet ist Chongqing ebensowenig die größte Stadt der Welt wie der Sanxia-Staudamm 185 Meter Höhe hat. Doch die Chinesen lieben Superlative, und da tritt in den Hintergrund, dass die oft zitierten 31 Millionen Einwohner sämtliche Städte, Landkreise und Gemeinden von Chongqing bis zur Mitte der Wu-Schlucht miteinbeziehen, Großstädte wie Wanzhou eingeschlossen, und die Dammkrone des Sanxia-Staudammes zwar auf 185 Metern Meereshöhe liegt, die Staumauer jedoch ›nur‹ 120 Meter hoch ist. Chongqing selbst liegt auf einer Höhe von durchschnittlich 250 Metern und bleibt daher von der Überflutung verschont.

▲ Karte S. 325

Am oberen Ende des zukünftigen Yangzi-Stausees gelegen, fällt der Stadt eine wichtige administrative und logistische Funktion innerhalb des Staudammprojektes zu. Dies war der Grund, warum die Beijinger Zentralregierung Chongqing 1997 zur regierungsunmittelbaren Stadt machte und sie, entsprechend des Status von Beijing, Tianjin und Shanghai, administrativ einer Provinz gleichstellte. Statt über die Provinzhauptstadt Chengdu regiert zu werden, empfängt die Chongqinger Regierung ihre Weisungen direkt aus der Beijinger Zentrale, und, was noch viel wichtiger ist, sämtliche staatlichen Gelder erreichen die Stadt direkt, ohne das sich die Bürokraten in Chengdu einen Teil abzweigen könnten. Seitdem boomt Chongqing, und man baut die Häuser an den steilen Berghängen mindestens 20-stöckig.

Zwischen Yangzi, dem Jialing-Fluss und den Berggipfeln ist der Platz knapp in einer Stadt, die sich anschickt, eine der wichtigsten Binnenstädte Chinas zu werden. Der eigentliche Stadtkern hat heute sechs Millionen Einwohner, bis 2020 sollen es zehn Millionen sein, viele davon Bauern aus der Umgebung. Als ein Novum in China, wo normalerweise der sogenannte Hukou (die Aufenthaltsgenehmigung) ohne einen offiziellen Arbeitsplatz selten außerhalb der Heimatstadt erteilt wird, erhält jeder Neuansiedler, so er sich ein Appartement in Chongqing leisten kann, das Aufenthaltsrecht in der Stadt. Mit dieser Maßnahme versuchen die Behörden, einige der Umsiedler entlang des Stausees in Chongqing anzusiedeln, und machen somit die Stadt in einigen Jahren vielleicht wirklich zur größten der Welt.

Zusätzlich zu den registrierten Einwohnern Chongqings verdingen sich nach neueren Schätzungen etwa 200 000 Menschen als Lastenträger in der Stadt. Meist sind dies Bauern aus dem Hinterland Chongqings und Sichuans, denen der Boom der Metropole Chongqing mehr Einkommen verspricht als die eigene Scholle. Männer in ausgetragener Kleidung, die am Straßenrand und an den Ufern Chongqings schlafen, sind kein seltenes Bild.

Wenig ist übriggeblieben von der alten Bebauung Chongqings, nur in der Hafengegend um das Chaotian Men 朝天门 blieben noch einige alte Viertel erhal-

Kreuzfahrtschiff in Chongqing

ten, deren Tage jedoch gezählt sind. Chongqing ist eine Stadt im Aufbruch und steht exemplarisch für das Bestreben chinesischer Binnenstädte, Anschluss an den Ostküstenboom zu erreichen. Schön ist die Stadt sicherlich nicht, jedoch auch nicht ohne einen, zugegeben etwas rauhen Charme. Da sich dieser meist erst auf den zweiten Blick erschließt, lohnt es sich durchaus, einige Tage in Chongqing und Umgebung zu verbringen.

Geschichte

Am Zusammenfluss von Yangzi und seinem nach dem Hanshui zweitgrößten Nebenfluss, dem Jialing, gelegen, war Chongqing 重庆 in der Vergangenheit immer schon ein wichtiges lokales Zentrum. Bereits im 4. Jahrhundert vor Christus war die damals Jiangzhou (Flussstadt) genannte Stadt Hauptstadt des Ba-Reiches, bevor dieses von den expansionistischen Qin im Jahre 316 vor Christus besiegt und so mit dem Auf-

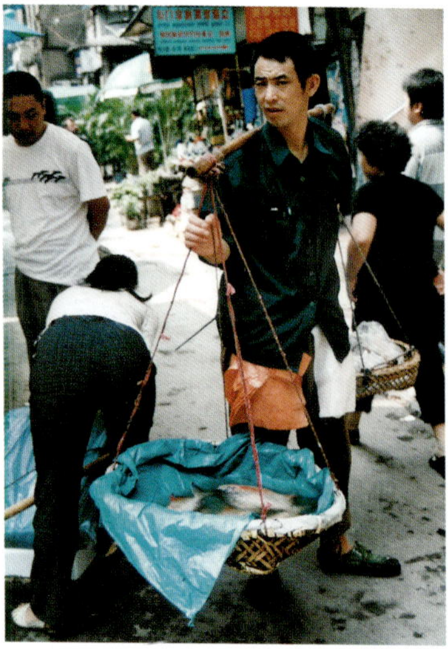

Lastenträger am Hafen

Garküche im Hafenviertel

stieg des Qin-Herrschers Qinshi Huangdi zum chinesischen Kaiser im Jahre 221 vor Christus ein Teil des chinesischen Reiches wurde.

In der Folgezeit blieb die Stadt Verwaltungssitz der chinesischen Präfektur Ba, bevor es im 6. Jahrhundert in Yuzhou umbenannt wurde. Das Kürzel Yu 渝, das sich auf den Kurznamen des Jialing-Fluss bezieht, wird bis heute benutzt.

Die Umbenennung in Chongqing erfolgte im Jahre 1189, als der Song-Kaiser Zhaodun den Thron bestieg, einige Monate, nachdem er zum Stadthalter von Chongqing ernannt wurde. Diese zweite glückliche und unerwartete Fügung des Schicksals innerhalb kurzer Zeit veranlasste den frischgebackenen Kaiser, seiner Freude ein Denkmal zu setzen und die Stadt in ›Doppeltes Glück‹, Chongqing, umzubenennen.

Immer schon wichtigster Hafen der Region, erlebte Chongqing einen zusätzlichen wirtschaftlichen Schub, als es in Folge des Qifu-Vertrages von 1890 aus-

▲ Karte S. 329

ländischer Vertragshafen wurde und sich die ersten Dampfschiffe anschickten, den schwierigen Weg durch die Drei Schluchten zu meistern.

In der Folgezeit war die Stadt nicht nur wichtigster inländischer Umschlagplatz für Erze, Holz, Getreide und Gewürze, sondern auch für Opium, das in den Höhenlagen Sichuans und in den bergigen Nachbarprovinzen Yunnan und Guizhou angebaut und von Chongqing in Richtung chinesische Ostküste verschifft wurde.

Als japanische Truppen nach der Invasion von 1937 große Teile Chinas inklusive der republikanischen Hauptstadt Nanjing besetzt hielten, diente Chongqing von 1939 bis 1945 als chinesische Hauptstadt und erwies sich aufgrund seiner besonderen geographischen Lage als uneinnehmbar. Die vielen Luftschutzbunker am Fuße des Eling Shan (Gänseberg) im Westen der Stadt erinnern heute noch an Chongqings einstige Rolle als Frontstadt. Einzig das nebelige Wetter schützte die Stadt während dieser Zeit vor der totalen Zerstörung.

Sehenswürdigkeiten

Das Stadtzentrum Chongqings befindet sich auf der Halbinsel zwischen Yangzi und Jialing, auch wenn sich die Stadt längst auf beide gegenüberliegende Ufer ausgedehnt hat. Die meisten der großen Hotels wurden auf der auch Yuzhong 渝中genannten Halbinsel gebaut, es empfiehlt sich daher auf jeden Fall, eine Übernachtungsmöglichkeit im Zentrum der Stadt zu buchen, auch da die Verkehrsverbindungen über die inzwischen vier Brücken beider Flüsse chronisch stauanfällig sind und die meisten Sehenswürdigkeiten auf der Landzunge zwischen Yangzi und Jialing liegen.

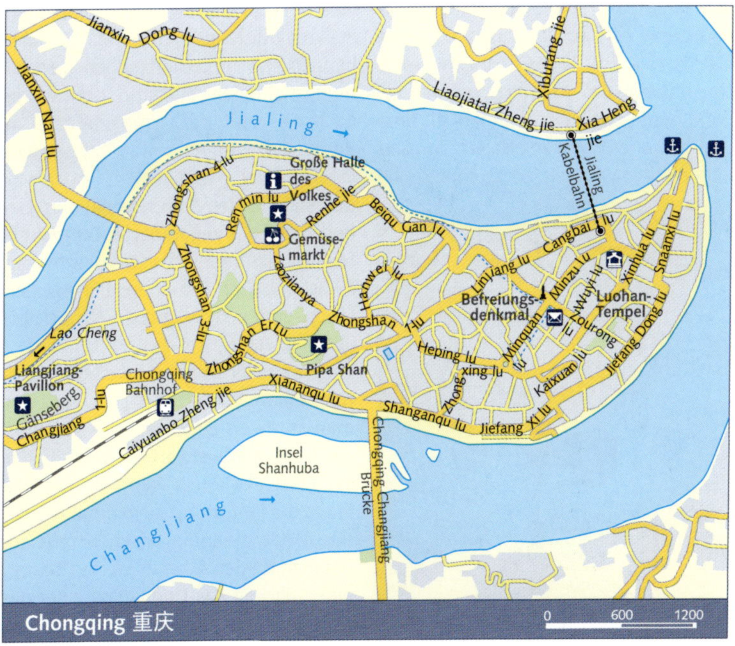

Chongqing 重庆

Minzu Lu

Obwohl sich Chongqing nicht gerade durch Fußgängerfreundlichkeit auszeichnet, ist ein kleiner Spaziergang entlang der Minzu Lu 民族路 durchaus empfehlenswert. In ihrem Mittelteil zu einer breiten Fußgängerzone ausgebaut, ist die Volksstraße, wie sie übersetzt heißt, das pulsierende Herz Chongqings und Schaufenster der staunenden Sichuaner Landbevölkerung.

Die Fußgängerzone beginnt an der Ecke Minzu/Zhonghua Lu 中华路 und erstreckt sich bis zur Kreuzung mit der Bayi Lu 八一路. Auf ihrem zentralen Platz, dort wo sich Minzu Lu und Zhourong Lu 邹容路 kreuzen, steht das **Befreiungsdenkmal** (Jiefang Bei 解放碑), ursprünglich 1940 zum 15. Todestag des Republikgründers Sun Yat-sen gebaut, nach der Zerstörung durch einen japanischen Luftangriff und dem Wiederaufbau 1947 jedoch dem Gedenken an den anti-japanischen Widerstandskrieg (1937–1945) gewidmet. Der oktagonale, 35 Meter hohe Turm wirkt heute zwischen den mehr als dreimal so hohen Wolkenkratzern zu allen Seiten etwas verloren, ist für chinesische Chongqing-Besucher jedoch weiterhin beliebtes Fotomotiv.

In der Fußgängerzone

▲ Karte S. 329

Sofern man nicht dem Konsumrausch verfällt und der Minzu Lu in nördlicher Richtung folgt, erreicht man nach etwa einem Kilometer den **Luohan-Tempel** (Luohan Si 罗汉寺) an der Kreuzung Minzu Lu und Cangbai Lu 苍白路. Der Zahn der Zeit, Luftangriffe und die Kulturrevolution hatten von diesem bis in die Song-Dynastie zurückgehenden buddhistischen Tempel nicht viel übrig gelassen, bis die Hauptgebäude in den 1980er Jahren wiederaufgebaut und die Tempelanlage restauriert wurde. Die namensgebenden aus Ton geformten 524 Luohans, buddhistische Heilige, wurden 1982 rekonstruiert und befinden sich in den Seitenflügeln des Haupttempels. Im Jahre 2005 wurde der Luohan Si weiter restauriert und vergrößert. Die Steinskulpturen in der offenen Galerie direkt hinter dem Tempeleingang, die vermutlich aus dem frühen 10. Jahrhundert stammen, sind jedoch in erbarmungswürdigem Zustand und sollen nach Auskunft der Tempelmönche in den nächsten Jahren restauriert werden. Direkt hinter dieser Galerie, noch vor den eigentlichen Tempelgebäuden, befindet sich das **vegetarische Tempelrestaurant**, das buddhistische Speisen vom Feinsten bietet. Für einen kulinarischen Stopp lohnt sich der Luohan-Tempel also allemal.

Folgt man der Minzu Lu weiter in Richtung Chaotian Men 朝天门, so erreicht man an deren Ende eines der noch erhaltenen **Altstadtviertel** oberhalb der Yangzi-Docks. Auch wenn es nur eine Frage der Zeit ist, bis auch diese Häuser der Modernisierung weichen müssen, hat man für den Augenblick die Chance, einen Blick in das Chongqing einer gar nicht so weiten Vergangenheit zu wer-

Im Luohan-Tempel

fen. Die drei- bis sechsstöckigen Häuser scheinen direkt am Berg zu hängen, Straßen gibt es hier keine, nur enge, steile Treppen, die die einzelnen Häuserzeilen verbinden und an deren beiden Seiten sich kleine Geschäfte, Märkte und Garküchen befinden.

Chaotian Men

Am Fuß dieser Treppen erreicht man die breite Uferstraße des Yangzi, die bis zum Chaotian Men führt, Chongqings zentralem Verkehrsknotenpunkt. Ursprünglich war das Chaotian Men eines von 17 Stadttoren Chongqings, musste aber bereits 1927 für den Ausbau des Hafens weichen. Von 1891 bis 1949 stand hier das Chongqinger Zollamt, heute befindet sich an der Stelle der Zentrale Busbahnhof für Destinationen entlang des Yangzi sowie, dort wo Yangzi und Jialing zusammenfließen, ein großer öffentlicher Platz, der Chaotian Men Guangchang 朝天门广场, der 1998 zu seiner heutigen Größe ausgebaut wurde.

Zu beiden Seiten des Platzes liegen die **Schiffsanlegestellen**. Insgesamt 80 dieser Docks nennt Chongqing sein eigen, 20 davon für die Passagierschifffahrt. Die Anlegestellen für die Kreuzfahrtschiffe befinden sich entlang des Yangzi-Ufers zwischen dem Chaotian Men und der über den Yangzi führenden Seilbahn auf Höhe der Xinhua Lu.

Diese **Seilbahn** sowie die Seilbahn über den Jialing mit einer Station an der Cangbai Lu bieten bei klarem Wetter eine ausgezeichnete Möglichkeit, Chongqing aus der Vogelperspektive zu sehen, vor allem abends, wenn die Skyline der Stadt erleuchtet ist. Dann verbreitet auch die Fußgängerzone auf der Minzu Lu mit ihren Leuchtreklamen und Restaurantschilder einen Hauch von Hongkong, und die Chongqinger flanieren durch ihre auf Hochglanz polierte Stadt.

Wuyi Lu

Finales Ziel vieler Nachschwärmer ist die parallel zur Minzu Lu verlaufende Wuyi Lu, auch ›Feuertopfstraße‹ genannt, in der es, wie der Name schon sagt, den berühmten Chongqinger Huoguo 重庆火锅 in allen Variationen und Preisklassen zu kosten gibt. In Chongqing keinen Feuertopf zu essen ist wie ein München-

Internetcafé in Chongqing

besuch ohne Brezen, Weißwurst und Weißbier. Das Bier fließt auch in Chongqing zumeist in Strömen, die Schärfe des Feuertopfes (nomen est omen!) gebietet die regelmäßige Flüssigkeitszufuhr. Aber keine Angst, heutzutage kommt der Feuertopf zumeist in den Varianten rot und weiß (Ying-Yuang-Feuertopf) auf den Tisch. Während die rote Seite weiterhin eine Herausforderung an die Schärfetoleranz des westlichen Besuchers ist, besticht der weiße Feuertopf durch eine angenehme, vor allem durch Knoblauch und Ingwer verursachte Schärfe. Ansonsten ähnelt ein Feuertopfessen unserem Fondue, nur dass das Bestreben, jede Zutat individuell einem Gast zuzuordnen bei Chinesen nur Kopfschütteln hervorrufen würde. Also, hinein mit den Zutaten in den brodelnden Topf, Fleisch, je nach Gusto vom Schwein und Rind bis zu exotischeren Spezies, aufgrund der längeren Garzeit zuerst, dann der Fisch und die Krabben, und schließlich das Gemüse. Aber keine Angst: Niemand wird Ihnen Hund oder Bisamratte unterschieben, es sein denn, Sie wünschen dies! Von Opium, oft als Geschmacksverstärker angeboten, sollten Sie aber auf jeden Fall die Finger lassen.

Große Halle des Volkes

In einer Stadt, die nicht viel Sinn für alte Architektur hat, bildet die Große Halle des Volkes (Renmin Da Litang 人民大礼堂) eine interessante Ausnahme. Von 1951 bis 1954 in Anlehnung an die klassische chinesische Architektur des Himmelstempels in Beijing gebaut, dient die ursprünglich als Sitzungssaal des lokalen Volkskongresses geplante Halle heute überwiegend als Veranstaltungsort. 4200 Menschen finden unter der 65 Meter hohen Kuppel Platz und beklatschen heutzutage eher lokale Oper,

Die große Halle des Volkes

Popkonzerte oder Modenschauen als politische Parolen und Gesetzentwürfe. In den Seitenflügeln des Gebäudes befindet sich das **Renmin Hotel** (Renmin Binguan 人民宾馆), dessen etwas verstaubter Charme mit der im Jahre 2005 erfolgten Renovierung eine kleine Auffrischung bekommen hat.

Drei-Schluchten-Museum

Vor dem Gebäude breitet sich der **Große Platz des Volkes** (Renmin Guangchang 人民广场) aus, an dessen gegenüberliegender Seite das neu erbaute, im Juni 2005 eröffnete Drei-Schluchten-Museum der Stadt Chongqing (Chongqing Zhongguo Sanxia Bowuguan 重庆中国三峡博物馆) liegt. Viele der von der Überflutung bedrohten Kulturgüter, Ausgrabungsgegenstände und Artefakte wurden vor der ersten Flutung 2003 hierher gebracht und sind nun Teil einer der Kultur des Yangzi und der Drei Schluchten gewidmeten Dauerausstellung.

Nicht nur die vor der Flutung bewahrten Kulturgüter, auch bereits vor 2003 in anderen Museen in Chongqing und Umgebung ausgestellte Exponate werden in dem neuen Museum gezeigt, mit der

▲ Karte S. 329

Intension, einen möglichst umfassenden Einblick in die kulturelle, künstlerische, historische und geologische Entwicklung der Drei-Schluchten-Region zu geben.

Die Ausstellung ist in sieben thematische gegliederte Räume aufgeteilt. In **Raum 1** wird die geologische Entwicklung der Drei Schluchten sowie die Geschichte ihrer Besiedlung dargestellt, in **Raum 2** werden vor allem die neolithischen Fundstücke der Yuxi- und Daxi-Kultur ausgestellt. **Raum 3** widmet sich dem Ba-Volk, dessen Riten und Gebräuche und stellt die entsprechenden archäologischen Funde aus. In **Raum 4** finden sich Artefakte aus der Qin- und Han-Dynastie, während sich **Raum 5** mit der Kultur der Jin- und der Tang-Zeit befasst. Die **Räume 6 und 7** spannen schließlich den Bogen in die Jetztzeit und geben Einblick in das Drei-Schluchten-Projekt, Umsiedlung, Neuansiedlung und die diversen Konservierungsanstrengungen entlang der Drei-Schluchten am Beispiel der Umsetzung des Zhangfei-Tempels und des Dammbaus um den ›Hort des Steinschatzes‹ (Shibaozhai).

In einem **360-Grad-Kinosaal**, in dem die Szenerie der Drei Schluchten projiziert wird, können sich die Besucher auf die bevorstehende Yangzi-Fahrt einstimmen. Ein exzellenter **Ausstellungskatalog** gibt einen Überblick sowohl über

Ehrentor vor dem Drei-Schluchten-Museum

Ausstellungsstücke. Ein separater Katalog vollzieht die Relokation und Konservierungsmaßnahmen aller wichtiger Kulturgüter nach und ergänzt dies mit Fotos und Skizzen. Auch dieser zweisprachige Katalog (chinesisch/englisch), vom Beijing Yanshan Publishing House herausgegeben, ist äußerst empfehlenswert für alle Reisenden, die sich für die Kunst- und Kulturgeschichte der Drei-Schluchten interessieren.

Gemüsemarkt

Wollen Sie nach dem Museumsbesuch als Kontrastprogramm einen Blick in die Chongqinger Alltagskultur werfen, so empfiehlt sich ein Bummel über den großen Gemüsemarkt, der vom Museum aus gesehen rechter Hand der Großen Halle des Volkes in der ersten kleinen Seitengasse der Xuetian-Wan-Straße 学田湾 beginnt. Auch Proviant für die Schifffahrt den Yangzi flussabwärts lässt sich hier ausgezeichnet einkaufen, einige Läden haben sich, der Vorlieben der kreuzfahrenden Langnasen bewusst, auf eine große Auswahl guten chinesischen Weines und importierter Spirituosen spezialisiert.

Gänseberg und Mispelberg

Eine Stadt vom Ausmaß und der Dynamik Chongqings muss man natürlich auch einmal aus der Vogelperspektive gesehen haben. Sowohl der Gänseberg als auch der Mispelberg bieten eine ausgezeichnete Gelegenheit dazu.

Der **Mispelberg** (Pipa Shan 枇杷山) liegt direkt im Stadtzentrum unweit der Zhongshan Er Lu 中山二路 und war zu alten Zeiten Luxuswohnsitz wohlhabender Beamter. In der späten Republikzeit (1912–1949) hatte der Provinzgouverneur Sichuans, Wang Lingji, hier seine Residenz. Seit 1955 ist der 345 Meter

Blick auf Chongqing

hohe Berg ein öffentlicher Park, eine der wenigen grünen Oasen im Stadtzentrum. Vom **Hongxing-Pavillon** (Hongxing Ta 红星塔) auf seinem Gipfel hat man vor allen abends einen guten Ausblick auf die Chongqinger Skyline. Das einst in dem Park beheimatete Chongqinger Stadtmuseum, bis 2002 ausstellungstechnisch wie architektonisch in den 1950er Jahren steckengeblieben, hat mit der Eröffnung des neuen Sanxia-Museums auf dem Renmin Guangchang (Volksplatz) endgültig seine Tore geschlossen, viele seiner Exponate haben dort eine neue Heimat gefunden.

Etwas außerhalb, aber auch auf der Yuzhong-Halbinsel gelegen, ist der 379 Meter hohe **Gänseberg** (Elingshan 鹅岭山). Wenn Sie schon immer mal mit der Chongqinger Hochbahn fahren wollten, können Sie den Berg auch mit der Linie 2 ab Minzu Lu (Station Linjiang Men 临江门) an der Haltestelle Liziba 李子坝 erreichen.

Hier, am Fuß des Gänsebergs, in der Jialing Xincun 嘉陵新村 63, befindet sich auch die **ehemalige Residenz des amerikanischen Generals Joseph Stilwell** (Shi Dewei Jiangjun Jiuju 史迪威将军旧居). ›Vinegar Joe‹ (Essig-Joe), wie Stilwell ob seiner bärbeißigen Art genannt wurde, war ab 1942 amerikanischer Oberkommandeur im sogenannten ›China-Burma-Indien-Theater‹, dem Kampf um die Nachschubwege entlang der Burmastraße, um die Versorgung Chinas im Anti-Japanischen Krieg zu gewährleisten. Als Stabsoffizier bei Chiang Kai-shek, damals Präsident der chinesischen Regierung in Chongqing, verbrachte Stilwell zwischen 1942 und 1949 einige Monate in der Stadt, nicht unbedingt freiwillig, da er Chiang, den er in Anspielung an dessen kahlgeschorenen Kopf insgeheim ›Peanut‹ (Erdnuss) nannte, für inkompetent hielt und die Zusammenarbeit mit dem chinesischen Generalissimo sich alles andere als leicht gestaltete. Dennoch richtete er sich häuslich in Chongqing ein, so dass sich der Besucher heute einen guten Überblick über den Einrichtungsgeschmack des amerikanischen Generals machen kann. Im Erdgeschoss des 2003 aufwendig restaurierten Stilwell-Museums kann der Besucher zudem eine gut bestückte Fotoausstellung über die amerikanische Militärkampagne in Burma und die Luftbrücke nach China, Hump genannt, besichtigen.

Öffentlicher Bus

▲ Karte S. 329

Vom Stilwell-Museum fährt man weiter mit der Hochbahn bis zur nächsten Station (Fotu Guan 佛图关) und kann von dort durch ein typisches Wohngebiet aus den 1970er Jahren in Serpentinen zum Gipfel des Gänseberges laufen. Die meist fünf- bis zehnstöckigen Häuser haben ihren Eingang im Erdgeschoss, den Hinterausgang im 4. Stock. Folgt man den zwischen den Häusern hindurchführenden Treppen, so kann man den Weg ein wenig abkürzen.

Kurz vor dem **Eling-Park** (Eling Gongyuan 鹅岭公园) am Gipfel künden neue Reihenhäuser vom bescheidenen Wohlstand der Chongqinger Mittelschicht, an den Filetlagen hat sich der eine oder andere Neureiche eine Villa mit Yangzi-Blick an den Hang gebaut.

Der 1958 in Anlehnung an die Suzhouer Gartenarchitektur gebaute Eling-Park wurde 2005 aufwendig umgestaltet, die **Aussichtspagode** auf dem Gipfel, von der man sowohl auf den Yangzi als auch auf den Jialing blickt, restauriert. Während der Zeit Chongqings als Regierungssitz hatten der chinesische Präsident Chiang Kai-shek und seine Frau Song Meiling ihre Residenz auf dem Berg.

Chongqing

Vorwahl: +86/236.

Post: Minzu Lu, Nähe Chongqing Hotel.

Bank: Bank of China, Minzu Lu.

Reisebürio: CITS, Zourong Guangchang 邹容广场, am Befreiungsdenkmal, ist bei der Buchung von Schiffstickets behilflich.

Chongqing ist per Direktflug von Hongkong, Bangkok, Beijing, Shanghai, Xi'an, Kunming und annähernd jeder chinesischen Großstadt zu erreichen.

Die meisten Zugverbindungen Chongqings führen über Chengdu, so dass es sich fast empfiehlt, den Bus nach Chengdu zu nehmen und von dort weiterzufahren.

Mit der Fertigstellung der Autobahn zwischen Chongqing und Chengdu verkürzt sich die Busfahrt nach Chengdu auf knapp vier Stunden. Minibusse nach Dazu fahren etwa alle halbe Stunde und benötigen knapp drei Stunden für die 160 Kilometer lange Strecke. Der Busbahnhof liegt gegenüber dem Hauptbahnhof an der Nanqu Lu 南区路. Ein weiterer Busbahnhof für Verbindungen zu Orten entlang des Yangzi befindet sich am Chaotian Men 朝天门 unweit der Schiffsanlegestellen.

Die beste Option, von Chongqing aus weiterzureisen, ist das Schiff. Linienschiffe verkehren jedoch seit einigen Jahren nur noch ab dem fast 300 Kilometer flussabwärts gelegenen **Wanzhou**, das mit Chongqing durch eine Autobahn verbunden ist. Ausgangspunkt der Flusskreuzfahrten ist jedoch weiterhin Chongqing. Auch wenn das Interesse an Yangzi-Flusskreuzfahrten seit 2005 deutlich nachgelassen hat, sollte man die Passage bereits von Europa aus buchen.

Renmin Binguan 人民宾馆, 4 Sterne, Renmin Lu, Tel. 63851421, Fax

63852076. Riesiges Hotel in der Großen Halle des Volkes mit einer interessanten Mischung aus Zuckerbäckerstil und kaiserlicher Architektur.

Chongqing Three Gorges Youth Hostel (Chongqing Sanxia Qingnian Lü-she 重庆三峡青年旅社), Bajiao Yuan 芭蕉园 2-6, Tel. 63712593. Atmosphärisches Haus mit einer großen Bandbreite von Zimmern, vom Schlafsaal bis zum Einzelzimmer mit Bad/WC.

Feuertopf (Huoguo 火锅) gibt es hier in allen Variationen. Es ist inzwischen fast schwierig, etwas anderes in Chongqing zu essen, fast jedes Restaurant hat sich auf die Sichuaner Variante des Fondues spezialisiert. Die besten Feuertopf-Restaurants finden sich in der **Wuyi Jie** 五一街.

Für einen Feuertopf im gehobenen Stil empfiehlt sich das **Little Swan** (Xiao Tian'e Huoguo 小天鹅火锅) in der Jianxin Lu 建新路78, Tel. 67855328.

Chongqing ist ein Einkaufsparadies – für die Bauern aus der Umgebung. Souvenirs kaufen Sie jedoch besser woanders. Keine Angst, während einer Yangzi-Kreuzfahrt haben Sie mehr als genug Gelegenheit dazu! Für Reiseproviant und einen Blick in die Schaufenster Sichuans empfiehlt sich ein Spaziergang entlang der Minzu Lu.

Ciqikou

14 Kilometer westlich des Stadtkerns am Jialing-Fluss gelegen, gingen die meisten der rapiden Veränderungen an dem seit 1998 unter Denkmalschutz stehenden ›Porzellanhafen‹, so die wörtliche Übersetzung, vorüber. Die Chongqinger nennen den Ciqikou 磁器口 so auch die ›Alte Stadt‹ (Lao Cheng 老城) oder ›Kleines Chongqing‹ (Xiao Chongqing 小重庆). Auch wenn Denkmalschutz, wie so oft in der Volksrepublik China, bedeutet, dass viele Gebäude abgerissen und im ähnlichen Stil wieder aufgebaut werden, kann der Besucher am Ciqikou dennoch einen Blick auf die anderswo oft verlorengegangene sichuanesische Lebensart werfen.

Der Ort war während der Ming- und der Qing-Dynastie das lokale Zentrum der Porzellanherstellung, daher der Name Porzellanhafen. Während dieser Zeit war der Ciqikou außerdem einer der wichtigsten Versorgungshäfen entlang des unteren Jialing-Flusses. Unzählige Handwerksbetriebe, Restaurants, Künstlerateliers und Lebensmittelläden säumten die Gassen des Ortes, dessen Gebäude teilweise bis in die Ming-Dynastie zurückdatieren.

Entlang der **Hauptstraße**, der Ciqikou Zhengjie 磁器口正街, haben sich zwar immer mehr Souvenirstände zwischen die kleinen Geschäfte und Restaurants gemischt, die Gebäude sind jedoch meist noch die restaurierten Originale.

Restaurant in Ciqikou

▲ Karte S. 325

Teehaus am Fluss Jialing

Einen ursprünglicheren Blick in die Geschichte des Ciqikous erlangt man, wenn man kurz vor dem Hafen in die linke Seitenstraße abbiegt und dieser folgt. Hier befindet sich auch ein an den Hang gebauter buddhistischer **Baolun-Tempel** (Baolun Si 宝轮寺) und, rechter Hand in einer kleinen zum Wasser führenden Gasse, ein wenn auch eher spärlich bestücktes **Museum**.

Auf dem Jialing ankern mehrere Boote, von der kleinen Dschunke bis zum luxuriösen Ausflugsdampfer, die als schwimmende **Teehäuser** fungieren und oft auch Live-Musik anbieten. Wenn Sie, leicht benommen von extensivem Teegenuss und mehreren Stunden Sichuanoper, sich schon im China des 19. Jahrhunderts wähnen, hilft ein Blick über den Jialing, um schlagartig wieder in der Gegenwart zu landen. In zehn Metern Höhe reicht eine Hochstraße bis an den ›Porzellanhafen‹ heran und führt direkt von hier zurück in die urbane Realität Chongqings.

Der Ciqikou ist von Chongqing aus mit dem Bus 133 zu erreichen. Eine Taxifahrt ab Innenstadt dauert etwa 20 Minuten und kostet 25 Yuan. Kleine Restaurants befinden sich entlang der Ciqikou Zhen-¨e und bieten gute Sichuaner Küche zu sehr moderaten Preisen. Auch eine sehr zu empfehlende gehobene **Jugendherberge** gibt es in Ciqikou: Das ›Perfekt Time Youth Hostel‹ Chunzhen Niandai Qingnian Lüshe 纯真年代青年旅社, Ciqikou Zhengjie 瓷器口正街 2, Tel. 65477008, www.czhotel.net.cn.

Dazu

Seit der Buddhismus im 1. Jahrhundert unserer Zeitrechnung nach China kam, haben unzählige Mönche vor allem entlang der Seidenstraße ihrem Glauben in Form ausufernder Steinschnitzereien und Wandmalereien Ausdruck gegeben. Die **buddhistischen Steinskulpturen bei Dazu** 大足, einer kleinen, 163 Kilometer nordwestlich von Chongqing gelegenen Stadt, sind krönender Abschluss einer Kunst, die sich über die Jahrhunderte hinweg von den indischen Vorbildern hin zu einer sehr chinesischen Ausdrucksform entwickelt hat.

Vor allem die Grottenklöster am Beishan 北山 (Nordberg) und am Baoding Shan 宝顶山 (Schatzberg) lohnen den Ausflug nach Dazu, das übersetzt ›Großer Fuß‹ heißt, Reminiszenz an einen großen Fußabdruck Sakyamunis, des historischen Buddhas, den man hier angeblich vor vielen hundert Jahren fand. Dazu kann allerdings auch als ›Großer Überfluss‹ übersetzt werden und bezieht sich auf das fruchtbare Ackerland rund um die Stadt, das bis zu drei Ernten pro Jahr ermöglicht. Die ersten buddhistischen Grotten entstanden im späten 6. Jahrhundert, ihre Vollendung erfuhren sie am Beishan, etwa vier Kilometer nördlich von Dazu gelegen.

Beishan (Nordberg)

Etwas weniger spektakulär als der Baoding Shan, wird der Beishan von den Besuchern oft etwas stiefmütterlich behandelt. Zwar sind die über einen Zeitraum von 250 Jahren entstandenen Grotten weitaus weniger gut erhalten und eher schlecht präsentiert, für den kunstgeschichtlich interessierten Besucher bietet der Beishan jedoch einen ausgezeichneten Überblick über die Entwicklung der buddhistischen Kunst des späten 1. und frühen 2. Jahrtausends in China. Die ersten Grotten wurden während der späten Tang-Dynastie (618–907) begonnen, die Arbeiten am Beishan zogen sich bis weit in die Song-Dynastie (960–1279). In Auftrag gegeben wurden die ersten buddhistischen Skulpturen von Wei Junjing, einem General des durch einen Bauernaufstand 889 in die Flucht geschlagenen Tang-Kaisers Xizong. Die Truppen Weis hatten in Dazu Quartier genommen und wurden von der lokalen Bevölkerung misstrauisch beäugt. Um deren Argwohn zu besänftigen und himmlischen Beistand zu erlangen, ließ der General die ersten Grotten im Süden der Anlage in den Stein schlagen, viele andere Gläubige folgten seinem Beispiel.

Nicht alle der Grotten sind heute noch in gutem Zustand, es empfiehlt sich, die Besichtigung auf einige besser erhaltene repräsentative Skulpturen zu beschränken. Die Nummern der einzigen Figurengruppen sind in Farbe auf den Stein gemalt und erleichtern die Orientierung. Die Grotte Nummer 9 zeigt eine Skulptur des 1000-armigen Bodhisattvas Avalokitisvara, von dem noch die Rede sein soll. In der Nachbargrotte findet sich eine Figur des historischen Buddhas Sakyamuni, flankiert von seinen Lieblingsjüngern Amanda und Kasyapa. Viele der weiteren Darstellungen sind dem Buddha des Westlichen Paradieses, Amitabha gewidmet. Die ›Schule des Reinen Landes‹, die dem Kult des Amitabha zugrunde liegt, kam im 6. Jahrhundert nach China und gewann sofort an Popularität, eine Popularität, die bis heute anhält. Sie integriert die Vorstellung eines Paradieses in die buddhistische Lehre und bietet den Gläubigen eine greifbarere und vor allem erstrebungswertere Variante zum abstrakten und ungewissen Nirvana.

▲ Karte S. 325

In den Grotten von Dazu

In Grotte 245 kann sich der Besucher ein Bild vom Westlichen Paradies machen, das hier, unter dem Vorsitz des Amitabha in der Mitte prachtvoll ausgeschmückt ist. Fast 1000 Figuren und Objekte werden in dieser Gruppe dargestellt, vor allem das obere Drittel enthält unzählige Bodhisattvas, Tiere wie Kraniche und Papageien sowie Musikinstrumente und Blumen, alle mit ausgefeilter Technik präzise in den Fels gehauen.
Geht man ein wenig entlang der Galerie den Berg hinauf, erreicht man den neueren, in der Song-Dynastie entstandenen Teil der Anlage. Hier dominieren vor allem die Darstellungen des Bodhisattvas Avalokitesvara, den die Chinesen ›Guanyin‹ nennen und der auf seinem langen Weg von Indien nach China eine Transformation von einer ursprünglich männlichen Figur in eine weibliche erfahren hat. Diese Geschlechtsverschiebung ist in der Ikonographie der späteren Grotten sehr gut nachzuvollziehen. In der Grotte 136 schließlich entspricht Guanyin bereits dem chinesischen Schönheitsideal und hat sich von einer erst androgynen zu einer sehr deutlich weiblichen Figur gewandelt. Diese spielt vor allem auf dem Land eine große Rolle und entspricht in etwa der Funktion der Maria im katholischen Glauben. Als Schutzpatronin auf Reisen, Glücksbringerin bei Prüfungen und Segensstifterin in der Familie wird sie angerufen – und wenn der Wunsch nach einem männlichen Nachkommen erfüllt werden soll.

Baoding Shan (Schatzberg)

Nachdem der Besucher am Beishan einen Blick in das Paradies werfen konnte, hat er nun am Baoding Shan die Möglichkeit, sich einen Eindruck von der Hölle zu machen. Zuerst muss er jedoch einen kleinen Spaziergang vom Parkplatz bis zu den in die steil aufragenden Felsen des Baoding Shans geschlagenen Grotten zurücklegen, da der motorisierte Verkehr einen guten Kilometer vor der Anlage haltmachen muss. Wer möchte, kann sich auch mit der Fahrradrikscha kutschieren lassen, der Weg durch Reisfelder an kleinen Bauerndörfern vorbei ist auch eine gute Gelegenheit, einen näheren Blick auf das chinesische Landleben zu werfen. Ganz zu schweigen von der Aussicht, die wahrlich spektakulär ist.

Drohung für die Sünder

Die Grotten des Baoding Shan, in der Südlichen Song-Dynastie (1127–1279) von dem Mönch Zhao Zhifeng in Auftrag gegeben, sind die letzten ihrer Art in China und stellten einen verzweifelten Versuch dar, dem vor allem in Nordchina unter der Invasion der Tataren zurückgedrängten Buddhismus ein Denkmal zu setzen. So geht der Besucher auch wie durch ein Bilderbuch des buddhistischen Glaubens und kann die zum Teil sehr plastischen und realitätsnahen Darstellungen bewundern, bei denen eher die Bedeutung als künstlerische Finesse im Vordergrund steht. Höhepunkt ist die Darstellung der Hölle in Grotte 20, wobei die begangenen Sünden und die entsprechenden Höllenqualen jeweils in Beziehung gebracht werden. Falls die ›Stadt der Geister‹ in Fengdu noch auf Ihrem Reiseplan steht, erhalten Sie hier bereits einen kleinen Vorgeschmack, was der Buddhismus chinesischer Spielart, hier sehr vermischt mit dem chinesischen Volksglauben und einem deutlich erhobenen Zeigefinger, an postmortalen Qualen in petto hat.

Überhaupt hat Zhao Zhifeng den Baoding Shan auch als Sittengemälde und Verhaltensknigge angelegt. Dem Besucher werden zu vermeidende sündige Verfehlungen aufgezeigt, wenn zum Beispiel wie in Grotte 20 der betrunkene Sohn sich an der Mutter vergreift oder sein Bruder im Rausch seinen Vater umbringt. Aber auch Beispiele für vorbildliches Benehmen dürfen nicht fehlen, so wenn Zhao Zhifang kurzerhand den historischen Buddha Sakyamuni für konfuzianische Werte in Beschlag nimmt und ihn in Grotte 17 als pietätvollen Sohn darstellen lässt.

Doch auch klassische buddhistische Darstellungen sind am Baoding Shan zu finden. Grotte 11 zeigt Sakyamuni beim Eingang ins Nirvana, eine 31 Meter lange in den Stein gehauene liegende Skulptur, umringt von seinen trauernden Angehörigen und Jüngern; in Grotte 8, geschützt von einem kleinen hölzernen Tempelvorbau, spendet die 1000-armige Guanyin, die ›Göttin der Barmherzigkeit‹, dem Besucher ihren Segen. Wie schon am Beishan findet sich auch am Baoding Shan die Darstellung des Paradieses des Westens mit Amitabha im Zentrum (Grotte 18). In Grotte 4 schließlich hat sich Zhao Zhifeng selbst verewigt, in der Dreieinigkeit seiner Jugend, der Blüte seiner Jahre und des Alters.

Dazu

Die buddhistischen Grottenklöster lassen sich gut von Dazu (ca. 150 km nordwestlich von Chongqing) aus erreichen. Minibusse pendeln zwischen der Stadtmitte und den Tempelanlagen; den Beishan kann man auch zu Fuß erreichen. Taxis und Motorradrikschas (Tuk-Tuks) lassen sich in Dazu mieten. Der Besuch kann auch von Chongqing aus als Tagesausflug organisiert werden. Als Alternative zu Bussen, die tagsüber stündlich zwischen Chongqing und Dazu verkehren und etwa zwei Stunden für die Strecke benötigen, kann man sich in Chongqing ein Taxi für den Tag mieten (ca. 600 Yuan).

Wer mit dem Bus von Chongqing nach Chengdu unterwegs ist, kann Dazu auch als Zwischenstopp zwischen den beiden Städten organisieren. Busse zwischen Dazu und Chengdu benötigen vier Stunden für die etwa 250 Kilometer lange Strecke und verkehren viermal täglich.

Um ein wenig mehr Muße für die Grottentempel zu haben, empfiehlt sich eine Übernachtung in Dazu. Empfehlenswert ist allerdings nur das **Dazu Hotel** (Dazu Binguan, 大足宾馆), 3 Sterne, Nongzhong Lu 农中路 79, Tel. 43721888.

Karte S. 325

Die Geisterstadt Fengdu

Ein jeder Mensch, so der chinesische Glaube, muss nach seinem Tod in der Hölle beim Höllenkönig vorsprechen. Je nach Auftreten und Sündenregister verbringt der Verblichene eine begrenzte Zeit in der Hölle, erleidet spezifische, den Sünden angemessene Qualen und

Der Eingang zur Geisterstadt

trinkt dann den Trank des Vergessens, um als Tier, Mensch oder Geist wiedergeboren zu werden.

Die zweifelhafte Ehre, Sitz der ›Hölle auf Erden‹ zu sein, wurde Fengdu 丰都 durch zwei Einsiedler zuteil, die im 2. Jahrhundert unserer Zeitrechnung als daoistische Einsiedler den Ming-Shan, den knapp 300 Meter hohen Berg oberhalb Fengdus bewohnten und dort allerlei alchemistischen Experimenten nachgingen. Die Kombination der Vornamen der beiden, Yin und Wang, zusammen ›Yinwang‹ (Höllenkönig), nährte das Gerücht, hier müsse der Sitz des Weltengerichts sein. Ein Gerücht, das sich seither nicht nur in unzähligen Tempeln manifestierte, sondern auch Eingang in die klassische chinesische Literatur fand. Seinen Ruf genießt Fengdu so nicht nur Dank seiner unfreiwilligen Namensgeber, sondern auch aufgrund der Erwähnung in den beiden chinesischen Klassikern ›Die Reise in den Westen‹ und ›Liaozhai Zhiyi‹ (Seltsame Geschichten aus einem einsamen Studierzimmer) von Pu Songling.

Die Nähe zur Hölle und ihren Bewohner, Besuchern sowie die vielen verlorenen Seelen prägten das Leben im historischen Fengdu. Ladenbesitzer hatten zu früheren Zeiten ein Bassin vor den Geschäft, in das sie die Münzen ihrer Kunden warfen. Sanken sie, waren sie echt, schwammen sie an der Oberfläche, waren die Münzen Geistergeld und man jagte die potentiellen Kunden im Wortsinne zum Teufel. Schiffe, die Fengdu ansteuerten, ankerten aus Angst vor den Geistern in der Strommitte, und der Handel mit Amuletten und Segenssprüchen florierte. Ein Besuch zu Lebzeiten in der Geisterstadt konnte die Bürokratie des Jenseits gnädig stimmen, und so war die Geisterstadt oberhalb Fengdus schon immer ein beliebtes Pilgerziel.

Die ältesten Tempel der ›Geisterstadt‹ stammen aus der Tang-Dynastie, auch wenn die meisten Gebäude neueren, wenn nicht neuesten Datums sind. Das ist nicht verwunderlich, war doch Fengdu als Hort des Aberglaubens ein prädestiniertes Ziel der ›Roten Garden‹, die die Tempelanlagen der Geisterstadt während der Kulturrevolution fast vollständig zerstörten. Erst seit Mitte der 1990er Jahre baute man viele der Tempel wieder auf bzw. setzte sie instand. Die monumentale Figur des Höllenkönigs, die an den Hängen des Ming-Shan die Besucher würdig begrüßt, stammt aus den späten 1990er Jahren und entsprang eher der Phantasie lokaler Eventmanager, als dass sie auf historische Quellen zurückgeht. Die knapp 100 Meter hohe Figur ist begehbar und hat es immerhin als größte Freiluftskulptur der Welt zu einem Eintrag in das Guinness-Buch der Rekorde gebracht.

Im November 2003 machte das damals noch auf der nördlichen Flussseite gelegene Fengdu seinem Namen ›Geisterstadt‹ alle Ehre. Schon beim Anlegen der Schiffe schallte den Besuchern unheimliches Hämmern und Klopfen entgegen, das von den tausenden von Männern und Frauen stammte, die, mit Handwerkzeugen bewaffnet, noch verwertbare Teile ihrer dem Untergang geweihten Häuser in mühevoller Handarbeit abrissen und sammelten. Zwar hatte der Staat die meisten der etwa 60 000 Bewohner Fengdus großzügig entschädigt und auf die gegenüberliegende Flussseite umgesiedelt, verkommen lassen wollte man die Baumaterialien aber auf keinen Fall. Zwischen Hämmern und Klopfen und dem endlosen Brummen schwer beladener Lastwagen versuchten die wenigen noch offenen Geschäfte mit Parolen aus übersteuerten Lautsprechern ihre verbliebenen Waren in einem großen ›Überflutungsausverkauf‹ an den Kunden zu bringen, sei dieser Tourist oder Heimatvertriebener.

▲ Karte S. 325

Bereits im Jahre 1870 wurde das damals noch mit einer Stadtmauer umgebene Fengdu schon einmal überflutet. Während die lokalen Behörden damals beschlossen, die Stadt in sicherer Höhe wieder aufzubauen, weigerten sich ihre Bewohner, den angestammten Platz zu verlassen und bauten die Stadt an alter Stelle wieder auf. Dank der Sturheit ihrer Vorfahren mussten die jetzigen Bewohner Fengdus über ein Jahrhundert später dann doch umsiedeln, die 1870 vorgeschlagene neue Stadt hätte, Ironie der Geschichte, oberhalb des Flutungslevels gelegen.

Besichtigung der Geisterstadt

Bis Ende 2006 legten die Kreuzfahrtschiffe noch am alten Hafen etwa einen Kilometer unterhalb der Geisterstadt an, dann wurde der Wasserpegel zu hoch, und die Schiffe ankern nun direkt auf Höhe der ehemaligen Haupteinkaufsstraße am Tor zur Hölle. Bereits mit der ersten Flutung im Jahre 2003 wäre auch die Talstation der heutigen Seilbahn überschwemmt worden. Doch eher gefriert die Hölle, als dass der Besucher den Weg dorthin zu Fuß zurücklegen muss. Ein Damm um den Ming-Shan, den Sitz der Hölle, wurde 2006 fertig-

Wächter am Eingang zum Höllenpalast

gestellt, die Talstation der Seilbahn ein Stück nach oben verlegt. Aber auch ein kleiner Spaziergang auf den knapp 250 Meter hohen Sitz des Höllenkönigs ist eine gute Gelegenheit, sich nach einigen Kreuzfahrttagen die Beine zu vertreten und die Folgen des meist üppigen Buffetangebotes der Schiffe zu bekämpfen. Etwa 500 Treppen und einige tiefe Einblicke in die chinesische Glaubenswelt warten auf den Höllenbesucher. Denn in China ist der Weg in die Hölle weniger mit guten Vorsätzen als mit einer Reihe von Kontrollen und Prüfungen gepflastert. Zu früheren Zeiten musste man am Fuße des Berges einen Höllenpass kaufen, der Name, Herkunft und, so sagte man, ein ›virtuelles‹ Sündenregister enthielt. Heute reicht der Kauf einer Eintrittskarte, um unbehelligten Zutritt zur Hölle zu bekommen, die Seilbahnfahrt kostet noch einmal 25 RMB extra.

Direkt hinter dem Eingangstor an der Bergstation der Seilbahn überspannen **drei Brücken** ein kleines Rinnsal, das, so die Legende, das Diesseits vom Jenseits trennt. Hier erwartet Sie die erste der Prüfungen, mit denen Sie Ihr Schicksal im nächsten Leben bestimmen können. Sind Sie liiert oder verheiratet, so nehmen Sie ihren Partner an die Hand und überschreiten das Bogenstück der mittleren Brücke, allerdings nur, wenn Sie im nächsten Leben wieder mit Ihrem jetzigen Partner zusammenleben wollen. Auch als Single nehmen Sie die mittlere Brücke, wie die Paare mit drei gleichmäßigen Schritten über den Brückenbogen und hoffen, dass die Dämonen unterhalb der Brücke Sie nicht ob Ihres liederlichen Lebenswandels nach unten in den Fluss ziehen.

Nach dem hoffentlich glücklichen Überqueren der Brücke wartet linker Hand

Beamte im Höllenpalast

die nächste Prüfung auf den Höllenbesucher. Männer können hier ihre Treue beweisen, auch wenn es den meisten schwer fallen wird, denn dazu ist ein schwerer Stein aus einer kreisrunden konkaven Rundung im Boden auf einen runden Stein in deren Mitte zu heben. Wie dies richtig gemacht wird, zeigt ein lokaler Experte gegen ein kleines Trinkgeld.

Bei der nächsten Prüfung können nun auch die Frauen ihre Rechtschaffenheit beweisen. Die **steile Treppe** den Berg hinauf zum nächsten Tempelgebäude ist mit einmal Luftholen zu überwinden. Doch bevor Sie diese Prüfung angehen, erwartet Sie rechter Hand die **Halle des Sonnenlichts** (Liao Yang Dian), eine Ende der 1990er Jahre komplett restaurierte buddhistische Anlage. Äußerst ungewöhnlich erwartet am Eingang nicht Maithraya, der Buddha der Zukunft, die Gläubigen, sondern Sakyamuni, der sogar gleich zweimal vertreten ist, sitzend in Meditationshaltung und liegend, den Eingang des historischen Buddhas in das Nirvana symbolisierend. In der Haupthalle findet sich das übliche Dreigestirn des Buddhas der Vergangenheit, der Gegenwart und der Zukunft,

flankiert von zwei Figuren, Wenshu, dem Bodhisattva der Weisheit, und Puxian, dem Bodhisattva der Tugend. Komplettiert wird das Ensemble durch 18 Luohan-Figuren, neun an jeder der beiden Seitenwände.

Oberhalb der ›Halle des Sonnenlichts‹, direkt nach Bewältigung der steilen Treppe den Berg hinauf – denken Sie an das Luftanhalten – erreicht der Höllenflaneur den **Tempel des Jadekaisers** (Yuhuang Dadi Gong玉皇大宫). Nachdem der Pilger der höchsten Instanz des Buddhismus gehuldigt hat, kann er nun in diesem Tempel der höchsten Instanz des daoistischen Pantheon seine Aufwartung machen. Zwei Kalligraphiestelen beiderseits des Eingangs der Haupthalle sind von besonderem Interesse. Die erste zur linken kombiniert die Weisheit ›Nur der Gutherzige erlangt Harmonie‹ 唯善呈和 zu einem einzigen Schriftzeichen, wobei sich die Zeichen den in allen vorhandenen Bestandteil ›Mund‹ 口 in der Mitte teilen, auf der rechten Stelen wünscht der Ming-Beamte Hai Rui seiner Mutter alles Gute zu ihrem 70. Geburtstag, auch hier vier Schriftzeichen zu einem verquickt. Kopien der Kalligraphien lassen sich in den kleinen **Souvenirladen** am Ende des Tempelhofes kaufen.

Zurück auf dem Hauptweg den Berg hinauf, erreicht man nach einigen Metern eine von **steinernen Dämonen flankierte Treppe**. An deren Ende zeigt ein großes hölzernes Tor den Eingang zur eigentlichen Unterwelt an. In früheren Zeiten musste man hier den persönlichen Höllenpass vorzeigen. Wer versuchte, mit einem gefälschten Pass Einlass zu begehren, um die eigenen Sünden zu kaschieren, ziert heute der Legende nach die Stützpfeiler des Dachgiebels, symbolisiert durch zwei traurig dreinblickende gekrümmte Dachgestalten.

Noch einige wenige Treppen sind zu überwinden, dann erreichen Sie die **Gipfelterrasse**, auf der auch der Himmelspalast mit dem Weltengericht steht. Zuerst jedoch läuft der Besucher direkt auf eine große, in die Wand gehauenes Abfolge von Schriftzeichen zu, eine Kalligraphie, die weitere Auskunft über das Leben nach der Reinkarnation gibt. Läuft man mit geschlossenen Augen zur Stele und hält dabei die flache Handfläche ausgestreckt nach vorne, so weist das Schriftzeichen, das man berührt auf das nächste Leben, vor allem die beruflichen Aussichten, hin.

Hat man auch diese Prüfung absolviert, so kann man schließlich vor den Höllenkönig treten. Den **Eingang des Himmelspalastes** (Tianzi Gong), dessen Geschichte über 1600 Jahre zurückgeht, dessen Gebäude jedoch größtenteils aus der Tang-Dynastie stammen und in den 1980er Jahren fast von Grund auf restauriert wurden, flankieren auf beiden Seiten wenig himmlisch anmutende Wächterfiguren.

Vor dem **Höllenkönig**, dessen in Rot gewandte Figur den Besucher bereits durch die geöffnete Eingangstür anblickt, ist Leugnen zwecklos. Die Beamten im Vorraum des Höllenthrones, gekleidet im Gewand konfuzianischer Gelehrter, halten in ihren Büchern die Lebenssünden eines jeden Menschen in der Hand und können dem Höllenkönig genauestens Bericht erstatten. Nur die im Jahre des Affen Geborenen haben Glück. Nach einer Erzählung im Epos

Ein ehemaliger Passfälscher als Dachstütze

›Die Reise in den Westen‹ stahl der Affenkönig den Band des Höllenregisters, der die Aufzeichnung über die Taten aller im Sternkreiszeichen Affe geborenen Menschen enthielt.

Sollten Sie im Jahre 1932, 1944, 1956, 1968, 1980, 1992 oder 2004 das Licht der Welt erblickt haben, müssen Sie sich folglich keine Sorgen um Ihr eventuell sündiges Leben zu machen. Es sei denn, Sie blicken der verführerisch die Besucher anblickenden Ehefrau des Höllenkönigs, die in einem kleinen Schrein hinter dem Thron des Höllenkönigs sitzt, zu tief in die sehnsüchtigen Augen. Dann holt Sie der Höllenkönig höchst persönlich, vorbildliches Leben hin, Gnade der Affengeburt her.

Was Ihnen dann blüht, können Sie sich plastisch in den beiden **Seitenflügeln** veranschaulichen. Angefangen im nördlichen Flügel werden allerlei Höllenqualen figürlich dargestellt, eine kleine chinesische Geisterbahnfahrt, die mit dem Trinken des Tranks des Vergessens am Ausgang des südlichen Seitenflügels beendet ist. Im Modell wie in der Wirklichkeit konnten die Delinquenten vor der Wiedergeburt noch einmal auf ihr vergangenes Leben und die Familie zurückblicken, bevor diese im Nebel des Vergessens verschwanden.

Höllenqualen in den Seitenflügeln

Drachenfigur

Der **Turm des (letzten) Blicks nach Hause** (Wangxiang Ta) ist das achteckige blaue Gebäude rechter Hand des Himmelspalastes. Früher konnte der Rechtschaffene von hier seinen Angehörigen bei dem Beerdigungsritual zuschauen, heutzutage hat man von hier einen guten Blick über den Yangzi und die neu errichtete Stadt Fengdu auf der anderen Seite des Flusses. Diese fiel ein wenig überdimensioniert aus und protzt mit einer achtspurigen zentralen Magistrale mit spiegelverglasten Hochhäusern und neoklassizistischen Hotelfassaden. Etwa 60 000 Einwohner Fengdus wurden bis 2003 dorthin umgesiedelt.

▲ Karte S. 325

Die Drei Schluchten

Einen Tag, nachdem in Chongqing die Anker gelichtet wurden, nach knapp 500 Kilometern Schifffahrt durch die landschaftlich eher eintönige Sichuaner Hügellandschaft, nähern sich die Schiffe am Morgen des zweiten Kreuzfahrttages der ersten der Drei Schluchten, der Qutang Xia.

Die Qutang-Schlucht

Die Durchfahrt durch die mit acht Kilometern kürzeste der Drei Schluchten gehört sicherlich zu den spektakulärsten Schiffspassagen in China. Daran hat auch die Flutung des Yangzi wenig geändert. Bis 2009 stieg das Wasser in der Qutang-Schlucht (Qutang Xia 瞿塘峡) um etwa 100 Meter, die erste Flutung 2003 hob den Pegel um 60 Meter, während der Jahrhundertflut von 1998 stand das Wasser bereits 80 Meter über dem Normalpegel. Die an der engsten Stelle nur knapp 100 Meter breite Schlucht hat also wenig an Dramatik verloren.

Etwa zwei Kilometer nach Fengjie, kurz bevor die Schiffe die Stadt des Weißen Kaisers erreichen, hat man den schönsten Blick auf das **Kui Men**, das von zwei knapp über 1000 Meter hohen Bergen flankierte natürliche westliche Tor der Qutang Xia. An der linken, nördlichen Flanke steht der Berg der Roten Rüstung (Chijia Shan 赤甲山), an der rechten, südlichen Seite ragt der Weiße Salzberg (Baiyan Shan 白岩山) in die Höhe. Diese in ganz China unzählige Male reproduzierte Ansicht ist auch auf der Rückseite der alten Fünf-Yuan- und der neuen Zehn-Yuan-Banknoten zu betrachten.

Bereits bei der Einfahrt in die Qutang-Schlucht spürt man den Sog, der an den Schiffen zerrt. Durch den meist unterschiedlichen Luftdruck im Roten Becken Sichuans und in der ostchinesischen Tiefebene drängen die Luftmassen durch die engen Schluchten in Richtung Osten. Wie ein unter Druck stehender Champagnerkorken schießen die Schiffe in die Schlucht, die nicht umsonst im ersten Teil auch den Namen Blasebalg-Schlucht trägt. Allerdings geht dieser Name ursprünglich auf eine Felsforma-

Einfahrt in die Qutang-Schlucht am Kui Men

Entlang der Drei Schluchten

tion am Eingang der Schlucht zurück. In halber Höhe auf der linken Flussseite ragen einige **wie Blasebalge geformte Felsen** aus der steilen Wand, die der Legende nach die Werkzeuge sind, mit denen Lu Ban, der mythische Gott der Zimmermannskunst, dem großen Yu bei der Erschaffung der Drei Schluchten half.

Direkt gegenüber, am südlichen Ufer, ragt die **Kreidewand des Weißen Salzbergs** 1000 Meter fast senkrecht in die Höhe. Im unteren Abschnitt, teils unter, größtenteils jedoch oberhalb der finalen Flutungslinie von 175 Metern, sind die Reste des südlichen Treidelpfades zu sehen, genauer gesagt, die rechteckigen Balkenlöcher der hölzernen Querverstrebungen im Fels. Die sogenannte **Meng-Liang-Treppe** führte im Zickzack den Felsen hinauf und wird flankiert von in den Stein gehauenen Kalligraphien, die sich über die gesamte untere Felswand bis auf etwa 250 Meter Höhe ziehen. Die Treppe hat ihren Namen nach einer Legende aus der Zeit der Nördlichen Song-Dynastie. Hiernach waren die sterblichen Überreste des Generals Yang Jiyes unterhalb des Gipfels des Weißen Salzbergs begraben. Ein anderer General, Meng Liang, wollte seinen Sarg an einer besseren Stelle bestatten und begann, einen Weg vom Yangzi zickzack den Berg hinauf in den Fels zu schlagen. Ein Mönch bemerkte sein Ansinnen und imitierte einen Hahnenschrei, so dass Meng Liang dachte, das Morgengrauen stünde bevor und seine Arbeit einstellte, um unbemerkt zu bleiben. Am nächsten Tag, gewahr, dass der Mönch ihn hinters Licht geführt hatte, ließ er diesen an den Füßen an einem der Felsen aufknüpfen, wo er heute noch in steinerner Form zu sehen ist.

Einige der **Kalligraphien** entlang der Treppe datieren bis in die Song-Dynastie (960–1279) zurück, die größten Schriftzeichen Kui Men 夔门 und Qutang-Schlucht 瞿塘峡 sind jüngeren Datums

Kalligraphien in der Qutang-Schlucht

und stammen aus der späten Qing-Dynastie (1644–1911). Zur Zeit des antijapanischen Widerstandskrieges hat sich hier auch der sogenannte Christliche General und ehemalige Warlord in Nordchina, Feng Yuxiang, verewigt und die eher profane Nachricht »Marschiert hinaus aus Kui (=Fengjie) und Wu (=Wushan) und verjagt die japanischen Invasoren« hinterlassen. Insgesamt sind hier mehr als 900 chinesische Schriftzeichen verschiedener Kalligraphiestyle zu bewundern, von denen die meisten auch zukünftig zu sehen sein werden.

Nach dem Passieren der Meng-Liang-Treppe fahren die Schiffe eine kleine Rechtskurve und erreichen nach etwa zwei Kilometern eine **Felsformation am südlichen Ufer**, die mit etwas Phantasie das Aussehen eines Nashornes hat, das den Mond betrachtet. Weiter zwei Kilometer später endet die Qutang-Schlucht, und das Bett des Yangzi wird wieder deutlich breiter.

Am Ausgang der Schlucht, am rechten Flussufer, liegt die Ortschaft **Daxu**, in deren Nähe Archäologen 1959 am westlichen Ufer des kleinen Daxu-Flusses **74 Gräber aus dem Neolithikum** gefunden haben, deren reiche Grabbeigaben Aufschluss über das Leben entlang des Yangzi zur Zeit der Neuen Steinzeit geben. In den Folgejahren wurden noch weitere Bestattungsplätze gefunden, so dass Archäologen befürchteten, dass nach der Flutung viele unersetzliche kulturelle Artefakte aus noch unentdeckten Gräbern für immer verlorengegangen sein werden. Die meisten der Fundstücke, zumeist Tongefäße, Stein-, Knochen- und Jadeschnitzereien sowie Waffen, werden heute in dem neu errichteten Drei-Schluchten-Museum in Chongqing ausgestellt, einige weitere Stücke werden in dem Museum der Baidi Cheng gezeigt.

Etwa eine Stunde, nachdem die Schiffe in Daxu die Qutang-Schlucht verlassen

Provisorische Anlegestelle am Yangzi

haben, erreichen sie **Wushan**, das am Eingang der zweiten, der Schamanen-Schlucht (Wu Xia 巫峡) liegt.

Ein Ausflug in die Daning-Schlucht (Drei kleine Schluchten)

Die Daning- Schlucht, auch die Drei Kleinen Schluchten (Xiao Sanxia 小三峡) genannt, hat vielleicht am meisten unter der Flutung des Yangzi gelitten. Auch die Boote, mit denen der Besucher den Daning befährt, haben sich verändert. Während die traditionellen Holzboote bereits Mitte der 1990er Jahre durch moderne Ausflugsboote ersetzt wurden, hat man sich viel Mühe gegeben, die nun nach der ersten Flutung noch etwas größer gewordenen Boote mit allerlei chinesischer Dekoration zu schmücken, mit Drachenköpfen, geschwungenen Dächern und bunter traditioneller Bemalung, ein Aufwand, der sich gelohnt hat und die Boote weit weniger wie Fremdkörper wirken lässt. Von dem großzügigen Sonnendeck der Ausflugsboote kann man die Aussicht auf die Schluchten gut genießen, und auch Fotoenthusiasten können ihrem Hobby frönen, ohne ständig die Köpfe der Mitreisenden im Bild zu haben.

▲ Karte S. 348

Schlucht des Drachentors

Die erste, drei Kilometer lange Schlucht des Drachentores (Longmen Xia 龙门峡) hat viel von ihrer spektakulären Atmosphäre eingebüßt. Bis 2003 thronte die im Zuge der Umsiedlungsmaßnahmen gebaute Brücke über das namensgebende **Drachentor** (Longmen 龙门) etwa 100 Meter über dem Wasserspiegel, heute sind es nur knapp 40 Meter, und das ehemals grüne Wasser des Daning hat die Farbe des Yangzi angenommen. Einst sagte man, dass die grünen Fluten des Daning einem Drachen glichen, der sich in den Yangzi windet. Mit der Flutung wechselte der Drachen seine Farbe und ist heute trüb-gelb.

Kurz vor dem Verlassen der Longmen-Schlucht thront am Ostufer der **Lingzhi-Berg** über dem Fluss, dessen Gipfel in Form eines Baumpilzes (Lingzhi) geformt ist, der in daoistischen Schriften als Pilz der Unsterblichkeit gilt. Getragen wird der Gipfel von neun Steinsäulen, die neun Drachen gleichen. Der Überlieferung nach sollen an den Hängen des Linzhi-Berges magische Pflanzen wachsen, in der Realität finden sich hier eine Vielfalt von Medizinkräutern und -pflanzen.

Am Ausgang der Longmen Xia machen die Ausflugsboote meist eine kleine Pause in dem **Dorf Yinwozi** 银窝子, wo den Besucher ein kleiner Markt sowie einige Imbissstände erwarten.

Nebelschlucht

Die zweite Schlucht, die zehn Kilometer lange Nebelschlucht (Bawu Xia 霸雾峡), wird nach etwa einer weiteren Viertelstunde Fahrt auf dem mäandernden Fluss erreicht. Sie ist um einiges ursprünglicher als die Longmen-Schlucht. Bereits kurz nach der Einfahrt in die Bawu Xia sieht man linker Hand eine Felsformation, die einem galoppierenden Pferd ähnelt und die im Volksmund der Berg des heimkehrenden Pferdes heißt. Ein kleines Stück weiter springt einem ein steinerner Tiger vom linken Ufer entgegen, und nach einer weiteren 180-Grad-Kehre des Flusses sitzt eine versteinerte Guanyin, die Göttin der Barmherzigkeit, auf einer riesigen Felslotusblüte, ihre Hand schützend über die Boote und ihre Besatzung haltend. Hier sind auf der linken Seite meist Rhesus-Affen zu sehen, die in der Schlucht beheimatet sind und die die Flutung von Teilen ihres Lebensraumes glücklicherweise nicht vertreiben konnte. Zusätzlich dazu wurden nach offiziellen Angaben einige der Affenstämme der kleineren Nachbarschluchten entlang des Yangzi in der Daning-Schlucht angesiedelt, um den Bestand zu schützen.

Gegen Ende der Bawu-Schlucht fließt der **Nebelfluss** (Bawu He) in den Daning, und die Schiffe fahren in eine weitere breite Ebene ein. Wie schon zwischen der ersten und der zweiten Schlucht bildet der Daning hier wieder einen ausgedehnten See, dessen Wasser allerdings schon fast wieder klar ist.

Am rechten Ufer liegt die Ortschaft **Shuang Long** 双龙, zu Vorflutungszeiten meist Endstation der Daningflotte. Ab Shuang Long konnte vor 2003 meist nur getreidelt werden, heute haben die Schiffe hier immer noch rund 50 Meter unter dem Kiel und fahren nach einem weiteren Kilometer in die dritte, die Dicui-Schlucht, ein.

Dicui-Schlucht

Die Szenerie in der zwölf Kilometer langen Schlucht (Dicui Xia 滴翠峡) hat sich durch die Flutung kaum verändert, die steilen Ufer sind dicht bewachsen mit Bambus, Schlingpflanzen und farbenprächtigen Blumen.

Gegen Mitte der Dicui-Schlucht heißt es umsteigen in kleine traditionelle mit Bambusmatten bedeckte Holzboote, auf denen die Besucher eine etwa einstündige Fahrt auf dem **Madu-Fluss** (Madu He马渡河) unternehmen können. Als atmosphärisches Element hat das Fremdenverkehrsbüro der Region Bauern aus

Ausflugsboot in der Daning-Schlucht

Chinesischer Reiseführer

der Umgebung angestellt, die vom Ufer her lokale Volksweisen schmettern und die Suona, eine Art Schalmei, erklingen lassen. Die Schlucht des Madu-Flusses kommt der Szenerie entlang des Daning vor der Flutung sehr nahe. Steil ragen die dicht bewachsenden Berghänge auf beiden Seiten in den Himmel, an den Ufern wachsen Heilkräuter, Orchideen und von August bis Oktober eine gelbe Lilienart, Yeji Hua auf chinesisch, deren Wurzelknolle traditionell als Antiserum für Schlangenbisse genutzt wird. Sichern Sie sich für den Ausflug auf dem Madu auf jeden Fall einen der vorderen Plätze, im hinteren Teil der Boote sieht man aufgrund des Bambusdaches leider sehr wenig von der äußerst reizvollen Schlucht.

Im September 2005 wurde der historische Kern der am nördlichen Ausgang der Drei Kleinen Schluchten gelegene **Handelsstadt Dachang** 大昌, bis dahin oft Wendepunkt der Ausflugsboote, abgebaut, um, so die offizielle Version, oberhalb der finalen Flutungslinie wieder aufgebaut zu werden. Insgesamt 35 Gebäude des alten Dachang bilden den Kern der neuen Stadt, und Dachang wird als zusätzliche Touristenattraktion am Daning propagandiert, das nun aber eher ein weiteres historisches Disneyland ist als wirklich authentisch.

Der Ausflug in die Schluchten dauert in der Regel, je nach Wasserstand, zwischen vier und sechs Stunden, dann kehren die Ausflugsboote wieder nach Wushan zurück, und die Reise entlang der Drei Schluchten wird fortgesetzt.

Die Schamanen-Schlucht (Wu Xia)

Bereits von Wushan aus sieht man den Eingang der 45 Kilometer langen Schamanen-Schlucht (Wu Xia 巫峡), dort wo eine neu gebaute **Spannseilbrücke** die steilen Ufer des Yangzi verbindet. Am Nordufer ragt der namensgebende **Schamanen-Berg** (Wu Shan 巫山) etwa 1000 Meter in die Höhe und bildet mit den Bergen des Südufers das meist nebelumwobene Eingangstor der Schlucht. Ein schmaler Pfad führt vom Yangzi-Ufer hinauf auf den Wu Shan, von dem man bei schönem Wetter einen fantastischen Blick auf die Schlucht hat. Man sagt, die Qutang-Schlucht sei die dramatischste, die Xiling-Schlucht die gefährlichste und die Schamanen-Schlucht die malerischste. Tatsächlich ist für chinesische Besucher die Fahrt durch die Wu Xia nur mit einem deutschen Familienausflug zur Loreley zu vergleichen.

Auch die Schamanen-Schlucht hat ihre Loreley, allerdings keine die Schiffer ins Verderben ziehende Sirene, sondern die bereits erwähnte Yao Ji, die nach einem Drittel der Schlucht unterhalb des Gipfels des **Feenberges** (Shennü Feng 神女峰) kniet und über die Fluten des Yangzi wacht. Einst hatte Yao Ji aus Langeweile die himmlischen Gestade verlassen und flog über die Berge und Flüsse des heutigen China. Als sie Wushan erreichte, sah sie, wie zwölf Drachen den

▲ Karte S. 348

Bewohnern von Wushan Unbill bereiteten und eine Spur der Verwüstung hinterließen. Yao Ji kämpfte mit den Drachen und verwandelte sie in die zwölf Berge, die auch heute noch die Wu-Schlucht flankieren. Allerdings führte dies dazu, dass der Yangzi in seinem Weg blockiert war und ein riesiges Meer die Gegend des heutigen Sichuan bedeckte. Als Yao Ji dies sah, bat sie den Großen Yu (Da Yu), Gründer der mythischen Xia-Dynastie, ihr bei der Regulierung der Fluten zu helfen. Dieser befahl seinem Ochsen, einen Durchbruch durch die blockierenden Berge zu stoßen. Der Ochse stieß sich dabei jedoch nur ein Horn krumm und scheiterte. Daraufhin rief Yao Ji sechs ihrer himmlischen Gefährten, mit dessen Hilfe es Da Yu gelang, einen Spalt in die Berge zu sprengen, die heutigen Drei Schluchten. Auf dem Shennü Feng übergab Yao Ji das geheime Wissen um die Flutregulierung an Da Yu, der damit in der Lage war, auch den Gelben Fluss zu regulieren und die Grundlage der chinesischen Zivilisation zu schaffen. Um zukünftigen Schaden von der Region abzuwenden, blieb Yao Ji in der Schlucht und beschützt bis heute in ihrer steinernen Form die Schiffe auf dem Yangzi.

Im Hafen von Wushan

Seitdem konnte der Fluss ungehindert nach Ostchina abfließen, jedenfalls bis die chinesische Regierung ihm ein höchst irdisches Hindernis entgegengestellt hat.

Neben dem Shennü Feng prägen noch **weitere elf Gipfel** die Szenerie der Schlucht. Am nördlichen Ufer passiert der Reisende zuerst den Gipfel des aufsteigenden Drachen (Denglong Feng 登龙峰), dann den Gipfel der heiligen Quelle (Shengquan Feng 圣泉峰), den Gipfel, der die Wolken berührt (Chaoyun Feng 朝云峰), den Feengipfel, Tannenzapfen-Berg (Songluan Feng 松峦峰) und schließlich den Gipfel der Versammlung der Unsterblichen (Jixian Feng集仙峰). Südlich des Flusses stehen der Berg des Fliegenden Phoenix (Feifeng Feng飞凤峰), der Gipfel der türkisen Leinwand (Cuiping Feng 翠屏峰) und der Gipfel der versammelten Kraniche (Juhe Feng聚鹤峰).

Entlang der **Shennü Xia**, die auf Höhe des Feenberges vom Yangzi abzweigt, sind der Gipfel der blanken Terrasse (Jingtan Feng 净坛峰), der Gipfel der aufsteigenden Wolken (Qiyun Feng 起云峰) und der Luftige Berg (Shangsheng Feng 上) zu sehen.

Der erste Teil der Schamanen-Schlucht, von Wushan bis zum Feengipfel wird auch die **Schlucht des Goldenen Helmes und der silbernen Rüstung** (Jinkui Yinjia Xia 金盔银甲峡) genannt, nach einer Bergformation am Südufer etwa zehn Kilometer hinter Wushan, deren brauner Kreidefels in der Sonne golden glänzt und die Form eines Soldatenhelmes hat. Am Ausgang dieses Schluchtabschnitts macht der Fluss einen scharfen Linksknick, und die Schiffe fahren auf den Jixian Feng zu. Am linken Ufer grüßt Yao Ji aus luftigen Höhen, am rechten Ufer liegt das **Dorf Qing Shi**

Kreuzfahrtschiff in der Schamanenschlucht

青石, dort wo die Shennü-Schlucht am Yangzi endet.

Kurz hinter dem Feenberg beginnt der östliche Abschnitt der Wu Xia, die sogenannte **Schlucht des eisernen Sarges** (Tieguan Xia 铁棺峡). Wie schon in der Qutang- und in der Daning-Schlucht hat man auch hier einen der hängenden Särge der Ba-Kultur gefunden und die Schlucht, in der Annahme, es handle sich um einen eisernen, nicht einen hölzernen Sarg, nach diesem Fund benannt.

Etwa acht Kilometer von Qingshi flussabwärts markiert ein kleiner Zufluss des Yangzi die Grenze zwischen dem Verwaltungsgebiet der Stadt Chongqing und der Provinz Hubei, dort wo die Ortschaften Beishi und Wanliu liegen. Nach der Einfahrt nach Hubei wird die Szenerie lieblicher, die Berge zu beiden Seiten sind nicht mehr so hoch wie in den ersten zwei Dritteln der Schlucht. Zwölf Kilometer hinter Beishi, nach etwa zweieinhalb Stunden Fahrt ab Wushan, erreichen die Schiffe die Stadt **Badong** am Eingang der Shennong-Schlucht.

▲ Karte S. 348

Die Shennong-Schlucht

Mit insgesamt 42 Kilometern Länge sind die Schluchten des Shennong-Stromes (Shennong Xi 神农溪) durchaus mit den Schluchten des Daning zu vergleichen und rivalisieren mit ihnen um den Titel Drei Kleine Schluchten. Auch nach der Flutung ist der Shennong, der im gleichnamigen Gebirge auf 1180 Metern entspringt, die deutlich pittoreskere Alternative für einen Halbtagesausflug in eine der Nebenschluchten des Yangzi. Auf knapp 70 Kilometern Länge verliert der Fluss mehr als 1000 Höhenmeter, und seine Schluchten sind an den engsten Stellen gerade einmal 20 Meter breit. Dem Wasser des Shennong werden heilende Kräfte zugeschrieben, was darauf zurückzuführen ist, dass in seinem Oberlauf unzählige Medizinkräuter wachsen und regelmäßig vom reißenden Wasser des Flusses weggespült werden. Auch heute noch sind große Teile seines Einzuggebietes kaum zugänglich. Viele bedrohte Tier- und Pflanzenarten sind noch entlang des Shennong zu finden, unter anderem der Goldhaaraffe, der Riesensalamander und, glaubt man den Augenzeugenberichten der lokalen Bevölkerung, der Wilde Mensch (Yeren), die zentralchinesische Variante des Yetis, dem der chinesische Nobelpreisträger Gao Xingjian in seinem gleichnamigen Theaterstück 1987 ein Denkmal setzte.

Außer zu Hochwasserzeiten konnten Besucher vor 2003 selten weiter als zum Ende der ersten Schlucht fahren, zu niedrig war der Wasserstand und zu stark das Gefälle, als das selbst die geübten Treidler die zuckerschotenförmigen Holzboote weiter über die reißenden Stromschnellen navigieren konnten. Seitdem hat sich einiges verändert, durch die ersten zwei Schluchten fahren nun stählerne Ausflugsboote, und die Treidler treten erst in der letzten Schlucht in Aktion. Die Shennong-Schlucht hat jedoch kaum an Attraktion verloren.

Schlucht der Drachenblüte

Nach dem Umsteigen auf die modernen Ausflugsboote am Hafen von Badong fährt der Besucher zuerst in die Longchang Xia 龙昌峡 ein, die Schlucht der Drachenblüte. Am rechten Ufer hat man gegen Mitte der Schlucht vielleicht den besten Blick auf einen der vielen **hängenden** Särge der Ba-Kultur in den Drei Schluchten. Etwa auf halber Höhe weist ein einsamer Baum inmitten einer schroffen Felswand auf eine kleine, etwa vier Quadratmeter große Nische im Fels hin, in der ein gut erhaltener Holzsarg zu sehen ist. Seit der finalen Flutung 2009 fahren die Schiffe nur noch etwa 20 Meter unterhalb des Sarges durch die Schlucht und ermöglichen so einen noch besseren Blick auf die Begräbnisstätte. Wenig zu sehen war seit der ersten Flutung 2003 allerdings von der Ortschaft Longchang 龙昌 am Ausgang der Drachenblüten-Schlucht, die inzwischen vollständig geflutet ist. Die Bewohner wurden auf die gegenüberliegende Flussseite umgesiedelt, wo heute moderne zwei- bis fünfstöckige, mit Kacheln besetzte Häuser in sicherer Höhe oberhalb des Flusses stehen.

Papageien- und Bambus-Schlucht

Die kurze Strecke zwischen den Schluchten legen die neuen Boote heute in wenigen Minuten zurück und fahren dann in die zweite, die **Papageien-Schlucht** (Yingwu Xia 鹦鹉峡) ein. Immer enger ragen die Felswände an den Fluss heran, so dass die Boote fast Schwierigkeiten haben, voranzukommen. Auch hier finden sich einige hän**gende Särge**, allerdings von den Booten aus um einiges schlechter zu erkennen. Dort wo die **Bambus-Schlucht** (Mianzhu Xia 绵竹峡) auf den Shennong trifft, warten bereits die Treidler in ihren kleinen Holzbooten auf die großen Ausflugsschiffe. Jeweils zwölf Personen finden neben der fünfköpfigen Besatzung auf den Erbsenbooten genannten Schiffen Platz (Wandou Chuan auf Chi-

Bei Badong

Yangzi-Fähre

nesisch) mit denen die etwa einstündige Fahrt die Bambus-Schlucht flussaufwärts geht. Zuerst werden die Boote noch gerudert, nach etwa zwei Kilometern wird das Wasser jedoch zu seicht, und vier Mann der fünfköpfigen Besatzung springen ins Wasser, die geflochtenen Bambusseile zwischen den Zähnen. Mit einer Art Bambusgeschirr, das sie um den Oberkörper gestreift haben, ziehen sie die Boote über die Stromschnellen. In einem ausgeklügelten System nutzen die Treidler die anderen mitfahrenden Schiffe, um an das andere Ufer überzusetzen, wenn auf der ursprünglichen Seite das Treideln unmöglich geworden ist. Nicht selten schrammen Boote, Treidler und Bootsbesatzung knapp an den Felskanten des Flussufers vorbei, und die vielen Schürfwunden der Treidler künden von einem äußerst harten Job. Nach etwa fünf Kilometern harter Arbeit drehen die Boote um und lassen sich mit der Strömung treiben. Was für die Treidler nun um einiges geruhsamer ist, bedeutet Schwerstarbeit für den Steuermann, der alle Hände voll zu tun hat, das Boot in der rasanten Fahrt flussabwärts an den unzähligen Steinen und Untiefen des Flusses vorbeizulotsen. Derweil sitzt der Kapitän am Bug und gibt Steuerkommandos. Kurz bevor die Boote die Ausflugsschiffe erreichen, treten die Ruderer wieder in Aktion und bringen die Ausflügler sicher zurück an Bord. Nach insgesamt vier Stunden auf dem Shennong-Fluss erreichen die Ausflugschiffe wieder Badong.

▲ Karte S. 348

Die Westliche Xiling-Schlucht

Die Xiling Xia 西陵峡 besteht eigentlich aus zwei durch eine 31 Kilometer lange breite Ebene getrennten Schluchten. Genau genommen sind es also vier Schluchten, durch die sich der Yangzi zwängt. Aber die Zahl Vier, als Homophon des Wortes Tod so eindeutig negativ besetzt wie die Drei positiv, wäre solch ein schlechtes Omen, dass man vielleicht sogar aus Aberglauben auf den Bau des Staudammes verzichtet hätte, der dazu auch noch in der die beiden Schluchtenabschnitte teilenden Ebene entsteht. So wurde die geographische Realität also dem schönen Klang geopfert, und die Xiling Xia besteht aus einem westlichen, von Xiangxi bis Xin Zigui, und einem östlichen, von Sandouping, der Staudammbaustelle, bis Yichang reichenden Teil. Zusammengerechnet ist die Schlucht 76 Kilometer lang, wobei knapp mehr als die Hälfte auf die westliche Schlucht entfallen. Dieser Abschnitt der Drei Schluchten war noch vor kaum mehr als 50 Jahren der mit Abstand gefährlichste und Ort unzähliger Schiffstragödien.

Die **Kongling-Stromschnellen** (Konglin Tan) gegen Mitte der Schlucht auf Höhe

Treidler in der Shennong-Schlucht

Watermarks.

Garküche am Ufer

der Ortschaft Miaohe stellten bis zur Sprengung der ihnen zugrunde liegenden Unterwasserfelsen in den 1950er Jahren den Schrecken aller Yangzi-Schiffer dar. Unterstützt von einer wahren Armada von bis zu 100 Treidlern brauchten die Schiffe in früheren Zeiten bis zu drei Tage über die Stromschnellen, und nicht wenige verschwanden für immer in den Fluten des Yangzi, zwischen 1898 und 1945 allein 17 Schiffe.

In Ehrfurcht vor den gefährlichen Felsen im Flussbett gaben die Schiffer ihnen Namen: Die Große Perle, der Mönchsfelsen, die Hühnerflügel, und, der schlimmste von allen, der Komm-zu-mir-Felsen, den nur die erfahrensten Kapitäne umschiffen konnten, indem sie erst direkt auf ihn zuhielten und dann im letzten Moment das Steuer herumrissen, um mit der Gegenströmung den Felsen mit dem verführerischen Namen zu umgehen. Nur wer dieses Manöver weder zu zaghaft noch zu draufgängerisch anging, konnte damit rechnen, am Ende des Tages noch Schiffsplanken unter den Füßen zu haben.

Doch keine Angst, die legendären Stromschnellen gehörten schon mit der kontinuierlichen Verbesserung der Navigation seit den 1950er Jahren der Vergangenheit an, ehe die erste Flutung die Fahrrinne selbst an den tückischsten Stellen auf mindestens 70 Meter Tiefe erweiterte. Dennoch, auch in modernen Zeiten ist den Kapitänen die Erfurcht vor der Xiling-Schlucht anzumerken, und auch als Beobachter vom Sonnendeck aus kann man bis heute die Naturgewalten spüren, die die Wassermengen in dem engen Gebirgsdurchbruch auf das Schiff ausüben. Mit Gebirgsmassiven von bis zu 1800 Metern Höhe auf beiden Seiten ist die Westliche Xiling-Schlucht auch die tiefste der Drei Schluchten.

Unglücklicherweise sind viele der natürlichen Sehenswürdigkeiten der Xiling-Schlucht seit 2003 im Yangzi versunken, so mehrere geschichtsträchtige Steinformationen im ersten Abschnitt, der vier Kilometer langen **Schlucht der Militärbücher und des kostbaren Schwerts**.

Zwischen der Schlucht der Militärbücher und des kostbaren Schwerts und der Schlucht der Ochsenleber und der Pferdelunge lagen einst die Neuen Stromschnellen (Xin Tan), die in punkto Gefährlichkeit der Kongling Tan um kaum etwas nachstanden. Dschunken, die diese Stelle passieren wollten, mussten ihre Ladung an Land bringen und die Fahrt mit möglichst wenig Gewicht fortsetzen. Auch hier kamen Treidler zum Einsatz, nicht wenige von ihnen ließen an den glitschigen Ufern ihr Leben.

Nach 42 Kilometern trotz verbesserter Navigation immer noch recht rasanter Bootsfahrt durch die Westliche Xiling Xia öffnen sich die Berge an beiden Flussseiten, und die Xiling-Schlucht wird von einer breiten Ebene unterbrochen, in der schon von weitem die größte Baustelle der Welt zu sehen ist: der San-Xia-Staudamm.

▶ Karte S. 348

Der San-Xia-Staudamm

Er ist nicht zu übersehen, nicht vom Schiff aus, nicht von den diversen Aussichtsplattformen, die eigens zu diesem Zweck gebaut wurden, und vielleicht noch nicht einmal vom Mond. Nachdem die Mär, die chinesische Mauer sei vom Erdtrabanten aus zu sehen durch den ersten chinesischen Taikonauten vor einigen Jahren ins Reich der Mythen verwiesen wurde, besteht also noch Hoffnung für die stolze chinesische Nation. Zumindest der 600 Kilometer lange und durchschnittlich 1,3 Kilometer breite neu entstandene Yangzi-Stausee wird vom All aus gut sichtbar sein. Der Staudamm selbst nimmt sich, sieht man ihn von nahem, eher mickrig aus. Das mag einerseits daran liegen, dass sich die oft zitierten 185 Meter Höhe lediglich auf die Meereshöhe beziehen und die Staumauer nur 120 Meter hoch ist, andererseits daran, dass von diesen 120 Metern gute 20 Meter unterhalb des Wasserspiegels liegen. Beeindruckend sind die Daten des San-Xia-Staudammes jedoch allemal: 120 Meter Höhe, 2,31 Kilometer Länge, eine Stromerzeugungskapazität von 847 TWh pro Jahr bei installierten 26 Turbinen mit jeweils 18 200 MW nomineller Leistung, Gesamtkosten von aktuell geschätzten 120 Milliarden Euro. Nach offiziellen Zahlen mussten insgesamt 1,2 Millionen Menschen umgesiedelt werden, die tatsächliche Zahl der Umsiedler soll jedoch bei mehr als 1,6 Millionen liegen. 27 000 Arbeiter schufteten unter strengsten Sicherheitsauflagen in drei Schichten rund um die Uhr auf der mit 15,28 Quadratkilometern größten Baustelle der Welt, angeleitet von über 200 Ingenieuren aus In- und Ausland.

Die Idee, die gewaltigen Wassermassen des Yangzi zu stauen, ist keinesfalls neueren Datums. Bereits die von der nationalistischen Regierung unter Sun Yat-sen 1919 veröffentlichten Studie »Plan für die Industrieentwicklung in China« empfiehlt den Bau einer oder mehrerer Staustufen in der Gegend der Drei Schluchten zur Flutkontrolle, Energiegewinnung und zur Verbesserung der Navigation auf dem Yangzi. Auch Mao Zedong, dem gewiss keine Scheu vor Großprojekten anzudichten ist, zeigte erst großes Interesse an einen Staudamm in den Drei Schluchten und war Mitte der 1950er Jahre bei einer mehrtägigen Flussfahrt von Wuhan nach Chongqing fasziniert von der Idee, die geballte Kraft des Yangzi zu bändigen. Mit dem Bruch zwischen der Volksrepublik China und der Sowjetunion 1959 siegte dann jedoch die Angst vor einem Angriff des Großen Bruders über die Entwicklungsphantasien des Großen Steuermannes. Zu verlockend wäre ein riesiger Damm für einen potentiellen Bombenangriff gewesen und zu verheerend die Folgen eines Dammbruches für die chinesische Bevölkerung. Der gelernte Wasserbauingenieur und spätere Premierminister Li Peng trieb die Planungen ab Mitte der 1980er Jahre erneut voran. Im Winter 1994 fiel trotz Widerstand der Start-

Die gewaltige Staumauer

schuss zu dem Mammutprojekt. Kritiker wurden mundtot gemacht und wanderten, wie die bekannte Schriftstellerin und Journalistin Dai Qing, die in ihrem Buch ›Yangzi, Yangzi!‹ die Gefahren und Unzulänglichkeiten deutlich aufgezeigt hatte, ins Gefängnis. Das äußerst empfehlenswerte Buch steht auch im Internet unter http://www.threegorgesprobe.org als Download zur Verfügung.

In der ersten Phase bis 1997 wurde ein Umleitungskanal gebaut und das ursprüngliche Flussbett des Yangzi mit Hilfe von temporären Dämmen trockengelegt. Die Arbeiten am nördlichen Teilstück der Staumauer begannen in der zweiten Phase von 1997 bis 2003, in der auch die fünfstufige Schleusenanlage fertiggestellt wurde. Im Juni 2003 schließlich wurde der Yangzi gleichzeitig mit der Eröffnung der Schleusen geblockt und mit dem Bau des südlichen Dammes begonnen. Die erste Flutungsmarke 2003 war 135 Meter, seit 2009 liegt der Wasserpegel im Durchschnitt bei 175 Metern, mit einem kritischen Maximum bei 181 Metern.

Bereits 2005 nahmen die ersten beiden Turbinen ihren Betrieb auf und produzieren seitdem Strom.

Modell der Staumauer und des Schiffshebewerks

▲ Karte S. 348

Argumente gegen den Dammbau

Nach offiziellen Angaben soll die Stromgewinnung aus den insgesamt 26 Turbinen in einem Zeitraum von 50 Jahren die Kosten amortisiert haben. Angesichts der gewaltigen Kostenexplosion – selbst die offiziell zugegebenen Kosten liegen beim Dreifachen der ursprünglichen Kalkulation – ist das eine höchst fragwürdige Rechnung.

Ein Grund für den gewaltigen Kostenanstieg ergab sich zum Beispiel aus Planungsfehlern des Umsiedlungsprojektes. Bei Beginn war keinesfalls immer klar, wohin die Menschen, deren Häuser unterhalb der Flutungslinie lagen, umsiedeln sollten. Als deutlich wurde, dass im Gebiet der Drei Schluchten nicht genügend Ackerland für die betroffenen Bauern zu vergeben war, setzte man einen Teil der Landbevölkerung einfach in die Brachflächen Pudongs, der Sonderwirtschaftszone Shanghais, um. Die Maisbauern und Orangenzüchter fanden sich so knietief im Nassreisfeld wieder, 2000 Kilometer von ihrer Heimat und ein halbes Leben von ihren Fähigkeiten entfernt.

Der größte Fauxpas unterlief den Planern jedoch, als sie die Umsiedlungsgrenze bei 177 Meter ü. NN. festlegten. Als Kritiker zu Recht darauf hinwiesen, dass eine maximale Flutungslinie des Staudammreservoirs von 181 Metern im Zweifelsfalle etwa 400 000 Menschen unter Wasser setzen würde, begannen die Behörden klammheimlich, auch die Bewohner in dieser Sechs-Meter-Marge umzusiedeln, was zu einer Explosion der Kosten führte.

Ein weiteres Problem ergab sich daraus, dass das Geld für die Umsiedlungsmaßnahmen inklusive der projektierten 10 000 Yuan Kompensation pro Umsiedler nicht zentral verwaltet, sondern

Aussichtspunkt an der Staumauer

den Lokalregierungen zur Verteilung überlassen wurde. Diese Selbstbedienungs-Einladung an korrupte Kader schloss Zehntausende von jedweder Kompensation aus und machte aus unzähligen lokalen Beamten reiche Menschen. Nicht verwunderlich, dass die Stimmung vor allem in ländlichen Gebieten äußerst schlecht ist. Während in den Städten viele Umsiedler sich neben der rechtmäßig ausbezahlten Kompensation über schicke neue Wohnungen und deutlich verbesserte Infrastruktur freuen, sucht sich Volkes Zorn in den Dörfer des öfteren ein Ventil.

Doch auch jenseits von Fehlplanung und Korruption gibt es etliche gute Argumente gegen den Yangzi-Staudamm. Die Erfahrungen im Rahmen anderer großer Staudammprojekte, vor allem am Assuan-Staudamm, lassen bezweifeln, dass der reibungslose Betrieb des Yangzi-Kraftwerkes gewährleistet werden kann. Vor allem die Verschlammung von Reservoir und Turbinen könnte sich trotz modernster Technik und der unternommenen Gegenmaßnahmen als großes Problem erweisen, ebenso wie die Trinkwasserqualität im Oberlauf, der Anstieg der Flutgefahr oberhalb des Staudammes, von den Folgen für das Ökosystem der Region ganz zu schweigen. Doch um die möglichen Folgen eines Staudammprojektes dieser Größe einzuschätzen, fehlen sowohl Erfahrungen als auch ausreichende Rechenmodelle, die die Komplexität dieses Vorhabens erfassen würden. Dass eine künstliche Wasserfläche dieser Größe Auswirkungen auf das Klima haben wird, ist unbestritten. Unklar ist jedoch, wie einschneidend diese sein werden. Das Schicksal vieler Tierarten, allen voran des Yangzi-Delphins, dessen Aussterben mit dem Bau des Staudammes fast beschlossene Sache ist, scheint unter den gegebenen Umständen kaum mehr der Rede wert zu sein und wird zumindest von chinesischer Seite als Kollateralschaden abgeschrieben, ebenso wie die unschätzbaren Kulturgüter, die seit 2003 unter den Fluten verschwunden sind.

Argumente für den Staudammbau

Warum also baut man den Staudamm, ungeachtet der möglichen wirtschaftlichen, sozialen und ökologischen Folgen? Neben dem naheliegenden Argument der Stromerzeugung geht es vor allem um Flutprävention. Nicht zuletzt die Flut von 1998 hatte den Chinesen wieder einmal deutlich vor Augen geführt, welche Gewalten der Yangzi mit sich bringt. Jeden Sommer tritt der Fluss durch die Monsunregenfälle im Himalaya über die Ufer und bedroht die Städte, Dörfer und Felder an Mittel- und Unterlauf. Mehr als 7000 Tote waren 1998 zu beklagen, während der Jahrhundertflut 1931 kamen nach Schätzungen 140 000 Menschen ums Leben und mehr als 40 Millionen wurden obdachlos. Durch den Bau des San-Xia-Dammes verspricht man sich eine effektivere Kontrolle der sommerlichen Fluten.

Flutungsmarke

Was ökonomisch durchaus verständlich ist, sorgt bei den Bewohnern flussaufwärts der Staumauer nicht gerade für Begeisterung. Was es bedeutet, am falschen Ende der Prioritätenliste zu stehen, hat 2005 die Kleinstadt Shigu in Yunnan zu spüren bekommen, als aufgrund der geringeren Abflussgeschwindigkeit die Wassermassen des Yangzi ungewöhnlich hoch stiegen und den Ortskern fast vollständig überfluteten.

Als weiteres Argument für den Staudammbau wird oft die Verbesserung des Navigation angeführt. Tatsächlich wird ab 2009 die Fahrtzeit der Schiffe zwischen Wuhan und Chongqing um einige Stunden verkürzt werden und Schiffe bis 10 000 Bruttoregistertonnen ganzjährig die Millionenmetropole am Oberlauf erreichen können. Für Chongqing und die Drei-Schluchten-Region bedeutet dies sicherlich eine deutlich bessere Anbindung an die boomende Küstenregion und wirkt sich schon jetzt in einem wesentlich höheren Wirtschaftswachstum aus. Letzter Punkt sorgt auch vor allem dafür, dass entlang des Yangzi die Meinungen über das Staudammprojekt zunehmend positiver werden, auch wenn in den Nebentälern, an denen der wirtschaftliche Aufschwung weiterhin vorbeigeht, der bescheidene Wohlstand in den auf Hochglanz polierten umgesiedelten Städten mit Argwohn und Neid beäugt wird. Im Großen und Ganzen hat man sich jedoch mit dem Staudamm arrangiert und ist nun stolz auf das Projekt, das Chinas wirtschaftlichen Aufstieg symbolisiert.

▶ Karte S. 348

Besichtigung des Staudammes

Die wahre Dimension des Staudammprojektes lässt sich nur während der etwa dreistündigen Rundfahrt über die Baustelle ermessen. Zumeist fahren die Busse zuerst von der Anlegestelle unweit der neuen Yangzi-Brücke zu der auf 280 Metern gelegenen **Aussichtsplattform** (Tanzi Ling 坛子岭). In einem kleinen Museumsgebäude befindet sich ein Modell des Areals sowie ein Buchladen, wo Sie neben Postkarten und Drei-Schluchten-Zigaretten auch mehrere, teilweise deutschsprachige Publikationen zum Yangzi und zum Staudammprojekt finden, unter anderem das offizielles Faktenbuch des Projektes. Die Aussichtsplattform ist als Parkanlage gestaltet, der große konisch zulaufende geschliffene Felsen in der Mitte eines kleinen Brunnens ist von gleicher Größe und Art wie die Bauelemente, die man zum Blocken des Yangzi in den Fluss geworfen hat, damit sie sich verkeilen und einen Damm bilden.

Von der Parkanlage geht es mit dem Bus zur Dammbesichtigung. Hier sollten Sie auf jeden Fall darauf achten, dass Ihr Schiff die Baustelle am Vormittag oder frühen Mittag anläuft. Täglich sind nicht mehr als 1000 Besucher auf der **Staumauer** zugelassen. Das klingt viel, die zulässige Zahl wird aber meist schon am frühen Nachmittag erreicht. Bevor die Besucher den Damm betreten, müssen sie alle scharfen metallischen Gegenstände sowie Taschentücher, unbenutzt oder gebraucht, abgeben sowie durch einen Metalldetektor laufen. Warum Taschentücher eine Gefahr für den Damm darstellen, können auch die Sicherheitskräfte nicht erklären. Vielleicht hat man Angst davor, dass sich die Langnasen das große Riechorgan zu laut putzen.

Auf dem Damm angelangt, steigt man in kleine offene Elektroautos um und wird auf die Mitte des Dammes gefahren. Hier kann man an den Austrittsluken der Turbinenschächte sehen, mit welch immensem Druck das braune Yangzi-Wasser aus der Staumauer schießt. Fotografieren und Filmen ist auf dem Staudamm erlaubt und erwünscht.

Der letzte Besichtigungspunkt ist die **Uferpromenade** unterhalb der Staumauer, von der man den besten Blick auf das imposante Bauwerk hat. Eine Besichtigung der **Schleusen** ist im Programm nicht enthalten, hierzu hat man noch reichlich Gelegenheit, wenn die Schiffe in insgesamt zweieinhalb Stunden die fünf Schleusenstufen durchfahren. Jede der Schleusen ist 280 Meter lang und 34 Meter breit und kann bei 5 Metern Tiefe Schiffe von bis zu 10 000 BRT aufnehmen. Bis 2013 soll außerdem ein Schiffshebewerk mit einer Hebestrecke von 113 Metern fertiggestellt sein, mit dem Schiffe von bis zu 3000 BRT in einer knappen Stunde den Damm passieren können.

Neue Häuser in Fengjie

Die Östliche Xiling-Schlucht

Die Szenerie der Östlichen Xiling-Schlucht wurde von der Flutung 2003 nicht beeinträchtigt, da sie unterhalb des Staudammes liegt. Zudem wurde dieser Abschnitt der Drei Schluchten bereits Anfang der 1980er Jahre im Zuge des Baus des **Gezhou-Dammes** (Gezhouba 葛洲坝) bei Yichang geflutet. Allerdings stieg der Wasserpegel hier nur um 20 Meter, und knapp 1000 Menschen mussten umgesiedelt werden.

Auch die 28 Kilometer lange Östliche Xiling-Schlucht teilt sich in mehrere Teilschluchten. Auf Höhe des Huangling-Tempels beginnt die **Schlucht des Gelben Ochsen** (Huangniu Xia 黄牛峡), benannt nach dem bereits erwähnten Berg an ihrer südlichen Flanke.

Nach etwa 20 Minuten Fahrt erreicht man die **Schlucht des Schattenspiels** (Dengying Xia 灯影峡), die ganz im Zeichen des historischen Romans ›Die Reise in den Westen‹ steht: Etwa einen Kilometer nach einer abrupten 90-Grad-Biegung sieht man am Gipfel eines der niedrigeren Berge am südlichen Ufer eine Ansammlung von vier großen Steinen, die wie eine Prozession oder Wandergesellschaft aussehen. Vorneweg marschiert der Affenkönig, hinter ihm reihen sich der legendäre Mönch Xuanzang, der schweinegesichtige, auf einem Pferd reitende Zhu Bajie und der das Gepäck tragende Wasserdämon Sha Wujing ein. In der untergehenden Sonne wirken die steinernen Gesellen wie Fi-

Der Huangling-Tempel

guren aus einem Schattenspiel, daher der Name der Schlucht.

Kurz nach der in Stein gegossenen Romanszene macht die Schlucht eine letzte scharfe Linkskehre. Das **Dorf Shibei** hat seit 1939 Heldenstatus inne; hier schlugen die zahlenmäßig unterlegenen chinesische Truppen die anrückenden Japaner bei ihrem Versuch, die provisorische Hauptstadt Chongqing zu erreichen, endgültig zurück. Eine Stele erinnert heute noch an den glorreichen Sieg, der den japanischen Truppen den Weg ins Landesinnere versperrte.

Kurz hinter Shibei beginnt das letzte Teilstück der Xiling Xia, die **Schlucht der Gelben Katze** (Huangmao Xia 黄猫峡), für die man wieder etwas Phantasie mitbringen muss; für die namensgebende Steinformation in der Form einer Katze ebenso wie für den Stein des fischenden Qi Taigong, der vage der Figur eines angelnden alten Mannes mit gelben Hosen gleicht.

▲ Karte S. 348

Nachdem die Boote den angelnden Mandarin passiert haben und eine Seilbahn den Fluss überspannt, weitet sich der Yangzi dramatisch, und in der Ferne sind bereits Yichang und der Gezhou-Damm zu sehen. Hier, am sogenannten **Pass der Südlichen Passage** (Nanjin Guan 南津关) enden die Drei Schluchten, und der Mittellauf des Yangzi beginnt.

■ Höhle der Drei Reisenden

Am nördlichen Ufer liegt die Höhle der Drei Reisenden (Sanyou Dong 三游洞), die seit kurzer Zeit immer öfter auf dem Besichtigungsprogramm der Kreuzfahrtschiffe steht, während sie bis 2003 zumindest von auf westliche Touristen ausgelegten Schiffen so gut wie nie angesteuert wurde. Umso beliebter war die Höhle seit der Tang-Dynastie bei Chinas dichtender Elite. Die mutmaßlichen Entdecker waren der berühmte Dichter Bai Juyi, sein Bruder Bai Xingjian und deren gemeinsamer Freund Yuan Zhen. »Welcher Ort auf dieser Erde könnte schöner sein«, hinterließ Bai Juyi bei seinem ersten Besuch 819 an der Höhlenwand und war der erste in einer langen Reihe von Poeten, die hierher kamen und der frühchinesischen Form des Graffiti frönten. Die drei ersten Besucher standen Namenspate und sind heute noch als Statuen in der Höhle der Drei Reisenden zu bewundern, diese allerdings sind neueren Datums. Die Höhle selbst ist eher uninspirierend, ihre Lage oberhalb des malerischen Tals eines kleinen Nebenflusses des Yangzi lohnt aber einen kleinen Spaziergang durch die umgebende Parkanlage. An die vielen literarischen Besucher erinnert eine kleine Installation aus Marmor- und Granitsteinen, auf denen die individuell gestalteten Stempel, in China früher gleichbedeutend mit der Unterschrift, mehrerer Generationen von chinesischen Dichtern, Philosophen und Künstlern eingraviert sind.

Auf der Anhöhe über dem Yangzi thront der **Chu-Sai-Turm** (Chu Sai Lou 楚塞楼), in früheren Zeiten Teil der Befestigungsanlage am Eingang der Drei Schluchten, heute Ort einer stündlicher Musikaufführung, die sich an die Kultur des Ba- und des Chu-Reiches anlehnt.

Unbestrittener Höhepunkt der Besichtigung ist allerdings die **Zhanfei-Terrasse** (Zhanfei Tai), von der man, gutes Wetter vorausgesetzt, einen phantastischen Blick auf die Xiling-Schlucht hat. Eine Statue des Generals blickt heroisch in die Ferne und eine Stele verkündet den Beginn der Drei Schluchten. Von hier brachen Dichter und Generäle gleichermaßen in das große Abenteuer auf, das eine Fahrt ins abgelegene Landesinnere noch bis vor 100 Jahren bedeutete.

Für den von Chongqing kommenden Reisenden heißt es nun Abschied nehmen von der faszinierenden Schluchtenwelt des Yangzi. Vor ihm liegt die breite Ebene des Mittellaufs, die Kornkammer Chinas.

Die Drei Reisenden in der gleichnamigen Höhle

Wuhan

Wuhan 武汉 gehört heute zu den am meisten unterschätzten Metropolen Chinas. Ausländischen Studenten blieb Wuhan in den 1980er und 1990er Jahren als smogbedeckter Moloch im Gedächtnis, der neben der ersten Brücke über den Yangzi nur noch durch das ausgezeichnete Zhongde Pijiu (Steinbräu-Bier) beeindrucken konnte, lange Zeit das beste in der Volksrepublik China gebraute Bier, bevor Budweiser USA die Brauerei nebst dazugehöriger Bierakademie von der deutschen Spaten übernahm und nun ein dem Yangzi-Wasser ähnliches Getränk herstellt. Während das Bier in der Sechs-Millionen-Metropole am Zusammenfluss von Yangzi und seinem größten Nebenfluss, dem Han-shui, nicht unbedingt besser geworden ist, hat sich Wuhan durchaus gemausert und verströmt nun mehr als nur den Hauch von Industrienebel. Der Donghu (Ostsee)-Park, ein großzügig angelegtes Erholungsgebiet am östlichen Stadtrand ist die grüne Lunge der Stadt, die sich anschickt, das Image der grauen Riesenmaus abzulegen. Nach umfangreichen Restaurationsanstrengungen Anfang des neuen Jahrtausends ist das koloniale Erbe der Stadt ähnlich sehenswert und weitaus originaler als sein Pendant in Shanghai. Und das Provinzmuseum ist ein leider oft missachtetes Juwel, das allein den Besuch in der Stadt lohnt.

Geschichte

Ursprünglich bestand Wuhan aus drei unabhängigen Städten.

Wuchang, der älteste, östlich des Yangzi gelegene Stadtteil, kann auf eine über 2000 Jahre lange Geschichte zurückblicken und rivalisierte zur Zeit der Streitenden Reiche (475–221) mit Jingzhou um den Hauptstadtrang des Staates Chu. Bereits in der Song-Dynastie (960–1279) erhielt Wuchang den Rang einer Präfektur und war spätestens ab der Yuan-Dynastie (1271–1368) eine bedeutende Handelsmetropole und Verkehrsknotenpunkt.

Hanyang, im Jahre 621 westlich des Yangzi und südlich des Han-Flusses gegründet, war wie auch die Nachbarstadt Wuchang von einer imposanten Stadtmauer umgeben. Teile der Mauer sind heute noch auf Höhe des Holiday Inn Riverside Hotels zu sehen. Bereits zu Zeiten der Ming-Dynastie (1368–1644) verlagerte sich das ökonomische Zentrum der Region immer mehr nach Hanyang. Beide Städte wurden jedoch wären der Taiping-Rebellion (1850–1864) arg in Mitleidenschaft gezogen, als sie in erbitterten Kämpfen binnen vier Jahren sechsmal den Besitzer wechselten.

Hankou als jüngster Stadtteil ist jedoch vor allen Dingen ein Produkt der Kolonialmächte. Durch den Vertrag von Tianjin wurde Hankou 1960 als Vertragshafen ausgewiesen und in je eine englische, französische, russische, japanische und deutsche Konzession aufgeteilt. Auch wenn Hankou sich seit seiner Gründung im 15. Jahrhundert bis Mitte des 19. Jahrhunderts von einem Fischerdorf zu einer kleinen aufstrebenden Stadt gemausert hatte, führten vor allem die massive Präsenz ausländischen Kapitals und der Ausbau des Hafens dazu, dass Hankou schon Anfang des 20. Jahrhunderts die größte Stadt der Region war. Das erste moderne Stahlwerk Chinas wurde 1891 in Hanyang errichtet. Damit war Wuhan neben Shanghai die einzige chinesische Stadt mit nennenswerter Industrie und einem großen Reservoir von Fabrikarbeitern.

Kolonialgebäude in der Fußgängerzone

Karte S. 368

Es verwundert wenig, dass die Stadt über Jahrzehnte hinweg Brennpunkt sozialer Bewegungen war und die Kommunistische Partei in den 1930er Jahren in Wuhan eine ihrer größten Basen hatte. Unzumutbare Lebensbedingungen, ausländischer Einfluss und neue Ideologien führten zu einem der Schlüsselmomente der neueren chinesischen Geschichte: Im Jahre 1911 endete mit dem Aufstand der Eisenbahnarbeiter von Wuchang die Kaiserherrschaft in China.

Auch in der Folgezeit war Wuhan Brennpunkt der chinesischen Geschichte. Zweimal, von 1926 bis 1927 während des Nordfeldzuges und dann 1937 bis 1938, war die Stadt provisorischer Regierungssitz. Von 1938 bis 1945 von den Japanern besetzt, war Wuhan eine der letzten Städte, die 1949 von der kommunistischen Armee erobert wurde. Die Guomingdang zog sich weiter ins Landesinnere zurück und musste wenig später ihre Niederlage eingestehen. Seit Gründung der Volksrepublik China 1949 heißt die Stadt auch offiziell Wuhan, obwohl der Name bereits einige hundert Jahre zuvor in Gebrauch war. Die Zeichen für Wuhan (武汉) setzten sich aus den Einzelzeichen der Stadtteile Hankou

Alt und neu an der Yangzi-Promenade

(汉口), Hanyang (汉阳) und Wuchang (武昌) zusammen.

Heute liegt Wuhan nicht nur am Zusammenfluss von Yangzi und seinem größten Nebenfluss, dem Hanshui, sondern auch am Kreuzungspunkt zwei der wichtigsten Eisenbahnlinien des Landes. Neben der traditionellen Schwerindustrie haben sich in den letzten Jahren auch High-Tech-Firmen sowie ausländische Investoren wie Budweiser und Citroën in der Stadt angesiedelt. Wundern Sie sich folglich nicht, wenn auf den Straßen kaum andere Autos als die des französischen Herstellers zu sehen sind. Vom Bier war ja bereits die Rede.

Hankou

Auch wenn viele der Sehenswürdigkeiten Wuhans weit über das Stadtgebiet verteilt sind, empfiehlt sich dennoch ein Spaziergang zwischen Konsum und Kolonialerbe durch das Kolonialviertel Hankous. Idealerweise beginnt ein solcher Spaziergang am Hankouer Hafen, an dem auch die Kreuzfahrtschiffe anlegen.

Uferpromenade

Entlang des Yangzis führt seit Anfang des 21. Jahrhunderts eine als Park angelegte Uferpromenade, dort, wo früher die Hafenmärkte standen. Folgt man der Promenade einen knappen Kilometer in Richtung Norden und überquert die Ufermagistrale (Yanjiang Dadao 沿江大道), so steht man vor einem roten Gebäude mit großen Rundbögen und klassischen Säulen. In der ehemaligen französischen **Banque de L'Indochine** ist heute ein Café untergebracht.

Folgt man nun der Uferzeile zurück in Richtung Hafen, so passiert man die am besten erhaltenen Gebäude der Wuhaner Kolonialarchitektur. An der Ecke Yanjiang Dadao und Chezhan Lu 车站路 steht das **ehemalige amerikanische Konsulat**, heute der ›Wuhaner Talentmarkt‹, wie die großen Buchstaben auf dem Dach verkünden, zu Deutsch: das Arbeitsamt. Das einem aus roten Ziegeln gebauten Schloss ähnelnde Gebäude wurde 1905 fertiggestellt und 1998 aufwendig restauriert.

Einige Häuser weiter steht ein hohes gelbes Gebäude, vor dem fünf in Metall gegossene junge Pioniere eine chinesische Flagge hissen. Bei seiner Fertigstellung 1896 beheimatete das Haus die russische Dao Sheng Bank, bis Mitte der 1920er Jahre die Volkspartei (Guomindang) das Gebäude übernahm und es als Verwaltungsgebäude nutzte. Für kurze Zeit von 1926 bis 1927, als der linke Flügel der Guomindang Wuhan als provisorischen Regierungssitz betrachtete, wohnte hier die Witwe Sun Yat-sens, Song Qingling. Der zweite Stock, in dem sie ihre Wohnung hatte, ist deshalb heute als kleines **Song-Qingling-Museum** ausgewiesen.

Nach weiteren 100 Metern kommt man zu drei großen freistehenden Gebäuden,

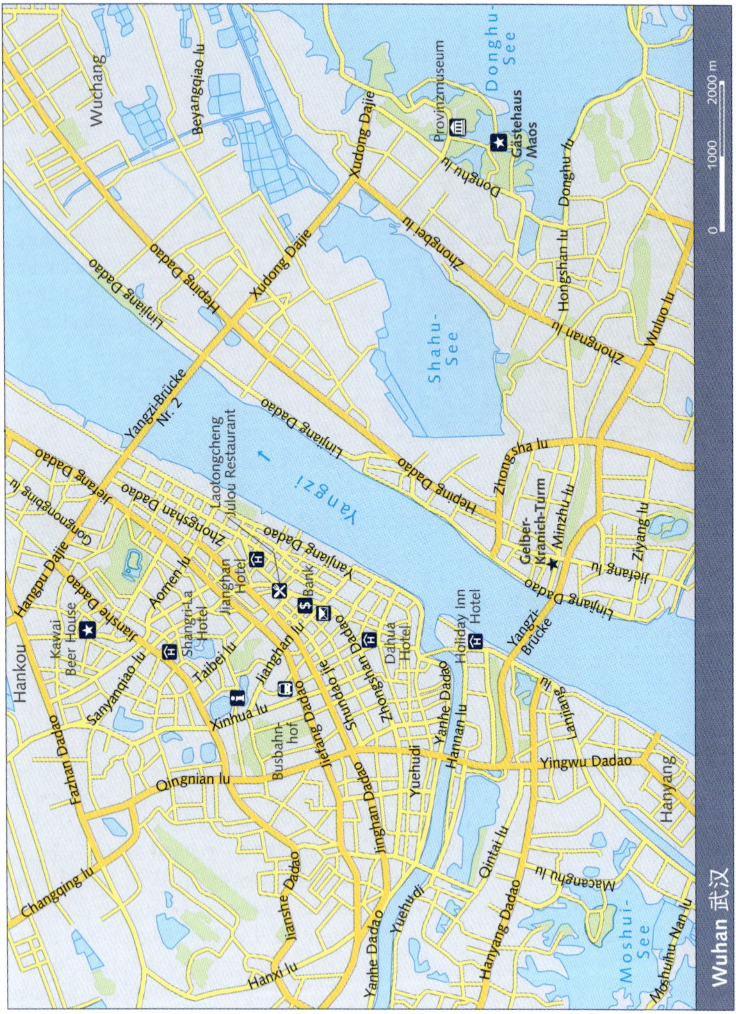

die zu Kolonialzeiten jeweils Banken beherbergten. Zuerst erreicht man die ehemalige **Hongkong and Shanghai Bank of China**, heute Sitz der chinesischen Everbright Bank, von 1914 bis 1918 im neoklassizistischen Stil erbaut, dann die 1921 fertiggestellte **National City Bank of New York**, und schließlich die ehemalige **Yokohama Specie Bank**, heute Heimat einer Immobiliengesellschaft.

Von hier sieht man bereits den **Uhrenturm des Custom House**, zwischen 1922 und 1924 im Auftrag der britischen Konzession gebaut. Auch heute befindet sich der Wuhaner Zoll in dem

Die ehemalige Banque de L'Indochine

Gebäude, und das Glockenspiel intoniert wie zu alten Zeiten zu jeder vollen Stunde die Melodie des Big Ben in London.

Fußgängerzone

Rechter Hand des Zollgebäudes beginnt mit der Jianghan Lu 江汉路 die Fußgängerzone Wuhans, im Jahre 2000 nach einjähriger Umgestaltung eröffnet. Die teils von Kolonialgebäuden, teils von modernen Hochhäusern gesäumte Straße ist Wuhans zentrale Flaniermeile und bietet von Benetton bis McDonalds allen Konsumhungrigen ein des Abends auch noch in allen Bonbonfarben beleuchtetes Fest.

Wer etwas Handfestes zwischen den Zähnen sucht, begibt sich besser in eine der linken Nebengassen, wo kleine Garküchen mit Maultaschen und Nudelsuppen die lokale Kundschaft in Massen anlocken. Das kleine Viertel zwischen der Fußgängerzone und der etwa 300 Meter entfernt in deren Süden parallel verlaufenden Minsheng Lu 民生路 ist eine der wenigen alten chinesischen Wohngegenden, die noch erhalten sind in der Innenstadt, und wird wohl in den nächsten Jahren der Abrissbirne zum Opfer fallen.

Am Eingang der Fußgängerzone erinnert ein **Denkmal** mit fünf sich erhebenden, die Faust in die Höhe streckenden Arbeitern an den Wuchang-Aufstand von 1911, der das Ende des chinesischen Kaiserreiches einläutete.

Ehemaliges Konzessionsgebiet

Geht man die Fußgängerzone ein Stück in Richtung Westen und biegt dann in eine der nördlichen Nebenstraßen, so befindet man sich in dem alten Konzessiongebiet, in dem die im Vergleich mit Shanghai ungleich kleineren ausländischen Konzessionen ihre Heimat hatten. Auch wenn einzelne Häuser in den letzten Jahren restauriert wurden, kann

Garküchen im alten Konzessionsgebiet

man, denkt man sich die Autos weg, durchaus einen Blick in das Wuhan der 1920er Jahre werfen. Vor allem am frühen Abend lohnt sich der Spaziergang durch die alten Kolonialviertel, in denen sich Dutzende gute und preiswerte Restaurants sowie etliche Straßenmärkte finden. Vor allem die **Shengli Lu** und ihre Neben- und Parallelstraßen eignen sich ausgezeichnet für einen kleinen Erkundungsspaziergang, bei dem man sich durchaus einmal ziellos treiben lassen sollte. Verlaufen kann man sich dabei kaum. Das Konzessionsgebiet wird im Norden von der Zhongshan Dadao 中山大道 begrenzt, dahinter beginnt das moderne Wuhan mit der Hochbahn und der High-Tech- und Finanzmeile Jiefang Dadao 解放大道. Und in östlicher Richtung erreicht man nach weniger als einem Kilometer wieder den Yangzi.

Hanyang

Doch nicht nur der Stadtteil Hankou mit seinem kolonialem Erbe lohnt den Besuch. Auch in Hanyang 汉阳, von Hankou aus über zwei Brücken oder mit der Personenfähre zu erreichen, gibt es einiges zu sehen. Bevor Sie jedoch von Hankou nach Hanyang fahren, empfiehlt sich noch ein Abstecher zu den **Hafenmärkten**, die von der Mündung des Han-Flusses in den Yangzi auf Höhe der Kreuzung Yanjiang Dadao und Minzu Lu 民族路 bis zur ersten Brücke über den Hanshui etwa einen Kilometer stromaufwärts reichen. Wuhan ist der größte Binnenhafen Chinas, und die meisten für das chinesische Hinterland bestimmten Waren werden zumindest bis zur endgültigen Fertigstellung des San-Xia-Projektes in Wuhan gelöscht und auf den Hafenmärkten auf Lastwagen umgeladen. Alles, was absichtlich oder unabsichtlich vom Lieferwagen fällt, wird auf einem weniger als einem Quadratkilometer großem Areal Großhändlern wie Endkunden feilgeboten. Von der simplen Schraube bis zum Designer-Anzug wird hier alles verkauft, teils in kleinen Klitschen, teils in riesigen Warenhäusern. Und auf den Obst- und Gemüsemärkten gibt es so manch exotische Frucht zu sehen, die im Westen unbekannt ist.

▲ Karte S. 368

■ Guiyuan-Tempel

Der Ausflug nach Hanyang lohnt sich für einen Besuch des Guiyuan-Tempels (Guiyuan Si 归元寺). Der ursprünglich bis ins 17. Jahrhundert zurückgehende zen-buddhistische Tempel wurde nach 1895 ausgebaut und stand in der Kulturrevolution unter dem Schutz des damaligen Premierministers Zhou Enlai, so dass es sich bei den Gebäuden und der Innendekoration tatsächlich meist noch um die Originale handelt.

Prunkstück des Tempels ist die **Halle der 500 Luohan** (Arhaten) im linken Seitenflügel des Tempels. Die 500 lebensechten Figuren, bei denen bei einigen die Phantasie des Künstlers offensichtlich durchging, wurden von 1822 bis 1831 erschaffen und Ende der 1990er Jahre aufwendig restauriert. Wünscht der Gläubige eine Weissagung, so geht er in die Luohan-Halle, zählt von einem beliebigen Arhaten angefangen, Frauen nach rechts, Männer nach links, das eigene Lebensalter ab und bleibt dann bei derjenigen Figur stehen, die der abgezählten Zahl entspricht. Eine Nummer unter der Figur identifiziert den Luohan und korrespondiert mit einer Weissagungskarte, die man für einen Obolus von drei Yuan vor der Luohan-Halle erstehen kann. Die Karte weissagt einem dann die Zukunft – vorausgesetzt, man versteht klassisches Chinesisch.

Neben dem **Hauptgebäude des Tempels**, in dem sich die übliche Trinität des historischen Buddhas in der Mitte, und der Buddhas des vergangenen und des zukünftigen Weltenzirkels zu seiner rechten und beziehungsweise linken Seite befindet, ist vor allem der rechte Seitenflügel des Tempels von Interesse. In der **Halle der Schriftensammlung** (Cangjing Ge) ist die lebensgroße Figur eines sitzenden Buddhas ausgestellt. Vor dem Betreten dieser Halle muss man, in China sonst nicht üblich, die Schuhe ausziehen. Der Legende nach wurde die Figur des historischen Buddhas Sakyamuni zusammen mit drei anderen Jadefiguren Anfang des 20. Jahrhunderts als Geschenk aus Burma nach China gebracht. Zwei der vier Figuren befinden sich im Jadebuddhatempel in Shanghai, die vierte ist angeblich verschollen.

Im Guiyuan-Tempel

Haben Sie nach der Besichtigung des Guiyuan-Tempels noch ein wenig Zeit, so empfiehlt sich die Besichtigung des **Bonsaigartens** direkt gegenüber dem Haupteingang, der nicht nur einige besonders schöne Exemplare der ›Landschaften im Pott‹ zeigt, wie Bonsais im Hochchinesischen heißen, sondern auch einige geologische Besonderheiten aus der Umgebung Wuhans ausstellt.

Wuchang

Den Stadtteil Wuchang erreichen Sie von Hanchang über die große **Yangzi-Brücke**, die in der Geschichte Chinas einen besonderen Status besitzt. Die 1957 fertiggestellte, 80 Meter hohe und 1670 Meter lange zweistöckige Brücke war nicht nur die erste Brücke über den Yangzi überhaupt, chinesische Ingenieure brachten sogar das Kunststück fertig, die Brücke eigenständig fertigzustellen, nachdem die sowjetischen Kollegen in der fortgeschrittenen Planungsphase aufgrund des Bruchs zwischen der Volksrepublik China und der Sowjetunion das Weite gesucht und die Konstruktionspläne mitgenommen hatten. Zusammen mit der großen Yangzi-Brücke in Nanjing, die 1968 eingeweiht wurde, ist die Brücke in Wuhan sowohl Symbol der chinesischen Unabhängigkeit als auch der Verbindung zwischen Nord- und Südchina. Bis 1957 gab es auf der gesamten Länge des Yangzi keine Brücke über den Fluss. Passagiere der 1904 fertiggestellten Eisenbahnlinie von Beijing nach Kanton mussten in Hankou aussteigen, den Yangzi mit der Fähre überqueren und konnten erst dann ihre Reise in Richtung Südchina fortsetzen.

Dachdrache vor der Kulisse der Yangzi-Brücke

■ Turm des Gelben Kranichs

Erreicht man den Stadtteil Wuchan g武昌, so sieht man bereits den Turm des Gelben Kranichs (Huanghe Lou 黄鹤楼), der auf dem Schlangenberg (Sheshan 蛇山) am Ufer des Yangzi thront. Auch wenn der heute existierende 51 Meter hohe Turm erst 1985 gebaut wurde, geht die Geschichte des Turmes bis ins 3. Jahrhundert n. Chr. zurück. Ursprünglich als Militärposten unter Sun Quan während des Konfliktes der Drei Reiche gebaut, rankten sich schon bald unzählige Legenden um den Turm. Eine, die dem Turm den Namen gab, erzählt von einem Unsterblichen namens Fei Yi, der die Gewohnheit hatte, an den Ufern des Yangzi in Wuchang spazierenzugehen. Mit Vorliebe kehrte er dabei in eine kleine Gastwirtschaft ein und labte sich an dem ausgezeichneten Schnaps, den der Wirt ihm, obwohl er nie bezahlte, über die Jahre bereitwillig ausschenkte. Eines Abends sagte Fei Yi zu dem Wirt: »Ich schulde Dir soviel Geld, heute werde ich Dich bezahlen.« Daraufhin malte er einen gelben Kranich an die Wand hinter der Theke und erklärte dem verdutzten Wirt, er brauche nur in die Hände zu klatschen und schon finge der Kranich an zu singen und zu tanzen. Auch wenn er den Worten des Betrunkenen nicht allzu großen Wahrheitsgehalt beimaß, klatschte der Wirt in die Hände, und der Kranich legte tatsächlich eine flotte Tanz- und Gesangsnummer auf das Kneipenparkett. Dies sprach sich herum, und so hatte der Wirt seine Gaststätte stets voller Gäste und wurde ein reicher Mann. Nach vielen Jahren kehrte Fei Yi zurück und fragte den Wirt, ob er seine Zeche nun bezahlt hätte. Als dieser freudig bejahte, flog Fei Yi auf dem Rücken des Kranichs davon. Mit dem verdienten Geld baute der Wirt aus Dankbarkeit den Turm des Gelben Kranichs.

In der Realität wurde der Turm mehrere Male zerstört und in veränderter Form wiederaufgebaut. Eine ausführliche Darstellung der Geschichte des Turmes findet sich in dessen Inneren. Von der Spitze des Turmes hat man, so es der Wuhaner Smog zulässt, einen fantastischen Blick auf Wuhan und den Yangzi, so dass die immerhin 50 Yuan Eintrittsgeld gut angelegt sind.

Der Turm des Gelben Kranichs

▲ Karte S. 368

Provinzmuseum

Ebenfalls in Wuchang liegt die Hauptattraktion Wuhans, das Provinzmuseum (Hubei Sheng Bowuguan 湖北省博物馆). Der 1999 errichtete Neubau am Ostsee (Donghu 东湖) beherbergt die archäologischen Funde aus dem Grab des Fürsten Yi von Zeng. Als dieser 433 vor Christus verstarb, wurde er nicht nur mit seinen Konkubinen und seinem Schoßhund begraben, sondern nahm auch Waffen, Musikinstrumente sowie allerlei das Leben im Jenseits versüßende Dinge mit ins Grab.

Den Rundgang durch die museumstechnisch ausgezeichnet gestaltete Ausstellung beginnt man am besten am **linken Eingang der Ausstellungshalle** im Erdgeschoss, der man dann im Uhrzeigersinn folgt. Zuerst sieht man auf der linken Seite ein kleines Modell des 1978 im Nordwesten Wuhans gefundenen Grabes. An den Wänden zeigen historische Schwarzweißfotos die Fundstelle und die Ausgrabungen.

Ein wenig weiter kann man die nach dessen Schädelknochen rekonstruierte **Büste des Fürsten Yi** bewundern. Der etwa 1,65 Meter große Mann starb wahrscheinlich im Alter von knapp über 40 Jahren eines natürlichen Todes. Hinter der Büste steht eines der Prunkstücke der Ausstellung: Eine 1,43 Meter hohe **Bronzefigur eines Kranichs mit Hirschgeweih**, ein Fabelwesen, das als Symbol für langes Leben galt. Direkt gegenüber sind die **Außen- und Innensärge** des Verstorbenen sowie die einfacheren Särge einiger seiner Konkubinen ausgestellt. Die mit rot-schwarzen Lack bestrichenen massiven Holzsärge des Fürsten weisen kleine aufgemalte Fenster auf. Auf diese Weise, so glaubte man, war die Seele des Verstorbenen nicht in dem Sarg gefangen.

So ist der Rest der Ausstellung auch den Vergnügungen gewidmet, die dem Verstorbenen im Jenseits mit seinen **Grabbeigaben** gewährt wurden. Die ausgestellten Bronzegefäße dienten allesamt den leiblichen Genüssen. Neben Weingefäßen und Picknickkörben finden sich hier auch ein kunstvoll ziselierter Weinfilter, ein Weinkühler sowie ein tragbarer Grill. Die kunstvollen Verzierungen der Gebrauchsgegenstände weisen auf eine äußert hoch entwickelte Bronzegußtechnik hin.

Neben den leiblichen durften jedoch auch die geistigen Genüsse im Jenseits nicht zu kurz kommen. Die letzte Ausstellungshalle im Erdgeschoss ist den **Musikinstrumenten** vorbehalten, von denen insgesamt 125 in dem Grab gefunden wurden. Vor allen ein 65 zweitönige Bronzeglocken umfassendes reich verziertes **Glockenspiel** mit einem Tonumfang von zehn Oktaven gilt als Sensation. Wie auch die anderen bronzenen Grabbeigaben sind die Glocken Meisterwerke der Bronzegießerkunst. Die größte der Glocken wiegt 204 Kilogramm und ist 1,53 Meter lang. Durch Inschriften auf den großen Glocken konnte man die Spielweise rekonstruieren. Mit Holzbalken und Hämmerchen angestoßen, produziert jede der großen und mittleren Glocken zwei Töne, je nachdem, ob man sie von vorne oder von der Seite anschlägt. Nach der Restauration war das Originalglockenspiel wieder spielbar, heute kann man während einer kurzen Aufführung in einem kleinen Theatersaal im linken Seitenflügel des Museums die polyphone Klangfülle eines Nachbaus bewundern.

Eine ausgezeichnete Aufnahme ausgesuchter auf dem Original gespielter Stücke kann man auch in dem **Museumsshop** im zweiten Stock des Museums als CD erwerben. Ebenfalls im zweiten Stock werden die im Grab gefundenen **Waffen** sowie **Lackwaren** ausgestellt, unter anderem ein Mandarinentenpärchen, ein Symbol der Treue, sowie filigrane Jadeschmuckarbeiten. Durch ein Oberlicht blickt man vom zweiten Stock in die Ausstellungshalle des Erdgeschosses und kann so das Glockenspiel noch einmal aus der Vogelperspektive bewundern. Fotografieren ist im Provinzmuseum erlaubt, einen sehr schönen zweisprachigen, chinesisch-englischen Bildband kann man für 150 Yuan im Museumsshop erstehen. Augenblicklich wird das Museum um einen großen Neubau erweitert, es ist geplant, die Ausstellung dementsprechend auszuweiten, da von den insgesamt 15 000 Fundstücken des Grabes des Fürsten Yi bis heute die meisten noch in den Archiven des Museums lagern.

Ostsee

Um die überwältigenden Eindrücke des Museums zu verarbeiten, empfiehlt sich ein Spaziergang am Ostsee (Donghu), an dessen Ausläufern das Museum liegt. Hier wandeln Sie auf den Spuren des Großen Vorsitzenden Mao Zedongs, der sich in politisch kritischen Situationen mit Vorliebe in sein Gästehaus am Ostsee zurückzog und über seine weitere Strategie nachsann.

Wuhan

Vorwahl: +86/27.

Post: Zhongshan Dadao 中山大道, gegenüber der Bank of China.

Bank: Bank of China, Ecke Zhongshan Dadao 中山大道 und Jianghan Lu 江汉路, Hankou.

Reisebüro: CITS, Taibei Yilu 台北一路 26, Tel. 85 78 41 25.

Direktflüge von Hongkong, Beijing, Shanghai, Xi'an, Kunming und Kanton.

Wuhan ist wichtigster Eisenbahnkreuzungspunkt Chinas. Die Reise nach Beijing dauert 9, nach Shanghai 5 (ab Hankou-Bahnhof!), nach Kanton (Guangzhou) mit der neu eröffneten Schnellbahnstrecke 4,5 und nach Xi'an 12 Stunden. Der Bahnhof Han-kou liegt etwas außerhalb des Stadtzentrums an der Fazhan Dadao 发展大路.

Interessante Busverbindungen gibt es nach Yichang (4 Stunden), Changsha (5 Stunden) sowie zum Wudang Shan (9 Stunden). Busverbindungen nach Shanghai und Nanjing existieren, hier ist der Zug aber die bessere Option. Der zentrale Busbahnhof befindet sich an der Jiefang Dadao in Hankou, auf Höhe der Xinhua Lu.

Die Reise den Yangzi flussaufwärts nach Chongqing dauert vier Tage. Tickets gibt es direkt am Hafen oder über CITS. Eine andere interessante Option ist eine Schiffsreise flussabwärts nach Nanjing oder Shanghai, das in 10 bzw. 16 Stunden erreicht wird.

Shangri-la Hotel, 5 Sterne, Jianshe Dadao 700, Tel. 85 80 68 68, www.shangri-la.com. Luxus auf die Spitze getrieben. Von den Zimmern bis zum Restaurant äußerst gelungen.

▶ Karte S. 368

Jianghan Hotel (Jianghan Binguan 江汉宾馆), 4 Sterne, Shengli Jie 胜利街 245, Tel. 82811600, Fax 82814342. Luxushotel in einem renovierten Kolonialgebäude, das einst die französische Botschaft beherbergte. Allerdings nur in den teureren Zimmern Kolonialambiente. Ausgezeichnetes Restaurant.

Pathfinder Youth Hotel (Tanluzhe Guoji Qingnian Lüxingshe 探路者国际青年旅行社), Zhongshan Lu 中山路 368, Tel. 88844092, www.wuhanhostel.com. Recht günstig in der Nähe des Gelben Kranichturmes gelegen, ist die freundliche Jugendherberge die erste Wahl für preisbewusste Reisende.

Fisch steht ganz oben auf der Speisekarte in Wuhan, vor allem Wels aus dem Ostsee (Donghu) ist zu empfehlen. Eine andere lokale Spezialität ist Doupi (豆皮), Tofuhaut, die mit verschiedenen Füllungen serviert wird.

Ausgezeichnetes Essen serviert unter anderem das **Laotongcheng Jiulou** (老同城酒楼) in der Dazhi Lu, Ecke Zhongshan Dadao.

Nachtmärkte mit kleinen Garküchen gibt es in der Minsheng 民生 und der Jianghan Lu 江汉路.

Ausgezeichnetes westliches Essen serviert das **Lobbyrestaurant im Shangri-la Hotel**.

Wuhan ist Sitz einer einst von Deutschland gegründeten, inzwischen aber leider von Budweiser USA übernommenen Bierakademie. Immer noch ausgezeichnetes Bier, unter anderem das einzige in China gebraute Hefeweizen, serviert das **Kaiwai Beer House** (凯威啤酒屋) in der Huangxiaohe Lu 黄孝河路 71, Tel. 82605679.

In der Nähe des Jianghan Hotels ist **God's Music Bar** (Shenqu Jiuba 神曲酒吧) mit täglicher Live-Musik in einer ehemaligen Kolonialkirche eine origineller Ausflug ins Nachtleben. Auch Church Bar genannt, liegt sie in der Chezhan Lu 车站路 25 im Bezirk Hankou, Tel. 82842865.

Der Donghu ist bekannt für seine **Perlenzucht**, bessere Qualität bekommen Sie allerdings in Nanjing oder Guilin. Die Haupteinkaufsstraßen sind die Jiefang Dadao 解放大道 und die Zhongshan Dadao 中山大道. Hier gibt es auch einige Supermärkte und Kaufhäuser.

Granatäpfel

Sichuan und Hunnan sind für scharfes Essen und namhafte Politiker bekannt, in Yunnan und Guangxi leben mehr als 30 der 56 chinesischen Volksgruppen.

Zudem machen mildes Klima und idyllische Landschaften die südwestlichen Regionen zu einem beliebten Reiseziel.

Die Landesmitte und der Südwesten

Die Provinz Sichuan

Sichuan 四川, Chinas größte Provinz, ist ähnlich wie Yunnan eine Provinz der Extreme. Ihr höchster Berg, der Gonggashan 贡嘎山, ragt 7556 Meter in den Himmel und ist der elfhöchste Berg der Erde. Der tiefste Punkt Sichuans liegt gerade einmal auf knapp 100 Meter über dem Meer. Während der Osten der Provinz, das sogenannte ›Rote Becken‹ (Hong Pendi) zwischen Chengdu und dem 1997 selbständig gewordenen Chongqing zu den am dichtesten besiedelten Landesteilen Chinas gehört und etwa 80 Prozent des Sozialproduktes der Provinz erwirtschaftet, erstrecken sich im Westen und Norden Sichuans die unendlichen Weiten des tibetischen Nomadenlandes.

Sichuan ist in etwa so groß wie Frankreich und hat eine Bevölkerung von 110 Millionen Einwohnern und knapp 1000 Pandabären. Die dichten Wälder der Provinz sind die Heimat des chinesischen Wappentiers, dessen Überleben immer noch akut gefährdet ist. Im Frühsommer 2008 erschütterte ein schweres Erdbeben Sichuan, mit dessen Folgen die Menschen in der Region noch lange zu kämpfen haben werden.

Scharfes Essen und Politik scheinen sehr gut zusammenzupassen, jedenfalls war dies im China des 20. Jahrhunderts so. Viele maßgebliche Parteiführer, unter ihnen Mao Zedong und Deng Xiaoping, kamen aus Sichuan oder Hunan, so viele, dass man sich im Volk über hohe Kader gerne mit der Dialektimitation beider Provinzidiome lustig machte. Im Südwesten Chinas kann man die ›S‹- und die ›Sch‹-Laute nicht auseinanderhalten, und das schafft bei einer Sprache, in der sich Bedeutungen von Silben zuweilen nur in der Nuance dieser Laute unterscheiden, einiges Verwirrungs- und Parodiepotential.

▲ Karte S. 379

Über Jahrhunderte hinweg war das Königreich Shu, der Vorläufer Sichuans, nur lose mit China verbunden. Der Himalaya im Westen, die Yangzi-Schluch-ten im Osten und das Qingling-Gebirge im Norden bildeten natürliche Barrieren, die eine kulturelle Eigenständigkeit förderten. Noch heute ist man stolz, aus Sichuan zu sein, stolz auf die ausgefeilte Teehauskultur, das Essen und die hübschesten Frauen. Denn auch diese kommen angeblich aus Sichuan.

Man isst sowohl in Sichuan als auch in Hunan gerne scharf – bis zu einem Grad, der den Uninitiierten an einen Frühjahrsputz im Verdauungstrakt denken lässt. Auch Mao und Deng waren dafür bekannt, dass sie es gern feurig mochten, in der Politik wie auf dem Teller. Heute kommt ein Großteil der Parteielite aus der Umgebung Shanghais. Dort isst man mild, ölig und mit viel Soße. Womit jetzt nichts über den Wandel der politischen Kultur Chinas gesagt sein soll.

Sichuan ist berühmt für Scharfes

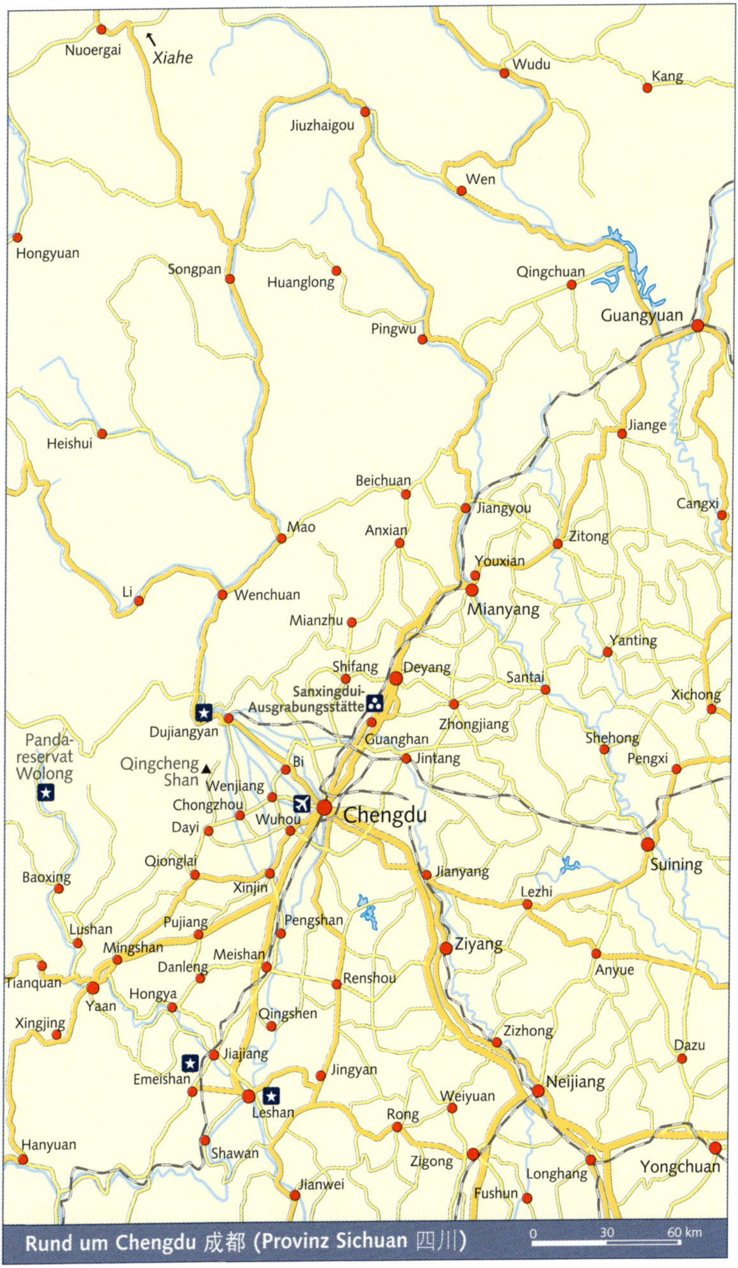

Rund um Chengdu 成都 (Provinz Sichuan 四川)

Die Landesmitte und der Südwesten

Chengdu

Willkommen in der perfekten Stadt – so die wörtliche Übersetzung des Städtenamens. Kaum eine Stadt im Landesinneren ist so weltoffen, liberal und modebewusst wie Chengdu 成都. Die Stadt ist Wirtschaftsmotor für die gesamte Region und kulturelles Zentrum. Modetrends brauchen nicht lange, um ihren Weg von Ostchinas Metropolen nach Chengdu zu finden. Und trotzdem hat die Stadt ein Herz für Anachronismen. Am Nordende der Renmin Nanlu, Chengdus zentraler Magistrale, grüßt eine riesige Mao-Figur. Und in den unzähligen Teehäusern kann sich der Besucher der Illusion hingeben, in den letzten 100 Jahren hätte sich in China nichts verändert, während er eine Tasse Tee schlürft, den Balladenerzählern zuhört und sich die Ohren von einem der fliegenden Ohrenputzer reinigen lässt.

Mit dem Bau des Bewässerungssystems im 60 Kilometer entfernten Dujiangyan 都江堰 und der damit verbundenen Zähmung des Min-Flusses und der Bewässerung der tiefer gelegenen Regionen wurde Chengdu im 3. Jahrhundert vor Christus als Jincheng (Brokatstadt) gegründet, ein Hinweis auf das Produkt, das über Jahrtausende das wichtigste Produkt der Stadt bleiben sollte.

Durch die Seiden- und Teeproduktion reich geworden, entwickelte sich Chengdu über die Jahrhunderte zum angesehenen kulturellen Zentrum Westchinas. Die geographische Lage kam der Stadt zugute; die großen Umwälzungen und Kämpfe fanden zumeist anderorts, jenseits der schützenden Berge und Flüsse statt. Dies konnte dennoch nicht verhindern, dass die Stadt, seit der Tang-Dynastie (618–907) in Chengdu umbenannt, mehrmals Schauplatz blutiger Kämpfe war und zerstört wurde.

▲ Karte S. 381

Im 17. Jahrhundert verschanzte sich der nach Unabhängigkeit Sichuans strebende Rebell Zhang Xiangzhong mit seinen Truppen in der Stadt, gegen Ende des Bürgerkrieges 1949 war Chengdu eine der letzten Bastionen der unterlegenen Guomindang. Ungeachtet der Zerstörungen durch Krieg und Rebellion behielt die Stadt noch viel von ihrer alten Bausubstanz, bis Mitte der 1990er Jahre eine großangelegte Modernisierungswelle die bis dahin fast vollständig erhaltene Altstadt hinwegfegte. Die Reste der Stadtmauer waren bereits in den frühen 1960er Jahren geschleift worden, an Stelle des Palast des Vizekönigs errichtete man die Mao-Statue, die bis heute Bestand hat. Nachdem Chongqing 1997 in die Eigenständigkeit entlassen wurde, ist Chengdu das Zentrum Sichuans, und trotz aller Modernisierungsmaßnahmen immer noch eine der charmantesten Städte Chinas.

■ Sehenswürdigkeiten

Was Sie auch immer machen in Chengdu, Sie landen früher oder später auf der **Renmin Lu** 人民路. Die Straße zieht sich als nördliche (北), mittlere (中) und südliche (南) ›Straße des Volkes‹ einmal von Nord nach Süd durch Chengdu, vom Hauptbahnhof bis zum Südbahnhof. Um die Stadt ziehen sich zwei Ringautobahnen, die erste und die zweite Ringstraße.

Chengdu hat nur wenige Sehenswürdigkeiten im eigentlichen Sinne. Die Stadt selbst ist die Sehenswürdigkeit, und es empfiehlt sich deshalb, auf gut Glück loszugehen, nach verbliebenen Altstadtgassen zu suchen und zwischendrin immer mal wieder in einem der unzähligen Teehäusern Rast zu machen.

Vor allem die Gegend zwischen dem **Brokatfluss** (Jinjiang 锦江, oft auch als

Nanhe 南河 im Stadtplan eingezeichnet) im Süden und der Renmin Donglu 人民东路 (die Straße hat auch einen Ableger in Richtung Osten) bietet sich für einen Entdeckungsspaziergang an.

Ein Stück weiter im Norden, in einer kleinen Nebenstraße der Renmin Zhonglu人民中路, liegt der zen-buddhistische **Wenshu-Tempel** (Wenshu Yuan 文殊院), der dem Bodhisattva der Weisheit gewidmet ist. Ursprünglich in der Tang-Dynastie gegründet, geht die heutige Form des Tempels bis ins 17. Jahrhundert zurück. In dem heute wieder äußerst aktiven Tempel ist neben dem geistigen auch für das leibliche Wohl gesorgt. Zum Tempel gehören ein ausgezeichnetes Teehaus und ein vegetarisches Restaurant, das sich, wie oft in buddhistischen Tempeln auf die fleisch-

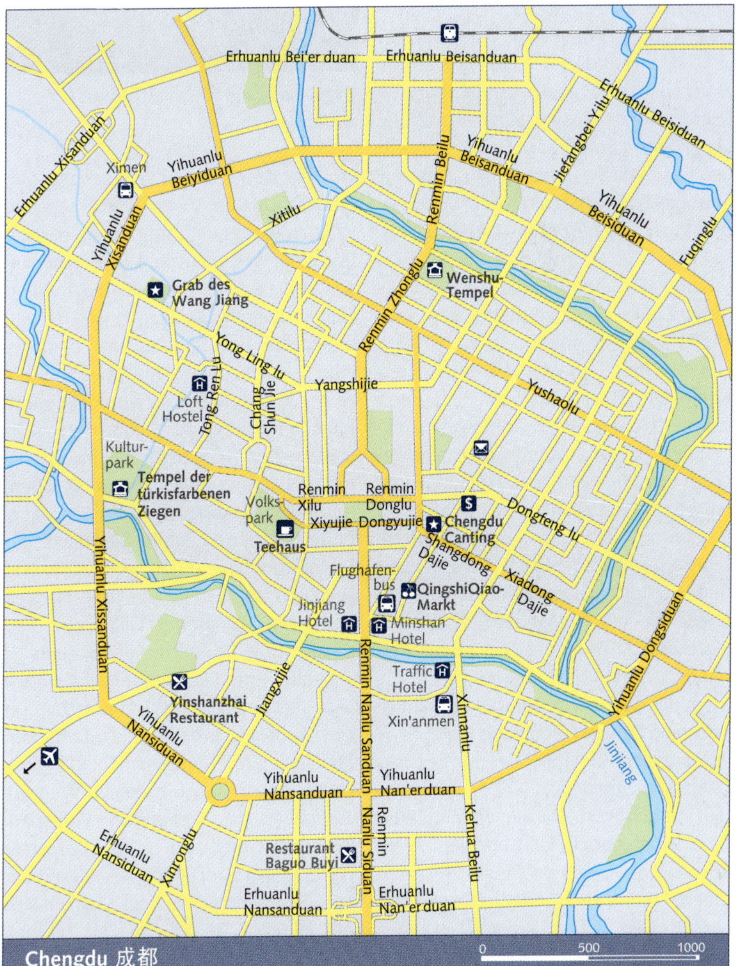

Chengdu 成都

lose Imitation bekannter eigentlich fleischhaltiger Speisen spezialisiert hat. Probieren Sie ›Schweinefleisch süß-sauer‹ auf Tofubasis, und Sie werden kaum einen Unterschied schmecken! Sollte allerdings der Wunsch nach fleischlichen Genüssen übermächtig werden, bieten mehrere kleine Garküchen neben dem Tempeltor einfache, aber ausgezeichnete Sichuaner Hausmannskost an, garantiert mit Fleischeinlage.

Das Grab des Wang Jian (Wangjian Mu 王建幕) im Nordwesten der Stadt an der Xi'an Lu 西安路, hielt man jahrhundertelang für den Musikpavillon des Zhuge Liang, jenen im Roman ›Die Geschichte der Drei Reiche‹ besungenen genialen Strategen und späteren König von Shu, dem man eine besondere Liebe zur Musik nachsagte. Groß war die Überraschung, als man 1942 die Grabkammer öffnete und diese eindeutig dem einstigen Tang-General und nach dem Kollaps der Tang-Dynastie selbsternannten König von Shu, Wang Jian, zuordnen konnte. Neben den Grabbeigaben, die in einer separaten Ausstellungshalle gezeigt werden, sind vor allem die lebhaften und detaillierten Steinreliefs von insgesamt 24 Musikern von großem Interesse. Anhand der Darstellungen kann man sich ein ausgezeichnetes Bild machen, wie wohl einst die kaiserlichen Hoforchester der Tang-Zeit ausgesehen haben.

Auch der daoistische **Tempel der Türkisfarbenen Ziegen** (Qingyang Gong 青羊宫) auf dem Gelände des Kulturparks (Wenhua Gongyuan 文化公园) ist einen Besuch wert. Die Legende erzählt, dass einst Laozi, Urvater der daoistischen Lehre, sich an dieser Stelle mit einem Freund verabredet hatte. Als dieser erschien, sah er jedoch nur einen kleinen Jungen, der Ziegen hütete. Da er

Werbung für die Ein-Kind-Politik in Chengdu

wusste, dass Laozi die kindliche Unschuld als idealen Zustand erachtete, die Welt zu verstehen, und deshalb danach trachtete, diesen Zustand wiederzuerlangen, erkannte er den Freund in dem kleinen Jungen. Die Ziegen sind die Namensgeber des Tempels, und man hat ihnen ein Denkmal gebaut, zwei in Bronze gegossene Tiere, die, von der Grundform eine Ziege, Teile von allen zwölf chinesischen Tierkreiszeichen inkorporieren und somit unter anderem Drachenhörner, Rattenohren und ein Schweinehinterteil haben. Falls Sie nach der Stadtbesichtung müde geworden sein sollten, streichen Sie über die Flanken der Tiere, das bringt Glück und verscheucht die Schmerzen des Körpers.

Schneller und angenehmer hilft jedoch eine Tasse Tee. Die Hauptattraktion Chengdus sind sicherlich die öffentlichen Parks mit ihren Teehäusern. Neben dem bereits erwähnten Teehaus im Wenshu-Tempel ist das **Teehaus im Volkspark** (Renmin Gongyuan 人民公园) erste Adresse, um zu erfahren, was es mit der berühmten Sichuaner Teekultur auf sich hat. Nehmen Sie sich einen Nachmittag Zeit, bestellen Sie sich eine Tasse Tee,

▲ Karte S. 381

die, da die Teeblätter immer wieder ohne Geschmacksverlust mit heißem Wasser aufgegossen werden, nie leer zu werden scheint, bestellen Sie ein paar Schnacks wie Kürbiskerne, geröstete Nüsse und Wachteleier, und lauschen Sie der Musik, die hier zuweilen gespielt wird. Masseure bieten ihre Dienste an, und, falls Sie dies wünschen, können Sie sich von mit Bambusbestecken bewaffneten Männern in weißen Kitteln die Ohren putzen lassen. Was abstrus klingt, sorgt für eines der angenehmsten Gefühle oberhalb der Gürtellinie.

Sollte Sie angesichts der reichhaltigen Teekarte Ratlosigkeit erfassen, wird sich immer ein hilfreicher Chinese finden, der ein paar Worte Englisch kann und Ihnen bei der Auswahl hilft. Neben dem grünen Tee (Lücha 绿茶) sind verschiedene Blumentees (Huacha 花茶, meist Jasmin 茉莉花 und Chrysantheme 菊花, selten Lychee 荔枝) sowie der halbfermentierte Oolong-Tee (Wulong 乌龙) im Angebot. Schwarzen Tee wird man zwar auf Nachfrage bekommen, dies entspräche aber in etwa, in einem gehobenen deutschen Weinlokal nach einem Tetrapack zu fragen. Der fermentierte schwarze Tee wird zumeist aus den minderwertigen Blättern hergestellt und in China so gut wie nicht getrunken.

Sichuan-Küche

Sichuan hat eine der berühmten Küchen Chinas und die Provinzhauptstadt einige der besten Restaurants in Sichuan. Man kann also nicht viel falsch machen, wenn es um das Essen geht. Wie in Chongqing, ist auch in Chengdu der **Feuertopf** (Huoguo 火锅) die beliebteste Spezialität. Im Sommer wie im Winter findet man auf den Bürgersteigen kleine Garküchen, die ausschließlich Huoguo anbieten und die Zutaten auf einer niedrigen Auslage feilbieten.

Aber die Sichuaner Küche bietet viel mehr als den Feuertopf, viele berühmte chinesische Gerichte stammen aus der Provinz. Neben Schweinegeschnetzeltem mit Fischgeschmack (Yuxiang Rousi 鱼香肉丝) und doppelt gebackenem Fleisch (Huiguorou 回锅肉) ist es vor allem der **Tofu der pockennarbigen Alten** (Mapo Doufu 麻婆豆腐), der die Chengduer Küche berühmt gemacht hat. Was nicht sehr appetitlich klingt, sich aber weder auf Aussehen noch Geschmack, sondern auf die Erfinderin des Gerichtes, eine Frau Chen, die im 19. Jahrhundert ein Restaurant in Chengdu hatte, bezieht, ist eines der leckersten Tofugerichte in China, zubereitet mit Sojasauce, Essig, Knoblauch, schwarzen Bohnen, Blütenpfeffer und Chili.

Chengdu

Vorwahl: +86/28.

Post: Hauptpostamt an der Ecke Huanxing Jie 环行街 und Shuwa Beijie 疏挖北街 nahe dem Kulturpalast im Stadtzentrum.

Bank: Bank of China, auf der Jiefang Nanlu 解放南路, etwa 150 Meter nördlich des Jinjiang Hotels.

Reisebüro: Im Traffic Hotel (Jiaotong Fandian 交通饭店) gibt es eine Reihe von Reiseagenturen, die sich auf Reisen nach Tibet spezialisiert haben, aber auch bei der Buchung von Zugtickets und Ausflügen in die Umgebung Chengdus behilflich sein können. Ein Preis- und Leistungsvergleich lohnt sich auf jeden Fall.

Chengdu ist mit allen größeren chinesischen Städten, inklusive Lhasa, per Direktflug verbunden. Internationale Verbindungen gibt es nach Osaka, Tokio, Singapur, Bangkok und Seoul. Direktflüge nach Indien sind im Gespräch.

Egal, in welche Richtung Sie Chengdu mit dem Zug verlassen, Sie befinden sich auf einer der schönsten Bahnlinien der Welt. Vor allem die Strecke nach Kunming mit ihren vielen Tunnels und Viadukten lässt das Herz eines jeden Eisenbahnfans höher schlagen. Direktzüge gibt es u.a. nach Beijing (26 h), Shanghai (35 h), Kunming (18 h) und Xi'an (16 h). Der Bahnhof befindet sich am Nordende der Renmin Beilu 人民北路.

Vor allem, um den Westen Sichuans zu besuchen, empfiehlt sich mangels anderer Alternativen der Bus als Verkehrsmittel. Auch wenn sich die Situation langsam bessert, gehören die Straßen in Richtung Tibet zu den schlechtesten in China und erfordern einen gewissen Hang zum Masochismus, vor allem, da die meisten Busse überfüllt sind und nur etwa alle vier Stunden eine kurze Pause einlegen. Bedenkt man den Zustand der Straßen, so ist es nicht verwunderlich, dass die Busgesellschaften auf dem Abschluss einer Versicherung bestehen und diese meist in den Ticketpreis einrechnen.

Weniger anstrengende Busverbindungen gibt es nach Chongqing (2 h) und nach Leshan 乐山 und Emeishan 峨眉山 (jeweils knapp 3 h). Die beiden wichtigsten Busbahnhöfe der Stadt sind die **Xin'anmen-Busstation** 新安们站 neben dem Traffic Hotel und die **Ximen-Busstation** 西门站 etwa 300 Meter westlich der Xi Yi Huanlu 西一环路 auf der Yingmenkou Lu 门口路.

Jinjiang Hotel (Jinjiang Binguan 锦江宾馆), 5 Sterne, Renmin Lu 人民路 80, Tel. 85582222. Ältestes Luxushotel der Stadt, interessante Mischung aus sozialistischem Charme und luxuriösem Interieur.

Traffic Hotel (Jiaotong Fandian 交通饭店), 3 Sterne, Linjiang Lu 临江路 77, Tel. 85451017. Lange Zeit Treffpunkt der Rucksacktouristen, hat das gute Mittelklassehotel Zimmer für jeden Geldbeutel, von Mehrbettzimmern ohne Bad bis zum Doppelzimmer mit Bad/WC.

Loft (Sihao Gongchang Lüguan 四号工厂旅馆), 2 Sterne, Shangtongren Lu 上同仁路 4, Tel. 86265770, www.lofthostel.com. Der Name ist Programm, das Hostel in einer ehemaligen Farbenfabrik ist cool und schick, ohne prätentiös zu wirken.

Sehr gut, wenn auch nicht sehr billig, kann man alle Sichuaner Spezialitäten im **Baguo Buyi** 巴国布衣 in der Renmin Lu probieren.

Andere empfehlenswerte Restaurants sind die **Chengdu Canting** 成都餐厅 in der Shandong Dajie 山东大街 134 und das **Yinshanzhai** 钦善斋 in der Wuhouci Dajie 武侯祠大街 247, letzteres ein auf die Zubereitung von Heilgerichten spezialisiertes Restaurant.

Chengdu ist ein Einkaufsparadies, allerdings vor allem für Chinesen.

Am interessantesten ist der **Qingshiqiao-Markt** 青石桥市场 in der Xinkai Jie 新开街, etwa 500 Meter östlich

Karte S. 381

der Renmin Nanlu. Neben einem reichhaltigen Angebot für den Hobbytierzüchter bietet der Markt vor allem getrocknete Früchte, Blumen und Pflanzen.
An Abenden öffnet in der kleinen Straße südlich des Minshan Hotels 岷山饭店 ein kleiner **Nachtmarkt**, auf dem Antiquitäten und Souvenirs angeboten werden. Langnasen sind hier die häufigsten Kunden, Handeln ist also auf jeden Fall angesagt!
Gegenüber, etwas nördlich des Jinjiang Hotels ist ein **Kunstmarkt**, auf dem Kalligraphien und traditionelle chinesische Bilder angeboten werden.
Die meisten großen Kaufhäuser und Supermärkte befinden sich an der Renmin Donglu 人民东路 und an der Shandong Dajie 山东大街.

Ausflüge in die Umgebung von Chengdu

Die Umgebung Chengdus ist reich an Attraktionen, die man jeweils im Rahmen eines Tagesausflugs besichtigen kann.

Kloster des Kostbaren Lichts

Gerade einmal 18 Kilometer nördlich der Stadtmitte, im Außenbezirk Xindu, liegt das Kloster des Kostbaren Lichts (Baoguang Si 宝光寺), einer der schönsten buddhistischen Tempel Chinas. Hauptattraktion sind die 500 überlebensgroßen, teils skurril gestalteten **Luohan-Figuren** aus Ton, die in einer Seitenhalle stehen. Wenn Sie genau hinsehen, werden Sie unter den buddhistischen Heiligen zwei Figuren entdecken, deren Kleidung und Pose sich deutlich von den anderen abhebt. Es handelt sich hierbei um die Qing-Kaiser Kangxi und Qianlong, die erheblich zum Wiederaufbau des Tempels beitrugen, nachdem dieser in der Ming-Dynastie durch ein Großfeuer zerstört wurde. Während diese Halle aus dem 19. Jahrhundert stammt, geht die Geschichte des Tempels bis in das 1. Jahrhundert nach Christus zurück. Er ist damit eines der ältesten buddhistischen Klöster Chinas. Die heutigen Anlagen stammen aus dem 17. Jahrhundert und überlebten die Kulturrevolution dadurch, dass Zhou Enlai das Kloster vorübergehend als Militärlager nutzen ließ und es somit vor den Roten Garden schützte.
Der Legende nach verbrachte der Tang Kaiser Xizong im Jahre 881 Teile seines Exils in dem Kloster und ließ die 30 Meter hohe **Sheli-Pagode** (Sheli Ta 舍利塔) zum Schutz der 13 unter ihr begrabenen Buddhareliquien errichten.
Wollen Sie Ihr Glück herausfordern? Neben dem Haupteingang des Tempels prangt ein großes rotes Fu 福, das chinesische Schriftzeichen für Glück. Stellen Sie sich etwa zehn Meter davor auf, schließen Sie die Augen und laufen Sie in Richtung Schriftzeichen. Wenn Sie das Schriftzeichen mit den Händen berühren, ist Ihnen Glück beschieden. Stoßen Sie aber nicht mit einem der vielen Chinesen zusammen, die das ebenfalls

Das Kloster des Kostbaren Lichtes

versuchen. Das Kloster des Kostbaren Lichts erreichen Sie mit dem Bus vom nördlichen Busbahnhof (Beizhan 北站) 500 Meter westlich des Hauptbahnhofs oder mit dem Taxi.

Dujiangyan

Auch wenn es heute wenig spektakulär aussieht, ist das Bewässerungssystem von Dujiangyan 都江堰 eines der erstaunlichsten Wasserbauprojekte der Antike. Um den Min-Fluss zu bändigen, der in der Hochwassersaison regelmäßig das Rote Becken überflutete und große Schäden in der Landwirtschaft anrichtete, begann man im Jahre 256 vor Christus unter dem Gouverneur Li Bing damit, ein ausgeklügeltes Bewässerungssystem zu errichten. Der Min-Fluss wurde geteilt, der neugeschaffene Seitenarm in Bewässerungskanäle geleitet, die bis heute eine Fläche von 6500 Quadratkilometern bewässern und wesentlich zur Fruchtbarkeit des Roten Beckens beitragen.

Dujiangyan befindet sich in der Nähe des Epizentrums des verheerenden Erdbebens im Jahre 2008, das fast die gesamte Stadt zerstörte. Die historischen Bewässerungsanlagen blieben weitgehend unversehrt und können weiterhin

In Dujiangyan

▲ Karte S. 379

besichtigt werden. Bei Drucklegung liefen die Aufbauarbeiten immer noch auf Hochtouren, so dass wohl bis Ende 2010 fast alle Spuren des Erdbebens beseitigt sein sollten.

Qingcheng Shan

Den Ausflug nach Dujiangyan können Sie mit dem Besuch des Qingcheng Shan 青城山 verbinden, einem heiligen daoistischen Berg etwa 20 Kilometer von Dujiangyan in Richtung Süden. An den Hängen des 1600 Meter hohen Berges befindet sich eine Ansammlung daoistischer Tempel. Die interessantesten sind der **Jianfu Gong** 建福宫 neben dem Eingang, der in die Höhle des Himmlischen Meisters (Tianshi Dong 天师洞) gebaute gleichnamige Tempel auf halber Höhe und der **Shangqing-Tempel** 上清寺 auf dem Gipfel.

Eine Wanderung zum **Hinteren Qingcheng Shan** (Hou Qingcheng Shan 后青城山) ist eine ausgezeichnete Gelegenheit, die unberührte Bergwelt Sichuans zu genießen, die meisten Besucher beschränken sich auf den Qingcheng Shan. **Übernachtungsmöglichkeiten** gibt es sowohl in den meisten Tempeln als auch am Fuße des Qingcheng Shan. In Dujiangyan gibt es einige Mittelklassehotels, unter ihnen das Jinqiu Hotel (Jinqiu Binguan 金球宾馆, Tel. 7115616) in der Jianshi Lu. Beide Orte, Dujiangyan und der Qingcheng Shan sind in einer guten Stunde mit dem Bus von der Ximen Busstation (Ximenzhan 西门站) zu erreichen.

Emeishan

Neben den Gelben Bergen (Huangshan 黄山) ist der Emeishan 峨眉山 des Chinesen liebster Gipfel. Zahlreiche Dichter besingen die Schönheit des Sonnenaufganges ebenso wie alle Reiseführer und

Auf dem Emeishan

die meisten Chinesen, die man trifft. »Du fährst zum Emeishan?! Der Sonnenaufgang ist wunderschön!«, heißt es dann zumeist. Und sie haben recht, ein sonniger Morgen auf dem Gipfel des heiligen buddhistischen Berges, Sitz des Bodhisattvas Samantabhadra (Puxian), gehört zu den schönsten Naturerlebnissen, die man in China haben kann. Auch weil sich in der Regel weniger Touristen als am Huangshan um einen Sonnenplatz auf dem Gipfel balgen.

Doch erst einmal muss man den Gipfel erreichen. Auch wenn es inzwischen eine Seilbahn gibt und eine Autostraße bis kurz unter den Gipfel führt, ist das eigentliche Erlebnis am Emeishan die Besteigung des Berges. Wie bei anderen heiligen Bergen hat dies allerdings weniger mit Besteigung als vielmehr mit Treppensteigen zu tun. Von der Talstation auf 500 Metern Höhe bis zum auf luftigen 3099 Metern gelegenen Gipfel sind Treppen in den Fels geschlagen, der Topographie angepasst, das heißt in unregelmäßigem Abstand.

Zwar ist es möglich, den Berg innerhalb eines Tages zu besteigen, wenn man eine der Seilbahnen oder/und die Autostraße zur Hilfe nimmt, die Atmosphäre einer Tempelübernachtung auf dem Gipfel mit einem morgendlichen Bad in der Menge, um den Sonnenaufgang zu bewundern, ist aber auch einen Aufenthalt von zwei bis drei Tagen wert.

In allen der genannten sowie in einer Reihe anderer Tempel gibt es einfache **Übernachtungsmöglichkeiten**. Etwas luxuriöser ist das Woyun Hotel (Woyun Binguan 卧云宾馆) 500 Meter unterhalb des Gipfels.

Klöster am Emeishan

Seit etwa 2000 Jahren siedelten in der einst abgeschiedenen Bergwelt des Emeishans Mönche. Während anfangs daoistische Einsiedler den Berg bewohnten, entstanden ab dem 6. Jahrhundert die ersten buddhistischen Klöster. Zur Blütezeit im 14. Jahrhundert soll es hier mehr als 100 Klöster gegeben haben mit einigen tausend Mönchen. Heute sind noch 20 Klöster erhalten, zumeist neueren Datums. Kaum eine der Tempelanlagen überlebte die Kulturrevolution unbeschadet.

Am interessantesten sind der **Baoguo Si** 报国寺 (Si-Tempel) am Beginn des Pilgerweges (550 Meter), der **Wannian Si** 万年寺, einer der wenigen im Original erhaltenen Tempel an der Bergstation der ersten Seilbahn (1020 Meter) und der Gipfeltempel, der **Jinding Si** 金顶寺 (3077 Meter).

Aufstiegsrouten

Will man den Berg besteigen, so hat man zwei Routen zur Auswahl. Die **Nordwestroute** beginnt am Baoguo Si auf 550 Metern Höhe. Von hier folgt man den noch relativ regelmäßigen Treppen bis zum **Wannian Si**. Über den **Chu Si** 初寺, den **Yuxian Si** 遇仙寺 und den sogenannten **Elefantenbadeteich** (Xixiang Chi 洗象池) erreicht man nach 35 Kilometern die **Jieyin-Halle** (Jieyin

Dian 接引殿) auf 2540 Meter Höhe. Von hier sind es noch 3,5 Kilometer bis zum Goldenen Gipfel (Jinding 金顶寺). Für den Abstieg empfiehlt sich die **Südostroute**. Bis zum **Yuxian Si** auf 1680 Metern Höhe, etwa zwölf Kilometer vom Gipfel entfernt, folgt man der Aufstiegsroute und zweigt dann rechts in Richtung Süden ab. Auf dem landschaftlich schönsten Weg des Berges erreicht man über den **Xianfeng Si** 仙峰寺 nach 28 Kilometern den **Qinyin-Pavillon** 清音阁. Von hier folgt man der Aufstiegsroute weitere elf Kilometer bis zum **Baoguo Si** und hat wieder den Ausgangspunkt erreicht.

Unterwegs werden Sie immer wieder auf die berühmt-berüchtigten Affen des Emeishan treffen. Generationen der Tiere leben von dem, was Pilger und Touristen ihnen geben, freiwillig oder nicht. Zuweilen artet das Verhalten der Tiere schon in Wegelagerei aus. Es empfiehlt sich auf jeden Fall, einen Stock in der einen und eine große Tüte Erdnüsse in der anderen Hand mit sich zu führen, um beide je nach Bedarf einzusetzen.

Sollten Ihnen Stufen oder Affen zu viel sein, können Sie große Teile des Weges auch mit dem **Bus und der Seilbahn** zurücklegen. Öffentliche Busse fahren vom Baoguo Si bis zur Jieyin-Halle auf 2540 Metern Höhe, von dort führt eine Seilbahn bis zum Goldenen Gipfel. Alternativ kann man die 500 Höhenmeter bis zum Wanning Si mit einer weiteren Seilbahn zurücklegen. Vor allem, wenn man beide Touren laufen möchte und ein wenig knapp mit der Zeit ist, empfiehlt sich die Kombination aus Seilbahn und Fußweg.

Den Emeishan erreicht man von Chengdu aus in gut drei Stunden mit dem Bus ab der Xinnanmen-Busstation 新安们站 neben dem Traffic Hotel.

Der Gipfeltempel Jinding Si

▲ Karte S. 379

Leshan

Idealerweise verbindet man den Besuch des Emeishans mit einem Abstecher nach Leshan 乐山, wo ein 71 Meter hoher Buddha auf Ihren Besuch wartet. Die riesige **Figur des Buddhas der Zukunft**, Maitraya, wurde in den 90 Jahren zwischen 713 und 803 unter der Ägide des Mönches Haitong geschaffen. Am Zusammenfluss des Dadu-, Qingyi- und des Min-Flusses gelegen, erhoffte man sich von der Buddhafigur Schutz vor Schiffsunglücken, die aufgrund der reißenden Strömung häufig waren. Nach Fertigstellung des Buddhas verzeichnete man tatsächlich einen deutlichen Rückgang der Unglücke, wohl auch deshalb, weil man das herausgemeißelte Gestein in den Fluss warf und so viele der Untiefen ausglich. Sie können heute also gefahrlos eine Schifffahrt unternehmen und den riesigen Buddha vom Min-Fluss aus betrachten. **Ausflugsboote** fahren in regelmäßigen Abständen von der Uferpromenade an der Binjiang Lu 滨江路 gegenüber der Buddhafigur ab. Alternativ führt von der Lingbao-Pagode (Lingbao Ta 灵宝塔) oberhalb des Buddhakopfes ein enger Weg auf die inzwischen stark erodierte Buddhafigur.

Der Buddha in Leshan

Bootsfahrt und Buddhabesteigung lassen sich auch zu einem kombinierten Tagesausflug verbinden. Dazu verlässt man das Boot am Wuyou-Tempel (Wuyou Si 乌尤寺) etwa einen Kilometer südlich des Großen Buddhas und läuft am Ufer entlang zum **Großen-Buddha-Tempel** (Dafo Si 大佛寺).
Den Großen Buddha von Leshan kann man im Rahmen eines Tagesausfluges von Chengdu aus besuchen. Es empfiehlt sich jedoch, eine Nacht in Leshan zu verbringen und den Ausflug mit einer Besteigung des Emeishan zu verbinden. **Übernachtungsmöglichkeiten** gibt es in Leshan (Jiazhou Binguan 嘉州宾馆, Tel. +86/833/2139888) sowie direkt an der Buddhafigur im Dafo Si (Nanlou Binguan 南楼宾馆, Tel. +86/833/233811).

Pandareservat Wolong

Einst fand man den Großen Panda (Ailuropoda melanolecuca) in ganz Südchina, einige Exemplare waren sogar in Hebei in der Nähe von Beijing heimisch. Heute beschränkt sich der Bestand auf weniger als 1000 Exemplare, die meisten davon leben in Sichuan. Wolong 卧龙, mit einer Gesamtfläche von 2000 Quadratkilometern das größte von insgesamt 16 Pandareservaten in China, bietet nicht nur die Gelegenheit, Pandas jenseits der oft bedrückenden Verhältnisse chinesischer Zoos zu sehen, sondern ist auch ein durch seine unberührte landschaftliche Schönheit beeindruckender Nationalpark, den sich der Besucher auf ausgedehnten Wanderungen erschließen kann. Schon der Weg in das auf durchschnittlich auf 2000 Metern Meereshöhe gelegene Wolong ist spektakulär. Entlang des reißenden Pitiao-Flusses (Pitiao He 皮条河) erreicht man 140 Kilometer westlich von Chengdu, am östlichen Ende des Nationalparks das ›China Conservation and Research Center for the Giant Panda‹ 中国卧龙大熊猫保护中心. Hier gibt es auch eine Übernachtungsmöglichkeit im ›Panda Inn‹. Informationen über mögliche Wanderungen in Wolong sind hier zu bekommen. Mehrtägige Ausflüge nach Wolong können in Chengdu organisiert werden. Die Reiseagenturen im Traffic Hotel oder in Sam's Guesthouse sind hierfür gute Ansprechpartner.

Panda im Reservat

Sanxingdui

Woher sie kommen, weiß im Grunde genommen keiner so genau. Auch ihre Bedeutung ist ein Rätsel, genauso wie der Nutzen vieler Objekte. Trotzdem gelten die glubschäugigen Masken der südwestlichen Provinz Sichuan als absolut spektakulärer Fund, der die Kulturgeschichte Chinas grundlegend revolutionierte.

Wie so oft in der Geschichte der Archäologie war es eine Bauernfamilie, die 1929 bei Grabungsarbeiten an einer Bewässerungsanlage nahe Sanxingdui 三星堆 auf ein Stück polierte Jade stieß. Mehr als 400 Jadeobjekte trugen sie schließlich davon. Ein Vermögen für eine ländliche Familie! Kein Wunder, dass die Antiquitätenhändler in Chengdu, denen das Familienoberhaupt Yan Daocheng die seltenen Stücke verkaufen wollte, sich für die Herkunft der Steine interessierten und bald selbst vor Ort suchten.

Die außerordentliche Bedeutung der Funde jedoch wurde erst viele Jahre später deutlich. Wieder waren es einfache Arbeiter, Angestellte der Ziegelei Lanxing Second Brick Factory, die 1986 bei Baggerarbeiten auf Artefakte stießen und sofort die Behörden verständigten. Bereits im März 1986 begannen ernsthafte Ausgrabungen, die Sensationelles zutage förderten. Im Juni entdeckten die Archäologen eine Grube randvoll mit über 400 gut erhaltenen Objekten wie Goldzeptern, goldenen Masken, Bronzebildern, Jadetafeln, Jadedolchen und Äxten sowie Elfenbeingegenständen von erstaunlicher Qualität. Nur wenige Wochen später wurde eine zweite Grube entdeckt, deren Ausbeute sogar noch reicher ausfiel: mehr als 800 Objekte, darunter Goldwaren, eine bronzene Männerstatue, Masken, heilige Bronzebäume, Bronzebilder und Jadeobjekte, Ringe und zahlreiche Muscheln. Interessanterweise waren hier die Objekte in drei Schichten angeordnet, wobei die Elefantenstoßzähne oben lagen, die mittlere Schicht aus Bronzewaren bestand und die verbrannten Gegenstände, Kohle und kleine Bronzewaren den Boden bedeckten.

▲ Karte S. 379

Maske aus der Ausgrabung von Sanxingdui

Bemerkenswert war, dass praktisch alle davon absichtlich zerbrochen worden waren und teils (meist die Knochen) auch noch verbrannt worden waren, wie verkohlte Reste am Grunde der Grube zeigten. Alles in allem handelt es sich wahrscheinlich um Grabbeigaben – ein Körper wurde allerdings nicht gefunden, so dass der Zweck dieser Gruben weiterhin im Dunkeln bleibt. Um die Gruben herum wurden auf über 1325 Quadratmetern Ausgrabungsfläche 9 Hausruinen, 101 Feuerstellen und mehr als 100 000 weitere Stücke Töpfer-, Bronze-, Jade- und Lackwaren freigelegt.

Besonders die Muscheln sind es, die die Aufmerksamkeit vieler Archäologen erregen, denn Sichuan liegt hunderte Kilometer vom Meer entfernt. Wahrscheinlich wurden sie von Reisenden mitgebracht. Ähnliches gilt für die Elfenbeinwaren. Da die vermeintlichen Sakralgegenstände verschiedene Stilrichtungen widerspiegeln, die im übrigen China nicht zu finden sind, geht man davon aus, dass Sanxingdui so etwas wie ein Wallfahrtsort gewesen sein könnte. Auch die verschiedenen Stilrichtungen der Bronzewaren deuten auf ausländischen Einfluss hin.

Stünden nicht alle geographischen und geschichtlichen Fakten dagegen, der erste Eindruck ist bei allen Ausländern gleich: Hier waren Mayas oder Azteken am Werk! Kein Wunder, dass manch ein Ufo-Gläubiger in Sanxingdui Beweise für den Kontakt mit Außerirdischen vermutet.

Doch auch ohne Marsmenschen und Ufos ist die Bedeutung der Funde von Sanxingdui überaus weitreichend. In Fachkreisen ist man mittlerweile recht sicher, dass es sich um die Ba-Shu-Kultur des späten Neolithikums handelt. Dank der Ausgrabungen lässt sie sich nun auf den Zeitraum von zirka 2000 vor Christus datieren – also ungefähr zeitgleich mit der Shang-Dynastie! Und genau das ist es, was die archäologische Fachwelt wachrüttelte. Bis dato war das Weltbild der meisten Chinesen einfach: Die chinesische Hochkultur stammte aus der Ebene des Gelben Flusses, wo auch heute das Machtzentrum Chinas liegt. Das südwestliche Sichuan hingegen, die Agrarregion schlechthin, galt über die Jahrhunderte hinweg als Pampa, als kulturelle Einöde, deren Bewohner zwar dank ihrer scharfen Küche einen gewissen Ruhm erlangen konnten, sonst aber in Sachen Kultur ganz bestimmt nicht hervorstachen.

Dank Sanxingdui geriet die Theorie eines einzigen, lokalen Ursprungs der chinesischen Kultur ins Wanken – ganz offensichtlich waren die Shang keineswegs die einzige Hochkultur auf chinesischem Boden.

Doch wer waren die Ba-Shu eigentlich? Bis heute weiß man recht wenig über die Erschaffer der skurrilen Masken und Figuren. Sicher ist, dass Landwirtschaft, Viehzucht, Handwerk und Architektur bereits hoch entwickelt waren, denn die Bronzemasken und Statuen waren von höchster Qualität. Auch in religiöser Hinsicht deutet vieles auf einen festen Glauben, der um einiges unblutiger war als der zeitgleiche Shang-Kult. Menschenopfer scheint es nicht gegeben zu haben, stattdessen tauchen Bronzebäume mit Kultobjekten auf. Beeindruckend ist auch die Größe der Stadt, die mit mehr als 3,5 Quadratkilometern die Hauptstadt der Shang um einiges übertraf. Umgeben von einer Stadtmauer aus ungebrannten Ziegeln befanden sich im inneren Bereich kleine Dörfer, die wahrscheinlich die eigentliche Stadt schützen sollten. Fehlerfrei war dieses System offensichtlich nicht, denn vor zirka 3000 Jahren verschwand das Shu-Königreich sang- und klanglos – warum, das lässt sich heute nicht mehr nachvollziehen.

Für die Arbeiter der Ziegelei erwiesen sich die Funde übrigens langfristig als ungünstig: 1987 wurde sie geschlossen, um die archäologischen Stätten zu schützen.

Mit dem Zug oder Bus fährt man ab Chengdu-Hauptbahnhof nach Guanghan-Stadt 广汉 (Fahrtzeit etwa 30 bis 60 Minuten). Von dort fahren Taxis in wenigen Minuten nach Sanxingdui-Dorf. Die Ausgrabungsstätten sind täglich von 8 bis 17 Uhr zu besichtigen.

Songpan, Huanglong und Jiuzhaigou

Der Weg hierher ist beschwerlich, und so sieht die Bergregion in Westsichuan nur wenige westliche Besucher. Songpan 松潘 liegt auf 1800 Metern Höhe, die Naturschutzgebiete **Jiuzhaigou** 九寨沟 und **Huanglong** 黄龙 gehen bis über die 3000-Meter-Grenze, man sollte sich folglich in einer guten körperlichen Verfassung befinden, falls man einen Ausflug in diese Gegend plant.

Songpan ist ein kleiner Marktflecken an der Grenze zum tibetischen Einflussgebiet. Obwohl die Bevölkerung vor allem aus Hui (chinesische Moslems) besteht, treffen sich hier an Markttagen die Bewohner der umliegenden Berggebiete, vor allem Tibeter und Qiang (Kampa). Von Songpan aus lassen sich Tagesausflüge nach Jiuzhaigou und Huanglong organisieren. Sehr zu empfehlen sind auch die **mehrtägigen Reittouren** in die Umgebung, die in Songpan unter anderem von Shunjiang Horse Treks 顺江旅游马队 und Happy Trails angeboten werden. Übernachtet wird in Zelten oder bei lokalen Familien, die Führer kümmern sich um die Verpflegung. Übernachtungsmöglichkeiten gibt es sowohl in Songpan als auch in Jiuzhaigou und Huanglong. Es gibt Busverbingen von Chengdu, sie dauern etwa zehn Stunden.

Eine beliebte Route von Songpan in Richtung Norden ist die Straße von Sichuan in die Provinz Gansu 甘肃 über Zoige 若尔盖, Langmusi 浪木寺 und Xiahe 夏河. Für diese Route sollten sich Ihre Bandscheiben alle am richtigen Platz befinden und Höhen bis zu 4200 Metern sollten Ihnen nicht den Atem rauben. Entschädigt werden Sie mit einer unvergesslichen Reise in das tibetische Grasland.

Die Provinz Hunan

▶ Karte S. 379

Der bekannteste Export der Provinz Hunan 湖南省 liegt einbalsamiert auf dem Platz des Himmlischen Friedens in Beijing. Wahrscheinlich würde Mao Zedong, berühmtester Sohn Hunans, sich in permanenter Rotation befinden, würde er sehen, wie sich die Volksrepublik China in den letzten Jahrzehnten entwickelt hat. Ein Blick in seine Heimatprovinz könnte die Rotation ein wenig verlangsamen. Vor allen auf dem Land hat sich hier seit Maos Zeiten nicht viel verändert.

Während sich Sichuan zunehmend zu einem der Boomzentren Chinas entwickelt, versucht Hunan als eine der sogenannten ›Mittelprovinzen‹, die weder Zugang zum Meer noch eine Außengrenze haben, oft vergeblich, mit der wirtschaftlichen Entwicklung des Landes Schritt zu halten.

Hunan ist vielleicht eine der repräsentativsten chinesischen Provinzen, weil hier weder übertriebener Luxus noch bittere Armut ins Auge springen und die Bewohner Hunans so chinesisch sind, wie man es sich nur vorstellen kann. Sieht man von Changsha ab, wo die Spuren der Reformpolitik deutlich zu sehen sind, ist eine Reise nach Hunan auch immer eine kleine Zeitreise, vor allem, wenn Shaoshan, Maos Geburtsort, auf dem Besuchsplan steht. Hier huldigt man dem Werk des Großen Vorsitzenden, indem man das revolutionäre Erbe hochhält und an jeder Ecke das Lieblingsgericht Maos anbietet: Hongshao Rou, eine fette Gulaschvariante, allerdings milder als die meisten Gerichte der Provinz. Eine Reise nach Hunan empfiehlt sich jedoch nicht nur als Blick in die revolutionäre Vergangenheit. Die Provinz hat auch einige der schönsten Naturschutzgebiete Chinas, allen voran den Wulingyuan im Nordwesten an der Grenze zu Hubei.

Changsha ist nicht unbedingt eine Reise wert

Changsha

Nein, Sie müssen kein schlechtes Gewissen haben, wenn Sie nicht länger als ein paar Stunden in Changsha 长沙 verbringen. Die Hauptstadt Hunans konkurriert mit Taiyuan um den Titel ›hässlichste Großstadt Chinas‹, und das ist wahrlich eine hartumkämpfte Disziplin.

Sollten Sie aber vorhaben, dem Geburtsort des Großen Vorsitzenden, Shaoshan, einen Besuch abzustatten, so führt Sie der Weg zu Mao gezwungenermaßen durch die Sechs-Millionen-Einwohner-Metropole. Und wenn Sie schon einen kleinen Abstecher in die chinesische Revolutionsgeschichte vorhaben, so ergänzt eine kleine revolutionäre Stadtbesichtigung den Blick in die sozialistische Vergangenheit der Volksrepublik China.

Die **Pädagogische Schule Nr. 1** der Provinz Hunan (Diyi Shifan Xuexiao 第一师范学校) in der Shuyuan Lu 324 entführt den Besucher in die frühen Jahre Maos, als dieser erst Schüler (1913–1918) und dann Lehrer (1920–1922) an dieser Schule war.

Um den Eindruck abzurunden, empfiehlt sich außerdem der Besuch des nun in ein **Mao-Museum** umgewandelten früheren Hauptquartiers der Kommunistischen Partei Chinas in Hunan (Zhonggong Xiangxu Weiyuanhui Jiuzhi 中共湘区委员会旧址). Beide Sehenswürdigkeiten sind mit dem Bus Nr. 1 vom Hauptbahnhof aus zu erreichen.

Ein bizarrer Besuchspunkt ist auch das **Lei-Feng-Museum** (Leifeng Jinianguan 雷锋纪念馆) westlich der Stadt, etwa eine Stunde Fahrt mit den Bussen Nr. 12 und 315, jeweils bis zum Endhaltepunkt. Dem Mustersoldaten und Musterkommunisten Lei Feng, in den frühen 1960er Jahren zum Vorbild der Massen hochstilisiert, hat man hier ein Denkmal gesetzt. Die Propagandaposter und Darstellungen des selbstlosen Lei Feng, wie er zum Beispiel die dreckigen Socken eines seiner Kameraden wäscht, wirken heute auf den westlichen Besucher wie Karikaturen, aber sie waren bis in die 1970er Jahre häufig im chinesischen Straßenbild zu sehen.

i Changsha

Vorwahl: +86/731.

Post: Hauptpostamt an der Ecke Wuyi Zhonglu 五一中路 und Yingbin Lu 迎宾路.

Bank: Bank of China, in der Wuyi Zhonglu.

Reisebüro: Die englischsprachige Abteilung von CITS befindet sich im 11. Stock des Xiaoyuan Dasha 小园大厦 in der Wuyi Donglu 五一东路 46.

Es gibt Direktverbindungen nach Beijing, Shanghai, Chengdu, Kunming und viele andere chinesische Großstädte.

Die Stadt liegt auf der Schnellinie zwischen Beijing und Guangzhou. Direktzüge gibt es unter anderem nach Beijing (18 h) und Shanghai (20 h). Der Zug nach Shaoshan fährt täglich um 6.40 Uhr morgens und braucht knapp drei Stunden. Der Bahnhof befindet sich in der Wuyi Donglu 五一东路.

Busverbindungen gibt es halbstündig nach Shaoshan (2,5 h) und dreimal täglich nach Zhangjiajie/Wulingyuan (11 h). Der Busbahnhof befindet sich in der Chezhan Lu 车站路 61, gegenüber dem Hauptbahnhof.

Chezhan Dasha 车站大厦, 2 Sterne, Wuyi Donglu 五一东路 1, Tel. 2293366. Ideales Mittelklassehotel zwischen Haupt- und Busbahnhof.

Das **Tucaidabaiwang** 土菜大霸王 in der Renmin Zhonglu 人民中路 226 hat ausgezeichnetes hunanesisches Essen.

Ein **Nachtmarkt** mit vielen kleinen Garküchen befindet sich in der Chaoyang Lu 潮阳路, etwa 800 Meter westlich des Bahnhofs.

Es gibt bessere Orte, um Souvenirs einzukaufen. Auch Mao-Andenken kauft man besser in Shaoshan oder auf den Nachtmärkten in Beijing, Xi'an und Shanghai. Große Kaufhäuser und Supermärkte gibt es auf der Wuyi Donglu im Stadtzentrum.

Shaoshan

Die Tage sind vorbei, als tausende von jugendlichen Roten Garden die Mao-Bibel schwenkend das Dorf Shaoshan 韶山 auf der Suche nach der idealen revolutionären Gesinnung stürmten. Auch wenn die Verehrung Maos vor allem auf dem Land noch tief verwurzelt ist, ist Shaoshan nicht unbedingt die bevorzugte Urlaubsdestination der reisewütigen neuen chinesischen Mittelschicht. Es sei denn, es steht ein besonderer Jahrestag an. An Maos 100. Geburtstag am 26. Dezember 1993 überfielen einige tausend Mao-Enthusiasten, Neugierige und Journalisten den Ort, Bauern opferten Schweine vor der neu errichteten Mao-Statue auf dem zentralen Dorfplatz, und das frisch renovierte Geburtshaus Maos platzte aus allen Nähten. Inzwischen geht es eher beschaulich zu in Shaoshan, auch wenn der Ort wohl das am besten entwickelte Dorf Chinas mit einer außergewöhnlich guten Verkehrsanbindung ist. Aus kulturrevolutionären Tagen stammt die Eisenbahnlinie nach Changsha, und die Straßen sind für diesen Teil von China ausgezeichnet.

Umzug zu Maos Ehren in Shaoshan

Shaoshan hat zwei Teile, die sogenannte **Neue Stadt** (Shaoshan Xincheng 韶山新城) mit dem Bahnhof und das eigentliche **Dorf Shaoshan**, etwa sechs Kilometer vom Bahnhof entfernt. Im Dorf steht das gut erhaltene **Geburtshaus Mao Zedongs**, in dem neben der historischen Inneneinrichtung auch Maos Schulranzen und Bilder seiner Familie ausgestellt werden. Das im lokalen Stil aus Lehmziegeln gebaute Bauernhaus befindet sich im Nordosten des Dorfes gleich neben dem Ortseingang.

Im Süden des Dorfes werden im **Mao-Museum** gegenüber der 1993 anlässlich des 100. Geburtstags des Großen Vorsitzenden errichteten Mao-Statue Fotos der historischen Parteiführer ausgestellt.

Hat man ein wenig mehr Zeit, bietet sich eine Wanderung in die umliegenden Wälder an. Auch wenn ob des Rummels um Mao die Gegend um Shaoshan nicht gerade repräsentativ für Chinas ländliche Gebiete ist, hat man als westlicher Besucher selten eine so gute Chance, einen Blick auf das chinesische Landleben zu werfen. Der vom Dorf aus gut sichtbare **Shao-Berg** (Shaofeng 韶峰) ist ein guter Orientierungspunkt und kann in einer etwa einstündigen Wanderung erreicht werden.

In beiden Ortsteilen gibt es **Übernachtungsmöglichkeiten**, weitaus die beste Wahl ist das Shaoshan Hotel (Shaoshan Binguan 韶山宾馆, Tel. 0732/568 50 80) im Dorfzentrum. Minibusse zwischen den beiden Ortsteilen verkehren regelmäßig, Busse nach Changsha fahren vom Busbahnhof in der Yingbin Lu 迎宾路 nördlich des Bahnhofs. Der einzige tägliche Zug nach Changsha verlässt Shaoshan um 16.28 Uhr und benötigt für die 128 Kilometer lange Strecke knapp drei Stunden.

Wulingyuan und Zhangjiajie

Abseits jeder westlichen Touristenroute ist das seit 1992 zum Weltkulturerbe der UNESCO gehörende Naturschutzgebiet Wulingyuan 武陵源 ein lohnenswerter Ausflug in den Nordwesten Hunans. Angehörige der Minderheiten der Bai, Miao und Tujia (Hakka) haben sich in dem zerklüfteten Karstgebiet mit seinen schroff aus der dichten subtropischen Vegetation ragenden kegelförmigen Bergen viel von ihrer ursprünglichen Kultur und Lebensweise erhalten.

Das Naturschutzgebiet hat eine Gesamtfläche von 369 Quadratkilometern, wovon 97,9 Prozent von Wald bedeckt sind. Über **3000 Kalksteinnadeln** ragen in den Himmel, fast 1000 davon sind mehr als 400 Meter hoch. Ausgedehnte mehrtägige Wanderungen sind möglich und können ebenso wie Rafting-Ausflüge im **Dorf Zhangjiajie** 张家界村 am Parkeingang organisiert werden. Die meisten Hotels in Zhangjiajie haben kleine Reiseagenturen. Die beste Übernachtungsoption im Dorf ist das Minzu Shanzhuang (民族山庄, Tel. 0744/571 25 16) links an der Hauptstraße direkt im Dorfkern.

Die **Stadt Zhangjiajie** 张家界市, etwa eine Stunde Busfahrt vom gleichnamigen Dorf entfernt, bietet Direktverbindungen mit Bus und Zug nach Changsha (16 h). Direktflüge verbinden Zhangjiajie mit Beijing, Shanghai, Chongqing, Wuhan und Shenzhen.

Neben der nahezu unberührten Landschaft gibt es aber noch einen weiteren Grund, Wulingyuan vor allem im Sommer in die Reiseplanung einzubeziehen. Selbst im Sommer ist das durch das nahe Wuling-Gebirge beeinflusste Mikroklima angenehm mild. Die Jahresdurchschnittstemperatur liegt bei 15 Grad.

Mao Zedong

So manch ein chinesischer Bauer wünscht ihn sich angesichts der zunehmenden Verarmung vieler ländlicher Gebiete zurück, den Großen Vorsitzenden, der selbst bäuerlicher Herkunft war. Maos Sprache war einfach, exakt und abgesehen von seinem hunanesischen Dialekt für jeden verständlich. Sein großes Verdienst besteht darin, die aus dem Westen importierten kommunistischen Ideen in die für chinesische Verhältnisse angemessene Praxis umzusetzen. Dies hat er sicher nicht alleine bewerkstelligt, seine Kunst bestand jedoch immer darin, sich im richtigen Moment ins rechte Licht zu setzen, parteiinterne Feinde auszuschalten und die richtigen Allianzen zu knüpfen, die ihn an die Macht brachten und dort hielten. Mit der Gründung der Volksrepublik China ging er 1949 als der Staatsmann in die Geschichte ein, der es geschafft hatte, Ordnung und soziale Sicherheit in das Reich der Mitte zu bringen. Westliche Intellektuelle, die China bis in die 1950er Jahre besuchten, waren begeistert von Mao und den Errungenschaften, die sie ihm zuschrieben. In der Formel 70/30, der offiziellen Position der KPCh zu Mao, 70 Prozent gut, 30 Prozent schlecht, stehen die 70 Prozent so auch für Maos frühen Jahre.

Mit der Zunahme parteiinterner Machtkämpfe, in denen sich Mao dank intensiver Verfolgung seiner politischen Gegner durchsetzen konnte, schottete Mao sich zunehmend vom Volk und der Realität ab. Der ›Große Sprung nach vorn‹ (1957/58) und die Kulturrevolution (1966–1976) waren auch Versuche eines alten Mannes, seine schwindende Machtbasis aufrechtzuerhalten. Der uneingeschränkten, abgöttischen Verehrung Maos in der Kulturrevolution stand ein rapider Autoritätsverlust unter der Oberfläche der Macht entgegen.

Mao-Buttons

Sein Tod 1976 machte den Weg für die Reform- und Öffnungspolitik Deng Xiaopings frei, Maos letzten überlebenden Gegenspieler. Bis heute macht man Mao nicht für seine Fehler in den späteren Jahren seiner Regierung verantwortlich. Man braucht den Großen Vorsitzenden als kleinsten gemeinsamen Nenner, als Schutzheiligen in Autos und Bild über dem Altar. Längst ist Mao auch in China eine Pop-Ikone geworden. So macht es auch nichts, dass viele Chinesen die 70/30-Formel heute als 70 Prozent schlecht und 30 Prozent gut interpretieren. Unumstritten bleibt jedoch sein strategisches Geschick. Bücher, die Maos Militärstrategien als Leitfaden modernen Wirtschaftsmanagements umdeuten, sind Bestseller im Reich der Mitte.

Die Provinz Yunnan

Kaum eine andere chinesische Provinz hat sich in den letzten 20 Jahren so gewandelt wie Yunnan 云南 an der Grenze zu Vietnam, Burma und Laos. Noch vor einigen Jahren lautete der lapidare Rat chinesischer Freunde an den westlichen Chinareisenden, bei Reisen nach Yunnan Vorsicht walten zu lassen, die Sicherheitslage sei unklar und die Bewohner gefährlich. Auch wenn diese Einschätzung schon damals jeder Grundlage entbehrte, war die chinesische Südwestprovinz in den Augen der meisten Chinesen unterentwickeltes Barbaren-

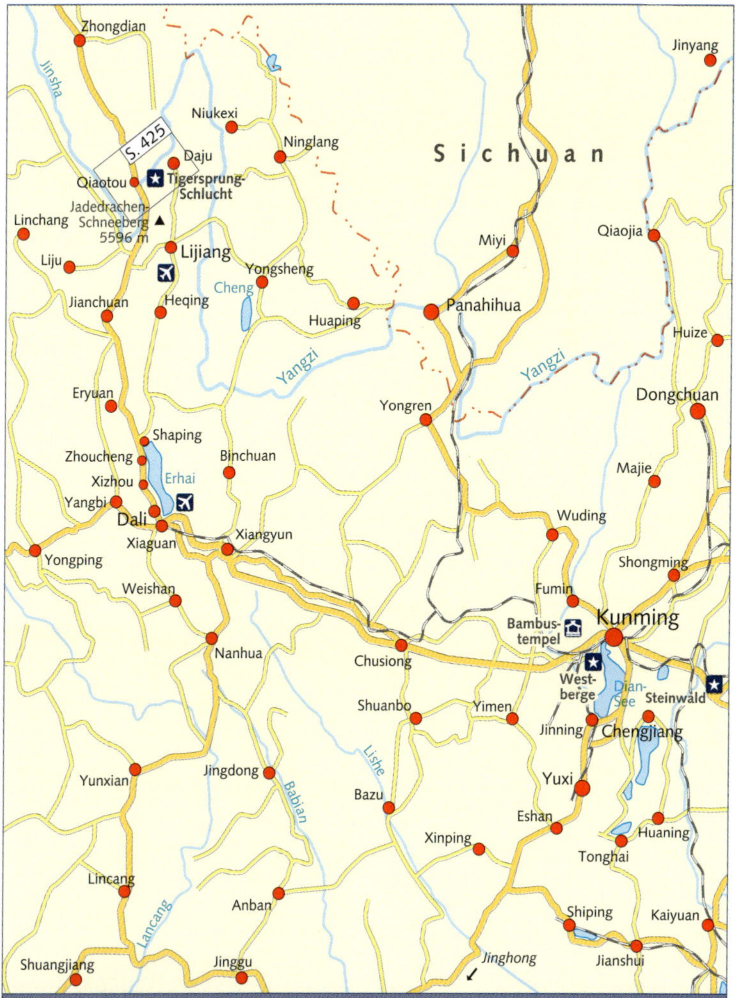

Region Kunming und nordwestliches Yunnan 云南 0 50 100 km

Bai-Frau mit ihrem Kind

land, auch weil viele der heute um die 50-jährigen die Region in schlechter Erinnerung hatten. Yunnan war eines der Gebiete, in die vormalige Rotgardisten während der Kulturrevolution verschickt wurden. Von der entbehrungsreichen Zeit unter den Minoritäten, die den Han-Chinesen nicht gerade freundlich gesonnen waren, ist heute nur das Produkt übriggeblieben, das die strafverschickten Jugendlichen damals anbauten: Yunnan-Kaffee, Chinas beste Bohne.

Heute ist Yunnan für die Chinesen das, was Mallorca für die sonnenhungrige deutsche Bevölkerung ist. Wenn der Rest des Landes in Schnee und Kälte versinkt, zieht es inzwischen nicht nur die verfrorenen westlichen Studenten, sondern auch viele Urlaubslustige der neuen chinesischen Mittel- und Oberschicht in die Südwestprovinz, um die ersten Sonnenstrahlen und ein wenig Grün zu erhaschen. Nicht umsonst sagt ein chinesisches Sprichwort, dass in Yunnan vier Jahreszeiten dem Frühling gleichen. Zwar wird jeder Besucher, der einmal eine kalte Dezembernacht oder einen heißen Julitag in der durchschnittlich auf 2000 Meter über dem Meer gelegenen Provinz verbracht hat, an der chinesischen Definition von Frühling zweifeln. Dennoch kann man das Klima in Yunnan mit gutem Gewissen als gemäßigt bezeichnen. Auch wenn man eine gewisse Regentoleranz mitbringen sollte, ist das durch den Monsun beeinflusste Yunnan eine der wenigen Provinzen Chinas, die man auch als hitzeempfindlicher Mensch im Sommer besuchen kann. Die Temperaturen liegen dann zwischen 15 und 30 Grad, auch abends kann man in den meisten Gegenden noch gut draußen sitzen.

Ethnisch und geographisch ist Yunnan die heterogenste chinesische Provinz. Von den 56 offiziell anerkannten chinesischen Volksgruppen (einschließlich der Han-Chinesen) leben 25 in dem 394 000 Quadratkilometer großen Gebiet zwischen Himalaya und dem laotischem Dschungel. Die höchste Erhebung, der Meili Xueshan (梅里雪山 Kawagebo) an der Grenze zu Tibet, ist 6740 Meter hoch, der niedrigste Punkt ist die Grenzstadt zu Vietnam, Hekou, mit 74,6 Metern Höhe. Für Naturfreunde ist die Provinz ein Paradies: 15 000 verschiedene Pflanzenarten sind in Yunnan heimisch, 40 Prozent der chinesischen und

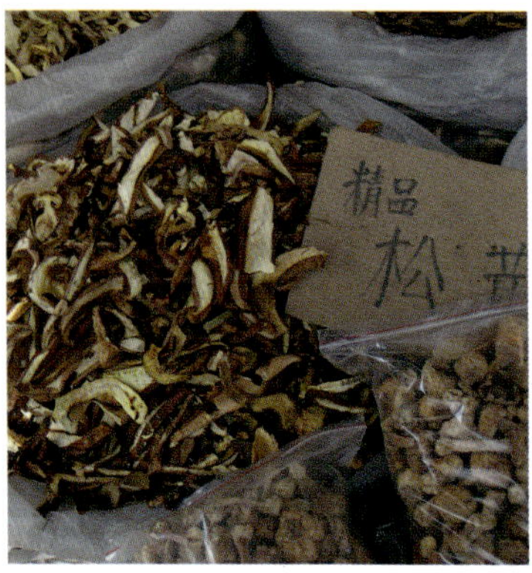

Getrocknete Steinpilze

▲ Karte S. 397

75 Prozent der tibetischen Heilkräuter sind hier neben fast 700 Blütenpflanzen zu finden. Zu den seltenen, andernorts ausgestorbenen Tierarten gehören der Schneeleopard, der Goldhaaraffe, der rote Panda und Schwarznackenkranich. Im Einzugsbereich der drei größten Flüsse Yunnans, dem Yangzi, dem Mekong und dem Salween (Nujiang 怒江) wechseln fast 7000 Meter hohe, schneebedeckte Berge mit bis zu 4000 Meter tiefen Schluchten.

Tibetisches Mädchen in typischer Tracht

Geschichte

Zwar gaben viele der 24 Minoritäten ihre Geschichte und damit die Geschichte Yunnans in Legenden, Fresken und Tänzen weiter, um einen Überblick über die Geschichte der Provinz zu bekommen, ist man jedoch vor allem auf chinesische Quellen angewiesen. Dies hat den Nachteil, dass alles, was wir über die historische Entwicklung Yunnans wissen, durch die chinesische Brille kommentiert wird, das heißt aus dem Blickwinkel der im eigenen Selbstverständnis kulturell höherstehenden Nation. Bis heute liest man in chinesischen Reiseführern, dass erst die Tang-Dynastie Kultur und Wissen nach Yunnan brachte.

Dabei weist vieles darauf hin, dass in Yunnan bereits vor mehr als 2000 Jahren eine Hochkultur existierte, die dem nördlichen Nachbarn kaum nachstand. Die Dian-Kultur, in chinesischen Quellen zuerst 339 vor Christus erwähnt, hinterließ eindrucksvolle Bronzegefäße und -artefakte, die heute im Provinzmuseum in Kunming zu bewundern sind. Etwa ab dem 3. Jahrhundert, als der mächtige Nachbar China nach dem Ende der Han-Dynastie in Krieg und Chaos versank, fiel das Dian-Reich aus dem Fokus der chinesischen Historiker und damit in Vergessenheit.

Vermutlich waren es Thai-Stämme aus dem Süden, die die Herrschaft an sich rissen und das Machtzentrum von Kunming nach Westen in die Region um den Erhai-See verlagerten. Das mächtige Nanzhao-Reich und sein Nachfolger, das Königreich von Dali, beherrschten große Teile Yunnans sowie Teile der heutigen Staaten Laos, Burma und Vietnam. Mit dem wiedererstarkten China der Tang-Dynastie lieferten sich die Armeen Nanzhaos eine Reihe von blutigen Schlachten, eingerahmt von kurzfristigen, vor allem gegen tibetische Expansionsbestrebungen gerichtete Allianzen.

Auch wenn die chinesischen Kaiser Yunnan seit dem 8. Jahrhundert als Teil Chinas betrachteten, waren es erst die Mongolen, die die Truppen des Dali-Reiches im 13. Jahrhundert besiegten und die Region endgültig in das chinesische Reich integrierten. Mit der Befriedung des chinesischen Südwestens wurde Yunnan weitgehend uninteressant für chinesische Historiker. Erst im späten 19. und frühen 20. Jahrhundert wurde der Provinz wieder die Aufmerksamkeit zuteil, die sie angesichts ihrer strategisch wichtigen Lage am Schnittpunkt des

Reichs der Mitte mit dem kolonialen Südostasien verdient hatte. Vor allem die Franzosen versuchten, in Yunnan Fuß zu fassen und so gegenüber den in Burma stehenden Briten einen entscheidenden strategischen Vorteil zu erlangen.

Noch heute erinnert die Schmalspurbahn von Kunming nach Hekou sowie der yunnanesische Rotwein (Yunnan Ganhong 云南干红), einst entdeckt und ausgebaut von französischen Missionaren, an die starke französische Präsenz in der Zeit zwischen Opiumkrieg und Zweitem Weltkrieg. Die legendäre Burmastraße endete in Kunming und der ›Humb‹, die alliierte Luftbrücke nach China während der japanischen Besatzung in den 40er Jahren des 20. Jahrhunderts, führte über die Ausläufer des Himalayas in die Hauptstadt Yunnans.

Heute ist Yunnan mehr denn je Chinas Tor nach Südostasien. Dennoch hat das chinesische Sprichwort, nach dem ›die Berge hoch seien und der Kaiser weit‹ in Yunnan immer noch seine Gültigkeit. Zwischen dem Vorurteil, Chinas ›Wilder Westen‹ zu sein und der neu gewonnenen Reputation als Urlaubsparadies ist Yunnan auf dem Weg, seinem Ruf als ›etwas andere chinesische Provinz‹ in positiver Weise gerecht zu werden.

Kunming

▲ Karte S. 402

›Stadt des Ewigen Frühlings‹ wird Kunming 昆明 im chinesischen Sprichwort genannt. Wer die Stadt einmal an einem heißen August- oder einem der wenigen bitterkalten Dezembertage besucht hat, wird an der Aussagekraft von Sprichwörtern im Reich der Mitte zweifeln. Dennoch, zehn von zwölf Monaten im Jahr ist das Klima in der auf knapp 2000 Metern gelegenen Hauptstadt der Provinz Yunnan äußerst angenehm. Seit einigen Jahren strömen nicht nur wärmesuchende ausländische Studenten in den kalten Wintermonaten nach Kunming, sondern auch eine wachsende Zahl von chinesischen Urlaubern hat die Stadt für sich entdeckt. Das jährliche Temperaturmittel liegt bei 16 Grad, selbst im Dezember wird es selten kälter als 5 Grad Celsius. Zwar sind die Zeiten vorbei, als Kunming nur aus engen Straßen und niedrigen, zweistöckigen Häusern bestand. Doch auch wenn der kleinstädtische Charme der innerhalb von zehn Jahren von 1,5 auf 4 Millionen Einwohner gewachsenen Stadt verloren gegangen ist, bietet Kunming jedoch für eine chinesische Provinzhauptstadt erstaunlich wenig Hektik, gute Luft und hohe Lebensqualität.

Geschichte

In chinesischen Quellen wird Kunming zuerst 339 v. Ch. als Zentrum der Dian-Kultur erwähnt, deren eindrucksvolle Bronzegefäße und -artefakte heute noch im Provinzmuseum zu bewundern sind. Ab dem 3. Jahrhundert, als der mächtige Nachbar China nach dem Ende der Han-Dynastie in Krieg und Chaos zerfiel, geriet das Dian-Reich aus dem Fokus der chinesischen Historiker und damit in Vergessenheit. Wahrscheinlich waren es

Kontraste in Kunming

Satirisches Propaganda-Plakat in Kunming

Thai-Stämme aus dem Süden, die die Herrschaft an sich rissen und das Machtzentrum von Kunming nach Westen in die Region um Dali verlagerten.

Erst mit der Eroberung Yunnans durch die Mongolen im Jahre 1274 und der damit verbundenen Wiedereingliederung in das chinesische Reich geriet die Stadt wieder in den Fokus des chinesischen Interesses. Zur Zeiten der Ming-Dynastie versuchten die chinesischen Kaiser, Kunming zu einem lokalen Verwaltungszentrum auszubauen. Von der einst gewaltigen Stadtmauer sind heute jedoch keine Spuren mehr zu sehen.

Im 17. Jahrhundert geriet Kunming noch einmal zum Zentrum der chinesischen Aufmerksamkeit, als der General Wu Sangui gegen die Fremdherrschaft der Qing-Dynastie rebellierte und sich mit seinen Armeen nach Südwestchina zurückzog. Von 1644 bis 1681 regierte Wu große Teile Südchinas und rief sich zum Kaiser der sogenannten Zhou-Dynastie aus. Während dieser Zeit genoss Kunming eine de facto Unabhängigkeit, bis die von Norden nachrückenden Truppen der Mandschus die Stadt wieder dem chinesischen Reich einverleibten.

Seine strategisch wichtige Lage weckte, während sich der koloniale Machtkampf zwischen Großbritannien und Frankreich in Südostasien zunehmend zuspritze, im frühen 19. Jahrhundert auch die Begehrlichkeiten beider Staaten. Während der großen Moslem-Revolte Mitte des 19. Jahrhundert überrannt und gebrandschatzt, hatte Kunming ähnlich wie der Rest des zerbröckelnden chinesischen Reiches den Kolonialmächten nicht viel entgegenzuhalten.

Es waren schließlich die Franzosen, die ihre Einflusssphäre bis nach Kunming ausdehnen konnten, eine Tatsache, die sich bis heute in einer Vielzahl ausgezeichneter Bäckereien im Stadtgebiet manifestiert. Eine sich heute noch in Betrieb befindliche Schmalspurbahn von Kunming zur vietnamesischen Grenze erinnert heute noch an die kolonialen Bestrebungen Frankreichs. Während die informelle, aber deutliche Präsenz der Franzosen misstrauisch beäugt wurde, waren die Ausländer, die im Zweiten Weltkrieges den Weg nach Kunming fanden, mehr als willkommen. Bis japanische Truppen im Jahre 1942 die Burmastraße eroberten, war Kunming de-

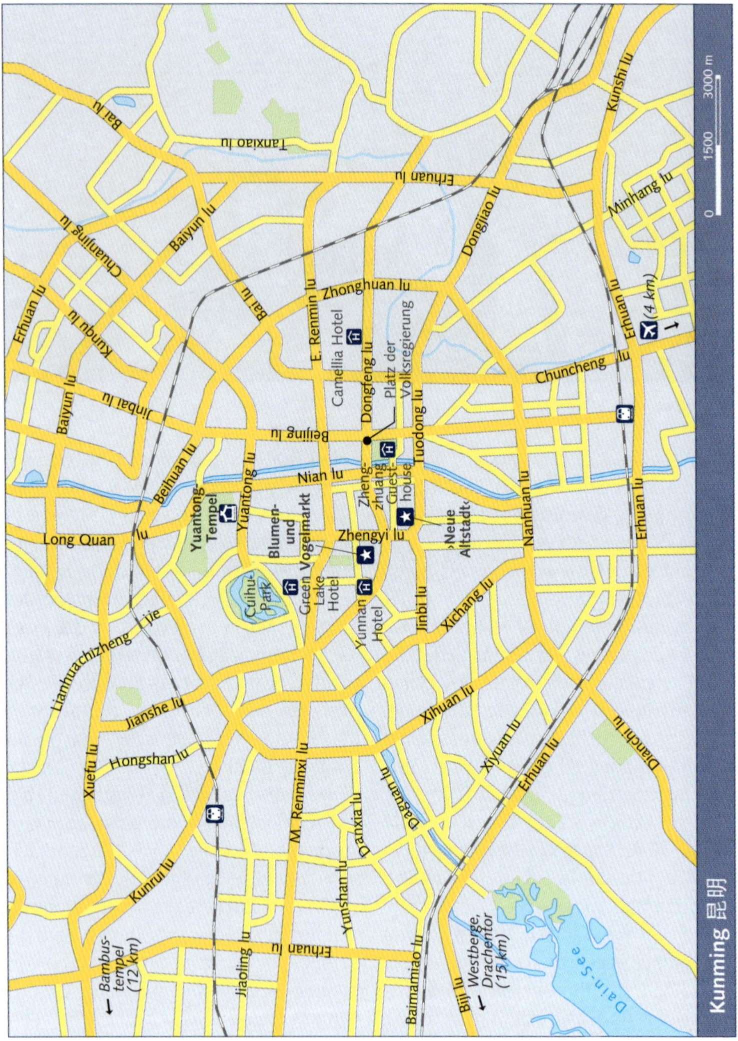

ren chinesischer Endpunkt und wichtiges Logistikzentrum des alliierten Nachschubs für China. Nachdem diese Nachschublinie unterbrochen war, diente der Kunminger Flughafen bis zur Kapitulation der Japaner 1945 als Endpunkt der ›Humb‹ genannten Luftbrücke, die nun Versorgungsgüter und Waffen auf dem Luftweg nach China brachte. Nach Gründung der VR China im Jahre 1949 wurde Kunming zu einem der wichtigsten Industrie- und Handelszentren Südwestchinas und ist heute Chinas Tor zu Südostasien.

Platz der Volksregierung

Trotz seiner Größe lässt sich Kunming immer noch recht gut zu Fuß oder mit dem Fahrrad entdecken. Das Camellia Hotel (Chahua Fandian 茶花饭店 Tel. 3163000) in der Dongfeng Lu 东风路 vermietet Fahrräder für 10 RMB am Tag. Ein guter Ausgangs- und Orientierungspunkt ist der große **Platz der Volksregierung** (Renmin Zhengfu Guangchang 人民政府广场) an der Kreuzung der Nord-Süd-Achse, der Beijing Lu 北京路 und der Ost-West-Traversiale, der Dongfeng Lu. Am frühen Morgen kann man hier den Pensionären beim Taiji zuschauen, gegen Abend treffen sich Musik- und Opernliebhaber.

Yuantong-Tempel

Folgt man der Beijing Lu Richtung Norden, so erreicht man nach knapp zwei Kilometern die Yuantong Lu 圆通路, benannt nach dem gleichnamigen Tempel. Der Yuantong-Tempel 圆通寺 gehört zu den ältesten Tempeln der Stadt und erstrahlt, nachdem er während der Moslem-Revolte im 19. Jahrhundert und in der Kulturrevolution zweimal fast vollständig zerstört wurde, nach Restaurierungen Mitte und Ende der 90er Jahre wieder im alten Glanz. Die bis in die

Der Yuantong-Tempel

Tang-Dynastie zurückgehende Tempelanlage gleicht eher einem Palast als einem Tempel und bietet eine interessante Mischung aus chinesischen und südostasiatischen Einflüssen. Das heutige Design stammt aus dem 14. Jahrhundert.

Durch das Ehrentor und einen kleinen Park erreicht man das eigentliche **Eingangstor** des Tempels, mit den vier Himmelskönigen, Maitreya, dem Dickbauchbuddha und Weituo, dem Beschützer des Buddhismus. Geht man durch dieses Tor, so erblickt man durch die dichten Rauchschwaden der Räucherstäbchen hindurch die eigentliche Tempelanlage. Entlang des kleinen Teiches, in dessen Mitte sich ein der Göttin der Barmherzigkeit, Guanyin, geweihter Pavillon befindet, kann man auf beiden Seiten zur **Haupthalle des Tempels** gelangen, in der sich die übliche Phalanx der drei Buddhafiguren findet, des vergangenen, des gegenwärtigen und des zukünftigen Weltenzyklus. Interessant an dieser Halle sind vor allem die **geschnitzten Drachensäulen**. Einst, so erzählt die Legende, lebte hier ein Drache, der erst mit dem Bau des Tempels gebändigt werden konnte. Der im südostasiatischen Stil gehaltene Tempel hinter der Haupthalle ist ein Geschenk Thailands. Im Inneren des für Besucher nicht zugänglichen Gebäudes befindet sich eine vergoldete Statue Sakyamunis. Leider enden die Treppen hinter dem Tempelgebäude an einer Steinmauer, sonst könnte man von hier in den dahinterliegenden Kunminger Zoo aufsteigen, von dessen Gelände man einen ausgezeichneten Blick auf die Stadt hat.

Cuihu-Park

Folgt man der Yuantong Lu Richtung Westen, so erreicht man nach 500 Metern den Cuihu-Park 翠湖公园, eine auf den Qing-Kaiser Kangxi zurückgehende Gartenanlage mit mehreren miteinander verbundenen See, über die Brücken im klassischen chinesischen Stil führen. Wenngleich neueren Datums, ist der Park auf jeden Fall einen Besuch wert. Am Osteingang laden Teehäuser zum Verweilen ein, die nicht nur die ausgezeichneten lokalen Teesorten ausschenken, sondern auch die eine oder andere lokale Gaumenfreude auf der Speisekarte haben. Im Parkinneren treffen sich die Freunde der Volksmusik und der lokalen Oper und geben ihr Können zum Besten.

Blumen- und Vogelmarkt

Entlang des südöstlichen Seeufers führt die Uferpromenade zurück in Richtung Innenstadt. Es empfiehlt sich, auf Höhe des Kunming Harbour Plaza Hotels 昆明海逸酒店 nach links abzubiegen und der kleinen Straße zu folgen, bis man wieder die Dongfeng Lu erreicht. Auf Höhe des Kunsttheaters zweigt die Guanghua Lu 光华路ab und führt nach etwa einem Kilometer direkt zum Kunminger Blumen- und Vogelmarkt 花鸟市场.

Auch wenn mit zunehmend touristischem Interesse dieser Markt inzwischen vor allem sogenannte Antiquitäten anbietet und der ehemals sehr enge Markt durch den Abriss zweier Marktzeilen deutlich verbreitert wurde, lohnt sich ein Spaziergang zwischen den Marktständen allemal. Die die Marktstraße säumenden Bäume bilden ein natürliches Dach und tauchen die Stände, an denen Bonsaibäume, lebende Würmer als Vogelfutter und kleiner Gartennippes wie Laozi auf dem Wasserbüffel angeboten wird, zu jeder Tageszeit in ein grünes Halbdunkel.

▲ Karte S. 402

Altstadt

Am südlichen Ausgang des Marktes finden sich die Reste der Kunminger Altstadt. Wer gerne an Garküchen lokale Spezialitäten probiert, der kommt hier auf seine Kosten. Vor allem zur frühen Abendzeit sind alle Sitzplätze der dann weit in die Straße hineinreichenden Garküchen besetzt, und der hungrige Besucher hat die Wahl zwischen Speisen aus allen Landesteilen: Maultaschen und Nudelsuppen in allen Variationen, Pilzgerichte, unzählige Spinatsorten, moslemische, bai- und dai-chinesische Küche. Bei der Recherche waren die Reste der alten Bebauung zum Abriss freigegeben, voraussichtlich wird auch hier die Altstadt nach dem üblichen Muster ›renoviert‹, das heißt, abgerissen und nach Schema F neu aufgebaut.

Das moderne Kunming

Wie auch immer, mit der Zhengyi Lu 正义路 endet die Altstadt. Hier beginnt eine großzügige Fußgängerzone, die, bei aller Trauer um die alte Bausubstanz, gar nicht so schlecht gestaltet ist. Vor dem Betrachter baut sich das moderne Kunming auf, mit Hochhäusern, Spiegelfassaden und ein paar nach historischen

In der Dongfeng Lu

Vorbildern gestalteten traditionellen Schmucktoren. Folgt man von hier der Dongfeng Lu nach Osten, erreicht man nach einem guten Kilometer wieder den Platz der Volksregierung.

Wer sich für die Bronzen der Dian-Kultur interessiert, dem sei das **Kunminger Provinzmuseum** (Yunnan Sheng Bowuguan 云南省博物馆) wärmstens empfohlen. Das Museum, ein monströser Bau im russischen Stil der 1950er Jahre, befindet sich an der Kreuzung Dongfeng Lu und Wuyi Lu 五一路. Alternativ empfiehlt sich ein Bummel durch die Fußgängerzone im Richtung Süden. Am **Jinmabiji-Platz** (Jinmabiji Guangchang 金马碧鸡广场) laden einige nette Restaurants in traditioneller Bebauung ein.

Kunming

Vorwahl: +86/871.

Post: an der Kreuzung Beijing Lu/ Dongfeng Lu.

Bank: alle großen Hotels wechseln Bargeld und Reiseschecks, die Bank of China hat Filialen in der Renmin Lu und an der Beijing Lu nahe der Huangchen Nanlu.

Kunming ist per Direktflug von Bankok, Chiang Mai, Singapur, Osaka, Seoul, Vientiane, Yangon, Hongkong, Shanghai und Beijing zu erreichen.

Kunming hat Direktverbindungen mit Beijing (48 h), Shanghai (46 h), Chengdu (24 h) und Guilin (22 h). Auch wenn die Landschaft entlang der Strecke außerordentlich reizvoll ist, empfiehlt sich die Bahnfahrt nur für Reisende mit viel Zeit. Eine interessante Verbindung ist die Strecke nach Dali, die eine gute Alternative zu Bus und Flugzeug darstellt (ein Tag- und ein Nachtzug, jeweils 9 h).

Wichtige Busverbindungen gibt es nach Dali (5 h) und Lijiang (8 h). Die zentrale Busstation ist auf der Beijing Lu, ca. 500 Meter nördlich des Hauptbahnhofs.

Zhenzhuang Guesthouse (Zhenzhuang Yingbinguan 震庄迎宾馆), 5 Sterne, Beijing Lu 北京路 514, Tel. 3100088. Neun Hektar große Villenanlage im Stadtzentrum mit weitläufigem Garten.

Green Lake Hotel (Cuihu Binguan 翠湖宾馆), 4 Sterne, Cuihu Nanlu 翠湖南路 6, Tel. 5158888, Fax 5153286. Eines der ersten Luxushotels in Kunming. Sehr schöne Zimmer mit Blick auf den Cuihu, der Service lässt allerdings zu wünschen übrig.

Camellia Hotel (Chahua Fandian 茶花饭店), 2 Sterne, Dongfeng Lu 东风路 154, Tel. 3163000, Fax 3147033. Preiswertes Mittelklassehotel mit schönem Wintergartenrestaurant. Zimmer von Schlafsaal bis Doppelzimmer mit Bad, Business-Center und Reisebüros. Kostenloser Shuttleservice zum Flughafen.

Yikeyin Lao Fangzi 一颗印老房子, Dongfang Xilu Jixiong Xiang 东风西路吉祥巷 18–19 号, Tel. 3644555/ 3644689. In der Altstadt gelegen, bietet das Restaurant neben einer angenehmen Atmosphäre auch eine tolle Auswahl lokaler Spezialitäten.

Xinhong Yincanting 新红饮餐厅, Dongfeng Xiang 东风巷, Tel. 0871-3126697

Unscheinbares aber äußerst empfehlenswertes Restaurant in einer Seitengasse der Baitalu 白塔路, in Laufdistanz zum Camellia Hotel. Riesige Auswahl und exzellentes Preis-Leistungsverhältnis. Sprachunkundige können aus einer riesigen Vitrine die frischen Zutaten wählen.

Das Kunminger Pendant zum Beijinger Dashanzi-Projekt lässt sich im Süden der Innenstadt finden. In der Xiba Lu 西坝路 haben sich in den letzten Jahren einige Galerien und Cafés angesiedelt, unter anderem das 943studio, Xiba Lu 101, www.943studio.cn, und TCGNordica, Tel. 4114691/4114692, www.tcgnordica.com. Auf einem stillgelegten Fabrikhof (an der unscheinbaren Einfahrt steht 昆明市机模厂) tummelt sich die Kunminger Kunstszene.

Alles, was Kunming an lokalen Spezialitäten und Souvenirs zu bieten hat, findet man in Dali und Lijiang günstiger und in größerer Auswahl. Die großen Hotels sowie das Camellia haben Souvenirshops, in denen sich auch Postkarten erstehen lassen. Entlang der Dongfeng und der Beijing Lu sowie am Ostufer des Cuihui finden sich Teeläden, etliche Supermärkte und einige Batikgeschäfte. Der Kunming Department Store liegt an der Kreuzung von Dongfeng Xi und Zhengyi Lu. Ein guter Einkaufstipp sind getrocknete Pilze. Ein halbes Pfund Steinpilze (Niuganjun 牛杆菌) kostet umgerechnet drei Euro.

Ausflüge von Kunming

Der Steinwald

Mehr als eine Million Besucher besichtigen jedes Jahr den knapp 100 Kilometer östlich von Kunming gelegenen Steinwald (Shilin 石林). Obwohl sich das Gebiet der spitz in den Himmel ragenden Steinnadeln über insgesamt 26 000 Hektar erstreckt, drängen sich die meisten Besucher auf einem 80 Hektar großen Areal im autonomen Kreis Lunan 鹿南. Empfehlenswert, weil weitaus weniger überlaufen, ist der zwölf Kilometer nordwestlich gelegene, 300 Hektar große ›Pilzwald‹, dessen bizarre Karstgebilde ähnlich spektakulär sind. Der Steinwald entstand vor etwa 270 Millionen Jahren, als sich das Tetismeer (Urmittelmeer) zurückzog und so die durch Ablagerungen entstandenen Kalkformationen der Witterung aussetzt wurden. Durch Boden- und Seitenerosion formten sich die nadelförmigen Karstgebilde, die man heute auf verschiedenen befestigten Rundwegen durchwandern kann. Feiertage und Stoßzeiten (10–11 und 15–16 Uhr) sind dabei zu meiden, sonst findet man sich unversehens im Stau vor einem der vielen nur in eine Richtung begehbaren

Im Steinwald

▲ Karte S. 397

Felspassagen wieder. Wer keinen eigenen Führer mitgebracht hat, kann sich von den als Reiseführer fungierenden Frauen der Sani, einer Untergruppe der Volksgruppe der Yi, durch das Labyrinth von Felsspitzen, Höhlen und Tälern leiten lassen und kommt auf diese Weise auch in den Genuss einer kleinen Gesangsvorführung. Ob mit oder ohne Führung, es empfiehlt sich auf jeden Fall, feste Schuhe zu tragen, da die Wege zum Teil sehr ausgetreten sind. Es lohnt sich durchaus, eine **Übernachtung** am Steinwald einzuplanen, da Sie das bizarre Naturwunder in den späten Abend- und in den frühen Morgenstunden fast für sich alleine haben. Direkt auf dem Areal des Steinwaldes steht das Shilin Hotel (石林宾馆, Tel. 771 14 01), und auch das Shilin Bishuyuan Hotel (石林避暑园宾馆, Tel. 771 10 88) und das Yunlin Hotel (云林宾馆, Tel. 779 54 10 Fax 779 54 09) befinden sich in unmittelbarer Nähe des Eingangs.
Ausflüge zum Steinwald organisiert unter anderem das Camellia Hotel. Seit 2002 fährt ein neuer Expresszug vom Südbahnhof zum Steinwald. Abfahrt ist um 8:28, der Zug zurück nach Kunming verlässt den Bahnhof um 15:54. Die Fahrt dauert etwa 90 Minuten.

Dian-See, Westberge und Drachentor

Der mit 300 Quadratkilometern und 40 Kilometer Länge größte See Yunnans, der Dian Chi 滇池, ist die grüne Lunge Kunmings. Vor allem an Wochenenden und Feiertagen nutzen die Kunminger die Parks und Vergnügungseinrichtungen, die entlang des Sees in den letzten Jahren gebaut wurden. An dessen Westufer erstreckt sich auf den bis zu 3000 Meter hohen Westbergen (Xishan 西山) eine Gruppe buddhistische und daoistische Tempel, deren ältester, der buddhistische **Huating-Tempel** (Huating Si 华亭寺), bis ins 11. Jahrhundert zurückgeht. In Kunmings größtem buddhistischem Tempel sind vor allen die folkloristischen Wandmalereien sehenswert. In ihrem teils grotesken, teils bodenständigen Stil bilden diese ein gewolltes Gegengewicht zu den kontemplativen Buddhafiguren. Geht man in Richtung **Drachentor** (Longmen 龙门) den zunehmend schmaler werdenden Weg weiter bergauf, so kommt man zum **Taihua-Tempel** (Taihua Si太华寺), der der Guanyin geweiht ist, und schließlich zum **Pavillon der Drei Reinen** (Sanqing Ge 三清阁), einem ehemaligen mongolischen Sommerpalast, der seit dem 18. Jahrhundert als daoistischer Tempel dient. Schließlich erreicht man das auf 2500 Meter Höhe gelegene Drachentor, das zwischen 1781 und 1853 von daoistischen Mönchen aus dem Fels gehauen wurde. Der Blick vom Drachentor auf den Dian-See und Kunming ist atemberaubend.

Bambustempel

Wenn man sehen möchte, wie einem chinesischen Bildhauer die Pferde durchgingen, gehört ein Besuch des zwölf Kilometer nordwestlich von Kunming gelegenen Bambustempels (Qiongzhu Si 筇竹寺) zum absoluten Pflichtprogramm. In sechs Jahren formte der berühmte sichuanesische Bildhauer Li Guangxu zusammen mit fünf seiner Schüler einen skurrilen Mikrokosmos aus Sünde und Frömmigkeit, manifestiert in **500 Luohan-Figuren**, die in den Seitengebäuden des 1280 gebauten Tempels auch heute noch zu besichtigen sind. Bei der Gestaltung seiner Figuren bediente sich Li zeitgenössischer Vorbilder, so dass sich mehr als eine Kunminger Per-

sönlichkeit auf nicht gerade vorteilhafte Weise dargestellt fand. So verwundert es auch wenig, dass der Bildhauer Kunming gleich nach Beendigung seines Auftrages verließ. Neben der Besichtigung der Luohan-Figuren empfiehlt sich auch ein kleiner Rundgang durch die Tempelgebäude des zen-buddhistischen Tempels, der, wie der Name es schon vermuten lässt, inmitten eines dichten Bambuswaldes steht.
Beide Ausflugsziele, die Westberge und der Bambustempel, sind mit Minibussen vom Kunminger Yunnan Hotel (Yunnan Fandian 云南饭店) in der Dongfeng Xilu 东风西路 zu erreichen.

Dali

Traditionell Siedlungsgebiet der Bai-Minorität, leben bis heute 16 verschiedene Minderheiten in der Region um den Ohrensee (Erhai). Am Schnittpunkt zweier der wichtigsten Handelsstraßen Südwestchinas, der Südlichen Seidenstraße (Burmastraße) und der Teestraße gelegen, war Dali 大理 über die Jahrhunderte hinweg Schmelztiegel verschiedener kultureller Einflüsse und prosperierte als Etappenstation der schwer beladenen Karawanen, die Tibet, Yunnan und Südostasien verbanden.

Geschichte

Einst die mächtige Hauptstadt des Nanzhao-Königreiches, das im 8. Jahrhundert große Teile Yunnans, des heutigen Laos, Burmas und Vietnams beherrschte, blieb Dali auch nach der Eroberung durch die Mongolen 1353 wichtiges lokales Zentrum und bewahrte sich, obwohl seit dieser Zeit Teil des chinesischen Kaiserreichs, eine relativ weitreichende Autonomie. Während es immer wieder zu Scharmützeln zwischen den einzelnen Volksgruppen kam, eskalierte die Situation 1855, als die Hui (chinesische Moslems) sich gegen die Unterdrückung durch die chinesische Obrigkeit auflehnten und fast ganz Yunnan besetzten. Durch die massive Intervention kaiserlicher Truppen, nicht ganz uneigennützig unterstützt von den Franzosen, die mit ihrem Engagement in der Region hofften, sich einen Teil des kolonialen Kuchens abschneiden zu können, gerieten die Aufständischen in die Defensive und verschanzten sich bis 1873 in Dali.
Von den massiven Zerstörungen, die die Rückeroberung der Stadt zur Folge hatten, erholte sich Dali nicht mehr. Ein desaströses Erdbeben Anfang des 20. Jahrhunderts zerstörte den Königspalast sowie große Teile der noch vorhandenen Stadtmauer aus der Ming-Dynastie. Mit dem Wiederaufbau änderte sich der Charakter der Stadt. Nach der Moslemrevolte hatte die Zentralregierung viele Han-Chinesen aus der Armutsprovinz Anhui in Dali und Umgebung angesiedelt, um das Bevölkerungsverhältnis zu ihren Gunsten zu verändern. Diese brachten beim Wiederaufbau nach dem Erdbeben ihre architektonischen Vorstellungen mit ein und so

Auf dem Markt

▲ Karte S. 410

sind bis heute in Dali deutliche Anleihen an die Bauweise Anhuis zu sehen.

Als mit der Gründung der Volksrepublik China im Jahre 1949 das Verwaltungszentrum in das 14 Kilometer südlich gelege Xiaguan verlegt wurde, versank Dali endgültig in einen Dornröschenschlaf. Glücklicherweise, muss man sagen, da in Xiaguan, immerhin über die Jahrhunderte hinweg wichtige Zollstation und Kreuzungspunkt der südlichen Seiden- und der Teestraße, von dem ursprünglichen historischen Stadtkern kaum ein Stein übrig geblieben ist, Dali jedoch bis in jüngster Zeit von Hochhäusern und Spiegelglasfassaden verschont wurde.

Wiederentdeckt wurde Dali durch Rucksacktouristen, als die Stadt 1983 zuerst inoffiziell und 1985 dann offiziell durch die chinesischen Behörden für Ausländer geöffnet wurde. Lange galt Dali als Geheimtipp, Heimat von Chinas einziger Pizza und Paradies für westliche Cannabis-Konsumenten. Anfang der 1990er Jahre sprachen nicht wenige von einem ›Zweiten Kathmandu‹, auf die geographische Lage der Stadt auf einem Hochplateau zwischen dem Erhai und dem 4200 Meter hohen Cang-Berg sowie die Ausrichtung auf Backpacker, Banana Pancake und vegetarische Lasagne anspielend. Das Paradies währte bis Ende der 1990er Jahre, als gleichzeitig der Xiaguaner Flughafen eröffnet und die Eisenbahnlinie Kunming–Xiaguan eingeweiht wurden und Dali nun auch verkehrstechnisch eine attraktive Destination darstellte. Zuvor quälten sich klapprige Ikarus-Busse die mehr als 400 Kilometer von Kunming nach Dali über die bis fast 3000 Meter hohen Pässe der alten Burmastraße und brauchten für die Strecke nicht selten bis zu 15 Stunden. Vielleicht auch deshalb war Dali eine

In der ›Ausländerstraße‹

Stadt, die man, einmal angekommen, so schnell nicht wieder verlassen wollte. Nicht wenige Globetrotter richteten sich für mehrere Monate häuslich in der Stadt ein und hinterließen Rezepte für nahezu alle erdenklichen Gaumenfreuden des Westens und die wahrscheinlich größte Dichte englischsprachiger Chinesen im Lande.

Ende der 1990er entdeckten auch der Pauschaltourismus und die nun zunehmend reiselustigen Chinesen die Stadt, ebenso wie die chinesischen Avantgarde-Künstler, die vor allem in Neeman, den Besitzer des Mekong Center of Art (MCA) einen kongenialen Ansprechpartner und genialen Eventmanager gefunden hatten. Feng Lijun, Chinas Vorzeige-Avantgardist besitzt ein Häuschen in Dali, während einer der Väter der chinesischen Avantgarde nach 1979, Ye Yongqing, regelmäßig von Kunming anreist, wo er die angesagte ›Shanghe‹-Bar besitzt.

Derweil wurde die Stadt von 1999 bis 2003 einem intensiven Facelifting unterzogen, das ihr nicht immer gut getan hat. Während sich früher der Tourismus auf einen kleinen Abschnitt der Hugou Lu beschränkte, von chinesischer Seite

kurzerhand ›Yangrenjie‹ 洋人街 (Ausländerstraße) getauft, ist nun fast die gesamte Innenstadt in eine Art Freiluftmuseum verwandelt worden. Dennoch: Auch wenn die architektonische Authentizität mit der Komplettsanierung einiger Häuser nicht immer gewahrt wurde, blieb die Atmosphäre der meisten Straßen jedoch erhalten, und keines der sonst in China zur Standardbebauung zählenden komplettverkachelten niedrigstöckigen Häuser verschandelt das historische Stadtbild. Während anderenorts in China die alten Häuser oft modernen Gebäuden weichen mussten, hat man in Dali nicht nur den zentralen Wuhua-Turm, sondern auch die Stadtmauer wiederaufgebaut, von der bis 1998 nur noch die beiden Stadttore im Norden und Süden standen. Fast die gesamte

Innenstadt ist heute autofrei, die Hugou Lu war 1995 eine der ersten Fußgängerzonen Chinas, und die Fuxing Lu führt heute als gepflasterte Flanierzone an einem kleinen, zu dem ausgeklügelten Bewässerungssystem Dalis gehörenden Bach entlang. Auch wenn in der Hochsaison täglich mehrere tausend Touristen die Altstadt Dalis besuchen, reicht ein kleiner Abstecher in die Nebenstraßen, um dem Trubel zu entfliehen.

Sehenswürdigkeiten

Die einzig sinnvolle Fortbewegungsmittel in Dali sind Schusters Rappen. Die Innenstadt ist mit drei mal vier Kilometer Größe leicht zu Fuß zu erkunden, für Ausflüge zum Erhai oder zu den Drei Pagoden kann man in fast allen Hotels und in einigen Restaurants Fahrräder leihen, die sich allerdings für die Innenstadt kaum eignen, da die Durchfahrt durch die Fußgängerzonen auch für Fahrräder verboten ist. Auch Taxis gibt es inzwischen in Dali, die vor allem entlang der Bo'ai Lu 博爱路 im Norden der Huguo Lu 护国路 auf zahlungskräftige Kundschaft lauern. Eine gute Alternative sind außerdem die Eselkarren, gewissermaßen die traditionellen Taxis der Stadt, die sich vor allem für einen Ausflug zum Erhai empfehlen und die in der Gegend des Nordtores 北门 zu finden sind.

Huago Lu

Einen Rundgang durch Dali beginnt man am besten in der Huguo Lu. Es soll in den 1980er und 1990er Jahren Backpacker gegeben haben, die die Straße während ihren gesamten Aufenthaltes nicht verlassen haben. Vor allem während der chinesischen Semesterferien genossen ausländische Studenten die relaxte Atmosphäre der ›Ausländerstraße‹, labten sich an aus der Heimat bekannten und bitter vermissten Gaumengenüssen und freuten sich über äußerst offene und gesprächsbereite Chinesen, in einer Zeit, als Kontakt zu den chinesischen Kommilitonen sich bestenfalls auf einen Sprachaustausch beschränkte.

Dies hat sich mit zunehmender Öffnung Chinas zwar deutlich verändert, Dutzende kleiner Cafés, Schneiderläden und Galerien laden jedoch weiterhin zum Verweilen ein.

Renmin Lu

Wer in der ›Yangrenjie‹ auf der Suche nach der neuen Garderobe, einem Latte Macciato oder der neuesten Stones-CD nicht fündig geworden ist, für den bietet sich ein Abstecher in die parallel zur Huguo Lu führende Renmin Lu 人民路 an, die der Einfachheit und der Ausrichtung halber nun auch ›zweite Ausländerstraße‹ heißt. Dalis Altstadt hat jedoch weitaus mehr zu bieten als ›Banana Pancake‹ und das ›Dalai-Lama-Frühstück‹. Letzteres ist im Tibetan Café erhältlich, das nach mehreren Standortwechseln nun in der Renmin Lu seine endgültige Heimat gefunden hat und zu den ersten und immer noch besten Cafés in Dali gehört. Folgt man der Renmin Lu in Richtung Westen und überquert man

In der Altstadt von Dali

die Fuxing Lu 复兴路, so kommt man in einen Teil der Stadt, der sich in den letzten 20 Jahren trotz Tourismusboom kaum verändert hat. Gleich hinter der Fuxing Lu auf der linken Straßenseite laden einige kleine Restaurants zu einem lokalen kulinarischen Erlebnis ein. Englischsprachige Speisekarten gibt es zwar nicht, die Zutaten liegen jedoch appetitlich angerichtet in der Auslage und werden auf Fingerzeig vom Koch in ein äußerst schmackhaftes Mal verwandelt. Vor allem zu empfehlen sind Steinpilze mit scharfer Paprika (Qingjiao Niuganjun 青椒牛肝菌) und sauerscharfe Fischsuppe nach Art der Bai (Baizu Suanla Yu 白族酸辣鱼).

Die Fuxing Lu

Zurück auf der Fuxing Lu, empfiehlt sich ein Spaziergang entlang der Fußgängerzone in Richtung Südtor (Nanmen). Auf Höhe des Dali Nr. 1 Guesthouses befinden sich mit dem **Dali Bookstore** (Dali Shudian) und **Mandarin Books** gleich zwei ausgezeichnete Buchläden. Während der Dali Bookstore vor allem gute Karten von Dali und Yunnan im Angebot hat, überrascht Mandarin Books mit einer riesige Auswahl neuer und gebrauchter Bücher in deutscher, englischer, französischer und chinesischer Sprache. Sollte Ihnen der Lesestoff ausgegangen sein, so haben Sie hier Gelegenheit, ihre Reisebibliothek aufzufrischen.

Folgen Sie der Fuxing Lu weiter in Richtung Süden, so erreichen Sie nach etwa 300 Metern den zentralen **Wuhua-Turm** 五华塔, dessen Aussichtsplattform einen ausgezeichneten Überblick über die Altstadt Dalis bis hin zum Erhai bietet. Der Turm, während des Erdbebens Anfang des 20. Jahrhunderts zerstört, wurde erst 1999 in der heutigen Form wie-

Bai-Frau in der Altstadt von Dali

der aufgebaut. Blickt man auf ähnliche Türme, die in vielen der alten Karawanenstädte Yunnans noch im Original erhalten sind und traditionellerweise die zentrale Straßenkreuzung des Ortes überspannten, muss man die Authentizität des Bauwerkes allerdings bezweifeln. Bei den in mehreren Geschäften innerhalb des Gebäudes angebotenen Jadeschmuckstücken kann man jedoch sicher davon ausgehen, dass es sich hierbei nicht um echte Stücke handelt.

Souvenirgeschäfte und Straßenhändler säumen den weiteren Weg zum Südtor. Vor allem die blau-weißen Batiken, traditionell als Tischdecken verwendet und inzwischen von Jacke bis Hose vielfältig genutzt, sind ein schönes und vor allem gut transportables Mitbringsel aus Dali. Was man von einem anderen Produkt der Stadt nicht sagen kann. Dali ist so berühmt für seinen **Marmor**, dass das edle Material in China auch ›Dali-Stein‹ heißt. Obwohl es sich meistens um handwerklich schöne Arbeiten handelt, sprengt eine marmorner Aschenbecher oder gar ein filigran gemusterter Raumteiler aus Marmor deutlich das Gepäcklimit jeder Fluggesellschaft. Da kommen passionierte Raucher eher auf ihre Ko-

▶ Karte S. 410

sten: Der **Tabak** aus dieser Region Yunnans gehört zum besten der Welt und wird vor allem an Markttagen überall von alten Männern der Bai angeboten.
Am Ende der Fußgängerzone erreicht man schließlich das **südliche Stadttor**, das aus der Ming-Dynastie stammt und sowohl Kriegen als auch Naturgewalten widerstanden hat. Seit 1999 kann man das Tor besteigen und auf einem restaurierten Teil der **südlichen Stadtmauer** spazierengehen. Von hier blickt auf die südliche Vorstadt, in der das Schnitzereiviertel liegt. Die meisten der in der Altstadt angepriesenen Holzschnitzereien werden hier hergestellt, und es lohnt sich, den Handwerkern bei ihrer filigranen Arbeit in den kleinen Werkstätten zuschauen.
Etwa 300 Meter vom Südtor entfernt lockt rechter Hand das **Mekong Center of Art** (MCA) mit hausgebackenem Kuchen, einer kleinen Kunstgalerie und dem einzigen Swimming Pool der Stadt.

Die Drei Pagoden

Die etwa zwei Kilometer nördlich von Dali gelegenen Drei Pagoden 三塔 sind das Wahrzeichen der Stadt und eine der Hauptattraktionen Dalis. Im ehemaligen Königstempel der Bai, dem Chongsheng Si 崇圣寺 gelegen, ist die größte, knapp 70 Meter hohe 16-stöckige Hauptpagode ein repräsentatives Beispiel für die Pagodenarchitektur der Tang-Dynastie. Sie wurde nach dem Vorbild der Kleinen Wildganspagode in Xi'an im 9. Jahrhundert erbaut, und ist leider seit 1995 nicht mehr für die Öffentlichkeit begehbar.
Die beiden kleineren, jeweils 42 Meter hohen Pagoden wurden im 11. Jahrhundert errichtet und bilden im Ensemble ein äußerst lohnendes Fotomotiv. Die Spiegelung der Pagoden in dem kleinen, etwas nördlich gelegenen künstlichen Teich lockt am späten Nachmittag, wenn die Sonne die Pagoden gut ausleuchtet, viele Fotofreunde an.
Die Tempelanlage hinter den Drei Pagoden ist jüngeren Datums, die Gebäude beherbergen ein kleines **Museum der Tempelgeschichte**. Die Gebäude selbst wurden anlässlich der Rückkehr Hongkongs und Macaus zum Mutterland gebaut. Im Jahre 2005 hat man oberhalb der Tempelgebäude den **ehemaligen Palast der ersten Bai-Könige** nachgebaut, so dass nun ein riesiger, an die Verbotene Stadt in Beijing angelehnter Komplex an den Hängen des Cang-Berges eine neu geschaffene Touristenattraktion darstellt, die leider mit dem historischen Vorbild nicht viel gemein hat.
In den Jahren vor der Verlegung der Nanzhao-Hauptstadt nach Dali im Jahre 750 hatte König Kolofeng im Cangsheng-Tempel als Mönch gelebt und später diesen Ort als geweiht für den Königspalast auserkoren. Die Überlieferung beschreibt Kolofeng als volksverbundenen, bodenständigen Monarchen. Die ganz in Marmor gehaltenen Prunkbauten des frühen 21. Jahrhunderts

Die Drei Pagoden

werden ihm sicherlich nicht gerecht. Es empfiehlt sich, das Tempelgelände um die Mittagszeit zu besuchen, da die zahlreichen chinesischen Besuchergruppen dann beim Essen sind und die berühmte Spiegelung der Drei Pagoden in dem kleinen See zu ihren Füßen wirklich nur die Pagoden zeigen und nicht ganze Legionen für ein Fotomotiv posierender Touristengruppen.

Dali

Vorwahl: +86/872.
Hauptpostamt: Ecke Huguo/Fuxing Lu 护国/复兴路.
Bank: Bank of China, Fuxing Lu.
Reisebüro: CITS Dali befindet sich in der Bo'ai Lu 博爱路. Allerdings sind die meisten Cafés und Hotels weitaus effektiver in ihrem Service.

Dali ist mit dem Bus ab Kunming (5 h), Lijiang 丽江 (3 h) und Zhongdian 中甸 (8 h) zu erreichen. Die meisten Busse halten am westlichen Ende der Huguo Lu. Die zentrale Busstation liegt an der Kaserne etwas südlich des Südtors auf der Fuxing Lu. Kleine Reisebüros und die meisten Cafés sind bei der Besorgung von Bustickets gegen einen geringen Aufpreis behilflich.

Der Flughafen liegt 28 Kilometer südöstlich der Stadt auf der anderen Seite des Erhai. Direktverbindungen bestehen mit Kunming und Jinghong 景洪.

MCA Guesthouse, 2 Sterne, Tel. 267 36 66, Fax 267 39 99, Wenxian Lu 文献路. Etwas abseits außerhalb des Südtors gelegen eine ruhige Alternative zu den Stadthotels. Stilvolle Anlage mit Pool und Restaurant. Zimmeroptionen von Schlafsaal bis Suite.
Old Dali Four Seasons Inn (Siji Kezhan 四季客站), Tel. 267 36 66, Bo'ai Lu 博爱路 51. Einfaches, aber stilvolles, um einen traditionellen Innenhof gebautes Guesthouse in der Altstadt.

MCA Guesthouse, ideal für einen gemütlichen Abend am Pool mit ausgezeichnetem lokalen und westlichen Essen. Für Gruppen gibt es auf Anfrage auch ein Spezialitäten-Buffet.
Kathy's Kitchen, Huguo Lu 护国路. Zentral gelegen lädt das Café mit seinen Tischen auf der Sonnenseite der Huguo Lu zum Nachmittagkaffee ein.
Jim's Peace Café, Bo'ai Lu 博爱路. Eines der ersten Cafés, die in Dali aufmachten. Der Besitzer ist ein guter Ansprechpartner für nicht-alltägliche Ausflüge in die Umgebung Dalis.

Mit dem Tourismusboom ist die Altstadt von Dali ein großes Einkaufsparadies geworden. Batiken und Stoffe, Tee, Schmuck und Marmor sind die lokalen Spezialitäten. Der Buchladen in der Huguo Lu rechts neben dem Eingang des Dali Hotels ist eine Fundgrube für englische und deutsche Chinaliteratur.

Ausflüge von Dali

Die Landschaft rund um Dali gehört zu den schönsten Szenerien Chinas. Im Westen ragt mit dem Cang-Gebirge eine 4200 Meter hohe, von Herbst bis Frühsommer schneebedeckte Bergkette in den Himmel. Von dort führt ein mehr als 1500 Jahre altes Bewässerungssy-

▲ Karte S. 397/410

Am Erhai

willigen Helfer aus. Am Folgetag ist dann ein anderer Bauer und ein anderes Feld an der Reihe, bis alle Felder abgeerntet sind. Da die Felder kleinparzellig sind und Arbeitskraft billig, wird auf Maschineneinsatz zumeist verzichtet.

Am Erhai angekommen, kann man sich ein Boot mieten und eine Runde auf dem See drehen. Interessante Ausflugsziele sind die **Jinsuo-Insel** (Jinsuo Dao 金锁岛) und der **Kleine Putuo-Tempel** (Xiao Putuo Si 小普陀寺), der auf einer der Guanyin gewidmeten kleinen Insel nahe des Dorfes Wase 挖色 liegt. Alternativ kann man einen Bootsausflug auf dem See auch in einem der vielen Cafés in Dali buchen.

stem in kleinen Kanälen in die fruchtbare Ebene, in deren Talsohle der Ohrensee (Erhai 洱海) liegt, mit 42 Kilometern Länge und durchschnittlich acht Kilometern Breite der zweitgrößte See Yunnans.

Ohrensee

Mehrere Wege führen von Dali hinunter zum See, alternativ kann man auch einen Eselskarren oder ein Fahrrad für die etwas mehr als vier Kilometer nehmen. Der Weg führt im Sommer durch grüne Reisfelder, im Winter bauen die Bauern in dem fruchtbaren Tal vor allem Bohnen und Gemüse an.

Im Juni und Ende Oktober ist Erntezeit, die Bauern helfen sich gegenseitig, die meist reiche Ernte einzubringen, ein Jahrhunderte altes System, das selbst die Kollektivierung der 1950er und 1960er Jahre überlebt hat, auch weil die Grundidee sicherlich im Sinne der Genossen in Beijing war. Am Erntetag treffen sich alle Bauern des Dorfes auf einem zu einem bestimmten Bauern gehörenden Feld und helfen diesem bei der Ernte. Dieser sorgt während der Arbeitszeit für Speis und Trank und richtet am Abend ein Festmahl für die frei-

Shaping

Ein ebenfalls sehr empfehlenswerter Ausflug führt nach Shaping 沙坪, zu Karawanenzeiten die nördliche Zollstation des Erhai-Tals, heute Ort eines der

Auf dem Markt in Shaping

interessantesten **Wochenmärkte** der Region. Bauern aus den Dörfern um den Erhai strömen jeden Montag nach Shaping und bieten neben Obst und Gemüse auch Alltagsgegenstände und Souvenirs feil. Kräuterdoktoren sind hier ebenso zu finden wie Zahnärzte, die mit einem Haufen gezogener Zähne als Referenz für ihr Handwerk werben. Da die Händler an ausländische Besucher gewohnt sind, sollten Sie auf jeden Fall mit aller Konsequenz zu handeln, falls Sie an einer der angebotenen Batiken, Holzschnitzereien oder anderen Souvenirs Gefallen gefunden haben. Ein Ausflug nach Shaping lässt sich in Dali ohne Probleme in einem der Cafés der Altstadt organisieren.

■ Xizhou und Zhoucheng

Auf dem Weg nach Shaping empfiehlt sich ein Abstecher nach Xizhou 喜洲 und Zhoucheng 周城. Die für diese Region Yunnans typische Innenhofarchitektur ist in **Xizhou** ausgezeichnet erhalten und lässt sich vor allem in der ehemaligen **Residenz eines lokalen Heerführers**, der in den 1920er und 30er Jahren zusammen mit seiner französischen Frau in Xizhou residierte, bewundern. Im letzten Hof des insgesamt fünf Innenhöfe zählenden Gebäudekomplexes an der Südseite des Marktplatzes steht ein Gebäude im Stil der französischen Renaissance, das Wohnhaus der französischen Gemahlin.

Zhoucheng ist vor allem bekannt als Heimat der für die Gegend charakteristischen blau-weißen Batikstoffe. Jedes Jahr zum **Fackelfest** (Huoba Jie) ist die historische Freiluftbühne der Stadt sowie die umliegenden Gassen Schauplatz eines einer mittelalterlichen Hexenaustreibung durchaus würdigen Spektakels. Die Bauern der Umgebung kommen mit kleinen Holzfackeln zu einer großen, zentralen Fackel auf dem Marktplatz, zünden diese daran an und bringe sie dann auf ihre Felder. Im lokalen Glauben vertreiben sie damit die bösen Geister, tatsächlich verscheuchen sie mit Rauch, Feuer und Asche die Schädlinge, die die Ernte gefährden könnten. Das Fackelfest findet jeweils am 24. Tag des sechsten Monats des Mondkalenders statt, das heißt im Juli oder August unseres Kalenders. Übernachtungsmöglichkeiten gibt es sowohl in Zhoucheng als auch in Xizhou.

■ Cang-Gebirge

Falls Sie Lust auf eine ausgedehnte Wanderung in das Cang-Gebirge haben, führt ein steiler, aber gut begehbarer Weg etwas nördlich vom westlichen Endpunkt der ›Ausländerstraße‹ den Berg hinauf zum Zhonghe-Tempel 中和寺, von dem man einen phantastischen Blick auf das Erhai-Tal hat. Alternativ kann man den Tempel von Dali aus auch mit einem Sessellift erreichen. Seit 2004 besteht auch die Möglichkeit, auf Höhe des Tempels im Higher Land Inn (www.higherland.com) die Nacht zu verbringen und am nächsten Tag eine Höhenwanderung in Richtung Süden zum Gantong-Tempel 感通寺 zu unternehmen, von dem eine weitere Sesselbahn ins Tal zurückführt.

Der Aufstieg bis zur auf knapp 4200 Meter hoch gelegenen Fernsehstation ist nur für geübte Bergwanderer zu empfehlen und sollte möglichst in Begleitung eines einheimischen Führers angegangen werden. Wenn das Wetter mitspielt, kann man von der Fernsehstation aus sogar die Ausläufer des Himalaya sehen, unter anderem den fast 6000 Meter hohen Jadedrachenschneeberg bei Lijiang.

▲ Karte S. 397

Lijiang

Auf dem durchschnittlich etwa 2500 Meter hohen Plateau im Schatten des 5596 Meter hohen Jadedrachenschneeberges liegt die Stadt Lijiang 丽江, Zentrum der Volksgruppe der Naxi, mit nur 250 000 Angehörigen eine der kleineren Minderheiten Chinas. Als Puffer zwischen dem chinesischen Kaiserreich und Tibet gelegen, gelang es dem Fürstentum des Naxi, sich als Mittelmacht zu etablieren und von dem regen Handel entlang der Teestraße als Zwischenhändler zu profitieren. Die relativ abgeschiedene Lage zwischen Yangzi und Yangzi - der Fluss umgibt die Stadt im Westen und im Osten in jeweils rund 50 Kilometer Abstand - sowie eine relativ deutlich ausgeprägte kulturelle Identität und ein entsprechendes Zusammengehörigkeitsgefühl der Naxi ermöglichten, dass sich in Lijiang ein kultureller Mikrokosmos entwickelt hat und Traditionen überlebt haben, die andernorts weitgehend verloren gingen. Lijiang besitzt heute eine der wenigen noch vollständig erhaltenen Altstädte Chinas.

Anders als viele andere chinesische Städte hatte Lijiang nie eine Stadtmauer. Dafür gibt es eine einfache, wenn auch eher abergläubische Erklärung. Das Schriftzeichen des Familiennamens der herrschenden Fürstenfamilie, Mu 木, entspricht dem Schriftzeichen für Holz. Dieses Schriftzeichen in einer Umrandung 困 (kun) bedeutet ›Schwierigkeiten‹. Der Mu-Clan innerhalb einer Stadtmauer wäre also der Baum in der Umrandung gewesen, ein schlechtes Omen für sowohl für die Herrschenden als auch für ihre Untertanen.

Doch Lijiang drohte Ende des 20. Jahrhunderts Unbill von einer eher recht weltlichen Seite. Bis ins Jahre 1996 war die Altstadt in Gefahr, von den Modernisierungsbestrebungen der Stadtregierung zunehmend zurückgedrängt zu werden und schließlich ganz zu verschwinden. Im Februar 1996 zerstörte ein Erdbeben der Stärke sieben große Teile der Stadt. 3000 Menschen starben, über 16 000 wurden verletzt. Viele eilends in die Höhe gezogenen Gebäude der Neustadt fielen wie Kartenhäuser zusammen, während die historische Altstadt die Katastrophe weitgehend unbeschadet überstand. Dies führte bei der Stadtregierung zum Umdenken, so dass sie die Altstadt unter Denkmalschutz stellte und entsprechende Mittel für Wiederaufbau und Restaurierung zur Verfügung stellte. Die Aufnahme Lijiangs in das UNESCO-Weltkulturerbe im Jahre 1997 führte dazu, dass die historische Bausubstanz weitgehend gerettet wurde. Viele Millionen Yuan wurden seitdem in die Restaurierung gesteckt und heute ist es die Neustadt, die gefährdet erscheint. Im Jahre 2003 wurden die gerade einige Jahre alten Häuser und der Markt entlang des nördlichen Endes der Altstadt abgerissen und eine ›neue‹ Altstadt an gleicher Stelle errichtet.

Die Dächer der Altstadt von Lijiang

Auch wenn das Gerücht sich hartnäckig hält, leben die Naxi weder heute im Matriarchat noch haben sie das jemals getan. Wahr ist jedoch, das die Rollenverteilung zwischen Mann und Frau vielfach umgekehrt ist. Während die Frauen traditionell für die Geschäfte und das Einkommen zuständig sind, widmen sich die Männer den schönen Künsten. Paul Goullart beschreibt in seinem sehr empfehlenswerten Buch ›Das vergessene Königreich‹ (Forgotten Kingdom) nicht ohne Spott die absolute Hilflosigkeit der Naxi-Männer in Geschäftsdingen, sobald die Frau den Laden verlassen hatte. Die Beziehung zwischen Mann und Frau war in dem traditionellen ›Freundschafts‹(Azhu)-System geregelt. Wechselnde Partnerschaften waren keine Seltenheit und gesellschaftlich nicht sanktioniert. Der jeweilige Auserwählte verbrachte, solange er und seine Geliebte dies wünschten, die Zeit im Haus der Frau, ansonsten lebte er bei seiner Mutter. Eventuelle Kinder aus dieser Zeit musste der Mann unterstützen, solange er in der Gunst der Frau stand, mit deren Wahl eines neuen Partners erloschen auch seine Pflichten und Rechte. Während Besitz auf der weiblichen Linie vererbt wurde, regierten jedoch die Männer des Mu-Clans die Naxi, und die Dongba-Schamanen waren Herren über das spirituelle Leben der Gesellschaft. Ein eigener Gesellschaftsentwurf folglich, der sich nicht in die Schubladen Matriarchat oder Patriarchat drängen lässt.

In der Fußgängerzone von Lijiang

▲ Karte S. 420

Der als Totem dienende Umhang der Naxi-Frauen hat im übrigen die stilisierte Form eines Frosches. Dieser ist das Wappentier der Naxis und spiegelt nach eigenen Aussagen den Charakter dieses Volkes: Klein, aber flink, und stets bereit, im Notfall auch einmal einen großen Sprung nach vorne zu machen.

Geschichte

Ursprünglich lebten die Naxi als Nomaden auf dem tibetischen Hochplateau und wurden erst in 9. Jahrhundert sesshaft. Die erste Hauptstadt des unabhängigen, aber tributpflichtigen Naxi-Staates war die Ortschaft Baisha, 15 Kilometer talaufwärts von Lijiang am Fuß des Jadedrachenschneeberges gelegen.

Während zuerst die unsichere politische Lage den herrschenden Mu-Clan dazu bewegte, die Hauptstadt und den Palast an strategisch günstiger Stelle in sicherer Entfernung zu den Handelstraßen zu errichten und sich dieser daher für Baisha als Residenz entschied, wurde mit zunehmender Befriedung der Region das Zentrum der Naxis im 13. Jahrhundert in die eigentliche Marktmetropole Dayan verlegt, das heutige Lijiang.

Der Mu-Clan verstand sich in der Folgezeit als eine Art Statthalter des chinesischen Kaiserreiches und versuchte über die Jahrhunderte, die guten Beziehungen mit dem chinesischen Kaiserreich aufrecht zu erhalten. Auch wenn die Naxis an der Seite der kaiserlichen Truppen mehrmals gegen die Tibeter kämpften, waren sie dennoch bestrebt, sich aus den Fehden und Scharmützeln der Region herauszuhalten.

Während andere Minoritäten die Truppen Mao Zedongs, die während des Langen Marsches durch Lijiang kamen, mit Misstrauen beäugten und teilweise offen bekämpften, schlossen sich viele Naxis den kommunistischen Truppen an und unterstützten die kommunistische Bewegung. Noch heute sieht man die blaue Kappe der Langen-Marsch-Armee bei vielen älteren Naxis als Kopfbedeckung.

Während des Zweiten Weltkrieges war Lijiang ein wichtiger Zwischenstopp des ›Humb‹, der Luftversorgungslinie, mit der General Stilwell die chinesischen Truppen im Kampf gegen Japan versorgte. Die Reste des damals benutzten Flughafens am Fuße des Jadedrachenschneeberges lassen sich heute jedoch nur noch erahnen.

Sehenswürdigkeiten

Alle Wege in Lijiang führen zur Sifang Jie 四方街, dem zentralen Marktplatz, und in das historische Zentrum der Stadt. Von hier gehen die Straßen und Gassen sternförmig ab, hier treffen sich jeden Vormittag die Marktfrauen, auch wenn sie inzwischen vor allem Souvenirs anstatt Obst und Gemüse anbieten.

Nördliche Altstadt

Auch wenn der zentrale Marktplatz als Orientierungspunkt ideal ist, beginnt ein Stadtspaziergang am besten an dem großen **Wasserrad** nahe der Kreuzung von Zhendong Lu 镇东路 und Dongda Jie 东大街. Hier, gegenüber dem Grand Lijiang Hotel, verzweigt sich der Jade-Fluss (Yushui He 玉水河) zu einem ausgeklügelten Kanalsystem, das in alten Zeiten die gesamte Altstadt bewässerte.

Naxi-Mann mit seinem Enkel

Folgt man linkerhand der Xinyi Jie 新义街, so betritt man den Teil der Altstadt, der nach der Restaurierung weitgehend sein Gesicht behalten hat. An einem kleinen Kanal laden mehrere Restaurants und Cafés zum Verweilen ein. Im Din-Din Restaurant (Xue Lou 雪楼) kann man nicht nur Naxi-Spezialitäten wie frittierte Libellen probieren, das Restaurant gibt dem Besucher auch einen guten Eindruck der klassischen Hofarchitektur der Naxi. Schräg gegenüber liegt

Marktstand in Lijiang

das Old Town Inn 古城客站, ein Hotel, das sich, wenn auch neu gebaut, an der Architektur einer alten Familienresidenz orientiert.

Folgt man der Straße, so kommt man am First Bend Inn vorbei in die Mishi Xiang 密士巷. Vor allem abends kann man hier am Ufer des Jade-Flusses ausgezeichnet essen und zuweilen sogar Life-Musik lauschen.

Ein Stück weiter, wo die Mingshi Xiang die Wuyi Jie 五一街 kreuzt, geht man über die älteste noch erhaltene Brücke Lijiangs, der Einfachheit halber **Große Steinbrücke** (Dashi Qiao大石桥) genannt, und erreicht schließlich den zentralen **Marktplatz**, die Sifang Jie 四方街. In der Gegend um die ›Quadratstraße‹, so die wörtliche Übersetzung, lagen die ersten Ansiedlungen Lijiangs.

Blick von der Wanggu-Pagode

■ Wanggu-Pagode

Überquert man die Sifang Jie und folgt der Xinhua Jie 新华街, so erreicht man nach einigen hundert Metern bergauf die Wanggu-Pagode (Wanggu Lou 望古楼). Von hier hat man einen ausgezeichneten Blick auf Lijiang. Im Osten liegt die Altstadt, nach Norden und Westen erstreckt sich die neue Stadt fast bis zum Jadedrachenschneeberg, bei schönem Wetter ein gewaltiger Anblick. Um zum Ausgangspunkt unseres Spazierganges zurückzukehren, folgt man entweder dem Höhenweg Richtung Norden oder läuft zurück zur Sifang Jie. Durch die Dong Dajie 东大街, die allerdings relativ überlaufenen ist, erreicht man nach einem knappen Kilometer wieder das Wasserrad.

■ Südliche Altstadt

Alternativ zu diesem Spaziergang kann man sich von der Sifang Jie auch ein wenig durch den Trubel der Lijianger Innenstadt treiben lassen. Parallel zum Jadefluss, von diesem durch eine niedrige Häuserzeile getrennt, führt die Qiyi Jie bis in die Außenbezirke Lijiangs. Schon nach wenigen hundert Metern dünnt sich der Touristenstrom aus und man kann die zunehmend authentische weil nicht in das Korsett der touristischen Verwertbarkeit gezwängte Altstadtarchitektur bewundern. Nach etwa einem Kilometer zweigt auf der linken Seite über eine weitere Steinbrücke die **Chongren Xiang** 崇仁巷 ab, etwa auf gleicher Höhe kann man rechter Hand über die Zhongyi Xiang 忠义巷 zum Anfang dieses Jahrhunderts wieder aufgebauten **Palast des Mu-Clans** (Mushi Tusi Fu 木氏土司府) gelangen. Nachdem der letzte Nachkomme der Mu den Familienbesitz Anfang des 20. Jahrhunderts in Opium und Frauen angelegt hatte, verfiel der Palast in den darauffolgenden Jahren und wurde in der Kulturrevolution schließlich als Symbol der Feudalherrschaft vollständig zerstört. Der neue Palast hat mit dem Original nicht viel gemein und dient heute als **Museum**. Folgt man vom Palast aus der kleinen Gasse in Richtung Süden, so erreicht man den **Lijianger Bauernmarkt** am südlichen Stadtrand, der täglich vom frühen Morgen bis zum späten Nachmittag seine Tore öffnet.

■ Naxi-Konzerthalle

Falls Sie vorhaben, einer Vorstellung der traditionellen Naxi-Musik beizuwohnen, empfiehlt sich auf jeden Fall eine rechtzeitige Reservierung. Leider ist der Ruhm dem Orchesterleiter Xuan Ke etwas zu Kopf gestiegen, etwa zwei Drittel des knapp 90-minütigen Programms bestreitet Xuan Ke. Dies allerdings rein verbal und auf Chinesisch. Wesentlich unprätentiöser kann man eine Kostprobe der Naxi-Musik bei einem Ausflug nach Baisha genießen. Wenn Sie dennoch einen Blick und ein Ohr auf das berühmteste Seniorenorchester Chinas werfen wollen: Aufführung wie Kartenvorverkauf findet in den großen Theatergebäude auf der Dong Dajie statt, etwa 500 Meter von der Sifang Jie auf der rechten Seite.

Lampions

Schwarzer Drachenteich

Wer sich für die einzigartige Dongba-Kultur, jene schamanistische Tradition der Naxi, die in männlicher Linie die Kultur und Geschichte der Naxi in Tanz, Gesang und Hieroglyphen von Generation zur Generation weitergab, interessiert, dem sei ein Spaziergang entlang des Jade-Flusses zum Heilong Tan, dem ›Schwarzen-Drachen-Teich‹ empfohlen. Mit dem Ausbau der Altstadt entlang des Flusses läuft man jetzt die etwa zwei Kilometer bis zum Heilong Tan fast ausschließlich durch Altstadtviertel. Im dem ausgeklügelten Bewässerungssystem der Stadt spielt der Heilong Tan eine wichtige Rolle. Hier wird das Schmelzwasser des Jadedrachenschneeberges aufgefangen und in das Lijianger Kanalssystem eingespeist. Zentraler Fotostopp ist der in der Mitte des Teiches gelegene **Pavillon des Mondumarmens** (Deyue Lou 得月楼). Zwischen dem türkisblauen Wasser des Teiches und dem schneebedeckten Massiv des Jadedrachenschneeberges ist der Pavillon das perfekte Postkartenmotiv. Das heutige Gebäude stammt aus dem Jahre 1962. Der ursprüngliche Pavillon brannte 1950 ab, als sich ein hoher Offizieller zusammen mit seiner heimlichen Geliebten nach einem in dem Pavillon genossenen Festmahl verbrannte. Am nördlichen Ausgang des Parks befindet sich ein kleines **Museum der Naxi- und Dongba-Kultur**. Wenn es auch museumstechnisch nicht auf dem neuesten Stand ist, lohnt sich ein Besuch. Neben Dongba-Schriftrollen und Schamanengewändern beherbergt das Museum auch eine kleine Ausstellung mit historischen Fotografien und ein Modell der Lijianger Altstadt.

▲ Karte S. 420

Baisha und Shuhe

Ein weiterer interessanter Ausflug führt nach Baisha 白沙 und Shuhe 束河, beide Städte kurzzeitlich Zentrum der Naxi, bevor dieses im 13. Jahrhundert nach Lijiang verlegt wurde.

Das 15 Kilometer nördlich von Lijiang gelegene **Baisha** erreicht man mit dem Taxi, Fahrrad oder Bus Nr. 6. Die bis heute gut erhaltenen religiösen Wandmalereien auf dem Gelände des **damaligen Königspalastes** wurden in der Zeit zwischen 1385 und 1619 von chinesischen, tibetischen und Naxi-Künstlern gestaltet und sind in der Verbindung verschiedener Stile einmalig. Eindrucksvoll ist auch die Deckeninnenkonstruktion, die ein tibetisches Bagua (Yin-und-Yang-Symbol) bildet. Am Eingang der Anlage kann man gegen eine kleine

Spende einem **Naxi-Orchester** lauschen.

Auf dem Rückweg von Baisha nach Lijiang empfiehlt sich ein Abstecher nach **Shuhe**. Eine eher unscheinbare Straße führt vier Kilometer vor Lijiang rechter Hand zu der erst in den letzten Jahren für den Tourismus erschlossenen Kleinstadt. Im Jahre 2003 wurden von Seiten der Lijianger Regierung 500 Millionen Yuan zur Verfügung gestellt, um das historische Erbe des Stadt zu bewaren. Shuhe spielte bereits während der Tang-Dynastie eine bedeutende Rolle als Transitpunkt und Umschlagsplatz der Handelskarawanen. Die **Qinglong-Brücke** (Qinglong Qiao 青龙桥) im Stadtzentrum ist die größte noch erhaltene historische Steinbrücke der Region. Wem der Trubel in der vor allem in den Sommer- und Herbstmonaten sehr überlaufenen Altstadt von Lijiang zu viel wird, der kann sich auch in Shuhe einquartieren. Mehrere Hotels eifern inzwischen um die Gunst der Kunden, vor allem das **Gu'aogu Inn** (Gu'aogu Kezhan 古奥古客栈, Tel. 6686496) ist ein stilvolles Hotel im traditionellen Stil. Auch für den Absacker am Abend ist gesorgt, viele kleine Bars bieten entlang der Hauptstraße zwischen dem zentralen Marktplatz Sifang Jie und dem ›Musikplatz‹ (Sifang Tingyue) angenehme Atmosphäre bei zivilen Preisen.

Lijiang

Vorwahl: +86/888.
Hauptpostamt: Minzhu Lu 民主路.
Bank: Bank of China, Ecke Xin Dajie 新大街/Fuhui Lu 福惠路.
Reisebüro: Ähnlich wie in Dali wendet man sich am besten direkt an die Cafés oder Hotels.

Lijiang ist mit dem Bus ab Kunming (8 h), Dali (3 h) und Zhongdian (5 h) zu erreichen. Es gibt mehrere Busstationen. Die beiden wichtigsten Stationen sind die nördliche Busstation auf der Xin Dajie 新大街 unweit der Mao-Statue und die Express-Busstation auf der Xueshan Lu 雪山路.

Der Flughafen liegt 25 Kilometer südlich der Stadt. Direktverbindungen bestehen mit Kunming, Jinghong, Shanghai und Guangzhou.
Shuttlebusse zum Flughafen fahren vom CAAC-Gebäude in der Fuhui Lu 福惠路.

Zen Garden Hotel (Ruiheyuan Jiudian 瑞和苑酒店), 3 Sterne, Xingren Gasse 兴仁下段 36 Tel. 5189799, www.zengardenhotel.com. Stilvolles Hotel am Rande der Altstadt.
Old Town Inn (Gecheng Kezhan 故城客站), 3 Sterne, Tel. 5189000, Xinyi Jie 新义街. Stilvolles, einer traditionellen Familieresidenz nachempfundenes Hotel am Eingang der Altstadt
First Bend Inn (Diyiwan Kezhan 第一弯客站), Tel 5181688, Mishi Xiang 密士巷. Einfaches, aber sehr stilvolles Gästehaus in einem traditionellen Innenhof. Vor allem bei Rucksacktouristen beliebt.

Din-Din Restaurant (Xuelou Fandian 雪楼饭店), Xinyi Jie 新义街. Ausgezeichnetes lokales Essen in stilvollem Ambiente, englische Speisekarte.
Well Bistro, Mishi Xiang 密士巷. Café im westlichen Stil, von Pizza über Lasagne bis zur Musik alles, was der heimwehkranke Reisende braucht.

Ganz Lijiang ist ein großes Kaufhaus. Souvenirs, Batiken und Nachbildungen der Dongba-Schriftzeichen finden sich in unzähligen Läden der Altstadt. Filme und Fotobedarf kauft man an besten entlang der Dong Dajie 东大街 oder der Fuhui Lu 福惠路. Hier gibt es auch einige Supermärkte.

Die Tigersprungschlucht

Sie ist ungleich weniger bekannt als die berühmten Drei Schluchten des Yangzi zwischen Chongqing und Wuhan, aber mindestens ebenso spektakulär. Über 5500 Meter sind die Berge an beiden Seiten hoch, bis zum Yangzi geht es hier jeweils 3900 Meter fast senkrecht nach unten. Auf einem Kreuzfahrtschiff kann man die Tigersprungschlucht (Hutiao Xia 虎跳峡) allerdings nicht durchfahren, ja noch nicht einmal auf einem Raftingfloß. Erst einmal wurde die Tigersprungschlucht zu Wasser bezwungen. Zwei Japanern gelang dies, eingeschweißt in einem hermetisch abgedichteten Wasserball. Bei dem Versuch, den Yangzi von der Quelle bis zur Mündung zu raften, fielen allerdings drei von acht Expeditionsteilnehmern den Stromschnellen des Yangzi zum Opfer. Wer einmal einen Blick auf die Strudel des ersten ›Tigersprunges‹ geworfen hat,

Die Tigersprungschlucht am Oberlauf des Yangzi

▲ Karte S. 425

möchte auch nicht für alles in der Welt in diesem Ballon gesteckt haben.

Auch wenn man den Besuch der Tigersprungschlucht von Lijiang aus mit dem Bus als Tagesausflug gestalten kann, empfiehlt es sich doch, etwas mehr Zeit einzuplanen. Ideal ist eine zweitägige Wanderung durch die Schlucht, entweder von Qiaotou nach Daju oder als Rundwanderung von Qiaotou aus. Qiaotou, eine eher uninspirierte Stadt am Zusammenfluss des ›Kleinen Zhongdian-Flusses‹ (Xiao Zhongdian He) mit dem Yangzi, erreicht man von dem 80 Kilometer entfernten Lijiang in einer etwa dreistündigen Busfahrt.

Die Wanderung durch die Schlucht sollte man nicht auf die leichte Schulter nehmen. Wie überall im Hochgebirge können die Wetterverhältnisse schnell umschlagen, und vor allem in der Regenzeit im Sommer besteht die sehr reale Gefahr von Erdrutschen und Steinschlag. Wer nicht viel Zeit hat oder nicht wandern möchte, kann mit dem Bus etwa zehn Kilometer auf einer asphaltierten Straße bis zum ›Ersten Tigersprung‹ fahren. Hier, kurz vor einem kleinen Tunnel, führen in den Stein geschlagenen Treppen zum Yangzi hinunter. Auch bei schönem Wetter empfiehlt sich die Mitnahme eines Regenschutzes für die Fotoausrüstung, da die Stromschnellen hier solch eine Gewalt haben, dass der Aussichtspunkt am Ufer auch nicht gerade der trockenste ist. Der Name ›Tigersprung‹ rührt von einer Legende, nachdem hier ein Jäger einen Tiger in die Schlucht verfolgte, und dieser sich dreimal durch einen riesigen Satz über den Yangzi retten konnte. Dort, wo er über den Fluss gesprungen war, befinden sich heute die drei Stromschnellen der Schlucht.

Wanderung durch die Tigersprungschlucht

Entschließt man sich zu einer Wanderung, so ist es ratsam, die Schlucht auf dem Höhenweg zu durchwandern. Dieser beginnt hinter der **Mittelschule von Qiaotou**, von der alten Brücke über den Fluss etwa 500 Meter auf der Asphaltstraße, gleich nach der Überquerung eines kleinen Bergbaches. Gehen Sie über den Schulcampus und überqueren Sie den Sportplatz, so beginnt an dessen Ende ein kleiner Feldweg, dem Sie folgen.

Nach etwa drei Kilometern Steigung, teilweise in Serpentinen, erreichen Sie das kleine **Dorf Nuoyu** 诺于, das Sie durchqueren müssen. Hier gibt es auch die letzte Möglichkeit für die nächsten zehn Kilometer, noch einmal Wasser aufzustocken. Am besten nehmen Sie jedoch genügend Getränke und Proviant aus Qiaotou mit. Ab hier folgen Sie den **gelben Pfeilen**, die den Weg durch die Schlucht markieren.

Hinter dem Dorf biegt der Weg in die Tigersprungschlucht ein. Auf den nächsten etwa drei Kilometern beginnt der schwierigste Teil der Wanderung. Allgemein als die **24 Kehren** bekannt, schraubt sich der Weg in engen Serpentinen etwas mehr als 600 Höhenmeter nach oben. Vor allem nach Regentagen ist der dann sehr glitschige Weg sehr mühsam zu laufen. Feste Schuhe mit Profil sollten deshalb auf jeden Fall zur Ausrüstung gehören.

Der **Blick von der Passhöhe** entschädigt aber für die Strapazen. Im Tal fließt der

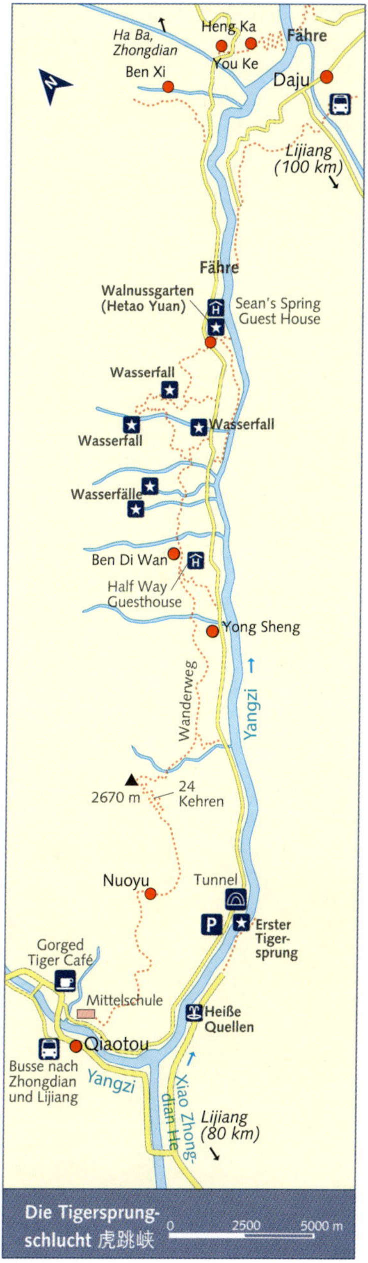

Die Tigersprungschlucht 虎跳峡

Yangzi, und an der südlichen Flanke erhebt sich der 5596 Meter hohe schneebedeckte Jadedrachenschneeberg (Yulong Xueshan 玉龙雪山). Die südliche Flanke der Schlucht bildet der Haba-Schneeberg (Haba Xueshan 哈巴雪山), immerhin auch noch 5396 Meter hoch. Von hier geht es zuerst bergab, dann eben auf einem Höhenweg die Schlucht entlang.

Etwa nach der Hälfte der Wanderung lädt das **Half-Way-Guesthouse** (Zhongtu Kezhan 中途客栈) zu einer Mittagspause ein. Haben Sie ein wenig mehr Zeit, können Sie die Wanderung auch für die Nacht hier unterbrechen, das Guesthouse bietet einfache, aber saubere Zimmer auf dem Niveau einer bayerischen Berghütte.

Eine weitere Übernachtungsmöglichkeit etwa zwei Kilometer entlang der Schlucht bietet das **Five Finger Guesthouse** (Wuzhi Kezhan 五指客栈).

Von hier sind es noch etwa zehn Kilometer bis zu dem **Örtchen Walnussgarten** (Hetao Yuan 核桃园), das man von Qiaotou aus in etwa neun Stunden erreicht.

Nachdem der Weg fast beständig bergab ging, erreicht man an Tina's Guesthouse (Zhongxia Lüdian 中峡旅店) zunächst wieder die asphaltierte Straße. Hier führt eine 2004 gebaute Brücke über eine tiefe Seitenschlucht, einst berüchtigt für ihre Erdrutsche und heute durch den Brückenschlag entschärft. Nach weiteren zwei Kilometern erreicht man Hetao Yuan. Hier gibt es zwei Übernachtungsmöglichkeiten, wobei **Sean's Spring Guesthouse** (Shanquan 山泉客栈 Tel. 0887/8806300, www.tigerleapinggorge.com) die bessere Option ist. Zwar bietet das Guesthouse nur einfache Doppelzimmer mit öffentlichem Bad, die Zimmer sind jedoch sauber und die Aussicht von der Restauranttterrasse ist atemberaubend. Vor allem während der Hochsaison im September empfiehlt sich eine Reservierung durch Margo im ›Gorged Tiger Café‹ in Qiaotou, deren Ehemann Sean das Spring Guesthouse betreibt.

Wanderung durch die Tigersprungschlucht

Karte S. 425

Für den Folgetag haben Sie zwei Optionen. Entweder Sie laufen **auf der Straße zurück nach Qiaotou**; für die knapp über zwanzig Kilometer lange Strecke müssen Sie etwa fünf Stunden einplanen. Oder Sie setzten den Weg bis ans Ende der Schlucht in **Daju** fort.

Von Walnussgarten braucht man ungefähr fünf Stunden bis Daju, Yangzi-Überquerung mit einer kleinen Fähre miteingerechnet. Da die letzte Busverbindung zwischen Daju und dem knapp 100 Kilometer entfernten Lijiang am späten Mittag gegen 13 Uhr verkehrt, empfiehlt es sich auf jeden Fall, in aller Frühe in Walnussgarten aufzubrechen. Sollten Sie eine Nacht in Daju verbringen müssen, das ›Snowflake Hotel‹ (Xuehua Fandian 雪花饭店) ist das beste, weil einzige Haus am Platz.

Die **Straße zwischen Daju und Lijiang** ist eine der spektakulärsten in Yunnan und führt über einen 3300 Meter hohen Pass am Jadedrachenschneeberg vorbei.

Für Abenteuerlustige gibt es auch die Möglichkeit, von der Tigersprungschlucht aus über Haba und Baishuitai nach Zhongdian bzw. über Baoshan zum Lugu See zu wandern. Informationen dazu gibt es in Sean's Spring Guesthouse.

Zhongdian (Shangri-La)

In Zeiten, in denen in Tibet die alte traditionelle Bebauung oft der chinesischen Einheitsarchitektur mit den gekachelten Außenfassaden weichen muss, ist es umso erstaunlicher, dass in der Stadt Zhongdian 中甸 die ursprünglich eher uninspirierten Häuser des Stadtkerns seit einigen Jahren sukzessive einen tibetischen Anstrich und oft auch eine ebensolche Fassade bekommen haben. Während die Innenstadt auf diese Weise etwa von einem Potemkinschen Dorf hat, sind in den südlichen Ortsteilen noch Reste der alten tibetischen Stadt erhalten, deren traditionelle Holzarchitektur typisch für die Region ist, in der die Tibeter als sesshafte Bauern leben. Auch wenn immer noch einige Häuser moderner Bebauung weichen müssen, scheint der alte tibetische Stadtkern nun vor dem Abriss gerettet.

Trotz seiner Höhe auf 3250 Metern ist das Hochtal von Zhongdian äußerst fruchtbar, neben Gerste, die den Großteil des angebauten Getreides ausmacht, werden außerdem Mais, Weizen, Kartoffeln und Gemüse kultiviert. Die geerntete Gerste, in Form von Tsampa Grundnahrungsmittel der tibetischen Bevölkerung, wird nach der Ernte auf großen Holzgerüsten getrocknet, die man auf jedem der teilweise recht stattlichen Bauernhöfe der Region sieht. Gemahlen und mit Yakbuttertee vermischt gibt das Getreide ein sättigendes Mahl. Wenn auch der Yakbuttertee

Yakbutter

nicht jedermanns Geschmack ist, ist die nussartig schmeckende Tsampa durchaus einen Versuch wert. Sollten Sie jedoch bei einer tibetischen Familie zu einer Tasse Yakbuttertee eingeladen werden, ist es äußerst unhöflich, abzulehnen. Stellen Sie sich einfach vor, sie tränken eine kräftige Fleischbrühe, dann ist der Geschmack nicht schlecht.

Neben Bodenschätzen wie Gold, Zink, Silber und Eisen ist vor allem das weitgehend intakte Ökosystem Zhongdians sein größtes Kapital. Dank individueller Anstrengungen, bei denen vor allen Uttara Sarkar Cress vom Gyalthang Zang Hotel hervorzuheben ist, war und ist Zhongdian einer der wenigen Orte in China, die den Versuch eines nachhaltigen Tourismus wagen. Während die Stadt durchaus ein bis zwei Tage Aufenthalt rechtfertigt, sind es vor allem die möglichen Ausflüge in die Umgebung, die Zhongdian zu einem reizvollen Reiseziel machen. Auf neueren Karten sucht man Zhongdian jedoch vergebens. Zusammen mit der gesamten Region wurde Zhongdian als Kreisstadt gleich mit zu Shangri-La umbenannt. Wundern Sie sich also nicht, wenn Ihr Flugzeug offiziell nach Shangri-La fliegt und dies auch auf der Anzeigetafel erscheint. Lo-

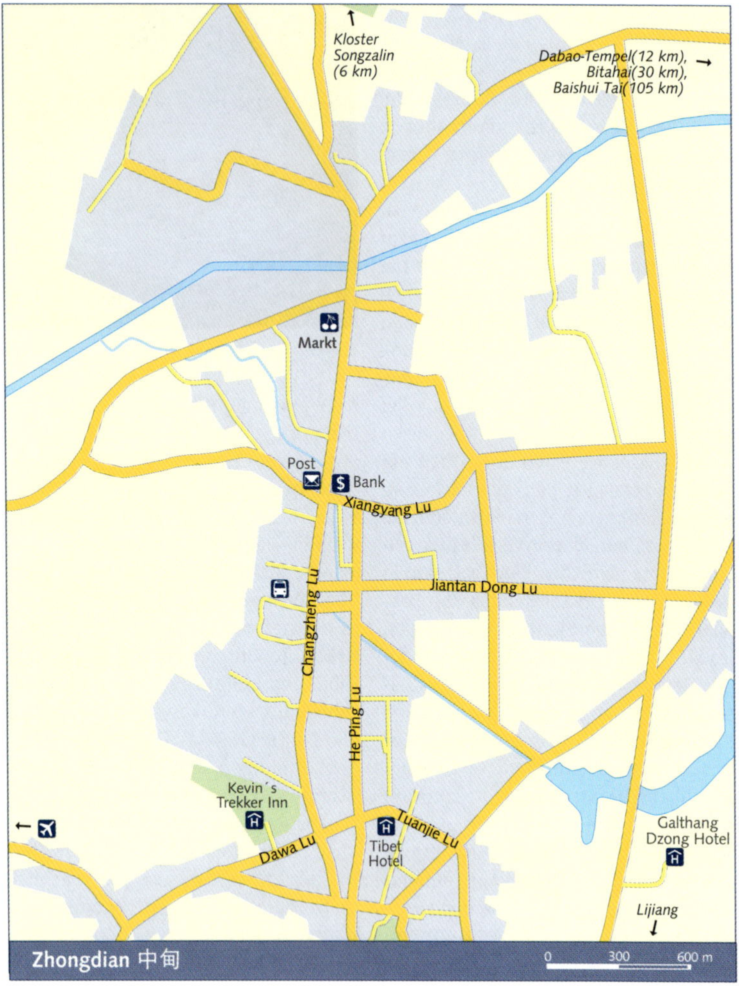

kal ist aber immer noch der alte Name Zhongdian gebräuchlich, der ursprüngliche tibetische Name der Stadt lautet Gyalthang.

Ein Flug von Kunming nach Zhongdian dauert 50 Minuten. Die neue Straße von Lijiang wurde 2004 fertiggestellt und verkürzt die Busfahrt in die Hauptstadt der Naxi auf vier Stunden. Eine empfehlenswerte Alternativ ist die Route über Bita Hai, Baishui Tai und Haba in die Tigersprungschlucht und von dort weiter in Richtung Lijiang. Die 105 Kilomter östlich von Zhongdian gelegenen Kalksteinterrassen von Baishuitai 白水台 sind der Geburtsort der Dongba-Tradition der Naxi und können von Zhongdian aus auch als Tagesausflug gestaltet werden.

■ Sehenswürdigkeiten

Für einen Spaziergang in der Stadt empfiehlt sich ein Bummel entlang der **Changzheng Lu** 长征路, an deren südlichen Ende die tibetische Altstadt liegt. Von hier läuft man in Richtung Norden an besagten Potemkinschen Fassaden vorbei, die meist zu kleinen Geschäften und etwa größeren Hotels gehören. Auf der Changzheng Lu befinden sich auch mehrere gut sortierte Supermärkte sowie einige Souvenirgeschäfte, in denen neben mit Silber beschlagenen hölzernen Teetassen auch allerhand Yakprodukte wie Fellmützen und -jacken verkauft werden.

Am nördlichen Ende der Changzheng Lu, kurz vor einem großen Rondell, befindet sich auf der linken Seite der zentrale **Markt** von Zhongdian. Neben Fleisch und Gemüse werden hier auch Yakbutter sowie alltägliche Gebrauchgüter verkauft. Gläubige kaufen die Yakbutter und spenden sie den Klöstern, deren jährlicher Verbrauch an der für die Kerzen benutzten Butter der größte Haushaltsposten ist. Wer angesichts des reichhaltigen Angebotes des Marktes Hunger bekommt, der findet in den Garküchen im rechten Flügel der Markthalle eine reiche Auswahl an Snacks und deftigen Mahlzeiten. Vor allem zu empfehlen sind die Maultaschensuppen sowie die kross gebackene Schweinekruste, die ausgezeichnet zum Bier schmeckt. Auch die in großen Fässern gebackene knusprigbraune Zhongdian-Ente ist einen Versuch wert.

■ Songzalin-Kloster

Dermaßen gestärkt, kann man die Stadtbesichtigung mit einem Besuch des Songzalin-Klosters fortsetzten. Eine Taxifahrt zu dem fünf Kilometer vom Ortskern entfernten lamaistischen Kloster kostet etwa 20 Yuan, bei schönem Wetter empfiehlt sich sogar eine kleine Wanderung durch die Felder an kleinen Gehöften vorbei zum Kloster.

Von der Stadt aus bereits gut sichtbar, thront das Songzalin Kloster (Guihua Si 归化寺) auf einer Hügelkette im Norden. Das historisch an der Grenze des Einflussbereiches des Panchen und des Dalai Lamas gelegene, im 17. Jahrhundert gebaute Kloster war wichtiges religiöses Zentrum und ist eines der bedeutendsten lamaistischen Klöster außerhalb des tibetischen Kerngebietes. Die dem Potala in Lhasa nachempfundene Anlage wurde im Jahre 1674 auf Veranlassung des 5. Dalai Lamas gebaut und beherbergte zu Hochzeiten mehr als 3000 Mönche aus allen Regionen Tibets. Auf dem 500 Mu (etwa 3,3 Hektar) großen Areal sind neben den Hauptgebäuden auch die Gesandtschaften der einzelnen Kreise Shangri-Las untergebracht. Diese befinden sich in den kleinen Flachbauten, die sich beiderseits einer steilen Treppe den Klosterhang hinauf befinden.

An der Spitze der Treppe steht rechter Hand das erst im Jahre 2004 wiederher-

Das Songzalin-Kloster

Tsongkapa, der Gründer der Gelbkappensekte

gestellte Gebäude des **Zhaji-Tempels**. In seinem Inneren blickt eine etwa 20 Meter hohe Figur des Gründers der Gelbkappensekte, Tsongkapa, wohlwollend auf die Gläubigen herab. Das größte Gebäude des Klosters befindet sich direkt daneben und beherbergt neben dem zentralen Versammlungsraum der Mönche auch die Bibliothek sowie einige der Quartiere der höhergestellten Lamas. Da der Haupteingang, an dessen Flanken sich einige interessante Wandmalereien befinden, stets geschlossen ist, betritt man das Gebäude durch den rechten Nebeneingang.

Gegenüber diesem Eingang befindet sich die **Klosterküche**, deren Wände vom ständigen Rauch vollständig schwarz gefärbt sind. Über den Feuern wird zumeist Yak-Käse geräuchert, eine Spezialität der Region, die Sie unbedingt einmal versuchen sollten. Frauen ist der Zugang zu der Küche allerdings strengstens verboten. An der **Stirnseite des Klostergebäudes** finden sich vergoldete Buddhafiguren sowie Statuen und Bilder verdienter Mönche der Klostergeschichte. Auch die guterhaltenen **Wandmalereien** verdienen Aufmerksamkeit, allerdings empfiehlt sich die Mitnahme einer Taschenlampe zur Betrachtung, da der Raum zumeist nur von Yakbutter-Lampen beleuchtet ist. Über eine steile Treppe erreicht man den hinteren Bereich des Gebäudes, der mehrere überlebensgroße Figuren der Buddha Amitabha und Sakyamuni sowie Tsonkapas und des ersten Panchen und des ersten Dalai Lamas beherbergt.

Nach Wiedereröffnung und Restaurierung des Klosters leben heute hier wieder etwa 1000 Mönche im Songzalin-Kloster. Da es seit einigen Jahren in tibetischen Familien wieder üblich und möglich ist, dass ein Sohn als Mönch ins Kloster geht und die Kloster zudem oft die einzige Möglichkeit einer kostenlosen Ausbildung bieten, erleben diese inzwischen wieder einen großen Zulauf.

■ Naturschutzgebiet Bitahai

Ein weiteres lohnenswertes Ausflugsziel ist das 60 Kilometer östlich von Zhongdian gelegene Naturschutzgebiet um den Bitahai 碧塔海. Dieser auf 3600 Metern Höhe gelegene klare Bergsee bietet die Möglichkeit von halb- bis mehrtägigen Wanderungen. Da es hier keine Übernachtungsmöglichkeiten gibt, empfiehlt sich entweder ein Tagesausflug oder Rücksprache mit einem der Backpacker-Cafés in Zhongdian oder mit dem Gyalthang Zang Hotel, die Ausflüge zum Bitahai mit Zeltübernachtung organisieren können.

▲ Karte S. 428

Auf dem Weg zum Bitahai, der über einen knapp 4000 Meter hohen Pass führt, kann man einen Zwischenstopp an den **Heißen Quellen** von Xiagei 下给 einplanen. Dort wo der Shuodugang-Fluss (Shuodugang He硕都岗河) über die Jahrhunderte einen natürlichen Durchbruch durch die Berge gefressen und eine sogenannte ›natürliche Brücke‹ (Tiansheng Qiao天生桥) geschaffen hat, kann man in einem kleinen Becken ein etwa 45 Grad warmes Bad in der stark radonhaltigen Quelle nehmen. Die Buchung individueller Dusch- und Saunakabinen ist möglich.

Ebenfalls lohnenswert ist eine Raftingtour von hier den Shuodugang flussabwärts zum **Dabao-Tempel** (Dabao Si大宝寺). Dieser heilige Hain ist einer der ältesten noch erhaltenen Tempel des tibetischen Kulturkreises und ist ein Wald aus Gebetsfahnen und Manis, in Stein geritzten Buddhafiguren und Sanskrit-Formeln. Der etwa 20 Kilometer von Zhongdian entfernte Dabao-Tempel ist von der Stadt aus mit dem Taxi, einem organisiertem Ausflug oder auch mit einem sehr lohnenswerten Radausflug zu erreichen. Leihräder gibt es im Gyalthang Zang Hotel.

Zhongdian

Vorwahl: +86/887.
Hauptpostamt: Ecke Changzheng 长征路 und Xiangyang Lu 县养路.
Bank: Bank of China, Ecke Changzheng/Hongqi Lu 红旗路.
Reisebüro: CITS, Changzheng Lu.

Zhongdian ist mit dem Bus ab Dali (8 h) und Lijiang (4 h) zu erreichen. Die Busstation befindet sich am Kreisverkehr am nördlichen Ende der Changzheng Lu.

Der Flughafen liegt 5 Kilometer südlich der Stadt. Tägliche Direktverbindungen bestehen nach Kunming. Einmal wöchentlich gibt es einen Flug nach Lhasa.

Gyalthang Dzong Hotel (Jiantan Binguan 建坦宾馆), 3 Sterne, Tel. 822 36 46, Fax 822 36 20. Exzellentes Hotel im lokalen Stil. Hat ein gutes Restaurant mit Feuerstelle und organisiert Touren in die Umgebung.

Kevin's Trekker Inn (Longmen Kezhan 龙门客栈), Dawa Lu, Tel. 822 81 78, www.kevintrekkerinn.com. Freundliches Backpacker-Hostel.

Tibet Hotel (Yongsheng Fandian 永生饭店), Tel. 822 32 63, Fax 822 38 63, Tuanjie Lu 团结路. Gutes Preis-Leistungsverhältnis, nahe der Innenstadt gelegen. Schlafsäle und Doppelzimmer mit Bad.

Das **Restaurant im Gyalthang Dzong Hotel** bietet ausgezeichnetes tibetisches, chinesisches und westliches Essen. Entlang der Changzheng Lu 长征路, der Jiantang Donglu 建坦东路 und der Tuanjie Lu 团结路 gibt es zahlreiche **Garküchen** und kleine Restaurants.

Am nördlichen Ende der Hauptstraße befinden sich der **zentrale Markt** und mehrere Souvenirstände. Das größte **Kaufhaus** mit einem Supermarkt liegt an der Kreuzung von Changzheng und Jiantan Dong Lu.

Xishuangbanna

Selten verirren sich westliche Touristen in den äußersten Südwesten der Volksrepublik. Für viele chinesische Urlauber ist die Region an der Grenze zu Laos und Burma jedoch ein beliebtes Urlaubsziel und mit die exotischste Destination, die sie innerhalb der Landesgrenzen ansteuern können. Der südostasiatische Einfluss ist nicht zu übersehen in Xishuangbanna 西双版纳, den ›Zwölf Reisanbaugebieten der Thai‹, wie Sipsawn Panna (so die nicht sinisierte Schreibweise) übersetzt heißt.

Es waren die Dai (Thai), die nach der Eroberung Dalis durch die Mongolen nach Süden abwanderten, die lokalen Volksgruppen in die Berge verdrängten und die heute in Xishuangbanna die Bevölkerungsmehrheit bilden. Ihre Verwandten zogen im 13. Jahrhundert weiter Richtung Süden und gründeten mit dem Lanna Thai das erste thailändische Reich auf dem Boden des heutigen Thailand. Die Beziehungen sind bis heute, ungeachtet politischer Verwicklungen, eng geblieben. Seit 2003 gibt es eine Flugverbindung von Bangkok über Chiang Mai nach Jinghong, die Hauptstadt Xishuangbannas.

Dai-Frauen in Xishuangbanna

▲ Karte S. 433

Klimatisch ähnelt die Region sehr stark Nordthailand, dem feuchten, schwülen Sommer steht ein kühlerer, sehr trockener Winter entgegen. Von November bis März liegen die Temperaturen durchschnittlich bei 19 Grad, das Temperaturmittel von April bis September liegt bei 25 Grad.

Jinghong

Seit Eröffnung des Flughafens im Jahre 1990 löste Jinghong 景洪 das 170 Kilometer nördlich gelegene Simao als Tor zu Xishuangbanna ab. Auch wenn mit dem folgenden Tourismusboom große Teile der Stadt vollständig neu gestaltet wurden, hat sich Jinghong viel von seinem rückständigen Charme erhalten können. Nur in den Außenbezirken sind Hochhäuser (meist Hotels) zu finden. In der Innenstadt ist zwar wenig von der traditionellen Holzarchitektur übriggeblieben, die Stadtplaner hatten jedoch ein Einsehen und bauten selten höher als fünf Stockwerke. Die Straßen der sehr gut zu Fuß erlaufbaren Innenstadt sind mit Palmen gesäumt, die Atmosphäre erinnert eher an eine verschlafene tropische Kleinstadt als an eine lokale Verwaltungsmetropole und Tourismushochburg.

Nur die neue Mekongbrücke (mit zwei Brücken besitzt Jinghong die Hälfe aller Brücken über den 5300 Kilometer langen Fluss), eine interessante Spannseilkonstruktion, weist auf die wichtige Rolle Jinghongs als Verkehrsknotenpunkt hin. In Zukunft soll die Autobahn Kunming–Singapur durch Jinghong gehen, ein gewagtes Unterfangen, kennt man den Zustand der Straßen zwischen Xishuangbanna und dem 1500 Kilometer entfernten Kunming. Bis es soweit ist, ist

die Brücke vor allen Dingen wichtiger Orientierungspunkt für Besucher.
Einige Meter flussaufwärts befand sich bis 2008 einer der besten Nachtmärkte Yunnans. Hier ließen sich frittierte Bienenwaben mit ›madiger‹ Fleischeinlage probieren, aber auch für den konventionellen Appetit war gesorgt. Mit der Umgestaltung der Mekongpromenade wurde von Seiten der Stadtverwaltung gründlich aufgeräumt, und der Charme ging weitgehend verloren. Neben den wenigen verbliebenen Essenständen sind aber weiterhin vor allem die Restaurantschiffe zu empfehlen, die am Mekongufer ankern. Bananenblüte mit Schweinefleisch, eine lokale Spezialität, sollte man ebenso probiert haben wie den im Bambusrohr gedämpften Reis. Sind Sie auf der Suche nach einem Absacker? Das eher westlich angehauchte Nachtleben findet um die Manting Lu 曼厅路 im Süden der Stadt statt.

Ausflüge von Jinghong

Die eigentlichen Sehenswürdigkeiten liegen außerhalb Jinghongs. Äußerst lohnenswert ist ein Ausflug nach **Ganlanba** 橄榄坝, eine Kleinstadt 30 Kilometer den Mekong flussabwärts. Die Straße dorthin führt am Fluss entlang und ist vor allen Dingen bei schönem Wetter ein idealer Fahrradausflug. Am Südende Ganlanbas liegt das **Dorf Man Chunman** 曼楚曼, dessen originäre Dorfstrukturen noch gut zu erkennen

Tempeldach in Jinghong

sind. In den letzten Jahren wurde es als Museumsdorf für den Tourismus erschlossen. Wenn man will, kann man für einen oder mehrere Tage bei einer Dai-Familie wohnen oder Dai-Spezialitäten vom heimischen Herd probieren. Die Tanzvorführungen und das nachgestellte ›Poshui Jie‹ 泼水节, das Neujahrsfest, sind jedoch eher etwas für den Geschmack chinesischer Touristen.
Befindet man sich auf einem organisierten Ausflug, so besucht man zumeist am Nachmittag den **Botanischen Garten von Menglun** 勐仑, etwa 50 Kilometer von Jinghong Richtung laotische Grenze gelegen. Der großzügig angelegte Garten beherbergt mehr als 3000 verschiedene Pflanzenarten und rechtfertigt einen eigenen Tagesausflug. Seit 2003 gibt es auf dem Gelände des Botanischen Gartens auch ein gutes Mittelklassehotel, so dass eine Übernachtung in Menglun möglich ist.
Hat man ein paar Tage mehr Zeit und ist gut zu Fuß, sollte man eine mehrtägige Wanderung zu den **Minoritäten-Dörfern** der Hani, Bulang und Lahu an der burmesischen Grenze in Erwägung ziehen. Das ›Forest Café‹ in Jinghong sowie einige lokale Reiseagenturen veranstalten mehrtägige Trekkingtouren von **Damenglong** 大蒙龙 nach **Bulanshan** 布兰山. Die Wanderung ist anspruchsvoll, übernachtet wird bei Bauernfamilien, so dass man deutliche Abstriche beim Komfort machen muss.
Ein weiterer interessanter Ausflug ist das **Naturschutzgebiet Sancha He** 三岔河, knapp 50 Kilometer nördlich von Jinghong an der Straße nach Simao. Mit etwas Glück kann man hier noch wildlebende Elefanten beobachten. Auch hier gibt es Übernachtungsmöglichkeiten.

Jinghong

Vorwahl: +86691.
Hauptpostamt: Am Kreisel Ecke Jinghong Xi 景洪西 und Jing-hong Nan Lu 南路.
Bank: Bank of China, Ecke Jinghong Dong 景洪东 und Ganlan Nan Lu 橄榄南路.
Reisebüro: CITS, Ganlan Zhong Lu 橄榄中路.

Für alle Fernverbindungen sollte man unendliche Geduld und gepolsterte Hosen mitbringen. Kunming ist in 48, Dali in ca. 54 Std. erreichbar. Außer für Kurzstrecken ist der Bus schon aufgrund der schlechten Straßenverhältnisse nicht zu empfehlen.

Der Flughafen liegt 5 km südwestlich der Stadt. Täglich gibt es etwa 15 Flüge nach Kunming, sowie je zwei Flüge nach Dali und Lijiang.
Seit Jinghong in den Routenplan von Thai Airways aufgenommen wurde, gibt es nun an fünf Tagen eine Direktverbindung mit Chiang Mai und Bangkok.

Karte S. 433

Tai Garden Hotel (Taiyuan Jiudian 泰园酒店), 5 Sterne, Nonglin Nan Lu 农林南路 8, Tel. 2123888, Fax 2126060. In einer großen Gartenanlage mit Pool gelegenes Luxushotel mit thailändischem Management.

Yourantai 悠然台, 4 Sterne, Galan Beilu 嘎兰北路18, Tel. 2149026, www.yourantai.com. Äußerst stilvolle Oase, etwas außerhalb der Innenstadt gelegen. Reservierung unbedingt notwendig!

Dai Building Inn 傣家楼, Manting Lu 曼厅路57. Einfachste Bambushütten mit Gemeinschaftsbad, atmosphärisch, aber äußerst einfach. Beliebt bei Rucksacktouristen.

Um die **Manting Lu** gibt es unzählige Familierestaurants mit gutem, unprätentiösem Essen sowie gelegentlichen Tanzvorführungen, deren Lautstärke allerdings den Essensgenuss trüben kann.

Am nördlichen Ende der Straße finden sich einige Restaurants wie das **Forest Café** (organisiert auch Touren, www.forest-cafe.org), die sich auf westliches Essen spezialisiert haben, aber auch lokales Essen anbieten.

Souvenirs und lokale Spezialitäten findet man auf dem **Jademarkt** in der Zhuanghong Lu zwischen Ganlan Lu und Jinghong Bei Lu.

Das größte Kaufhaus mit einem gut sortierten Supermarkt befindet sich an der Kreuzung der Jinghong Dong mit der Minhang Lu 民航路.

Die Provinz Guangxi

Als der amerikanische Präsident Nixon 1973 nach Jahrzehnten eisiger Funkstille in den chinesisch-amerikanischen Beziehungen zum ersten Mal die Volksrepublik China besuchte, machte er auch einen Abstecher nach Guilin in der Provinz Guangxi 广西. Angeblich soll er dem damaligen Premier Zhou Enlai gegenüber behauptet haben, er hätte nie eine schönere Landschaft als jene in Guilin gesehen. Nun ist Nixon nicht eben für seine Wahrheitsliebe in die Geschichte eingegangen; diese Aussage werden jedoch zumindest die Chinesen nie anzweifeln. Auch wenn Guilin seinen Provinzhauptstadtrang 1914 an Nanning abtreten musste, gilt es für Chinesen immer noch als Inbegriff schöner Landschaft in China. Shanshui, ›Berg und Wasser‹, die chinesische Bezeichnung für Landschaft, hat ihren Ursprung in Guilin und bezeichnet zudem das klassische Genre der traditionellen chinesischen Landschaftsmalerei. Die hohe Luftfeuchtigkeit in der subtropischen Region ist der Grund, warum die Karstkegel zumeist von Nebel und Wolken umhangen sind. Seien Sie also nicht enttäuscht, wenn Sie beim Besuch Guilins keinen wolkenlosen Himmel haben. Bei strahlendem Sonnenschein ist die Karstlandschaft, zumindest in der chinesischen Ästhetik, nur halb so schön.

Geschichte

Vor 200 Millionen Jahren bedeckte das Urmittelmeer die Region um Guilin. Mit dem Zurückweichen des Meeres und der tektonischen Erhebung des Meeresbodens entstand im Laufe von Jahrmillionen durch Erosion und Verkarstung die heute weltberühmte Zuckerhutland-

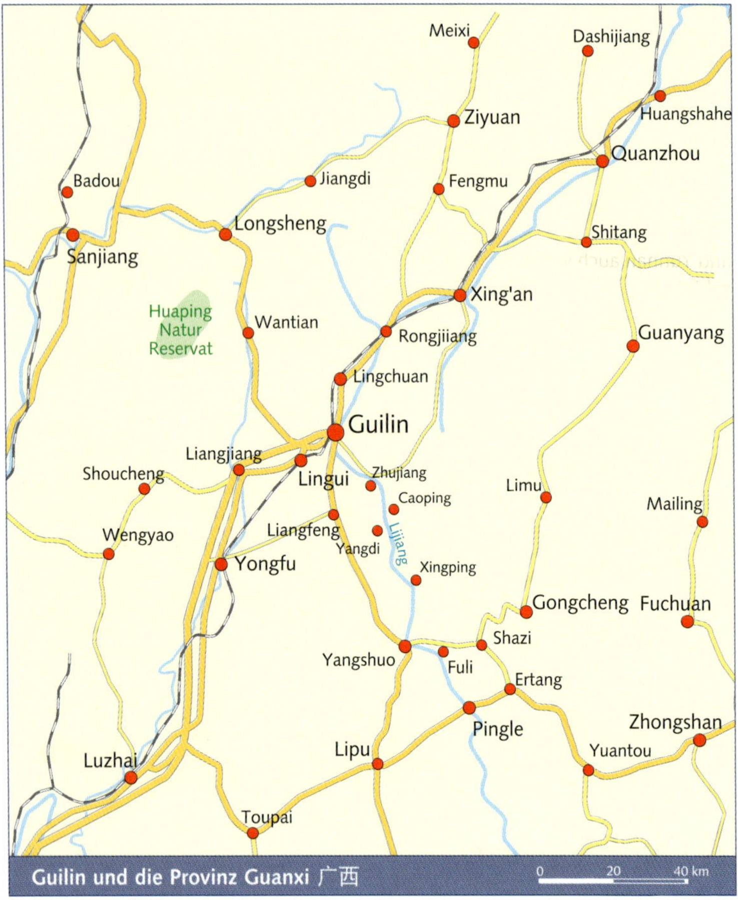

Guilin und die Provinz Guanxi 广西

schaft von Guilin. In den chinesischen Quellen findet die Region zum ersten Mal in der Qin-Dynastie Erwähnung. Um den Nachschub seiner Truppen, die sich anschickten, das heutige Guangxi und Guangdong dem chinesischen Reich einzuverleiben, und spätere Tributzahlungen zu gewährleisten, ließ Qin Shihuangdi, Reichseiniger und Bauherr der Terrakotta-Armee, einen Kanal zwischen dem Yangzi und Südchina bauen. Der 34 Kilometer lange Lin-Kanal verband den Xiang- mit dem Li-Fluss und stellte seinerzeit die wichtigste Nord-Süd-Wasserverbindung Chinas dar. Heute fällt es schwer, sich vorzustellen, dass der beschaulich vor sich hinfließende Li-Fluss einst eine der wirtschaftlich und politisch wichtigsten Wasserstraßen Chinas war.

Im 17. Jahrhundert erlangte Guilin noch einmal große politische Bedeutung, als sich die versprengten Angehörigen der kaiserlichen Familie auf der Flucht vor den Mandschus in Guilin niederließen und die Region wie ein Königreich führten. Eine verwitterte Seelenstraße und mehrere Ming-Gräber nahe dem Yao-Shan im Westen Guilins erinnern heute noch an dieses kurze Interregnum. Im Zweiten Weltkrieg flohen viele Nordchinesen vor den nachrückenden Japanern nach Guangxi, das neben Sichuan und Yunnan auch wichtigstes Rückzugsgebiet der chinesischen Guomindang-Truppen war.

Seit 1955 ist die Provinz autonomes Selbstverwaltungsgebiet der Zhuang, mit 15 Millionen Angehörigen immerhin größte anerkannte Minorität Chinas. Neben den Zhuang, die weitgehend assimiliert sind, wohnen in den Berggebieten Guangxis vor allem Minoritäten wie die Miao und die Dong, die weite Teile ihrer Kultur beibehalten haben. Nur 30 Prozent der Bevölkerung sind Han-Chinesen, in den großen Städten wie Guilin und Nanning stellen sie jedoch bei weitem die Mehrheit. So ist die Provinz demographisch zweigeteilt. Den han-chinesischen Ballungsgebieten und Flusstälern stehen die meist von Minoritäten bewohnten Bergregionen gegenüber. Diese Teilung ist auch eine wirtschaftliche: Während Städte wie Guilin auch dank des Tourismus seit einigen Jahren den Anschluss an den Wirtschaftsboom geschafft haben, gehören die Nordwestregionen Guangxis zu den ärmsten Gebieten Chinas.

Guilin

Auch wenn sich die Einwohnerzahl innerhalb der letzten zehn Jahre mehr als verdoppelt hat – 2009 lebten 1,2 Millionen Menschen in der Stadt – hat Guilin 桂林 immer noch den Charakter einer Kleinstadt. Das mag daran liegen, dass der Besucher Hochhäuser im Stadtgebiet vergeblich suchen wird. Keines der Häuser, ob Bank, Hotel oder Kaufhaus, darf die Karstberge Guilins überragen, eine Bestimmung, die darauf zielt, den Charakter einer in die Karstlandschaft eingebetteten Stadt zu bewahren. Die Förderung des Tourismus hat in Guilin Priorität, das neben Landschaft und etwas Leichtindustrie (unter anderen pro-

Landschaft am Li-Fluss bei Guilin

duziert Henkel Waschmittel in der Stadt) nicht viel zu bieten hat, was einen dauerhaften Boom rechtfertigen würde. So ist man seitens der Stadtregierung auch sehr bemüht, die Bausünden anderer Städte zu vermeiden und die ohnehin schon grüne Stadt weiter zu begrünen.

Etwas nördlich des Fobo-Berges (Fobo Shan 伏波山) musste ein erst Mitte der 1990er Jahren gebauter Appartementkomplex einer ausgedehnten Parkanlage mit See weichen. Die Uferpromenade des Li-Flusses wurde komplett erneuert und die noch aus den 1970er Jahren stammende große Li-Flussbrücke im Stadtinneren durch eine moderne Brückenkonstruktion ersetzt. Die zentrale Hauptstraße, die Zhongshan Lu 中山路, benannt nach Sun Yat-sen, wurde verbreitert, und in der Stadtmitte entstand ein großer Platz mit Fußgängerzone.

Sehenswürdigkeiten

Ein Großteil der Hotels befindet sich im Stadtzentrum und damit unweit der meisten Sehenswürdigkeiten. Der Autoverkehr beschränkt sich weitgehend auf die Hauptstraßen, so dass ein Spaziergang durch die Nebenstraßen und entlang des Li-Flusses ideal ist, um die Stadt zu entdecken.

Direkt am Zusammenfluss von Li- und Pfirsichblütenfluss liegt der **Elefantenrüsselberg** (Xiangbi Shan 象鼻山). Seine Silhouette gleich tatsächlich einem großen Elefanten, dessen Rüssel in den Li-Fluss taucht. Die Legende erzählt, dass einst Dayu, der mythische Kaiser und Bändiger der Fluten des Gelben Flusses, auf seinem Lieblingselefanten nach Guilin geritten sei. Als Dayu weiterreiten wollte, weigerte sich der Elefant, verliebt in die Landschaft des Ortes, Guilin zu verlassen. Aus Zorn über den Eigensinn des Tieres verwandelte ihn der Kaiser in Stein und ließ in am Li-Fluss zurück.

▲ Karte S. 439

Entlang der **Uferpromenade des Pfirsichblütenflusses** (Taohua Jiang 桃花江) kommen Gourmets auf ihre Kosten. Kulinarische Spezialitäten der Region sind im Angebot, Li-Fluss-Karpfen, Flusskrebse, Wasserkastanien und Wassernüsse. Menschen mit einer Schlangenphobie sollten die Straße großflächig meiden, da auch diese Delikatesse auf dem Bürgersteig vor den Restaurants in kleinen Drahtkäfigen auf kundige Gourmets wartet. Sollten Sie Schlange einmal probieren wollen, sind Sie in diesen Restaurants richtig. Sie haben die Wahl zwischen frittierten Schlangenstückchen, bei denen der Teig jedoch den Schlangengeschmack übertönt, Schlangensuppe mit Huhn und Berberitze, der kräftigende Wirkung zugesprochen wird und die bei Erkältung helfen soll, sowie kross gebackener Schlangenhaut, die, auch wenn es seltsam klingt, als Delikatesse gilt. Normalerweise bestellt eine Gruppe eine Schlange, die dann nach Auswahl durch die Gäste frisch geschlachtet und in den oben beschriebenen drei Zubereitungsarten serviert wird. Ein Gaumenerlebnis der besonderen Art ist die mit hochprozentigem Schnaps aufgegossene Schlangengalle sowie das auf gleiche Weise zu sich genommene Schlangenblut. Sind Sie in einer größeren Gruppe unterwegs, empfiehlt es sich, je nach Schlangenlust an zwei getrennten Tischen Platz zu nehmen.

Entlang der Uferpromenade folgen Sie dem Li-Fluss in entgegengesetzter Richtung und erreichen die neue Brücke nach etwa 800 Metern. Von hier sehen Sie bereits den **Fobo Shan** 伏波山, den Wellenbrecherberg, der vom Ufer einige

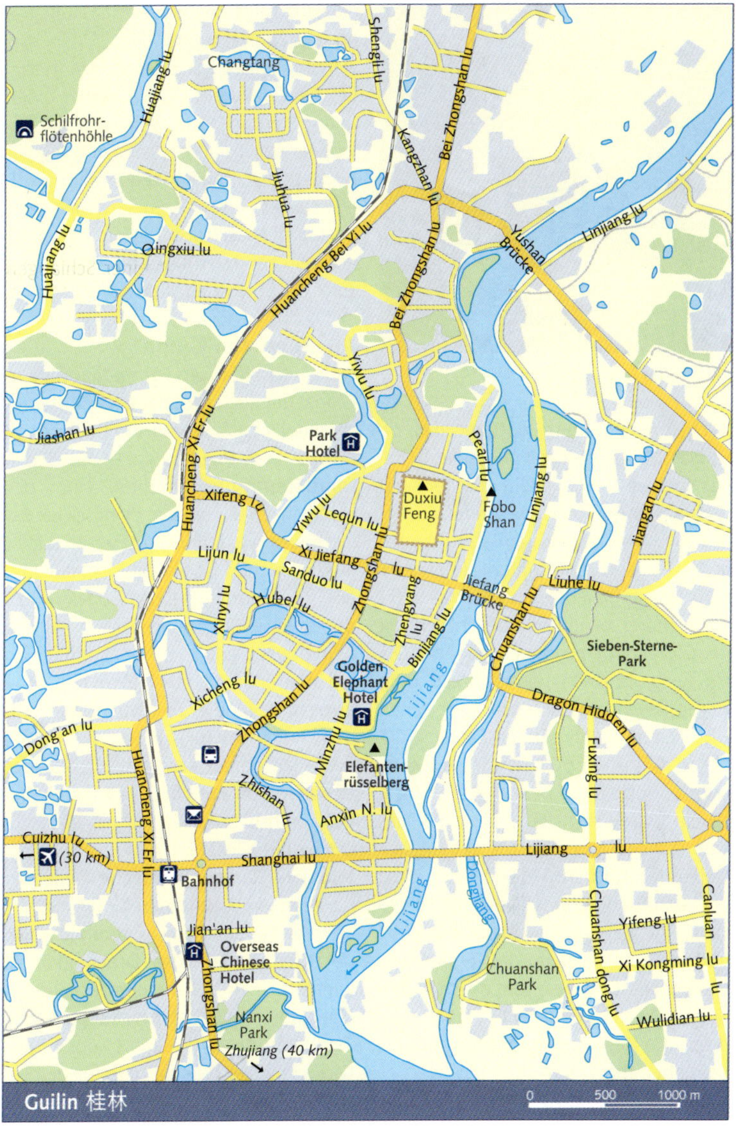

Meter in den Fluss ragt. Etwa 200 teils steile Stufen führen auf den knapp 150 Meter hohen Berg, eine Anstrengung, die sich vor allem bei schönem Wetter lohnt. Vom Gipfel, auf dem sich ein kleiner Andenkenkiosk befindet, überblickt man die ganze Stadt bis hin zum 960 Meter hohen Yao Shan 窑山, der

Fischer am Li-Fluss

höchsten Erhebung entlang des Li-Flusses. Am Fuße des Fobo Shan befindet sich ein kleines **Höhlensystem mit Buddhafiguren**, meist neueren Datums. Der Blick von der Aussichtsterrasse am dem Li-Fluss zugewandten Höhlenausgang ist ein beliebtes Fotomotiv.
Ein weiterer beliebter Aussichtberg ist der **Gipfel der einsamen Schönheit** (Duxiu Feng 独秀峰), der sich auf dem Campusgelände der pädagogischen Hochschule (Guilin Shifan Daxue 桂林师范大学) etwa 500 Meter nordwestlich des Fobo Shan befindet. Die Hochschule wurde auf den Überresten des ehemaligen Ming-Palastes gebaut, die Gebäude sind dem Palaststil der Ming nachempfunden. Am Fuße des Berges stellt eine kleine Kunstgalerie klassische und moderne Malerei der Region aus. Die Preisgestaltung orientiert sich allerdings am Geldbeutel reicher Japaner, so dass vom Kauf ohne langwieriges Handeln eher abzuraten ist.
Verlässt man den Campus in Richtung Süden, so kann man **Reste der Stadtmauer** und Teile der Altstadt entdecken. Zu Zeiten der Ming-Dynastie befand sich hier die Stadtgrenze. Folgt man der Straße nach Westen, so erreicht man nach etwa 500 Metern die zentrale Hauptstraße, die **Zhongshan Lu** 中山路. Ein Spaziergang entlang der Haupteinkaufsstraße von Guilin gibt dem Besucher einen guten Eindruck, wie weit auch die Bewohner Guilins bereits auf dem Weg der Konsumgesellschaft gekommen sind. Mit etwas Glück werden Sie Zeuge einer der vielen Musik- und Tanzaufführungen auf dem zentralen Platz der Fußgängerzone ein Stückchen südwärts.

Ausflüge von Guilin

Einer der schönsten Fahrradausflüge in China, der auch für ungeübte Radfahrer geeignet ist, ist die Fahrt mit dem Zweirad zur **Ludi Yuan** 芦笛岩, der ›Schilfrohrflötentropfsteinhöhle‹, einer der wenigen Orte, dessen chinesische Bezeichnung auch für Langnasen einfacher auszusprechen ist als die Übersetzung. Die fünf Kilometer lange Strecke führt durch Reisfelder am idyllischen Pfirsichblütenfluss entlang. Räder lassen sich in jedem größeren Hotel leihen, alternativ erreicht man die Tropfsteinhöhle mit dem Taxi, dem Tuk-Tuk (einer Art Kabinenroller, der in ganz Asien verbreitet ist) oder dem Bus Nr. 3, der vom Bahnhof abfährt.
Die Höhle selbst, von der ein etwa zwei Kilometer langer Rundgang begehbar ist, wurde im Zweiten Weltkrieg als Luftschutzkeller benutzt. Die zentrale Halle, der **Kristallpalast des Drachenkönigs** kann bis zu 1000 Personen aufnehmen. Ganzjährig herrscht eine angenehme Temperatur von 19 Grad in der Höhle. Dicke Pullover braucht man für den Besuch folglich nicht mitzunehmen, festes Schuhwerk ist allerdings angesichts des zum Teil äußerst rutschigen Bodens ein Muss. Für die Besichtigung sollte man eine sachkundige Führung und viel Phantasie mitbringen. Die gewaltigen

▲ Karte S. 439

Tropfsteine bilden einen Pilzwald, eine gewaltige chinesische Pagode, Gemüse in allen Variationen und einen Schneemann mit dem Aussehen Helmut Kohls. Wo die Phantasie nicht ausreicht, hilft ihr die bonbonfarbige, raffinierte Ausleuchtung auf die Sprünge. Im Kristallpalast erblicken Sie ein aus Stalagmiten gebildetes Modell der Guiliner Karstlandschaft, von einer Empore erstreckt sich die Skyline von New York vor den Augen des Besuchers. Begrüßt werden Sie von einer Löwenfamilie aus Tropfstein, ein Mitglied der Familie sagt Ihnen am Ausgang auf Wiedersehen.

Während die Ludi Yuan den Eintritt von 40 RMB auf jeden Fall wert ist, lohnt sich der Besuch des **Sieben-Sterne-Parks** im Osten der Stadt jedoch nur, wenn Sie zuvor noch nie einen Panda gesehen haben. Doch selbst das Pandagehege des Parks ist zumeist leer. Die alte Pandadame scheint, als hätte sie Mao Zedong noch persönlich die Pfote gegeben und zeigt sich, weit jenseits des Pensionsalters, nur noch selten der Öffentlichkeit.

Guilin

Vorwahl: +86/773.

Bank: Bank of China, Shanhu Beilu 山湖北路 5, an der Ecke Zhongshan Lu 中山路.

Hauptpost: Zhongshan Zhonglu 中山中路 49.

Reisebüro: CITS, Binjiang Lu 滨江路 41, Tel. 282 35 18.

Guilin ist mit allen großen chinesischen Städten zumeist mehrmals täglich verbunden, unter anderem mit Beijing, Shanghai, Kunming, Xi'an und Hongkong. Internationale Verbindungen bestehen mit Seoul.

Der Bahnhof liegt im Süden der Stadt, an der Zhongshan Nanlu 中山南路. Obwohl direkte Verbindungen nach Beijing (23 h), Shanghai (23 h) und Kanton (11 h) bestehen, sind Tickets nur äußerst schwer zu bekommen. Falls Sie Guilin mit dem Zug verlassen wollen, empfiehlt es sich, bei einer Agentur im voraus zu buchen. Eine sicherlich spektakuläre Reise verspricht der Zug Beijing–Hanoi, der einen Zwischenhalt in Guilin hat.

Die zentrale Busstation befindet sich ein wenig nördlich des Bahnhofs. Von hier fahren Busse nach Yangshuo (1,5 h), Longsheng (3 h), Nanning (5 h) und sogar ein Luxus-Nachtbus nach Hongkong (12 h).

Kaum eines der Hotels in Guilin hält das, was es verspricht. In der Hauptsaison im Oktober sind alle Hotels über Wochen ausgebucht; der Gast merkt dies am bestenfalls indifferenten Service. Die beiden sogenannten Fünf-Sterne-Hotels, das ›Royal Garden Hotel‹ und das ›Sheraton‹ erfüllen keinesfalls gehobene Ansprüche.

Park Hotel (Guihu Fandian 桂湖饭店), 4 Sterne, Luoshishan Lu 螺蛳山路 1, Tel. 255 88 99. Idyllisch am Gui-See gelegenes Hotel im chinesischen Stil. Zimmer haben teilweise Balkone, die auf die Karstberge blicken.

Golden Elephant Hotel (Guilin Jinxiang Dajiudian 桂林金象大酒店), 3 Sterne, Binjiang Lu 滨江路 36, Tel. 280 88 88. Freundliches Mittelklassehotel gegenüber dem Elefantenrüsselberg.

Overseas Chinese Hotel (Huaqiao Dasha 华侨大厦), 1 Stern, Shengli Qiao-

Die Landesmitte und der Südwesten

tou 胜利桥头, Tel. 3835753. Etwas in die Jahre gekommen, aber immer noch ein gutes Preis-Leistungs-Verhältnis, Backpacker-Hotel.

Guilin ist eine Touristenstadt; viele der touristisch ausgerichteten Restaurants bieten wenig und schlechtes Essen für einen gehoben Preis.

Die kleinen Restaurants entlang der **Nanhuan Lu** 南环路 bieten lokale Spezialitäten zu moderaten Preisen an.

Das **Hotelrestaurant des Sheraton Hotels** ist ausgezeichnet, wenn auch auf westlichem Preisniveau.

Eine große Auswahl an Restaurants gibt es entlang der **Fußgängerzone Zhengyang Lu** 正阳步行街 sowie in deren Nebenstraßen.

Flussfahrt auf dem Li-Fluss

»Urlaub wäre so schön, wenn es die Touristen nicht geben würde«. Dieser Spruch kommt einem unweigerlich während einer Fahrt auf dem Li-Fluss in den Sinn. Die Fahrt gehört sicherlich zum Schönsten, was eine Urlaubsreise durch China landschaftlich zu bieten hat. Dies hat sich leider herumgesprochen, und so sieht der Li-Fluss in der Hauptsaison schon einmal 100 Schiffe mit je rund 50 Reisenden täglich. Hinzu kommt, dass der Staat inzwischen das Monopol auf die Li-Flussfahrt zwischen Guilin und Yangshuo 阳朔 hält und private Konkurrenz zum Teil rabiat ausgeschaltet hat. Alternativen gibt es folglich wenige, einzig die Fahrt von Yangshuo nach Fuli 福利 ist eine legale Variante. In Yangshuo lassen sich zuweilen kleine Abstecher mit privaten Ausflugsbooten organisieren, sobald diese jedoch die Strecke Yangshuo–Guilin befahren, drohen saftige Strafen und der Entzug der Lizenz. Lassen Sie sich aber trotzdem nicht abschrecken, richten Sie sich darauf ein, dass sie nicht allein auf dem Fluss sind und genießen Sie die Märchenlandschaft entlang des 60 Kilometer langen Flussabschnittes, den die Touristenboote befahren.

Der Hafen für Ausländer liegt in **Zhujiang** 珠江, etwa eine Stunde Busfahrt von Guilin entfernt. Die Prozession der Schiffe verlässt den Hafen gegen 9.30 Uhr. Während die erste Stunde eher einer Ouvertüre gleicht, wird die Landschaft hinter **Caoping** 草坪 zunehmend spektakulärer. Zwischen **Yangdi** 扬堤 und **Xingping** 兴坪 schließlich ragen die Karstberge bis zu 700 Meter vom Ufer empor, dicht bewachsen von subtropischer Vegetation. Wasserbüffel baden im Fluss, Kormoranfischer paddeln auf kleinen Flößen durch den Fluss, ihre Kormorane an der Floßseite aufgereiht.

Die Kapitäne sind Meister ihres Fachs und kennen den Fluss in- und auswendig. Dies ist auch notwendig. Immer wieder berührt der Schiffsrumpf kurz das Flussbett, vor allem in der Trockenzeit ist die Fahrrinne nicht breiter als wenige Meter und kaum zwei Meter tief. Nach vier bis sechs Stunden, je

Ausflugsboot auf dem Li-Fluss

▲ Karte S. 436

nach Wasserstand, erreichen die Schiffe Yangshuo.

Yangshuo

Spätestens, wenn man sich ein Rad oder eine Motorrikscha mietet und von Yangshuo 阳朔 am **Aprikosenfluss** entlang zum **Mondberg** (Yueliang Shan 月亮山) fährt, gibt es keine Zweifel mehr an der chinesischen Redensart, nach der die Landschaft von Guilin nur von der Yangshuos übertroffen wird. Ein Besuch in Yangshuo ist auch ein Blick zurück in die Vergangenheit, ein Eindruck, wie Guilin wohl vor 20 Jahren ausgesehen haben muss, eine Kleinstadt mit engen Straßen und Gassen, niedrigen Häusern und wenig Verkehr. Letzteres könnte man von Yangshuo nicht mehr behaupten, hätten die lokalen Behörden nicht vor einigen Jahren die Busse aus dem Stadtbild auf den riesigen Parkplatz im Norden der Stadt verbannt. Heute verbindet eine Straßenbimmelbahn das Stadtzentrum mit dem Parkplatz und verhindert ein Verkehrschaos. Immerhin, man hat gelernt aus der Zeit, als hunderte von Bussen die Hafenpromenade verstopften.

Noch vor wenigen Jahren erwachte Yangshuo nur einmal am Tag so richtig zum touristischen Leben, zwischen 14 und 15.30 Uhr, als die Armada der Li-Fluss-Schiffe Yangshuo erreichte und innerhalb einer Stunde bis zu 3000 Touristen die Stadt durchquerten. Mit der Erstarkung des chinesischen Tourismus hat sich dieser Zustand nun auf 24 Stunden ausgeweitet. Schon unken Nostalgiker, Yangshuo hätte seine Seele verkauft und wäre nur noch ein chinesischer Ballermann.

Doch trotz aller Veränderungen zeigt sich Yangshuo immer noch als charmante Kleinstadt, mit angenehmen Cafés und Restaurants, die chinesische und internationale Spezialitäten auf der englischsprachigen Speisekarte haben, eingebettet in eine Landschaft, die zu Recht als zauberhaft beschrieben wird. Man sollte das mediterrane Ambiente der **Xi Jie** 西街 verlassen und ein wenig durch die Nebenstraßen laufen. Im Jahre 2004 hat man die Altstadt von Yangshuo bis zur **Diecui Lu** 叠翠路 erweitert, kleine Bars, Cafés und Restaurants laden nun auch hier zum Verweilen ein. Überquert man die Diecui Lu, so hat man das touristische Yangshuo verlassen. Die einfachen Restaurants entlang der Straße bieten eine gute Alternative, lokale Spezialitäten wie Wels in Bier (Pijiu Yu 啤酒鱼) und Süßwassershrimps zu kosten.

Wasserbüffel am Ufer

Mondberg

Die eigentliche Attraktion Yangshuos jedoch liegt in seiner Umgebung. Viele der Cafés bieten Ausflüge zum Mondberg an, wahlweise mit dem Fahrrad, dem Tuk-Tuk oder dem Minibus. Typischerweise schließt ein solcher etwa fünfstündiger Ausflug ein Mittagessen bei einer Bauernfamilie mit ein. Während der Ausflug auf dem Hinweg zum

In der Xi Jie in Yangshuo

Mondberg der wenig befahrenen Hauptstraße folgt, führt der Rückweg über Feldwege zurück nach Yangshuo.

Fuli

Eine weitere interessante Alternative ist ein Ausflug nach Fuli 福利, einer kleinen Marktstadt 30 Kilometer flussabwärts. Zweimal täglich fahren Ausflugsschiffe vom Yangshuoer Hafen nach Fuli und nach einem kurzen Aufenthalt wieder zurück. Das Mieten eines privaten Bootes ist ebenfalls möglich, wenn auch nur, zumindest offiziell, für kurze Strecken. Neuerdings ist es sogar möglich, alte LKW-Innenschläuche zu mieten und sich den Li-Fluss hinuntertreiben zu lassen, inklusive organisiertem Rücktransport nach Yangshuo. Auskunft dazu gibt es entweder direkt am Hafen oder in einem der Backpackercafés.

Yangshuo

Vorwahl: +86/773.

Bank: Bank of China, Binjiang Lu 滨江路 nahe dem Hafen.

Post: Hauptpost an der Kreuzung Xi Jie 西街/Pantao Lu 蟠桃路.

Im Zehn-Minutentakt nach Guilin (1,5 h). Abfahrt von der Busstation Diecui 叠翠路/Pantao Lu 蟠桃路. Weitere Verbindungen nach Liuzhou und Wenzhou, von hier weiter mit dem Schiff nach Kanton.

Die Boote auf dem Li-Fluss verkehren im Personenverkehr nur von Guilin nach Yangshuo und fahren leer zurück. Tagesausflüge nach Fuli sind möglich.

Paradise Hotel, 4 Sterne, Xi Jie 西街 116, Tel. 8822109. Wunderschönes Hotel, etwas zurückgesetzt von der Xi Jie. In der Hauptsaison allerdings von Gruppen überlaufen.

Morning Sun Hotel (Chenguang Jiudian 陈光酒店), 2 Sterne, Chengzhong Lu 城中路 4, Tel. 8813899. Dem lokalen architektonischen Stil nachempfundenes familiengeführtes Mittelklassehotel. Geschmackvoll eingerichtete Zimmer zumeist mit Balkon.

Giggling Tree (Gegeshu Fandian格格树饭店), 1 Stern, Aishanmen Cun 矮山门村, Tel. 13667866154 (Mobil). Welch ein Kontrast zum munteren Treiben in der Xi Jie! Einfaches Hotel im lokalen Bauernhausstil ca. 5 km westlich von Yangshuo.

Ausflug nach Longsheng und Sanjiang

▲ Karte S. 436

Jenseits der Touristenrouten liegt die Mittelgebirgslandschaft im Nordwesten Guilins. Kaum ein westlicher Tourist verirrt sich hierhin, was angesichts der Attraktionen der Region unverständlich ist. Vor allem die Reisterrassen bei Longsheng 龙胜, wo sich über eine Höhe von bis zu 800 Meter Terrassenfeld an Terrassenfeld reiht, sowie die Dörfer des Dong-Volkes unweit Sanjiangs 三江 mit ihren filigranen Holzkonstruktionen sind allemal eine Reise wert.

Etwa 30 Kilometer östlich von Longsheng liegen in einem vor allem von Zhuang und Miao bewohnten Flusstal heiße Quellen, die man von Longsheng aus mit regionalen Minibussen in etwa einer Stunde erreicht. Seit 2004 gibt es hier auch eine Übernachtungsmöglichkeit. Sowohl Longsheng als auch Sanjiang lassen sich von Guilin aus mit Überlandbussen erreichen, Unterkunft in Mittelklassehotels ist in beiden Orten möglich.

Flusstal zwischen Longsheng und Sanjiang

Eine abenteuerliche Route, für die man gute Bandscheiben mitbringen muss, führt von Sanjiang über Kaili in die Provinz Guizhou. Fährt man von Sanjiang weiter Richtung Süden, erreicht man bei Rong'an wieder ein Karstgebiet, das ähnlich spektakulär wie die Gegend um Guilin ist und sich entlang des Rong-Flusses bis kurz vor Liuzhou zieht. Sowohl Longshen als auch Sanjiang lassen sich von Guilin aus mit Bussen erreichen, Unterkunft in Mittelklassehotels ist möglich. Einige Cafés in Yangshuo bieten zweitägige Touren in die Region an, die staatlichen Reisebüros CITS und CTS veranstalten mehrtägige Wanderungen entlang der Reisterrassen, teilweise mit Übernachtung bei Bauernfamilien. Der Berliner Veranstalter China By Bike hat eine Radtour in dieser Region im Programm.

Sehr empfehlenswert ist auch die Weiterreise mit dem Bus von Sanjiang in Richtung der Provinz Guizhou, wenn auch zwischen Sanjiang und der Provinzgrenze sehr beschwerlich.

Longsheng und Sanjiang

Busse nach Longsheng und Sanjiang verkehren regelmäßig von der Guiliner Busstation nördlich des Bahnhofs.

In Longsheng:

Tourist Hotel (Lüyou Binguan 旅游宾馆), 1 Stern, Gonglong Lu 公龙路, Tel. 751 72 06. Exzellentes Mittelklassehotel in zentraler Lage.

Riverside Hotel (Kaikai Lüshe 开开旅社), an der Straße von Guilin, etwa 500 Meter vor der Brücke auf der rechten Seite. Einfache Zimmer mit Bad auf dem Flur. Die Besitzerin ist Englischlehrerin und freut sich über jede Gelegenheit, Englisch zu sprechen und ihre Stadt vorzustellen.

In Sanjiang:

Chengyang Bridge Hotel (Chengyang Qiao Binguan 程阳桥宾馆). Bestes Hotel in der Stadt, was nicht viel heißen mag. Saubere Doppelzimmer mit Bad.

In Chenyang:

Chengyang Bridge National Hotel (Chengyang Qiao Zhaodaisuo 程阳桥招待所). Einfaches, aber stilvolles Hotel in traditioneller Holzbauweise nahe der Wind- und Regenbrücke in Chengyang, etwa 20 Kilometer südlich von Sanjiang.

Im wohlhabenden Perlflussdelta weist man gern auf die Offenheit und Progressivität der südlichen Lebensart hin. Man ist zu Recht stolz auf die wirtschaftlichen und kulturellen Errungenschaften der Region und natürlich auf die kantonesische Küche, die entgegen allen Vorurteilen viel mehr zu bieten hat als Hund und Katze.

Der Süden

Die Provinz Guangdong

Ganz geheuer sind den Nordchinesen die Einwohner der Provinz Guangdong (Kanton 广东) nicht. Man erzählt sich, dass die Kantonesen alles essen, was vier Beine hat, außer Tischen, und man macht sich über die für die meisten Chinesen unverständliche Sprache lustig, die offiziell als Dialekt des Chinesischen gilt, dem Mandarin aber weniger nahe ist als das Holländische dem Deutschen. Andererseits war es vor allem die chinesische Südprovinz mit ihren Sonderwirtschaftszonen, die den ersten wirtschaftlichen Boom Anfang/Mitte der 1980er Jahre auslöste, und das nötigt den erfolgsorientierten Chinesen einigen Respekt ab. Vor allem in den 1990er Jahren gab es des öfteren Reibereien zwischen der Zentralregierung in Beijing und den Provinzbehörden, die sich weigerten, allzu viel von ihrem erwirtschafteten Überschuss zur Entwicklung finanzschwacher Provinzen abzugeben. Heute hat man sich arrangiert. Die Kantonesen nehmen den Ausspruch Deng Xiaopings wörtlich, dass einige zuerst reich werden würden, und tun alles dafür, dass dies auf sie selbst zutrifft. Auch wenn die anderen Küstenprovinzen in den letzten Jahren aufgeholt haben, ist die Provinz am Perlflussdelta immer noch Symbol für das chinesische Wirtschaftwunder, und darauf ist man hier stolz.

Um schließlich die Verwirrung um den Namen Kanton ein wenig aufzulösen: Kanton ist eigentlich der verwestlichte Name der Provinz Guangdong, wird aber seit Kolonialzeiten als Synonym für die Stadt Guangzhou verwendet.

▶ Karte S. 449

Geschichte

Die Region der heutigen Provinz Guangdong gehörte nicht immer zum chinesischen Machtbereich. Der Überlieferung nach waren es die Truppen des Qin Shihuangdi, die im 3. Jahrhundert vor Christus das Perlflussdelta eroberten und es dem chinesischen Reich einverleibten. Als China mit dem Niedergang der Han-Dynastie im 2. Jahrhundert nach Christus auseinanderfiel, entstand hier das unabhängige Königreich Nanyue, das sich eher nach Südostasien als nach China orientierte. Guangzhou, die Hauptstadt, war damals bereits eine wichtige Hafenstadt, von der aus Seide und andere chinesische Produkte bis nach Indien und zur Arabischen Halbinsel verschifft wurden.

Als Teil der ›Seidenstraße des Meeres‹ kam die Region frühzeitig mit nicht-chinesischen Kulturen in Kontakt. Anfang des 16. Jahrhunderts, Guangdong war mit der wiedererstarkten chinesischen Zentralmacht erneut Teil des Reichs der Mitte, trafen die ersten portugiesischen Seefahrer im Hafen von Guangzhou ein und erhielten vom chinesischen Kaiser die Erlaubnis, sich in Macao niederzulassen. Guangdong sollte auch über die folgenden Jahrhunderte Brennpunkt der Handelsbestrebungen des Westens bleiben.

Seit dem Jahre 1757 waren diese Kontakte auf Guangzhou beschränkt, Ausländer durften sich in der Stadt nur auf der Insel Shamian niederlassen und frei bewegen. Mit dem Handel von Opium versuchten die Engländer seit Ende des 18. Jahrhunderts verstärkt, ihre durch den massiven Import chinesischer Güter wie Seide, Tee und Porzellan extrem negative Handelsbilanz auszugleichen und das Tor zu weitereichenden Handelsbeziehungen mit China aufzustoßen. Der Opiumhandel lief fast aus-

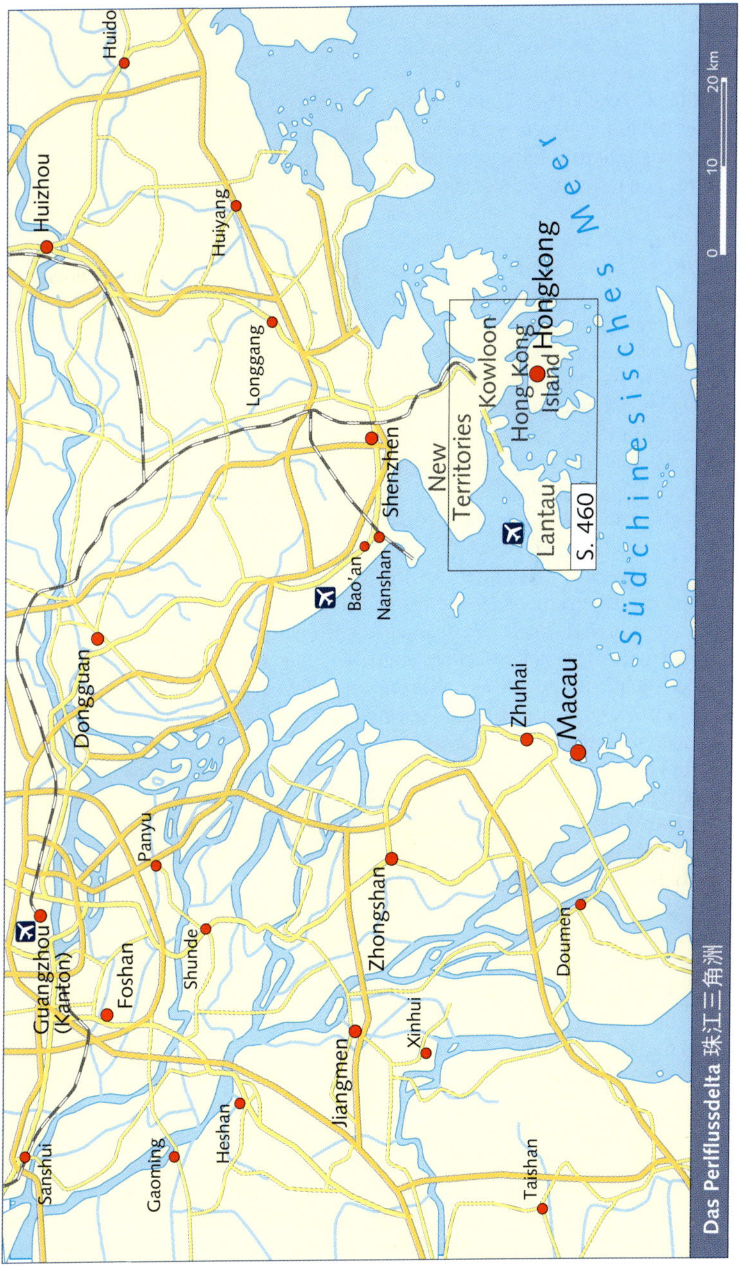

Das Perlflussdelta 珠江三角洲

schließlich über das Perlflussdelta und damit den Hafen Guangzhous. Auf Geheiß des Kaisers ließ im Jahre 1839 der Beamte Lin Zexu 20 000 Tonnen konfisziertes Opium verbrennen, was zum ersten Opiumkrieg führte, in dessen Folge China nicht nur Hongkong an die Engländer abtreten musste, sondern auch die Insel Shamian ausländisches Konzessionsgebiet wurde.

Als Folge der deutlich spürbaren ausländischen Präsenz in der Region entwickelte sich eine starke nationale Bewegung, die gleichzeitig die Ideen des Westens übernahm und von ausländischen Bildungseinrichtungen profitierte. Sowohl Hong Xiuquan, der als ›jüngerer Bruder Jesu‹ den Taiping-Aufstand anführte, als auch der erste Präsident und geistige Vater der bürgerlichen Revolution Chinas, Sun Yat-sen, stammten aus der Umgebung Guangzhous. Sowohl die Kommunisten als auch die Nationalisten bildeten in Guangzhou ihre Gefolgsleute aus, während der ersten Einheitsfront (1921–1925) legten beide Fraktionen in der von sowjetischen Beratern unterstützten Militärakademie Whampoa den Grundstein für den späteren Bürgerkrieg. Nach dem Bruch zwischen Kommunisten und Nationalisten war Guangzhou in den 1920er Jahren immer wieder Schauplatz von Arbeiteraufständen, die von den Nationalisten unter Chiang Kai-shek brutal niedergeschlagen wurden.

Nach Gründung der VR China 1949 blieb die Region wichtiges wirtschaftliches und administratives Zentrum Südchinas. Die zweimal im Jahr stattfindende Kanton-Messe entwickelte sich in den 1980er Jahren zum wichtigsten Schaufenster des chinesischen Außenhandels. Die Nähe zu Hongkong, dessen Bevölkerung vor allem aus Guangdong kommt, bedeutete für die Provinz einen steten

▲ Karte S. 449

Der Perlfluss in Guangzhou

Fluss der Unterstützung von den in die Kronkolonie geflohenen Verwandten. Es waren auch diese Transferleistungen, die den Wirtschaftboom der Region begründeten, zusammen mit der Verlagerung der Produktionsstätten von Hongkong über die Grenze auf das chinesische Festland. Die Großstädte der Provinz sind reich geworden und ziehen einen nicht versiegen wollenden Strom von Wanderarbeitern aus dem Hinterland an. Reichtum und Armut liegen in Guangdong noch näher zusammen als in den meisten anderen chinesischen Provinzen.

Guangzhou (Kanton)

Die Sieben-Millionen-Stadt Guangzhou 广州 sieht nur wenige Touristen, was einerseits verständlich ist, da sie etwas ungünstig jenseits der Haupttouristenrouten liegt, die zumeist direkt von Guilin nach Hongkong führen, andererseits aber auch sehr schade, da Guangzhou eine Stadt mit viel Charme ist, wenn auch erst auf den zweiten Blick. Die Mischung von etwas angestaubtem Kolonialambiente mit der chinesischen Vision von Moderne, angesiedelt in einer Stadt, die zu Recht weltweit für ihre Küche berühmt ist, lohnt den Abstecher nach Guangzhou. Auch wenn das sub-

tropische Klima der Region nicht unbedingt zum Flanieren geeignet ist, lädt Guangzhou dennoch zu einem Stadtbummel ein. Die meisten Sehenswürdigkeiten der Innenstadt lassen sich ab der Insel Shamian mit der U-Bahn und zu Fuß erreichen.

Shamian

Einst ausländisches Konzessionsgebiet, ist die kleine Insel Shamian 沙面岛 am Perlfluss heute eine grüne Oase mitten im Stadtgebiet. Während bis vor wenigen Jahren die **Kolonialbauten** der Insel dem langsamen Zerfall überlassen wurden, hat man inzwischen ihr Potential erkannt. Immer mehr entwickelt sich Shamian zum Vergnügungsviertel mit schicken Restaurants und Bars in kolonialem Ambiente. Die Kolonialbauten stehen mittlerweile unter Denkmalschutz und werden sukzessive restauriert. Die Denkmalschützer gingen im Jahre 2001 sogar so weit, den Abriss des berühmten Wild Swan Hotels an der Südwestspitze der Insel zu fordern, da seine Hochhausarchitektur die historische Atmosphäre der Insel zerstöre.

Im **Inselpark** am Perlfluss treffen sich im Morgengrauen die Senioren des Viertels zur Frühgymnastik, während des Tages haben die Laienopernsänger hier ihren Treffpunkt. In Lucy's Bar und im Rose Garden am Flussufer kann man den Tag gemütlich bei einem Bier ausklingen lassen. Das Bier heißt ›Perlfluss‹, und das sollte man nicht wörtlich nehmen, sonst dürfte man nicht über die Uferbegrenzung schauen. Mehrere Hotels gibt es auf der Insel, vom Schlafsaal bis zur Luxussuite ist für jeden Geldbeutel und Geschmack etwas dabei.

Geht man am amerikanischen Konsulat vorbei am Nordwestende der Insel über eine kleine Brücke unter der Stadtautobahn hindurch, so erreicht man die U-Bahn-Station Huangsha 黄沙. Von hier kann man zu einer kleinen Stadtbesichtigung aufbrechen.

Ahnentempel der Familie Chen

Zwei Stationen in Richtung Ostbahnhof 广州东站 sind es bis zum Ahnentempel der Familie Chen 陈家祠, nach dem auch die U-Bahn-Station benannt ist. In der Kulturrevolution fast vollständig zerstört, beherbergt der einst der Ahnenverehrung der Chen-Familie gewidmete Tempel heute nach der umfassenden Rekonstruktion in den 1980er Jahren

▲ Karte S. 451

Dachfiguren am Ahnentempel der Familie Cheng

das **Kunstgewerbemuseum der Provinz Guangdong**. Die buntglasierten Tonfiguren auf den Dachfirsten sind eine dreidimensionale Anthologie der chinesischen Legenden und Erzählungen, allein für die detailgetreuen Darstellungen berühmter Szenen aus der chinesischen Literatur lohnt der Besuch des Tempels. Gleich hinter dem Eingang im rechten Seitenflügel kann man einen Blick in die Vergangenheit werfen. In mehreren Räumen hat man die Außenfassade und Inneneinrichtung eines typischen Guangzhouer Altstadthauses rekonstruiert. Auf der Mittelachse sind die Meisterstücke der lokalen Handwerkskunst ausgestellt, unter anderem ein aus Elfenbein geschnitztes chinesisches Prunkschiff inklusive der mehr als 100-köpfigen detailverliebt dargestellten Besatzung. Im linken Seitenflügel kann man in einem kleinen Geschäft Beispiele für das berühmte Guangdonger Eierschalenporzellan bewundern, das natürlich auch zum Verkauf bereitsteht.

Tempel der Sechs Banyan-Bäume

Nur eine weitere U-Bahn-Station (Ximenkou 西门口) entfernt, zu Fuß vom Ahnentempel aber nur über die stark befahrene Zhongshan Lu 中山路 zu erreichen, liegt der Tempel der Sechs Banyan-Bäume 六榕寺. Ursprünglich auf Anregung des Gründers des Zen-Buddhismus, Bodhidharma, im 6. Jahrhundert gebaut, geht der Name der heutigen Anlage auf den berühmten song-zeitlichen Dichter Su Dongpo zurück, der sich von den wunderschön gewachsenen Banyan-Bäumen im Hofe des Tempels zu einer Kalligraphie inspirieren ließ. Die sechs namensgebenden Bäume sind heute leider nicht mehr zu sehen, auch wenn immer noch einige Banyan-Bäume auf dem Tempelgelände stehen.

Gleich hinter dem Eingang erhebt sich die 57 Meter hohe, im Volksmund Blumenpagode genannte **Pagode der 1000 Buddhafiguren**, das Wahrzeichen der Stadt. Vor allem bei gutem Wetter lohnt sich der beschwerliche Aufstieg auf die leicht zur Seite geneigten Pagode.

Im linken Seitengebäude, hinter einer der Guanyin gewidmeten Halle, befindet sich die **Totengedenkhalle des Tempels**. Jeder der kleinen hinter Glas gefassten roten Wandzettel entspricht einem Verstorbenen, manchmal auch einem Ehepaar. Der Platz für die Gedenktafeln wird vom Kloster für eine festgelegte Zeit vermietet und bildet eine der Haupteinnahmequellen des Tempels. Hierbei richtet sich der Preis nach dem Rang des Tempels. Ein weißer Zettel zeigt eine Reservierung zu Lebzeiten an.

Koloniales Erbe auf der Insel Shamian

Weitere Sehenswürdigkeiten

Einige Gassen in Richtung Westen befindet sich der **Tempel der Leuchtenden Kindespietät** (Guangxiao Si 光孝寺), der älteste Tempel der Stadt, dessen Geschichte bis in das 3. Jahrhundert zurückgeht. Heute ist die von Touristen kaum besuchte, dem Zen-Buddhismus geweihte Anlage der aktivste Tempel der Stadt.

Südlich des Haupteinganges schließt sich ein **traditionelles Wohnviertel** an, teils Anfang des 20. Jahrhunderts, teils in den 1950er Jahren gebaut. In kleinen Läden verkauft man vor allem Räucherstäbchen und anderen Tempelbedarf.

Folgen Sie der kleinen Gasse vom Eingang des Tempels in Richtung Süden, so erreichen Sie nach etwa 500 Metern wieder die U-Bahn-Station Ximenkou 西门口. Auf dem Weg dorthin kommen Sie an kleinen Dim-Sum-Restaurants vorbei, ein idealer Snack, da die Auswahl leichtfällt. Die Teigtaschen in allen Variationen sind am Eingang in Bambusdampfsieben aufgestellt, Sie müssen nur auf das Gewünschte deuten. Wollen Sie sich auch ohne Sprachkenntnisse über die Füllung vergewissern, dann lassen Sie sich den Preis aufschreiben. Bis 10 Yuan für eine Lage ist unbedenklich, sobald es teurer wird, könnte auch der beste Freund des Menschen unter dem Nudelteig versteckt sein.

Am Ximenkou 西门口 angekommen, überqueren Sie die Zhongshan Lu 中山路, folgen ihr bis zur nächsten größeren Kreuzung und biegen dann in die Liurong Lu 六榕路 Richtung Süden ein. An der Huifu Xilu 惠富西路 angekommen, wenden Sie sich nach Osten und erreichen nach wenigen Metern, auf einem offenen Platz gelegen, den **Tempel der Fünf Unsterblichen** 五仙观. Dieser daoistische Tempel erinnert an die Fünf Unsterblichen, die der Legende nach in mythischer Zeit den Bewohnern in einer Hungersnot zu Hilfe kamen, auf jeweils einem Ziegenbock reitend. Seit dieser Zeit heißt Guangzhou auch die ›Ziegenstadt‹. Auch dieser Tempel wurde in der Kulturrevolution vollständig zerstört und ist heute eher schlicht. Im rechten Vorraum befindet sich eine kleine Einführung in die Stadtgeschichte Guangzhous.

Um nach Shamian zurückzukehren, können Sie ein Taxi nehmen oder Sie laufen die nahegelegene Renming Lu 人民路, die Haupt-Nord-Südverbindung Guangzhous entlang bis zum Perlfluss, wo sie an der Renmin-Brücke auch wieder auf die Shamian-Insel treffen.

Ein weiterer interessanter Spaziergang führt von der Shamian-Insel in Richtung Norden zum **Qingping-Markt** 清平市场, 1979 einer der ersten sogenannten ›Freimärkte‹, mit denen Deng Xiaoping die Reformperiode einläutete. Bis vor einigen Jahren hätte man den Markt weder auf nüchternen Magen noch kurz nach dem Essen betreten sollen, jedenfalls nicht als geruchsempfindlicher Mensch. Vor allem der ›Frischfleischmarkt‹ war nichts für schwache Nerven und glich eher einem Zoo als einem Lebensmittelmarkt. Nicht zuletzt aufgrund der SARS-Krise 2003 – für die Erkrankung wurde der Verzehr der als Delikatesse geltenden Zibetkatze verantwortlich gemacht – haben die Behörden ein waches Augen auf das Sortiment der Lebendtierhändler des Marktes. Alles jenseits von Huhn, Rind, Fisch und Schwein darf nur noch als Haustier angeboten werden, dementsprechend ist diese Sektion des Marktes, in der einst Käfig an Käfig exotische Tiere zum Verzehr angeboten wurden, nun fast verwaist. Direkt nach der Überquerung der im Norden an die Shamian-Insel angrenzende Liu'ersan Lu liegt die Medizinsektion des Marktes, auf der neben Ginseng, Heilkräutern und Gewürzen auch exotischere Sache wie Schlangenhaut, getrocknete Seepferdchen und Hirschpenis angeboten werden. Der Hauptteil der medizinischen Abteilung befindet sich seit einigen Jahren in dem neugebauten mehrstöckigen Gebäude links neben dem Markteingang.

In Guangdong muss man sich auf kulinarische Überraschungen gefasst machen

▲ Karte S. 451

Folgt man der Marktgasse in Richtung Norden, so erreicht man nach einem guten Kilometer die **Xiajiu Lu** 下九路, eine Fußgängerzone entlang einer renovierten Straßenzeile aus dem frühen 20. Jahrhundert. Vor allem abends lohnt sich ein Bummel durch die Fußgängerzone, wo man von Ladenschluss noch nie etwas gehört hat. Einige der renommiertesten Restaurants der Stadt liegen hier, es empfiehlt sich folglich, zur abendlichen Essenszeit hierher zu kommen.

Guangzhou (Kanton)

Vorwahl: +86/20.

Post: Das Hauptpostamt liegt direkt neben dem Hauptbahnhof. In der Shamian Sanjie 沙面三街 auf Shamian gibt es ein kleines Postamt, das ebenfalls internationalen Service anbietet.

Bank: Alle größeren Hotels tauschen Bargeld und Reiseschecks, das gleiche gilt für fast alle Filialen der Bank of China. Günstig liegen die Banken am Ostbahnhof sowie etwas nördlich vom Tempel der Sechs Banyan-Bäume in der Liurong Lu 六榕路.

Reisebüro: Die Guangzhou Tourism Information Line hat die Telefonnummer 86661275.

Das Guangzhou Youth Hostel auf Shamian bietet einen günstigen und effektiven Buchungsservice für Zug-, Boot- und Flugtickets.

Die Website www.thatsguangzhou.com macht aktuelle Information zu Restaurants, Ausstellungen und Bars auf Englisch zugänglich.

Das **deutsche Konsulat** befindet sich im 19. Stock des Guangdong International Hotel in der Huanshi Lu 环市路 339, Tel. 83306533, Fax 83317033.

Guangzhous neuer Flughafen hat im September 2004 seine Tore geöffnet. Direktverbindungen bestehen zu allen großen chinesischen Städten sowie nach München, Singapur, Amsterdam und Sydney. Air China hat ein Büro in der Huanshi Lu 环市路 181 (Hotline 86682000), Flugtickets können allerdings auch in allen größeren Hotels gekauft werden.

Guangzhou hat zwei große Bahnhöfe, den **Hauptbahnhof** (广州站, Endstation der Metro 2) von dem vor allem Züge in den Norden, unter anderen nach Beijing (21h) und Shanghai (16 h) abfahren. Züge nach Hongkong (1h 50) über Shenzhen (1h) fahren ab dem **Ostbahnhof** (Dongzhan 东站), den man mit der Metrolinie Nr. 1 erreicht. Fahrkarten kann man direkt am Bahnhof oder im Hotel oder Reisebüro kaufen.

Komfortable Überlandbusse fahren von Guangzhou nach Shenzhen, Hongkong, Zhuhai und Macau. Während der Zug nach Hongkong die bequemere und schnellere Alternative ist, ist der Bus um einiges günstiger. Der Bus nach Guilin ist schneller als der Zug, benötigt aber immer noch 13 Stunden.

Andere empfehlenswerte Busverbindungen bestehen nach Nanning (Provinz Guangxi 15 h) und Haikou auf Hainan (16 h).

Guangzhou hat drei große Busbahnhöfe, der **Fernbusbahnhof** (省汽车站) mit den wichtigsten Verbindungen liegt 500 Meter westlich des Hauptbahnhofs an der Huanshi Xilu 环市西路, der **Liuhua-Busbahnhof** (流花车站) direkt gegenüber.

Von der Werft Nanhai 南海 in Pingzhou 平洲, die in den südlichen Vororten liegt, fahren Schnellboote zweimal täglich um 9.15 und 16 Uhr in zweieinhalb Stunden nach Hongkong (Kowloon). Tickets und Shuttlebusse gibt es im White Swan Hotel oder an der Zhoutouzui-Werft (洲头咀码头). Weitere Informationen gibt es unter www.turbojet.com.hk.

White Swan Hotel 天鹅宾馆, 5 Sterne, Shamian Nanjie 沙面南街 1, Tel. 81886968,Fax 81862288. Nach der kompletten Renovierung 1999 eines der besten Hotels in China. Stilvolle Zimmer, exzellente Restaurants und ausgezeichnete Lage auf Shamian.

Victory Hotel 胜利宾馆, 3 Sterne, Shamian Beijie 沙面北街 53/54, Tel. 81862622 Fax 81912413, www.vhotel.com. Stilvolles Mittelklassehotel, im Norden Shamians.

Guangzhou Youth Hostel 省外办招待所, 1 Stern, Shamiansi Jie 沙面四街 2, Tel. 81884298, Fax 81884979. Günstiges Hotel auf Shamian, Doppelzimmer und Mehrbettzimmer jeweils mit Dusche/WC. Das Reisebüro im Erdgeschoss ist freundlich und effektiv.

Dim Sum 点心, auf Deutsch »das Herz berühren«, sind die Spezialität Guangzhous. Aber auch die Küche jenseits der gefüllten Teigtaschen kann sich sehen lassen. Probieren Sie Kruste vom Spanferkel 烤乳猪 oder Meeresfrüchte 海鲜 in allen Variationen. Zwar hat vor allem die Guangzhouer Küche die Chinarestaurants weltweit beeinflusst, Sie werden jedoch schon bald merken, dass Schweinefleisch süßsauer in guten Restaurants in etwa so oft anzutreffen ist wie Currywurst in deutschen Nobelrestaurants.

Drei der besten Restaurants liegen in laufbarer Entfernung zur Insel Shamian, das **Datong Jiujia** 大同酒家, Tel. 81888988, unmittelbar an der Kreuzung Renming Lu 人民路 und Yanjiang Lu 沿江路, das **Guangzhou Jiujia** 广州酒家, Tel. 81888388, eines der besten Restaurants am Platze nahe der Fußgängerzone in der Wenchang Nanlu 文昌南路 und das **Taotaoju** 陶陶, Tel. 81815769, eines der besten Dim-Sum-Restaurants in der Dishipu Lu 第十铺路 20, das zudem berühmt für seine Mondkuchen ist.

Aber auch viele der kleinen **Garküchen** zwischen Shamian und der Fußgängerzone in der Xiajiu Lu 下九路 bieten einfaches, aber gutes Essen.

Die **Bars auf Shamian** laden zu einem gemütlichen Bier und der Guangzhouer Version westlichen Essens ein. Angesagt sind auch die sogenannten **Barstraßen Binjiang Lu** 滨江路 (am Perlfluss), **Huanshi Lu** 环市路 und **Bai'etan** 白鹅谭 (auf der anderen Flussseite der Shamian Insel). Aktuelle Informationen finden sich in der wöchentlichen kostenlosen Ausgabe von That's Guangzhou und unter http://guangzhou.urbanatomy.com.

Guangzhou ist keine touristisch ausgerichtete Stadt. Mit etwas Geduld und Verhandlungsgeschick findet sich auf dem **Jade- und Antiquitätenmarkt** an der Ecke von Wenchang Lu 文昌路 und Changshou Lu 长寿路 ein gutes Mitbringsel nicht nur aus Jade.

Von hoher Qualität ist das **Eierschalenporzellan**, das in vielen Läden in Guangzhou, aber auch im Ahnentempel der Familie Chen angeboten wird.

Auch **Tee** gibt es in Guangzhou günstig und in ausgezeichneter Qualität zu erstehen. Vor allen nahe dem Qingping-Markt gibt es einige kleine Teeläden, mit reichhaltiger Auswahl, in denen man jede Sorte auch probieren kann, allen voran der **Shunfu-Teeladen** 顺富茶庄 in der Shanmulan Lu 杉木栏路 123.

▶ Karte S. 451

Shenzhen

Wollen Sie hier wirklich hin? Auch wenn sich die Stadtregierung alle Mühe gibt, Parks, Tempel und Grünanlagen zu errichten, kann sie über die Tatsache nicht hinwegtäuschen, dass Shenzhen 深圳 am Reißbrett entstanden ist, oder schlimmer, per Dekret gegründet und dann dem Wildwuchs überlassen wurde. Hätte man den Bewohnern des gleichnamigen Fischerdorfes Anfang der 1970er Jahre erzählt, dass in 30 Jahren an gleicher Stelle eine der sich am rasantesten entwickelnden Städte der Welt stehen würde, sie hätten herzlich gelacht. Heute hat Shenzhen nicht nur eine der höchsten Wachstumsraten der Volksrepublik, sondern auch die höchste Kriminalitätsrate und einen mehr als lockeren Umgang mit Prostitution. Während in den 1980er Jahren eine Art Gründerstimmung in der Stadt herrschte und viele Intellektuelle hierherkamen, um ihr Glück (und weniger staatliche Überwachung) zu suchen, ist die Stadt heute ein Moloch mit spiegelverglasten Fassaden. In Hongkong kann man den ›Shopping Guide Shenzhen‹ erstehen. Vielleicht ist dies das einzige, was man in dieser Stadt machen kann – einkaufen. Sollte es Sie dennoch einmal nach Shenzhen verschlagen, dann suchen Sie sich ein komfortables Hotel, machen ein paar Fotos von der teils eindrucksvollen Hochhausarchitektur und lassen sich auf keinen Fall zu einem Besuch einer der ›Sehenswürdigkeiten‹ überreden, es sei denn, Sie möchten Extremerfahrungen in Sachen Kitsch sammeln. Gehen Sie gut essen, Shenzhen hat einige der besten (und teuersten) Restaurants Chinas.

Für eines jedoch lohnt sich ein Besuch der Stadt, besser gesagt, die Durchreise: Innerchinesische Flüge sind ab Shenzhen oft nur halb so teuer wie ab Hongkong, bei annähernd gleicher Anfahrtszeit ab Hongkong Central. Eine **Schnellfähre** verbindet den **Shenzhener Flughafen** in eineinhalb Stunden mit Hongkong Island, eine überlegenswerte Alternative. Zwischen dem Hongkonger und dem Shenzhener Flughafen verkehrt zudem stündlich ein Shuttlebus und seit 2004 auch sechsmal täglich ein Schnellboot (Informationen unter www.turbojetsea express.com.hk). Der Shenzhener Flughafen, Tel. 07 55/777 67 89, etwa 40 Kilometer nordwestlich von Shenzhen gelegen, bietet Direktverbindungen zu nahezu allen chinesischen Großstädten.

Guangzhou bei Nacht

Hongkong

Geographisch ist Hongkong 香港 ein schwieriges Terrain: Die an der Mündung des Perlflusses gelegene Sieben-Millionen-Metropole besteht aus der Halbinsel der New Territories mit der Spitze Kowloon, der Hauptinsel Hong Kong Island und mehr als 200 Inseln, deren Zahl dank intensiver Landgewinnungsprogramme schwankt. Felsige Küsten, steile Hügel und zerklüftete Buchten prägen die Landschaft, die einst fast vollständig mit subtropischem Wald bedeckt war. Heute findet sich hier vor allem sekundärer Bewuchs aus Büschen und Gräsern. Der schroffen Landschaft ist es zu verdanken, dass sich Hongkong keineswegs als durchgehende Besiedlungsfläche über das gesamte Territorium erstreckt – nur 30 Prozent der Fläche sind bebaut –, sondern zwischen den höchst kompakten Stadtteilen auch zahlreiche grüne Inseln geblieben sind. In geradezu englischem Understatement ist es der Stadtverwaltung gelungen, diese grünen Oasen zu pflegen und dennoch für den Menschen zu erschließen, ohne es an die große Glocke zu hängen. Keine Metropole Asiens verfügt über mehr Grünflächen als Hongkong, 40 Prozent der Stadtfläche stehen unter Naturschutz.

Touristisch war Hongkong schon lange vor der Übernahme durch die Volksrepublik erschlossen, denn schon früh hatte es sich als internationales Drehkreuz des Flugverkehrs etablieren können. Und so bot es sich für westliche Asientouristen an, zwischen zwei Flügen einige Tage in Hongkong einzulegen. Durchschnittlich 3,5 Tage verbringt seither der deutsche Reisende in der Exkolonie. Genug Zeit, um die Reisekasse mit einer ausgiebigen Shopping-Extase zu strapazieren, ins abendliche Lichtermeer einzutauchen und einen Blick vom Victoria Peak zu werfen – und nebenbei auch alle Vorurteile zu bestätigen. Nicht zu Unrecht gilt Hongkong als echte Handelsmetropole, wird den Hongkongern ein übertriebener Geschäftssinn und viel Freude am Geldverdienen nachgesagt. Und trotzdem hat sich hier, unbeschadet von politischen Kampagnen, viel chinesische Alltagskultur halten können. Während in der Volksrepublik ein Großteil der religiösen Stätten und Traditionen zerschlagen wurde, ist in den Exkolonien Hongkong und Macao der ursprüngliche Glaube erhalten geblieben.

▲ Karte S. 460

Geschichte

Der ›duftende Hafen‹ Heung Gong (hochchinesisch Xianggang, von den Briten zu Hong Kong gewandelt), so die wörtliche Übersetzung des Namens, war bis zur Ankunft der Engländer eine eher unbedeutende Siedlung. Nicht einmal 7000 Menschen, meist Bauern, Fischer, Händler und Klein-Piraten lebten hier. Zwar gibt es diverse Funde, die darauf hindeuten, dass das Gebiet seit dem Neolithikum durchgehend bewohnt war, doch die Region blieb bis zur Song-Dynastie sehr dünn besiedelt.

Angesichts der Bedrohung durch nördliche nomadische Völker zogen ab dem 11. Jahrhundert immer mehr Han-Chinesen nach Südchina. Bis zur Küste drangen jedoch nur wenige von ihnen vor – unter anderem fürchtete man die permanenten Überfälle von Piraten. Einer der Freibeuter, Koxinga, brachte es gegen Ende der Ming-Dynastie sogar zu Nationalruhm, als er die untergehende Dynastie gegen die Qing-Invasoren verteidigte und sich viele Jahre auf Taiwan halten konnte. Während des Kampfes gegen den patriotischen Piraten zeigte sich die Qing-Armee skrupellos, aber erfinderisch: Ein 25 Kilometer breiter Küstenstreifen wurde von allen Siedlungen ›gesäubert‹, um Koxinga den Nachschub abzugraben. Auch die Ursprünge Hongkongs fielen dieser Maßnahme wahrscheinlich größtenteils zum Opfer.

Die ersten europäischen Kontakte nach Südchina entstanden im 16. Jahrhundert, doch erst 1685 wurde der Freihandel im Kantoner Hafen erlaubt, allerdings nur über Kompradoren, also feste chinesische Zwischenhändler, so dass kein direkter Kontakt zur chinesischen Bevölkerung entstehen konnte. Mit der British East India Company kam 1699 Bewegung in den Handel, schon 1711 wurde der erste feste britische Handelsposten in Hongkong gegründet.

Chinesische Waren wie Seide, Tee, Porzellan und Gewürze waren in Europa überaus gefragt, während in China kaum ein Bedarf an ausländischen Produkten herrschte. Findige Händler jedoch kamen schnell auf den Gedanken, das Opium aus den indischen Kolonien nach China zu exportieren. Die Droge erwies sich als Verkaufsschlager, und schnell kippte die Handelsbilanz nun zugunsten der Briten. Mit Besorgnis betrachtete der Kaiserhof in Beijing die Entwicklung an der Südküste des Reiches: Zum einen schwanden zusehens die Silbervorräte Chinas, zum anderen ließ sich die enorme wirtschaftliche Belastung durch den Wegfall vieler Arbeitskräfte kaum übersehen. Mehr als sechs Millionen Menschen waren der Droge in Südchina verfallen. Kein Wunder, dass sich am Kaiserhof der Widerstand regte.

1839 traf der kaiserliche Abgesandte Lin Zexu in Hongkong ein, um ein für allemal mit dem leidigen Problem aufzuräumen. Eine Petition an die englische Königin hatte jedoch nicht den gewünschten Erfolg. Wutentbrannt ließ Lin die britischen Opiumvorräte beschlagnahmen und verbrennen. Der aus diesem Zwischenfall resultierende Krieg

Touristendschunke vor der Skyline von Hong Kong Island

Hongkong 香港, Übersicht

(Erster Opiumkrieg) endete bereits 1841 mit einer Niederlage für China und der Besetzung von Hong Kong Island durch die Briten. Im Vertrag von Nanjing 1842 wurde das Territorium endgültig und für immer den Briten zugesprochen. Nach dem Zweiten Opiumkrieg, der unter lapidarem Vorwand vom Zaun gebrochen wurde, musste China im Jahre 1860 auch die gegenüberliegende Halbinsel Kowloon an die Briten abtreten. Die erste Kolonie auf chinesischem Boden war entstanden.

Als Handelsstützpunkt der Briten, aber auch der Amerikaner, entwickelten sich die Bevölkerungszahlen rasant. Gut 7000 Einwohner hatte Hongkong 1842, im Jahre 1850 waren es bereits 30 000. Nur zehn Jahre später zählte man bereits 120 000 Menschen. Größtenteils handelte es sich um Chinesen, die in Hongkong Zuflucht vor der Taiping-Rebellion suchten oder in China in Ungnade gefallen waren. Zur Jahrhundertwende lebten hier bereits 300 000 Einwohner. Dies und auch diverse militärische wie praktische Gründe, beispielsweise das Fehlen natürlicher Trinkwasserquellen, führten dazu, dass Großbritannien im Juni 1898 dem chinesischen Staat abermals Land abrang, wenn auch nur auf Zeit. Für 99 Jahre wurden die New Territories nördlich der Halbinsel Kowloon sowie die Outlying Islands gepachtet. Einen weiteren Schub von Einwanderern musste die Stadt 1911 anlässlich der chinesischen Revolution und dem Ende der Kaiserzeit verkraften. Der weitere Aufstieg zur Megastadt war nunmehr kaum aufzuhalten. Bereits 1930 verzeichnete die Kronkolonie mehr als eine Million Einwohner.

Während des Zweiten Weltkrieges wurde Hongkong im Winter 1941 von Japan angegriffen und nach nur wenigen Tagen erobert. Als die japanische Besatzung 1945 endete, lebten nur noch 750 000 Einwohner in der Stadt. In den nächsten Jahren, die vom chinesischen Bürgerkrieg zwischen Kommunisten und Guomindang geprägt waren, hatte Hongkong jedoch wieder einen enormen Zustrom von Flüchtlingen zu verkraften. Abermals wuchs die Bevölkerung um ein Vielfaches. Einerseits führte dies zu großen sozialen Problemen, waren doch viele Flüchtlinge praktisch besitzlos gekommen. Andererseits profitierte die Stadt von der Zuwanderung dieser meist qualifizierten Kräfte, die sich schnell eine neue Existenz aufbauten. Zudem verlegten nun die meisten ausländischen Firmen ihre China-Niederlassungen von Shanghai nach Hongkong. Stand die Kronkolonie bisher im Schatten der Metropole Shanghai, änderte sich dies schlagartig mit der Machtübernahme der Kommunisten auf dem Festland. Zwar traf das internationale China-Embargo zu Beginn der

Nachtmarkt in Hongkong

1950er auch Hongkong empfindlich, doch das ›Tor nach China‹ blieb die einzige Alternative für viele Geschäfte, die über offizielle Kanäle nicht abgewickelt werden konnten.

Als billiger Produktionsstandort der Leichtindustrie machte sich Hongkong in den folgenden Jahren einen internationalen Namen, obwohl es mit dem Beginn der Kulturrevolution auf dem Festland auch in der Kolonie zu blutigen Zwischenfällen kam. Abermals wurde Hongkong zum Zufluchtsort für chinesische Bürger, allen Grenzanlagen und Kontrollen zum Trotz.

Als Anfang der 1980er in der Volksrepublik die wirtschaftliche Öffnungspolitik für Schlagzeilen sorgte, war Hongkong gezwungen umzuschwenken. Jenseits der Grenze waren die Wirtschaftssonderzonen Shenzhen und Zhuhai gegründet worden, und zahllose Industriebetriebe verlagerten nun ihre Produktion in das preislich unschlagbar günstige China. Fortan konzentrierte man sich in Hongkong, abermals mit Erfolg, auf das Dienstleistungsgewerbe. Auch heute noch gilt die Stadt neben Tokyo als das Finanz- und Bankenzentrum Asiens.

Mit der Öffnungspolitik begegneten sich China und der Westen auch wieder auf diplomatischer Ebene. Aus gegebenem Anlass, denn der Ablauf des Pachtvertrages der New Territories rückte näher. 1982 begannen die Gespräche zwischen Margaret Thatcher und Deng Xiaoping über das Schicksal Hongkongs nach dem 1. Juli 1997. Schnell war klar, dass Deng auf eine Korrektur der ›ungleichen Verträge‹ drängte und nicht, wie erhofft, Hongkong vollständig den Briten überlassen würde. Theoretisch war im Juli 1997 zwar nur die Rückgabe der New Territories sowie Kowloons und der Outlying Islands fällig, eine Trennung Hongkongs in einen britischen und chinesischen Teil jedoch wäre in der Praxis kaum machbar gewesen.

▲ Karte S. 460

Im Jahre 1984 wurde schließlich die Sino-British Joint Declaration unterzeichnet. Der Vertrag sah die Rückkehr Hongkongs an China vor, dies aber unter dem Motto ›ein Land, zwei Systeme‹. Für 50 Jahre sollte Hongkong noch in innenpolitischen Fragen unabhängig und selbständig entscheiden können, bevor es endgültig in das volksrepublikanische System eingegliedert werden würde. Diese Entscheidung war im übrigen nicht nur auf Hongkong gemünzt, sondern galt auch als Signal an Taiwan, das aus der Sicht Beijings langfristig ebenfalls wieder in den Schoß der Volksrepublik zurückkehren soll. Bisher blieben die Bemühungen allerdings fruchtlos.

Anfang der 1990er sorgte der letzte britische Gouverneur Chris Patten noch einmal für Trubel, als er kurz vor der Übergabe tiefgreifende Änderungen des politischen Systems vornahm. Über 150 Jahre hatte Großbritannien die Kolonie recht undemokratisch regiert – nun plante Patten die Reform der Mitbestimmung und sorgte so in Beijing für schlechte Laune. Viele wohlhabende Hongkonger bemühten sich derweil um einen ausländischen Pass – waren doch viele Einwohner der Stadt einst explizit vor den Kommunisten geflohen und nun keinesfalls erpicht darauf, unter volksrepublikanischer Herrschaft zu leben. Großbritannien kam für die meisten allerdings als Auswanderungsland nicht in Frage, denn es hatte dem Großteil der Bewohner seiner Kolonie nur einen Pass zweiter Klasse zugestanden, der unter dem Titel ›British National Overseas‹ nicht zum Umzug ins Mutterland berechtigte.

Hongkong, Metroplan

Mit den pompösen Feiern zur Rückkehr Hongkongs wurde demonstrativ der Titel ›Royal‹ aus allen Clubs, Vereinigungen und Stätten gelöscht. Dank des Status als Sonderverwaltungsgebiet (›Special Administrative Region SAR‹) blieb der Alltag der meisten Menschen (noch) unangetastet. In den theoretisch immer noch unabhängigen Medien jedoch macht sich bereits heute eine starke Tendenz zur Selbstkontrolle bemerkbar.

Die Halbinsel Kowloon

Der Startpunkt fast jeder Sightseeing-Tour ist die Halbinsel Kowloon 九龙. An ihrer Südspitze, dem Stadtteil Tsim Sha Tsuei, befindet sich die **Star Ferry Anlegestelle**, die in den Victoria Harbour ragt. Der Blick vom Quai über den Hafen gehört wahrscheinlich zu den meistfotografierten der Welt. Die berühmten Dschunken kreuzen hier aber nur noch selten. Sollte dennoch eine vor das Objektiv segeln, gehört sie wahrscheinlich dem Hong Kong Tourist Board.

Von hier zieht sich quasi als Hauptschlagader die Nathan Road bis an die Grenze der New Territories. Sie wurde nach dem Gouverneur Sir Matthew Nathan benannt und verspricht vor allem eines: Einkaufen bis zum Umfallen. Hier liegt die Welt der Kreditkarten, Einkaufszentren und allerneuester Modetrends. Ein Blick in die Seitengassen zeigt jedoch, dass Prunk und Glitter nicht immer weit reichen. Gegenüber der Beijing Road befinden sich die berühmt-berüchtigten **Chungking Mansions**: Düstere Blocks, die mehr als 150 Billigabsteigen beherbergen. Dem ständigen Wechsel unterworfen, mag sich hier und da durchaus das eine oder andere ›Juwel‹ verbergen, die meisten der fensterlosen Schlafboxen lassen jedoch auch hartgesottene Globetrotter erschaudern.

Wohnhäuser in Kowloon

▲ Karte S. 465

Hongkong Science Museum

Im Nordosten von Kowloon, an der Ecke Chatham East Road und Science Museum Road, befindet sich das absolut sehenswerte Hongkong Science Museum. Alle Ausstellungen sind so konzipiert, dass die Besucher selbst experimentieren können. Das Museum ist Dienstag bis Sonntag von 13 bis 21 Uhr geöffnet. Mittwochs entfällt der Eintritt. Unter http://hk.science.museum kann man bereits von Deutschland aus einen Blick auf die Ausstellung werfen.

Geschichtsmuseum

Das gegenüberliegende Hong Kong Museum of History kann ebenfalls wärmstens empfohlen werden, denn – ganz ehrlich – über die Geschichte Hongkongs weiß kaum ein Reisender etwas. Kein bisschen verstaubt, sondern peppig aufgemacht, richtet sich die Ausstellung auch an jüngere Besucher, die durch zahlreiche mulimediale Angebote die Vergangenheit erkunden können. Das Geschichtsmuseum ist täglich außer Dienstag von 10 bis 18 Uhr geöffnet.

Yau Ma Tei und Mong Kok

Folgt man der Nathan Road von Tsim Sha Tsuei nach Norden, erreicht man die Stadtteile Yau Ma Tei und Mong Kok. Die engen Gassen und dampfenden Garküchen lassen keine Zweifel, dass Hongkong im Grunde genommen immer eine chinesische Stadt geblieben ist.

Wer sich nicht der Atmosphäre wegen nach Mong Kok begibt, wird es wahrscheinlich wegen der **Märkte** tun. Jeden Abend schlagen auf der Temple Street hunderte von Händlern ihre Klapptische auf, und von der (fast) echten Marken-Handtasche über Designerkleidung bis zu singenden Feuerzeugen ist hier alles

Nacht in Kowloon

zu haben, was für den Fernen Osten vermeintlich typisch ist.

Wer sich der totalen Shopping-Extase hingeben möchte, steigt an der U-Bahn-Station Jordan aus, erledigt den **Temple Market** westlich der Nathan Road und begibt sich dann Richtung Norden zur Tongchoi Street (direkt zu erreichen über die U-Bahn-Station Yau Ma Tei oder Mong Kok), die sich auf der östlichen Seite parallel zur Nathan Road hinzieht und mit dem **Ladies Market** lockt. Unermüdliche beginnen die Tour bereits am späten Nachmittag im nördlichen Sham Shui Po an der gleichnamigen U-Bahn-Station. In den Straßen rund um die Kreuzung der Guilin Street und Changshawan Street findet man vor allem günstige Waren und Kleidung aus der Volksrepublik.

■ Siksik-Yuan-Tempel

Fast schon in den New Territories liegt der Siksik-Yuan-Tempel an der nordöstlichen U-Bahn-Station Wongtaisin. Der überaus beliebte Tempel ist eigentlich dem daoistischen Stadtgott Wongtaisin gewidmet, beherbergt aber auch eine Konfuziushalle. Die buddhistischen Einflüsse sind ebenfalls recht offensichtlich – eine typisch lockere chinesische Mischung. 1921 wurde der Tempel erbaut, aber erst Ende der 1950er für das allgemeine Publikum geöffnet. Bis dahin stand er nur den Mitgliedern der Tempelsekte offen.

Hong Kong Island

Mittlerweile gibt es zwar eine schnelle U-Bahn-Verbindung zwischen Kowloon und Hong Kong Island 香港岛, die standesgemäße Ankunft per Star Ferry ist aber ungleich beeindruckender, gibt sie doch die Sicht auf den Victoria Harbour und die Skyline Hongkongs frei. Wer also klassisch per Boot anreist, landet am Star Ferry Terminal, der auch Ausgangspunkt für die Ausflüge auf die abgelegenen Inseln ist.

Hong Kong Island ist eine höchst heterogene Insel: Im Norden drängen sich die City-Stadtteile Central, Wan Chai und Causeway Bay mit ihren Wolkenkratzern, während der Nordwesten vor allem als Schlafstätte dient. Die Betonblöcke Kennedytowns gehören ganz bestimmt nicht zu den besseren Wohngegenden. Der Western District und Sheung Wan hingegen verraten die Zugehörigkeit zu China. Im Süden der Insel hingegen residieren – etwas verallgemeinert – vor allem die wohlhabenden Hongkonger: Shek O im Osten, Stanley und die Gegend um die Bucht Repulse Bay sind sehr europäisch geprägt und überaus gepflegt. Wirklich überraschend, weil es so gar nicht recht in das Bild von Hongkong passen will, ist das Zentrum der Insel. Unberührte Landstriche, dichtes Grün und steile Berge dominieren die Landschaft.

Die Sehenswürdigkeit Hong Kong Islands schlechthin ist der Victoria Peak.

▲ Karte S. 465

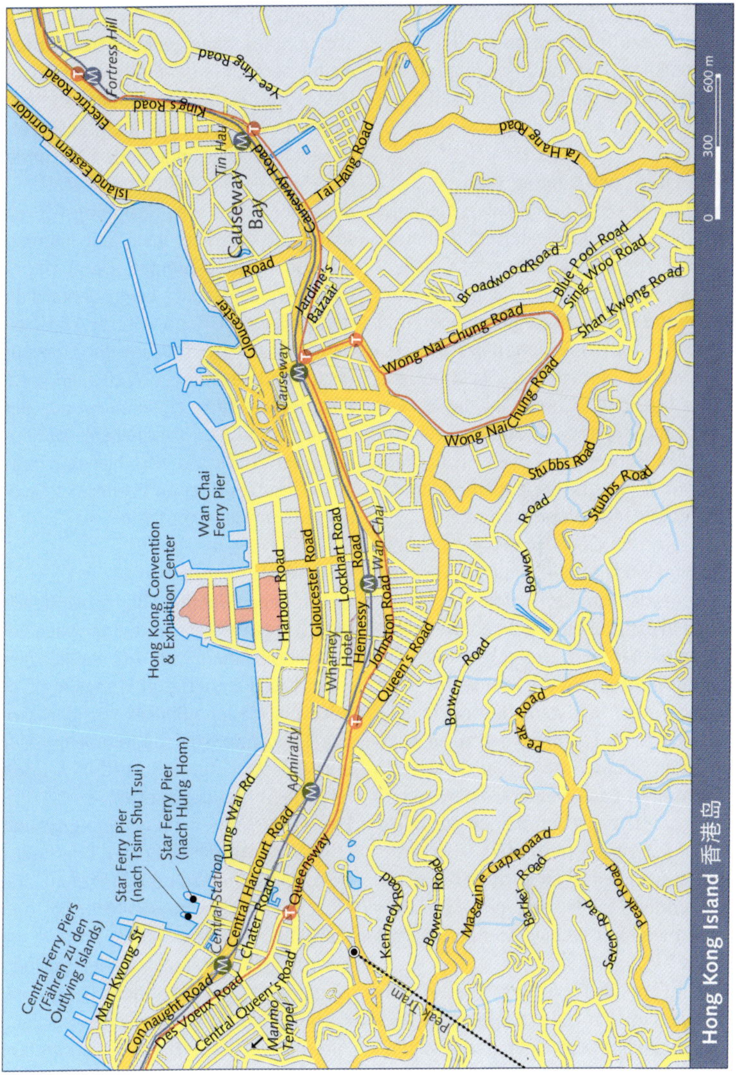

Mit 554 Metern ist er zwar nicht der höchste Berg der Stadt, aber sicher der bekannteste. Von hier aus überblickt der Betrachter die gesamte ›Innenstadt‹ und den Hafen. Nachts bietet sich ein bizarres Lichterspektakel, das Hobby-Fotografen in helle Aufregung versetzt, tagsüber hängt die Sicht von den Wetterverhältnissen ab. Alles in allem ist der Peak ein absolutes Muss für alle Hongkong-Erst-Fahrer, zumal sich seit 1888 niemand mehr im Schweiße seines An-

gesichts heraufquälen muss, sondern mit der Peak Tram fast bis an den Gipfel gleiten kann. Die Talstation liegt an der Garden Road, die letzte Bahn fährt um Mitternacht ab.

Western und Sheung Wan

Westlich der Star Ferry Anlegestelle liegen die Stadtteile Western und Sheung Wan. Zwischen getrockneten Quallen-Snacks, Spezialhändlern für Totenbedarf (papierne Autos, Waschmaschinen und ähnliches für die Ahnenopfer) und Teegeschäften herrscht das traditionelle und typische China-Flair wie vor 100 Jahren. Etwas moderner geht es natürlich schon zu, schließlich flackern auch hier nachts die Leuchtreklamen, doch die Atmosphäre stimmt.

Falls Sie der Gedanke an getrocknete Quallen oder andere skurrile Kulinaria anzieht, dann sollten Sie die **Des Voeux Road West** und die davon abzweigende **Winglok Street** beziehungsweise den **Bonham Strand West** ansteuern, denn hier befinden sich ganz besonders viele Geschäfte mit getrockneten Meeresfrüchten, Vogelnestern oder Ginseng. In der **Manwa Lane** – einer kleinen Verbindungsgasse zwischen beiden Straßen – gibt es übrigens besonders viele Stempelschnitzer. Ein chinesischer Stempel ist ein individuelles Souvenir, auf das man meist nur wenige Stunden warten muss.

Gleich um die Ecke liegt die **Koshing Street**, wo sich die traditionellen Apotheken aneinanderreihen. Interessenten für traditionelle Medizin werden die Läden Hongkongs zwar immer ein wenig teurer finden als ihre volksrepublikanischen Pendants, die Beratung erfolgt jedoch in Englisch – ein echter Vorteil, denn die chinesische Medizin kennt manch ein hilfreiches Mittel.

▸ Karte S. 467

Konventionellere Souvenirs chinesischen Stils gibt es dann einige Straßenzüge weiter bergauf in der **Hollywood Road**, Hongkongs Antiquitätenmeile, und der **Upper Lascar Row**, die als ›Cat Street‹ bekannt ist. Hier findet jeden Nachmittag ein malerischer **Flohmarkt** statt.

Zwischen diversen Shopping-Touren sollten Sie sich aber auch Zeit nehmen für den **Manmo-Tempel**. Diese daoistische Andachtsstätte liegt ebenfalls an der Hollywood Road, wurde 1847 erbaut und ist den Göttern der Literatur (Man) und des Krieges (Mo) gewidmet. Pikanterweise ist letzter nicht nur der Schutzpatron der Kriminellen, sondern auch der Polizei, so dass hier durchaus auch Gesetzeshüter und Unterwelt Seite an Seite um Beistand beten.

Central

Gleich neben Sheung Wan schließt sich östlich das Viertel Central an. Hier dominiert die Finanzwelt. Als ›Bankenzentrale Asiens‹ beherbergt Hongkong fast 200 verschiedene Banken sowie unzählige Finanzdienstleister, Börsenmakler und Investmentgesellschaften. Modernität heißt hier das Motto.

Es erfordert schon ein wenig Kunst und Überblick, um in Central überhaupt noch den Boden zu betreten, denn eine Unzahl von Übergängen, Brücken und Fußgänger-Balustraden verbinden die vielen Hochhäuser auf der ersten und zweiten Etage. Besonders bei regnerischem Wetter ist dies eine trockene Alternative, Hongkong zu erkunden. Schnäppchen sind hier allerdings nicht zu erwarten, und ohne eine strapazierbare Kreditkarte bleibt Ihnen nur der kleine Markt in der Liyuen East und West Road nahe dem Ufer übrig.

In einer derart luxuriösen und modernen Umgebung ruft der **Escalator** nur noch

Der ›Escalator‹ im Stadtteil Central

wenig Erstaunen hervor, dabei handelt es sich mit 800 Metern Länge um das weltweit größte überdachte Rolltreppensystem überhaupt. Es verbindet die Des Voeux Road mit der Conduit Road im Wohngebiet der Mid-Levels. Von 6 bis 10 Uhr morgens fährt sie bergab und transportiert so eine ganze Armada von Angestellten aus den Wohnvierteln der ›Mid-Levels‹ nach Central. Ab 10.30 Uhr bis Mitternacht fährt sie bergauf.

Wer in der Mitte an der Hollywood Road aussteigt, findet westlich des Escalators in den Straßen Shelley Street, Elgin Road, Peel Street, Staunton Road und Old Bailey Street das **Kneipen- und Barviertel SoHo**. Der Name leitet sich als Abkürzung der Bezeichnung ›South of Hollywood Road‹ ab.

Wan Chai und Causeway Bay

Weiter nach Osten schließt sich Wan Chai an. Mit dem Roman ›Die Welt der Suzie Wong‹ beziehungsweise seiner Verfilmung wurde Wan Chai mit einem Schlag weltberühmt. Als Rotlichtviertel fungiert es allerdings schon lange nicht mehr. Heute ist Wan Chai für seine Bars mit Livemusik bekannt und sollte vor allem abends auf dem Programm stehen.

Nur wenige Schritte weiter liegt Causeway Bay, das sich wieder des Touristen liebster Zeitbeschäftigung verschrieben hat: shoppen, shoppen, shoppen! Neben den vielen modernen Konsumtempeln sorgen der Straßen- und Nachtmarkt von Jardine's Bazaar für Schnäppchen.

Falls Sie sich nicht entscheiden können, welches dieser Stadtviertel Sie zuerst erkunden möchten, bietet sich eine Fahrt mit der Doppeldecker-Straßenbahn an (S. 471).

Der Süden von Hong Kong Island

Während der Norden von Hong Kong Island allen Vorurteilen gerecht wird, ist der Süden vor allem von Grün geprägt. Hier liegen die Country Parks Pok Fu Lam, Tai Tam, Aberdeen und Shek O. Zur Überraschung vieler Touristen ist es hier möglich, nur wenige Kilometer von der Skyline entfernt, stundenlang einsam durch beeindruckende Landschaften zu wandern. Der **Hongkong Trail** beispielsweise, eine anspruchsvolle Trekking-Strecke über 50 Kilometer, führt quer durch die Insel und erfordert gute Kondition.

Der **Stadtteil Aberdeen** an der Westküste ist sicher am bekanntesten. Einst war der Hafen von tausenden von Bootsfamilien besiedelt, die ihr ganzes Leben auf dem Wasser verbrachten. Heute sind es vor allem die schwimmenden Restaurants, die abends die Menschen anziehen, jedoch nur noch sehr bedingt zu empfehlen sind. Wahrscheinlich verdankt der ›duftende Hafen‹ Hongkong seinen Namen den Händlern von Aberdeen, denn noch zur Zeit der ersten England-Kontakte wurde hier Weihrauch umgesetzt, eine wahrhaft duftende Ware.

Bewegt man sich weiter südlich, wird Hong Kong Island idyllischer – und teurer. Es sind vor allem die Reichen der Stadt, die rund um die Bucht Repulse Bay und **Deep Water** Bay ihre Villen gebaut haben. An warmen Tagen sind die Strände dieser Orte trotzdem heillos überlaufen. Das wellenförmige Hochhaus über dem Repulse Bay hat es übrigens mit einer Besonderheit international zu Ruhm gebracht: Das acht Stockwerke hohe Loch in der Mitte soll, nach den Regeln der chinesischen Geomantik, den Drachen des dahinterliegenden Berges den täglichen Strandgang ermöglichen.

Die südliche **Halbinsel Stanley** steht auf der Beliebtheitsliste ebenfalls ganz oben. Dies liegt allerdings nicht nur an der Qualität der beiden Badestrände, sondern auch an der lebhaften Kneipenszene. Tagsüber zieht es die Besucher allerdings meist an den Stanley Market, der mit seinen Produkten aus der Volksrepublik zu den billigsten der Stadt zählt. Allzu große Schnäppchen gibt es jedoch auch hier nicht mehr, denn seit man in Hong Kong auf die Einhaltung der Copyright-Gesetzte achtet, ist das Angebot geschrumpft.

Reisende mit eindeutig zu viel Zeit und alle, die bereits zehnmal in Hongkong waren, können in Stanley auch ihren Hang zum Kitsch befriedigen: Das Haus der taiwanesischen Schlagersängerin Teresa Tang, die fast ihr ganzes Leben in Hongkong verbrachte, steht seit ihrem Tod 1993 dem Publikum offen. Die Adresse ist Carmel Road 18, das Haus ist täglich bis 16.30 Uhr geöffnet.

Einen bewachten Sandstrand sowie Beach-Club-Atmosphäre finden Sie dagegen in der Siedlung **Shek O**, die ebenfalls fest in den Händen der Upper Class ist. Der Big Wave Bay Beach und der Shek O Beach sind nicht ganz so überlaufen wie ihre Konkurrenten im Westen der Insel.

▲ Karte S. 467

Häuser in Aberdeen

Per Tram durch Hong Kong Island

Der Wagen rattert und quietscht, durch die Fenster weht subtropische Luft, auf dem Nebensitz unterhalten sich zwei kantonesische Hausfrauen im oberen Phonbereich, die überquellenden Einkaufstüten zu Füßen. Nein, die harten Plastiksitze sind nicht wirklich bequem, und auch die fehlende Beinfreiheit lässt ahnen: der typische Passagier ist keinen Meter achtzig groß. An jeder Haltestelle kommt Bewegung in die Menge: Taschen greifen, Kinder vom Sitz ziehen, schnell noch durchdrängeln und aus der keinen Meter breiten Tür quetschen, während draußen ein Pulk von Menschen auf einen der wenigen Sitzplätze hofft. 115 Menschen passen theoretisch in jeden Wagen, die Realität jedoch zeigt: Einer geht immer noch rein, man muss nur ordentlich schieben.

Stimmt: Eine geruhsame Stadtrundfahrt sieht anders aus. Typisch für Hong Kong ist sie freilich schon, die Fahrt mit der Straßenbahn von Hong Kong Island. Und extrem günstig dazu: Zwei Hong Kong Dollar (rund 0,20 Euro) kostet die 80-minütige Strecke entlang der Nordküste der Insel, mitten durch den Alltag der Stadt. Und wann genau der Ausflug in die Hong Konger Realität stattfindet, bleibt dem Reisenden überlassen, denn die Straßenbahn verkehrt auch zu Zeiten, in denen sich beileibe keine normale Stadtrundfahrt finden lässt. Morgens um fünf beispielsweise – für die Harten – oder kurz vor Mitternacht – für die Schlaflosen.

Vom eher ursprünglichen Shau Kei Wan im Osten der Insel rappeln die schmalen Waggons auf der 13 Kilometer langen Strecke durch den modernen Shopping-Himmel von Causeway Bay, das Nightlife-Viertel Wan Chai, die Straßenschluchten der Business-Welt von Central und am traditionell-chinesischen Western Market vorbei, um schließlich in Kennedy Town zu enden. Schön sind sie nicht, die Hochhäuser, die dort wie Mikadostäbe aus dem Boden ragen und den Bitterfelder Architekten zeigen, wie es aussehen kann, wenn man Platte nicht breit, sondern hochkant baut. Für Touristen, die sich an der Glitzerwelt der Glasfassaden, Shopping-Zentren und Restaurants nicht satt sehen können, eine harte Ernüchterung. Doch auch Kennedy Town ist ›echt Hong Kong‹.

Unterwegs erläutert keine Samtstimme vom Band die kulturellen Hintergründe, nein, Hong Kong sitzt dem quasi auf dem Schoß des Reisenden, drängelt sich an ihm vorbei, atmet dem Gast in den Nacken. Rund eine Viertelmillion Hong Konger nutzen pro Tag die Dienste der Straßenbahn. Und nur eine Handvoll Touristen.

Wichtig ist: Es muss ein Platz auf dem Oberdeck sein! Für die Aussicht von der vordersten Bank lohnt sich schon ein wenig Ellenbogeneinsatz. Kenner steigen daher gleich an einer der Endhaltestellen ein. Und weil keine Bahn die gesamte Strecke in einem Rutsch fährt, gibt es davon gleich sieben Stück: Kennedy Town, Whitty Street, Western Market, Causeway Bay, North Point, Shau Kei Wan und Happy Valley. Um die gesamte Strecke zu bewältigen, empfiehlt es sich, in Shau Kei Wan zu beginnen und am Western Market nach Kennedy Town umzusteigen.

Wer es historisch und architektonisch genau wissen will, muss sich vor der Abfahrt informieren (zum Beispiel auf der Seite www.hktramways.com, unter ›Points of Interest‹ sind die Sehenswürdigkeiten entlang der Strecke aufgelistet und erläutert). Für Fragen hat der Fahrer keine Zeit. Außerdem spricht er nur

Kantonesisch, eine sichere Konversationsbremse für den westlichen Reisenden. Stattdessen lockt der geradezu voyeuristische Blick in den Alltag, in die Küchen und Wohnzimmer der Menschen, die über den Läden leben - eben genau auf Augenhöhe mit der Tram. Wohl auch deshalb entscheiden sich Reisende gerne abends zur Tram-Tour: In den erleuchteten ersten Etagen machen es sich die Hong Konger vor dem Fernseher gemütlich, schwätzen zwei Senioren in der Küche, lachen Kinder über eine Comicsendung. Private Impressionen, wenige Sekunden lang, dann kommt der nächste Block, die nächste Wohnetage. Zwischendrin knallt die Leuchtreklame dem Reisenden ihre vollen Wattzahlen ins Gesicht. Auf Augenhöhe mit der Unterkante der meisten Reklametafeln flackert und pulsiert es in der Straßenbahn, leuchten die Gesichter der Mitreisenden abwechselnd farbig auf.

Inmitten der Neon-Moderne scheint die Tram fast schon antiquiert: Seit 1904 ruckelt sie über diese Strecke, in der Rush-Hour sogar im 90-Sekunden-Takt, seit 1912 ausschließlich mit Doppeldecker-Waggons. Auch wenn ein Großteil der Wagen aus den 1980ern und 1990ern stammt - auf den ersten Blick ist das Design eindeutig historisch angehaucht. Der Komfort übrigens auch. Gezahlt wird beim Aussteigen, passend bitte! Der Neuling outet sich durch hektisches Taschenabklopfen und den Mangel an Kleingeld, während die anderen Passagiere unruhig werden. Egal, dann muss es ein Schein sein. Was ein wenig schmerzt, denn der Fahrer gibt grundsätzlich kein Wechselgeld. Einheimische greifen daher zur Oktopus-Card, einer wiederaufladbaren Chipkarte, die den Betrag im Vorbeigehen automatisch abbucht.

Hongkongs Peak-Tram bietet ein besonderes Erlebnis

New Territories

Bis in die 1970er waren die New Territories 新界 durchaus noch eine ländliche Idylle. Heute findet man in der westlichen Hälfte vielerorts Industrieansiedlungen und Trabantenstädte - wohin sonst sollte Hongkong auch wachsen, wenn nicht in die New Territories!

Naturschutzgebiete

Ganz ohne Highlights sind natürlich auch die westlichen Gebiete nicht. Das 380 Hektar große Naturschutzgebiet Mai Po und die Mangroven-Bucht Deep Bay im Nordwesten zum Beispiel lohnen einen Besuch. Das große Feuchtgebiet dient zahllosen Zugvögeln als Zwischenstation und gilt als eines der ornithologischen Highlights Südchinas: mehr als 340 Vogelarten wurden hier gesichtet. Aufgrund seiner Nähe zur innerchinesischen Grenze gilt es als Sperrgebiet und eignet es sich nicht für individuelle Stippvisiten. Das Hong Kong Tourist Board bietet aber regelmäßig geführte Touren an.

Wehrdorf Kat Hing Wai

Ein wenig südlich davon, in Kam Ting nahe Yuen Long, liegt das Wehrdorf Kat Hing Wai. Der ummauerte Familiensitz des Tang-Clans entstand im 17. Jahrhundert und zeugt von gehörigem Respekt gegenüber den Feinden, denn hohe Mauern, Wassergräben und Schießscharten schützen das Dorf vor der Außenwelt. Einst waren die Wehrdörfer typisch für die Region, heute ist Kat Hing Wai eines der letzten (bewohnten) seiner Art. Kat Hing Wai ist ab der MRT-Station Tsuen Wan per Bus zu erreichen. Ganz in der Nähe, ebenfalls bei Tsuen Wan, liegt auch der höchste Berg Hongkongs, der 957 Meter hohe Taimo Shan.

Fischer auf der Halbinsel Sai Kung

Halbinsel Sai Kung

Der Osten der New Territories ist vor allem grün. Naturparks, Stauseen, Berge und viele malerische Buchten mit unbewohnten Inselchen machen die Gegend zu einem echten Rückzuggebiet für gestresste Städter. Allen voran die Halbinsel Sai Kung mit dem 7600 Hektar großen Sai Kung Country Park. Die einzige größere Siedlung der Halbinsel ist die Kleinstadt Sai Kung, die man per Minibus ab der Metrostation Choi Hung erreicht. Hier startet der McLehose Trail, der das High Island Reservoir umrundet und dann via Taimo Shan nach Tuen Mun im Westen der New Territories führt. Aber auch ohne schweißtreibende Ambitionen ist Sai Kung einen Tagesausflug wert: Die Fischrestaurants am Kai gelten als echter kulinarischer Geheimtipp. Wanderer stoßen hier übrigens immer wieder auf verlassene Dörfer. Vom Fischfang mögen die wenigsten noch leben, und so sind die Jungen längst ins Zentrum gezogen.

Südlich von Sai Kung liegt Clearwater Bay, das sich ebenfalls wohltuend von vielen anderen Regionen Hongkongs abhebt. Schon die Busfahrt durch grüne Hügel und viele unberührte Wiesen lässt

Naturerlebnis auf Sai Kung

die Hektik der innerstädtischen Gebiete vergessen. Hin und wieder erhascht man vom Bus aus auch einen Blick auf das Meer, das hier wirklich noch blau ist. Den traumhaften Strand erreichen Sie ebenfalls mit dem Bus ab der Metrostation Chung Hoi.

Outlying Islands

Praktisch alle größeren Inseln sind per Fähre vom Outlying Islands Ferry Pier auf Hong Kong Island zu erreichen. Obwohl die Abfahrtszeiten sehr variieren, kann man von 7 bis 22 Uhr mit regelmäßigen Fähren rechnen.

Lantau

Mit 142 Quadratkilometern ist Lantau 蓝岛 fast doppelt so groß wie Hong Kong Island und damit die größte Insel Hongkongs überhaupt. Trotzdem ist sie bis auf wenige Dörfer nur spärlich besiedelt, und nur etwa 30 000 Menschen wohnen hier. Zumindest der Süden und mittlere Teil der Insel sind auch heute noch von der wilden Landschaft dominiert, die keinesfalls den Eindruck erweckt, in einer der lebhaftesten Metropolen der Welt zu liegen.

▲ Karte S. 460

Ganz im Norden der Insel ist es allerdings vorbei mit der Ruhe, denn seit der **Großflughafen Chek Lap Kok** 2007 fertiggestellt wurde, donnern im Minutentakt die Flugzeuge über die Berge. Gut, dass die Anbindung an die südlichen Orte dank der unwegsamen Topographie recht schlecht ist, so sind große Trabantenstädte erst einmal nicht zu befürchten.

Die meisten Reisenden beginnen ihre Tour durch Lantau am **Po-Lin-Kloster**. Es wurde erst 1927 gegründet, ist aber mit Abstand der größte Tempel Hongkongs. Sein riesiger, 23 Meter hoher Bronze-Buddha (Tiantan-Buddha) ist schon von weitem sichtbar. Er ist noch recht neu, denn er wurde erst 1993 in China gegossen. Das vegetarische Restaurant des Tempels lohnt ebenfalls einen Besuch und ist bis 16.30 Uhr geöffnet. Das Kloster ist per Bus zur Endhaltestelle Ngong Ping ab der Fährenanlagestelle Mui Wo (Silvermine Bay) zu erreichen oder aber per Bus ab der MRT Endhaltestelle Tung Chung. Stilvoller ist jedoch die Anreise mit der Seilbahn Ngong Ping 360° ab Tung Chung.

Eine andere Alternative ab Mui Wo ist der **Fußweg zur Bucht Discovery Bay**, der etwa zwei Stunden durch malerische Landschaften zu einer exklusiven Siedlung führt, die wiederum per Schnellboot mit Central verbunden ist. Unterwegs bietet das Trappistenkloster eine ruhige Pausengelegenheit. Gespräche mit den Mönchen sollten Sie aber nicht erwarten, da die Trappisten ein Schweigegelübde ablegen.

Richtig idyllisch wird es auch am entgegengesetzten Ende der Insel, im **Fischerdorf Tai O.** Hier wohnen die Nachfahren des Volkes der Tanka, die traditionell von der Salzherstellung lebten. Viele der Tanka-Häuser sind auf Stelzen ins Wasser hineingebaut. An den Wochenenden ist Tai O direkt per Fähre ab Central und Tuen Mun in den New Territories zu erreichen, unter der Woche bleibt nur der Bus ab Mui Wo.

Reisende mit Kindern kommen wahrscheinlich um die neueste Attraktion Lantaus kaum herum: **Hong Kong Disneyland** mag nicht ganz so groß sein wie der Pariser Ableger, aber bei Kindern dennoch enorm beliebt. Ab Sunny Bay Station führt eine eigene MRT-Strecke bis Disneyland.

Lamma Island

Lantaus kleine Schwester Lamma 南丫岛 liegt ebenfalls südlich von Hong Kong Island. Ohne Autoverkehr, Busse oder andere großstädtische Lärmquellen gilt die drittgrößte Insel Hongkongs ebenfalls als Refugium der Stille und dient großstadtmüden Ausländern sowie traditionellen Fischerfamilien als Rückzugsgebiet.

Wanderer schätzen den einsamen, aber gut ausgebauten **Weg von Yung Shue Wan nach Sok Kwu Wan**. Immer in dieser einen Richtung übrigens, denn nahe Yung Shue Wan wurde der Strand mit einem Kohlekraftwerk ›verschönt‹.

Dschunken fahren fast ausschließlich für Touristen

Wer hier startet, hat es den gesamten Weg im Rücken – oder, in umgekehrter Richtung, im Blick.

Die zweite Attraktion der Insel offenbart sich erst, wenn auch der letzte müde Wanderer in einem der beiden Dörfer angekommen ist: Lammas Fischer bringen ihren Fang vor Ort frisch auf den Tisch und unterhalten zahlreiche Seafood-Restaurants, deren Angebot auch gestandene Kowlooner regelmäßig anreisen lässt.

Yung Shue Wan wird zirka einmal pro Stunde ab dem Outlying Islands Ferry Terminal angefahren. Zurück ab Sok Kwu Wan können Sie entweder Aberdeen (etwa alle 1,5 Stunden) oder Central (alle 2,5 Stunden) ansteuern.

Cheung Chau

Die Insel Cheung Chau 长洲 südlich von Lantau ist dörflich geblieben, obwohl sie zu den beliebtesten Ausflugszielen der ehemaligen Kolonie gehört. Immerhin 20 000 Menschen wohnen hier auf nur zweieinhalb Quadratkilometern, doch kein Haus zählt mehr als zwei Stockwerke, kein Auto darf hier legal über die Straßen holpern. Ein bisschen Stille, ein bisschen Idylle und viele kulinarische Gelegenheiten machen den Reiz der Insel aus. Einst der Rückzugsort gefürchteter Piratenbanden, ist Cheung Chau heute das Wochenendziel verliebter Pärchen und mit dem **Tungwan Beach** auch Ausflugsort für Schwimmer und Windsurfer.

Zum Festival der Göttin Tin Hau im April/Mai explodiert die Insel in einem farbigen lauten Spektakel. Kaum haben sich die Einwohner vom Feiern erholt, folgt im Mai das Bun Festival, auch als ›Fest der hungrigen Geister‹ bekannt, rund um den Paktai-Tempel. Die Prozessionen der kostümierten Kinder auf

Bambusstelzen, inmitten der Brötchen-Speise für hungrige Geister, gehören zu den Höhepunkten jeder Touristentour. In allen anderen Monaten ist der Tempel an der Pakshe Street zwar erheblich ruhiger, aber nicht minder sehenswert. Zu erreichen ist Cheung Chau zirka einmal pro Stunde per Fähre ab dem Outlying Island Pier von Hong Kong Island.

Hongkong

Vorwahl: +852.

Das **Fremdenverkehrsamt** von Hongkong in Frankfurt verfügt über eine reichhaltige und sehr informative Palette an Materialien und Stadtplänen, die gratis an Reisende abgegeben werden. Da die Angestellten auf Anfrage nur ein Standardpaket verschicken, lohnt es sich, anzurufen oder per Email das genaue Interessensgebiet anzugeben, um alle passenden Hefte zu erhalten. Wer im Internet bestellt, kann ankreuzen, welche Broschüre er erhalten möchte.

Hong Kong Tourism Board, Humboldtstr. 94, 60318 Frankfurt, Tel. 069/959129-0, frawwo@hktb.com, www.discoverhongkong.com.

Post: General Post Office, Connaught Place 2, Central.

Neben der staatlichen Fluggesellschaft Cathay Pacific fliegen zahllose weitere Fluggesellschaften Hongkong mehrmals täglich an. Der Flughafen liegt auf der Insel Lantau, ist aber per Taxi, Airport-Express oder (günstiger!) per Airport-Bus schnell zu erreichen. Individualreisende mit Hotelbuchung sollten auch nach den Hotel-Shuttle-Bussen Ausschau halten, die vor der Ankunftshalle halten.

Per Zug ist Hongkong selbstverständlich auch zu erreichen. Vor allem Reisende von oder in die Volksrepublik werden diese Möglichkeit nutzen. Die Züge nach China selbst fahren ab dem Bahnhof Hung Hom auf Kowloon. Theoretisch ist es möglich, ab Deutschland per Zug nach Moskau, von dort mit der Transsibirischen Eisenbahn und dann ab Beijing mit dem Kowloon-Express auf dem Landweg nach Hongkong zu reisen. Etwas Zeit (acht Tage oder mehr) braucht man dafür allerdings schon.

Hochpreisige und luxuriöse Unterkünfte gibt es zu tausenden in Hongkong, während preiswerte Übernachtungsgelegenheiten eher rar sind. Wer ohne Hotelreservierung anreist, findet eventuell auch an den Reservierungsschaltern in der Ankunftshalle des Flughafens eine geeignete Unterkunft.

Novotel Citygate, 4 Sterne, 51 Man Tung Road, Tung Chung, Lantau Island, Tel 36028888, Fax 36028899. Vor allem Reisende, die die entspannende Seite Hong Kongs kennenlernen wollen, sind hier richtig. Die Seilbahn zum Ngong-Ping-Kloster startet quasi vor der Haustür.

Jia, 4 Sterne, 1-5 Irving Street, Causeway Bay, Tel. 31969000, Fax 3196 9001 www.jiahongkong.com. Das ausgefallene Boutique-Hotel wurde von Philipp Stark entworfen und liegt zentral in Causeway Bay.

The Royal Pacific Hotel Hong Kong, Canton Road, Tsim Sha Tsui, Kowloon, Tel. 27361188, Fax 27361212, www.sino-hotels.com. Ideal für Ausflü-

▶ Karte S. 460

ge, da es direkt über dem China/Macau Ferry Terminal liegt.

Ramada Kowloon Hotel, 3 Sterne, 73–75 Chatham South Road, Tel. 23 11 11 00, Fax 23 11 60 00. Mitten in Tsim Sha Tsui gelegen.

Regal Kowloon Hotel, 4 Sterne, 71 Mody Rd, Tsim Sha Tsui East, Kowloon, Tel. 27 22 18 18, Fax 23 69 69 50, www.regalhotel.com. Zentral gelegen an der Spitze von Kowloon

Überall in der Stadt kann man gut essen und trinken. Der Klassiker schlechthin ist Dim Sum. Die kleinen, vielfältigen Häppchen werden in speziellen Lokalen serviert. Hier fahren die Kellner mit Präsentierwagen an den Tischen entlang, der Gast bedient sich nach Belieben, bezahlt wird hinterher anhand der Notizen des Personals.

Eine weitere Spezialität sind natürlich Meeresfrüchte. Besonders malerisch und frisch servieren die Restaurants von **Sok Kwu Wan auf Lamma Island**. Direkt an der Anlegestelle der Fähre gelegen, sind sie nicht zu übersehen. All zu lange trödeln dürfen Sie hier aber nicht, das letzte Boot nach Hong Kong Island (und damit die letzte Fahrgelegenheit zum Hotel!) legt gegen Mitternacht ab. Genauso berühmt sind die Restaurants von **Sai Kung in den New Territories**.

Beeindruckend modern, teuer und trendy sind die **Kaufhäuser der Nathan Road**, aber es lohnt sich, in die Seitengassen abzubiegen. Hier finden sich zahlreiche Schmuckläden und Kamerageschäfte.

Modische Kleidung, Musik, Feuerzeuge, Taschen und günstige Uhren gibt es vor allem auf den zahlreichen Nachtmärkten wie dem **Temple Street Night Market** oder dem **Ladies Market** in Mong Kok.

Auch der **Cat Street Market** nahe Hollywood Road lohnt einen Besuch, wenn Sie auf der Suche nach Souvenirs sind.

Hongkong von oben

Macau

Im Vergleich zur großen Schwester Hongkong, blieb Macau 澳门 international lange vergleichsweise unbeachtet. Zumindest aus europäischer Sicht. Denn de facto zieht Macau mittlerweile mehr Besucher an als Hong Kong: Rund 23 Millionen Touristen kamen 2008 nach Macau, von denen allerdings 90 Prozent aus der Volksrepublik China, Hong Kong und Taiwan stammen. Und sie kommen meist nicht aus kulturellen Gründen: Nirgendwo sonst in Asien kann man so ausgiebig und legal der Spielleidenschaft nachgehen wie in Macau. Viele Chinesen erweisen sich als leidenschaftliche Zocker, die im Elan und der Hoffnung auf einen Gewinn schnell eine ganze Existenz verspielen können. In der Volksrepublik, in Taiwan oder in Hongkong sind daher Wetten nur beim Pferderennen erlaubt. Für die Stadt Macau tut sich hier eine unglaubliche Marktlücke auf – kein Wunder, dass ein gigantischer Casinobau nach dem anderen entsteht und Macau bei Nacht, im Lichtergeflacker der Spielclubs, mindestens genauso sehenswert ist wie tagsüber. Immerhin steht in Macau das Venetia Macau – das größte Casino der Welt! Die steigenden Einnahmen bescheren der Stadt einen wahren Boom.

Doch auch auf dem westlichen Markt ist Macau im Vormarsch: Zwar planen westliche Reisende für Macau meist nur einen Tagesausflug ein, doch auch ihre Besucherzahl ist in den letzten Jahren enorm gestiegen. Immerhin ist Macau nicht nur um einiges erholsamer als Hongkong, sondern mit der kulturellen Mischung aus portugiesischen und chinesischen Elementen weltweit einmalig. Kulinarisch aufgeschlossene Besucher finden hier eine einmalige Crossover-Küche, die mit einem bunten Gemisch aus chinesischen und portugiesischen Elementen aufwartet.

▲ Karte S. 480

Geschichte

Auf der Suche nach neuen Märkten landeten 1513 erstmals portugiesische Seefahrer am Perlflussdelta – und stießen auf wenig Gegenliebe am chinesischen Kaiserhof. Warum man in Beijing trotzdem nur wenige Jahre später doch einer permanenten ausländischen Siedlung zustimmte, bleibt unklar. Wahrscheinlich imponierte dem Kaiser das resolute Vorgehen gegen die gefürchteten lokalen Piraten, die auch den Chinesen große Probleme bereiteten. Auf alle Fälle erhielten die Portugiesen 1557 offiziell das Siedlungsrecht in der Ortschaft Ama-Gao, dem späteren Macau. Der Name leitet sich von der chinesischen Göttin A-Ma ab (auch als Tin Hau bekannt), die vor allem bei Seefahrern beliebt ist. Einst rettete sie als Pas-

In der Innenstadt von Macau

sagier verkleidet eine Dschunke, die vor der Küste Südchinas im Sturm unterzugehen drohte. Nachdem sie das Meer und den Wind beruhigt hatte, ging sie in dieser Bucht (kantonesisch Gao) an Land, so dass ihr hier nicht nur ein Tempel gewidmet wurde, sondern auch die Bucht diesen Namen behielt.

Keiner anderen europäischen Macht sollte es in den nächsten 100 Jahren gelingen, sich in China niederzulassen, und so verfügte Portugal lange über ein Monopol im europäischen Chinahandel. Die kleine Siedlung prosperierte und entwickelte sich schnell zu einem Zentrum der katholischen Missionierung. Im Jahre 1565 gründen Jesuiten das erste Kloster von Macau, 1576 wurde der erste katholische Bischof ernannt. Problematisch blieben die permanenten Angriffe durch Piraten – immerhin gab es hier reichlich Beute zu machen! Aber auch holländische Schiffe bedrohten immer wieder die Stadt, die sie 1622 sogar zu erobern suchten.

Erst als der Qing-Kaiser Kangxi 1685 den indirekten Handel über Mittelsmänner (Kompradoren) in Kanton zuließ, verlor Macau deutlich an Bedeutung. Nicht mehr Portugal, sondern England wurde nun die wichtigste Handelsmacht an der chinesischen Küste. Da in Kanton jedoch nur saisonal gehandelt werden durfte, blieb Macau ein wichtiges Siedlungsgebiet für Ausländer. Als Großbritannien in den Opiumkriegen die Kolonie Hongkong erstritt, ging auch Portugal in die Offensive und ließ sich Macau als Kolonie überschreiben. Territoriale Zugewinne waren daran freilich nicht gebunden, denn die portugiesischen Truppen erwiesen sich als wenig imposant.

Mit dem Gouverneur Guimaraes wandelte sich jedoch Macaus Schicksal Mitte des 19. Jahrhunderts. Er führte das Glücksspiel ein und legalisierte es durch die Vergabe von Lizenzen. Fortan wurde Macau zum Eldorado aller Glücksritter. Selbst die Zeit des Zweiten Weltkrieges überstand die Stadt recht glimpflich, denn als neutrale Macht blieb es von der japanischen Besatzung verschont. Ähnlich wie Hongkong musste Macau (je nach volksrepublikanischer Politik) immer wieder große Flüchtlingswellen verkraften. Im Jahre 1966 wurde Macau einige Tage von Roten Garden besetzt, die sich aber schnell zurückzogen.

Macau ist ein beliebtes Ziel von Tagestouristen

Eine weitere wichtige Wende erfolgte mit dem Ende der portugiesischen Militärdiktatur 1974, denn der neuen Linksregierung standen die alten Kolonien schlecht zu Gesicht. Zudem erwiesen sie sich als zunehmend kostenintensiv. Wiederholt versuchte Portugal, Macau an China zurückzugeben – vergeblich. Erst im Rahmen der chinesisch-britischen Hongkong-Verhandlungen wurde auch ein Rückgabevertrag mit Portugal aus-

Ilha Verde
Av. do Conselheiro Borja
Istmo Ferreira do Amara
Avenida da Ponte da Amizade
Rua 1° de Maio
Avenida do Nordeste
Av. 1° Maio
Lin-Fong-Tempel
Red Market
Av. do Almirante Lacerda
Av. de Coelho do Amaral
Av. do Coronel Mesquita
Av. de Ouvidor Arriaga
Av. do Horta e Costa
Rua do Almirante Costa Cabral
Estrada de Coelho do Amaral
Estrada do Repouso
Rua da Ribeira do Patane
Rua do Amaral
Av. do Conselheiro Ferreira de Almeida
Rua F. do Amaral
Etrada da Vittoria
Festung Guia
Estrada Cacilhas
Paulus-kirche
Rua das Estalgens
Avenida de Almeida Ribeiro
Rua das Lorchas
Rathaus
Largo do Senado
Rua de Campo
Rua Nova a Guia
Hotel Sintra
Hotel Lisboa
Holiday Inn
Av. do Dr. R. Rorigues
Rua de Luis Gonzzaga Gomes
Avenida Amizade
Macau Jetfoil Terminal
Fishermen's Warf
Rua do Almirante Sergio
Rua Central
Calc. da Barra
Rua Padre Antonio
Av. da Praia Grande
Av. Doutor Mario Soares
Avenida da Amizade
Almeda Dr. C. D'Assumpcao
Av. de Sagres
Av. Dr. Sun Yat Sen
Bank of China
Schiffahrts museum
Nam-Van-See
Macau-Taipa-Brücke
ca. 4 km
Sai-Van-See
Av. da Republica
Macau Tower
Macau International Airport
House Museum
Taipa
Vila Taipa
Lotusbrücke
Taipa-Coloane Damm
Parque de Seac Pai Van
Hac-Sa-Beach
Vila Coloane
Coloane
Macau 澳门
0
500
100

gehandelt. Die Bedingungen waren im Grunde genommen dieselben wie für Hongkong. Auch nach dem Stichtermin am 20.12. 1999 soll Macau noch fünfzig Jahre unverändert existieren. Nur in außenpolitischen und militärischen Fragen vertritt Beijing die Ex-Kolonie.

Sehenswürdigkeiten

Die Sonderverwaltungszone Macau besteht aus der Halbinsel Macau an der Grenze zur Wirtschaftssonderzone Zhuhai sowie den Inseln Taipa und Coloane, die jedoch mittlerweile durch Landaufschüttungen am ›Cotai Strip‹ miteinander verbunden wurden. Insgesamt ist Macau rund 30 Quadratkilometer groß und lässt sich gut zu Fuß erkunden. Derartige Zahlenangaben sind allerdings schnell veraltet, denn die Stadtregierung arbeitet an diversen Landgewinnungsprogrammen. Brücken und Schnellstraßen verbinden die Inseln, deren Gesamtfläche nur ein Bruchteil der Fläche Hongkongs beträgt. Von den derzeit 530 000 Einwohnern sind nur drei Prozent Portugiesen, die absolute Mehrheit von gut 95 Prozent stellen ethnisch und sprachlich die Kantonesen. Hinzu kommen zahlreiche ausländische Angestellte der vielen Casinos und Attraktionen. Nur die verbleibenden zwei Prozent Macanesen sind ein ethnisches und kulturelles Mischprodukt.

Halbinsel Macau

Die Halbinsel Macau ist das Zentrum der Sonderverwaltungszone und der lebhafteste Teil Macaus. Praktisch alle Sehenswürdigkeiten befinden sich in erlaufbarer Nähe zum zentralen Dreieck des **Largo do Senado** mit dem 1558 erbauten **Rathaus Leal Senado**.

Das Wahrzeichen Macaus, die **Fassade der Basilica do São Paulo** (Kirche des heiligen Paulus) liegt nur wenige hundert Meter nördlich des Largo do Senado. Jesuiten errichten das Holzgebäude 1602. Lediglich die Fassade wurde aus Granit gefertigt. Als das Gebäude 1835 abbrannte, blieb daher nur der Eingang stehen. Wer die Stufen zur Basilika erklimmt, wird mit einem Ausblick über die Altstadt belohnt, die seit einigen Jahren komplett zum UNESCO-Weltkulturerbe gehört.

Besser noch lässt sich Macau aber von der **Festung Guia** aus überblicken, die Mitte des 17. Jahrhunderts erbaut wurde und der höchste Punkt Macaus ist. Der Leuchtturm der Guia gilt als ältester der chinesischen Küste, obwohl er erst 1865 errichtet wurde. Falls man es eilig hat, lässt sich der zirka einstündige Aufstieg umgehen: Ab Flora Garten am Fuße des Berges startet eine Seilbahn. Alternativ bietet auch die **Festung Fortaleza do Monte** eine gute Aussicht.

Als abendlichen Abschluss, zumindest für alle die, die in Macau übernachten, bietet sich ein Besuch des **Vergnügungsviertels Nape** an der Promenade Avenida Marginal da Baia Nova im Südosten der Halbinsel oder zur **Fisherman's Wharf** (www.fishermanswharf.com.mo) im Äußeren Hafen, rund fünf Gehminuten vom Macau Ferry Terminal entfernt. Verfehlen kann man sie nicht: Besonders auffällig sticht hier der 40 Meter hohe Vulkankegel ›Vulcania‹ hervor.

Etwas weiter im Norden, kurz vor der Grenze zur Sonderwirtschaftszone Zhuhai, liegt der **Lin-Fong-Tempel**. Einst wurde der daoistische Tempel auch als Gästehaus genutzt. Dem berühmtesten Besucher Lin Zexu ist sogar ein kleines Museum gewidmet. Er war einst als Gesandter des Kaisers nach Süden gereist, um dem britischen Opiumschmuggel Einhalt zu gebieten. Der daraus re-

sultierende Opiumkrieg erwies sich als wahrhaft wegweisendes Ereignis für die Region des Perlflussdeltas.
Völlig unhistorisch und richtig aufregend ist die höchste Sehenswürdigkeit Macaus: Der **Macau Tower** am Largo da Torre de Macau ist mit 338 Metern Höhe der zehnthöchste freistehende Turm der Welt. Dies allein würde ihn zu einer netten Aussichtsplattform machen. In Macau jedoch bleiben die Gäste nicht hinter der Glasscheibe, mehrfach täglich bietet das Management den SkywalkX an: Auf 233 Metern Höhe werden die Teilnehmer angeseilt und umrunden den Tower – von außen! Wem das nicht genügt, der nutzt die Gelegenheit zum höchsten Skyjump und/oder Bungee Jump der Welt. Weitere Informationen unter www.macautower.com.mo.
Andächtiger zeigen sich die religiösen Sehenswürdigkeiten Macaus, wie beispielsweise die zahlreichen **Kirchen** wie São Domingos (São Domingos Square), Santo Agostinho (Santo Agostinho Square), São Lourenço (Rua de São Lourenço) oder der alte protestantische Friedhof – allesamt Teile des Weltkulturerbes! Die älteste religiöse Stätte Macaus jedoch ist der **A-Ma-Tempel** am Barra Square.
Nicht zuletzt zeichnet sich Macau durch allerhand **Museen** aus. Vom ›Grand Prix Museum‹ (Rua Luis Gonzaga Gomes) bis zum Macau Museum (Praceta do Museo de Macau), und allerhand ausgefallenen Stätten wie dem Museum of Vintage Sound Machines oder dem Handover Gift Museum of Macau (Av. Xian Xinghai) oder dem Pfandleihe-Museum (Av. Almeida Ribeiro).

Taipa und Cotai Strip

Drei Brücken verbinden die Halbinsel Macao mit dem vorgelagerten Eiland Taipa. Im Osten der Insel befindet sich der Flughafen, der ganz offensichtlich in weiser Voraussicht für Wachstum konzipiert wurde. Auch wenn die Moderne in Form von Hochhäusern langsam auch in Taipa ankommt, ist Taipa doch um einiges dörflicher als Macau.
Das **Dorf Taipa Village** illustriert heute noch, wie abgelegen die Insel einst war. Das Dorfzentrum ist vor allem abends gut besucht: In der zentralen Rua da

Auch Macau wächst in den Himmel

Karte S. 480

Cunha (Food Street) probieren Sie besonders malerisch die lokale Küche mit ihren chinesisch-portugisiesichen Kreationen. Am östlichen Rand des Dorfes liegen die Taipa Houses, eine Reihe alter portugiesischer Wohnhäuser. Das erste davon beherbergt das **Taipa House Museum** mit Möbel-Exponaten aus der Epoche. Spektakuläres ist hier nicht zu erwarten, aber eine ansprechende Darstellung des Alltagslebens der macanesischen Familien Anfang des 20. Jahrhunderts.

Einen kurzen Fußweg von hier in Richtung Osten liegt der Damm, der Taipa mit dem zwei Kilometer entfernten Coloane verbindet. Rechts und links davon zieht sich der Cotai Strip, eine rund fünf Quadratkilometer große Landaufschüttung. Vor kurzem noch eine gigantische Baustelle, zeichnet sich heute schon die Richtung ab: Mit dem Venetian Macau hat sich das größte Hotel und gleichzeitig das größte Casino der Welt niedergelassen. Mit der City of Dreams startete ein weiteres Megaprojekt, das diverse riesige Hotels und Spielkomplexe beinhaltet.

Coloane

Gar nicht lange ist es her, da lagerten auf Coloane vor allem Piraten, die sich dank der dichten Bewaldung und der zahllosen Höhlen in den Klippen ganz hervorragend verstecken konnten. Noch 1910 fand hier der letzte Überfall statt. Heute sind es vor allem gestresste Macaner, die sich am Strand oder beim Trekking erholen. Immer noch hat Coloane den Charme einer abgelegenen Insel, auch wenn es längst durch den Cotai Strip angeschlossen wurde, und ist größtenteils unbebaut. Coloane Village im Westen der Insel ist die einzige größere Siedlung. Ab dem Seac Pai Van

Dörfliche Atmosphäre in Coloane

Park durchziehen verschiedene Trekking-Pfade das Areal. Im Anschluss wäre ein Strandbesuch möglich, entweder am Cheoc Van Beach im Süden oder am dunkelsandigen Hac Sa Beach. Coloane Village selbst ist dabei ebenfalls einen Besuch wert: Nicht nur wegen der St. Francis Xavier Chapel mit ihrem skurril-türkisen Inneren oder wegen des Tam Kung Temples, sondern auch, weil das dörfliche Coloane einfach einen unglaublich entspannten Kontrast zur Atmosphäre der Casinos darstellt.

Küche

Kulinarisch aufgeschlossene Besucher finden in Macau eine einmalige Crossover-Küche, die mit einem bunten Gemisch aus chinesischen und portugiesischen und sogar afrikanischen Elementen lockt. Wer sich mit den eindeutig portugiesischen Gerichten wie getrocknetem Kabeljau (Bacalhau) und Grünkohlsuppe (Caldo Verde) nicht anfreunden kann, sollte einfach bei der macanesischen Mix-Küche bleiben: Einflüsse aus allen ehemaligen portugiesischen Kolonien finden sich hier wieder, auch wenn die asiatische Komponente ein wenig überwiegt.

Macau

Vorwahl: +853.

Das **Macau-Fremdenverkehrsbüro** in Wiesbaden sendet auf Anfrage kostenlose Reiseführer und Karten zu: Fremdenverkehrsamt Macau, Schenkendorfstr. 1, 65187 Wiesbaden, Tel. 06 11/267 67 30, macau@discover-fra.com, www.macau-info.de mit Audiowalks und Podcasts.

Der Macau International Airport liegt auf der Insel Taipa. Direkte Flüge ab Europa gibt es zur Zeit nicht, lediglich von Taiwan (Taipei und Kaohsiung), Thailand (Bangkok), den Philippinen (Manila) und natürlich der VR China wird die Stadt direkt angeflogen, zum Beispiel ab Shanghai, Beijing, Chengdu, Fuzhou und Hangzhou.

Alternativ bestehen auch zahlreiche Zugverbindungen in die Volksrepublik via Zhuhai.

Die meisten Reisenden erreichen Macau per Boot oder Fähre ab Hongkong. Ab dem China/Macau Ferry Terminal auf Kowloon und dem Shun Tak Centre in Central auf Hong Kong Island legen die Boote zum Macau Jetfoil Terminal ab, Vorreservierungen sind meist nicht nötig. Ab dem internationalen Flughafen Hong Kong besteht nun auch die Möglichkeiten direkt via Fährterminal ohne Zollkontrollen direkt bis Macau weiterzufahren.

Direkt zum Cotai Strip fahren die Hochgeschwindigkeitsfähren der Cotai Waterjets http://cotaijet.com.mo ab Hongkong Macau Ferry Terminal tagsüber im 30-Minuten-Takt.

▶ Karte S. 480

Grand Lisboa Hotel, 5 Sterne, Rua Comendador Kou Ho Neng, Tel. 57 76 66. Das Luxushotel der Stadt schlechthin und eine echte Institution. Im Erdgeschoss befindet sich das bekannte Casino Lisboa.

Holiday Inn, 4 Sterne, Rua de Pequim 82–86, Tel. 78 33 33. Mitten im Zentrum gelegen und nur wenige Minuten von der Fähre nach Hongkong.

Wie auch in Hongkong sind die Garküchen und Straßenstände in der Regel empfehlenswert. Wenn es etwas gehobener sein soll: Das **Robuchon A Galera** im Grand Lisboa Hotel gehört zu den wenigen Restaurants weltweit, die mit drei Michelin-Sternen ausgezeichnet wurden.

Am Largo Leal Senado und in den Seitengassen wird **Kleidung** aus chinesischer Fabrikation besonders günstig verkauft. Auch der lokale **Goldschmuck** gilt als Schnäppchen, die meisten Goldgeschäfte sind in der Avenida Horta e Costa und Avenida de Almeida Ribeiro zu finden.

Wer einfach eine Runde über den Markt schlendern will, ist im dreistöckigen **Red Market** an der Avenida Almirante Lacerda und Avenida Horta e Costa richtig. Hier wird von Lebensmitteln bis zu Kleidung und Handwerswaren alles angeboten.

Die Insel Hainan

Die Chinesen lieben Metaphern. Vor allem, wenn in ihnen chinesische Orte mit berühmten Orten des Westens verglichen werden. Shanghai ist das Paris des Orients, der Bund das Manhattan Chinas und Suzhou das Venedig des Ostens. So wird Hainan 海南岛 gerne als Hawaii Chinas bezeichnet, was sicherlich übertrieben ist. Wer mit Hainan Strandparties und Surfvergnügen assoziiert, der wird von der größten Insel Chinas enttäuscht sein. Bis Ende der 1980er Jahre dämmerte die Insel noch im tropischen Dämmerschlaf, die touristische Entwicklung Hainans hat seitdem zwar ein atemraubendes Tempo vorgelegt, beschränkt sich jedoch immer noch auf wenige Flecken an der Ost- und Südküste. Vor allem das Inselinnere mit dem höchsten Berg der Insel, dem Wuzhishan, ist wenig touristisch erschlossen und bietet eine interessante Abwechslung zum Strandleben. Die meisten Besucher Hainans kommen dennoch wegen der kilometerlangen Sandstrände, die in China ihresgleichen suchen. Auch wenn die Insel kein Hawaii und erst recht kein Ko Samui ist, sie ist dennoch das Beste, was China an tropischer Atmosphäre und entspanntem Strandleben zu bieten hat. Vor allem die Strände rund um Sanya im Süden sind eine gute Wahl, einen Chinaaufenthalt mit einem Badeurlaub abzuschließen. Und ein extensives Nachtleben wird dennoch geboten, dieses beschränkt

Die Insel Hainan 海南岛

Das Hawai Chinas

sich jedoch zum Leidwesen westlicher Hotelanrainer auf Karaoke. Vielleicht ist dies der Ort, um der Chinesen liebsten Zeitvertreib einmal auszuprobieren.

Geschichte

Auch wenn man es heute nicht glauben mag, war Hainan lange Zeit Verbannungsort für unliebsame Beamte während des Kaiserreichs. Nicht umsonst heißt die Südspitze der Insel bei Sanya ›Das Ende der Welt‹. Hainan galt als Barbarenland unter chinesischer Jurisdiktion. Piraten, Malaria und die in chinesischen Augen barbarischen Sitten der Insel machten es zu einem gefürchteten Verbannungsort, oder, wie Li Deyu, der in Ungnade gefallene Minister der Tang-Dynastie (618–906) sein unfreiwilliges Exil nannte, ›dem Tor zur Hölle‹. Noch bis Ende der 1980er Jahre galt die Insel als rückständig, und kein Chinese (von Ausländern ganz zu schweigen) wäre auf die Idee gekommen, hier seinen Urlaub zu verbringen.

Dies änderte sich schlagartig, als die Beijinger Zentralregierung die Insel 1988 zur Sonderwirtschaftszone erklärte und riesige Summen in die Entwicklung steckte. Vor allem der Tourismus wurde großzügig gefördert. In weniger als zehn Jahren entstand hier eine touristische Infrastruktur, für die die meisten Urlaubsgebiete ein halbes Jahrhundert brauchen. Mitte der 1990er Jahre hatte Hainan die größte Dichte an Luxuslimousinen in China, was sich bei genauerem Hinsehen als die größte aufgedeckte Verschwendung von Staatsmitteln in der jüngeren chinesischen Geschichte entpuppte. Fast die gesamte Provinzregierung musste zurücktreten und hinterließ ein großes Erbe von Luxusautos mit Rechtssteuerung; viele der Limousinen wurden illegal aus Hongkong importiert. Dass nicht alles Geld in fahrbare Untersätze gesteckt wurde, sieht man heute an der Skyline der Hauptstadt Haikou. Die Insel boomt, neben Leichtindustrie und Dienstleistungen macht der Tourismus 80 Prozent der Wirtschaftsleistung Hainans aus, Tendenz steigend.

▲ Karte S. 485

Haikou

Die für chinesische Verhältnisse relativ kleine Provinzhauptstadt Haikou 海口 mit ihren knapp 600 000 Einwohnern ist Hainans Tor zur Außenwelt und für viele Besucher nur eine Transitstation auf dem Weg zum nächsten Strand. Auch wenn die Stadt nicht zu den Highlights eines Chinabesuches gehört, ist ihr etwas angestaubter kolonialer Charme durchaus einen kurzen Aufenthalt wert. Die palmengesäumten Boulevards laden zu einem kleinen Stadtspaziergang ein, das Essen, vor allem Meeresfrüchte, ist eine interessante Mischung aus chinesischen und südostasiatischen Einfüßen.

■ Stadtzentrum

Im Stadtzentrum Haikous ist der koloniale Einfluss in der Architektur unverkennbar. Vor allem in der Gegend um die Xinhua Lu 新华路 stehen noch viele der an Macau oder Goa erinnernden Kolonialbauten, die allerdings nicht immer im besten Zustand sind. Ein kleines Stück weiter in Richtung Norden, entlang der Zhongshan Lu 中山路 sollte man die Gelegenheit nutzen, über einen der vielen Straßenmärkte zu laufen, auf denen der südostasiatische Einfluss auf die Insel deutlich wird. Auch wenn Haikou einige interessante Tempel hat, liegen diese jedoch etwas außerhalb des Stadtzentrums. Mit dem Taxi oder öffentlichen Bussen sind sie aber gut zu erreichen.

Betelnussverkäuferin

Tempel der Fünf Würdenträger

Der Tempel der Fünf Würdenträger (Wugong Ci 五宫祠) liegt etwa zwei Kilometer außerhalb des Stadtzentrums im Osten in der Haifu Dalu 海府大道. Die Busse 11 und 12 halten in der Nähe des Haupteingangs. Errichtet wurde der Tempel in Erinnerung an fünf Beamte, die zu Kaisers Zeiten nach Hainan verbannt wurden, unter ihnen der berühmte Dichter der Song-Dynastie, Namensgeber des Tempels der sechs Banyanbäume in Guangzhou und des Su-Deiches in Hangzhou, Su Dongpo.

Grab des Hai Rui

Ebenfalls trotz Verbannung hoch angesehen war der Ming-Beamte Hai Rui, dessen Grab 海瑞幕 in den südwestlichen Außenbezirken der Stadt liegt. Die Geschichte Hai Ruis war ein Thema während der Kulturrevolution. Der Theaterregisseur Wu Han adaptierte sie 1965, um Mao Zedong zu kritisieren. der den damaligen Marschall Peng Dehuai Ende der 1950er absetzen ließ, als dieser zu Recht vor den Folgen des ›Großen Sprungs nach vorn‹ warnte. So ist es nicht weiter verwunderlich, dass das Grab während der Kulturrevolution fast vollständig zerstört wurde. Das inzwischen komplett wiederhergestellte Grab, Symbol für aufrechte Beamte, die beizeiten warnend ihre Stimme erheben, liegt in der Shugang Dadao 疏港大道.

Haikou

Vorwahl: +86/898.

Post: Das Hauptpostamt liegt in der Jiefang Xilu 解放西路. Eine weitere Post ist etwas südlich des Busbahnhofs an der Ecke Daying Lu 大英路 und Nanbao Lu 南宝路.

Bank: Alle größeren Hotels tauschen Bargeld und Reiseschecks, die Bank of China liegt in der Datong Lu 大同路 33.

Reisebüro: CITS hat ihr Hauptbüro im ›Oversea Chinese Hotel‹ (Huaqiao Binguan 华侨宾馆) in der Datong Lu 大同路 17, Tel. 66757455, Fax 66231585.

Der Flughafen von Haikou befindet sich 20 Kilometer südöstlich des Stadtzentrums. Direktverbindungen gibt es nach Beijing, Shanghai, Guangzhou, Hongkong und Shenzhen sowie nach Bangkok. **Air China** hat ein Büro im

Hainan Civil Aviation Hotel (Hainan Minhang Binguan 海南民航宾馆) in der Haixiu Dadao 海秀大道, Tel. 66763166.

Die Direktverbindungen von Sanya nach Beijing, Shanghai und Guangzhou führen alle durch Haikou. Früh morgens und wieder am frühen Abend fährt je ein Zug nach Sanya, Fahrtzeit rund 3,5 Stunden.

Die neue Autobahn entlang der Ostküste hat die Fahrzeit von Haikou nach Sanya 三亚 nicht nur auf drei Stunden verkürzt, sondern auch um einiges bequemer gemacht. Komfortable Überlandbusse nach Sanya fahren alle halbe Stunde von 7 Uhr morgens bis ca. 19 Uhr vom Busfernbahnhof 长途汽车站 in der Nanbao Lu ab. Ebenfalls von hier verkehren die Fernbusse nach Guangzhou 广州 und Zhanjiang 湛江, beide Verbindungen sind eine Kombination aus Bus und Fähre.

Busse zu den meisten Zielen auf Hainan, unter anderem Wenchang 文昌, Xinglong 兴隆 und Tongzha 通什, fahren zumeist ab dem östlichen Busbahnhof 汽车东站 in der Haifu Dadao.

Auch wenn Haikou zwei Passagierhäfen hat, fahren die meisten Schiffe vom Passagierterminal des neuen Hafens (Haikou Xingang 海口新港) ab, der von der Busstation gegenüber dem Haikou Hotel (Haikou Binguan 海口宾馆) mit Minibussen zu erreichen ist. Schiffsverbindungen gibt es unter anderem nach Zhanjiang 湛江 in Guangdong (zweimal täglich, 4 h), nach Guangzhou (alle zwei Tage, 25 h) und Shenzhen (täglich 18 h). Eine interessante Variante, sollten Sie nach Guilin weiterreisen wollen, ist die Übernachtfähre nach Beihai 北海 an der Südspitze der Provinz Guangxi.

Crowne Plaza Hainan Spa & Beach Resort, 5 Sterne, 皇冠滨海温泉酒店, Qiongshan Dadao 琼山大道 1, Tel. 65966888. Etwas außerhalb in Flughafennähe gelegen, exquisite Ressortanlage für hohe Ansprüche.

Overseas Chinese Hotel, 3 Sterne, (Huaqiao Dasha 华侨大厦), Datong Lu 大同路 17, Tel. 66708430, Fax 66772094. Angenehmes Mittelklassehotel im Stadtzentrum.

Friendship Hotel, 1 Stern, (Hainan Youyi Dajiudian 海南友谊大酒店), Datong Lu 大同路 2-1, Tel. 6622-5566, Fax 66218200. Preiswertes und gutes Hotel im Stadtzentrum.

Es überrascht nicht, dass Hainan für seine frischen und exzellent zubereiteten Meeresfrüchte bekannt ist. Hai-kou hat einige der besten (und teuersten) **Meeresfrüchterestaurants** in China. Eine gute Übersicht findet man unter www.hainandiscovery.com. Aber auch die meisten kleinen Restaurants bieten ausgezeichnetes und frisches Essen. Meeresfrüchte und Fische werden zumeist in kleinen Aquarien im Schaufenster ausgestellt, so dass man auch als Sprachunkundiger eine gute Wahl treffen kann. Es empfiehlt sich aber auch immer, nach dem Preis zu fragen. Manch ein Fisch, auch in kleinen Restaurants, kostet pro Kilo soviel wie ein mittleres chinesisches Monatseinkommen, und das sind immerhin inzwischen umgerechnet 200 Euro.

▶ Karte S. 485

Marktstände entlang der Zhongshan Lu bieten gutes und günstiges Essen. Ein idealer Durstlöscher sind die **Kokosnüsse**, die es überall am Straßenrand zu kaufen gibt.

Haikou ist sicherlich keine Stadt, deren Angebot die Kreditkarte glühen lässt, es sei denn, man lädt Geschäftsfreunde zu einem Meeresfrüchtebankett ein. Auch Souvenirs kauft man besser in Sanya.

Warenhäuser und Supermärkte mit der für China typischen Auswahl gibt es im Stadtzentrum, auch die meisten Hotels haben kleine Läden.

Entlang der Ostküste

Falls Sie es nicht zu eilig haben, nach Sanya zu kommen, nehmen Sie sich ein wenig Zeit, die attraktive Ostküste Hainans zu erkunden. Da sich die Tourismusentwicklung vor allem auf den Süden der Insel konzentriert, findet man hier noch nahezu unberührte, aber nicht minder schöne Sandstrände, günstige Hotels und eine einfache, aber ausreichende touristische Infrastruktur. Städte wie Wenchang 文昌, Xinglong 兴隆 und Xincun 新村 werden kaum von westlichen Touristen besucht, obwohl sie weitaus mehr als ein geruhsames Strandleben zu bieten haben.

Mit der Autobahn Haikou-Sanya, die an der Ostküste entlangführt, sind diese Städte verkehrstechnisch gut zu erreichen, sogar Tagesausflüge von Haikou oder Sanya sind möglich.

Wenchang

Die beiden bekanntesten Frauen der neueren chinesischen Geschichte wurden in Wenchang 文昌 geboren, Song Meiling, spätere Frau Chiang Kai-sheks und Song Qingling, die Gattin Sun Yatsens. Die östlichste Stadt der Insel ist aber vor allem für ihre ausgedehnten **Kokosnussplantagen** bekannt. Über 500 000 Kokospalmen wachsen in der Umgebung der Stadt, die auch die ›Königin der Kokospalmen‹ genannt wird. Entlang der kürzlich erschlossenen Küste liegen einige günstige Strandressorts. Wenchang ist ab Haikou in einer guten Stunde mit dem Bus zu erreichen.

Landschaft an der Ostküste

Xinglong

Seit den 50er Jahren des letzten Jahrhunderts ist Xinglong 兴隆 bevorzugter Siedlungsort von Überseechinesen aus Vietnam, Indonesien und Malaysia, die als Geschäftselite dort oft Verfolgungen und Anfeindungen ausgesetzt waren, weshalb viele Menschen in der Stadt Englisch sprechen. Der Ort hat eine ausgeprägte südostasiatische Atmosphäre, der Kaffee der Xinglong **Overseas Chinese Farm** ist in ganz China bekannt und berühmt.

Sehenswert ist vor allem der **Botanische Garten** (Xinglong Redai Zhiwuyuan 兴隆热带植物园) drei Kilometer südlich der Stadt, der einen ausgezeichneten Einblick in die Flora und Fauna Südostasiens bietet. Nach einem ausgedehnten Spaziergang durch den Garten können Sie ausnahmsweise einmal bei einem lokalen Kaffee die chinesischen Touristengruppen beobachten, die zwischen Haikou und dem Strand hier Station machen.

Vor einigen Jahren stand Xinglong für einige Wochen in der Weltöffentlichkeit, als ein amerikanisches Spionageflugzeug nach einer Konfrontation mit chinesischen Jagdflugzeugen auf dem Militärflughafen der Stadt notlanden musste. Nach gründlicher Untersuchung des Flugzeuges durch chinesische Militärs wurde es schließlich nach einigen Wochen an die US-Amerikaner zurückgegeben.

Busse nach Xinglong fahren stündlich ab Haikou und brauchen etwa zwei Stunden für die 150 Kilometer lange Strecke.

Xincun

Vor allem Angehörige der Danjia-Minorität leben in dem Fischerdorf Xincun 新村 (wörtlich: neues Dorf), das neben dem Fischfang hauptsächlich von der Perlenzucht lebt. Die eigentliche Attraktion ist allerdings die **Affeninsel** etwa einen Kilometer vor der Küste Xincuns, die man mit einer kleinen Fähre erreichen kann. Etwa 1000 Makakken leben auf der Insel, die als Ganzes unter Naturschutz steht. Die Affen sind zahm und lassen sich gerne von den Besuchern mit Erdnüssen füttern. Passen Sie aber auf jeden Fall auf ihre Taschen und Kameras auf, es sei denn, Sie wollen einem kamarabehängten Affen hinterherjagen. Xincun erreicht man von Sanya aus in einer Stunde mit dem Bus. Übernachtungsmöglichkeiten gibt es im nahegelegenen Lingshui sowie im ausgezeichneten nahe Xincun gelegenen Nirvana Hotel (Lingshui Tianlang Dujiajiudian 陵水天朗度假酒店), Tel. 83 36 82 88, Fax 83 36 80 14.

Auf der Affeninsel vor Xincun

Sanya

Im Süden von Sanya 三亚 liegt die einzige Sehenswürdigkeit der Stadt, das **Ende der Welt** (Tianya Haijiao 天涯海角). Viele Chinesen kommen hierher, um sich am südlichsten Zipfel Chinas fotografieren zu lassen. Allzuviel zu sehen gibt es nicht, aber man kommt nach Sanya auch nicht zum Sightseeing, son-

▶ Karte S. 485

dern um die Sonne, die Strände und das Meer zu genießen. Und davon hat die immerhin 440 000 Einwohner zählende Stadt reichlich. Die Jahresdurchschnittstemperaturen liegen bei 25 Grad, im Winter immer noch bei 21 Grad. Das Wasser hat dann immer noch eine Durchschnittstemperatur von 19 Grad. Die beiden Hauptstrände Sanyas liegen östlich der Stadt: der Dadonghai-Strand und Yalong Bay.

Dadonghai-Strand

Etwa drei Kilometer südöstlich von Sanya gelegen, ist der Dadonghai-Strand 大东海海滩, der ›Hausstrand‹ der Stadt, leicht von der Stadtmitte mit dem Minibus zu erreichen. Da sich die meisten der großen Resorthotels an diesem Strand befinden, kann es in der Hauptsaison zuweilen sehr voll werden. Für einen reinen Strandurlaub bietet der etwa einen Kilometer lange Strand alle Annehmlichkeiten, die man für diese Art der Erholung erwartet: gute Strandrestaurants, Imbissbuden, die zum Teil gute gegrillte Meeresfrüchte anbieten, Hotels mit eigenem Sandstrand und Swimmingpool, Schnorchel- und Tauchmöglichkeiten sowie einen Shuttlebus-Service in die Stadt und zum Flughafen.

Auf der Negativseite stehen eine Reihe von bis spät in die Nacht geöffneten Karaokebars, eher aufdringliche Souvenirverkäufer und an chinesischen Feiertagen das Gefühl, die Hälfte der sonnenhungrigen chinesischen Bevölkerung wäre über den Strand hergefallen.

Sanya

Yalong Bay

Weitere vier Kilometer vom Dadonghai-Strand in Richtung Osten liegt Yalong Bay (Yalong Wan 亚龙海湾), eine Bucht mit einem sieben Kilometer langem Sandstrand und einigen der besten Hotels der Insel. Viele der Hotels haben eigene Strände, doch selbst für den Tagesbesucher bleibt genug öffentlicher Strand zum Schwimmen, Schnorcheln oder Sonnenbaden. Die ›Bucht des asiatischen Drachen‹, so die Übersetzung, ist von Sanya mit Hotelshuttlebussen und dem öffentlichen Bus ab Yuya Dadao 榆亚大道 nördlich des Dadonghai-Strandes zu erreichen. In der Nebensaison und an Wochenenden bieten die Hotels entlang der Yalong Bay vergünstigte Konditionen, mit etwas Nachfragen kann man in Beijing, Shanghai oder Hongkong gute Angebote für einen All-inclusive-Strandurlaub in der Yalong Bay finden.

i Sanya

Vorwahl: +86/08 99.

Post: Die Post liegt in der Xinjiang Lu. Eine Außenstelle befindet sich am Dadonghai-Strand in der Yuya Dadao 榆亚大道

Bank: Die Hauptstelle der Bank of China liegt in der Jiefang Lu.

Reisebüro: Fast alle Hotels haben ein eigenes Reisebüro, das nicht nur Gästen zur Verfügung steht.

Der Flughafen von Sanya liegt 18 Kilometer nördlich des Stadtzentrums. Direktverbindungen gibt es nach Beijing, Shanghai, Guangzhou, Hongkong und Shenzhen.

Busse nach Haikou fahren alle halbe Stunde ab dem Busbahnhof in der Jiefang Lu. Ins Inselinnere nach Tongzha 通什 fahren Minibusse ebenfalls alle halbe Stunde.

Die Direktverbindungen mit Hongkong, Macao und Guangzhou sind eingestellt, alle Schiffsverbindungen von Hainan gehen inzwischen ab Haikou.

Dreimal am Tag fährt je ein Zug via Haikou nach Beijing, Shanghai und Guangzhou.

Holiday Inn Yalong Bay (亚龙海湾假日酒店), 5 Sterne, Yalong Bay 亚龙海湾, Tel. 88565666, Fax 88565688. Gutes Preis-Leistungsverhältnis an einem der schönsten Strandabschnitte der Insel.

South China Hotel (Nanzhongguo Dajiudian 南中国大酒店), 3 Sterne, Yuhai Lu 榆海路, Tel. 88219888, Fax 88214005. Beste Option im Mittelklassebereich direkt am Dadonghai-Strand.

Seaside Holiday Inn Resort (Binhai Dujiacun 滨海度假村), 1 Stern, Yuya Dadao 榆亚大道, Tel. 88213898, Fax 88212081. Guter Kompromiss zwischen Lage und preiswerter Unterkunft in Doppelzimmern mit Bad/WC.

Sollten Sie weder Fisch noch Meeresfrüchte mögen, haben Sie in Sanya ein Problem, denn Sie müssen damit leben, dass der eine oder andere Chinese Sie komisch anschaut. Aber keine Angst, der Tourismusboom in Hainan hat über die letzten zehn Jahre auch eine ganze Menge Chinesen aus allen Landesteilen nach Sanya gelockt, und so finden Sie alle großen Küchen des Landes vertreten.

Für den Sprachunkundigen empfehlen sich die vielen **Garküchen entlang des Dadonghai-Strandes**. Ob Gemüse, Meeresfrüchte oder Fleisch, ein Fingerzeig auf die appetitliche Auslage der Gar küchen reicht, und Ihnen wird ein wohlschmeckendes Mahl zubereitet.

Suchen Sie nicht nach den Souvenirs, Sie werden von den Erinnerungsstücken, besser gesagt, von den Verkäufern derselben gefunden, zuweilen leider auch, wenn Sie am Strand liegen, gemütlich in der Sonne dösen und an nichts Schlimmes denken. Was auch immer Sie kaufen wollen, handeln Sie bis an die Schmerzgrenze, möglichst aber nicht die eigene. Denken Sie aber immer auch daran, dass Handeln kein Krieg, sondern soziales Ritual ist. Beim Kauf der überall in Sanya erhältlichen Perlen ist äußerste Vorsicht geboten, da viele Fälschungen angeboten werden.

Einen gut sortierten **Supermarkt** (和平超市) gibt es an der Haupttouristenmeile, der Yuya Dadao Nr. 30.

▶ Karte S. 485

Das Inselinnere

Ähnlich wie auf anderen ost- und südostasiatischen Inseln ist das Inselinnere Hainans Siedlungsgebiet von Minderheiten. Vor allem im 19. Jahrhundert flohen diese vor dem Bevölkerungsdruck der Han-Chinesen in das bergige Terrain rund um Tongzha (Tongshi 通什). Heute leben etwa 1,2 Millionen Angehörige von insgesamt 39 verschiedenen Minderheiten auf der Insel. Zur größten Gruppe zählen die Li, die die Insel bereits seit mehr als 3000 Jahren bewohnen, sowie die Miao (Hmong), die außer in Hainan auch in großen Teilen Südchinas, Laos, Nordthailands und Vietnams zu finden sind. Obwohl das Inselinnere landschaftlich extrem reizvoll ist und eine ähnliche ethnische Vielfalt aufweist wie die Vielvölkerprovinz Yunnan, verirren sich vergleichsweise wenige Touristen hierher. Hainans Ruf als Bade- und Seafoodparadies verdeckt diese eher ruhige Seite der Insel.

Für einen Ausflug ins Landesinnere sollte man sich mindestens einen Tag Zeit nehmen und eine Übernachtung in **Tongzha** einplanen. Aber auch ein mehrtägiger Ausflug ins Inselinnere ist eine, wenn auch selten genutzte Möglichkeit. Busse von Sanya nach Tongzha fahren alle halbe Stunde und brauchen knapp zwei Stunden für die 80 Kilometer lange Strecke. Das Tongzha Resort Hotel (Tongzha Lüyou Shanzhuang 通什旅游山庄, Tel. 86623188) im Nordosten Tongzhas bietet stilvolle Zimmer mit Terrasse. Ein Ausflug zum höchsten Berg der Insel, dem **Fünf-Finger-Berg** (Wuzhishan 五指山) gewährt einen ausgezeichneten Einblick in die einzigartige tropische Flora und Fauna der Insel sowie in die Lebensgewohnheiten der verschiedenen Minderheiten. Für den Abstecher zum 60 Kilometer nordöstlich von Tongzha gelegenen Berg sollte man mindestens einen, wenn nicht zwei Tage einplanen. Am Fuße des Berges gibt es mit dem Wuzhishan Binguan (五指山宾馆, Tel. 8622878) eine einfache Übernachtungsmöglichkeit.

In Ermangelung einer verlässlichen Ausschilderung sollte man allerdings eine gute Hainankarte und zumindest rudimentäre Chinesischkenntnisse mitbringen.

Viele Hotels in Sanya bieten Tagesausflüge ins Inselinnere an, die meistens einen Besuch eines Minoritätenparks bei Tongzha miteinschließen. Dieser ist wiederum eher eine chinesisch-touristische Erfahrung.

Am Strand bei Sanya

Entlang der Seidenstraße kamen Buddhismus, Christentum und Islam nach China. Auch Nudeln und angeblich sogar die Pizza fanden von hier den Weg nach Italien. Eine Reise in Chinas ›Wilden Westen‹ führt zu den Hui und den Uiguren auf einer der ältesten Handelsstraßen der Welt.

Die Seidenstraße

Chinas Nordwesten

Seit der Qin-Dynastie, das heißt, seit dem 2. Jahrhundert vor Christus, zählten die chinesischen Kaiser die Gebiete jenseits der Wüste Gobi zu ihrem Einflussbereich. Auch wenn China während der Han-Dynastie sogar bis hinter den Pamir reichte, war den Chinesen der Westteil ihres Reiches nie ganz geheuer. Man erzählte sich im Reich der Mitte seltsame Geschichten über Menschen und Gebräuche jenseits der Wüste, und kein Chinese hätte freiwillig die schützenden Mauern der eigenen Kultur verlassen, die buchstäblich in der Festung Jiayuguan, dem westlichen Ende der Großen Mauer, ihr Ende hatten. So kam es, dass der Handel entlang der Seidenstraße vor allem in der Hand der Turkvölker lag, die somit auch als Puffer zwischen den großen Mächten des Ostens und des Westens fungierten.

Ihre Hochzeit hatte die Seidenstraße in der Tang-Dynastie (618–906), als Chang'an, das heutige Xi'an, als östliches Ende der Seidenstraße und Reichshauptstadt zur Millionenstadt anwuchs und arabische Händler neben Gewürzen und Pflanzen auch westliche Religionen wie den Islam und das Christentum nach China brachten. Auch der Buddhismus konnte sich entlang der Seidenstraße ausbreiten, die unzähligen buddhistischen Höhlenklöster in den Provinzen Gansu und Xinjiang sind bis heute faszinierende Zeugnisse der buddhistischen Kunst in Chinas Nordwesten.

Eine weitere Blüte erlebte die Handelsstraße während des 13. und 14. Jahrhunderts, als die Mongolenherrschaft über fast den gesamten Verlauf der Seidenstraße zum ersten und einzigen Mal eine relativ sichere Passage von Europa nach China ohne große bürokratische Hindernisse ermöglichte. Marco Polo kam auf diese Weise nach China und ist bis heute der bekannteste Reisende auf der Seidenstraße.

▲ Karte S. 497

Ab dem 14. Jahrhundert läuteten die wachsende Fremdenfeindlichkeit der Ming-Dynastie sowie die Zunahme der Bedeutung von Seeverbindungen den Niedergang der Seidenstraße ein. Schon Marco Polo wählte für seine Rückkehr den Seeweg, andere Händler sollten seinem Beispiel folgen.

Chinas Nordwesten verkam zum Außenposten, zum Verbannungsort unliebsamer Intellektueller, von den Ming über die Qing bis hin zur neuen Dynastie unter Mao, als sich nach der Kampagne gegen die ›Rechtsabweichler‹ in den 1950er Jahren und später in der Kulturrevolution viele Studenten und Künstler, in der ›Barbarenprovinz‹ Xinjiang wiederfanden. Auch der spätere Kulturminister Wang Meng wurde einst nach Westen verbannt. Dass entlang der Seidenstraße über Jahrhunderte von den Chinesen unabhängige Großkulturen existierten, die, wie die Toba, die im 4. Jahrhundert als Nördliche Wei-Dynastie ganz Nordchina regierten, den Chinesen durchaus ebenbürtig waren, geriet in Vergessenheit.

Heute hat die Seidenstraße kaum etwas von ihrer Faszination eingebüßt. Der Reisekomfort entlang der Route ist seit der Zeit, als Karawanen oft nur mit wenigen Überlebenden ihr Ziel erreichten, um einiges gestiegen. Dennoch sollte man die Reisestrapazen auf dieser Strecke nicht unterschätzen. Die Eisenbahnfahrt zwischen Xi'an und Urumqi, so lohnenswert sie auch ist, dauert auch heute noch knapp 30 Stunden, der Anschlusszug nach Kashgar fügt dem noch einmal 24 Stunden Reisezeit hinzu. Busse sollten, wenn man sich überhaupt in diesem Teil des Landes für sie entscheidet, trotz deutlicher Verbesserung der Infrastruktur in den letzten Jahren, möglichst ab einer Fahrtdauer von vier Stunden gemieden werden, es sei denn, man hat, angesichts der schlechten Straßen in der Region, einen guten Chiropraktiker dabei oder der Reiseführer

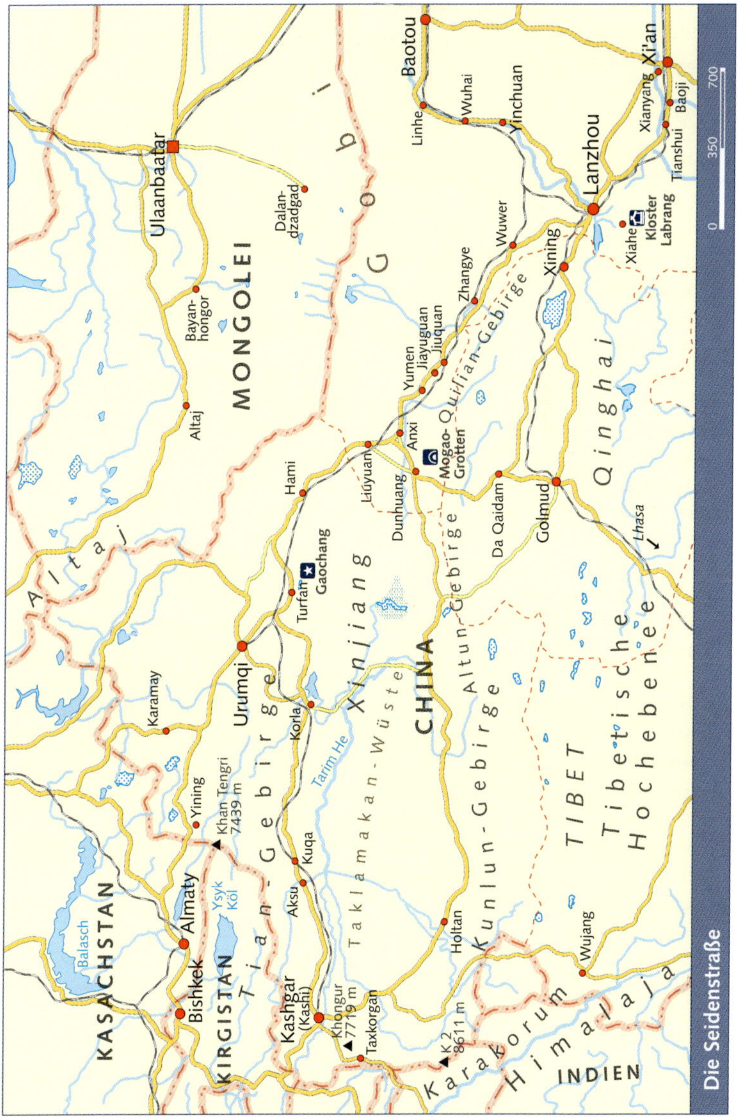

In der Wüste bei Dunhuang

kennt einen guten Masseur am Zielort. Doch das Erfahren, im wörtlichen Sinne, ist Teil des Erlebnisses Seidenstraße. Gönnen Sie sich die Muße und die Zeit für Chinas ›Wilden Westen‹.

Apropos Zeit: Interessanterweise besteht die chinesische Regierung auf einer einheitlichen Zeitzone in allen Landesteilen. Für die Bewohner der westlichen Gebiete bedeutet dies, dass die Sonne (theoretisch) erst am frühen Vormittag Beijinger Zeit aufgeht. Kein Wunder, dass so manch eine entlegene Siedlung klammheimlich ihre eigene Zeitrechnung einführte.

Kashgar

Lange ist es her, dass Kashgar (Kashi) 喀什 eine der wichtigsten Zwischenstationen der Seidenstraße war. Hier trafen die Süd- und die Nordroute nach der Durchquerung der Wüste Taklamakan zusammen, für die chinesische Welt war es der letzte Außenposten und für die arabischen Händler die erste Berührung mit dem Reich der Mitte. Mit dem Zerfall der Sowjetunion und der Öffnung der Grenzen nach Kasachstan, Tadschikistan und Usbekistan für den lokalen Handel kam auch Bewegung in das verschlafene Städtchen, dessen Bevölkerung zumeist uigurisch ist, mit einem steigenden Anteil von Han-Chinesen. Zwar sind die Zeiten vorbei, als sich Russen, Amerikaner und Engländer Anfang des 20. Jahrhunderts im politischen Schachspiel um die Erschließung der Ölvorkommen in Zentralasien nervös beäugten und einen Hauch von großer Welt nach Kashgar brachten, heute noch sichtbar in den jeweiligen Konsulaten. Die internationale Atmosphäre der Stadt mit ihren 190 000 Einwohnern ist jedoch auffällig, und neben Uiguren, Kasachen und Han-Chinesen findet man hier Händler aus Afghanistan, Pakistan und Russland, allerdings erstaunlich wenige Langnasen.

Mit dem 11. September 2001 ist auch hier der Tourismus aus dem Westen zum Erliegen gekommen, zuweilen verirrt sich der eine oder andere abenteuerlustige Radler nach der Überquerung des Karakorum Highway in die Stadt, einige Rucksacktouristen und selten eine Reisegruppe. Kashgar ist eine Stadt, die man auf sich wirken lassen muss, nicht schön, aber von einem archaischen Charme, den auch die modernen Einheitsbauten auf den Hauptstraßen nicht zerstören können. Leider wurden 2008 große Teile der Altstadt abgerissen und werden wohl in der inzwischen in China üblichen tourismus-kompatiblen Form wiederaufgebaut.

In Kasgar rührt sich auch zunehmend Widerstand unter radikalen Uiguren gegen die als Besatzer empfundenen Han-Chinesen. In den letzten Jahren gab es mehrere Bombenanschläge, und im Sommer 2008 warnte das Auswärtige Amt vor Reisen nach Kashgar. Auch wenn in der Regel für Ausländer keine akute Gefährdung besteht, empfiehlt sich vor der Reise nach Kashgar ein Blick auf die Seiten des Auswärtigen Amtes.

▲ Karte S. 497

Während es im Winter unangenehm kalt werden kann, ist die auf 1289 Metern Höhe gelegene Oase Kashgar im Sommer eine angenehme Erholung im Vergleich zum brütend warmen Wetter auf der restlichen Seidenstraße.

Sehenswürdigkeiten

Die Innenstadt von Kashgar ist recht übersichtlich, man kann die Stadt getrost zu Fuß erkunden. Die meisten Hotels vermieten einfache Räder chinesischer Bauart, so dass auch das Fahrrad eine gute Alternative ist. Eselskarren, einst das einzige ›öffentliche‹ Verkehrsmittel, dürfen leider tagsüber nicht mehr ins Stadtzentrum fahren.

Achten Sie bei Ihrer Reiseplanung auf jeden Fall darauf, dass Sie einen Sonntag in Kashgar verbringen. Der **Sonntagsmarkt** (Xingqiri Shichang 星期日市场) ist die größte Attraktion der Stadt. Auf dem knapp zehn Hektar großen Areal an der Aizilaiti Lu 艾孜来提路 im Nordosten der Stadt drängen sich jeden Sonntag etwa 50000 Menschen durch die engen Marktgassen. Während die ersten Händler bei Morgengrauen ihre Stände aufbauen, erreicht der Markt seinen Höhepunkt gegen die Mittagszeit. Es empfiehlt sich, am frühen Vormittag hier-

In Kashgar

Uigurische Familie

herzukommen, einen Einkaufsbummel durch die Marktstände zu machen und sich gegen 13 Uhr, wenn kaum ein Durchkommen durch die enggestellten Marktgässchen mehr ist, ein ruhiges Beobachtungsplätzchen zu suchen. Fotofreunde werden auf jeden Fall auf ihre Kosten kommen. Neben den Uiguren, die einen Großteil der Besucher ausmachen, kommen auch Kasachen, Tadschiken, Usbeken und Kaschmiri auf den Markt, oft in den entsprechenden Trachten. Auch das Angebot lässt das Herz des Souvenirjägers höher schlagen. Kunstvoll gewebte und bestickte Baumwoll- und Seidenstoffe, Schmuck, Teppiche, handgefertigte Lederschuhe, bestickte Hüte und Gewürze gehören neben allerlei Dingen des alltäglichen Bedarfs zum Angebot der mehreren tausend Stände und kleinen Läden. Für das leibliche Wohl ist ebenfalls gesorgt, Kebabstände, Garküchen und Bäckereien, meist nur ein tragbarer Kohleofen und eine Teigschüssel, gibt es reichlich. Der Sonntagsmarkt ist relativ leicht zu finden. Folgen Sie von der Stadtmitte aus einfach den Menschenmassen, wo diese sich aus allen Richtungen treffen, befindet sich der Markt, der sich allerdings zumeist bis in die anliegenden

Straßen und Gassen erstreckt. In dem Gedränge von Menschen, Ständen und Eselkarren kann man schnell den Überblick verlieren, achten Sie auf jeden Fall auch auf Taschendiebe.

In den letzten Jahren sind zuweilen mehr Touristen als Händler auf dem Sonntagsmarkt zu sehen. Eine weniger touristische Alternative ist der ebenfalls an Sonntagen stattfindende **Viehmarkt** vor den Toren der Stadt.

Kashgar hat etwa 90 Moscheen, von denen die meisten in der Kulturrevolution zerstört und in den letzten zwei Jahrzehnten wieder aufgebaut wurden. Die größte, die **Id-Kah-Moschee** 艾提尕尔清真寺, kann bis zu 20000 Gläubige aufnehmen und gehört zu den größten islamischen Gotteshäusern in China. Eine Besichtigung ist möglich, Männer wie Frauen sollten allerdings darauf achten, dass Arme und Beine bedeckt sind.

Um die Moschee gibt es eine Menge kleiner Garküchen, vor allem auf dem **Basar** an der einige Meter östlich verlaufenden Jiefang Beilu 解放北路, die einfaches, aber gutes uigurisches Essen anbieten. Auch der Nachtmarkt gegenüber der Moschee ist eine gute Adresse, um die lokalen Spezialitäten zu probieren.

Kashgar

Vorwahl: +86/998.

Post: Hauptpostamt in der Renmin Lu 人民路 40 in der Stadtmitte.

Bank: Bank of China, Renmin Xilu 人民西路 239.

Reisebüro: CITS Foreign Independent Traveller (FIT) hat ein Büro im ›Chini Bagh Hotel‹ in der Seman Lu 色满路 93.

Im Sommer gibt es tägliche Flüge nach Urumqi, im Winter viermal die Woche. Das Büro der Xinjiang Airline liegt in der Jiefang Nanlu 解放南 95.

Eine faszinierende Bahntrasse führt von Kashgar durch die Wüste Taklamakan nach Urumqi. Für die 1999 fertiggestellte Strecke benötigt der Zug zwischen 23 und 30 Stunden. Unterwegs hält er in Korla 库尔拉 und in Daheyan 大河沿, dem Bahnhof von Turfan 吐鲁番.

Während die Nonstop-Busse nach Urumqi, gerade angesichts der bequemen Zugverbindung kaum anzuraten sind, bietet Kashgar einige interessante internationale Busverbindungen nach Kirgistan und Pakistan (Visum erforderlich). Während die Strecke über den Torugart-Pass nach Kirgistan für westliche Ausländer nur im Rahmen einer organisierten Reise möglich ist (Buchung eines Autos mit Fahrer reicht), verkehren regelmäßige Busse von Kashgar nach Sost in Pakistan über den Karakorum Highway. Für die 500 Kilometer lange Strecke benötigt der Bus zwei Tage, Wasser und Proviant sollte man auf jeden Fall reichlich dabei haben.

Russisch oder Britisch? Beide ehemalige Konsulate sind heute zu Hotels umgebaut und verströmen immer noch ein wenig die Atmosphäre des ›Great Game‹.

Seman Hotel (Seman Binguan 色满宾馆), 1-3 Sterne, Seman Lu 色满路 170, Tel. 2552147, Fax 2552861. Zimmer für jeden Geldbeutel, vom Schlafsaal mit Gemeinschaftsbad bis

▶ Karte S. 497

hin zur Suite im ehemaligen Russischen Konsulatsgebäude.

Chini Bagh Hotel (Qiniwake Binguan 其尼瓦克宾馆), 3 Sterne, Seman Lu 色满路 93, Tel. 2842299, Fax 2823842. Fünfstöckiger Neubau, wo sich einst das Britische Konsulat befand. Mittelklassehotel mit Schlafsälen und Standarddoppelzimmern mit Bad/WC.

Sollten Sie Sehnsucht nach Brot haben, hier sind Sie richtig! Fladenbrote frisch aus dem Holzkohleofen werden überall an der Straße verkauft, ebenso wie Kebabspieße und handgezogene Nudeln (Lamian 拉面). Neben vielen kleinen Garküchen bieten das Seman Hotel und das Chini Bagh Hotel ausgezeichnetes uighurisches Essen.

John's Café (Yuehan Zhongxi Canting 约翰中西餐厅 www.johncafe.net) in der Nachbarschaft des Seman Hotels bietet gutes chinesisches und uigurisches Essen sowie eine englische Speisekarte.

Vor allem in der **Nähe der Id-Kah-Moschee** finden sich viele kleine und gute Restaurants mit uigurischer und chinesischer Kost.

Auf dem **Sonntagsmarkt** finden Sie Waren aus ganz Zentralasien. Neben Seide, Teppichen und Lederwaren sind die bestickten Hüte der verschiedenen Volksgruppen, handgefertigte und filigran verzierte Messer sowie Silber- und Goldschmiedearbeiten. Handeln ist nicht nur Tradition, sondern ein Muss auf den Märkten und in den Geschäften der Stadt.

Neben dem Sonntagsmarkt bietet sich die **Gegend um die Id-Kah-Moschee** für einen ausgedehnten Einkaufsbummel an. Die Antiquitäten- und Handwerksläden führen ausgezeichnete Ware zu teilweise exquisiten Preisen.

Urumqi

Urumqi 乌鲁木齐, die auf 700 Meter über dem Meeresspiegel gelegene Hauptstadt der Autonomen Region Xinjiang, ist eine der wenigen Städte in Chinas Nordwesten, in der die Bevölkerung vor allem aus Han-Chinesen besteht. Wunschziel war es nicht für die meisten Bewohner, die entweder in der Kulturrevolution nach Xinjiang geschickt wurden oder deren Abschlussnoten zu Zeiten der zentralen Jobvergabe nicht für einen lukrativen Posten in Ostchina gereicht haben. Hinzu kommen einige Glücksritter, die die Nähe zu Zentralasien dazu nutzen, allerlei legalen und weniger legalen Geschäften nachzugehen. Es gibt keine richtigen Sehenswürdigkeiten in Urumqi, die Stadt ist meistens nur Zwischenstation auf dem Weg von oder nach Kashgar oder zum Himmelsgebirge. Sieht man über die eintönige realsozialistische Architektur hinweg, in der einige wenige spiegel-

Frisches Fladenbrot

Der Himmelssee im gleichnamigen Gebirge

verglaste Hochhäuser wie Fremdkörper stehen, kann ein kurzer Entdeckungsspaziergang durch die Innenstadt durchaus lohnenswert sein. Urumqi ist einer der wichtigsten Verkehrsknotenpunkte entlang der Seidenstraße, das Stadtbild ist geprägt von Händlern aus Zentralasien, Ostchina und Russland. Nicht überraschend ist das Essensangebot der Stadt eines der variantenreichsten und interessantesten Chinas.

Etwa 115 Kilometer östlich von Urumqi liegt in den Bergen der **Himmelssee** (Tianchi 天池). Die Umgebung des klaren Sees auf knapp 2000 Metern Höhe bietet ausgezeichnete Wandermöglichkeiten in dem vor allem von kasachischen Nomaden bewohnten Bergland. Mehrtägige Trekkingtouren zum ganzjährig schneebedeckten **Himmelsgebirge** (Tianshan 天山), das sich über Kirgistan und Kasachstan bis nach Westchina erstreckt. Der höchste Berg im westlichen Tian Shan ist der 5445 Meter hohe ›Gipfel Gottes‹ (Bogeda Feng 博格达峰). Touren dorthin können vor Ort organisiert werden. Übernachtung am See in Yurten ist möglich. Busse von Urumqi zum Himmelssee fahren jeden Morgen gegen 9 Uhr vom Nordtor des Volksparks (Renmin Gongyuan Nanmen 人民公园北门) und benötigen knapp drei Stunden für die Strecke.

Urumqi

Vorwahl: +86/991.

Post: Das internationale Postamt befindet sich im Norden der Stadt an der Youhan-Kreuzung 友好路口.

Bank: Bank of China an der Ecke Jiefang Beilu 解放北路 und Minzu Lu 民族路.

Reisebüro: Mehrere Reiseagenturen im Lüyou Hotel (Lüyou Binguan 旅游宾馆) in der Xinhua Beilu 新华北路, unter anderem CITS.

Direktflüge gibt es in die Oasenstädte Kashgar, Aksu, Hotan und Korla. Tägliche Flüge nach Beijing, Shanghai, Chengdu, Chongqing, Langzhou, Guangzhou, Xi'an und Hongkong.

Internationale Direktverbindungen gibt es nach Almaty, Bishkek, Islamabad, Novosibirsk und Moskau (Visum erforderlich!).

Mit dem Ausbau der Eisenbahnlinie zwischen Lanzhou und Urumqi hat sich die Fahrzeit zwischen Urumqi und Ostchina um einiges verkürzt. Geduld braucht der Reisende trotzdem, auch wenn die Strecke entlang der Seidenstraße äußerst kurzweilig ist. Direktzüge verkehren nach Beijing (49 h), Shanghai (51 h), Lanzhou (30 h), Xi'an (44 h) und Dunhuang (14 h). Vor allem letztere Verbindung ist ebenso wie der Zug nach Kashgar sehr zu empfehlen.

Der Bahnhof liegt im Südwesten der Stadt an der Xibei Lu 西北路.

▶ Karte S. 497

Interessant sind vor allem die Busverbindung nach Turfan (3 h) und der internationale Bus nach Almaty in Kasachstan (Visum erforderlich). Busse fahren vom Fernbusbahnhof in der Heilongjiang Lu 黑龙江路 etwa einen Kilometer nördlich des Bahnhofs.

Hoi Tak Hotel (Haide Jiudian 海德酒店), 5 Sterne, Dongfeng Lu 东风路 1, Tel. 2322828. Bestes Haus am Platz in zentraler Lage.

Xinjiang Grand Hotel (Xinjiang Dajiudian 新疆), 4 Sterne, Xinhua Beilu 新华北路168, Tel. 2818788. Das ehemalige Holiday Inn Hotel ist immer noch eines der besten Hotels der Stadt.

Xinjiang Maitian International Youth Hostel (Xinjiang Maitian Guoji Qingnian Lüshe 新疆麦田国际青年旅社), 1 Stern, Youhao Nanlu 726 友好南路 726, Tel. 4591488, www.xjmaitian.com. Vor allem bei Rucksacktouristen beliebtes, einfaches Hotel mit Schlafsälen und Doppelzimmern mit Bad/WC.

Das Essen in Urumqi ist sicherlich das Beste an der ansonsten eher uninspirierten Stadt.

Eine gute Auswahl der verschiedenen Spezialitäten wie Fladenbrot mit Kebab (Nang 馕), Pilav (Zhuafan 抓饭) oder mit Lammfleisch gefüllte Teigtaschen (Yangrou Baozi 羊肉包子) findet man auf dem **Nachtmarkt** in der Wuyi Lu 五一路, etwa 500 Meter nordöstlich des Bahnhofs.

Turfan und Kashgar sind definitiv die besseren Orte, um Souvenirs zu kaufen. Kaufhäuser und Supermärkte gibt es im Stadtzentrum um den Volksplatz (Renmin Shichang 人民市场).

Turfan

Vor allem wenn Kashgar nicht auf Ihrer Reiseroute steht, ist der Besuch der auf Meereshöhe gelegenen Oasenstadt Turfan 吐鲁番 ein Muss. Wenig deutet heute darauf hin, dass die Turfan-Senke, deren niedrigster Punkt 154 Meter unter dem Meeresspiegel liegt, einst der strategisch wichtigste Ort der historischen Seidenstraße war. Hier, wo die damals wie heute gefürchtete Wüste Taklamakan beginnt, teilte sich die Handelsstraße in eine nördliche und eine südliche Route, die Städte Jiaohe 交河 und Gaochang 高昌, westlich beziehungsweise östlich von Turfan gelegen, waren einst mächtige Handelsstädte, die große Teile der heutigen Provinz Xinjiang kontrollierten. Von deren Ruhm und Glanz sind heute nur noch Ruinen übriggeblieben. Turfan selbst, eine vor allem von Uiguren bewohnte Oase mit 240000 Einwohnern, hat wenig Sehenswürdigkeiten, aber viel Atmosphäre zu bieten.

Ausflüge nach Jiaohe und Gaochang, zu den buddhistischen Höhlen von Bezeklik und den Flammenden Bergen (Huoyan Shan 火焰山) unternimmt man am besten von Turfan aus, so dass sich, auch wenn man Turfan als Tagesausflug von Urumqi aus besuchen könnte, mindestens zwei Übernachtungen in der Stadt empfehlen.

Klimatisch wartet Turfan mit gleich zwei Rekorden auf: Die Oase ist sowohl die heißeste als auch die trockenste Stadt Chinas. Sonnencreme und eine Kopfbe-

Minaret in Turfan

deckung sind bei sengender Sonne und Temperaturen bis knapp unter 50 Grad im Schatten ein Muss. Dank eines ausgeklügelten Bewässerungssystems, das in der Oase seit Jahrtausenden Landwirtschaft ermöglicht, ist Turfan berühmt für seine Trauben und für seinen Wein. Der in der Nähe von Turfan angebaute Cabernet Sauvignon der Marke ›Loulan‹ kann sich durchaus mit westlichem Wein messen und gehört zu Chinas besten Sorten.

Sehenswürdigkeiten

Das Zentrum der Oase umfasst einen knappen Quadratkilometer, man kann die Stadt also getrost zu Fuß bewältigen. Viele der Bürgersteige, vor allem entlang der Hauptstraßen **Qingnian Lu** 青年路 und **Wenhua Lu** 文化路 sind größtenteils mit Trauben überrankt, die willkommenen Schatten spenden. Die Mittagshitze sollte man im Sommer aber auf jeden Fall meiden und in einem der vielen kleinen Gartenrestaurants verbringen. Obwohl die größten Attraktionen Turfans außerhalb der Stadt liegen, empfiehlt sich ein kleiner Spaziergang durch die Straßen der Oase.

Von der Qingnian Lu, in der sich die meisten Hotels befinden, liegt in Richtung Osten die sogenannte **Altstadt**, dort, wo die chinesische Einheitsarchitektur langsam in die traditionellen uigurischen Häuser aus gestampftem Lehm übergeht. Während der ›chinesische‹ Teil Turfans zunehmend anderen chinesischen Kleinstädten gleicht, hat sich in der Altstadt noch viel der traditionellen Lebensweise erhalten. Ein besonderes Bewässerungssystem versorgt die Häuser mit Wasser, zu denen meist auch ein kleiner Garten gehört. Trauben werden hier angebaut, aber auch Melonen und Gemüse. In hohen, scheunenähnlichen Gebäuden mit winzigen Löchern in den Lehmwänden werden die Trauben zum Trocknen ausgelegt. Rosi-

▲ Karte S. 497

nen und Trockenfrüchte aus Turfan sind in ganz China bekannt. Sollten Sie unterwegs Hunger bekommen: Viele Haushalte verdienen sich ein kleines Zubrot, indem sie Fladenbrot und Bagels backen und zum Verkauf anbieten.

In entgegengesetzter Richtung, von der Qingnian Lu erst die Muna'er Lu 木纳尔路 und dann die Laocheng Lu 老城路 nach Osten, befindet sich der **Basar** von Turfan. Obwohl der Markt nicht mit dem Sonntagsmarkt in Kashgar zu vergleichen ist, tummeln sich hier an Wochenenden ebenfalls einige tausend Händler und potentielle Käufer, zumeist allerdings aus der Umgebung Turfans.

Mit etwas Glück findet sich auch hier das eine oder andere Souvenir, auch wenn das Warenangebot vor allem am alltäglichen Bedarf orientiert ist.

Ausflüge von Turfan

Das Oasis Hotel und das Turfan Hotel organisieren Tagesausflüge, die alle wichtigen Ausflugspunkte der Gegend abdecken. Alternativ kann man einen der Minibusse für ungefähr 250 Yuan (zuweilen nach zähem Handeln) am Tag mieten, die auf der Suche nach Kundschaft die Hauptstraßen entlangfahren.

Rosinen auf dem Basar von Turfan

Ruinen von Jiaohe

Der Ausflug in Richtung Westen zu den etwa acht Kilometer entfernten Ruinen von Jiaohe 交河 schließt zumeist eine Besichtigung des Bewässerungssystems der Stadt mit ein. Seit über 2000 Jahren versorgt das weitverzweigte Netz von unterirdischen Kanälen, den sogenannten ›Karez‹, vom Schmelzwasser des Himmelsgebirges gespeist, die Oase Turfan. Durch den unterirdischen Verlauf vor Verdunstung geschützt, ermöglichten die Karez überhaupt erst die Ansiedlung von Menschen in der extrem trockenen Turfan-Senke. Als vitales System wurde es von Generation zu Generation ausgebaut, die Gemeinde finanziert den Erhalt der Bewässerungskanäle, ohne die Turfan seiner Existenzgrundlage beraubt wäre. Es war die Zerstörung der Karez während einer Stammesfehde, die den Niedergang der nahegelegenen Stadt Gaochang 高昌 einleitete.

Man kann an den vom Sand glattgeschliffenen Ruinen der Festung Jiaohe noch viel der ehemaligen Struktur der Stadt erkennen. Von den Mongolen unter Dschingis Khan wurde sie im 13. Jahrhundert zerstört. Daraufhin verlagerte man das administrative Zentrum der Region nach Gaochang und überließ Jiaohe dem Zerfall. Geht man die Straßen der Ruinenstadt entlang, die auf einer von zwei Flüssen eingeschlossenen Klippe gebaut wurde, so kann man die Größe Jiaohes ermessen, das einst als Garnisonsstadt die Turfan-Senke kontrollierte und vom 2. bis ins 5. Jahrhundert Hauptstadt eines uigurischen Königreiches war.

Ruinen von Gaochang

Es wurde von der Stadt Gaochang abgelöst, die vom 7. bis ins 17. Jahrhundert wichtigste Stadt der Region war und

Kinder in Turfan

ihrerseits im 9. Jahrhundert Hauptstadt eines uigurischen Teilreiches war. Vieles weist daraufhin, dass die Struktur Gaochangs der damaligen chinesischen Hauptstadt Chang'an nachempfunden wurde. Mit der schwindenden Bedeutung der Seidenstraße als vitaler Verbindung zwischen Orient und Okzident lag auch Gaochang mit einem Male weitab der Verkehrsadern und wurde im 17. Jahrhundert in der bereits angesprochenen Stammesfehde vollständig zerstört. Auch wenn chinesische Archäologen in den letzen Jahren angefangen haben, Teile der Stadt zu rekonstruieren, sieht man in Gaochang wenig mehr als die Ahnung von einst stolzen Mauern.

Gräber von Astana

Wesentlich interessanter sind die Gräber von Astana (Asitana Gumuqu 阿斯塔那古幕区) einige Kilometer nordwestlich der Ruinenstadt. Hier war vermutlich der Begräbnisplatz Gaochangs, bis heute hat man etwa 400 Grabkammern gefunden. Einige der Gräber, deren Wandmalereien einen guten Einblick in die Kultur der damaligen Zeit geben, kann man besichtigen, in einem ist der mumifizierte Körper eines Verstorbenen ausgestellt.

▲ Karte S. 497

Höhlenkloster Bezeklik

Etwas nördlich von Astana, in einem engen Tal der Flammenden Berge, die sich tatsächlich wie steingewordene Flammen über der Turfan-Senke abzeichnen, liegt das buddhistische Höhlenkloster von Bezeklik (Baizikelike Qianfo Dong 柏孜克里克千佛洞). Leider ist von den einst prächtigen Wandmalereien nicht viel übriggeblieben. Maßgeblich dazu beigetragen haben westliche Archäologen, die in der Zeit vor dem Ersten Weltkrieg große Teile der wertvollen Bilder abtrugen und nach Europa brachten. Ein Großteil der Malereien von Bezeklik fand bei einem Bombenangriff auf das Völkerkundemuseum in Berlin während des Zweiten Weltkriegs ihr Ende.

Wenn Sie wollen, können Sie auf dem Rückweg nach Turfan einen Abstecher zum zweittiefsten Punkt der Erde machen (nach dem Toten Meer). Viel zu sehen gibt es am 154 Meter unter dem Meeresspiegel gelegenen **Aiding Hu** 艾丁湖, einem fast ausgetrockneten Salzsee, allerdings nicht. Einen Besuch wert ist allerdings das **Emin-Minaret** mit der dazugehörigen **Sugong-Moschee** (Sugongta 苏公塔) in den östlichen Außenbezirken Turfans.

Moschee in Turfan

Turfan

Vorwahl: +86/995.

Post: Postamt an der Laocheng Lu 老城路 im Westen der Stadt.

Bank: Bank of China, Laocheng Lu 18.

Reisebüro: CITS hat ein Büro im Oasis Hotel 绿洲宾馆 in der Qingnian Beilu 青年北路.

Der nächste Bahnhof ist Daheyan 大河沿, 58 Kilometer nördlich von Turfan. Minibusse zum Bahnhof fahren etwa alle halbe Stunde von der Busstation nördlich des Bazars und brauchen etwa 90 Minuten. Der Nachtzug nach Dunhuang stellt die beste Verbindung zwischen den beiden Städten dar, er fährt am frühen Abend. Direktverbindungen von Daheyan bestehen außerdem nach Kashgar.

Busse nach Urumqi fahren tagsüber etwa alle Stunde und brauchen knapp drei Stunden für die 155 Kilometer lange Strecke.

Oasis Hotel (Lüzhou Binguan 绿洲宾馆), 3 Sterne,Qingnian Beilu 青年北路 41, Tel. 852 24 91, www.the-silkroad.com. Stilvolles Hotel im Stadtzentrum, im lokalen Stil eingerichtete Zimmer.

Turfan Hotel (Tulufan Binguan 吐鲁番宾馆), 2 Sterne, Qingnian Nanlu 青年南路 2, Tel. 852 23 10. Mittelklassehotel im Süden des Stadtzentrums. Doppelzimmer mit Bad/WC sowie Schlafsäle mit öffentlichem Bad. Schöner Innenhof.

Neben dem Basar im Südosten der Stadt findet man ausgezeichnetes, wenn auch einfaches lokales Essen in den kleinen Restaurants entlang der **Laocheng Lu** 老城路 und der **Wenhua Lu** 文化路 sowie auf den vielen kleinen Nachtmärkten an allen größeren Kreuzungen der Innenstadt.

John's Information Café (Yuehan Zhongxi Canting 约翰中西餐厅) gegenüber dem Turfan Hotel hat chinesische, uigurische und westliche Speisen zu moderaten Preisen und den Vorteil einer englischsprachigen Speisekarte.

In den Hotels gibt es gute Restaurants, wenn auch preislich eher auf touristischem Niveau.

Auch wenn sich der Basar von Turfan nicht mit dem Sonntagsmarkt in Kashgar messen kann, findet man auch hier eine gute Auswahl an Stoffen, Schmuck und Teppichen. Wie überall in China und speziell entlang der Seidenstraße, ist Handeln absolut angesagt. Dinge des täglichen Bedarfs gibt es entlang der Qingnian Lu 青年路 und der Laocheng Lu 老城路.

Dunhuang

Gäbe es nicht die Mogao-Grotten 莫高窟 30 Kilometer östlich der Stadt, man würde Dunhuang 敦煌 heute nicht anmerken, dass sich hier einst eine der wichtigsten Handelsstationen der Seidenstraße befand. Nahezu während des gesamten ersten Jahrtausends wurden hier die Karawanen vor oder nach dem beschwerlichen Weg durch die Wüste umgeladen. Die Stadt Shazhou, unmittelbar westlich des heutigen Dunhuang

gelegen, war ein Hauptverbindungsglied zwischen dem Reich der Mitte und der restlichen Welt.
Heute ist Dunhuang ein verschlafenes Nest, das kaum Touristen sehen würde, gäbe es nicht die Sehenswürdigkeiten der Umgebung. Die Stadt kann man sich in einer guten Stunde erlaufen, im Innenstadtbereich zwischen der Huangcheng Lu 环城路 und der Yangguan Lu 阳关路 sind noch Reste der traditionellen Bebauung erhalten, auch der große Markt nahe dem Dang-Fluß 档河 im Westen der Stadt und das kleine Kreismuseum (Xian Bowuguan 县博物馆) an der Yangguan Donglu 阳关东路 sind einen kurzen Besuch wert.

Sanddünen bei Dunhuang

Mogao-Grotten

Über 1300 Jahre, von der nördlichen Wei-Dynastie im 4. Jahrhundert nach Christus bis hin zu den Restaurierungs- und Ergänzungsarbeiten der frühen Qing-Dynastie, arbeitete Generation um Generation, Dynastie nach Dynastie an den in einem kleinen Tal des Dachuan-Flusses gelegenen buddhistischen Mogao-Grotten. Dominant sind die Höhlen aus den Dynastien der Wei (4.–5. Jahrhundert), Sui (6. Jahrhundert), Tang (7.–10. Jahrhundert) und der Song (11.–12. Jahrhundert), deren unterschiedlicher Stil dem Besucher einen guten Überblick über die Entwicklung der buddhistischen Kunst entlang der Seidenstraße gibt. Während die Figuren der Wei-Grotten noch deutlich indischen Einfluss zeigen, nähern sich die Darstellungen über die Jahrhunderte immer mehr der chinesischen Ästhetik, bis hin zu den fast barock anmutenden Buddhadarstellungen der Qing-Dynastie.
Nachdem die Grotten in der späten Qing-Dynastie dem Zerfall anheim gegeben wurden und einige Höhlen zwischenzeitlich als Militärlager dienten, machte im Jahre 1900 der Fund von über 50 000 historischen Schriftrollen durch den daoistischen Mönch Wang Guolu die internationale Forschergemeinde auf die Höhlen von Dunhuang aufmerksam. Zwischen 1907 und 1930 kamen Forscher aus aller Welt, unter anderem der Engländer Aurel Stein, der Franzose Paul Pelliot und der Russe Sergej Oldenburg nach Dunhuang und brachten unschätzbare Werte in ihren Besitz, die heute zumeist in Museen in London, Paris und St. Petersburg ausgestellt sind.
Der Ausverkauf nationaler Kulturgüter und die drohende weitere Zerstörung der Mogao-Grotten rief die chinesischen Behörden auf den Plan. Nach Gründung der Volksrepublik 1949 begannen die Restaurationsarbeiten an den Grotten, die teilweise bis heute andauern, Anfang der 1960er Jahre jedoch weitgehend abgeschlossen waren. Seit 1961 steht die Anlage unter direktem Schutz der Beijinger Regierung, während der Kulturrevolution hielt der damalige Premier Zhou Enlai seine schützende Hand über die Grotten und bewahrte sie somit vor der Zerstörung durch die Roten Garden.

▲ Karte S. 497

Neben den meist kleinen und mittelgroßen Grotten und Nischen beinhalten die Höhlen Nr. 96, 130 und 158 große, durch hölzerne Überbauten vor Witterungseinflüssen geschützte Buddhafiguren, in Höhle 158 eine 16 Meter lange Darstellung des liegenden, ins Nirwana eingehenden historischen Buddhas im Kreise seiner Gefolgsleute. Außer den figürlichen Darstellungen sind vor allem die Malereien von großem Interesse, die die Wände der meisten Grotten bedecken. Sie reichen oft bis zur Decke und bilden eine Stilbreite von figürlichen bis fast abstrakten Darstellungen ab, die man so in keinem anderen der buddhistischen Höhlenklöster entlang der Seidenstraße findet.

Die Gesamtanlage umfasst knapp 500 Höhlen und Nischen, von denen allerdings, vor allem aus konservatorischen Gründen, nicht alle der Öffentlichkeit zugänglich sind. Es empfiehlt sich unbedingt, die Dienste eines Führers in Anspruch zu nehmen; auch die Buchung eines deutschsprachigen Führers ist möglich. Für die Besichtigung sollte man mindestens einen ganzen Tag einplanen. Mehrere kleine Restaurants am Eingang der Anlage bieten einfaches Essen und Getränke an. Jeden Morgen um 8 Uhr fährt ein Bus vom Feitian Hotel zu den Grotten, ein Minibus oder ein Taxi kostet ca. 100 Yuan.

■ Die Singenden Sanddünen

Neben den Mogao-Grotten sind die Dünen des Singenden Sandes (Mingsha Shan 鸣沙山) die zweite große Attraktion Dunhuangs. Auch wenn die teilweise einige hundert Meter hohen Dünen sechs Kilometer südlich der Stadt eindrucksvoll sind und man einen phantastischen Blick auf Dunhuang und die Umgebung hat, ist die Volksfestatmosphäre rund um das abgezäunte Areal für den westlichen Besucher nicht so richtig nachzuvollziehen. Schön ist der Blick zurück auf den Mondsichelsee. Zu den Aktivitäten gehört neben Kamelreiten und Sandsurfen auch Paragliding.

Man kann aber auch in Ruhe eine der Dünen ersteigen und den Sonnenuntergang über der Wüste genießen. Die Dünen erreicht man mit dem Taxi oder dem Fahrrad. Die flache Strecke durch die Wüste ist vor allem am späten Nachmittag sehr angenehm zu radeln. Das ›Feitian Hotel‹ verleiht Fahrräder für 2 Yuan die Stunde.

Dunhuang

Vorwahl: +86/937.

Post: Hauptpostamt ab der Ecke Yangguan Zhonglu 阳关中路 und Shanzhou Beilu 山州北路.

Bank: Bank of China, Yangguan Zhonglu gegenüber der Gasse Wenmiao Xiang 文庙巷.

Reisebüro: CITS hat ein Büro im ›Dunhuang Hotel‹ (Dunhuang Binguan 敦煌宾馆), Tel. 882 30 12.

Der Flughafen liegt etwa 13 Kilometer außerhalb der Stadt auf dem Weg zu den Mogao-Grotten. In der Sommersaison gibt es Direktflüge nach Xi'an, Lanzhou, Beijing, Urumqi und Jiayuguan, im Winter nur nach Xi'an und Lanzhou. Air China hat ein Büro in der Yangguan Donglu 阳关东路, Tel. 882 23 89.

Seit 2007 hat Dunhuang auch einen eigenen Bahnhof, der im Osten der Stadt auf halbem Weg zum Flughafen liegt. Hier gehen allerdings nur wenige

Züge ab, unter anderem nach Lanzhou/Xi'an (14,5 h) und Jiayuguan (5 h) Ein weiterer Bahnhof befindet sich 130 Kilometer entfernt in Liuyuan 柳园. Von hier gibt es deutlich mehr Verbindungen. Durchgehende Züge gibt es nach Turfan (8 h), Urumqi (11 h), Lanzhou (11 h), außerdem nach Beijing (32 h), Xi'an (19 h) und Shanghai (35 h).

Alle Busse fahren ab der Busstation an der Ecke Huancheng Nanlu 环城南路 und Mingshan Lu 鸣山路. Busse nach Liuyuan zum Bahnhof fahren alle halbe Stunde, weitere Busverbindungen gibt es nach Jiayuguan (7h) und Lanzhou (22 h). Bei letzterer Verbindung ist allerdings der Zug vorzuziehen. Der Bus nach Golmud in der Provinz Qinghai fährt über einen 4000 Meter hohen Pass und braucht zwischen 12 und 18 Stunden. Diese Route ist auf keinen Fall zu empfehlen, außer man möchte nach Tibet weiterfahren.

Silk Road Dunhuang Hotel (Dunhuang Shanzhuang 敦煌山庄), 3 Sterne, Dunyue Lu 敦月路, Tel. 888 20 88, Fax 888 20 86 www.the-silk-road.com. Im lokalen Stil gebautes Hotel der gehobenen Mittelklasse, etwas außerhalb der Stadtzentrums. Vom Dachcafé hat man den besten Blick auf die Singenden Dühnen bei Sonnenuntergang.

Dunhuang Hotel (Dunhuang Binguan 敦煌宾馆), 3 Sterne, Yangguan Donglu 阳关东路 14, Tel. 882 24 15, Fax 882 23 09. Gutes Mittelklassehotel im Stadtzentrum mit schöner Gartenanlage.

Feitian Hotel (Feitian Binguan 飞天宾馆), 2 Sterne, Mingshan Lu 鸣山路, Tel. 882 23 37. Zentral gelegenes Hotel mit günstigen Doppelzimmern sowie Schlafsälen.

Wie zumeist in Chinas kleineren Orten, ist der **Nachtmarkt** (Dunhuang Yeshi 敦煌夜市) die beste Option, wenn es um gutes und preiswertes Essen geht. Südlich der Yangguan Donglu 阳关东路, gegenüber dem Kreismuseum (Xian Bowuguan 县博物馆) gelegen, wetteifern hier auf einem kleinen Platz gut ein Dutzend Restaurants um die Gunst der Kunden, und bieten Nudeln, Teigtaschen und Gegrilltes an.

Charlie Johng's Café (Fengwei Canting 风味餐厅), an der Mingshan Lu beim Feitian Hotel gelegen, hat eine englische Speisekarte und bietet einfaches westliches und chinesisches Essen.

Jiayuguan

▲ Karte S. 497

In Jiayuguan 嘉峪关 war für die Chinesen lange Zeit die Welt zu Ende. Das Fort am westlichen Ende der Großen Mauer entließ die Reisenden ins Ungewisse, wo sie den Elementen, den Räuberbanden und der kulturellen Barbarei ausgeliefert waren. Auch wenn sich das chinesische Territorium zumeist um einiges weiter in Richtung Westen erstreckte, war das im Jahre 1372 erbaute Jiayuguan dennoch lange Zeit die letzte befestigte Militärgarnison. Die restaurierte Anlage kann man heute als Tagesausflug von der gleichnamigen Stadt an der Eisenbahnlinie Xi'an–Dunhuang–Turfan–Urumqi besichtigen.

Die Züge auf der Seidenstraße fahren in unmittelbarer Nähe an dem Fort vorbei, das vor den schneebedeckten Bergen des knapp 4000 Meter hohen Hei-Gebirges (Heishan 黑山) ein lohneswertes Fotomotiv aus dem Zugfenster darstellt.

Jiayuguan

Übernachtungsmöglichkeiten gibt es im Zentrum der Stadt Jiayuguan, unter anderem im **Jiayuguan Hotel** (Jiayuguan Binguan 嘉峪关宾馆, Tel. 0947/6226231).

Alternativ können Sie auch im einfachen, aber stilvoll gestalteten **Taihe Shanzhuang** 泰和山庄, Tel. 0937/6396622, bjyggch@public.lz.gs.cn, direkt am Hintereingang des Forts, übernachten.

Lanzhou

Lanzhou 兰州 besuchen nicht viele Touristen, geschweige denn Reisende aus dem westlichen Ausland. Wundern Sie sich also nicht, wenn Sie angestarrt werden, hier sind europäische Besucher selbst die Attraktion in einer ansonsten an Attraktionen armen Stadt. Lanzhou ist vor allem eine Durchgangsstation, Umsteigebahnhof nach Xining in der Provinz Qinghai, nach Xiahe und ins tibetische Grasland. Sollten Sie ein wenig Zeit mitbringen, machen Sie einen kleinen Spaziergang durch die Straßen der Innenstadt. Das erfrischend untouristische Ambiente Lanzhous mit seinen Märkten und Garküchen macht einen halbtägigen Aufenthalt in der Stadt zu einer angenehmen Angelegenheit.

Und mit dem **Provinzmuseum** (Gansu Sheng Bowuguan 甘肃省博物馆) hat die Stadt dann doch noch eine erstklassige Sehenswürdigkeit zu bieten. Das Museum hat einige außergewöhnliche Ausstellungsstücke zur Seidenstraße, darunter das berühmte ›Fliegende Pferd von Wuwei‹, sowie eine kleine, aber feine Ausstellung von Dinosaurierfossilien und befindet sich in der Xijin Xilu 西津西路. Einen ersten Überblick bekommen Sie unter www.gansumuseum.com.

Lanzhou

Vorwahl: +86/931.

Post: Ecke Minzhu Lu 民主路 und Ping-liang Lu 平凉路.

Bank: Bank of China, Tianshui Lu 天水路.

Reisebüro: CITS hat ein Büro im zweiten Stock des Lüyou Dasha 旅游大厦 in der Nongmin Xiang 农民巷.

Direktflüge nach Beijing, Shanghai, Chengdu, Guang-zhou, Urumqi, Kunming und Shenzhen. Die Airline China Northwest hat ein Büro in der Donggang Xilu 东岗西路, Tel. 8821964. Der Flughafen liegt 90 Kilometer nördlich der Stadt. Shuttlebusse verkehren vom Büro der China Northwest.

Interessante Zugverbindungen unter anderem nach Xi'an, Urumqi, Xining, Shanghai, Jiayuguan und Chengdu. Der Bahnhof befindet sich am südwestlichen Ende der Tianshui Lu.

Es gibt zwei Busstationen in Lanzhou. Vom Westbahnhof an der Xijin Xilu fahren Busse nach Linxia, Xiahe und Dunhuang. Der Ostbahnhof in der Pingliang Lu 平凉路 bedient Xi'an und Tianshui. Wie in Sichuan ist der Kauf einer Reiseversicherung mit dem Busticket obligatorisch.

Lanzhou Legend Hotel (Lanzhou

Feitian Dajiudian 兰州飞天大酒店), 4 Sterne, Tian-shui Lu 天水路 599, Tel. 8882876. Luxushotel im Stadtzentrum.

Friendship Hotel (Youyi Binguan 友谊宾馆), 3 Sterne, Xijin Xilu 西津西路 16, Tel. 2333051, Fax 2333051. Ruhig gelegenes Mittelklassehotel etwas außerhalb des Stadtkerns, preisgünstige Doppelzimmer im alten ›sozialistischen Flügel‹.

Lanzhou Hotel (Lanzhou Fandian 兰州饭店), 3 Sterne, Donggang Xilu 东岗西路 434, Tel. 8636321, Fax 8418608. Renoviertes Hotel aus den Zeiten, als Stalin noch zu den Freunden Chinas gehörte, dennoch nicht ohne Charme. Dreibettzimmer und Doppelzimmer mit Bad/WC.

Ausgezeichnetes Essen findet man auf den **Straßenmärkten** der Stadt, die zu den besten Chinas gehören. Lanzhou liegt an der Trennlinie zwischen dem chinesischen Kernland und der Seidenstraße, und das merkt man dem lokalen Essen auf das Angenehmste an. Empfehlenswert sind die Garküchen entlang der **Nongmin Xiang** 农民巷, einer kleinen Seitengasse der Donggang Xilu 东岗西路.

Das **Baisuiji** 百岁鸡, wörtlich ›Hundert-Jahre-Altes-Huhn‹, etwa 50 Meter westlich der Kreuzung von Donggang Xilu und Tianshui Lu 天水路, gehört zu einer Kette von Feuertopf-Restaurants, die eine Art Hühnerfondue mit Gewürzen anbieten, eine lokale Spezialität.

Probieren Sie auch, wofür Lanzhou berühmt ist: handgemachte Nudeln mit Rindfleisch, Niurou Lamian 牛肉拉面.

Xiahe

An der Grenze zum tibetischen Grasland gelegen, ist Xiahe 夏河 bereits deutlich von der tibetischen Kultur beeinflusst. Wie die Provinz Qinghai, Teile von Nord-Yunnan und Nord-Sichuan gehörte die Gegend um Xiahe zum Einflussbereich des eher beijingfreundlichen Panchen Lamas, Gebiete, die nach der Besetzung Tibets im Jahre 1950 den Provinzen Yunnan, Sichuan, Gansu und Qinghai zugeschlagen wurden. Mehr als 50 Prozent der Bevölkerung Xiahes sind Tibeter, aber auch der islamische Einfluss ist deutlich spürbar: Die Hui (chinesische Moslems) machen immerhin zehn Prozent der Bewohner Xiahes aus.

Schalmeispieler

Seit den Unruhen im Frühjahr 2008 ist Xiahe zuweilen für Individualtouristen geschlossen. Es empfiehlt sich, vor der Abreise bei der chinesischen Botschaft nachzufragen.

Kloster Labrang

Xiahe ist eigentlich keine Stadt, sondern eine Ansammlung von han-chinesischen Siedlungen und tibetischen Dörfern

Karte S. 497

Tibetische Nomaden

rund um das Kloster Labrang (Labulang Si 拉卜楞寺). Die 1709 errichtete Anlage ist eines der größten lamaistischen Klöster außerhalb Tibets und ist, nachdem es in der Kulturrevolution fast vollständig zerstört wurde, heute wieder Zentrum des tibetischen Buddhismus in Nordchina. 1200 Mönche leben in dem fast einen Quadratkilometer großen Klosterareal, verglichen mit 4000 Mönchen vor 1949. Da sich in den letzten Jahren zunehmend der alte Brauch wieder durchsetzt, dass ein Sohn aus jeder tibetischen Familie ins Kloster gehen sollte, und viele Familien ihre Kinder in das Kloster schicken, um ihnen eine Ausbildung zu ermöglichen, ist die Zahl der Mönche jedoch wieder ansteigend. Auch wenn der Eintritt zu der Klosteranlage frei ist, ist eine Besichtigung der Hauptgebäude nur in Form einer Führung möglich. Ein englischsprachiger Führer lässt sich am Kassenhäuschen im Zentrum des Areals organisieren.

Tibetisches Grasland

Neben der Besichtigung des Labrang-Klosters empfiehlt sich ein Ausflug in das tibetische Grasland, das jenseits der Stadtgrenzen beginnt. Etwa 14 Kilometer westlich der Stadt liegt das Sangke-Grasland (Sangke Caoyuan 桑科草原). Tibetische Nomaden schlagen hier im Sommer ihre Zelte auf und weiden ihre Yak-Herden. Während der Sommermonate ist es möglich, hier in Yurten zu übernachten, organisiert durch das Labrang Hotel. Das Sangke-Grasland erreichen Sie mit dem Taxi, dem Tuk-Tuk oder dem Rad. Für letztere Art der Fortbewegung sollten Sie gute Kondition mitbringen. Xiahe liegt auf knapp 3000 Metern Höhe. Wundern Sie sich nicht, wenn Ihnen nach wenigen Metern die Luft ausgeht. Leihräder gibt es in den meisten Hotels und einigen Restaurants.

Xiahe

Vorwahl: +86/941.

Post/Bank: Erledigen Sie besser in Lanzhou.

Reisebüro: CITS hat ein Büro im Labrang Hotel.

Busverbindungen gibt es nach Linxia 临夏, Lanzhou 兰州 und nach Sichuan über Hezuo 合作. Der Busbahnhof liegt am östlichen Ortsausgang. Die Strecke nach Chengdu über Hezuo, Langmusi 朗木寺, Zoige (Ruogai 若盖) und Songpan 松潘 führt zum größten Teil durch das tibetische Grasland und beinhaltet einige über 4000 Meter hohe Pässe. Gute Gesundheit und noch bessere Bandscheiben sind unbedingte Voraussetzung, sollten Sie diese Fahrt planen, die drei bis vier Tage dauert.

Labrang Hotel (Labulang Binguan 拉卜楞宾馆), 1 Stern, Tel. 712 18 49. Ruhig gelegenes Hotel etwa drei Kilometer außerhalb des Stadtzentrums.

Overseas Tibetan Hotel (Huaqiao Binguan 华侨宾馆), 1 Stern, Renmin Xijie 人民西街 77, Tel. 7122642. Einfaches, aber sauberes Hotel im Zentrum, sowohl Schlafsäle als auch Doppelzimmer mit Bad/WC.

Tara Guesthouse (Zhouma Lüshe 卓玛旅社), Renmin Jie 人民街 75, Tel. 7121274. Einfaches Hotel im Zentrum, Schlafsäle und Doppelzimmer jeweils mit Gemeinschaftsbad.

Entlang der Hauptstraße (Renmin Jie 人民街) bieten die meisten Restaurants eine Mischung aus chinesischer und tibetischer Kost. Während Tsampa (gemahlene Hirse) und Buttertee nicht jedermanns Sache sind, stellen tibetische Maultaschen (Momos) und Yak-Milch-Joghurt eine interessante Abwechslung zur chinesischen Kost dar. Ausgezeichnetes tibetisches Essen bekommt man im **Xueyu Restaurant** (Xueyu Canting 雪域餐厅) in der Renmin Xijie 人民西街, in der Nähe der östlichen Gebetsmühlen des Klosters Labrang.

Tibetisches Kunsthandwerk finden Sie in einigen Geschäften entlang der Renmin Jie, unter anderem Teetassen aus Silber und Holz, Schals, Yakfelle und Schmuck.

Ausflug mit Kamelen

Karte S. 497

Sprachführer

Fremde Phonetik und verzwickte Tonhöhen – kein Wunder, dass der Versuch, sich auf Chinesisch zu unterhalten, hin und wieder trotz sprachlicher Anleitung nicht immer klappen will. Wenn Sie allzu ungläubiges Staunen ernten oder verhaltenes Gelächter, deuten Sie einfach auf die geschrieben Sätze. Einen verbalen Versuch ist es aber allemal wert, denn die meisten Chinesen freuen sich über einen ehrlichen Ansatz, sich mit der Landessprache auseinanderzusetzen.
Im nachfolgenden Sprachteil wird die Pinyin-Umschrift verwendet, die auch in den meisten deutsch-chinesischen Wörterbüchern zu finden ist.
Die Akzente auf den Vokalen zeigen die Tonhöhe an. Für nähere Erläuterungen dazu siehe S. 106

Pinyin-Umschrift	Aussprache
a	lang, wie in ›Krater‹
ai	wie in ›Mainz‹
an	wie in ›Kanne‹, nach i, u, y als ›än‹ wie in ›Länder‹
ang	wie in ›Klang‹
ao	wie ›au‹ in ›Traum‹
b	wie in ›Baum‹
c	wie ›st‹ in ›stets‹
ch	wie ›tsch‹ in ›deutsch‹
d	wie in ›Donner‹
e	wie das ›e‹ in‹ Ende‹, nach i, u, y wie in ›hätte‹
ei	als ›äi‹ wie in ›Layout‹
en	sehr kurz, wie in ›leben‹
eng	sehr kurz, also wie ein Mischung aus e und ö + ng
er	wie im engl. Wort ›mirror‹
f	wie in ›Freund‹
g	wie in ›Regen‹
h	wie in ›wach‹
i	am Wortende wie in ›Biber‹, in der Wortmitte wie in ›wirken‹, nach c, ch, r, s, sh, z, zh sehr kurz, wie eine Mischung aus einem kurzen e und einem ö
j	wie ›dj‹, wie in ›Rundjahr‹
k	wie in ›kalt‹ (aspiriert)
l	wie in ›links‹
m	wie in ›Mann‹
n	wie in ›Name‹
o	wie in ›konnte‹
ong	wie ›ung‹ in ›Wirkung‹
ou	wie im engl. Wort ›go‹

Pinyin-Umschrift	Aussprache
p	wie in ›Pilz‹ (aspiriert)
q	wie ›tj‹ in ›tja!‹ (aspiriert)
r	wie im engl. Wort ›right‹
s	stimmlos wie in ›Nuss‹
sh	stimmlos wie in ›Schirm‹
t	wie in ›Tier‹ (aspiriert)
u	wie in ›im Nu‹, nach y wie ›ü‹ wie in ›Hürde‹
w	wie im engl. Wort ›water‹
x	wie ›ch‹ in ›kichern‹
y	wie ›j‹ in ›Maya‹
z	›ds‹ wie der Fluss ›Hudson‹
zh	stimmhaft wie in ›Dschungel‹

Begrüßungen und allgemeine Floskeln

Guten Tag, Hallo!	nǐ hǎo	你好
Guten Abend/Gute Nacht!	wǎn'ān	晚安
Guten Morgen!	zāo'ān	早安
Auf Wiedersehen!	zàijiàn	再见
Hallo!	wèi !	喂
Bis morgen!	mingtiān jiàn	明天见
Willkommen!	huānyíng	欢迎欢迎
Bitte!	qǐng	请
Danke!	xièxiè	谢谢
Nichts zu danken!	bu yòng xiè	不用谢
Keine Ursache, macht nichts	méi guānxi	没关系
Entschuldigung!	duìbùqǐ	对不起
ja (so ist es)	shì	是
nein, nicht	bù	不
richtig	duì	对

Konversation

Woher kommen Sie?	nǐ shì cóng nǎli láide?	你是从哪里来的?
Wie heißen Sie?	nǐ jiào shénme míngzi?	你叫什么名字?
Erfreut, Sie kennenzulernen.	gāoxing rènshi nǐ	高兴认识你

Das ist meine Ehefrau (Ehemann).	Zhè shì wǒde tàitài (zhàngfu)	这是我的太太 (丈夫)
Herr Wang	Wang xiānshēng	王先生
Frau Wang	Wang nüshí	王女士
Fräulein (auch im Service)	xǐaojie	小姐
Ich heiße...	wǒ jiào ...	我叫 ...
Ich komme aus ...	wǒ shì cóng ... lái de	我是从... 来的
Ich bin Deutsche/r (Österreicher, Schweizer).	wǒ shì déguórén (ào-dìlìrén, ruìshìrén)	我是德国人(奥地利人, 瑞士人)
Wo ist...?	... zài nǎli	... 在那里?
Ich verstehe nicht.	wǒ ting bù dǒng	我听不懂
Ich spreche kein Chinesisch.	wǒ bu huì jiǎng zhōngwén	我不会将中文
Sprechen Sie Englisch (Deutsch)?	nǐ huì bu huì jiǎng yingwén (déwén) ma?	你会不会将英文 (德文) 马?
Könnten Sie das bitte wiederholen?	qǐng nǐ zài shuō yi xià	请你再说一下
Ich habe mich verlaufen.	wǒ mílù le	我迷路了
Einen Moment bitte!	qǐng děng yi xia	请你等一下

Länder

Deutschland	déguó	德国
Österreich	aòdìlì	奥地利
Schweiz	ruìshì	瑞士
Luxemburg	lusēnbào	卢森堡

Einkaufen

Wo bitte gibt es ein Kaufhaus?	zài nǎli yǒu yi gè bǎihuò shāngdiàn	在哪里有一个百货商店
Supermarkt	chāojí shìchǎng	超级市场
Kiosk	xiǎomǎibu	小卖部
Was kostet das?	zhèigè duōshǎo qián	这个多少钱
Ich möchte das da kaufen.	wǒ yào mǎi zhèigè	我要买这个
Kann ich das da mal sehen?	kěyǐ kàn yi xià zhèigè	可以看一下这个

Das ist zu teuer.	Zhèigè tài guì	这个太贵
Gehen Sie mit dem Preis ein wenig runter!	nǐ yào bu yào dì yi diàn	你要不要底一点
Ich möchte das nicht kaufen!	wǒ bu yào mǎi zhèigè	我不要卖这个
Ich möchte mich nur umschauen.	wǒ zhǐ yào kàn yi kàn	我只要看一看
Wo gibt es...?	zài nǎli yǒu	在哪里有 ...
etwas, ein wenig	yidiàn	一点
etwas mehr	duō yi diàn	多一点
etwas weniger	shǎo yi diàn	少一点
zuviel	tài duō	太多
zu wenig	tài shǎo	太少
Kleidung	yifu	衣服
Schuhe	xiézi	鞋子
Kosmetika	huàzhuāng	化妆
Lebensmittel	shíwù	食物
Papier	zhǐ	纸
Briefmarken	yóupiào	邮片
ausländische Zeitschriften	wàiwén zázhì	外文杂志
ausländische Bücher	wàiwén shu	外文书
Getränke	yǐnliào	饮料

Post/Bank/Telefon

Ich möchter diesen Brief nach Deutschland schicken.	wǒ yào fā zhèigè xìn dào déguó	我要发这个信到德国
Ich möchte dieses Päckchen nach Deutschland schicken.	wǒ yào fā zhèigè bāoguǒ dào déguó	我要发这个包裹到德国
Briefmarken	yóupiào	邮票
Luftpost	hángkōng	航空
Seeweg	háiyùn	海运
Landweg	lùyùn	陆运

Wo ist das internationale Postamt?	guōjí yóuju zài nǎli?	国际邮局在那里?
Bank	yínháng	银行
Ich möchte Geld wechseln.	wǒ yào huàn qián	我要换钱
Telefon	diànhuà	电话
Fax	chuánzhēn	传真
Ich möchte telefonieren.	wǒ yào dǎ diànhuà	哦要打电话

Verkehr/im Taxi

Auto	qìchē	汽车
Taxi	chūzūqìchē	出租汽车
Fahrrad	zìxíngchē	自行车
Ich möchte ein Fahrrad mieten.	wǒ xǐang zū yi liàng zìxíngchē	我想租一辆自行车
Bus	gōnggòng qìchē	公共汽车
Zug	huǒchē	火车
Bahnhof	huǒchēzhàn	火车站
Ich möchte ein Zugticket kaufen nach ...	wǒ yào mǎi yi zhang dào ... de huǒchēpiaò	我要买一张到 ... 的火车票
Softsleeper-Ticket	rǔanwò-piaò	软卧票
Softseater-Ticket	ruǎnzuò piaò	软座票
Hardsleeper-Ticket	yìngwò piaò	硬卧票
Hardseater-Ticket	yìngzuò piaò	硬座票
Flughafen	jicháng	机场
Hafen	mǎtou	码头
Bitte benutzen Sie das Taxometer.	qǐng nǐ dǎ biǎo	请你打表
Ich möchte nach...	wǒ yào qù ...	我要去...
Bitte halten Sie hier!	qǐng nǐ zài zhèli tíng	请你在这里停

Gesundheitliches

Ich fühle mich nicht wohl.	wǒ bù shūfu	我不舒服
Ich brauche einen Arzt.	wǒ xǔyào yigè yishěng	我需要一个医生

Apotheke	yàodiàn	药店
Krankenhaus	yiyuàn	医院
Chinesische Medizin	zhōng yào	中药

Im Restaurant/Hotel

Restaurant	fàndiàn	饭店
Speisesaal	cānting	餐厅
Wo ist die Toilette?	cèsuǒ zài nǎli?	厕所在那里?
Männer	nán cèsu ˇ	男厕所
Frauen	nü cèsuǒ	女厕所
Bitte bringen Sie die Speisekarte.	qǐng nǐ gěi wǒ kàn yi xià càidān	请你给我看一下菜单
Haben Sie eine englische Speisekarte?	yǒu méi yǒu yingwén càidān?	你有没有英文菜单?
Zahlen bitte!	jiézhàng	结账
Bitte bringen Sie eine Gabel.	qǐng nǐ lái yi gè chāzi	请你来一个叉子
Haben Sie Einweg-Stäbchen?	yǒu méi yǒu wèishēng kuàizi?	有没有卫生筷子?
Rindfleisch	niúròu	牛肉
Schweinefleisch	zhūròu	猪肉
Hühnerfleisch	jīròu	鸡肉
Fisch	yú	鱼
Meeresfrüchte	hǎixiān	海鲜
Gemüse	sùcài	素菜
Reis	báifàn	白饭
gebratener Reis	chǎofàn	炒饭
Nudeln	miàn	面条
gebratene Nudeln	chǎomiàn	炒面
Brot	miànbāo	面包
Salz	yán	盐
Zucker	táng	糖

zu scharf!	tài làde	太辣的
Obst	shuǐgu	水果
sehr lecker!	fēichāng hǎochi!	非常好吃!
Hotel	lüguǎn, binguǎn	旅馆，宾馆
Schlüssel	yàoshi	钥匙
Bitte bringen Sie abgekochtes Wasser.	qǐng nǐ lái kāishuǐ	请你来开水
Bitte machen Sie das Zimmer sauber.	qǐng nǐ dǎcǎo yixià fángjiān	请你打扫一下房间

Diese Gerichte finden Sie im ganzen Land auf (fast) jeder Speisekarte:

gebratenes Gemüse	chǎo shūcài	炒蔬菜
gebratene Nudeln mit etwas Gemüse und Schwein	chǎo miàn	炒面
Huhn mit Erdnüssen und Chili	gōngbǎo jīdìng	宫保鸡丁
süß-saures Schweinefleisch	gǔlǎoròu	古老肉
Fisch im Sud aus Sojasoße und Reiswein	hóngshāo yú	红烧鱼
Tofu in sehr scharfer Chilisoße	málà dòufu	麻辣豆腐
Tofu mit Hackfleischsoße	mápó dòufu	麻婆豆腐
Rindfleisch mit grünem Paprika	qingjiāo niúròu	青椒牛肉
Knusprig fritiertes Hühnerfleisch	xiāngsu jī	香酥鸡
gebratene Tomaten mit Ei	xīhóngshì chǎodàn	西红柿炒蛋
kantonesischer Reis mit Erbsen, Ei und Schinken	guāngdōng chǎofàn	广东炒饭
›Die Ameisen krabbeln auf den Baum‹ (Glasnudeln mit scharfer Hackfleischsoße)	máyǐ shàng shù	蚂蚁上树
zweimal gebratenes Schweinefleisch	huíguōròu	回锅肉
Feuertopf (Brühe-Fondue)	huǒguō	火锅

Die wichtigsten Getränke

Wasser	shuǐ	水
Mineralwasser	kuàngquán shuǐ	矿泉水
Kaffee	kāfēi	咖啡
Milchkaffee	niunǎi kāfēi	牛奶咖啡
grüner Tee	lü4chá	绿茶
schwarzer Tee	hóngchá	红茶
Coca-Cola	kěkǒu kělè	可口可乐
Pepsi-Cola	bǎishì kělè	百事可乐
Fanta	fēndá	芬达
Orangensaft	juzizhi	橘子汁
Bier	píjiǔ	啤酒
Rotwein	hóng putáojiǔ	红葡萄酒
Weißwein	bái putáojiǔ	白葡萄酒
Getreide-Schnaps (meist billig)	báijiǔ	白酒
Maotai Getreide-Schnaps (teure Variante)	máotáijiǔ	茅台酒
ein Glas	yi bēi	一杯
eine Flasche	yi píng	一瓶
noch ein Glas	zài lái yi bēi	再来一杯

Notfälle

Hilfe!	jiùmìng a!	救命啊！
Polizei	jǐngchá	警察
Botschaft	dàshǐguǎn	大使馆
Ich muss mit der deutschen Botschaft telefonieren.	wǒ xuyào gěi déguó dàsh ǐ guǎn dǎ diàn-huà	我需要给德国大使馆打电话

Personalpronomen

ich	wǒ	我
du	nǐ	你

er/sie/es	tā	他，她，它
wir	wǒ-men	我们
ihr	nǐ-men	你们
sie	tā-men	他们

Zahlen/Mengen

1	yi	一
2	èr	二
3	sān	三
4	sì	四
5	wǔ	五
6	liù	六
7	qi	七
8	bā	八
9	jiǔ	九
10	shí	十
15	shíwǔ	十五
20	èrshí	二十
21	èrshíyi	二十一
50	wǔshí	五十
100	yibǎi	一百
200	liǎngbǎi	两百
250	liǎngbǎi wǔshí	两百五十
251	liǎngbǎi wǔshí yi	两百五十一
1000	qian	一千
10 000	wàn	一万
Kilo	gòngjin	公斤
Pfund	jin	斤
Meter	mǐ	米
Kilometer	gòngli	公里
Stück	gè	个

Wochentage

Montag	xīngqī yi	星期一
Dienstag	xīngqī èr	星期二
Mittwoch	xīngqī sān	星期三
Donnerstag	xīngqī sì	星期四
Freitag	xīngqī wǔ	星期五
Samstag	xīngqī liu	星期六
Sonntag	xīngqī tiān	星期天

Geographische Namen

Beijing	Běijing	北京
Shanghai	Shànghǎi	上海
Xi'an	Xi'ān	西安
Guilin	Guìlín	桂林
Kanton	Guǎngdōng	广州
Kunming	Kunmíng	昆明
Wuhan	Wǔhàn	武汉
Chongqing	Chóngqìng	重庆
Chengdu	Chéngdu	成度
Huangshan	Huángshān	黄山

Telefonzelle

Handzeichen

Die Handzeichen für Zahlen unterscheiden sich erheblich von den in der westlichen Welt üblichen, deswegen hier eine kleine Übersicht, damit Sie nicht plötzlich acht Gläser Bier auf dem Tisch stehen haben...

1

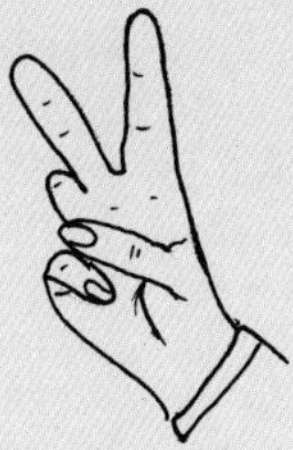

2

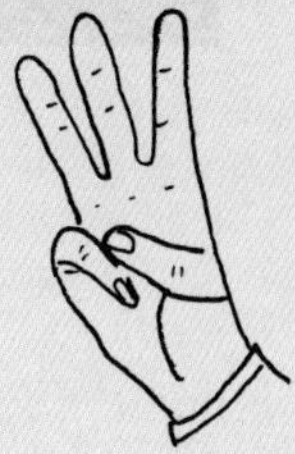

3

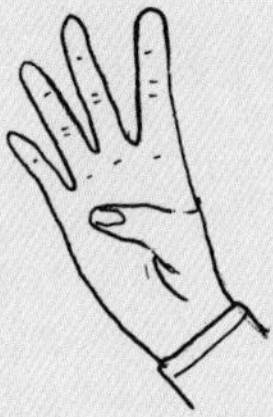

4

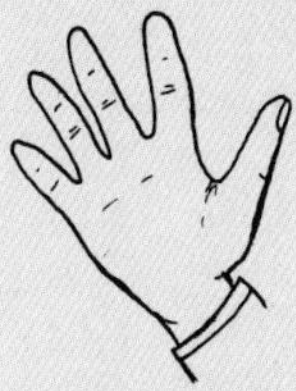

5

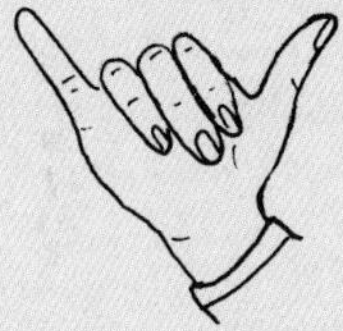

6

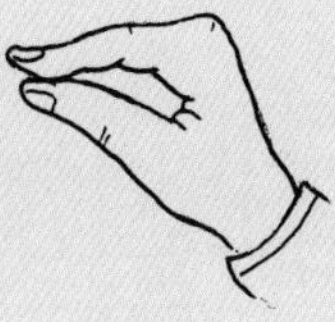

7

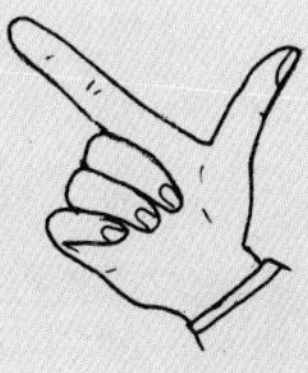

8

9

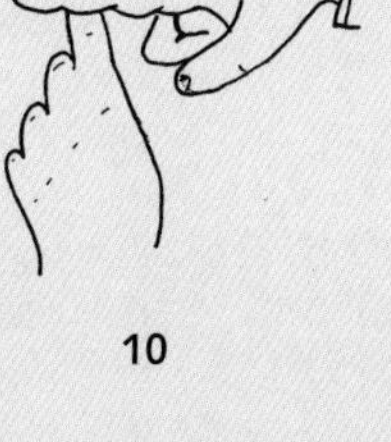

10

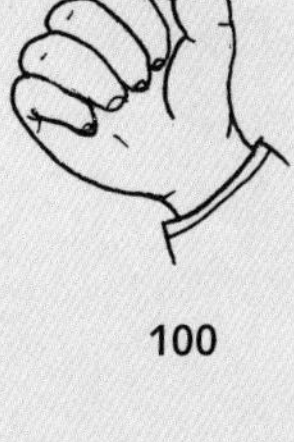

100

Reisetipps von A bis Z

Anreise

Reisende nach China haben eine enorme Auswahl: Air China, Lufthansa, China Eastern, Hainan Airlines und zahlreiche andere internationale Fluggesellschaften bieten Direktflüge in die Küstenmetropolen Beijing, Shanghai, Kanton und Hongkong an, und via Bangkok lässt sich auch der Südwesten Chinas schnell erreichen. Ja sogar die taiwanesische China Airlines fliegt mittlerweile Ziele auf dem Festland an! Etwas geruhsamer und vor allem langwieriger ist die Anreise mit der Transsibirischen und Transmongolischen bzw. Transmandschurischen Eisenbahn von Moskau nach Beijing. Zirka sechs Tage dauert die Reise quer durch Sibirien. Fahrkarten für diese Strecke sind allerdings oft knapp, wer sich für diese Option entscheidet, sollte sich rechtzeitig mit einem Transsib-Spezialveranstalter in Verbindung setzen.

Apotheken

Praktisch alle wichtigen Arzneimittel aus Europa sind auch in China erhältlich. In der Regel sind zwar die Packungen auf Chinesisch beschriftet, auf dem Beipackzettel jedoch steht auch immer der europäische Name.

Chinesischer Kräuterapotheker

Ärztliche Versorgung

In den Großstädten sind mittlerweile viele Krankenhäuser und Zahnarztpraxen in ausländischer Kooperation entstanden. Auch gibt es immer mehr Ärzte, die Englisch oder sogar Deutsch sprechen. Auf dem Lande ist die Versorgung jedoch noch immer recht rudimentär und für ernste Erkrankungen kaum geeignet.

Ausrüstung und Gepäck

Ersatz für defekte Koffer oder Rucksäcke erhalten Sie in jeder chinesischen Großstadt. Spezialausrüstung für Trekking-Touren jedoch muss unbedingt aus Eu ropa mitgebracht werden. Allgemein gilt: je kleiner das Gepäck desto besser. Die Gepäcknetze der Züge und Busse sind eher sparsam ausgelegt und für einen ordentlichen Rucksack viel zu klein.

Autofahren

Selber zum Lenkrad greifen – das kommt in China kaum in Frage, in China lebende Ausländer verzichten meist freiwillig darauf. Der internationale und der deutsche Führerschein sind in China nicht gültig. Um eine chinesische Fahrerlaubnis zu bekommen, braucht man eine Aufenthaltserlaubnis von mehr als 6 Monaten, einen deutschen Führerschein (wenn jünger als 3 Jahre kommt eine Fahrprüfung dazu), die chinesische Übersetzungen des selbigen und eine theoretische Prüfung auf Englisch. In den letzten Jahren gab es zeitweise die Möglichkeit, einen temporären Führerschein zu erweben, dies wurde jedoch wieder abgeschafft. Alles in allem ist der

Mais liegt zum Trocknen auf der Straße

Straßenverkehr viel zu unübersichtlich und die Versicherungslage mehr als ungeklärt. Als zahlungskräftiger Ausländer dürften Sie von vornherein an jedem Unfall schuld sein – selbst wenn Sie nur im parkenden Auto sitzen. Besser ist es, einen einheimischen Fahrer zu mieten.

Baden

Auf der Insel Hainan gibt es mittlerweile zahllose Ressort-Anlagen, die sich ganz auf ausländische Badegäste spezialisiert haben. Ansonsten ist China kein ausgewiesenes Ziel für Badeferien. Natürlich gibt es entlang der Küste immer wieder auch schöne Strände und Ferienorte, aber man muss schon das Bad in der Menge lieben, um sich an einem chinesischen Strand wohlzufühlen. Da die meisten Chinesen nicht schwimmen können, spielt sich der Trubel fast ausschließlich am Ufer ab. Die Präsenz eines (halbnackten) Ausländers fällt eindeutig in die Kategorie Attraktionen.

Behinderte

Rollstuhlfahrer oder Blinde dürften China als überaus schwieriges und gefährliches Reiseziel empfinden. Weder im Straßenverkehr, den öffentlichen Verkehrsmitteln oder Hotels ist man auf Behinderte eingestellt. Sie werden nicht unbedingt diskriminiert, aber leider auch nicht unterstützt und oft mit unverhohlener Neugier beobachtet.

Diplomatische Vertretungen

In Deutschland:
Botschaft der Volksrepublik China
Märkisches Ufer 54, 10179 Berlin
Tel. 030/275880, Fax 27588221
www.china-botschaft.de
Konsularabteilung:
Brückenstraße 10, 10179 Berlin,
Tel. 030/27 58 85 72, Fax 27 58 85 20
Generalkonsulat der VR China
Elbchaussee 268, 220605 Hamburg
Tel. 040/82 27 60 13, Fax 822 62 31
Generalkonsulat der VR China
Romanstr. 107, 80639 München
Tel. 089/17 30 16 25, Fax 17 09 45 06
Generalkonsulat der VR China
Mainzer Landstr. 175,
60326 Frankfurt a.M.
Tel. 069/90 73 46 87 (Allgemeines)
Tel. 069/75 08 55 34 (Visa),
Fax 90 73 48 37

In der Schweiz:
Botschaft der VR China
Kalcheggweg 10, 3000 Bern
Tel. 031/351 45 93, Fax 351 82 56
www.china-embassy.ch
Generalkonsulat der VR China
Bellariastraße 20, 8002 Zürich
Tel. 044/201 10 05, Fax 201 14 27

In Östereich:
Botschaft der VR China
Metternichgasse 4, 1030 Wien
Tel. 01/714 31 49
www.chinaembassy.at

In China:
Deutsche Botschaft 德国大使馆

Dongzhimenwai Dajie 17
Sanlitun 东直门外大街
三里屯, Beijing 北京, China
Tel. +86/10/65 32 21 61,
Fax 65 32 53 36
www.deutschebotschaft-china.org.

Deutsches Generalkonsulat 德国领使馆
New Century Plaza, 188 Wujiang Lu 吴江路
Shanghai 上海, China
Tel. +86/21/62 17 28 84.

Deutsches Generalkonsulat 德国领使馆
Guangdong International Hotel, 19. Stock
339 Huanshi Lu 环市路
Guangzhou 广州, China
Tel. +86/20/83 30 65 33.

Deutsches Generalkonsulat 德国领使馆
Western Tower, 25th Floor
No. 19, 4th Section
Renmin Nan Road 人民南路四段 19
Chengdu, China
Tel. +86/28/85 28 08 00
www.chengdu.diplo.de

Auf dem Tian'anmen-Platz in Beijing

Österreichische Botschaft
Ecke Dongwu Jie 东五街/
Xiu Shui Nan Jie 秀水南街
Beijing 北京, China
Tel. +86/10/65 32 20 61,
Fax 65 32 15 05.

Schweizer Botschaft
Dongwu Jie 东五街 Nr. 3
Beijing 北京, China,
Tel. +86/10/65 32 27 36,
Fax 65 32 43 53.

In Hongkong:

Ministry of Foreign Affairs of the PRC
Visa Office, 5 Fl., Lower Block
China Resources Building, 26
Harbour Road, Wanchai, Hong Kong
Tel. +852/28 27 18 81.

Deutsches Konsulat
United Centre
95 Queensway
Central, Hong Kong
Tel. +852/21 05 87 88.

Schweizerisches Konsulat
Gloucester Tower, The Landmark,
11 Peddar Street
Central, Hong Kong
Tel. +852/25 22 71 47.

Österreichisches Konsulat
Wang Kee Bldg.
34 Connaught Rd.
Central, Hong Kong
Tel. +852/25 22 80 86.

Einkaufen

Passionierte Shopper und Preisdrücker haben in China ihr Traumland gefunden. Sogar in den staatlichen Kaufhäusern ist der Preis bei größeren Mengen mittlerweile oft Verhandlungssache, und auf dem Markt gehört Feilschen ohnehin zum guten Ton. Mangelnde Chinesisch-Kenntnisse sind kein Hinderungsgrund, denn China scheint das Land mit der höchsten Taschenrechner-Dichte zu sein

In einer Seidendeckenfabrik

– dies allerdings nicht aufgrund fehlender Kopfrechen-Künste, sondern um auch sprachunkundigen Käufern den Preis anzuzeigen. Die Öffnungszeiten sind ebenfalls ganz auf Konsum ausgelegt: Staatliche Kaufhäuser sind meist täglich bis 19 Uhr geöffnet, private Geschäfte, vor allem in Metropolen wie Shanghai oder Kanton, lassen oft erst zwischen 22 und 23 Uhr die Rolläden herunter. Besonders günstig sind Seidenwaren, Kleidung generell, Kunstgegenstände, Tuschezeichnungen und Kalligraphien.

Eintrittspreise

Kaum ein Land der Erde verändert sich so schnell wie China. Vor allem Eintrittspreise und Öffnungszeiten von Sehenswürdigkeiten schwanken selbst bei bekannten Ausflugszielen beträchtlich. In der Regel haben Sehenswürdigkeiten zwischen 10 und 17 Uhr geöffnet, Ausnahmen sind selten. Chinesische Eintrittspreise sind im Vergleich zum Einkommensniveau des Landes relativ hoch, Ermäßigungen gibt es für westliche Touristen nicht. Für Tempel ist von freiwilligen Spenden (hier sollte man zwischen fünf und zehn Yuan geben) bis hin zu 60 Yuan Eintritt zu rechnen, Ausflugsparks können bis zu 120 Yuan Eintritt kosten.

Elektrizität

Die Spannung beträgt, wie in Deutschland, 220 Volt. Je nach Region sind aber Adapter für zweifache bzw. dreifache Flachstecker erforderlich. Größere Hotels halten sie vorrätig.

Feiertage

Zahlreiche nationale und regionale Feiertage richten sich nach dem traditionellen Mondkalender und finden daher von Jahr zu Jahr an unterschiedlichen Terminen statt. Vor allem während des chinesischen **Neujahrsfests im Februar/März** sind praktisch alle Geschäfte und zahlreiche Restaurants geschlossen. Hinzukommt der überdurchschnittliche Reiseverkehr, da man über Neujahr traditionell die Familie besucht. Wer zu diesem Zeitpunkt eine Reise plant, sollte Zugfahrkarten unbedingt im voraus reservieren. Auch am 1. Mai und in der Woche rund um den 1. Oktober wird es auf den Bahnhöfen und Flughäfen eng, da auch die Chinesen die Liebe zum Reisen entdeckt haben.

Feststehende nationale Feiertage
1. Januar
8. März (internationaler Frauentag)
1. Mai (Tag der Arbeit)
1./2. Oktober (Gründung der Volksrepublik China)
4./5. April (Qingming-Fest)

Dazu kommen bewegliche Feiertage des Mondkalenders, der Tag des Drachenboot-Festivals (Duanwu Jie, Juni) und das Mitherbst-Fest (Zhongqiu, September/Oktober).

FKK

Bitte nicht! Sie würden damit allen anderen Strandbesuchern den kollektiven

Herztod bescheren und den Überlebenden ein Ereignis, das diese ganz bestimmt nie wieder vergessen. Selbst oben-ohne ist in China inakzeptabel.

Fotografieren/Filme

Digital-Fotografen finden in China mittlerweile alles, was man braucht: Chip-Karten aller Größen und Hersteller genauso wie die richtigen Batterien. Dies zumindest in den Großstädten. Wer sich aufs Land begibt, sollte unbedingt die passende Ausrüstung dabeihaben. Auch herkömmliche 100-ISO-Kleinbildfilme gibt es auch in China nahezu überall. Höhere Lichtempfindlichkeiten hingegen sind meist nur in Großstädten zu haben. Bei Diafilmen versagen auch große Fotogeschäfte, der kleine Plastikrahmen hat sich in China nie durchsetzen können.

Die Durchleuchtungsgeräte der internationalen Flughäfen Chinas sind filmsicher. Entgegen aller Aufkleber und Hinweise des Personals trifft dies aber nicht immer auf die teils antiquierten Geräte der Bahnhöfe zu, wo ebenfalls Gepäckkontrollen stattfinden.

Fototermin am Mondsichelsee bei Dunhuang

Geld und Devisen

Wer sich in Sachen Geld nicht gleich als Laie outen möchte, darf erst einmal Vokabeln lernen: Für jeden Geldschein sind mindestens zwei Bezeichnungen im Umlauf. Offiziell wird mit dem Renminbi, dem ›Volksgeld‹, bezahlt. 1 Renminbi (auch Yuan oder Kuai) entspricht 10 Jiao (Mao) und 100 Fen.

So verworren die Bezeichnungen auch sind, Geldbeschaffung ist fast nie ein Problem. **Kreditkarten** sind mittlerweile in den Großstädten gang und gebe, an vielen Geldautomaten ist auch die **Euroscheckkarte** gut für Bares, sofern sie den Aufdruck ›Maestro‹ trägt. **Reiseschecks** werden in den Hauptfilialen der staatlichen Banken genommen, teils auch im Hotel, oft aber nicht in den kleinen lokalen Banken.

Nur wer sich weit von den Touristenzentren entfernt, sollte eine Notration chinesischer Währung dabei haben. Schwarztausch ist meist nicht lohnenswert (und ohnehin illegal), der Kurs ist meist schlechter als in der Bank, und ohne Quittung lässt sich der Renminbi bei Ausreise nicht zurücktauschen.

1 Euro entspricht etwa 10 Renminbi, wobei der Renminbi an den Dollar gekoppelt ist, sein Umtauschkurs ändert sich deshalb mit den Dollarschwankungen.

Gesundheit

Obligatorische Impfungen gibt es für Touristen aus Europa zwar nicht, aber die klassischen Tetanus-, Polio- und Diphterie-Impfungen sollte der Reisende mitbringen. Auch eine Immunisierung gegen Hepatitis A und B kann ratsam sein, besonders wenn abgelegene Gebiete auf der Reiseroute stehen. Malaria ist zwar selten in China, für Reisen nach Süd-Yunnan, Guizhou und Guangxi

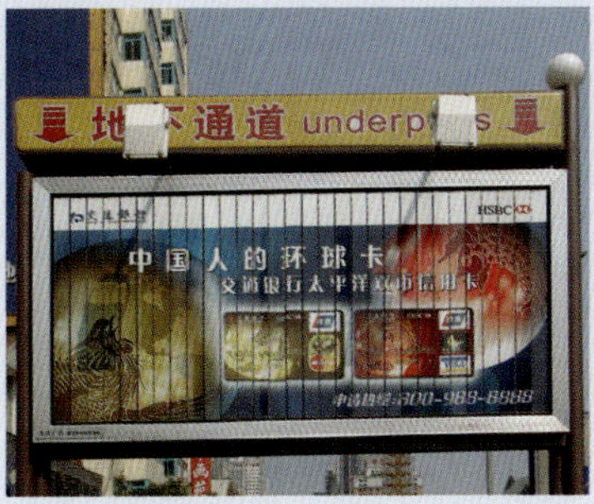

Kreditkartenwerbung

lohnt es sich aber, beim Tropeninstitut nachzufragen.

Die häufigste Erkrankung bleibt der ordinäre Schnupfen, denn chinesische Ladeninhaber besitzen ein ausgeprägtes Faible für eiskalte Klimaanlagen.

Wie auch sonst in Asien gehören Eis und ungeschältes Obst nicht auf den Speiseplan. Ob das Leitungswasser der Großstädte mittlerweile wirklich trinkbar ist, sollte man, sofern abenteuerlustig, erst gegen Ende der Reise ausprobieren: Magen-Darm-Erkrankungen sind häufig und lassen sich nur durch gute Hygiene vermeiden: nur gekochte Speisen verzehren, unbenutzte oder gut gespülte Stäbchen verwenden und vor allem häufig die Hände waschen!

Außerdem gilt: Sonnenschutzmittel mitbringen! Generell gibt es dies zwar schon hier und da, doch Chinesen bewegen sich sowieso NIE in der prallen Sonne, wenn es sich vermeiden lässt. Nehmen Sie vor allem bei Reisen in den Süden mindestens Faktor 20 mit.

Grenzübertritte

Früher durfte man höchstens sehnsüchtig über die Grenzen blicken - heute sind folgende Übergänge in die südostasiatischen Nachbarländer auch für Ausländer passierbar:

China - Vietnam
Lang Son/Dong Dang, Mong Cai, Lao Cai. Das Visum muss bereits in Deutschland besorgt werden.

China - Laos
Mohan/Boten. Das Visum muss vor Abreise besorgt werden.

China - Myanmar
Muse/Shuili. Das Visum muss vor Abreise besorgt werden, unter ausdrücklicher Erwähnung des gewünschten Grenzübergangs. Weitere Informationen erteilt Indochina Services unter Tel. 08151/770222.

Informationen vor Reiseantritt

Fremdenverkehrsamt der VR China
Ilkenhansstr. 6, 60433 Frankfurt
Tel. 069/52 01 35, Fax 52 84 90
www.china-tourism.de.

Hong Kong Tourism Board
Humboldtstr. 94, 60318 Frankfurt
Tel. 069/957 12 90, Fax 597 80 50,
www.discoverhongkong.com.

Fremdenverkehrsamt Macau
Schenkendorfstr. 1, 65187 Wiesbaden
Tel. 0611/267 67 30, Fax 267 67 60,
www.macau-info.de.

Internet

Von unterwegs schnell mal die E-Mails aufrufen oder einen Gruß nach Hause senden, das ist mittlerweile kein Problem mehr. Praktisch alle Hotels ab 3 Sterne aufwärts haben einen zugänglichen Internetanschluss. In den großen Städten gibt es dazu viele Internetcafés, die bis spät in die Nachtstunden geöffnet sind.

Kinder

Die meisten Chinesen sind ausnehmend kinderlieb und abgehärtet, wenn es um Geschrei oder Kleckereien geht. Mit einem quengeligen Kind abends noch

Dampfnudelküche

ein Restaurant zu besuchen, das ist in China wahrscheinlich einfacher als in Deutschland. Babys unter einem Jahr sind in China nicht ganz so gut aufgehoben, da ihr Immunsystem noch nicht unbedingt auf die vielen neuen Krankheitskeime eingestellt ist. Generell sollte man Touren mit Kindern fernab der Ballungsräume gut überdenken.

Kleidung

Ab Kleidergröße 42 und Schuhgröße 39 (Frauen) und 43 (Männer) aufwärts wird das Angebot der chinesischen Läden dünn. Darunter jedoch finden Sie mehr als genug Möglichkeiten, eventuelle Lücken in der Garderobe aufzufüllen.

Klima

Allgemeine Angaben zum Klima Chinas sind mit Vorsicht zu genießen. Immerhin erstreckt sich das Reich der Mitte von kühl-gemäßigt bis tropisch über vier Klimazonen. Wenn die Einwohner Beijings noch mit Schneestürmen kämpfen, kann auf Hainan schon Badewetter herrschen. Nördlich des Yangzi-Flusses sind Winter-Temperaturen von bis minus 20 Grad keine Seltenheit, im Sommer dagegen kann das Thermometer landesweit bis auf 40 Grad klettern. Auch die Luftfeuchtigkeit spielt für das Wohlbefinden des Reisenden eine große Rolle. Je südlicher, desto feuchter, lautet hier die Grundregel. Dank Internet muss sich aber niemand mehr vom Klima überraschen lassen. Unter http://weather.yahoo.com lassen sich jederzeit die aktuellen Wettervorhersagen aller chinesischen Großstädte abrufen. Generell gelten die Monate Mai, September und Oktober als angenehmste Reisezeit.

Kriminalität

Noch immer ist die Kriminalitätsrate erheblich geringer als in Europa. Vor allem gegenüber Ausländern halten sich die lokalen Missetäter zurück, denn hier drohen besonders harte Strafen. Alles in allem tun Sie trotzdem gut daran, die auch in Europa angemessenen Vorsichtsregeln einzuhalten. Das heißt: Natürlich können Sie nachts im Dunkeln unterwegs sein, der Weg durch den Park ist aber genauso unangemessen wie in Berlin oder München. Frauen werden feststellen, dass sich die Blicke und Übergriffe in Grenzen halten. Dies liegt nicht nur an der Emanzipation der Frauen, sondern auch daran, dass Ausländerinnen aus chinesischer Sicht oft nicht sehr weiblich wirken.
In den touristischen Zentren sollten Sie sich vor Taschendieben in acht nehmen

Wasserbüffel am Li-Fluss

und Wertsachen im Hotelsafe verwahren lassen. Pass und Schecks gehören immer in den Bauchgurt. Unter dem T-Shirt versteht sich. **Verschließbare Koffer** sind von Vorteil, da zum Beispiel die **Bahn kein unverschlossenes Gepäck** transportiert. Falls längere Bahnfahrten auf dem Plan stehen, nehmen Sie ein Fahrradschloss mit und befestigen so das Gepäck am Gepäcknetz.

Lärm

China ist ein lautes Land. Auch in guten Hotels kann es passieren, dass sich nachts um drei noch Gäste angeregt auf dem Gang unterhalten. Reisende mit leichtem Schlaf sollten Ohrenstöpsel mitnehmen.

Landkarten

Stadtpläne und Landkarten in mittlerer Touristen-Qualität gibt es in China an jeder Ecke. Die englische Beschriftung lässt jedoch oft zu wünschen übrig. Richtige Trekking- oder Fahrrad-Touren sollten Sie eventuell mit eigenem Material bestreiten.

Maße und Gewichte

In China wird wie in Europa mit Metern (mi 米) und Kilos (gongjin 公斤) gemessen. Daneben gibt es noch die traditionellen Einheiten Chi (0,33 Meter 尺), Li (0,5 Kilometer 里) und Jin (1 Pfund 斤). An den Straßenständen kann es vorkommen, dass die traditionelle Maßeinheit Liang (ungefähr 50 Gramm 两) verwendet wird. Auch die Schuhgrößen und Kleidergrößen sind oft nach europäischem Vorbild angegeben.

Post

Die Postämter (邮局) sind meist von 9 bis 18 Uhr geöffnet. Hier erhalten Sie die üblichen Briefmarken etc. Wer unterwegs Ballast abwerf
Souvenirs nach Hause sc
muss sich dazu an das
Postamt (国际邮局) wer
sen sind im jeweiligen Regionalteil angegeben.

Presse und Fernsehen

Das allgemeine staatliche Fernsehen ist natürlich auf Hochchinesisch gehalten. Es gibt jedoch auch einen englischsprachigen Kanal (CCTV9). CCTV 5, der Sportsender, überträgt jeweils Samstag und Sonntag ein Bundesligaspiel live. In den internationalen Hotels empfangen Sie fast immer CNN und teils sogar Deutsche Welle TV. An der Rezeption erhalten Sie in der Regel die staatliche englischsprachige Tageszeitung ›China Daily‹.

Reiseveranstalter

China by Bike
Karlsgartenstr. 19, 12049 Berlin
Tel. 030/6225645, Fax 62720590
www.china-by-bike.de

China Germany Special Tours GmbH
Leonrodstr.. 77, 80636 München
Tel. 089/127091-0, Fax 127091–199
www.china-reisen.de

China Tours Hamburg GmbH
Wandsbeker Allee 72
22041 Hamburg
Tel. 040/8197 38-0, Fax 040/819738 88
www.chinatours.de

DERTOUR GmbH & Co. KG
Emil-von-Behring-Str. 6
60424 Frankfurt a. M.
Tel. 069/95883250
www.dertour.de

Diamir Erlebnisreisen GmbH
Loschwitzer Str. 58, 01309 Dresden
Tel. 0351/312077
www.diamir.de

…is Knop Reisen GmbH
…ollerlander Weg 77
28355 Bremen
Tel. 0421/9885030
www.knop-reisen.de

East Asia Tours GmbH
Alexanderstr. 1, 10178 Berlin
Tel. 030/4466890, Fax 445 95 17
www.eastasiatours.de

GeBeCo
Holzkoppelweg 19a, 24118 Kiel
Tel. 0431/5446-0, Fax 5446-111
www.gebeco.de.

GO EAST Reisen GmbH
Bahrenfelder Chaussee 53, 22761 Hamburg
Tel. 040/896909-0, Fax 894940
www.go-east.de.

Lernidee Reisen GmbH
Eisenacher Str. 11, 10777 Berlin
Tel. 030/7860000, Fax 7865596
www.lernidee-reisen.de.

Olympia-Reisen GmbH
Siegburger Str. 49, 53229 Bonn
Tel. 0228/400030, Fax 466932
www.olympia-reisen.com.

Stadttor in Barkol im Westen des Landes

Studiosus Reisen München
Riesstr. 25, 80992 München
Tel. 089/50060-0, Fax 089-50060-100
www.studiosus.de

TSA-Travel Service Asia Reisen
Nelkenweg 5
D 91093 Hessdorf-Niederlindach
www.tsa-reisen.de

Ventus Reisen GmbH
Krefelder Str. 8, 10555 Berlin
Tel. 030/39100332, -3,
Fax 3995587
www.ventus.com.

Restaurantpreise

Garküche: 5 – 20 RMB
Einfaches Restaurant: 10 – 50 RMB
Mittelklasserestaurant: 50 – 150 RMB
Luxusrestaurant: 150 – 500 RMB

Sonnenschutz

Sonnenbrillen mit UV-Schutz und Sonnencreme mit hohem Lichtschutzfaktor sind in China nicht immer erhältlich und sollten vorsichtshalber mitgebracht werden.

Telefon

Fast alle großen Hotels bieten Direktwahl ins Ausland an. Für Deutschland wählen Sie die Vorwahl 0049. In den Großstädten finden Sie mittlerweile auch Kartentelefone, die ebenfalls Auslandsgespräche zulassen. China hat ein ausgezeichnetes Mobilfunknetz, das bis in die abgelegensten Winkel des Landes reicht. Ob der eigene Mobilfunkanbieter Roaming-Verträge mit chinesischen Partnern hat, sollte man vor der Reise erfragen.
Telefonkarten (Dianhua Ka 电话卡) bekommt man in den meisten Supermärkten, Zeitungskiosken, an Flughäfen sowie in den Telekommunikationsabteilungen der Kaufhäuser.

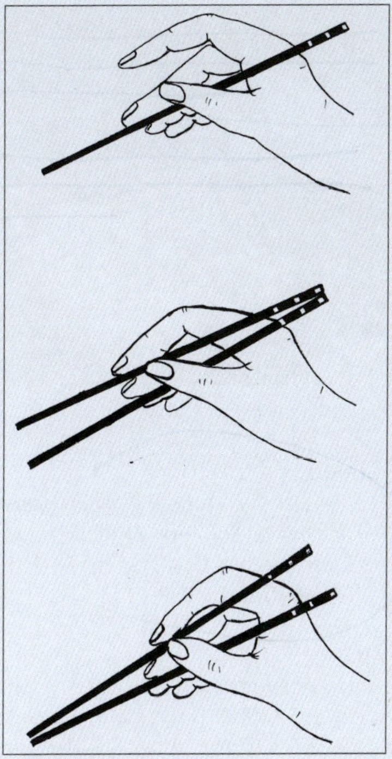

Handhaltung beim Gebrauch von Stäbchen

SIM-Karten (Prepaid Zhuzhi Ka 诸值卡) gibt es in allen großen Städten, vor allem in den Läden der China Telecom 中国电信 und der China Unicom 中国联通 zu kaufen. Eine SIM-Karte kostet je nach Nummer und Gültigkeiten (einige Karten gelten nur für die jeweilige Region) zwischen 100 und 500 RMB, hier sind 50 RMB Gesprächsguthaben enthalten. Aufladekarten (Chongzhi Ka 充值卡) in den Nominationen 50 und 100 RMB gibt es in den oben genannten Läden, zuweilen auch in Straßenkiosken.

Trinkgeld

Noch vor wenigen Jahren verbot die sozialistische Ehre jedes Trinkgeld. Mittlerweile nehmen es die meisten Dienstleister nicht mehr ganz so genau mit den politischen Prinzipien. Je touristischer und städtischer, desto eher wird Trinkgeld erwartet. Wer auf dem Land allzu großzügig gibt, darf aber mit Verwunderung rechnen. Hier hat sich der ›Tip‹ noch nicht durchgesetzt. Lokale Fremdenführer und Fahrer hingegen werden üblicherweise mit zwei bis fünf US-Dollar pro Tag bedacht.

Unterkunft

Hotels auf internationalem Standard gibt es mittlerweile in rauhen Mengen, erstaunlich wenige davon jedoch im Low-Budget-Bereich. Wenn der Geldbeutel wirklich knapp ist, dann sind die Studentenwohnheime für Ausländer eine gute Adresse, denn freie Zimmer werden auch tageweise vermietet. Viele der sauberen, aber einfachen Herbergen, die es natürlich auch gibt, sind für Ausländer schlicht nicht zugelassen. Je nach Geldbeutel kann es durchaus sinnvoll sein, die Unterkunft bereits von Deutschland aus zu buchen. Entgegen landläufiger Meinung ist es nicht günstiger, ein Hotelzimmer ab 3 Sternen aufwärts vor Ort zu buchen. Hier ein Überblick über ungefähre Preisspannen

Hotelzimmer in Pingyao

in Hotels, wobei es große Unterschiede zwischen Stadt und Land gibt.

kein Stern	10 -	100 RMB
1 Stern	80 -	250 RMB
2 Sterne	100 -	300 RMB
3 Sterne	200 -	800 RMB
4 Sterne	400 -	1200 RMB
5 Sterne	800 -	2500 RMB

Versicherungen

Eine Reisekrankenversicherung gehört immer dazu. Wichtig: Achten Sie auf die Rückholklausel! Alles andere ist eine Frage der persönlichen Vorlieben. In China verschwindet das Gepäck nicht öfter oder seltener als in anderen Ländern. Zumindest auf dem Flughafen. Sollte Ihnen das Gepäck unterwegs geklaut werden, erwartet die Versicherung eine Strafanzeige bei der örtlichen Polizei, was garantiert mehr als einen halben Tag kostet.

Visum

Der Reisepass muss noch mindestens sechs Monate gültig sein, damit die Botschaft der VR China oder eines der Konsulate das Visum erteilen. Der Antrag kann persönlich oder von einem Bevollmächtigten (z.B. einem Visaservice, den die meisten Reiseveranstalter bieten) abgegeben werden. Aktuelle Visabestimmungen und Antragsformulare gibt es unter www.china-botschaft.de oder www.china-tourism.de im Internet. Wer auf der Reise einen Abstecher in eines der Nachbarländer plant, sollte schon in Deutschland ein Visum für die zweimalige Einreise beantragen und sich um die entsprechenden Visa für die Nachbarländer kümmern. Viele Regionen Chinas haben übrigens ihre Visabestimmungen vereinfacht. Aktuelle Auskünfte geben die diplomatischen Vertretungen.

Gänseverkauf auf dem Markt

Zahlen

Die Handzeichen für die gängigen Zahlen unterscheiden sich erheblich von den europäischen Gesten: siehe Sprachführer S.525.

Zeit

Trotz der immensen Ost-West-Ausdehnung gilt offiziell im gesamten Land einheitlich MEZ plus sieben Stunden, die Sommerzeit wurde nach einigen verwirrenden Versuchen wieder verworfen. Aufgrund dieser Regelung geht in den westlichen Gebieten Chinas die Sonne erst vormittags auf. Kein Wunder also, dass manch ein abgelegenes Dorf in Xinjiang seine eigene Zeit eingeführt hat. Inoffiziell versteht sich.

Zoll

400 Zigaretten, 2 Flaschen Spirituosen sowie Devisen in unbegrenzter Höhe sind zollfrei. Offiziell müssen Devisen und Wertsachen (z.B. Kameras) bei der Einreise deklariert werden und zusammen mit der Deklaration bei der Ausreise wieder vorgelegt werden, eine Regelung, die jedoch nicht mehr forciert wird. Filmkameras ab 16 mm sind genehmigungspflichtig.

China im Internet

www.china-botschaft.de Nicht nur für Visaanträge gut: Auf den Webseiten der chinesischen Botschaft gibt es aktuelle Nachrichten und Links.

www.chinesepod.com Hunderte vom Gratis-Podcasts zum Herunterladen. Die Chinesisch-Lektionen sind wie Radio-Shows aufgebaut und zudem sehr unterhaltsam, allerdings nur auf Englisch und Chinesisch verfügbar.

www.zhongwen.com Diese englische Sprachseite beeindruckt durch ein reichhaltiges Angebot: von der Übersetzung westlicher Namen bis zum ausführlichen Wörterbuch sowie einer erschöpfenden Einführung in die Sprachstruktur und allerhand anderen linguistischen Bonbons.

www.chinafokus.de Reportagen, Hintergrundberichte und Informationen in Hülle und Fülle.

www.chinaknowledge.de und **www.chinaproject.de** Beide Seiten nehmen sich jedes noch so vermeintlich nebensächlichen Aspekts der chinesischen Kultur an und sind deshalb unerlässlich für China-Freunde.

www.100jia.net Praktisch alle wichtigen Quellen der klassischen chinesischen Philosophie wurden auf dieser privaten Seite zusammengetragen und als Originaltext sowie Übersetzung hinterlegt. Trocken wird es trotzdem nicht, denn auch Fragen zum Alltagsleben der Menschen im Alten China finden Erwähnung. Fazit: für Fachleute genauso geeignet wir für China-Neulinge. Und in punkto Design gehört die Seite ohnehin in die Oberliga.

www.thatsbeijing.com Aktueller Veranstaltungskalender für Beijing.

www.thatsshanghai.com Aktueller Veranstaltungskalender für Shanghai.

www.thatsguangzhou.com Aktueller Veranstaltungskalender für Guangzhou (Kanton).

www.auswaertiges-amt.de Reisewarnungen, Einreisebestimmungen und die Adressen der diplomatischen Vertretungen in allen Ländern.

Glossar

Arhat (chin. Luohan 罗汉): im Theravada-Buddhismus bezeichnet der Begriff einen buddhistischen Heiligen, der den Kreislauf der Wiedergeburten verlassen hat, den letzten Schritt ins Nirwana jedoch nicht vollzieht. Dies allerdings nicht freiwillig, wie beim Bodhisattva, sondern weil es im Theravada-Buddhismus schlichtweg nicht möglich ist. Im in China verbreiteten Mahayana-Buddhismus existiert der Glaube an die 500 Arhats, die dem Buddha einst dienten und auf Erden verharren, bis der nächste Buddha kommt. Dem Arhat werden allerlei magische Kräfte zugesprochen.

Blaue Kultur: auf die Fernsehserie ›Elegie an den Gelben Fluss‹ (chin. Heshang, 1988) zurückgehende Bezeichnung für die südchinesische Kultur (Blau = Meer). Gilt als progressiv, nach außen gewandt.

Buddhismus (chin. Fojiao 佛教): auf den historischen Buddha Siddhartha Gautama (6. Jhd. v. Chr.) zurückgehende Weltreligion. Weltweit etwa 400 Millionen Anhänger. Hauptströmungen: Theravada, Mahayana, Zen-(Chan)-Buddhismus, Lamaismus.

Bodhisattva (chin. Pusa 菩萨): wörtlich: ›Erleuchtungswesen‹. Erleuchteter im

Mahayana-Buddhismus, der aus Nächstenliebe auf den Eingang ins Nirwana verzichtet und auf die Erde zurückkehrt, um den Menschen zu helfen. Der in China am meisten verehrte Bodhisattva ist Avalokiteshvara (chin. Guanyin 观音).

Daoismus (auch Taoismus, chin. Daojiao 道教): auf die philosophische Schule des historisch nicht verbürgten Laotze (chin. Laozi 老子, ›Alter Meister‹) zurückgehende chinesische Volksreligion. Neben Konfuzianismus und Buddhismus eine der ›Drei Lehren‹, die das chinesische Geistesleben prägten.

Deng Xiaoping (1904–1997): in Sichuan geboren, gilt als Vater der chinesischen Reformpolitik. Der Teilnehmer des Langen Marsches gehörte seit 1949 zur Führungsspitze der Partei, fiel aber immer wieder Säuberungskampagnen zum Opfer. Nach dem Tod Mao Zedongs 1976 wurde er rehabilitiert und bestimmte bis zu seinem Tode als graue Eminenz im Hintergrund die politische Entwicklung im Reich der Mitte.

Faktionen: um bestimmte Führungspersönlichkeiten konzentrierte politische Seilschaften. Entspricht in etwa den ›Fraktionen‹ einer parlamentarischen Demokratie.

Fengshui: wörtlich ›Wind und Wasser‹, chinesische Lehre von der Harmonie in der Natur sowie zwischen Natur und Bebauung. Der als Synonym benutzte Begriff Geomantik hat sich eingebürgert, bedeutet ursprünglich jedoch nur ›Weissagung aus der Erde‹.

Gelbe Kultur: auf die Fernsehserie ›Elegie an den Gelben Fluss‹ (chin. Heshang, 1988) zurückgehende Bezeichnung für die nordchinesische Kultur (Gelb = Lössstaub). Gilt als konservativ, nach innen gewandt, rückständig.

Han-Chinesen: selbstgewählte Bezeichnung der chinesischen Bevölkerungsmehrheit (92 Prozent der Gesamtbevölkerung) in der VR China, zurückgehend auf den Han-Fluss und den durch ihn beschriebenen Machtbereich der gleichnamigen Dynastie.

Hu Jintao (geb. 1942): aktueller Staatspräsident und Generalsekretär der KPCh. Gilt als blasser Technokrat und Zögling Jiang Zemins.

Jiang Zemin (geb. 1926): ehemaliger Staatspräsident und Generalsekretär der KPCh, einflussreichster chinesischer Politiker in den 1990er Jahren.

Konfuzianismus (chin. Rujiao 儒教): auf Konfuzius (chin. Kongzi 孔子, ›Meister Kong‹, 551 v. Chr.–479 v. Chr.) zurückgehende Philosophie, die in der Vermischung mit Daoismus und Geisterglaube sowie dem Ahnenkult oft religiöse Züge annimmt. Die Fünf Beziehungen (Vater – Sohn, Herrscher – Volk, Mann – Frau, älterer Bruder – jüngerer Bruder, älterer Freund – jüngerer Freund) beherrschen seit Jahrhunderten maßgeblich das chinesische Denken und die daraus abgeleitete Gesellschafts- und Herrschaftsstruktur.

KPCh: Abkürzung für ›Kommunistische Partei Chinas‹, 1921 in Shanghai gegründet, zur Zeit mehr als 70 Millionen Mitglieder und damit die größte Partei der Welt.

Mandarin: auf dem nordchinesischen Dialekt basierende, auch Putonghua (›allgemeine Sprache‹) genannte chinesische Amtssprache. Mit fast einer Milliarde Sprechern die am weitesten verbreitete Sprache der Welt.

Mao Zedong (1893–1976): in Shaoshan in der heutigen Provinz Hunan geboren, bestimmte er wie kein anderer Politiker die Geschicke Chinas im 20. Jahrhundert. Rief 1949 in Beijing die Volksrepublik China aus und wird trotz verheerender Fehler in späten Jahren immer noch von großen Teilen der chinesischen Bevölkerung verehrt.

NVK: Abkürzung für ›Nationaler Volkskongress‹, chinesisches Parlament mit Sitz in Beijing. Knapp 3000 Delegierte aus allen Provinzen, Autonomen Regionen und Regierungsunmittelbaren Städten, jährlich eine ca. zweiwöchige Sitzung Anfang März.

Sinisierung: Assimilierung an die chinesische Kultur.

Sun Yat-sen (1866–1925): kantonesischer Name des ersten Präsidenten der Republik China (Mandarin: Sun Yixian). Republikgründer und Vater der chinesischen Revolution, der sowohl in der Volksrepublik als auch in Taiwan verehrt wird. In der VR China unter seinem Exilnamen Sun Zhongshan bekannt, unzählige Straßen und Plätze sind nach ihm benannt.

Zhou Enlai (1898–1976): neben Mao und Deng einflussreichster chinesischer Politiker der ersten 30 Jahre der VR China, lange Zeit Ministerpräsident. Gilt im Volk als Mann hinter Mao, der in der Kulturrevolution noch schlimmere Auswüchse verhinderte.

Literatur

Geschichte

Schmidt-Glintzer, Helwig: Das neue China. Von den Opiumkriegen bis heute, München 1999. Moderne Geschichte knapp zusammengefasst.

Gernet, Jacques: Die chinesische Welt, Frankfurt 1988. Der Klassiker zur Geschichte des Alten China schlechthin.

Spence, Jonathan D.: Chinas Weg in die Moderne, München 2001. Ein spannender Überblick der letzten 400 Jahre chinesischer Geschichte, aufbauend auf dem Niedergang der Ming-Dynastie über die Fremdherrschaft der Mandschu bis zur Jahrtausendwende.

Kulturführer

Hauser, Françoise: Reisegast in China, Dormagen 2004. Von den wichtigsten Fettnäpfchen bis zum Umgang mit dem Kulturschock.

Regionale Führer

Schmitt, Steffi: Shanghai Promenade, Hongkong 2004. Das mit Abstand ausführlichste Werk über Shanghai.

Politik

Heilmann, Sebastian: Das politische System der Volkrepublik China, Wiesbaden 2002. Die Rolle von Staat und Partei wird in diesem Buch ausführlich erläutert.

Snow, Edgar: Roter Stern über China, Frankfurt a. Main 1975. Ausführlicher, gut geschriebener Bericht des amerikanischen Journalisten Edgar Snow, der während des Zweiten Weltkriegs das chinesische Sowjetgebiet in Yan'an besuchte und unter anderen mit Mao Zedong zusammentraf.

Blume, Georg: China ist kein Reich des Bösen. Hamburg, 2008

Wirtschaft

Sieren, Frank: Der China-Code: Wie das boomende Reich der Mitte Deutschland verändert. München 2006.

Reportagen und allgemeine Werke zum modernen China

Kristof, Nicholas D. u. Wu Dunn, Sheryl: China erwacht. Die zwei Gesichter einer Weltmacht, Berlin 1997. Das amerikanisch-chinesische Journalistenpaar leuchtet auch die dunklen Ecken der chinesischen Gesellschaft aus. Sehr spannend, sehr gut recherchiert und eines der besten Bücher, das je über China geschrieben wurde.

Anhalt, Gert: Chinas nackte Fallschirmspringer. Alltag und Menschen zwischen Mao und McDonalds, München 1999. Der Auslandskorrespondent der ARD beleuchtet die Widersprüche Chinas, sehr humorig und gut beobachtet.

Häring, Volker: Ein Bus namens Wanda. Abenteuer Alltag entlang des Mekongs, Mannheim 2009. Einziger deutschsprachiger Reisebericht mit einem ausführlichen Yunnan-Teil.

Spengler, Tilman: Das Glück wartet draußen vor der Stadt, Berlin 2002. Reportagen und Erzählungen aus dem Alltag aus der Feder eines Sinologen.

Strittmatter, Kai: Atmen einstellen, bitte! Pekinger Himmelsstürze, Wien 2001. Noch eine Sammlung von modernen Reportagen – nette Reiselektüre.

Tuinstra, Fons: Der wilde Osten, Stuttgart 2006.

Radtke, Oliver: Welcome to Presence. Mannheim, 2006

Sprachführer/Lehrmethoden

Stermann, Klaus: Langenscheidts Sprachführer Chinesisch (mit Kassette), München 1998. Immer noch aktuell und gut aufgearbeitet.

Hauser, Françoise u. Sommer, Katharina: Chinesisch kulinarisch. Wort für Wort, Bielefeld 2008. Der Sprachführer rund um Restaurant und Markt.

Psychologie

Sun, Longji: Das ummauerte Ich. Die Tiefenstruktur der chinesischen Mentalität, Berlin 1994. Unerbittlich nimmt der taiwanesische Psychologe die chinesische Gesellschaftsstruktur ins Visier.

Philosophie/Religion

Lao Tse: Tao Te King. Das Buch vom rechten Wege und der rechten Gesinnung, München 2000. Das Grundlagenwerk des Daoismus.

Dschuang Dsi: Das wahre Buch vom südlichen Blütenland, München 2002. Der zweite daoistische Klassiker. Etwas gefälliger als das Werk des Laozi.

Hierzenberger, Gottfried: Der Glaube der Chinesen und Japaner, Kevelaer 2003. Nicht sehr wissenschaftlich, aber gut verständlich.

Reiter, Florian C.: Religionen in China. Geschichte, Alltag, Kultur, München 2002. Die wissenschaftlichere Alternative, teils aber eine recht schwere Kost.

Mah, Adeline Yeh: Der Ursprung der zehntausend Dinge. Die spirituelle Welt Chinas, München 2003. Eine skurrile Mischung aus Lebenserinnerungen und philosophischen Essays. Trotzdem eine schöne Einführung in die religiösen Vorstellungen der Chinesen.

Eberhard, Wolfram: Lexikon chinesischer Symbole. Die Bildsprache der Chinesen, München 2001. Die Kutur Chinas ist voller Symbolik: Schlagen Sie hier nach!

Ess, Hans van: Der Konfuzianismus, München 2003. Der Konfuzianismus kurz und knapp zusammengefasst.

Romane/Biographien

Pu, Yi: Ich war Kaiser von China, München 1987. Die Autobiographie des letzten Kaisers von China.

Mao, Dun: Shanghai im Zwielicht, Frankfurt 1985. Der Roman spielt im verruchten Shanghai der 1930er Jahre.

Ba, Jin: Die Familie, Berlin 2002. Das bekannteste Familien-Epos der chinesischen Literatur.

Lao, She: Eine Erbschaft in London, Ost-Berlin 1988. Vater und Sohn aus China verschlägt es ins London der 1920er Jahre. Eine schöne Parodie auf die interkulturelle Verständigung, bevor dieser Begriff überhaupt erfunden wurde.

Wei Hui: Shanghai Baby, München 2001. Der autobiographisch geprägte Roman, der im Künstlermilieu des heutigen Shanghais spielt, handelt von einer jungen Schriftstellerin, die in einer platonischen Beziehung lebt und sich auf eine stürmische Affäre einlässt.

Dai Sijie: Balzac und die kleine chinesische Schneiderin, München 2002. Der gefeierte Roman aus Frankreich erzählt von zwei pfiffigen chinesischen Studenten, die es in ein gottverlassenes Bergdorf verschlagen hat.

Wu, Emily: Feder im Sturm. Hamburg 2007

Xu Xing: Und alles, was bleibt, ist für Dich. Frankfurt, 2005. Die Geschichte über die Odyssee eines jungen ›Taugenichts‹ aus der Feder eines typischen Vertreters der neuen Generation chinesischer Schriftsteller.

Viele klassische chinesische Romane (u.a. Der Traum der roten Kammer, Die drei Reiche, Die Räuber vom Liang Schan Moor, Kin Ping Meh) sind in deutscher Übersetzung im Inselverlag erschienen.

Über die Autoren

Françoise Hauser, geb. 1967, hat in Erlangen, Nanjing (VR China) und Tainan (Taiwan) Sinologie und Geographie studiert. Nach einigen Jahren im China-Tourismus arbeitet sie heute als freie Journalistin, Autorin und interkulturelle Trainerin. Zahlreiche weitere Buchveröffentlichungen sowie zahlreiche Artikel in Reisemagazinen. Unter www.asientext.de ist sie im Internet zu erreichen.

Volker Häring, geboren 1969, studierte Mitte der 1990er Jahre in Beijing Chinesisch und Theater und unterrichtete Deutsch am Goethe-Institut. Er gründete er 2001 den Spezialreiseveranstalter ›China By Bike‹ und organisiert seitdem Rad- und Aktivreisen in China und Südostasien. Mit seiner Band ›Alptraum der Roten Kammer‹ (www.china-rock.de) bringt er als Frontmann chinesische Rockklassiker auf deutsche Bühnen.

Personen- und Sachregister

Ortsregister

Bildnachweis

Volker Häring, außer:
Christof Gebhard: 172 u., 385, 386, 387, 388, 389, 472, 486, 487, 489, 490, 491, 493.
Françoise Hauser: 222, 243, 251, 256, 257, 259, 261, 264, 266, 267, 270, 276, 297, 310, 446, 473, 474, 475, 478.
Doris Hauser: 525, 535
Zornica Kirkova: 47, 199, 514, 530
Tom Krech: 227, 236
Claudia Quaukies: 338, 339.
Ilka Schneider: 461.
Bodo Thöns: 38, 122, 202, 211, 212, 219.
© Yovohagrafie, Deutscher Pavillon: 263 u.

www.gebeco.de

Kartenlegende

- Bahnhof
- Bank
- Busbahnhof
- Denkmal
- Flughafen
- Hafen
- Höhle, Tunnel
- Hotel
- Kirche
- Moschee
- Museum
- Post
- Restaurant
- Synagoge
- Sehenswürdigkeit
- Theater
- Tor
- Touristeninformation

- Autobahn
- Autobahn im Bau
- sonstige Straßen
- 243 Straßennummern
- Eisenbahn
- Grenzübergang
- Staatsgrenze
- Hauptstadt
- Stadt/Ortschaft
- U-Bahn

Kartenregister